U0573833

终始

社会学的
民俗学

（1926—1950）

岳永逸◎著

北京师范大学出版集团
BEIJING NORMAL UNIVERSITY PUBLISHING GROUP
北京师范大学出版社

历史之眼，是诗情，更是写真

一个历史的切片、剖面，实乃"历史的厚瞬间"

它汇聚、显现着全部的历史，并赋予历史以清晰纹理和蓬勃生机

献给

武向荣和岳武

序 "复数"的民俗学

周 星

　　学习和掌握某个学科的知识，通常较为便捷的路径就是通读、读通学术史的著述。学术史的著述，总是可以提供我们那些前辈学者们曾经思考过的问题、曾经尝试过的学术探险的思路、曾经经历过的挫折，当然，还有他们为我们后学积累下来的学术财富。我们从前辈学者的成就中可以获得很多重要的启示，这可以让我们少走弯路。但是，不少的学术史论著在给读者带来启发的同时，也有可能存在有意无意的片面性，存在局限甚或人为的误导，存在误区和偏见。导致这类情形的缘由非常复杂，因为学术史也是人撰写的，即便是学者也难免存在认知局限，或也会囿于资料等各种因素的限制而存在偏差。学术史撰述者如果属于某一个学派或学术集团，则有可能夸大自己这一派的成就而无视或贬损其他学派或学术集团；以当下学界的学术集大成者或学术权威为核心而书写的学术史，确有"英雄史观"之嫌；抑或因为一荣俱荣、一损俱损的人际关系而有意无意地扭曲了学术史的真相或全貌。因此，治学术史，其实就是在一个学术领域的深耕，同时也是克服前学和学术史撰述者自身可能有的各种偏见的挑战。

也因此，我们需要阅读不同版本的学术史，学术界也应该宽容乃至鼓励多种不同路径的学术史。

上述文字，是我拜读岳永逸教授《终始：社会学的民俗学（1926—1950）》之后，颇为深切的感受。

岳永逸教授近 15 年来，勤勉于治中国民俗学史，他连续发表了一系列重新认识中国民俗学史的重要专题论文，引起了学术界的广泛关注。此次，更是以专著形式，推出对中国民俗学史上"社会学的民俗学"这一学脉的深入探究，令人十分敬佩。

我有幸先读为快，深感这是一部新意迭出、有众多新的"发现"，读来令人思路大开、受教良多的中国民俗学史，在很多方面，它颠覆了我们有关中国民俗学史的常识性认知。

例如，通过对清末以来"风俗""民俗"和"礼俗"这几个"旧语新词"的探讨，作者认为，"风俗"一词自清末以来便逐渐实现了语义的现代性转换，因此，他把现代学科意义上中国民俗学的起点，上溯至 1902 年前后邓实等国学保存会的有识之士，依托章太炎、梁启超等先贤创立的"新史学"而大力倡导的风俗学。长期以来，中国民俗学史对于清末民初"风俗"等概念的转型，几乎是熟视无睹，如今岳永逸教授的深入开掘，果然大有斩获。由此我们也才能够更好地理解，1923 年 5 月北京大学成立的学术组织为何被称为"北京大学风俗调查会"。1910—1940 年，中国民俗学史中似乎存在一个从"风俗"到"民俗"再到"礼俗"的核心关键词逐渐嬗变和继替的过程，但要把这个过程说清楚却很不容易，我觉得，岳永逸教授第一次把它理出了头绪。虽然伴随着"民俗学"逐渐成为该学科的正规名称（和译名），"民俗"一词也慢慢地替换了"风俗"，但在20世纪三四十年代，"社会学的民俗学"却逐渐采用了"礼俗"，替代此前或同时存在的"民俗""风俗"等用语，这除了旨在宣示燕京大学民俗研究的特色之外，确实还包含有对更为宽泛的民俗社会事实予以把握的意向。由此，我们也就不难理解在21世纪的第二个十年，中国民俗学再次关注"礼俗互动"之类课题的学科意识的重要性了。

我比较认同在中国民俗学史上，除了Folklore（文学的及史学的民俗学）这一主脉之外，事实上还有一个Folkways（社会学的民俗学）的不同流脉。[1]诚如岳永逸教授指出的那样，20世纪前50年的中国民俗学，多少还是存在一个从Folklore到Folkways的演化趋向，或者说两条路径之间存在着并存、并置与互动。岳永逸教授在本书中第一次把与Folklore不尽相同的Folkways的民俗学传统，明确和彻底地揭示清楚了。我觉得，这一点便是他对中国民俗学史研究的最大贡献。

20世纪三四十年代，伴随着美国社会学家、民俗学家孙末楠（William G. Sumner，1840—1910）以Folkways这一概念为核心的社会学的导入，以燕京大学社会学及社会服务学系的师生们为主要的学术实践者，逐渐形成了"社会学的民俗学"或"社会科学化的民俗学"。岳永逸教授基于大量、丰富和实证性的资料学研究，认为中国社会学与人类学史上著名的"燕京学派"，其实是以民俗研究为基础的，拥有深藏不露的民俗学（Folkways）底蕴。"燕京学派"的领袖和灵魂人物吴文藻,非常明确地了解"燕大民俗学"——民风论(Folkways)的基本取向,及其与既往已经存在的中国民俗学运动的不同。他本人颇为支持民俗研究,在他和其他诸多先贤的努力下,燕京大学的民俗学研究不仅关注民风,还尤其重视作为部分的民风与社会文化整体的功能关系,重视俗和礼、礼和制之间的异同及互动。

中国社会学及人类学的学术史研究,通常把"燕京学派"称为"社区 – 功能学派",且主要是以吴文藻、费孝通、林耀华等人的学术实践活动为核心的。在岳永逸教授看来,这样的归纳稍嫌"窄化"。由于以往对燕京大学社会学的乡村研究,是将其置于社会学或社会人类学的视角下审视的,因而比较凸显"区位""功能""社区"等关键词,而它们确实也是"燕京学派"的核心概念,但此种分析路径却或多或少、有意无意地屏蔽了燕京大学社会学一直以来对民俗研究的高度重视,从而忽视了"燕大民俗学"研究的演进过程及其多种成果的学术贡献。岳永逸教授提出了"燕大民俗学"这一范畴,注意到民俗研究对于燕京大学社会学及其本土化实践努力的根本性价值。经由岳永逸教授的解说,读者不难理解所谓"燕大民俗学"的特点,就是"社会学的民俗学",就是以 Folkways 为范式,不同于 Folklore 的"社会科学化"的民俗学。反言之,正是由于燕京大学的社会学对在地民俗长期实地调查的积累,成就了其具有浓厚的本土特色的"燕京学派"。

岳永逸教授认为,在"燕大民俗学"内部,也经历了将同一研究对象，相继表述为"风俗"（偏于史学）、"民俗"（偏于文学），进而再过渡到"礼俗"（偏于社会学）的演进。但无论采用何种表述，基于对 Folkways 和社区、功能、社会均衡等关键词的理解，"燕大民俗学"始终具备指向认知中国本土社会、理解中国乡村／乡民和传统的社会学的底色。岳永逸教授这部大作，正是以"燕大民俗学"为主要研究对象的中国民俗学学术史的探讨，但它何尝不是中国社会学、人类学学术史的一段"另史"或"别史"？显而易见，燕京大学的清河试验区研究和平郊村研究，在民俗学史上的意义不亚于妙峰山调查。对于一个村落社区（平郊村）的田野调查持续长达二十余年，精细、全面而又深入，中国现代民俗学史上"社会学的民俗学"这一流派，的确值得大写特写。

经由对燕京大学师生们的学术论述和大量毕业论文所展开的详尽而又细腻的文本分析，岳永逸教授归纳了"社会学的民俗学"一系列主要的方法论特点。例如，由"眼光向下"的民俗学转变为"平视"的民俗学；由指向于旧时过往的民俗学转变为"考现"，亦即关注当下礼俗和现时乡民日常生活践行的民俗学。如果再补充一点，在调查的方法上，采取了完全不同于"采风"的"局内观察法"。燕京大学这种"社会学的民俗学"追求科学性（社会科学化），除个案研究、社区生活史、个体生命史、口述史的手法，还尤其重视基于社区的微观研究和功能分析，并将文献研究与田野研究相结合。燕京大学社会学系的硕士毕业论文和学士毕业论文，很多都力求对社会事实和民俗事象的细节、事件、方言俚语、在地知识等予以清晰呈现，致力于和研究对象的共情，并在自我反思的前提下，将研究者的观点、认知和逻辑融入论述之中，从而形成了被岳永逸教授称许的资料性、可读性和科学性兼具一体的独特文体；不仅如此，它们还很好地体现了民俗学的在野性、日常性和当下现在性。

"社会学的民俗学"这一表述内含着非常丰富的意蕴。一方面，它意味着中国民俗学史必然要有的趋势，亦即向社会科学的转型，并由此得以形成中国民俗学独有的学科品格；另一方面，它意味着在中国社会学、人类学的本土化实践中，民俗研究的路径使得在地化的社区 – 功能论能够真切地得到落实。也因此，岳永逸教授认为，作为"社会学的民俗学"的反向命题，"民俗学的社会学"同样是可以成立的。

让我感到大有收获的，还有作者自己较为执着的"乡土"概念。岳永逸教授对费孝通"乡土中国"之"乡土"理念的由来及其形成的过程展开了精到分析。除了孙末楠的 Folkways 概念，费孝通与潘光旦等人的交流，与吴文藻、李安宅、瞿同祖、黄石等人有关礼、礼俗以及法的探讨，还有费孝通本人与瑞德斐（Robert Redfield，1897—1958）的"Folk Society"概念的互动等，都对费孝通的"乡土"观产生了或大或小的影响。费孝通将"乡土中国"译为 Folk China，就是有意识地希望它和瑞德斐的 Folk Society 相对应，也因此，我们不妨将"乡土中国""乡土社会"分别解读为"民俗中国""民俗社会"，同时也就不难理解费孝通的学术写作，终其一生都是在探讨构成中国社会学本土化之底色的

"乡土"。

关于中国民俗学的社会科学化尝试，并非只有燕京大学"社会学的民俗学"这一派。岳永逸教授指出，作为一种学术的自觉，中国现代民俗学运动在发展方向上，具有一定的内在自发性，亦即学科演进具有一定的必然性。例如，在 Folklore 一脉的民俗学里，早在 20 世纪 20 年代前期的北京大学时代，就已经出现了从"歌谣"到"方言"再到"风俗"的扩展；到 20 世纪 20 年代中后期的中山大学时代，犹如《民俗周刊》的努力所显现的那样，民俗学的对象进一步扩展到风俗习惯、仪典信仰、节庆等，亦即扩大到生活文化的全局；在 20 世纪 30 年代杭州的"中国民俗学会"，这一趋势仍得以维持，并反映在《民俗学集镌》[2] 等作品之中。时隔 60 年，由钟敬文主编的《民俗学概论》[3] 除了最大限度地扩充了民俗学的研究领域和范畴之外，亦表现出较为明确的社会科学化的指向。

但遗憾的是，20 世纪三四十年代"社会学的民俗学"在燕京大学曾经一度实现的社会科学化转型，或者说 Folkways 这一脉的民俗学的成就长期以来并未引起足够的重视，很多在 Folklore 这一脉民俗学的现代转型中得以实践的不少努力，其实在 Folkways 一脉的民俗学中早已有所讨论。进入 20 世纪 50 年代，由于社会学与人类学皆被视为资产阶级的学问，所以，"社会学的民俗学"也和社会学、人类学一起遭到取缔。1956 年，据说是在周恩来的关照下，潘光旦、吴文藻和杨成志等人为国务院拟定了一份《中国民俗学十二年远景规划》，但最后没有了下文。

导致"社会学的民俗学"受到忽视的缘由很多。一方面，可能是由于它在社会学史和人类学史的语境下被总结为"社区－功能学派"，其中的民俗学要素往往作为本土人类学的成就被纳入社会学中国化的叙事之中；另一方面，则是由于它是教会大学在沦陷区开展的民俗研究，很自然容易遭到轻视。如今当我们谈论一部完整的中国民俗学史的时候，应该能够接受它不仅应该包括国统区和解放区，还应包括沦陷区，以及当时被帝国主义强占的台湾、香港和澳门地区的民俗学活动在内，进而也不妨包括海外华侨华人的民俗学活动。岳永逸教授进一步还把外国人对中国民俗学的调查与研究，也纳入中国民俗学史的范畴。但在很长一个时期，人们归纳和理解学术史时会受到多种因素，例如，政治和意识形态背景的影响。此外，还有一个不难理解的缘由，亦即大多数学术史是以当下的学术权威或学界领袖为中心写成的，所以，燕京大学那些毕业论文的作者，除陈永龄等极少数个人之外，绝大多数均名不见后来学术圈之经传，再加上，绝大部分毕业论文没有公开刊行，无法进入学术检索系统，故不被重视并不奇怪。

岳永逸教授的中国民俗学史研究，不仅提示了吴文藻、费孝通、林耀华等学者在民俗学史上亦颇为重要的地位，还较为系统地梳理了许仕廉、杨开道、李安宅、赵承信、黄迪、黄石和杨堃等人对中国民俗学中"社会学的民俗学"这一流脉的重要贡献。以黄石为例，虽然他是极少数引起民俗学界重视的燕大民俗学人，但有关他的研究却几乎没有涉及他与"社会学的民俗学"

的关系。岳永逸教授通过探讨黄石在20世纪20年代和30年代民俗学研究的明显不同，指出他是将社会学的方法导入民俗学的人，他既用局内观察法长期进行田野调查、采用功能论的立场解释多种民俗事象，还借鉴Folkways的概念资源对"民俗"进行学理辨析，并积极回应节日改革、边政建设等时代性课题，可以说是中国"社会学的民俗学"当之无愧的先行实践者和领路人。不仅如此，岳永逸教授还对尘封于北京大学图书馆达数十年之久的那些燕京大学诸多优秀毕业论文进行了"再发现"，把它们纳入学术史的视野予以检讨，进而恰如其分地予以分析和评价。在岳永逸教授看来，深入开掘那些学科史上无名"小人物"的天然具有反抗性的民俗学作品的价值和意义，正是作为日常学之一部分的民俗学史的题中应有之义。

岳永逸教授用了较多篇幅，认真讨论和高度评价了杨堃对"社会学的民俗学"，以及中国民俗学的社会科学化所做出的贡献。长期以来，我对于由弟子或门人书写包括恩师在内的学术史的惯例始终有抵触感，总觉得中国知识界实在很难避免为尊者讳或为亲者美言的局限，这也是多年来我虽然一直在学习杨堃先生的学术遗产，却较少专门去论述它们的缘由。岳永逸教授这部大作中对杨堃的研究，对我而言，如同是了却了自己的夙愿一般，非常令我感念。

拜读这部大作，使我也对恩师杨堃有了更为深刻的理解。杨堃早年留学法国，师从古恒、莫斯等人，深受以涂尔干、莫斯为代表的法国社会学派的影响；留学归国后，他致力于在中国介绍法国社会学派的学说，并成为该学派在中国社会科学界的代表性学者。但杨堃本人并没有多少门派之见，例如，他对于和法国社会学派属于不同学术谱系的汪继乃波的民俗学也非常推崇，很努力地将其介绍到中国民俗学界，实际上，他的标准就是只要对中国学术界有用、有利就好。杨堃虽然属于法国社会学派，但他对关注英国功能学派人类学的吴文藻非常赞赏，事实上，杨堃也很推崇马林诺夫斯基（当时多译为马凌诺斯基）的文化功能论，在指导学生的调查研究时，经常建议学生参考马氏的《文化论》和吴文藻的"文化表格说明"等，这表明杨堃相信学术研究可以殊途而同归。杨堃非常认可吴文藻经多方研究，最终选择引入功能学派并推动社区研究在中国发展的成就，大概也是因此，他和一直以来重视民俗研究，同时继续倡导和坚持社区 – 功能研究的赵承信、黄迪等人不谋而合；也许正是基于对燕京大学既有的社区研究和民俗研究成就的认可，他才于 1937 年同意加盟燕京大学社会学系，致力于延续这一学术传统。杨堃虽然是"社会学的民俗学"的代表性人物，但他也非常尊重 Folklore 一脉的民俗学，他和钟敬文等"文学的"民俗学家始终保持良好的专业互动，甚至还努力去做了一些神话学方面的研究，在某种意义上，这可以看作他有意识地接近"文学的民俗学"。

杨堃是"社会学的民俗学"这一理念抑或范式的提出者与实践者。基于法国社会学派的学术背景，杨堃自 20 世纪 30 年代起一直致力于中国社会科学包括民俗学的科学化。1936 年，他提出应该发展不同于"文学的民俗学""史学的民俗学""神话学派的民俗学"等的"社会学的民俗学"。杨堃曾确信民俗学亦是社会学的一部分，希望实现民俗学的社会学化。为此，他主张民俗研究须采用社会学的研究法，亦即局内观察法，包括"民族学家调查初民社区的方法，亲入农村，与农夫结为朋友，过着农夫们的生活。从自身的体验与观察之中，取得实际的资料"。在杨堃倡导的"社会学的民俗学"中，"民俗"并不是研究者眼睛朝下才能够看到，也不是需要移风易俗、予以提升或改造的对象，而是普通民众在日常生活中践行的"礼俗"，也就是他们当下享有的生活文化。

杨堃将"社会学的民俗学"这一理念贯彻到了他指导燕京大学学生撰写毕业论文的过程之中。基于重视作为整体的"社会事实"这一法国社会学派的立场，围绕具体专题民俗事象的调查、研究和描述，必须勾勒出其与社区各种相关事象的功能性关联，尽力呈现出某个人群或社区的社会生活的实况，这些论文可以说就是对"社会学的民俗学"理念的落实。杨堃尤其推崇"礼俗"的社区民俗学，这其实也就是礼俗的活态研究，是"考现"当下的现代民俗学。陈永龄后来回忆杨堃指导他在平郊村做"庙宇宗教"的调查时，要求他严格按照人类学的客观原则如实描述、如实分析，而不得主观臆断。[4]

拜读对杨堃指导的毕业论文的评价，使我联想起1986—1987年，杨先生给我上过一门"中国民间信仰史"，他常常拿出李慰祖的《四大门》做教材，对它评价很高。但他还是觉得《四大门》可以继续深化，认为还应该从地方志文献获得更多的资料再做延展。也因为如此，按照先生的期待，我后来写了一篇《四大门：中国北方的一种民俗宗教》，作为补论。[5] 现在回想起来，杨先生对他几十年前指导过的学生论文的思考，其实一直都没有中断过。

1997 年 3 月，我选编的杨堃文集《社会学与民俗学》[6] 出版后，杨先生让我给钟敬文先生送一本去，记得当时钟老曾和我说起，杨先生的民俗学可以算是一派。1999 年，我又选编了一本《杨堃民俗学论集》，书稿已经提交上海文艺出版社，本应和周作人、顾颉刚、江绍原、黄石、钟敬文、刘魁立等人的论集一起出版的，但不知为何，拖了数年之后却被出版社退稿了。这似乎说明尽管杨堃的民俗学研究自成一派是得到大家认可的，但至少在退稿那个时期，中国知识界对"社会学的民俗学"的价值及重要性并不十分了解，或者对它的重视程度远不及"文学的民俗学"和"史学的民俗学"。

1994 年，高丙中出版他的博士论文，重新解读了孙末楠的 Folkways 论，并由此重构中国民俗学的基本学科理论，明确提出了"民俗生活"的民俗学指向[7]；2004 年，郭于华撰文论述"民俗学的社会科学化"[8]，均引起不少共鸣。特别是 20 世纪 90 年代中后期以来，北京师范大学等高校民俗学专业的硕士和博士学位论文选题，也大面积地出现了明显的社会科学化或人类学化的趋向。现在，岳永逸教授全面系统地总结中国民俗学史"社会学的民俗学"的成就和贡献，的确是非常及时的，我相信它对于中国民俗学的进一步健康发展具有极大的建设性。

1989 年 9 月，杨堃先生推荐我去北京大学社会学研究所费孝通先生门下做博士后研究，后来我便留在北京大学任教。在此期间，我曾去北京大学图书馆翻阅和确认过当年燕京大学的那些毕业论文，深知其学术史的资料学价值。自 20 世纪 80 年代中期以来得以重建的北京大学社会学，一方面深受美式社会学以社会统计学为方法的、追求精确的定量化和数据化研究的影响，当然还有欧陆长于思想深度和批判性思辨的社会学的影响，另一方面也非常重视对早期社会学中国化的"燕京学派"的继承。也因此，可以说在中国的社会学研究中曾经存在一个社会人类学的传统。[9] 联想起费孝通于 1983 年曾在一次以民俗学为主题的讲演中提到，Folklore 的本义确实是以口头文学传承为主的，但如果是"以风俗习惯来作为民俗的研究对象"，那么，民俗学与社会人类学就会成为"一而二，二而一"的关系了。[10]如今在岳永逸教授的提示下，或许我们还可以说中国的社会学研究中那个人类学的传统，同时也就是"社会学的民俗学"的传统。诚如岳永逸教授所指出的那样，"社会学的民俗学"不仅是中国社会学本土化的基础和支撑，它还是中国"本土人类学"得以成立和发展的前提。

为了能够进一步凸显人类学在北京大学社会学中的存在感，我曾通过潘乃谷所长向费先生建议，不妨把"北京大学社会学研究所"改名为"北京大学社会学人类学研究所"。1993 年 4 月，我在日本筑波大学历史人类学系做博士后期间，潘所长打来电话告知我说，北京大学校方同意了费老有关所名改动的提议。1994

年6月，在费老支持下，"北京大学人类学与民俗研究中心"得以成立，希望能够团结和整合北京大学校内有关人类学与民俗学方面的专业力量，当时，还在北京大学社会学人类学研究所内设置了"人类学与民俗研究室"，由我负责相关事务。回想起来，杨堃先生把我介绍给钟老，带我进入民俗学的学术领域；后来又是在费老的影响下，我逐渐确立了努力实践"人类学与民俗研究"这一学术方向的目标。我曾经异想天开地期许在北京大学能够形成社会学、人类学和民俗学三科并立的学科体制，形成三者彼此相得益彰的互动关系，从而更加有利于中国本土的高质量学术知识的生成和产出。虽然这个想法尚未实现，但从岳永逸教授的学术史研究中获得的收益，使我感到自己那个曾经的梦想也不是全无价值。

最后，我想说明的是，采用"'复数'的民俗学"作为这篇序言的标题，是借用了日本民俗学家门田岳久在《民俗学的思考法》一书中为解读现代民俗学的关键词之一而写的短文。[11] 把"复数的民俗学"视为现代民俗学的关键词，在我看来确实是意味深长的。门田岳久的意思是说，像美国那样，现代社会的民俗学其实有多种不尽相同的形态，包括学院派的民俗学、公共部门的应用民俗学，以及在大众文化的世界中得以再生产出来的民俗学、互联网上匿名或假名的民俗学等。那么，中国民俗学史上有多种民俗学，在"文学的""史学的"等民俗学之外，再有"社会学的民俗学"，实在是再合理、自然不过的了，它不应该被遗忘、被忽视。当然，当我们说"社会学的民俗学"实现了民俗学在中国的社会科学化，也并不意味着"文学的"或"史学的"民俗学就不再重要了。相反，Folklore 与 Folkways 的合流，多种民俗学的并存和相互竞争，或许才是未来中国民俗学真正令人期待的前景。

2021 年 6 月 13 日于日本横滨寓所

注　释

1. 岳永逸：《Folklore 和 Folkways：中国现代民俗学演进的两种路径——对岩本通弥教授〈东亚民俗学的再立论〉的两点回应》，载《西南民族大学学报》，2020 年第 7 期。
2. 中国民俗学会编：《民俗学集镌》，上海，上海文艺出版社，1989（影印本）。
3. 钟敬文主编：《民俗学概论》，上海，上海文艺出版社，1998。
4. 王建民、王珩：《陈永龄评传》，19~20 页，北京，民族出版社，2009。
5. 李慰祖著、周星补编：《四大门》，北京，北京大学出版社，2011。
6. 杨堃：《社会学与民俗学》，成都，四川民族出版社，1997。
7. 高丙中：《民俗文化与民俗生活》，北京，中国社会科学出版社，1994。
8. 郭于华：《试论民俗学的社会科学化》，载《民间文化论坛》，2004 年第 4 期。
9. 胡鸿保：《中国社会学中的人类学传统》，载《黑龙江民族论丛》，1998 年第 4 期。
10. 费孝通：《谈谈民俗学》，见张紫晨编：《民俗学讲演集》，2~3 页，北京，书目文献出版社，1986。

11. 門田岳久，「複数の民俗学」，岩本通弥等編:『民俗学の思考曰法』，252~253 頁，慶應義塾大学出版会，2021。

自　序

一

在极大的意义上，这是一本无趣的书！

本书的写作、出版，纯粹是出于个人对英雄之外的小"我"、对藏身在英雄身上的那个"小"我由衷的敬意与心仪，纯是以作为"日常学"的民俗学为基本认知论、方法论，对大写的"人"的凝视和膜拜！

在风起云涌却也波澜不惊的日常生活中，我们每个人都是喜怒哀乐愁怨苦俱在，且有着诸多瑕疵的常人与"小人"。瑞士童话学家麦克斯·吕蒂（Max Lüthi，1909—1991）曾言，"我们每个人身上都不知不觉地具有某种农民的成分和流浪汉的成分"。在众多阶级社会中，观念层面的农民、流浪汉确实长期被视为底层。然而，吕蒂要强调的是所有人共有的、如影随形、挥之不去的"底层性"，也即人之为人而非圣人、疯子与傻子的常态性、非英雄性抑或说"小人性"。莫言亦言："每个人心中都有一片难用是非善恶准确定性的朦胧地带！"无论外表多么光鲜亮丽，在生死名利、宠辱得失面前，生命有限的个体、生命机会有限的个体，都只能是战斗力有限、战术有限，经常无可奈何也无能为力，甚至不得不趋利避害、趋炎附势以自圆其说的弱者！

一门学科的学术史，同样有着是写英雄还是写常人——小我的问题！或者说，存在能不能把英雄视为常人、能否从常人身上发现英雄性的问题。

如果仅仅关注叱咤风云、笑傲江湖、功成名就，从而乐在其中、沾沾自喜的英雄，其他所有的人、事、情、景和少人问津（更不用说细读）的文，自然排列在了伟大、光荣、正确且饱含权力意志的光谱上。位于中心的英雄，看上去灿烂辉煌、光芒万丈。位于边缘的小我，如跳梁小丑、黑白无常，或灰暗气短，或匿影藏形。一旦抛弃英雄本位主义和成王败寇的叙事诗学与政治美学，摆脱这些"俗谛"的桎梏，兼顾到"非英雄"，意识到英雄的常人性时，我们就会发现学科史丰富而动态的位相（phase），发现其难免甚或必然旁逸斜出的诸多位相之互相影响的复杂性，发现其中别有洞天的奇妙甚至曼妙，以及闪烁其词、虚张声势却也不乏拙劣的编造。

民俗学，又有"日常学"之称。作为一门学科，尽管其起源与民族主义、浪漫主义等与现代民族国家相连的思潮有关，但因为它同样是对抗启蒙主义（Enlightenment）的产物，所以天然具有反抗性、在野性。不难理解，民俗学会更加关注小民百姓的口耳之学，关注柴米油盐酱醋茶的生活日常，关注生老病死和婚丧嫁娶的生命常态，并赋予其民族性、历史性、文化性，进而将其提升到意识形态的高度。这使得民俗学在琐碎日常的深描和宏大的话语叙事之间存在悖论，却又架构了学科内外的巨大张力。无论怎样，偏离英雄史观，哪怕是少许，注意到学科史上名不见经传的"常人–小人"，应该是作为日常学一部分的民俗学史的题中应有之意。

在此意义上，作为拙著"历史的掌纹"系列前两部《"土著"之学：辅仁札记》和《"口耳"之学：燕京札记》的亲生兄弟、难兄难弟，学术"三观"更正更"八股"的本书，俨然有了些许意义。

二

通过大肆的铺陈、烦琐的注释，本书仅想说明下述三点。

首先，关于现代学科意义上中国民俗学的发端。鸦片战争以来，在民族危机日渐深重而求变的总体语境下，随着 Folklore 的引入，进化论的译介、新史学的倡导，古语"风俗""民俗"和"礼俗"从旧瓶旧酒到旧瓶新酒，日渐被赋予了民族性、国家性以及（优秀）传统文化、文化遗产等现代意涵，有了新意。在近现代中国，"风俗""民俗"和"礼俗"这三个相互涵盖的旧语新词，渐次登场，混化更替，构成了中国民俗学运动繁杂闪烁、迂回曲折、跌跌撞撞的螺旋形光谱。

留法时，李璜（1895—1991）师从马塞尔·莫斯（Marcel Mauss, 1872—1950）和葛兰言（Marcel Granet, 1884—1940）。1930年前后，在同样留法归来的徐炳昶（字旭生，1888—1976）鼓励下，李璜译述了葛兰言的著作《古中国的跳舞与神秘故事》

（ *Danses et legendes de la Chine ancienne* ）。然而，从头到尾，李璜都使用的是"风俗"一词且基本沿用该词在古汉语中的本意，旧瓶旧酒，全然与经过晚清新史学运动改造而旧瓶新酒的"风俗"无关。当时在国内进展有年，不乏声势的歌谣运动、民俗学运动和已经具备现代意义的"民俗"一词，似乎对1924年留学归国后在北京大学任教的李璜毫无影响。

同样别有意味的是，1944年8月10日，在写给中央研究院历史语言研究所同事陈槃（1905—1999）的信函中，陈寅恪（1890—1969）直言：《元白诗笺证稿》并非谈诗，而是在说唐代的"社会史事（实）"，从而与其关于唐代政治的研究（《唐代政治史述论稿》）、制度的研究（《隋唐制度渊源略论稿》）互补。何为"社会史事"？陈寅恪随即解释道，"社会风俗"也。尽管陈寅恪的"史事–风俗"明显偏重士风，抑或说"士宦"之风，但显然已经与古籍、古语，尤其是方志中惯用的"风俗淳朴""风俗醇厚"或"风俗彪悍"之"风俗"大相径庭，可谓旧瓶新酒。而且，其将"史事–风俗"与"社会"一体连用，多少有着社会学的意味。这很容易让人联想到涂尔干（Émile Durkheim, 1858—1917）的"社会事实"（social fact），以及马克斯·韦伯（Max Weber, 1864—1920）抑或诺贝特·埃利亚斯（Nobert Elias, 1897—1990）的相关论述。反而，在《元白诗笺证稿》一书中，陈寅恪并未使用同样已经被赋予现代性且使用广泛的"民俗"一词。

正因为强调清末以来"风俗"一词的现代性自我革新，本书认为：现代学科意义上的中国民俗学的起点，不是北大设立歌谣征集处的 1918 年。如果强调内发性，它至少可以前推到 1902 年邓实（1877—1951）等国学保存会诸君，基于章太炎（1869—1936）、梁启超（1873—1929）之"新史学"而倡导的风俗学，甚至可以追溯到明季清初顾炎武（1613—1682）的风俗观（参见《日知录》卷十三）。如果正视也强调外来影响，不把中国民俗学仅仅视为中国学者研究中国民俗的学科，则可以将其追溯到 1872 年英国人戴尼斯（N. B. Dennys, 1840—1900）在《中国评论》（*The China Review*）第一卷第二期刊发的征集中国民俗的启事，"Chinese Folk-lore"。

其次，在现代中国民俗学的演进谱系中，在主流的 Folklore 一脉之外，还有倚重于 Folkways 的支脉。随着 20 世纪 20 年代后期美国社会学家、民俗学家孙末楠以民俗学说——Folkways 为核心的社会学说的引入，以燕京大学（燕大，Yenching University）社会学及社会服务学系为阵地并倚靠该系师生集体性的努力，中国民俗学在此前偏重文学、史学的民俗学主脉之外，演进形成了"社会学的民俗学"抑或"社会科学化的民俗学"这一支脉。甚至可以说，中国民俗学的社会科学化转型在 20 世纪前半叶已经完成，且保留了其独立的学科属性与品位：在野性、日常性、现在性，又不乏历史性、民族性。

最后，草创时期的中国社会学，尤其是后来被学术史窄化为燕京学派——社区 – 功能学派的燕大社会学，有着深藏不露的民俗学（Folkways + Folklore）基底。在燕大社会学的本土化演进中，对同一对象的研究别有意味地经历了从"风俗"(偏于史学)到"民俗"(偏于文学),继而快速到"礼俗"(偏于社会学)的交错更替。同时,偏于文学、史学,也即 Folklore 一脉的民俗学,也分别在燕大国文学系、英语系和历史学系有着不同程度的回响和推进。

第一点,仅试图打破以往学术史写作基本以朝代史、政治史、大历史为节点分期的局限。如在不停对五四运动、新文化运动进行意义叠加、追封的基础之上,理所当然地将现代学科意义上的民俗学的发轫,绑缚在这作为一种认知方式而无往不胜的巨型战车和作为一种诠释范式而攻无不克的话语矩阵上。反其道而行之,本书尝试将晚清和民国打通,强调思想意识的内在延续性、一体性,以求打破"朝代更替"的政治史观对其他领域的切割。关于这一点,既有的研究虽有述及,却往往浅尝辄止。本书的核心在于呈现与燕大民俗学研究关联性强的理念与实践,且以尘封多年、名不见经传的"小人物"的毕业论文为基本材料。

事实上,尽管是基于阶级论的立场,钟敬文(1903—2002)在 20 世纪 60 年代对晚清民间文艺学的绵密梳理,即《晚清时期民间文艺学史试探》《晚清革命派著作家的民间文艺学》《晚清革命派作家对民间文学的运用》和《晚清改良派学者的民间文学见解》诸文,已经在不经意间从民间文学和民俗学的角度,道明了历史的这种内在延续性。此外,本书也顺带指明:风俗、民俗与礼俗这三个核心话语的交接更替,在一定意义上也表征着不同代际群体、学术理念以及流派,抑或说应时、因世而生的不同学术群体的角力,以及后浪顺势而发的强大冲击力与强劲活力。

第二点，回应的是中国民俗学是否应社会科学化与怎样社会科学化，这个曾在 20 世纪末被一本正经议论、书写的话题。1928 年在《民俗学问题格序》中，出于对进展有年的现代民俗学运动的反思，何思敬（1896—1968）有了将 Folklore 从"民俗学"降格为"民俗志"的动议。1931 年，在给江绍原编译的《现代英吉利谣俗及谣俗学》撰写的序言中，周作人（1885—1967）同样对其早年热心的民俗学表现出了疑虑，发出了可能要将"民俗学"降格为"民俗志"的感叹。就在何思敬、周作人对既有的中国民俗学运动多少有些"伤感"的前后，译介进来的 Folkways 正在势不可当地使中国民俗学分化出社会科学化的支脉。

在 20 世纪前半叶轰轰烈烈的中国民俗学运动中，民俗学的社会科学化固然有着孙末楠、汪继乃波（Arnold Van Gennep，1873—1957）等人学说的外力，有着社会学、人类学的主动加盟，但同样也有中国现代民俗学运动自我孕育的内发性发展的必然性。在此学术自觉的历程中，顾颉刚（1893—1980）、江绍原（1898—1983）、杨成志（1902—1991）、钟敬文、娄子匡（1905—2005）等先贤都扮演了关键角色。更重要的杨堃（1901—1998）、黄石（黄华节，1901—?）以及吴文藻（1901—1985）、李安宅（1900—1985）、赵承信（1907—1959）、黄迪（字兆临，1910—?）和燕大诸多优质的毕业论文，则基本处在既有的中国民俗学学术史的视野之外。更不用提 20 世纪 40 年代辅仁大学外文刊物 Folklore Studies（《民俗学志》）上刊发的司礼义（Paul Serruys，1912—1999）、贺登崧（Willem Grootaers，1911—1999）

等传教士在北中国完全基于田野的精彩民俗学研究。

第三点，回应的是中国社会学长期在"本土化"抑或"中国化"问题上的焦灼。当这种焦灼并非基于乡土与日常的身体力行，而沦为空洞的满腔热血与踌躇满志时，就会不自觉地滑向方法主义、数据，以及建言献策和不知所云的术语堆砌的七宝楼台。欲自立自强的中国社会学能否回归其发轫之初立足风俗、乡土和国计民生的脚踏实地，能否找回因段义孚所言的"恋地情结"（Topophilia）而激发的勃勃生机与活力，进而保持学科应有的独立思考与批判精神，实乃一个大问题。

三

本书也试图揭示既有中国民俗学史和社会学史共有的"盲区""黑洞"：卢沟桥事变后，在民俗学与社会学合流的语境下，由赵承信设计、主导的对燕大"社会学实验室"平郊村（前八家村）长达近十年（1939—1941、1945—1950）的研究。

仅燕大学士毕业论文而言，完全以该村为研究对象的多达19篇。其主题涉及生产生活、方言俚语、政治经济、家族性别、组织分层、教育实践、宗教信仰、器具房舍、生老病死、婚丧嫁娶、庙庆市集和稗话传说等方方面面。已经出版并深受好评的李慰祖《四大门》，仅是其中一篇。事实上，平郊村原本就曾隶属燕大清河试验区（1928—1937）。这也就是说，燕大师生对平郊村的持续观察、调研长达二十余年。此外，1934—1937年，清华大学社会学、经济学和工程学三系也通力合作，在平郊村创设了"八家村建设区"。这一建设区与燕大师生在此的"实验"良性互动，相得益彰。在20世纪前半叶的中国社会科学界，集团性地长时间在一个村落社区如此精耕细作，应该是独一无二的。可以说，平郊村见证了燕大社会学以及中国社会学与民俗学在20世纪前半叶的演进。

对于此前人文色彩厚重的中国民俗学而言，通过平郊村的民俗学研究，局内观察法、访谈法、个人生命（活）史、社区论、功能论、社会均衡论等方法和理论的加盟，夯实了中国民俗学"社会学的民俗学"这一流派，实现了民俗学向社会科学的转变。对于燕大社会学而言，作为其重要甚或是首要的研究对象，从基于文献、区域的风俗研究到向村落社区的人生仪礼、生命史等礼俗研究的过渡，使引进并尝试创新与在地化的社区 – 功能论有了充分的实践，让燕京学派——社区 – 功能学派更加名副其实，生机盎然。

毫无疑问，中国社会（人类）学史中的燕京学派，是以吴文藻、费孝通（1910—2005）、林耀华（1910—2000）师生等为中流砥柱的。但是，对我而言，许仕廉（1896—?）、杨开道（1899—1981）等人主导的燕大清河试验区研究，吴文藻、费孝通先后主持的魁阁研究，和与魁阁研究同期开启并有杨堃加盟，赵承信、黄迪主导的作为燕大"社会学实验室"的平郊村研究，这三大厚重的集群性研究才是使燕京学派得以巍然屹立的三大柱石。当然，这一切都与步济时（John S. Burgess, 1883—1949）、甘博

（Sidney D. Gamble, 1890—1968）两位燕大社会学系创建者重视社会服务、社会工作而身体力行的社会调查紧密相关，尽管二人的学科建设与社会调查有着浓厚的传教色彩。而杨堃深度、有效介入，无疑使平郊村系列实验有着或浓或淡的法国社会学、民族学和民俗学的底色。由此，燕大社会学、中国社会学和中国民俗学的演进都出现了复杂性与"复数"形态。其核心焦点就是"社会学与民俗学"这一并列短语向"社会学的民俗学"这一偏正短语变换的学术事实。

然而，对燕大社会学三大柱石的再研究和价值评断结果差别很大。因为在国统区昆明呈贡的魁阁工作站着力点在土地制度、工业化、经济等大议题，更偏重社会、国家，有着与国外不同机构、学者的频繁互动，其成果已在不同范围发表出版、散布，因此对魁阁研究的再诠释、再提升，红红火火，声势浩大，绵长不绝。因着力乡村建设与试验，借当下新农村建设、乡村城镇化和脱贫攻坚等时政、要政，对燕大清河试验区之再研究同样顺理成章。与此不同，无论对于中国民俗学还是社会学而言，当年两者合力关注村民日常生产生活，更偏向人文、心性的平郊村研究，虽不乏后人对其个别成果的引用、评述和赞赏，却始终没有人在燕大社会学、在燕京学派的复杂谱系和更广博的中国社会科学以及人文科学的学术图景中对其给予整体性关注。

因此，本书绝非现代学科意义上的中国民俗学通史，它仅是一本以燕大民俗学研究为中心的断代史、为重心的局部史。而且，就这个"断代"而言，本书也不是以时间先后为轴的传记与全景式的编年史，反而多少有些直抵核心的"思想史"以及"概念史"的意味，更在意的是集合、序列和非连续性。但是，它又非膜拜英雄的纪念碑式的学科史。一个人、一门学科，抑或一个民族、一个国家，怀古的历史范围通常有限，甚至常常主观性地因应现世，或正或反地夸饰，从内到外地修饰、溢美。因为意识到这一点，尽管有着怀旧的意味，但与其说本书是因保守主义与虔敬过去——不忘本且正视"小我"——而怀旧厚古的学科史，不如说是为了抛弃层积的圣贤——英雄史的威压，而饱含判断与批判性的学科史。

尼采（Friedrich Nietzsche, 1844—1900）认为："历史的真正价值在于，通过将通俗的曲调升华为一种普遍的象征，通过展示出其中包含有怎样的一个深刻有力而美丽的世界，在一个很可能十分平庸的主题之上，创造出不同凡响的变奏曲。"毫无疑问，学科史同样如此。在一定意义上，虽然不自量力，这却是本书的初衷。即，将社会学、民俗学这些我们耳熟能详也先天视为迥然有别的现代科学意义上的学科，融入也是还原到曾经确实发生过的两位一体、互相借势和依仗的"社会学的民俗学"之中。在此意义上，作为社会学的民俗学的反向命题，"民俗学的社会学"同样成立。

为了凸显"思想"抑或说观念，从而谱写几小节，甚至仅仅是一小节多少有些新意的"变奏曲"，本书不但不时故意模糊、淡化时间的印痕，还任性地前拉后扯，强调空间意义上或单一或交错缠绕的剖面、画面。这样，本书的章节似断实连、似连实断、若断若连，有着宽窄不一的缝隙、或圆或方的大小漏洞。各章节，又纷纷围绕某个或某几个核心词汇、人物和文本展开。如暮春的瓣瓣落英、深秋的铿然一叶，哪怕扑朔迷离得凌空曼舞、声东击西得虚张声势，有着小园香径独徘徊的抱残守缺、孤芳自赏，有着流水落花春去也的无能为力、无可奈何，也有着一江春水向东流的骨重神寒。如此，视本书为"残史"，也名副其实。

显然，尽管意在基于具体而微的过往的学术事实，打破已有的关于变化、发展的言说模式和叙述策略、形态，揭示学科史以及历史的多重指涉性和复义性，这本"残史"也仅仅是詹明信（Fredric Jameson，1934—　）意义上的一个"矛盾的图示"，是其所强调的知其不可为而为之的再现论的"寓言"（allegory）。

四

未名湖畔，烟雨迷蒙；华屋星罗，云霞片片；波光涟漪，书声琅琅。在湖光山色掩映的燕大社会学系这个平台，始终搂搂抱抱、卿卿我我的社会学与民俗学，举案齐眉、相敬如宾，互相成就着对方。在此数十年的历程中，许仕廉、吴文藻、杨堃、黄石、赵承信、黄迪、林耀华等扮演了关键角色。

1926 年，许仕廉出任燕大社会学系首任中国籍系主任。正是率先力主社会学本土化的他，明确将"风俗研究"列在燕大社会学系的中国风俗、人口、犯罪、劳工、乡村、社会思想史、家庭状况、种族问题、人民生活状况和社会运动状况这十大研究之首。这使得民俗方面的研究在燕大社会学始终占有相当的比重。

1933年，费孝通在燕大的学士毕业论文就是基于方志等文献的《亲迎婚俗之研究》。在1934年本科毕业前，瞿同祖（1910—2008）也借用孙末楠民俗学说，采用社会学的方法释读过"民俗"这一概念。这即该年4月25日、5月2日、16日在《北平晨报·社会研究》连载的《俗、礼、法三者的关系》一文。这引发了黄石与他的商榷、讨论，深挖下了民俗"正名学定义"的第一锄，做了"民俗学萌芽时代最值得致力的工作"，从而在理论、认知层面推进着中国民俗学的社会科学化。同年，在硕士毕业论文《孙末楠的社会学》中，基于对孙氏民俗学说的系统释读，黄迪将民俗简洁而精准地定义为："社会生活是在于造成民风，应用民风，和传递民风。"1998年，在钟敬文主编的《民俗学概论》中，造成、应用、传递依旧是定义民俗的核心词汇，只不过置换为"创造""享用"和"传承"三个近义词。

值得提及的是，在抗战正艰的1943年9月，由留法归来的著名作家李劼人（1891—1962）出资，在成都创刊了意在"研究人生社会·介绍风土人情"的《风土什志》。在创刊号封面，该刊醒目的英文名即 The Folkways。而且，这个英文名一直沿用到1946年9月出版的《风土什志》二卷一期。

费孝通之所以能够成为在诸多领域都有着巨大影响的方家，赢得生前身后名，深知民俗学三昧、熟稔民俗风情，有着真正的平民意识、乡土情怀和自省精神，应该是最为根本的原因。相较"绅士"这个头衔而言，"乡绅"或者更适合于有着厚重乡土情结，兼济天下之情怀，并在晚年以"书生"自况的费孝通。

1983 年 8 月，在全国民俗学、少数民族民间文学讲习班原本题为"民俗学与社会学"的演讲中，因为认为民俗学更应该以口头民间文学（Folklore）为研究对象，所以面对师长辈的钟敬文，费孝通坦然说自己对民俗学没有"下过功夫"专门研究，是民俗学的"外行"。这是谦逊、认真且必需的笑谈与戏谈。姑妄言之，姑妄听之。

如果抛开费孝通晚年对民俗学狭义的定义——源自威廉·汤姆斯（W. J. Thoms,1803—1885）的 Folklore，那么正如在 20 世纪 30 年代初入学界、崭露头角时，他花大力气、认真研究的亲迎婚俗那样，包含口头民间文学在内的广义的风俗抑或说民俗（Folkways），在费孝通的学术版图中始终有着重要的地位。1981 年，在《费孝通传》（*Fei Xiaotong and Sociology in Revolutionary China*）中，美国学者欧达伟（R. David Arkush）写过下述让绝大多数中国读者不以为然的话：

> 他对解释风俗比报道中国及其他地方的社会现实更感兴趣。……费孝通从满足社会需要的角度解释一个风俗跟着一个风俗。……他相信，正确地了解风俗和制度的功能，就有可能引进适应现在环境的新文化成分，使社会变迁少受痛苦，他即为此而献身。

以此观之，就不难理解在 20 世纪 90 年代初，费孝通还主导成立了"北京大学人类学与民俗研究中心",并题写了该中心期刊的刊名《人类学与民俗研究通讯》。

作为燕京学派的领军人物,吴文藻对 Folkways 和 Folklore 之间的异同始终一清二楚。1933 年,在《季亭史的社会学学说》这篇长文中,吴文藻有言:

> 季氏以为社会反应之限于个人行为者,通称为习惯;其涉及集合或众多行为者,以前常称为风俗,今则统称为民风,以孙末楠的名著《民风论》(Folkways)而得名。他承认欲尽情描写一人群的众多行为及其生活方式,当莫善于"民风"一词。民风乃社会习俗,积久成风,原义渐失,而成为毫无意义的行为。西国文字中本有"民俗"(Folk-lore)一词,惟孙氏的民风论,比民俗学更进一层。

作为师长和学术领袖,吴文藻的这一认知,多少造成了社会学(家)的民俗(Folkways)与民俗学(家)的民俗(Folklore)之间的级差,以致费孝通晚年仍在坚守、强调这种阶序、界限。

其实,1886 年,有"洋儒生"之称的骆任廷(J. H. S. Lockhart, 1858—1937)在《中国评论》第十五卷第一期刊发的征集中国民俗的启示中,将"the Science of Folk-lore"译为"民风学",即将 Folklore 翻译为"民风"。巧合的是,数十年后,也即 20 世纪二三十年代,李安宅、黄石、杨堃、吴文藻、黄迪等人也曾纷纷将孙末楠的 Folkways 译为"民风"或"民风论"。不仅如此，1906年，邓实就明确将"社会学"与"风俗学"等同视之。是年，在评述其尊崇的顾炎武的学说时，邓实将学术分为君学、国学和群学三类：君学，功在一人；国学，功在一国；群学，功在天下。对严复（1854—1921）1903年译介进来的"群学"，邓实专门做注解释道："群学，一曰社会学，即风俗学也。"就二十多年后，中国社会学，尤其是燕大社会学的发生和演进而言，邓实俨然有着先见之明。

诸如此类，本书试图对时下学人习以为常的学科史、学术史之"常识"，进行一些破译、解码与还原。显然，对于才疏学浅却又百无禁忌、胆大妄为的我而言，这一筚路蓝缕的"工程"，面临着巨大且无法规避的风险！因为我不仅将本书定位为一部另类的中国民俗学断代史，还自不量力地将之视为一部另类的中国社会学或社会人类学的野乘、逸史。而我，并非一个两肩担道义、铁骨铮铮，视学术为志业的民俗学家，更非社会学、人类学的局内人，而始终都是一个懒懒散散、晃晃悠悠、浪荡的门外汉、闲人。

感谢那个曾经叫作"燕京"的园子和蒙尘的先贤们！

2020年4月18日于铁狮子坟 初稿

2022年6月18日于林苤远山居 定稿

目　录 / Contents

第 01 章

/ Folkways 与社会学实验：民俗学演进的燕大风景

1983 年 8 月，费孝通在中国民俗学会、中国少数民族文学学会举办的全国民俗学、少数民族民间文学讲习班的演讲中，专门做了关于民俗学的讲演。后来定稿出版时，原本题为"民俗学与社会学"的讲稿易名为《谈谈民俗学》。

在演讲开篇，为了说清他所理解的民俗学，费孝通对 Folklore 这一外来语进行了简明的词源学考证：

> 英文里 Folklore 一词是 folk 和 lore 两字拼起来的。Folk 在普通的英华字典里是作"人民"讲，但是没把它的涵义说清楚。我所了解的它不是一般的"人民"，而是具有亲切乡土关系的人们。中文里，近于"老乡""乡下土里土气的人们"，作为一个形容词近于"民间""土风"的意思。Lore 字典上做"学问"讲，其实也不那么确切，我觉得这字近于"天

方夜谭"中的"谭"字，夏天乘凉时孩子们喜听的"逸闻、传说"。所以如果直译，Folklore 用"民间传说"比较接近。[1]

进而，他强调民俗学，是"研究'不用文字来表达的口头文学'的学科"；反之，如果"以民间的风俗习惯来作为民俗的研究对象"，那么"民俗学和社会人类学成了一而二，二而一的学科了"。[2] 也就是在这次公开演讲中，费孝通强调自己"没有专门研究过民俗学"，"对于'民俗学'并没有下过功夫，因此不免有许多外行话"。[3]

那么，费孝通真的不懂民俗学？他的演讲是在怎样的学术生命历程和知识谱系上展开的？他懂的"民俗学"是什么？不懂的"民俗学"又是什么？他为何对自己熟稔的社会学、社会人类学欲说还休？为何会明白说出将研究对象设定为风俗习惯的民俗学与社会人类学，是两位一体、没有彼此之别的学科？如果真的不懂民俗学，面对容肇祖（1897—1994）、杨堃、杨成志、钟敬文、常任侠（1904—1996）、白寿彝（1909—2000）、罗致平（1911—2005）、马学良（1913—1999）等师友和讲习班的学员，他为何还严肃、认真地在全国民俗学讲习班上"谈谈民俗学"？而且，开篇就从 Folklore 的翻译这一学科最为核心的话题谈起？他的言外之意、话外之音是什么？他隐去了什么？

要厘清这些问题，就必须直面费孝通早年在燕大开启的学术生命之旅，必须了解他的学术谱系、燕大的社会学本土化历程、民俗学研究实践，尤其是要了解燕大社会学和民俗学之间剪不断理还乱的纠缠。顺此，或者我们能同时发现现代中国民俗学演进和社会学本土化的另一番图景。

/ 民俗与中国民俗学

无论是以 1846 年 Folklore 一词在英国正式出现为起点[4]，还是以 1918 年在中国肇始的"歌谣运动"为起点，到如今作为一门学科的民俗学都已经发展了上百年。20 世纪初的"民间"、21 世纪初的"原生态"[5]和当下的"非物质文化遗产"（非遗）[6]，这些意识形态色彩浓厚的语词，对中国民俗的认知、对中国民俗学的演进都有着重大影响。然而，关于究竟什么是民俗，民俗学有着怎样的可能，学界始终存在着争议。

有的争议，源自随着社会变迁、科技发展和生产生活方式的变化，民俗本身发生的变化。因为民俗的量变或质变，人们不得不重新定义、思考民俗及其性质。例如，第二次世界大战后，汉斯·莫泽（Hans Moser）、鲍金戈（Hermann Bausinger）、斯特罗巴赫（Nermann Strobach）等德国民俗学家提出了引发民俗学认知论转型的"民俗学主义"（folklorism）。[7]1950 年，在主要以都市日常生活为基本研究对象的美国民俗学界，理查德·多尔逊（Richard M. Dorson）创造了"伪民俗"（fakelore）一词。[8]与真、伪民俗的攻城略地相伴，公共民俗学（public folklore）这一分支日渐夯实，并成为美国民俗学的重要分支，乃至成为对外输出的亮点。[9] 随着整个社会的都市化，20世纪80年代以来，以宫田登和仓石忠彦为代表的都市民俗学，在日本也异军突起，颇有声色。

有的争议，则源自认知上的偏差，或者误读。霍布斯鲍姆（Eric Hobsbawm）等人"传统的发明"(the invention of tradition)这一概念原本是探讨民族主义时提出的，可在该概念被译介引入后，国内多数学者基本忽视了其初衷，简单地将其等同于数十年来"各地竞相涌现的以重建或发扬传统为名义的实践"[10]。这使得在我群(We-group)中传承演进的"民俗"，被针对他群的"传统的发明"遮蔽，天、地、人、神同在且素朴的民俗也被刻意政治化、舞台化与意识形态化。最近十多年来，因为自上而下的"非遗"运动的推进，民俗又日渐被掩盖、遮蔽在"非遗"这一强势话语之中。对他者而言，也因为参与"非遗"运动的民俗学者为数甚多，并乐此不疲，中国民俗学在相当意义上也就沦为"非遗"研究或者说"非遗学"的代称。

作为断代史，本书无意对作为民俗学学科研究对象的"民俗"之语义演进进行梳理，而是直接聚焦于20世纪三四十年代的燕京大学[11]民俗学研究。如今在社会学界声势显赫的燕京学派，是以燕大社会学系为根基的，尤其是以声名显赫、门徒众多的吴文藻、费孝通和林耀华为毂的。这里要率先指出的是：民俗学研究在燕大社会学有着举足轻重的地位，甚或可以说现今为人津津乐道的燕大社会学——燕京学派，是以**民俗学为底色**的。换言之，在早期中国民俗学必然有的社会学化（或者说社会科学化）过程中，重传承和日常的民俗研究，也是早年中国社会学的基本内容、组成部分，是中国社会学本土化的基础和有力支撑，还是"本土人类学"得以创立的前提。在近些年来若干关于社会学本土化或中国化之历史的讨论中，这一点始终为争论者所忽略。[12]

1872 年以来[13]，尤其是五四运动前后，Folklore 一词引入中国并产生广泛影响时，它的含义更偏重歌谣、传说、故事、谚语等今天所言的民间文学。1916 年 3 月 19 日，在与胡适（1891—1962）讨论宋元白话文学价值、活的文学和中国是否需要文学革命的通信中，梅光迪（1890—1945）将 Folklore 翻译为"民间文学"。梅光迪写道："来书论宋元文学，甚启聋聩。文学革命自当从'民间文学'（Folklore, Popular poetry, Spoken language, etc.）入手，此无待言。"[14]

要顺带提及的是，长期以来，歌谣运动、中国民间文学运动或者说中国民俗学运动，常常被先入为主地定义为五四运动、文学革命和新文化运动的宁馨儿。然而，从钟敬文对五四时期兴起的"民俗文化学"的绵密梳理可知，以歌谣运动为发端的中国民俗学运动至少是与五四运动同步，相伴相生的。[15]事实上，从 1933 年 12 月 3 日夜写就的《逼上梁山：文学革命的开始》[16]一文可知，胡适与梅光迪、任鸿隽（1886—1961）等在 1916 年前后反复讨论的"民间文学（folklore）"，更可以说是五四运动、文学革命和新文化运动的灵感之源、助推器、助产士，甚或导火索。[17] 1931 年 12 月 30 日，在北大国文系演讲时，作为新文化运动和文学革命的倡导者、践行者，胡适径直将民间文学与欧洲文学相提并论，视其为五四运动、新文化运动的两大源头。[18] 换言之，对胡适而言，民间文学其实就是"活的文学""方言文学"和"白话文学"的同义词，只不过使用语境稍有不同而已。

在胡适那里，Folklore 虽然也常常从众地被称为民俗学，但其实就是民间文学。这样，也就不难理解除周作人之外，胡适对偏重文学取向的歌谣运动的引领性、影响力；不难理解胡适 1922 年将偏重文本的母题（motif）、比较研究引入歌谣研究的必然性[19]；不难理解在 1925 年写就的《〈吴歌甲集〉序》中，他为何会强调方言文学的"活文学"属性[20]；不难理解 1936 年在《歌谣周刊·复刊词》中，他为何会直言歌谣的收集与保存的最大目的就是"要替中国文学扩大范围，增添范本"，"要给中国新文学开一块新的园地"。[21]

20 世纪 20 年代中后期，如同中山大学《民俗周刊》所体现的那样，"民俗"的外延已经扩大到风俗、习惯、仪典、信仰、节庆等民众创造、传承、享有的生活文化。自然，随着人类学（Anthropology）、民族学（Ethnology）、民族志（Ethnograph）等的纷纷引入，究竟该如何翻译 Folklore 一词并对其做出界定，学者们众说不一、意见纷纭，从而出现了基于各自学术渊源、理解和认知的"谣俗学"、"民学"[22]、"民人学"[23] 与"民俗学"[24] 等多种术语。此外，还有风俗学[25]、礼俗学[26] 等提法。

作为回溯性研究，本书对民俗的定义，沿用了钟敬文在其晚年主编的《民俗学概论》中的界定：

> 民俗，即民间风俗，指一个国家或民族中广大民众所创造、享用和传承的生活文化。民俗起源于人类社会群体生活的需要，在特定的民族、时代和地域中不断形成、扩布和演变，为民众的日常生活服务。民俗一旦形成，就成为规范人们的行为、语言和心理的一种基本力量，同时也是民众习得、传承和积累文化创造成果的一种重要方式。[27]

在本书中，民俗有广义和狭义之分。广义的民俗，包括物质生产、物质生活、社会组织、岁时节日、人生仪礼、民间信仰、民间科学技术、民间口头文学、民间语言、民间艺术、民间游戏娱乐等。狭义的民俗则将民间口头文学（民间文学）以及民间语言排除在外。后文中，根据具体的语境不同、涉及的时代不同，本书所使用的"民俗"一词或狭义，或广义。与之相似，广义的民俗学涵括了主要研究民间文学的民间文艺学。

作为一门独立的学科，除作为研究对象的"民俗"之外，民俗学自然还涉及资料、理论、方法和学科史。这些都是本书通过文献的微观细读而尝试梳理的对象，并多少有着将民俗史、民俗学史和民俗学批评史三合一的企图，或者说意味。

长久以来，中国民俗学似乎是一个不言自明的概念。其实，这同样是一个需要进一步厘清的概念。迄今为止，或者是出于"他者"无法洞察民俗中的"心意"部分，因而民俗学是"土著之学"[28] 的预设，中国民俗学大体指的是中国学者所研究的民俗学，而将外国学人对中国民俗的研究排除在外，甚至将中国学者关于民俗的外文写作也排除在外。截至目前，几乎所有中国民俗学史的梳理，都以此为不言自明的边界。固然，这使中国民俗学更中国、更纯粹，也使得原本丰富多元的学科史规整单一。然而，这却是以忽视学术交际、演进的基本事实，进而将一系列重要的学术成果排除在外为代价的。

有鉴于此，延续拙著《"土著"之学：辅仁札记》，本书对中国民俗学的定义不是以研究者的国别，而是以研究对象来界定的。[29] 即，无论研究者来自何处、用何种语言写作，也无论研究者是名流大家还是无名小辈，只要是中国民俗研究，本书都将之视为中国民俗学。因此，本书虽然着力点在燕大民俗学，却时常会涉及大致同期同样在北平的辅仁大学（Fu Jen Catholic University）以传教士群体为主的中国民俗学研究，且不时瞻前顾后，左右逢源。

正如《"土著"之学：辅仁札记》一书呈现的那样，除了长期被学界忽视的赵卫邦（1908—1986）关于扶箕、秧歌、中秋游戏、推命术、民间宗教以及中国民俗学史的英文写作之外，曾经在辅仁工作的传教士司礼义（Paul Serruys，1912—1999）、贺登崧（W. Grootaers, 1911—1999）等关于大同、万全、宣化等地婚俗、祈雨、故事、童谣、谜语、庙宇、神像等的调查研究，都是杰出的中国民俗学研究，完全可以称之为"土著之学"。这些不同国别、身份的学者对中国民俗的外文写作，都是在与同期中国学者相关研究的对话背景下展开的。他们在进行关于中国民俗的研究时，不仅有着自己的学术传统与理念，也关注着中国学者的相关成果，并力求融入中国学界，引起后者的重视，乃至对后者产生影响。贺登崧带领他在辅仁大学的学生王辅世（1919—2001）、李世瑜（1922—2010）等人运用地理学和语言学的方法，对大同、万全、宣化诸地部分乡村庙宇开展了地毯式的普查、描述和分析，更是前无古人，后无来者。[30]

1924 年《歌谣周刊》第 62、63 和 64 号，连续刊载了董作宾（1895—1963）对歌谣《看见她》进行整理研究的尝试[31]，成为歌谣运动的标志性成果之一。二十年后，在研究山西大同城南的谜语和儿歌时，司礼义对国人称道的董作宾《看见她》之研究中肯而严肃地批评道：

> 某种歌谣的流传地域极少能跟某一省的行政边界相吻合。因此，对民俗研究而言，如果我们讨论所用素材仅仅是分省采集来的，或者是从每个省最重要的城市选取一二个标本，都是不够的。例如，在《歌谣周刊》第 62、63 号，董作宾对以"看见她"为主题的歌谣做过一个全面的概括，并在以后几期做过一些补充注释及解释工作。显然，董作宾下了很大功夫。可是，在这类歌谣资料的完全掌握、分类、流布、其最新的发展形式等方面，我们的研究仍然远远不够。不管结论多么有趣，该文作为研究不同习俗和方言的努力，值得肯定。然而，该文对《看见她》的各种类型与其流布地域之间的相互依存的研究，明显是太泛且粗糙了。因为撒在全中国的搜集歌谣资料及信息之"网"的网眼太过疏阔，以

至于不能捕捉到许多令人兴奋的"鱼"，可是也只有这些"鱼"才能决定同一主题的两种不同类型的歌谣的真正分界线。就拿以"看见她"为主题的歌谣为例，45首歌谣中只有两首代表山西，一首出自陕西，一首采自四川，而河北一省却有十余首之多！[32]

或者是深入调研中国诸多民俗而了解中国民俗学研究状况的缘故，也或者是没有看到同期燕大民俗学研究成果的缘故，更或者是作为一个外国人而旁观者清的缘故，司礼义对当时中国民俗学的整体情形——资料的搜集、调查、研究、释读的方法以及成果——有着温和而不乏严厉的批判。他总体认为，中国学者"**极少对民俗本身，即民俗资料本身，投入全部的心力**"，反而往往顾左右而言他，心有旁系。不仅是对于当时，就是对当下的中国民俗学而言，这一批评都堪称振聋发聩，醍醐灌顶。在此，有必要引用他三段不短的文字：

> 近些年来，中国的许多学者对民俗表现出了显著的兴趣。有些人致力于诸如民歌和童谣的专题研究。这些学者认为，民歌和童谣是能给白话文学带来灵感的新鲜元素。然而事实上，目前人们对中国民俗的了解仍旧不多。如此断言的原因有二：首先，尽管有很多人做了大量的工作，可是我们仍然停留在搜集民俗材料的初级阶段；其次，已经搜集到大量材料的方法并不能令人满意。

"中国民俗"这一术语涵盖的领域太广，而现有的民俗研究机构又太少，且从事田野工作的学者太过分散，毫无组织。再者，中国民俗的内容可以再细分为许多专项，比如：宗教、民歌、习俗、各类民间艺术、戏曲，等等。每一类都有大量的事实资料有待搜集、整理、研究、阐释。对这些不同专项中的每一件作品，应该围绕其源生地、实际传布的邻近地域、其影响力及其自身的消长等方面进行研究，而所有这些方面又与其他的历史和文化因素的接触密切相关。似乎可以这样加一句，在整个中国文学领域，一些历史问题的出现，也为中国文学研究带来了一系列引人注目的、需要严正思考的新亮点。

然而，中国民俗研究这一浩大的工程，却只有很少数的人愿意参与其中。可是，在很多时候，就是这些参与其中的很少数的人，他们真正的民俗学视角也是相当缺乏的。一些民俗研究者走了弯路。在民俗研究的旗帜下，他们掺杂了其他各种不同的观照。他们大谈语言、文学、教育，甚至政治，但极少对民俗本身，即民俗资料本身，投入全部的心力。[33]

当然，正如本书将要展示的，在 20 世纪前半叶，中国本土民俗学者的研究并非一无是处，反而随着学科内在演进的必然性和社会学本土化的浪潮，民俗学在 20 世纪三四十年代就有意识地开始了社会科学化的历程，并在相当意义上形成了中国现代民俗学运动中"社会学的民俗学"这一流派。该流派的主体，就是长期遭到忽视的燕大的民俗学研究。除了不少基于文献的风俗研究 [34] 和关于歌谣、谚语、故事、传说的民间文学的毕业论文 [35]，在吴文藻、杨堃、赵承信、黄迪、林耀华等诸多师长的引领下，燕大陆续出现了一批基于田野调查且结合文献的民俗学研究，如：邱雪峨《一个村落社区产育礼俗的研究》（1935）、权国英《北平年节风俗》（1940）、陈封雄《一个村庄之死亡礼俗》（1940）、石堉壬《一个农村的性生活》（1941）、虞权《平郊村的住宅设备与家庭生活》（1941）、邢炳南《平郊村之农具》（1941）、李慰祖《四大门》（1941）、马树茂《一个乡村的医生》（1949），等等。

遗憾的是，因为学术史写作中的"英雄（名流）史观"、从果溯因的逆向写作策略以及狭隘的学科界限，这些用中文写成的研究由于其作者的学生身份 [36]，基本长期被束之高阁，少人问津。在此意义上，本书对 20 世纪三四十年代燕大民俗学研究的梳理，也是欲突破英雄史观，关注被忽视与淹没的一群人——日常生活中作为常态的小我——的学术史。

/ 时空范围

之所以主要选取 20 世纪三四十年代地处北平的燕大，原因是这所著名教会大学的民俗学研究，一直是既有的中国民俗学学术史或直接忽略，或语焉不详的领域。当然，本书主要专注于对燕大毕业论文的微观细读，直接面对，探讨这些名不见经传的毕业论文的学术价值与史料价值。这种取径也是对既有中西文化大语境中比较研究[37]、燕大社会学学科史研究[38]和少数基于社会学视角对燕大毕业论文研究[39]的拓展，抑或说补充。在燕大完成的这些毕业论文，多数是立足北平，对郊区某个村落（如学名①为平郊村的前八家村）的民俗进行微观细描，对清河镇、海甸（淀）乡抑或北京城的某个民俗事象的中观研究，但同样有对罗罗、黔苗、桂瑶、藏族等"边民"的民俗研究，有对全国各地婚丧风俗甚或更具体的闹新房礼俗的宏观勾画。简言之，这些民俗研究涉及的空间立足北京，波及全国。

虽然偏重民间文学，但对 20 世纪前半叶的中国民俗学史而言，洪长泰《到民间去：中国知识分子与民间文学，1918—1937》[40]和赵世瑜《眼光向下的革命：中国现代民俗学思想史论（1918—1937）》[41]无疑是扛鼎之作。按照当时的大历史分期，两人的写作时段都终止在卢沟桥事变，即从五四运动到传统意义上的抗日战争前。鉴于两人著述在学术界的巨大影响，这难免给人留下 20 世纪前半叶的中国民俗学运动止于卢沟桥事变的片面印象，尤其是沦陷区似乎没有了民俗学和民间文学研究。就这些学术史的取材而言，其主要着眼点是后世认可的名家，对于名不见经传的青年学子撰写的毕业论文少有涉猎，甚或抓大放小地只关注周作人、刘半农（刘复，1891—1934）、胡适、顾颉刚、朱

---

① 人类学、社会学的写作，出于学术论理，常会对调查地与合作者隐去真名，而另起学名。

自清（1898—1948）、郑振铎（1898—1958）、闻一多（1899—1946）和钟敬文等寥寥可数的几个人。[42]

作为后起之秀，一度治学科史的施爱东，无疑有着更广博的视野。[43] 除了周作人、顾颉刚和钟敬文这些著名的民俗学家，史禄国（S. M. Shirokogoroff, 1887—1939）、杨成志、辛树帜（1894—1977）以及傅斯年（1896—1950）等，都成为其中国现代民俗学史观照的对象。然而，因为更纠结于"人事"，并将学术界定格在"恩怨江湖"，其开阔的视野以及缤纷的史料，最终被其浓郁的"祖师爷情结"所消解。不仅如此，其前后两部沉甸甸的学术史，也还是没有跳出 Folklore 既定的套路与叙述范式，而将绵延不断的燕大和辅仁的民俗学学术探索与累累硕果排除在外。

关于 20 世纪下半叶的中国民俗学学科史，已经有了黎敏《建国初十年民俗文献史》[44]、毛巧晖《20 世纪下半叶中国民间文艺学思想史论》[45] 这样的断代史与专题史著作。在民间文艺学的通史写作方面，刘守华《中国民间故事史》、刘锡诚《20 世纪中国民间文学学术史》堪称代表。在"发掘利用民间文艺的新热潮"一节，刘守华将 20 世纪三四十年代的篇幅主要留给了边区，虽然也提及"沦陷区"上海，但对同样是"沦陷区"的北平则只字未提。[46] 对同一时段，刘锡诚深描的是边区的信天游等民间文艺的采录，关注"国统区"民间文学的采录以及闻一多、朱自清等人的民间文学研究，对于"沦陷区"北平以燕大为代表的民间文学和民俗学研究及其成果依旧着墨不多。在"战火烽烟中的学科建设（1937—1949）"一章长达 199 页的篇幅中，与本研究关联紧密的"沦陷后北平的民间文学研究"一节只有不到两页的篇幅。[47]

虽然有别于常见的按年代先后顺序的编年史写作，但万建中的民间故事研究史在历史分期的问题上依旧遵循了惯例，即将 1937—1949 视为民间故事研究的沉寂期。[48] 无论是沉寂期，还是随后的体裁、书写、研究方法和类型学诸章，燕大、辅仁的不少相关研究都是缺位的。同样，漆凌云近七十年的民间故事研究史论，也抛弃了按照时间先后顺序的编年史写法，且运用了一些计量研究方法。其强调问题意识而呈板块状的著述，虽然注意到戴尼斯、翟孟生（R. D. Jameson, 1896—1959）等"外人"对中国故事的研究[49]，却依旧未提及燕大、辅仁的相关研究。

事实上，地处北平的燕大、辅仁两所大学相关研究的缺位，不仅是此类长时段的"通史"写作的常态，该不足也出现在毕旭玲对 20 世纪前半叶传说史的梳理中。顾颉刚有名的孟姜女研究和在"古史辨"理念之下展开的对尧、舜、禹传说的研究，既出现在刘锡诚的专书中[50]，也是毕旭玲浓墨重彩分析的对象[51]。然而，在毕著中，顾颉刚直接教诲下的燕大不同院系学生的传说故事研究一样付之阙如。

同样，作为重要的民俗学史家，张紫晨[52]和王文宝[53]的中国民俗学史相关写作，对燕大的民俗学研究基本也是一笔带过。即使涉及，也并未探讨这些研究的学术价值及其对于中国民俗学以及民间文学理论建设、学科演进的重要意义。1998 年和 2008 年，刘铁梁先后发表了两篇架构独特且不乏真知灼见的回顾中国民俗学发展的长文。然而，在侧重历史分期的阶段性成果介绍中，燕大、辅仁以及中法汉学研究所的成果，比重同样很小，而在对于中国民俗学思想演进的梳理中，则完全没有了燕大民俗学等沦陷区民俗学的份额。[54] 此外，钟敬文主编的《民俗学概论》这样权威的教科书，其"现代民俗学史"一节，只字未提燕大、辅仁的相关研究。[55]

晚近，学界对"风俗""民俗"两个语词在近现代中国的演进有了诸多考证，概念史色彩浓厚。除彭恒礼之外[56]，王晓葵对"风俗"和"民俗"两个语词意涵的演进与更替的梳理，是在中日比较的视野下进行的，并尝试以此写出他的中国民俗学史。[57] 在其精彩的分析中，他两度提及孙末楠的 Folkways 和 Mores。但是，深受孙末楠民俗学说影响的燕大民俗学先后研究风俗、礼俗的诸多成果，同样在他的写作中缺位。这也导致他沿用了中国民俗学在 20 世纪末才出现人类学转向的陈说[58]，从而使其"概念史"在相当意义上回归既有的主流中国民俗学史"英雄"叙事之机械范式。

在跨国别语境下，日本著名民俗学家岩本通弥对中、日、韩的民俗学演进分别进行了梳理。在对中国民俗学百年来的演进粗中有细的勾勒点染中，岩本也止步于围绕 Folklore 的中国民俗学史一直浓墨重彩论述的主流，未触及燕大民俗学及其演进，即 Folkways 这一别径。[59]

此外，将社会学与时代对接，在依据大量调研成果书写成的中国社会学史中，阎明不但忽视了民俗研究在燕大社会学演进中的重要性，也忽视了平郊村的系列研究。[60] 在其具有开创性的中国民族学史中，尽管王建民提及燕大的平郊村调查和辅仁的《民俗学志》，但却仅有三五行的篇幅，无足轻重。[61] 历史学者沈洁曾经将 20 世纪二三十年代源自不同知识背景、不同目的的民俗以及礼俗调查纳入其梳理的范围，不时涉及燕大的民俗学成果。[62] 因为过于关注调查者——"民俗学家"——主观意愿的变化，其宏阔的粗线条勾勒，既忽视了民俗学运动有着差异的内在演进逻辑，也忽现了燕大民俗学的独特性及其价值。

燕大民俗学研究不受重视的原因，或者有四：

其一，1949 年后，在层出不穷的政治运动中，燕大因其"教会"学校属性而被赋予了"帝国主义""资本主义"以及"学术买办""学术殖民"等负面的政治遗产。

其二，太平洋战争爆发后，燕大同样被迫关停，相当一批爱国师生被捕入狱。[63] 虽然对此已经有了许多正面的评价与研究，强调燕大师生同样有抗日和坚守民族气节的一面，但对于褊狭而激进的民族主义者而言，这似乎并不足以避免其因位于"沦陷区"而旁涉"汉奸"之可能性的连坐式思维：因"背叛性"，相关的研究成果必须弃之如敝屣。与此同时，当事人往往不是像杨堃那样在自我革新中度过后半生，就是像薛诚之（1907—1988）、李素英（1910？—1986）、陈封雄（1917—1999）、李慰祖（1918—2010）等人那样，对自己前半生热爱并倾力的民俗学、民间文学不愿提及，不与外人道。

其三，最重要也最为根本的原因，可能是当时传播渠道和方式有限，未能及时公开出版，燕大这些关于民俗、民间文学研究的毕业论文无从为外人知晓。[64] 对于严谨、开明而敢于突破的写作者而言，无法读到这些文献，这些重要的学术成果在学术史写作中占有位置，自然就没有可能。何况，如前所言，包括民俗学史在内，既有的学术史写作基本没有突破"英雄"史观和由果溯因写作路径的桎梏。

其四，画地为牢、故步自封的"小家子气"学科意识。这既是针对民俗学而言，也是针对社会学而言。双方都先入为主地将燕大社会学的研究，视为与民俗学关系不大，甚或没有关系的社会学。

在时段上，本书将研究主要设定在 20 世纪三四十年代，前后适当有所延伸，即 1926—1950 年。其原因有二：其一，抗日战争爆发是在 1931 年；其二，燕大民俗学研究主要是在这二十多年中轰轰烈烈展开，并有序推进。换言之，1931 年这个对中华民族生死存亡至关重要的时间节点，确实是政治性的，但对于燕大的学科发展、民俗学研究的内在演进而言，它也是学术性的。虽然燕大 1952 年才被关停、分流，但民俗方面的研究则基本是以洪德方 1950 年完成的毕业论文《学龄前的儿童与故事》为结尾的。所以，本书研究的时间下限是 1950 年，而非 1952年。换言之，时间的设定，同样是以燕大民俗学研究的实际情况为依据的。

1922 年，归并整合过程中的燕大成立了社会学系（全称是社会学及社会服务学系）。1926 年，许仕廉出任系主任，并明确将"风俗研究"列在燕大社会学系的中国风俗、人口、犯罪、劳工、乡村、社会思想史、家庭状况、种族问题、人民生活状况和社会运动状况这十大研究之首。[65] 1927 年，栗庆云的学士毕业论文就是《周代婚嫁礼俗考》。自此，结合同步运行的燕大社会学系清河试验区（1928—1937）[66] 以及"社会学实验室"平郊村（前八家村）（1939—1941、1945—1950）工作的展开，关于民俗（或称风俗、礼俗以及民风）的研究日渐增多，并在 20 世纪三四十年代有了规模，成了气候。在此历程中，相继在燕大任教的顾颉刚和杨堃两人最为重要。

如拙著《"口耳"之学：燕京札记》所示，1929 年，因为《吴歌甲集》、孟姜女故事研究和妙峰山调查，已经成为中国民俗学运动一面旗帜的顾颉刚[67]，从地处广州的中山大学北上燕大，一直任教到 1937 年。连同原本在燕大任教的周作人、郭绍虞（1893—1984），以及稍后也加盟燕大的郑振铎，在这些师长的影响下，历史系、国文学系产生了韩叔信（1903—?）、齐思和（1907—1980）、李素英、薛诚之、杨文松等人撰写的研究传说、歌谣、谚语、故事等民间文学的厚重的毕业论文。在外籍教师的指导下，英语系也有了直接进行中英歌谣对比和中英童话比较的毕业论文。家政学系、教育学系同样出现了儿童故事与游戏方面的毕业论文。

1932 年 9—12 月，在燕大讲学的罗伯特·派克（Robert. E. Park, 1864—1944）开设了"集合行为"和"社会学研究班"两个系列讲座。派克在讲座中对孙末楠名著 *Folkways* 的力推，在相当程度上影响了燕大社会学系的民俗学研究和燕大社会学的演进。然而，就燕大民俗学研究的具体实践而言，虽然吴文藻、黄石、赵承信、黄迪等人都有着巨大影响，但 1937 年杨堃的正式入职无疑是更加浓墨重彩的一笔。

与周作人[68]、何思敬[69]一度觉得应该将民俗学降格为记录材料的"民俗志"之沮丧不同，到 20 世纪 30 年代初期，起起伏伏的中国民俗学运动已经自发地出现了社会科学化的追求。[70]杨堃、黄石、江绍原、娄子匡、钟敬文等前贤都有相应的呼吁与研究。1931 年归国的杨堃，受到以涂尔干、莫斯和葛兰言为代表的法国社会学的影响，同时也受到汪继乃波民俗学的影响，始终在不遗余力地倡导中国民俗学的社会科学化，或者说"社会学化"。

1936 年，杨堃就明确提出了中国民俗学更应该成为与文学的民俗学、史学的民俗学、神话学派的民俗学不一样的"社会学的民俗学"。[71]正式入职燕大后，杨堃更是与一直重视民俗研究，并倡导社区 – 功能研究的燕大社会学系赵承信、黄迪等同人不谋而合。一直到太平洋战争爆发，作为中坚与主力，杨堃始终兢兢业业地指导学生进行社会学的民俗学的研究实践。到 1941 年，已经明确查找到的导师署名为杨堃的燕大民俗学毕业论文有 19 篇。这些研究涉及人生仪礼、岁时节日、宗教信仰、学科史、住宅空间及其设备、行当、社会组织、边民以及社会学史等诸多方面，使社会学的民俗学得以落到实处。

本书对燕大民俗学研究的呈现，主要就是通过细读这些毕业论文，窥其资料、理论、方法，希望用这些学术成果本身在学术史上给予燕大民俗学研究一个位置。为了使研究更具焦点，也因为已有《"口耳"之学：燕京札记》重点关注燕大民间文学研究的探讨，本书更偏重燕大狭义的民俗学研究。

此外，虽然有着田野调查，有着重视方言、主位表达和民俗资料本身等诸多共性，但同期同在北平的辅仁与燕大民俗学研究在研究主体、理论建构、范式追求、成果发表等方面有着明显的不同。在既有的中国民俗学史中，二者的际遇却同出一辙。因此，辅仁的民俗学研究是本书的一个重要参照。然而，虽然已经有《"土著"之学：辅仁札记》一书，关于辅仁民俗学研究更为全面系统的梳理，却只能留待将来。

/ 材料与方法

燕大学生的毕业论文大多保存完好。2003—2008 年，笔者曾经在北大图书馆阅读过一些原件。近七年来，在北京大学图书馆"燕京大学毕业论文数据库"，笔者系统阅读了一百余篇相关毕业论文的电子版。如前所述，这些毕业论文是本书得以完成的基本材料。另外，燕大社会学系创办的《社会学界》《燕京社会科学》《燕京社会学界》(*The Yenjing Journal of Social Studies*)、《社会研究》《燕大月刊》《燕大周刊》和《燕大研究院同学会会刊》等杂志，也是本研究的重要资料来源。除此之外，还有许仕廉、吴文藻、杨堃、黄石、赵承信、黄迪、费孝通、林耀华等的相关著述。其中，相当一部分期刊论文来自"民国期刊全文数据库"。此外，为了获得更多的材料，以求知人论世，笔者亦曾在北京大学档案馆、北京师范大学档案馆、云南大学档案馆查找过杨堃、李慰祖、石璧壬等人相关的档案材料。

基于上述这些材料，本书关于燕大民俗学研究的梳理，既想呈现相关民俗事象的演进史，也想呈现这些民俗事象研究的学术史。同时，本书还尝试对这些研究进行学术评价。换言之，不同于惯常或以名家为主或以事件为主的学术史，作为基于文献细读的断代史，本书试图将民俗史、民俗学史和民俗学批评史整合一体，从而更加形象直观，也相对深刻地再现这段生发在特定时空却因种种原因长期被忽略的学术成果，进而彰显这些成果对于当下学术研究的意义。因为燕大民俗研究的成果远多于民间文学研究的成果，杨堃倡导并践行的"社会学的民俗学"遂构成了本书的主体。

具体而言，本书主要参照的燕大毕业论文有以下 43 篇（按作者姓名音序排列）。除标明了的硕士毕业论文之外，其他未明确标示的都属学士毕业论文。杨堃指导的论文，也在括号中加以注明。

1. 陈封雄：《一个村庄之死亡礼俗》（杨堃），1940

2. 陈涵芬：《北平北郊某村妇女地位》，1940

3. 陈怀桢：《中国婚丧风俗之分析》，1934

4. 陈礼颂：《一个潮州村落社区的宗族研究》，1935

5. 陈永龄：《平郊村的庙宇宗教》（杨堃），1941

6. 方大慈：《平郊村之乡鸭业》，1941

7. 费孝通：《亲迎婚俗之研究》，1933

8. 韩光远：《平郊村一个农家的个案研究》，1941

9. 洪德方：《学龄前的儿童与故事》，1950

10. 黄迪：《孙末楠的社会学》（硕士），1934

11. 郭兴业：《北平妇女生活的禁忌礼俗》（杨堃），1941

12. 蒋旨昂：《卢家村》，1934

13. 李国轼：《某村之土地制度》，1940

14. 李荣贞：《中国民俗学的发展》（杨堃），1940

15. 李素英：《中国近世歌谣研究》（硕士），1936

16. 李慰祖：《四大门》（杨堃），1941

17. 李有义：《山西徐沟县农村社会组织》，1936

18. 林耀华：《义序宗族的研究》（硕士），1935

19. 刘纪华：《中国贞节观念的历史演变》，1934

20. 刘秀宏：《前八家村之徐姓家族》，1947

21. 刘诒娀：《黔苗研究》（杨堃），1939

22. 刘颖方：《桂猺研究》（杨堃），1939

23. 马树茂：《一个乡村的医生》，1949

24. 潘玉祼：《一个村镇的农妇》，1932

25. 邱雪峩：《一个村落社区产育礼俗的研究》，1935

26. 权国英：《北平年节风俗》（杨堃），1940

27. 石堉壬：《一个农村的性生活》（杨堃），1941

28. 栗庆云：《周代婚嫁礼俗考》，1927

29. 孙咸方：《中国各地闹新房礼俗》（杨堃）， 1940

30. 万树庸：《黄土北店村的研究》（硕士），1932

31. 王纯厚：《北平儿童生活礼俗》（杨堃），1940

32. 汪明玉：《中国杀婴的研究》，1934

33. 邢炳南：《平郊村之农具》，1941

34. 薛诚之：《谚语研究》（硕士），1936

35. 杨文松：《唐小说中同型故事之研究》，1935

36. 杨毓文：《儿童玩具及游戏用具之研究》，1948

37. 姚慈霭：《婆媳关系》，1932

38. 虞权：《平郊村的住宅设备与家庭生活》（杨堃），
    1941

39. 玉文华：《西冉村的农民生活与教育》， 1939

40. 张南滨：《中国民俗学研究的发展》，1934

41. 张绪生：《平郊村学龄儿童所受的教育》，1948

42. 赵盛铎：《西藏民族之社会生活及礼俗之研究》（杨堃），
    1939

43. 周恩慈：《北平婚姻礼俗》（杨堃），1940

此外，本书还不同程度涉及以下 42 篇毕业论文：

1. 蔡公期：《平郊村农工之分析》，1947

2. 陈哲：《北平市警察行政》，1937

3. 陈焕锦：《进让村调查》，1927

4. 邓淑贤：《清河试验区妇女工作》，1934

5. 杜含英：《歌谣中的河北民间社会》（杨堃），1939

6. 杜连华：《罗罗之研究》（杨堃），1939

7. 高爱梅：《东胡民族风俗考》，1929

8. 管玉琳：《中国老年救济》，1941

9. 韩叔信：《龙与帝王的故事》，1931

10. 金润芝：《燕京大学毕业女生之婚姻调查》，1934

11. 孔祥莹：《某村大农与小农农业经营之比较》，1940

12. 李镇：《事变后平郊某村之合作事业》，1941

13. 李鸿钧：《清河小本贷款研究》，1934

14. 梁树祥：《清河小学》，1935

15. 廖泰初：《定县的实验：一个历史发展的研究与评价》（硕士），1935

16. 凌景埏：《弹词研究》，1930

17. 刘庆衍：《蓝旗营卫生状况及其改进方案》，1940

18. 刘寿慈：《印度寓言》，1927

19. 刘曾壮：《北平梨园行之研究》（杨堃），1940

20. 陆懿薇：《福州年节风俗的研究》，1934

21. 卢懿庄：《娼妓制度研究》，1935

22. 麦倩曾：《北平娼妓调查》，1930

23. 齐思和：《黄帝之制器故事》，1931

24. 沈兆麟：《平郊某村政治组织》，1940

25. 孙以芳：《中国社会学的发展》（杨堃），1940

26. 王际和：《清河试验区合作会计之研究》，1936

27. 杨景行：《平郊村一个手工业家庭的研究》，1948

28. 杨骏昌：《清河合作》，1935

29. 杨庆堃：《邹平市集之研究》（硕士），1934

30. 杨肖彭：《北平梨园行之研究》，1933

31. 姚汉城：《一个都市摊贩之研究》，1949

32. 尹襄：《北京基督教女青年会》，1941

33. 张金陔：《北平粥厂之研究》，1932

34. 张如怡：《北平女招待研究》，1933

35. 张孝诉：《北平会馆调查》，1936

36. 张中堂：《一个村庄几种组织的研究》，1932

37. 周乃森：《一百个精神病学生个案的分析》，1941

38. 周廷壎：《一个农村人口数量的分析》，1940

39. 周荫君：《北平社会局妇女教养所收容妇女之研究》，
1948

40. 朱炳苏：《岔曲研究》，1938

41. K'uang, Wen Hsiung. "A Comparison between Chinese and Western Fairy Tales", 1936.

42. Wang, T'ung Feng. "A Comparative Study of British and Chinese Ballads", 1940.

/ 主旨及不足

　　除绪论、结语性质的首尾两章之外，本书正文二、三、四章，分别从孙末楠民俗学说的引入、产生影响和燕大民俗学研究从风俗到礼俗的演进两个层面，呈现社会学视野下的民俗认知。其中，也涉及清末民初"风俗"观念的演进，及其对中国民俗学运动独特性和多样性的深远影响。五、六两章，呈现社会学的民俗学领军者杨堃对于民俗学的译述与研究，也涉及中国现代民俗学运动社会科学化之内发性演进的分析。第七章，描述的是基于"考现"的社会学的民俗学之方法论与认知论。八、九两章，细描了燕大社会学的民俗学的成果，集中从房舍中的生命历程、乡土宗教的生态两个层面进行叙述、比较与说明，展现社会学的民俗学的具体实践。这些铺陈意在说明：

　　（1）现代科学意义上的中国民俗学，外发于偏重口传民间文学的 Folklore，内发于晚清史界革命新史学引发出的风俗学。二者的交替演进，形成了 20 世纪以来中国民俗学运动的主流。

　　（2）在 20 世纪 20 年代晚期，随着草创时期的中国社会学本土化运动呼声的高涨，最终指向民族性（Ethos）的美国社会学家、民俗学家孙末楠的著作 *Folkways* 一书译介到了中国。这暗合了生发于晚清新史学的风俗观。由此，在中国社会学本土化运动中，民俗研究堪称举足轻重。在 20 世纪三四十年代，这也自然使得社会科学化（社会学化）的民俗学——立足于 Folkways 的民俗学或者说受 Folkways 影响的民俗学——在中国茁壮成长。

（3）在相当意义上，中国民俗学在早期就有着从 Folklore 到 Folkways 的演化。在社会学的民俗学研究展开的过程中，二者有机互渗互融，并造就了中国民俗学有别于欧、美、日等他国民俗学的独具一格的演进路径和学术品格。

虽然牵涉到学科史发端的问题，但本书的基本定位是断代史。作为断代史，本书首先尝试展现的是，现代中国民俗学运动中社会学的民俗学这一长期被忽视的宏大支流及其演化轨迹。这又可分为如下四个方面：

其一，20 世纪三四十年代，在既有研究的基础之上，中国民俗学的研究实践和理论创新并未因抗战的爆发、家国危机的日深而中断，反而在认知论、方法论和实践论诸多层面，都有序地向社会科学化推进与转型，并形成了融资料性、科学性于一体，又因"**热描**"而具有高度可读性的记述、比较和说明的"**民俗学志**"。

其二，不仅如此，燕大的民俗学还使得现代中国民俗学在经历了北大时期以周作人为代表的文学的民俗学、中大时期以顾颉刚为代表的史学的民俗学之后，全面地发生了向社会科学的民俗学的转型，形成了以燕大师生为代表的"社会学的民俗学"。

其三，在 20 世纪三四十年代，追求科学性、朝向当下、基于小社区的微观研究，功能分析、基于方言区的中观研究，田野作业（局内观察法/居住法）与文献研究相结合，纵横比较、图文互释，已经是这一时期中国民俗学的基本特色。个案研究、个体叙事、生活/生命史、口述史等也是常见的研究样态。

其四，燕大基于"考现"，且研究主体基于自我反思而"热描"具体事象的民俗学志，是跨学科、超文类的，并在相当意义上影响了燕大社会学的演进。

从时段与研究的具体风格而言，在一直重视风俗／民俗研究的燕大社会学系，集中体现"社会学的民俗学"这一主题的毕业论文，大致经历了一个从"风俗"到"礼俗"的演进历程。大地域取向的风俗研究，既有着 20 世纪二三十年代方兴未艾的方志学的影响，更与 1930 年前后国内学界对孙末楠"民俗学说"，尤其是 *Folkways* 一书的译介紧密相关。1933 年费孝通《亲迎婚俗之研究》和 1934 年陈怀桢《中国婚丧风俗之分析》都取材于数百种方志，粗线条地勾画出了其所关注的民俗事象的分布版图，目的明确地绘制出了"民俗地图"。因此，20 世纪 30 年代初期侧重于文献的风俗研究，大致是"区域的"与"历史的"，研究者也试图借用新的认知，重新定义"风俗"。

与此同时，受同期乡建运动和社会调查运动的影响，结合涵盖四十多个村落的燕大清河试验区的具体实践，燕大社会学系也有完全基于乡村建设实践本身的全方位观察。万树庸《黄土北店村的研究》（1932）和蒋旨昂《卢家村》（1934）就对这两个村落的自然、人口、物产、政治、教育、经济、宗教等各个方面进行了全方位的扫描。[72] 与此不同，在吴文藻等人试图整合社区研究与功能研究的引领下，邱雪峨《一个村落社区产育礼俗的研究》（1935）就是对清河这个集镇产育礼俗杰出的专项民俗学志。以此为标杆，燕大"社会学的民俗学"也焕然一新，进入以社区 –

功能论为主导的"礼俗"研究。

作为一个标志性事件，卢沟桥事变既加速了燕大清河试验区的终止，也促了赵承信主导的平郊村（前八家村）这个"社会学实验室"的诞生和事无巨细的微观研究。熟稔法国社会学和汪继乃波民俗学，并一直鼓吹、践行"社会学的民俗学"的杨堃的加盟，使得对平郊村以及北平相关民俗的研究呈现出井喷之势，涉及人生仪礼、宗教信仰、岁时节庆、农耕生产、村宅民居、家用器具等多个方面。这些主要基于具体时空的民俗研究——"考现学"，不但"平视"民众，还将研究者的田野研究过程，即与研究对象的交往互动过程纳入研究范畴，并且兼顾文献研究，有着比较的视野。长期被视为中国文化两极的"礼"与"俗"以及"风"与"制"，在这些经验研究中相互涵盖、水乳交融，有了互文性 (intertextualité) 与互释性。同时，当下中国民俗学倡导的过程视角、个体叙事、生命史、口述史等，也在燕大社会学的民俗学中有了滥觞，并不乏娴熟的应用。

难能可贵的是，这些毕业论文并没有机械地套用某种理论，或是连篇累牍地阐释、建构某种理论，而是力求通过细节、事件、行动者和方言俚语，清楚地呈现有着行动主体——民众和研究者——的某一民俗的全貌，悄然无痕地将研究者的理解、认知融入对事象、事件与行动者逻辑清晰的叙写之中，形成了兼具资料性、可读性和科学性的一种独特文体——民俗学志。不但多重证据的"考现"、整体的研究方法和鲜活的日常，空间、时间、人生、生命观、变迁、社会网络与交际等个体和群体都必须面对的观念、感受与实践，也都成为这些民俗学志的基本主题。显然，杨堃、赵承信、黄迪诸位导师指导的多篇以平郊村为基本田野地的民俗学研究，绝不仅仅是在研究平郊村。通过这些研究，我们完全可以知悉那个年代北京城乡以及当时中国多数地方芸芸众生的生活日常。

而且，在那段强敌入侵、山河破碎、救亡图存的艰难岁月，留守北平的燕大师生既未屈膝变节，也未随波逐流，而是坚守学术、安心向学。兢兢业业、一丝不苟关注小老百姓日常生产生活的民俗学志之中，有着对侵略者、对纷乱现实无声的抗议，有着对生命的敬畏和对天下苍生的大关怀。这鲜明地体现了作为一门学科的民俗学的当下性、在野性和反抗性。在此意义上，这些名不见经传的学术写作，同样是自立自强的民族大业有机的组成部分，有着显在的民族性。

总之，本书对燕大民俗学研究的钩沉——断代史的书写——主旨是：20 世纪三四十年代，中国民俗学已经在相当意义上实现了向社会科学的转型，并出现了社会学的民俗学这一支派。

当然，本书的旨趣又不限于此，还有些题外之意。首先，参照同期辅仁的民俗学研究，就会发现中国民俗学不应该仅仅是中国学者展开研究的学科，它更应该是以中国民俗为研究对象的学科。其次，有必要进一步完善甚或重新书写中国民俗学史。最后，中国人文社会科学或许都不同程度地存在类似忽视不少学科优秀成果与传统的问题。因此，突破英雄史观，正视丰富的学科传统，也就具有了普遍意义上现实性、紧迫性与必要性。

由于时间、精力与能力等方面的原因，也是为了凸显叙述的逻辑性与整体性，上述的题外之意均只是点到为止。即使是本书倾心倾力梳理的狭义的燕大民俗学研究，也并未面面俱到、均衡用力，而是有着下述选择和取舍：

（1）因偏重立足于北京的民俗学研究，所以没有涉及燕大1942—1945 在成都办学期间的相关研究。

（2）主要呈现杨堃、吴文藻、赵承信、黄石、黄迪等人的引领作用，偏重人生仪礼、岁时节日、居住空间与器具、宗教信仰、学科史、理论与方法，相对忽视了对于社会组织、经济、新旧社群、行业民俗和少数民族民俗等研究的梳理。

（3）以社会学实验室平郊村的民俗学研究为主，而以清河试验区以及北京其他村落的相关研究为辅。

注　释

1. 费孝通：《谈谈民俗学》，见张紫晨编：《民俗学讲演集》，1 页，北京，书目文献出版社，1986。
2. 费孝通：《谈谈民俗学》，见同上书，2、3 页。
3. 费孝通：《谈谈民俗学》，见同上书，3、8~9 页。
4. 关于这个英文单词在英国的产生、定型与盛行，参见 Emrich, Duncan, "'Folk-Lore'：William John Thoms", in *California Folklore Quarterly*, vol. 5, no. 4 (1946), pp. 335-374；杨堃：《民人学与民族学（上篇）》，载《民族学研究集刊》，第三期（1940），131~157 页。

5. 岳永逸:《都市中国的乡土音声:民俗、曲艺与心性》,3~14 页,北京,中国人民大学出版社,2015。

6. 乌丙安:《思路与出路:保护非物质文化遗产热潮中的中国民俗学》,载《河南社会科学》,2007 年第 2 期,1~6 页;周星:《非物质文化遗产保护运动和中国民俗学》,载《思想战线》,2012 年第 6 期,1~8 页。

7. 周星、王霄冰主编:《现代民俗学的视野与方向:民俗主义·本真性·公共民俗学·日常生活》,29~167 页,北京,商务印书馆,2018。

8. [美]阿兰·邓迪斯:《伪民俗的制造》,周蕙英译,载《民间文化论坛》,2004 年第 5 期,103~110 页。

9. [美]罗伯特·巴龙:《美国公众民俗学:历史、问题和挑战》,黄龙光译,载《文化遗产》,2010 年第 1 期,86~96 页。

10. 齐钊:《"传统的发明"的超越与传统多样性的敬畏》,载《民俗研究》,2017 年第 1 期,41~47 页。

11. 关于燕大的基本情况,参见 [美]约翰·司徒雷登:《在华五十年:司徒雷登回忆录》,程宗家译,44~76、118~128 页,北京,北京出版社,1982;燕京大学校友校史编写委员会编:《燕京大学史稿:1919~1952》,北京,人民中国出版社,1999;罗义贤:《司徒雷登与燕京大学》,贵阳,贵州人民出版社,2005;陈远:《燕京大学:1919~1952》,杭州,浙江人民出版社,2013;[美]菲利普·韦斯特:《燕京大学与中西关系:1916—1952》,程龙译,北京,北京师范大学出版社,2019。

12. 参见王铭铭:《社会人类学与中国研究》,桂林,广西师范大学出版社,2005;周飞舟:《行动伦理与"关系社会":社会学中国化的路径》,载《社会学研究》,2018 年第 1 期,41~62 页;谢宇:《走出中国社会学本土化讨论的误区》,载《社会学研究》,2018 年第 2 期,1~13 页;梁永佳:《超越社会科学的"中西二分"》,载《开放时代》,2019 年第 6 期，67~80 页；周晓红：《社会学本土化：狭义或广义，伪问题或真现实》，载《社会学研究》，2020 年第 1 期，16~36 页。

13. Dennys, N. B., "Chinese Folk-lore", in *The China Review, or Notes and Queries on the Far East*, vol. 1, no.2 (1872), p.138.

14. 转引自《胡适文集》第 1 卷，133 页，北京，北京大学出版社，2013。

15. 钟敬文：《民俗文化学：梗概与兴起》，85~142 页，北京，中华书局，1996。

16. 《胡适文集》第 1 卷，127~148、275~314 页，北京，北京大学出版社，2013。

17. 正是因为胡适对民间文学"意外"的发现，才将他自己"逼上梁山"，铁了心要造半死不活的古文文学的反。在多年后对唐德刚（1920—2009）口述的英文自传中，胡适对他早年发现的"活文学 – 民间文学"，仍然念念不忘，并将之定性为"革命性的理论"。胡适认为，相较半死不活的古文文学，还有双线平行发展的"活文学 – 民间文学"。他写道："但是在同一时期——那从头到尾的整个两千年之中——还有另一条线，另一基层和它平行发展的，那个一直不断向前发展的活的民间诗歌、故事、历史故事诗、一般故事诗、巷尾街头那些职业讲古说书人所讲的评话等不一而足。这一堆数不尽的无名艺人、作家、主妇、乡土歌唱家；那无数的男女，在千百年来无穷无尽的岁月里，却发展出一种以催眠曲、民谣、民歌、民间故事、讽喻诗、讽喻故事、情诗、情歌、英雄文学、儿女文学等等方式出现的活文学。"《胡适文集》第 1 卷，380 页，北京，北京大学出版社，2013。

18. 《胡适文集》第 12 卷，17~20 页，北京，北京大学出版社，2013。

19. 《胡适文集》第 3 卷，563~574 页，北京，北京大学出版社，2013。

20. 《胡适文集》第 4 卷，522~525 页，北京，北京大学出版社，2013。

21. 《胡适文集》第 10 卷，712~718 页，北京，北京大学出版社，2013。

22. 江绍原编译：《现代英吉利谣俗及谣俗学》，上海，中华书局，1932。

23. 杨堃：《民人学与民族学（上篇）》，载《民族学研究集刊》，第三期（1940），131~157页。

24. 杨成志：《现代民俗学——历史与名词》，载《民俗（复刊号）》，第一卷第一期(1936)，1~12页。

25. 陈锡襄：《风俗学试探》，载《民俗周刊》，第五十七～五十九期合刊（1929），1~51页。

26. 黄华节：《礼俗改良与民族复兴》，载《黄钟》，第六卷第一期（1935）14~18页；邓子琴：《中国礼俗学纲要》，南京，中国文化社，1947。

27. 钟敬文主编：《民俗学概论》，1~2页，上海，上海文艺出版社，1998。

28. [日]柳田国男：《民间传承论与乡土生活研究法》，6页，王晓葵、王京、何彬译，北京，学苑出版社，2010。

29. 参见岳永逸：《"土著"之学：辅仁札记》，84页，北京，九州出版社，2021。

30. Grootaers, Willem A., "Les temples villageois de la région au Sudest de Tat'ong (Chansi Nord), leurs inscriptions et leur histoire (The Village Temples in the Southest of Tatung (Shansi), Their Inscriptions and Their History) ", in *Folklore Studies*, vol. 4 (1945), pp. 161-212；Grootaers, Willem A. with Li Shih-yü(李 世 瑜) and Chang Chi-wen (张 冀 文), "Temples and History of Wanch' üan (Chahar). The Geographical Method Applied to Folklore", in *Monumenta Serica*, vol. XIII, (1948), pp. 209-316；Grootaers, Willem A. 李世瑜 and 王辅世，"Rural Temples around Hsüan—Hua (South Chahar), Their Iconography and Their History", in *Folklore Studies*, vol.10, no.1 (1951), pp. 1-116. 关于贺登崧的中国民间文化研究及其贡献，参见邓庆平：《贺登崧神父与中国民间文化研究》，载《民俗研究》，2014年第3期，62~72页。

31. 《歌谣周刊》第六二号（1924）主要是董作宾整理出来的45首《看见

她》歌谣，其研究则刊发在同年第六三、六四号。参见董作宾：《一首歌谣整理研究的尝试》，载《歌谣周刊》，第六三号，第一～七版；第六四号，第一～四版。

32. Serruys, Paul, "Children's Riddles and Ditties from the South of Tatung (Shansi)," in *Folklore Studies*, vol. 4 (1945), p. 214.

33. Serruys, Paul, "Children's Riddles and Ditties from the South of Tatung (Shansi)," in *Folklore Studies*, vol. 4 (1945), pp. 213-214.

34. 参见栗庆云《周代婚嫁礼俗考》（1927）、高爱梅《东胡民族风俗考》（1929）、费孝通《亲迎婚俗之研究》（1933）和陈怀桢《中国婚丧风俗之分析》（1934）等。

35. 参见杨文松《唐小说中同型故事之研究》（1935）、李素英《中国近世歌谣研究》（1936）、薛诚之《谚语研究》（1936）、洪德方《学龄前的儿童与故事》（1950），K'uang, Wen Hsiung, "A Comparison between Chinese and Western Fairy Tales"(1936), Wang, T'ung Feng, "A Comparative Study of British and Chinese Ballads"（1940）。对这些论文的梳理与释读，参见岳永逸：《"口耳"之学：燕京札记》，1~170 页，北京，九州出版社，2022。

36. 关于 1930 年前后，燕大学生的家庭出身、经济条件、父亲职业、地域构成、学费负担、性别比例、就业前景等，专门研究费孝通的欧达伟曾有简明扼要的分析。参见 [美] 大卫·阿古什：《费孝通传》，董天民译，9~10 页，郑州，河南人民出版社，2006。

37. [美] 菲利普·韦斯特：《燕京大学与中西关系：1916—1952》，程龙译，北京，北京师范大学出版社，2019。

38. 杨燕：《移植与本土：燕京大学社会学学科发展研究（1922—1952）》，北京，北京师范大学博士学位论文，2016。

39. 李怡婷：《功能与区位：1922—1952 年燕京大学法学院社会学系的乡村研究》，北京，中国农业大学硕士学位论文，2009；齐钊：《探究与理解中国社会：1925—1951 燕京大学法学院社会学系毕业论文的再分析》，北京，中国农业大学硕士学位论文，2012。

40. Hung, Chang-t'ai, *Going to the People: Chinese Intellectuals and Folk Literature, 1918-1937*, Harvard University Council on East Asian Studies, 1985.

41. 赵世瑜：《眼光向下的革命：中国现代民俗学思想史论（1918—1937）》，北京，北京师范大学出版社，1999。

42. 陈泳超：《中国民间文学研究的现代轨辙》，北京，北京大学出版社，2005。

43. 施爱东：《中国现代民俗学检讨》，北京，社会科学文献出版社，2010；《倡立一门新学科：中国现代民俗学的鼓吹、经营与中落》，北京，中国社会科学出版社，2011。

44. 黎敏：《建国初十年民俗文献史》，北京，中国文史出版社，2008。

45. 毛巧晖：《20 世纪下半叶中国民间文艺学思想史论（修订版）》，北京，学苑出版社，2018。

46. 刘守华：《中国民间故事史》，754~758 页，武汉，湖北教育出版社，1998。

47. 刘锡诚：《20 世纪中国民间文学学术史》，389~390 页，开封，河南大学出版社，2006。

48. 万建中：《20 世纪中国民间故事研究史》，13~17 页，北京，北京师范大学出版社，2011。

49. 漆凌云：《中国民间故事研究史论：1949—2018》，84~96 页，北京，中国社会科学出版社，2019。

50. 刘锡诚：《20 世纪中国民间文学学术史》，196~213、234~257 页，开封，河南大学出版社，2006。

51. 毕旭玲：《中国 20 世纪前期传说研究史》，45~55 页，上海，上海社会科学院出版社，2019。

52. 张紫晨:《中国民俗与民俗学》,杭州,浙江人民出版社,1985;《中国民俗学史》,长春,吉林文史出版社,1993。

53. 王文宝:《中国民俗学发展史》,沈阳,辽宁大学出版社,1987;《中国民俗学史》,成都,巴蜀书社,1995;《中国民俗研究史》,哈尔滨,黑龙江人民出版社,2003。与王文宝的写作相近,新近高洁(音译)关于中国现代民俗学运动的写作,虽然提及论陷时期的燕大、辅仁和中法汉学研究所的民俗学研究,但基本是根据杨堃《我国民俗学运动史略》一文罗列了学术事实,既无诠释,也无新的突破。参见 Gao, Jie, *Saving the Nation through Culture: The Folkore Movement in Republic China*. Toronto: UBC Press, 2019, pp. 164-171.

54. 刘铁梁:《中国民俗学发展的几个阶段》,载《民俗研究》,1998 年第 4 期,81~89 页;《中国民俗学思想发展的道路》,载《民俗研究》,2008 年第 4 期,24~39 页。

55. 钟敬文主编:《民俗学概论》,418~422 页,上海,上海文艺出版社,1998。

56. 彭恒礼:《"民俗学"入华考:兼谈近代辞典对学科术语的强化作用》,载《民俗研究》,2010 年第 3 期,253~261 页;《中国近代学术社团与学科术语的生成:以"民俗学"学科术语地位的确立为例》,载《人文论丛》,2010 年卷,50~59 页;《"风俗"与"民俗"的语义流变与地位转换》,载《天中学刊》,2013 年第 4 期,113~120 页。

57. 王晓葵:《民俗学与现代社会》,282~301 页,上海,上海文艺出版社,2011;《中国"民俗学"的发现:一个概念史的探求》,载《华东师范大学学报(哲学社会科学版)》,2016 年第 4 期,114~121 页。

58. 王晓葵:《民俗学与现代社会》,192~201 页,上海,上海文艺出版社,2011;《中国"民俗学"的发现:一个概念史的探求》,载《华东师范大学学报(哲学社会科学版)》,2016 年第 4 期,121 页。

59. [日]岩本通弥《東アジア民俗学の再定立——〈日常学としての民俗学〉

へ〉,《日常と文化》2021 年第 9 卷,第 41~57、137~153 页。

60. 参见阎明:《中国社会学史——一门学科与一个时代》, 171~195 页, 北京,清华大学出版社,2010。

61. 王建民:《中国民族学史上卷(1903—1949)》, 199、251~252、308 页, 昆明,云南教育出版社,1997。

62. 沈洁:《礼俗改造的学术实践:20 世纪二三十年代中国民俗学家的礼俗调查》,载《史林》,2008 年第 1 期,140~154 页。

63. 赵紫宸:《系狱记》,上海,上海青年协会书局,1948;赵承信:《狱中杂记》,太原,三晋出版社,2015。

64. 虽然是公开出版物,但因为是西文,辅仁大学的民俗学专刊 Folklore Studies(《民俗学志》)的传播范围同样有限。参见娄子匡:《〈民俗学志〉与叶德礼教授》,载《民俗研究》,2000 年第 1 期,97~98 页。

65. 许仕廉:《建设时期中教授社会学的方针及步骤》,载《社会学界》,第三卷(1929),180 页。

66. 当年文献的用词并不统一,不少文献也将其写作"清河实验区"。

67. 顾颉刚:《顾颉刚民俗论文集》,北京,中华书局,2011。

68. 周作人:《看云集》,97~98 页,北京,北京十月文艺出版社,2011。

69. 何思敬:《民俗学问题格序》,载《民俗周刊》,第十九~二十期(1928),1! 页。

70. 岳永逸:《忧郁的民俗学》,24~33 页,杭州,浙江大学出版社,2014。

71. 杨堃:《民俗学与通俗读物》,载《大众知识》,第一卷第一期(1936),11 页。

72. 要说明的是,就目前笔者查找到的燕大社会学系毕业论文而言,最早描述村落的应该是 1927 年陈焕锦的《进让村调查》。进让村是陈焕锦的老家,位于吉林宾县(现隶属黑龙江)。文章篇幅较短,仅 14 页,但内容全面,涉及自然环境、历史、人口、政治、交通、教育、经济、职业、宗教、卫生、社会情形、生活状况、工人诸部分，而社会情形又细列了缠足、赌风、鸦片、合作、娱乐、婚制和丧礼。参见陈焕锦：《进让村调查》，北京，燕京大学文学院社会学系学士毕业论文，1927。

第02章

/ Folkways 的引入和影响

在社会学，抑或说社会人类学的学科史上，对许仕廉、吴文藻、赵承信和林耀华等人先后主政的燕大社会学系的梳理、再阐释，一直是焦点之一。新近，基于费孝通 1933 年在燕大的学士毕业论文《亲迎婚俗之研究》，赵旭东、齐钊在一系列研究中，力求打破学界对中国社会人类学北派"社区研究"的单一认知，诠释了燕大社会学研究的丰富性，即交相错杂的社区研究、区域研究和历史研究三种学科传统。[1]然而，包括赵、齐二人的研究在内，既有的学科史梳理都忽视了在燕大社会学研究传统中，民俗学与社会学交互并存、互为依托、互相影响的实况。

事实上，民俗研究在燕大社会学系一直有着举足轻重的位置。在中国社会学初创时期，领军人物余天休（1896—1969）、孙本文（1892—1979）、许仕廉、杨开道、吴景超（1901—1968）等，都曾在美国留学。[2]美国社会学奠基者之一、重要的民俗学家孙末楠的学说，尤其是其晚年出版的巨著 *Folkways*[3]，对这些中国社会学的开创者有着不容忽视且至关重要的影响。正是因为孙末楠的影响，在一定意义上，即使不能说民俗学研究是燕大社会学研究的基底，也绝对是其重要的支脉。

/ 风俗：十大研究之首

许仕廉

1922 年，由步济时任系主任的燕大社会学系成立。燕大也由此成为中国大学中较早成立社会学系的大学之一。[4] 在中国大学中，燕大较早开办社会学专业的原因较为复杂。其中，有两点尤为重要：其一，与步济时主导的普林斯顿－北京中心的"巧遇"；其二，中国青年对社会学的学习激情。[5] 当然，在不同的政治语境下，也有甘博出资赞助燕大社会系成立的追忆。[6]

社会学系在成立之初，开设的课程以及研究成果多与宗教相关，"具有外国宗教服务性的特点"[7]，乃"特为将从事于公立私立之社会事业以及为将从事于教会之社会计划者而设备者"[8]。1924 年，在美国爱荷华大学获取哲学博士学位后，28 岁的许仕廉归国。同年，在甘博的推荐下，许仕廉赴燕大社会学系任教，于 1926—1933 年出任该系系主任，成为燕大社会学系第一位中国籍系主任，也是任期最长的系主任。就在这一时期，杨开道、吴文藻、张鸿钧（1901—1972）、雷洁琼（1905—2011）等留美才俊，纷纷加盟燕大社会学系。1933 年，燕大社会学自己培养的学生赵承信留美后，回到母校执教。稍后，严景耀（1905—1976）、李安宅等在赴美深造后，也相继回到母校燕大任教。

早在 1925 年，许仕廉就已经对当时国内社会学的教学现状以及教学策略，进行了系统批判。诸如：将社会学视为哲学、心理学，与社会主义混淆，不注重系统研究，学校没有明确的方针、抄袭外国教材、不注重实地考察和服务社会等。[9] 出任燕大社会学系系主任之初，在对中美社会学教学、研究、社会服务以及从业者工作等方面进行比较的基础之上，许仕廉明确提出了燕大社会学系的教育方针：中国本土化的社会学、科学式的社会研究、有系统的翻译、创办社会学系自己的出版物，等等。[10]

在担任系主任期间，许仕廉逐步落实了上述方针，确立了燕大社会学学科建设的基点，逐步缩减或取消"现代社会问题及基督教伦理""基督教思想家之社会哲学"等宗教性课程，初步建立起中国化的社会学课程体系，有选择地引入"人文区位学"（Human Ecology）[11]，开拓了社会学原理与中国实际相结合的学术路径。1927 年，他主持创办了《社会学界》年刊，1928 年主持创办了偏重于"乡村建设"的清河试验区。1928—1929 学年，办学方针明确改为：培养社会化公民和建设的领袖人才，用科学方法服务社会，科学地研究社会。即，发展中国社会学、传播社会学知识和服务社会。[12] 这样，步济时时期指向传播基督教之终极旨归的社会服务、社会工作（应用社会学），已经被全盘取代。

是年，燕大社会学系的课程有了相对完整的四个板块：社会理论与人类学、应用社会学、社会调查和社会服务。该系学生人数也跃居全校第二，选修社会学系课程的学生达 604 人，比上一个学年增加了 78 人。[13] 1930 年，主修社会学系的学生有六十余人。[14] 到 1931 年，课程设置增加了社会立法及工业服务、农村社会学两个板块，社会学系有学生 76 人，其中研究生 14 人。[15] 到 1932 年，社会学系的毕业生人数，已经是燕大各系之冠。[16]

就许仕廉主持燕大社会学系时期的科学研究而言，"风俗研究"位于十大研究之首，其他九项依次是：人口、犯罪、劳工、乡村、社会思想史、家庭状况、种族问题、人民生活状况和社会运动状况。[17] 这除与社会学本土化的追求相关，与燕大社会学的美国源头有关，也暗中呼应了包括燕大历史学系在内，当时在晚清史界革命倡导的"新史学"影响之下的历史学研究。1927 年，燕大历史系栗庆云的学士毕业论文就是《周代婚嫁礼俗考》。

为了加强研究，并符合学生兴趣、意愿，从 1931 年开始，燕大社会学系从三年级起施行了"个人导师制"。每人可选专题研究，由学系指定导师。这样，学生选择自由、易于专精，师生间也可以往复切磋。[18] 显而易见，许仕廉对燕大社会学的中国化、本土化，在各个方面都有着系统的、本质的推进。[19]

吴文藻

1933 年，社会学及社会服务学系被归并到文学院。许仕廉应中央政府之聘，任实业部顾问和经济委员会农务局副局长，系主任由杨开道代理，吴文藻代理了文学院院长一职。[20]1934 年，社会学及社会服务学系复归法学院，吴文藻接掌了社会学系系务。接掌系务的吴文藻延续了社会学系的既往方针，继续高举社会学本土化的大旗，亦注重民俗学的研究。在教书之外，吴文藻注重社区研究方法、注重学生研究工作，还指导学生课外的出版和研究事宜。[21]

作为社区研究重要的倡导者和推动者，在 1936 年年初拟定的中国社区研究计划中，吴文藻明确倡导用局内观察法对乡村、城市以及边疆等不同类型，沿海、内地和南北方等不同地域的社区进行实地研究，进而展开比较诠释。其中，他更强调在以农耕文明为主体的中国进行村落社区研究的重要性，认为村落社区大致包括内部结构、外部关系和历史演进（社会变迁）这三个相互连带的层面，并将村落社区实地研究的具体内容分列出组织、技术、经济、制裁、文化、教育、调适、民族意识等十个方面。其中包括：

> 礼俗研究——例如庙宇，节期，以及生、婚、丧、祭的风俗。
> 宗教、神话、艺术，及民间文学（即国内一般人所谓之民俗学的领域）。[22]

在相当意义上，吴文藻的呼召得到了燕大社会学系师生的热烈回应。在 1982 年的自传中，谈及自己对学生的培养时，除强调有意识、有目的地将不同学生送往国外不同的大学深造之外，吴文藻格外强调的就是：为推行社区研究，他目的明确地派学生到乡村展开调查。诸如：徐雍舜到潞县调查乡村领袖，林耀华到福建义序调查宗教组织，黄石到定县调查礼俗，李有义（1912—2015）到山西徐沟调查社会组织等。[23]

赵承信

作为社会学系系主任，赵承信不但倡导社区研究，还很快在沦陷的北平将其付之于实践。对社区研究有着自己创新性学术思考的赵承信，1936年就进一步完善了吴文藻上述村落社区研究的具体内容，在保留原有条目的基础之上，新增了地理、区位形态与过程、人口变动及结构、娱乐组织、社区的自然史和生命史五项。[24]换言之，对赵承信而言，民俗研究在社区研究中天然有其位置和重要性。

1936年，吴文藻休学术年假，游学欧美，社会学系主任由张鸿钧接任。1937年春，因张鸿钧改任他职，系主任由赵承信代理。是年夏天，归国的吴文藻复主系政。1937年，杨堃开始在燕大社会学系兼任讲师，开设了"家族制度"方面的课程。[25]1938年，吴文藻南下后，系主任仍由赵承信代理，杨堃、黄迪等留守北平。同年，"初民社区""农村社区""都市社区"和"社会学导论"一道，成为燕大社会学系四门基础课课程。[26]尤为重要的是，社会学系还开启了对作为"社会学实验室"的平郊村（前八家村）

的研究，直到 1941 年年底珍珠港事件爆发，才戛然而止。抗战胜利后，1945 年 10 月燕大在北平复校，平郊村研究也迅疾恢复，北上的林耀华也加盟其中。[27]

许地山

在燕大任教多年的许地山（1893—1941），对燕大的民俗学研究也有着重要影响。1934—1935 学年度，许地山特地在燕大社会学系开设了"中国礼俗史"这门课程。[28] 他将礼俗定义为"礼仪和风俗的简称"，认为礼俗是一个民族精神生命所仰仗的基础。因此，乡村建设的要义，就是改变人民的生活状态和废止陋俗、冗礼。这就要求乡村建设首先必须做足调查的功夫，以求有效地"制礼作乐""化民成俗"。[29]

作为燕大宗教学院的特别生，也是许地山的同乡，黄石于 1930 年秋来到燕大，并很快成为燕大"社会研究社"的骨干成员和主力"写手"。许地山对礼俗和乡村建设的认知，是黄石在定县切实展开的礼俗调研的指针。

根据傅愫冬的统计，在 1927—1933 年社会学系的 87 篇毕业论文中，民俗学方面的有 8 篇，约占总数的 9.2%。[30] 1932 年，运用个案研究法，基于对 50 个人的访谈案例，姚慈霭对婆媳关系的历史背景，婆媳之间的心理关系，源于经济、心理、教育与迷信、挑唆与嘲笑、性情、习惯及嗜好等婆媳冲突的主要原因，进行了详细分析。[31] 费孝通《亲迎婚俗之研究》完成于 1933 年。

1934 年，燕大社会学系关于民俗的学士毕业论文出现了一个小高峰，包括：张南滨《中国民俗学研究的发展》、陈怀桢《中国婚丧风俗之分析》、刘纪华《中国贞节观念的历史演变》、陆懿薇《福州年节风俗的研究》、汪明玉《中国杀婴的研究》等。1935 年的毕业论文中，除林耀华、陈礼颂研究闽粤的宗族之外[32]，邱雪峨的论文直接以"礼俗"命名，调研的是清河这个镇的产育礼俗，即《一个村落社区产育礼俗的研究》。其中，费孝通、陈怀桢、张南滨、陈礼颂、邱雪峨的论文指导教师是吴文藻；刘纪华、陆懿薇、汪明玉三人的指导教师是杨开道。

为何如此重视民俗研究？这得回到在开创之初主要继承了美国社会学传统的中国社会学运动的发展脉络中来。毫无疑问，作为美国社会学重要的奠基人，孙末楠及其撰写的 *Folkways* 一书有举足轻重的地位。

/ 孙末楠的 *Folkways*

诸如步济时、甘博，初创时期燕大社会学系的教师，不少是有着教会背景和身份的外籍尤其是美籍教师。在许仕廉执掌社会学系后，燕大社会学系的教师渐渐以有着留美背景的华人为主。无论是许仕廉还是吴文藻，这些留学归来的才俊，在走出去的同时，也经常聘请欧美一流的学者来华或长期或短期地任教、讲学。这样，燕大社会学系的师生对同期国外研究的动向、思想、学派等都有着及时、广泛且不乏深入的了解。这使得燕大社会学系的教学水准、研究层次、创新精神在同期的中国大学的社会学系中，始终保持着领先地位，也才有了当下社会学史津津乐道的"燕京学派"。[33]

因为步济时和甘博的关系，燕大社会学系创立初期的师生对1914年美国的春田调查（Springfield Survey）[34]并不陌生。1918年9月起，历时一年零三个月，当时还是北京基督教青年会干事的甘博和步济时受春田调查的影响，开展了对北京的调查，其成果即至今都有着一定影响力的《北京社会调查》。[35]1932年秋冬，许仕廉迎请美国芝加哥大学的派克来燕大讲学。派克将其以研究美国都市为主的人文区位学系统介绍到了中国。在相当意义上，人文区位学是反抗改良式社会调查的产物，研究的是人类的社区和人与人的关系。竞争、互助、共生（关系）等，是人文区位学的关键词。在强调实地观察、访谈的同时，人文区位学也有着历史的视野。

1935年10月，功能主义大师阿尔弗莱德·拉德克利夫 – 布朗（Alfred Radcliffe-Brown, 1881—1955，时译为拉得克里夫·布朗，当时的学人多称其为布朗）来燕大讲学一个半月，系统地介绍了其偏重于初民社会研究的功能论与比较社会学。1936年秋，美国密歇根大学的莱斯利·怀特（Leslie Alvin White, 1900—1975）在燕大社会学系讲授了人类学及方法论，德国的经济学家魏特夫（K. A. Wittfogel, 1896—1988）也于此时受聘，在燕大指导研究。1948年，派克的女婿、时任芝加哥大学人类学系主任的罗伯特·瑞德斐（Robert Redfield，1897—1958）前来燕大、清华，主讲其关于乡土社会等方面的研究。

与这些来燕大现身说法的名家不同，孙末楠是一个并未出场却对包括燕大社会学在内的中国社会学界、民俗学界产生了广泛而深远影响的美国学者。

孙末楠其人

孙末楠，又音译为撒木讷、萨姆纳等，1863 年毕业于耶鲁大学。在瑞士日内瓦、德国哥廷根和英国牛津游学三年后，孙末楠于 1866 年回到耶鲁大学任教至终老，主要从事政治与社会科学方面的教研工作，包括币制和财政、社会学以及民俗学等，其间，孙末楠曾于 1869—1872 年离职，做了三年牧师。孙末楠长于辞令，读大学时，每次辩论赛他都是获胜者。在教学上，他勇于创新，是最早将《纽约时报》作为课堂教学资料的教授之一，深得学生和同事好评，并被不少教授效仿。

1876 年，他在耶鲁开设了社会学课程，是在美国教授社会学的第一人。因率先使用持进化论观点的英国哲学家赫伯特·斯宾塞（Herbert Spencer, 1820—1903）的著作《社会学研究》（*The Study of Sociology*）作为教材，孙末楠在耶鲁大学引起了轩然大波。虽然事端最终得以平息，却使孙末楠几欲离开耶鲁。孙末楠博学多才，精通英、法、德、古希腊、拉丁、希伯来等多种语言。在 45 岁之后，他还学会了瑞典、挪威、荷兰、西班牙、葡萄牙、意大利、俄罗斯和波兰等多国语言。[36]

广泛阅读的孙末楠，勤于笔记。他常专门雇请一位书记员，帮助抄录读书笔记。在临终前，孙末楠写满劄记的读书卡片，有52箱约16万张之多。就他做读书卡片的方法和对这些资料的珍惜，吴景超曾经写道：

> 他所以能驾驭这许多事实，便是因为他平日做劄记之勤。他是用卡片做劄记的，每张卡片，长八寸半，宽四寸半。卡片的颜色，有好几种：从书上抄下来的文章，用白卡片；书目用红卡片；他自己的观察与论断，用绿卡片；文章的纲目，用黄卡片。在他死的时候，留下来的卡片，共有五十二箱，每箱约有三千张。这是他最珍贵的宝贝。有一次他的邻居失火，他怕延烧到他的房子，于是把这一箱一箱的卡片，从三层楼上的书房里，搬到楼下的后院中。这次把他累坏了，火熄之后，只得雇人来搬回原处。[37]

正因为这样，其著述中资料的博洽和事实的充分，深得好评。

孙末楠，是20世纪二三十年代中国学界通行的译名。然而，对他出版于1906年的 *Folkways* 一书，学界有多个译名。孙本文、游嘉德、赵承信将之翻译为"民俗学"[38]，在另外的著述中，孙本文、吴景超也曾将其翻译为"民俗论"[39]，吴文藻、黄迪等翻译成"民风论"[40]，李安宅、杨堃译为"民风"[41]，罗致平译为"俗道论"[42]。为行文方便，后文叙述中采用较为常见的译名《民俗学》或直接用英文原名。因为该书，在 20 世纪首尾，孙末楠曾两度与中国学界结缘。前一次是以社会学家的身份，主要以"孙末楠"的名字出现。后一次则是以民俗学家的身份，以"萨姆纳"的名字回归。在当代中国民俗学界影响深远，并被他者反复诠释的《民俗文化与民俗生活》中，高丙中几乎花费了将近四分之一的篇幅，译介了孙末楠"注重生活和整体"的民俗观。[43]

孙本文、吴景超的译介

在国内，最早介绍孙末楠学说的应该是孙本文。在 1927 年年初出版的《社会学上之文化论》中，有"孙楠 William Sumner 之民俗论"一节。[44] 在该节不长的文字中，孙本文将作为书名的"Folklways"译为"民俗学"，将在同一"超机官"上三个层次的民俗分别译为民俗、俗型（mores）和制度（institutions）。而且，孙末楠民俗学说的核心观点都一一在列，诸如："民俗在个人为习惯，在社会为风俗"；"社会的生活 societal life 全在造成民俗与应用民俗"；"社会的科学 The Science of Society 即是一种研究民俗的学问"，等等。不仅如此，孙本文还认为，孙末楠的民俗学"实开近时文化学派分析文化之先河，无可疑也"[45]。稍后，孙本文也曾将 folkways 这个词直接翻译为"民俗"。[46]

与孙本文一样，李安宅也是较早译介孙末楠学说的学者之一。李安宅，笔名任责。在一定意义上，兼通哲学、美学、语言学、人类学、民族学、宗教学、民俗学的社会科学家李安宅，是燕京学派的游离者。[47]1927 年，在哈特（Hornell Hart）梳理的对社会思想有着重大影响的学者名单中，孙末楠和他的 *Folkways* 位居前列。1928 年，李安宅翻译了哈特的文章，将孙末楠音译为撒木讷，将"Folkways"翻译为"民风"，并简单介绍了民仪、制度和民族等概念。英文原文和中文译文分别如下：

> Customs are widely accepted folkways; mores are customs plus a philosophy of welfare; institutions are mores plus structures. Peoples are ethnocentric; in-group mores differ from out-group. Charity interferes with survival of the fit. [48]

> 风俗是广被接受的民风；民仪（mores）是加上公益理论的风俗；制度是加上了结构的民仪。民族是族化自中的（ethnocentric）[49]；内群的民仪与外群的不一样；慈善阻碍适者生存的演化。[50]

自此，源自孙末楠的民风、民仪与制度，不仅是李安宅 1929 年在燕大社会学系完成的毕业论文《仪礼与礼记之社会学的研究》的关键词，也是其整个学术写作中的核心词汇和文化观的核心知识源，并在相当意义上影响到了李安宅的学术生命。[51]

1929 年，在以孙本文等留美归国生为主体创办的东南社会学会会刊——《社会学刊》的创刊号上，有三篇文章同时介绍孙末楠，分别是：吴景超《孙末楠传》、孙本文《孙末楠的学说及其对于社会学的贡献》和游嘉德《孙末楠与恺莱的社会学》。孙本文毕业于纽约大学，吴景超和游嘉德均在芝加哥大学获得博士学位。同年，吴景超还另文介绍过孙末楠的研究方法，将孙末楠的民俗研究与英国人蒲斯（Charles Booth，1840—1916）研究伦敦东区贫穷人口所用的访谈法、汤姆士（W. I. Thomas, 1863—1947）研究波兰农民使用的"传记法"（即现在所说的生命史、生活史）相提并论。因为孙末楠《民俗学》是在其 16 万张卡片建构的资料库之基础上写成，所以吴景超将之视为用"考据"的方法，研究相对简单的初民社会及其风俗。[52]

1907 年，孙末楠当选为 1905 年才成立的美国社会学会的会长。这让不少社会学教授多少有些意外。二十年之后，德高望重的密歇根大学顾勒（Charles H. Cooley，1864—1929）教授将孙末楠的《民俗学》一书视为美国社会学界"脚踏实地根据事实的著作"中最受欢迎的一本。是年，在美国社会学年会上，顾勒对同行不无感慨也语重心长地说：

> 同别人一样，近来我常想到研究学问的方法，以及类似的问题。我觉得解决这个问题的一个方法，便是问问我们自己，美国社会学界中这些著作，我们认为最成功的是哪一本？当然，大家对于这个问题，意见不会一致的。然而我曾仔细思量过，假如我们把空论的社会学抛开不算，只提出那脚踏实地根据事实的著作来投票，看看谁得的票最多，结果孙末楠的《民俗论》，*Folkways* 即使得不到过半数的票，也会得到最多的票。[53]

在五十岁之前，孙末楠的注意力主要在经济学。此后，其注意力才更多地集中到社会学。然而，在 1899 年开始整理自己的读书笔记时，他才发现"民俗"至关重要：

> 起初他想写社会学的，后来觉得"民俗"一个观念，极其重要，所以把社会学放开，写他的《民俗论》。此书于 1906 年出版，共六百九十二页。在此书的序文中，最后一句是："我们第二步工作，便是完成社会学。"[54]

换言之，在孙末楠的社会学中，民俗、民俗学不但有着重要的位置，而且是社会学的基础与前提。

至于孙末楠在社会学界中的地位，在《孙末楠的学说及其对于社会学的贡献》一文中，孙本文将之与德国社会学家齐美尔（Georg Simmel, 1858—1918）、法国社会学家涂尔干等人相提并论。对于孙末楠的民俗论、社会进化论和社会学系统三大学说，孙本文花费了大半篇幅梳理其民俗论。孙本文指出，孙末楠民俗论的中心思想是：民俗是人类生活最重要的要素；它支配着人类一切活动。

孙本文全景式地介绍了孙末楠的民俗论，包括：1. 民俗的定义与产生；2. 民俗的产生是不觉得的；3. 民俗的起源是神秘的；4. 民俗是一种社会势力；5. 民俗与幸运的要素；6. 作为重要民俗的德型（mores）；7. 德型是一种指导的势力；8. 德型和社会选择；9. 德型规定是非的界限；10. 德型具有非文字的、保守的与变化的三种特性；11. 德型和革命；12. 德型是可以改变的，但却是渐变的；13. 政治力量不易直接改变德型。

关于"德型"一词，根据孙末楠原书，孙本文特别加注说明：mores 是拉丁文，"意即风俗，不过这类风俗是关系安宁幸福而有相传神秘的权力，所以是具有神圣不可侵犯的大权"[55]。最后，孙本文将孙末楠对于社会学的特殊贡献归结为三点：注重调适的历程、注重民俗对于人生的影响、注重归纳的研究方法而非理论先行。就民俗在孙末楠社会学研究中的重要性，孙本文基于阅读体验，认同他人对于《民俗学》是"第一部科学的社会学著作"的评价。关于"注重民俗对人生的影响"，孙本文写道：

> 民俗是民众的风俗；是一切行为的标准；他是范围人类种种方面的活动。举凡人类所谓是非善恶的标准，都受民俗的支配。人类不能一刻离民俗，犹之不能一刻离空气。所以民俗的研究，为社会学上极重要的部分。孙末楠对于民俗，加以一种极详细的分析。这是他第二种特殊贡献。[56]

在对孙末楠和他的弟子恺莱（Albert G. Keller, 1874—1956）合力完成的《社会的科学》[57]的评说中，游嘉德在陈述其专书的基本观念、资料与方法的同时，也从上述三个方面展开了尖锐的批判。诸如，孙末楠太受斯宾塞与爱德华·泰勒（Edward B. Tylor, 1832—1917) 进化论的影响，所引用的来自初民社会的资料参差不齐，其客观性值得商榷，显得比较随意，等等。然而，游嘉德也反复指出，孙末楠和恺莱前后差不多耗时三十年完成的这部巨著，研究的对象和出发点是"人类适应他的环境，即研究习俗礼教制度等的演化"[58]。换言之，在孙末楠及其弟子等追随者搭建的社会学大厦中，民俗始终都是重头。事实上，《民俗学》一书，取材之丰富、内容之广博、分析之生动深刻，"不啻将整个社会隐含在内"[59]。

就其对美国社会学的演进而言，由孙末楠发扬光大的 folkways 这个学术词汇，还派生出了美国社会学另外一位重要的奠基者——季亭史（F. H. Giddings, 1855—1931）的 stateways（国纪）一词。[60] 正如后文将要再论及的那样，无论是 folkways，还是 stateways，通过诸多留美归来的学术传承者，这些观念深刻地影响到了早期中国社会学的基本认知和演进，对燕大社会学与民俗学研究的影响更是显而易见。

此外，孙末楠 *Folkways* 一书也明显对美国学者关于中国民俗的写作产生了影响。1917 年，公理会传教士何乐益（Lewis Hodous, 1872—1949）从福州协和神学院（Foochow Union Theological School）院长任上回到美国。值得注意的是，与绝大多数传教士以及西方学者关于中国民俗的写作以 folklore 命名不同，何乐益 1929 年关于中国民俗，尤其是岁时节日和信仰、敬拜的写作，是用 folkways 命名的。他将 folkways 解释为：中国人使其生活和自然更替（changing moods of nature）维持和谐的方法 (methods)；社会群体（social group）为使他们自己适应自然律动(the breathing of nature)而生的情感反应(the emotional responses)。[61] 显然，这些意涵与戴尼斯、韦大列（ G. A. Vitale, 1872—1918 ）、翟孟生等西方学者更多指向民间文学的 folklore[62] 相去甚远。尽管在其专著中，何乐益并未提及孙末楠。

派克的力荐

孙末楠《民俗学》一书是人文区位学的理论渊源之一。作为人文区位学的大师，派克于 1932 年的到来，再次引起了中国学界对孙末楠的关注。不仅如此，派克本人还亲自撰文介绍、阐释孙末楠的社会观。只不过在翻译该文时，孙末楠的名字被音译为"撒木讷"，Folkways 也被译成了"民风"。[63] 派克对孙末楠社会观的介绍主要依据的还是 *Folkways* 这本书。派克阐释了孙末楠在该书中使用的"我群""敌对的合作""生存竞争""互助""共生（关系）"等关键词与理念。如同前引的顾勒教授和孙本文对该书的肯定一样，派克开宗明义地写道：

> 撒氏在 1899 年根据讲学材料起始写社会学教本，但在中途见有自述对于民仪（ Mores ）见解的必要，于是放下写教本的工作，写了一本《民风》。撒氏自认为《民风》为"我最后的著作"，当是美国作家对于社会学最有独到的贡献的著作。[64]

在《论社会之性质与社会之概念》一文中，派克直白地说清了孙末楠以民俗研究为基础的社会学与他的人文区位学之间的关系。派克认为，在《民俗学》中，孙末楠升华了生存竞争与文化关系的理论，强调人的竞争既是为了基本的生存，也是为了在群体中的位置，而且是群体性的。故群体有"我群"（wegroup）、"他群"(others-group) 之别。人口在空间的分布，便是由这种竞争－合作的方式所配置，且人类在大小社区内的安排，亦非偶然。进而，派克认为孙氏这种理论正契合人文区位学的区位结构论。[65]

在继承孙末楠《民俗学》认知的基础之上，派克认为传统、习俗和文化是一个"有机体"。他关于文化的定义，显然是"民俗化"的，甚至完全可以将"文化"二字换成"民俗"。派克认为中国是一个不同于印度、西方的文化和文明的有机体、复合体——文明体[66]：

> 文化是一种传统的东西。我们每个人都生长在这里面。我们的语言、习惯、情绪和意见都是不知不觉地在这里面养成的。在相当程度之下，它是一种出于各个人的习惯及本能的传习，它表示在各个人的共同及团体生活中，保持着某种独立生存和显示着一种个性。这种个性虽经历种种时间中的变端，仍能持久地遗传于后代的各个人。在这种意义之下，我们可以说，传统、习俗，和文化是一个有机体。[67]

在燕大讲学期间，派克对孙末楠《民俗学》的推崇，给当时"洗耳恭听"的黄迪留下了深刻印象。后者记述道：

> 他来华后，第一天走进课室，所带来与我们相见的，便是孙末楠的《民风论》一书，而最后一课仍是诵读该书，对我们叮嘱言别。凡常到其办公室去的学生无不知道：《民风论》之于派克是不可须臾离的。至其平时在口头上、文字上对孙末楠思想的推崇佩服，扼要解释之处，比之季亭史与柯莱对孙末楠的好评，更为过火，更为精细。派克在燕京大学为社会学原理一课所编的讲义，亦显然以孙末楠的学说为中心。[68]

派克的力荐和燕大师生对他基于孙末楠学说创立的人文区位学的理解，使得其中国同人再次将目光投向孙末楠。不仅是前引的黄迪《派克与孙末楠》一文，1934 年，吴景超再次撰文介绍孙末楠的治学方法。[69] 同年，黄迪的硕士毕业论文就是以《民俗学》一书为主要材料，专写孙末楠的社会学。在根据恺莱的文章再次介绍孙末楠的治学方法时，吴景超提到孙末楠的言必有据和资料的搜集整理与使用，还提到了《民俗学》这本书："我们读过他那本民俗论的人，看到事实之后，还是事实，最后才来一两句结论，便没有不相信他所说的。他所以能驾驭这许多事实，便是因为他平日做劄记之勤。"[70] 同时，吴景超也强调了孙末楠对史学方法的看重。

德型：黄迪的深研

1934 年，黄迪的硕士毕业论文《孙末楠的社会学》，在燕大通过了答辩。在该文中，黄迪将 custom 翻译为"风俗"，将 folkways 翻译为"民风"。有鉴于孙末楠"社会的生活是造成民风和应用民风，社会的科学可以认为是研究民风的科学"的总体认知 [71]，黄迪将民风、德型和制度并列在"社会秩序"一章之下。在"民风"一节中，黄迪对孙末楠《民俗学》一书中散见的关于"民俗"的描述性定义进行翻译之后 [72]，总结道：

> 人生第一件事是生活，所谓生活就是满足需要。在需要与满足需要的行为中间，是种种心理上的兴趣，因兴趣乃行为直接的动机。人类在满足需要的动作上，背后有兴趣（需要的化身）为其鞭策，面前有本能为其向导，而两旁则有快乐与痛苦的情感为其权衡。如像初生的动物，人类满足需要的步骤，总是先动作而后思想，所以结果往往是尝试而失败。但在这尝试与失败（或成功）的方法中，依快乐与痛苦的经验的教训，许多较好的满足需要的方法，便一一选择出来。人是生于团体中，满足需要是大家的事。各人的需要既相同，处境又一样，即使不相为谋，而结果，彼此满足需要的方法，也常会不谋而合，何况大家是相谋相济地分工合作。每个人可因其他各人的经验而得益。于是由互相刺激，互相交换，互相贡献，互相甄别等的作用，那些被选择的满

足需要的方法，便为大家所一律采用，一律奉行。这时候它们就不只是一个人的习惯，它们已是许多人的习惯，这所谓许多人的习惯，便是民风。[73]

在随后对于孙末楠初民社会民俗起源推测的功利性定义的辨析中，黄迪也指出了孙末楠四散的论述，同样强调竞争、暴力、强权与霸道、鬼怪、个体的社会性等之于民俗的重要性。[74] 根据孙末楠对民俗的描述，黄迪进一步归纳总结出了孙末楠所阐释的民俗的特征：

（1）社会空间上的普遍性，它是所有社会制度、上层建筑的基石。

（2）在时间连续性上的传统性。

（3）对于个体与群体而言，身不由己、先天习得的无意识性。

（4）一个时代或一个地域民俗的彼此关联、互相交织和牵制的系统性与整体性，即民俗的一贯性。

（5）作为最重要的社会势力，民俗的控制性。[75]

此外，孙末楠也注意到了民俗的过程性，注意到了街车、电话等新的工具、技术、生产方式的出现会促生新的民俗，注意到了民俗不同于有行政力量、司法等支撑的法律的控制力，而是具有柔性特征。[76]

在孙末楠的民俗学体系中，德型（mores）是一个能够与民俗相提并论的重要概念，它来自民俗，却是一种特殊的民俗，甚或是一种高阶的民俗。因为权利与义务观念、社会福利的观念，最先与"怕鬼及来世观念相连着发展",这一领域的民俗也就最先上升为德型,即德型是"关于社会福利的哲学及伦理结论"。孙末楠写道:

> 当民风中"真实"和"正当"的要素,发展为福利信条时,民风便升到另一层级。这时,它们便会产生种种推论,发展为新的形式,并伸张其影响人们和社会的积极势力。我们遂称之为德型。德型是那些民风,含有关于社会福利的哲学及伦理结论,而这种结论既为那些民风所启发,又随之而长成。[77]

<u>德型包括这些重要范畴</u>:道德、禁忌、仪式、贞洁、检点、谦和、得体等社会准则,时髦、虚饰、嗜好,身份等日常生活现象,以及与这些现象同时存在的观念、信念、欲望、理想等。[78]常识和直觉强化了德型的神圣性,从而使之对传承享有者具有更大的约束力,对于一个群体更具有持久性,犹如社会秩序甚或社会历程的磐石。[79]对孙末楠而言,德型坚如磐石的僵硬性、保守性和顽固性一发展到极端,就会阻碍社会的演化,即当德型不能随着生活情势(life conditions)而变通时,革命或改良的爆发就有着某种必然性。

然而,孙末楠不看好革命,甚至也不看好改良,因为革命可能建设不足,破坏有余,而改良则完全可能是不顺应德型本身的演化而投机取巧。[80]为此,他写道:

在高级文化的社会中，倘若生活情势改变了，而德型还是照样顽固，就会发生危机，这危机便由革命或改良来解决。在革命中，德型是总崩溃。在革命爆发后的那个时期，可以说没有德型。旧的已经破坏，新的尚未成立，社会生活仪式，大为扰乱，旧有禁忌不再发生作用。新禁忌不能随便创制或公布，须经过长时间，才能建立而为大家公认。[81]

这导致断崖式的革命通常是短命的，而且常常为守旧势力"复辟"，或回归"过去"。在孙末楠看来，相较革命与改良，随着社会演化的德型，其变化的最佳方式是"混化"（Syncretism）：不同文化在"友善"的接触过程中，通过日积月累的相互影响而潜移默化、润物无声地同化。[82] 换言之，对社会的演化和德型的演化，孙末楠有一种为情势所趋的"自然而然"的理想演化观，有着一厢情愿的浪漫主义。

重要的德型又会演进为包括法律在内的制度。换言之，所有的制度都源自德型，更远的渊源则是民风。在孙末楠看来，财产、婚姻和宗教都是最基本的制度。由民风、德型加以观念（概念）和结构（间架）演化而来的制度，是理性的发明、计划的产物。因此，相对而言，在"自然"的德型中，信仰、情操、无意识、非自主等因素，在明定的制度那里则被理性、功利实际、有意识和自主所取代，且以武力和权力作为后盾。[83] 最终，作为一套或一串东西，民风、德型和制度就合成了一个社会的超级系统的总体，并表现为该民族独立的精神、特殊的品格或个性，这即孙末楠所言的"民族性"（ethos）。对此，黄迪有着清晰的梳理和总结。[84]

但是，在孙末楠的表述体系中，德型又经常与民俗混用，很难分清。孙末楠曾经这样定义民俗：

> 民俗是满足一切兴趣正当的方法，因为它们是传统的，并存在于事实之中。它们弥散到生活的各个方面。打猎、求偶、装扮、治病、敬神、待人接物、生子、出征、与会，以及其他任何可能的事情中，都有一种正确的方法。[85]

同时，孙末楠也曾将德型定义为：

> 它们是一个社会中通行的，借以满足人类需要和欲望的做事方法，以及种种信仰、观念、规律和良好生活标准。这标准附属于那些方法中，并与之有来源关系。[86]

难能可贵的是，在孙末楠众多关于民俗的比喻性描述中，黄迪机敏地捕捉到了孙末楠将德型视为空气的比喻。孙末楠写道：

> The mores come down to us from the past. Each individual is born into them as he is born into the atmosphere, and he does not reflect on them, or criticise them any more than a baby analyzes the atmosphere before he begins to breathe it.[87]

黄迪的翻译如下：

> 德型是从过去传下给我们的。每一个人之呱呱坠地，而生于其中，如同他生于空气中一样。他之不把德型作为思想对象，或批评它们，也正如他在未呼吸之前，不去分析空气一样。[88]

两年后，黄迪还曾这样翻译过这段话：

> 德型是过去的时代传下给我们的。每个人生于其中，如像生在空气中一样。他不会以德型为思考或批评的对象，正如一个婴儿在没有开始呼吸之前，不会分析空气一样。每个人在还不能够对德型加以推理的时候，都已经接受它们的影响，且为它们所造成。[89]

稍晚，在对文化的系统诠释中，黄迪再次引用孙末楠的《民俗学》时，遵从老师吴文藻，将 Mores 翻译为德仪，并如同李安宅一样强调文化的民风、德仪和制度三者之间的演进关系。黄迪写道：

> 他以为无论古代或现代，只要是在一般民众生活的范围内，主要部分的文化总是先成为"民风"（Folkways），其次进为"德仪"（Mores），最后发展为"制度"（Institutions）。

其所谓民风就是指社会的风俗——满足社会需要的方法和产品。民风的重要程度不同，有的民风被认为是社会福利所系，不容任何人违反或破坏。此种为强有力的情操和信念所维护的民风，便已成为德仪，德仪中又有比较重要的——满足社会的基本需要的，其间手段与目的的关系，更为理性所认识和特设的机关所执行，由是便成为制度。所以在这个观点之下，一社会的文化可以视为许多制度、德仪及民风的总和。[90]

/ 礼、非物质文化及民族性

尽管有着程度的差异，但 20 世纪 30 年代在燕大社会学系读过书的人大体都知道孙末楠及其《民俗学》。在 1933 年，燕大社会学会编辑出版的《派克社会学论文集》中，吴文藻、赵承信、林耀华、费孝通、黄迪、蒋旨昂（1911—1970）、杨庆堃（1911—1999）等师生都翻译或撰写了与派克人文区位学相关的文章或学习体会。自然而然，因为是人文区位学的基本知识源，孙末楠民俗学说散布在这些文章的字里行间。

对李安宅、吴文藻、黄迪、费孝通而言，孙末楠《民俗学》更是影响深远，而且他们往往对其有着创造性的使用和发挥，或将之用来重释"礼"等本土概念，或用之来界定乡土、非物质文化、民族性等新生术语，影响持续大半个世纪。

李安宅：礼与革命

早在 1931 年，李安宅对《仪礼》《礼记》的社会学释读，就使用了孙末楠关于民俗的认知论。在该书"绪言"中，李安宅用孙末楠对"民俗"的定义来解释中国文化语境中的"礼"。为此，他总括了《民俗学》一书前 95 页的内容。只不过，李安宅一以贯之地将 folkways 翻译为"民风"，将 mores 翻译为"民仪"。原文如下：

> 中国的"礼"字，好像包括"民风"（folkways）"民仪"（mores）"制度"（institution）"仪式"和"政令"等等，所以在社会学的已成范畴里，"礼"是没有相当名称的：大而等于"文化"，小而不过是区区的"礼节"。它的含义既这么广，所以用它的时候，有时是其全体，有时是其某一方面或某几方面。据社会学的研究，一切民风都是起源于人群应付生活条件的努力。某种应付方法显得有效即被大伙所自然无意识地采用着，变成群众现象，那就是变成民风。等到民风得到群众的自觉，以为那是有关全体之福利的时候，它就变成民仪。直到民仪这种东西再被加上具体的结构或肩架，它就变成制度。[91]

随即，李安宅据此否认了"礼"是某某圣王先贤创造出来的这一"常识"。不仅如此，孙末楠还影响到李安宅对民俗变迁的认知。在同时吸收了布哈林（N. Bukharin，1888—1938）《历史唯物主义》（*Historical Materialism*），并曾在 1926—1929 年加入中国共产党的李安宅[92]那里，孙末楠关于民俗演化的消极革命观成为积极的革命观。李安宅强调，当旧的、僵固的风俗制度不适应已经变化的社会生活而成为障碍时，寻求积极平衡的革命演化的辩证法就自然会产生：

> 不过生活条件虽已改变，旧的风俗制度尚且因为沿用已久而变僵固（cake of custom），成为文化的障碍，所以需要快刀斩乱麻的手段，加以破坏，那就是**革命**。到这时候，不管国粹不国粹，非要廓而清之不可。近来所通常诅咒的"吃人的礼教"，就是变成沉积的废物（cultural lag）在那里作怪，阻碍社会的演进。社会过程（social process）就是这样：制度和生活条件相适应就有平衡，不相适应，平衡就破裂；破裂而后，找着进步扩大的基础而恢复平衡，就是积极平衡，找着退步缩小的基础而恢复平衡，就是消极平衡；消极不已，社会便会灭亡。这样平衡而破裂，破裂而平衡的社会过程，认之为演化的就是"辩证法"（dialectic method），认之为循环的就是中国传统的历史观。[93]

如是，李安宅相信，现代的"公民社会"也势必代替传统的"家族社会"。[94]此外，孙末楠还深远地影响到李安宅的文化观[95]，进而影响到其在 20 世纪 30 年代晚期献身边疆和藏文化研究的"实学"。

吴文藻师生：乡土、非物质文化与民族性

因为派克的关系，原本就重视民俗、民俗学且知晓孙末楠学说的吴文藻，进一步强化了其与孙末楠《民俗学》之间的关联。在给《派克社会学论文集》一书写的"导言"中，根据派克在燕大讲学的情况，尤其是受派克《论中国》一文[96]的启发，吴文藻在转述派克对中国与美国的比较时，更加明确地指出了二者之间的差别整体上是都市社会与乡村社会、工商社会与农业社会的差别。他列举了中国乡村社会的七条特征，诸如：交通不便而安土重迁；分工简陋、自足自给、组织松散；社会接触，重感情、属亲密的初级关系；法术思维的超自然主义观，对文物"神圣"的态度；静止的社会观，怀旧、保守。在第三条、第五条中，"民俗社会""风俗""德型"赫然在列：

> （三）宗法社会，以身份关系与宗亲意识的发达，而形成了家族主义与宗族主义（或称"民俗社会"）。……（五）传统主义，以风俗与道德（或为民风，礼俗与德型）为制裁（"礼治"）。[97]

在 1935—1936 学年度的燕大社会学课程中，吴文藻讲授四、五年级社会学必修课"当代社会学说"，孙末楠之学说是其必讲内

容之一。[98]

1935 年，因吴文藻在问题意识、理论材料诸方面的循循善诱[99]，陈礼颂对家乡潮州澄海县斗门乡的宗族及礼俗产生了浓厚兴趣。在其详尽的民族志书写中，孙末楠《民俗学》中的我群、他群、我群中心（ethnocentrism）、勉强合作(antagonistic cooperation)[100] 等，成为陈礼颂回观、分析他所置身的宗族和乡风民俗的基本概念。[101] 不仅如此，在论文"导言"中，陈礼颂还逆向强调了宗族制度对风俗的决定性影响，并由此指出："要了解中国社会的风俗习惯，需要先研究宗族（包括家族），因为它影响到整个的中国社会组织。"[102]

正是在对《民俗学》的细读中，黄迪将前引的孙末楠对于民俗的总体认知"社会的生活是造成民风和应用民风"，创造性地补充为"社会生活是在于**造成民风，应用民风，和传递民风**"[103]。黄迪的这一定义，与 20 世纪末权威的民俗学教科书中关于民俗的定义高度吻合。六十多年后，在这个关于民俗的权威定义中，"造成""应用"和"传递"仍然是关键词："民俗，即民间风俗，指一个国家或民族中广大民众所**创造、享用和传承**的生活文化。"[104]

因为详细研读孙末楠，孙末楠关于民俗的认知论深深渗透到了黄迪关于文化的认知中。1936 年，在谈及文化这个社会科学的关键词时，黄迪写道："个人和群体不仅是文化的创造者，并且是文化的应用者、保守者、传递者和改造者。"[105] 而在文化的内容上，以是否可以触摸为标准，黄迪析变出了孙末楠民俗学说中的物质文化（material culture）和非物质文化 (non-material culture)两种类型。非物质文化多属民风、德型和制度，而且是社会演进的最大动因，或者说文化势力。[106] 同时，他也强调，尽管更多体现在社会行为层面的非物质文化确实与心理有着紧密的关联，但研究方式还是有着明显的差别，至少研究文化不用像研究心理那样必经"生物遗传的河道"。[107]

显然，与精神层面相对应，无形且不可触摸的非物质文化，与今天所说的"非遗"大相径庭。"非遗"强调的是对外、对他者意义上的民族、地方与多元。而且，作为工作语言，在使用中还经常被片面化，进而在操作上演化为一种文化政治以及以科层官僚主义为本位的文化治理技术。[108] 但是，非物质文化类似于民风。在此极简层面上，这反而与当下多数"非遗"研究者将"非遗"混同于民俗，有着反讽式的巧合。

孙末楠的《民俗学》同样对费孝通有着持久的影响，且涉及其"乡土"和"民族"两个终生坚持的领域。1948 年，在《乡土中国》中的《从欲望到需要》一文中，费孝通写道：

> 于是另外一种说法发生了。孙末楠在他的名著 *Folkways* 开章明义就说：人类先有行为，后有思想。决定行为的是从试验与错误的公式中累积出来的经验，思想只有保留这些经验的作用，自觉的欲望是文化的命令。[109]

1996 年 8 月，在《简述我的民族研究经历和思考》文尾，费孝通认为，民族这个共同体的主要特征是民族认同意识，并强调民族认同意识的多层次性。在谈到该认知的知识源头或者说理论支撑时，孙末楠的《民俗学》一书首当其冲：

> W. G. Sumner 在他的名著 *Folkways* 一书里指出了人们行为规范存在着两重性，对自己所属团体内部的同情和对外界团体的怀疑和仇恨，也就是具有我们老话所说"非我族类，其心必异"的成见。前者他称作 in-group，后者称作 out-group，即团体有内外之别。后来又有人用 we-group 来称 in-group，意思是凡属 in-group 的人相互间认为是自家人，用"我们"这个认同的词来相称，所以可以说是个认同的群体，我觉得民族就是属于 we-group 来称 in-group 的一类。所以我把民族认同意识作为民族这种群体的心理特征。[110]

随后，为了强调自己"多元一体"的动态性，史禄国以强调民族形成历史过程的 ethnos 取代了孙末楠的 ethos（"民族性"）。因为 ethos 是由民风、德型和制度合成的一个社会超级系统的总体，体现为该民族的独立精神、特殊品格。换言之，对晚年的费孝通而言，孙末楠基于民风、德型和制度，并总体性呈现民风、德型和制度的民族性，是静态的，被划归到了社会静力学的范畴。

瞿同祖的俗、礼与法

因为都出生在庚戌狗年（1910 年），又都与吴文藻有着师生之谊，黄迪、费孝通、林耀华和瞿同祖[111]四人，在后起的中国社会人类学的逸史中，有了源自师母冰心戏言的命名——"吴门四犬"。[112]被不停地演绎、诠释的这一野乘，寄托了愿景的温馨面相，并反向成为学术真实。历史与传说互相加持，携手成就着一门学科曾经有的、可能有的和应该有的辉煌。

如同已经详述的黄迪、费孝通一样，孙末楠《民俗学》一书是林耀华 1935 年在燕大完成的硕士毕业论文《义序宗族的研究》的参考文献之一。1944 年，在谈及礼与中国社会的分化时，瞿同祖同样参引了孙末楠的德型：

> 孙末楠（W. G. Sumner）于 *Folkways* 一书中谓 Mores 不仅为正确合理者，且经哲理之判断，认为与社会幸福有关，先儒论理之重要亦类乎此。礼曰"人有礼则安，无礼则危"（典礼上）……[113]

其实，早在 1934 年，即将本科毕业的瞿同祖就明确地用"社会学的眼光"，把孙末楠《民俗学》中的民风、德型和制度演绎为在他看来更符合中国实情的俗、礼、法三类。这即发表在是年《北平晨报》4 月 25 日、5 月 2 日和 16 日第十三张的"社会研究"专栏上，创见性颇多的《俗、礼、法三者的关系》一文。

瞿同祖指出，孙末楠认为产生了欲望的饥饿、性爱、虚荣、恐惧四种人类行为的动机实际上并未超越中国人的"食色"范畴。经过对欲望及其满足方式的分析，瞿同祖将习惯定义为："无意中发现的一种（经过学习的过程）能免除痛苦，以最简捷省力的手段，得到快乐的方法。"对他而言，社会的习惯，即风俗，包括风气、时尚和嗜好三个亚类；无意识的形成、群体性、传承性以及和生存环境紧密相关是风俗的基本特征。所谓群体性，指风俗是群体公认的正确的行为标准。在分析了既有的教化观、环境决定论和本性（遗传）论三种风俗观的不足之后，瞿同祖从形成的角度再次定义了风俗：

> 某种民族在某种生存的环境中，一包含自然的及文化的——利用他们所遗传的思索能力，按着他们所遗传的性格所产生的一种公共行为法则，以达到他们各个人的欲望的满足，而适应于社会。[114]

瞿同祖认为，礼是"加以哲学的伦理的观念，认为与社会的福利有关"的风俗。接着，他借用了孙末楠关于德型的界定："Sumner 对于这一点说得很详细。他说礼是一社会用以满足人类的需要及欲望的行为的法则，这种法则是有信仰，概念，规律及标准的。"[115] 为了说明孙末楠关于德型的定义正好是中国的"礼"，瞿同祖还将孙末楠的四种欲望和中国的五礼进行了对应，如下表：

表 2-1　孙末楠的四种欲望和中国五礼[116]

爱欲	嘉礼：婚礼	
饥饿	吉礼：祈穀、求雨、祭先农社稷等	
	嘉礼：籍田	
夸傲（虚荣）	军礼：出征、田猎、凯旋、受俘	
	嘉礼：冠礼、朝仪	
	宾礼：朝觐、朝贡、敕封、长幼尊卑相见等	
恐惧鬼神	吉礼：祭祀、祈禳	
	凶礼	

对于礼是真理、正确的原理（principle），具有相对固定等特征的分析，瞿同祖都取自孙末楠。但是，他对孙末楠的归纳也有所修正，如指出中国的礼常由儒生士大夫归纳总结为文字，而且作为文化的礼需要有意识地学习。在对礼的辨析中，瞿同祖提到了"制度"。他认为礼产生的制度，仍是用来满足欲望的成套的公共思想、行为方式与法则，只不过更系统、具体，更经过社会意识的鉴定而已。[117]

在谈及他后来用力颇多的法（law）时，除援引孙末楠的相关论述之外，梅因（Henry Sumner Maine, 1822—1888）的"法理社会"也成为瞿同祖重要的参照点。[118] 为此，瞿同祖定义了与法理社会相对的"习惯社会"："讲俗讲礼是习惯社会将传统的文化堪称神圣一般，不凡加以怀疑，或批评，一代一代的只照着老的法子去思想去做事。所以是不变的，无进化的社会。"[119] 然而，无论是法理社会的引入还是习惯社会的界定，瞿同祖都试图根据事实指明中国的独特性，也即俨然二分的习惯社会和法理社会在中国的并存与混融。比如，他强调，同为文化之一部分的法，衍生于礼但狭于礼、不违于礼，还反向维持礼俗道德，即"律从礼生，律实维礼"[120]。

进而，对于中国人都熟悉的"刑不上大夫，礼不下庶人"，根据其所理解的法律和礼－道德的关系，瞿同祖解释道：

> 法律与道德的对象虽不同，但二者都是以防人为恶，使社会秩序完善为目的的，不过二者程度不同而已。道德好高骛远，所谓至善并不是所以希冀于普通人的，只有圣贤及士大夫阶级才能讲求。但社会上所必须的至少以保持秩序的道德，却是任何人所必须遵守的，对于这些人不能希冀如何的向善，只希望他们不要为非作歹而已。所以立为禁律，以刑制之。所谓"礼不下庶人，刑不上大夫"就是这个意思。……所谓刑不上大夫的意思，是指士大夫阶级向善的程度已到所谓德的程度，自己可以管束自己，并不是说"据礼无大夫刑"。礼不下庶人者，是说不致以难能的望于庶人。庶人不能自制，只得以刑为之范围，并不是说"礼不及庶人者，谓无酬酢之礼也"。[121]

上述这些探讨，尤其是将风气、时尚和嗜好归在俗的范畴，引发了以民俗学为志业的黄石与瞿同祖的商榷。

/ 风俗礼制：黄石的民俗观

"开荒牛"黄石

1927 年，在其专著《神话研究》"后记"中，黄石自比为"开荒牛"。[122] 就中国现代民俗学运动而言，无论研究领域，还是理论创建，甚或国外相关理论的引进、实践与活用，黄石的"开荒性"，都不言而喻。而且，其研究领域之广、成果之丰，在中国现代民俗学运动中也是罕见的。[123] 正如赵世瑜的精准定位，基本属于中国现代民俗学运动中"独立研究者"的黄石，也是屈指可数且中西皆通的"职业民俗学家"。[124]

就目前能够检索、阅读到的文献而言，如果说孙本文是最早系统向国内学界介绍孙末楠民俗学说的学者，那么黄石应该是最早在自己研究中引用孙末楠《民俗学》的中国学者，而且是远在他北上燕大做特别生"取经镀金"之前。

1928 年，在解释性的"他不"（taboo，今译为"禁忌"）时，黄石引用了孙末楠《民俗学》中 30~31 页对"他不"的定义，并将孙末楠称为"民族学者"，音译为"萨谟涅"。[125]1929 年，在亲属通婚的禁例研究中，黄石引用了《民俗学》一书 489 页孙末楠关于乱伦和亲属通婚"他不"的解释。而且，在引用时，黄石直接将音译的"萨谟奈"称为"民俗学者"。[126] 晚些时候，在对于叔嫂婚的研究中，他还引用了孙末楠和恺莱合著的《社会科学全书》（*Encyclopedia of Social Science*）中祖鲁人等美洲的事例。[127]

关于黄石的生平资料并不多，且至今都不知其所终。1940年，根据一同与黄石在定县作过调查的廖泰初（1910—2000）提供的信息和燕大注册课学生的记录[128]，李荣贞给1936年南归的黄石做过一篇小传。如下：

> 黄石又名黄华节，广东新会县人，生于一九零一年阴历正月十五日，家住广东佛山公理会。父业商，家中经济不甚宽裕。广东花池培英中学毕业，氏笃信基督教，为公理会教徒。一九二三年至一九二六年肄业于广州白鹤洞协和神学院。毕业后在广州崇基女子圣经师范学校任教员，次年赴香港大光报为编辑。[129]一九三零年秋由协和神学校介绍到燕京宗教学院作特别生。专门研究比较宗教学。而对于历史学与社会学都很发生兴趣。时许地山先生在燕京作教授，讲授一门功课叫中国礼俗史。他也选读了这门功课，非常敬慕许先生，同时也就开始对民俗学发生了兴趣。许先生亦广东人，因为同乡的关系，谈话比较方便。更增加了二人的友谊。课余常和许先生谈些学术问题。一九三零年夏，许先生因为器重他，就荐举他到河北定县平教会做研究的工作。研究对象甚广，如歌谣，谚语，庙会，小曲，秧歌……皆在其列，收集材料颇广。一年后给平教会作了一个收集材料的报告书。然此报告于一九三七年夏事变时已失去。他自己的材料也还没有整理出来，所以这部比较材料丰富的民俗志，至今尚未问世。

一九三五年改任定县县政建设研究院礼俗调查职务，仍继续上年在平教会之研究。一九三六年其妻病逝，留二子，年幼，黄氏不得已辞职南下，把小孩交给他们的祖母，自己到香港（或广东）开始作报纸副刊的事。

黄氏性沉默，讷口，处世恭谨，重视友谊，然不善交际，仅有知己二三人，此外甚少和人来往。所以常是独自一人出门调查，兼之以广东味的北方话，乡人不易听懂。而黄先生又不善与人联络，故调查的困难就更增加了。但是有不怕苦，坚忍耐劳的精神，结果终于胜过了他的弱点。他文学的兴趣很浓厚，写作深刻。对民俗学，乡村生活都很有研究。奈因国事关系，故其著作仅能散见于各杂志上，其更有系统的作品，也许在南国发表了吧！[130]

李荣贞拟就的黄石小传，年代多少有些混乱，但对于1936年前黄石主要经历以及性情的勾勒，应该是可信的。要说明的是：其一，广州白鹤洞协和神学院的英文名是 Canton Union Theological College；其二，1932年，黄石与许地山、江绍原、吴文藻、李安宅等一道，共同发起了编纂"野蛮生活史"的计划；[131] 其三，前文提及，黄石到定县平教会做调研，晚年的吴文藻声称是由他分派的。[132]

另外，黄石有可能在1935年年末就离京南下了，而且还去了广西，但这无法确证。在费孝通晚年的回忆中，他忆及是黄石专程前去帮助自己料理了在花篮瑶调查中不幸罹难的妻子王同惠

（1910—1935）的后事，也顺带提及了黄石在燕大的生活情形和性格。在这次访谈中，记录者呈现出来的费孝通原话如下：

> 出来到桂平，接下来都是奇遇。来了个燕京的老朋友，他自己从广西赶来，他叫黄石，是个怪物。燕京大学分两种人，一种是纨绔子弟，有钱的。还有一种穷的，不住在普通宿舍里（两人一间房，现在还是这样），他们不交费的，住在阁楼上，黄石就住在阁楼上。他是个奇奇怪怪的人，很有义气。他从广西赶来，把我的事情包下来了。我一个熟人都没有，广西给了我一笔抚恤金，我交给他，让他处理我爱人的身后事，我是不能动的。[133]

多年研究民俗的黄石，在不同阶段的学术写作各有偏重和特色。20 世纪 20 年代，女性民俗研究是重头，主要刊发于《妇女杂志》《新女性》等刊物。1927 年，他还出版了专著《神话学》。这些成果，使黄石在中国民俗学运动中有了一席之地。在中国民俗学运动中，最早关注到黄石的是娄子匡。

1933 年，因德国学者艾伯华（Wolfram Eberhard，1909—1989）之邀，娄子匡写就了一篇系统介绍中国民俗学运动的文章。虽偏重北大《歌谣周刊》、中大《民俗周刊》和杭州中国民俗学会，主要点出的是周作人、顾颉刚、江绍原、钟敬文、赵景深（1902—1985）和他本人，但在有限的篇幅中，娄子匡还是注意到了黄石。他写道："还有一位从神学道上来归的朋友——黄石，年来除于神话有若干论述以外，他研究着这一门的几许问题，也有过好些短篇的论述。"[134]

30 年代初，黄石继续在进行自己感兴趣的女性民俗等研究。除《妇女杂志》《新女性》之外，《东方杂志》是发表其成果的又一阵地。与此同时，由于对功能论的心仪，与许地山、杨庆堃等燕大师友的密切互动，定县调研的深度参与，黄石对传说、信仰、节庆等研究的社会学色彩日渐浓厚，也成为燕大社会学系主持的《社会研究》这一专栏的主力"写手"之一。

在长期调查河北定县的礼俗之后，黄石对"礼俗"或"民俗"的界定，更加系统而独到。在相当意义上，歌谣运动时期奉行的源自威廉·汤姆斯的 folklore 被黄石熔铸到了 20 世纪 20 年代晚期引进的孙末楠的 folkways 之中。从理论和实践两个层面，黄石身体力行且行之有效地将中国民俗学社会科学化了。

对民俗社会学的四分

在 1934 年 8 月，基于对瞿同祖按社会学将民俗划分为俗、礼、法三类的疑义，正在定县调研的黄石，明确提出对民俗社会学的四分，即风、俗、礼、制。[135] 瞿同祖对俗乃适应环境、满足欲望的有效方法，以及群起效仿、遵循并相沿成习的定义，明显有着孙末楠的影响。然而，瞿同祖将风气、时尚和嗜好归在俗的范畴[136]，则让黄石大惑不解。在黄石看来，风气、时尚和嗜好明显不合群体认为正确和"无意识的造成"原则，与俗实乃相去甚远，因而主张民俗应该采用风、俗、礼、制的四分法。

这明显有别于中国民俗学运动自歌谣运动以来，长期奉行的偏重于口传民间文学的folklore，以及基于此的长期以歌谣、谚语、故事、传说、神话、童话等亚类为主流、主体的研究。对黄石而言，民俗是人类社会生活的方式，是群体公共的习惯[137]；"公有的"（群体性）和"传统的"（传承性）是民俗的基本特征。正如孙末楠的folkways，黄石界定的民俗的社会（学）属性昭然若揭。黄石将民俗社会学四分的标准有三：凝结度（definiteness）、强固度（intensity）和意识的明暗度，即意识度（brightness of consciousness）。

凝结（固）度，强调民俗作为一种社会生活方式的公共性，是"社会习惯"。因而，民俗的形成要经过创制（initiation）、试行（trial）、选择（selection）、仿效（umitation）、熟悉（acquisition）和裁定（ratification）六个阶段。创制阶段的民俗可塑性极大；在选择阶段，有讨论商量的余地，仍有变易的可能；在模仿和熟悉阶段，就基本硬化固定；到裁定阶段，则完全凝固，丝毫变更不得。这就是民俗凝结度的四个阶段。

强固度，是针对民俗的威势，即约束力的程度而言的。强固度的一级是为群众趋尚，但并不具备强人必从的力量；二级是为社会公认，却容许例外；三级是不容例外，可是容许考虑或讨论；四级是已成标准定式，不容异议，违则制裁。意识度，指社会抑或群体的成员，对于自己行为方式的反省程度。因为是对心理状况的拼盘式说明，所以黄石用了最明、明、较晦和最晦来含糊地表达其程度。

换言之，黄石试图从凝结度、强固度、意识度强弱的不同入手，对一个社会浑然一体的民俗——传统文化进行分层。他将通行意义上的"风"，也即瞿同祖那里的风气、时尚和嗜好等，归为人们无意识的、多带有盲从心理的活动，认为"风"的形成容易受到外部因素和个人选择的影响，具有流动性、瞬时性和杂乱性等特征。作为"风的凝固化"，"俗"既是经过时间的沉淀而逐渐趋于稳定和人们自觉的选择，其本身也是单纯的民俗现象与社会共同习惯之间的分水岭，因此"俗"恒定而统一。正所谓，"上行下效谓之风，众心安定谓之俗"。"礼"与"制"，则是对"俗"不同程度的强化、硬化。具体而言，"礼"是以理性作为基础的行为型式，可以"放诸四海而皆准，施诸百世而不惑"。"制"是权威者有意的制作，乃统一全社会行为的典型，有刑赏和政治的威力予以支持。

关于"风""俗""礼""制"四者的关系，黄石认为：俗，是风的凝固化，是社会自然产生的，其播化流传靠模仿习得；礼，是俗的理性化，近乎道德，乃士大夫阶级有意写定，有条理但无完整严密的组织，传承依赖教化或者说教育；礼的本意，是防民之心，并以良心的责难为制裁手段；制，是礼俗的系统化，是政治家有目的、有意识且公示天下的制作，所谓"宪令著于官府"。制的本意，在于范民之行，它条理分明并与整个社会组织相配合，且以刑罚惩治为依托。

显然，这些认知，明显有着孙末楠对民风、德型和制度定义及其相互关系界说的影响，并影响到黄石稍后对礼俗的界定。在1935年关于纸钱的研究中，黄石写道："凡礼俗的发生，都是先有一种风气，流行于民间，然后渐渐凝固成俗，再后经士大夫阶级采取，且加以理性化，才变成成文的礼。"[138]

黄石强调，自己所言的"制"与瞿同祖的"法"完全等义。之所以替换，是因为：

> 法是独立的科学，不在民俗学的范围，而制度则为民俗发展成形的最高形式，素为民俗学者研究对象之一。例如研究一个民族或部落的民俗，不能不兼研究其婚姻制度等等，而法律至多只略为触及，不加详细研究。为避免与法理学相牵混起见，我以为改"法"为"制"为宜。[139]

基于孙末楠的《民俗学》和对瞿同祖的修正，黄石对民俗"风""俗""礼""制"的社会学四分和三度辨析，可以简括为下表：

表2-2 民俗社会学的四分与三度

	凝固度（Definiteness）	强固度（Intensity）	意识度（Brightness of consciousness）
风	弱	弱	低
俗	次弱	次弱	次低
礼	次强	次强	高（夹杂感情元素）
制	强	强	高（纯理性）

黄石的礼俗研究

正如在《民俗社会学的三分法与四分法：论风俗礼制四者的关系》一文结尾指出的那样，黄石对民俗社会学的四分，不仅仅是出于纯理论探讨的目的，他还希望自己的划分能有实际的功用，即能有益于社会建设，尤其是适应新社会并能行之有效地改良礼俗、移风易俗。换言之，其稍后紧锣密鼓地对礼俗改良与民族复兴的探讨、节期改进的建议，都是将这一理论探讨进行具体应用的尝试。其实，正是长期在定县对礼俗的调查，使得黄石的民俗学研究具备了宏大的计划与雄心。

黄石与比自己小十岁的杨庆堃本是燕大旧识，都是《社会研究》的撰稿人。1935 年，当黄石在定县河北县政建设研究院专职调查礼俗时，杨庆堃已经在美国密歇根大学攻读人文区位学。两人通信不断。其中一封谈礼俗研究计划的信函，本是黄石托付《社会研究》编辑部转寄给杨庆堃的。结果，或者因为大家都是老朋友的关系，或者是看重黄石这份信函的学术意义，《社会研究》编辑部在未征得二人同意的情形下，先行将该信刊发了出来，并冠之以那个年代常见的"通讯研究"的名头。那么，这封让编辑部先行刊载的信函，究竟勾勒了黄石怎样的礼俗研究计划与学术情怀？

来函中，杨庆堃希望黄石能赴美留学。所以，黄石的这份回函是从赴美与否说起的。[140] 黄石写道：

老实说，环顾弟目前境况与基本学识，渡美尚非其时，将来或有此可能，此刻尚谈不到，且求学亦不一定必要留美，尤其是研究东方文化，在国内反较为便利。按弟之理想计划，拟先在适当区域，先作三数年 field work，作区域研究，次移至北平，一面整理材料，一面更深入故纸堆中，搜求史书载籍之材料，与实地材料相印证。如是可望于四五年间，理出一正确清楚之系统，以为再谋上进之根基。此外，前数年所集之材料，亦拟大加整理编述，谋写成一本"像样的书"，一以试验自己之成绩，一以求海内外硕学公评，打定在学术界之地位，此弟最近之为学目标即计划也。

弟目前之具体计划：第一步先完成定县之区域研究，第二步，拟将前数年搜集之材料，限期编述《岁时礼俗史》一书，第三步，即续著《中国婚姻礼俗史》及《丧葬礼俗史》两种。第四步，回头以定县之区域研究为中心，再周行必要地域，作比较研究及考古研究，完成中国现行礼俗研究，目的除叙述之外，更期发见中国礼俗发展，传播，及转变之原理。第五步，为一般的，综合的研究，而稍偏于古代，寻求中国礼俗与文化一般的结构与特质，及其演进之经过与法则原理。……果能事事如愿，则弟渡美之期，当在第二步工作完成之日。第二步开始之前，则渡美方有渡美之获益，非徒为镀一次金，饮一口咸水已也。[141]

显然，在相当意义上，黄石的思考已经超越了众人齐皆效仿的孙末楠对民俗的定义，有了鲜明的本土特色。《民俗社会学的三分法与四分法：论风俗礼制四者的关系》一文虽然是与瞿同祖商榷，但黄石对瞿同祖的评价极高，认为瞿同祖将民俗三分实乃深挖下了民俗"正名学定义"的第一锄，"一扫向来含混妄滥的积弊"，做了"民俗学萌芽时代最值得致力的工作"。[142] 其实，这些赞誉用于黄石这篇关于四分法的文章也丝毫不为过。而且，黄石明确声称，自己的这篇文章不仅是要与瞿君商榷，还要求教于"海内民俗学者"。

就在黄石《民俗社会学的三分法与四分法：论风俗礼制四者的关系》一文发表之后，瞿同祖立即写了回应文章。[143] 在对黄石表示赞赏的同时，仍然坚持自己的看法。当然，他也质疑了黄石提出的"三度"的可操作性和将"法"改为"制"的必要性。对于瞿同祖的质疑，黄石没有再撰文直接回应。然而，黄石随后两年进行的礼俗改良与民族复兴、节期改革的探讨，似乎可以看作一种间接的回应。

也就是在邱雪峨撰写基于清河实地观察之生育礼俗报告的1935 年，结合当时的乡村建设、民族复兴之意识形态与运动，在《礼俗改良与民族复兴》一文中，黄石进一步深化了其对礼俗的认知。他将北大的歌谣研究和风俗研究视为礼俗研究的开始。也即，对黄石而言，礼俗研究即民俗研究，礼俗学即民俗学。在《民族主义 第一讲》中，孙中山将"天然进化而成"的风俗习惯与血统、生活、语言和宗教并列，视为构成一个民族的五种有别于武力的力。[144] 因此，黄石将风俗习惯等同于礼俗。

对礼俗的界定，黄石尤其强调"公有"和"传统"两个特征：

世界上任何种族，任何国家，乃至于任何地方的部落或社区，人们的生活，都有一套特殊的传统公同方式，来模铸其生活的典型，来规定其行为的轨范。这一套公同的，传统的生活方式，我们给它一个专名，就叫做"礼俗"。我说这套生活方式是"公同的"，理由是凡一种习惯，必须成为社会共同一致的惯习，方才称得起"礼俗"或"风俗"。反之，如果只是社会里的个人，或极少数人的习惯，那么，它就属于个人心理学或"行为学"的范围，不能算做社会或国族的礼俗。我说这套生活方式是"传统的"（Traditional），换句普通的话说，礼俗的第二个特点，是必定代代相传的，所以旋起旋灭的公同习惯，至多只能叫做"风尚"，却也不能算做"礼俗"。礼俗在民众生活上之所以重要，这两个特点是个主要原因。礼俗既是公同的，传统的，所以大至一个国族，小至一个社区，其各个分子的生活，都从这个方式模铸出来，故民众生活的劣，大半视礼俗的美恶淳薄而定。[145]

　　顺应乡村建设、新生活运动而礼俗改良、民族复兴的大背景，黄石强调了礼俗研究以及礼俗学/民俗学的重要性，即礼俗研究是礼俗改良的基础，礼俗改良是民族复兴的基础。因此，礼俗学是民族复兴"基本的基本"。黄石不但重申了孙中山"民族主义"中对中华民族包含满、蒙、汉、藏、回等多民族的政治定位，还强调新兴的"边疆社会学"中应该有礼俗学的位置，且应该是其急务，因为礼俗研究实乃边疆政治的前驱。不仅如此，黄石认为，礼实乃中华传统文化的核心，"礼治"是有别于西方"法治"的中国社会组织与维持的基本方式。[146] 因此，礼俗学必须回应中国究竟要不要从礼治演进到法治、怎样演进这些既迫在眉睫又长远的问题。这样，礼俗学不仅对于实践层面的礼俗改良、边疆政治，对民族复兴、中国的未来也意义非凡。

《礼失而求诸野》一文，回答的是为何可以在野求礼，以及如何才能有效地在乡村移风易俗等问题。[147] 黄石开篇重复了自己此前对礼俗的认知与划分，即俗是"社会公同"和"传统因袭"的习惯，这些习惯——庶民的俗——经过士大夫的理性化，即成为礼。这一形成过程，就造成了民众只知有"不知其所以然而然"的俗，而不知有"知其所以然而然"的礼。反之，士大夫通过教化或教育而有意识遵守的礼，会随理智的增长与不同的解释而演进。因为会被不知其所以然而然地遵循，礼俗在乡野民众中的保守性较强。于是，变化的快慢，就成为礼可以求诸野的第一个原因。

另一个原因，是相较于城市而言，乡村人口流动小、与外界接触少，是相对静态、单纯而固有礼俗变动少且制裁力强的社会。因此，黄石认为，改革乡村礼俗的策略，就是物质环境、社会以及知识三个层面的"开通"。即发展交通，从而增加与外界社会的接触面；提高人口流动率，拓展民众眼界心胸；开启民智，让民众凭理性反省辨析礼俗是非。

对古代社会休假制度的考证、梳理，则多少有些回应瞿同祖"法"与"制"是否需要替换的潜在意图。[148] 与此不同，在节期改革的探讨中，黄石对与农耕生产生活方式相匹配的每个传统节日都进行了分析，不但分出了废、改、建的不同节日类型，还提出把清明改为植树节、把端午改成为公共卫生节、把七夕改为蚕丝节，以及建立一个强化民族认同的新型节日等具体建议。[149] 就旧历新年改名为"春节"，黄石当年有如下论述：

> 除夕和新年，一方面是除旧布新，一方面是百业之始，我们在这年节的期间，大可以来一个"新生"运动（Movement of Renaisanci）乃至于"新生活"运动，在政治上，也大可以有所作为。施行一些利民的新政表示"与民更始"，说到旧历的年节，上面已经指出它与农功有密切关系，在尊重国历的原则下，固不妨索性痛快地改为"春节"，免得一年之中，倒有两个新年，有了新年又有春节，本非奇事，欧美各国，也于新年之外，老有类似春节的节期，何况我国原有的旧年节，事实上的确是"春之复归"，"万象更新"，且又接近立春，将来要改革的话，仍沿旧日期，或改用立春日为春节期，皆无不可。至于过节的形式，当然要加以改良。[150]

因为有着对旧历年节源自农耕生产和自然节令转换的正确认知，面对公历纪年推行不可逆的大势，黄石在建言节期改革时，是以西方为参照，以民众接受度、福祉和推进整个社会进步为前提的，而不仅仅是从当政者抑或"政治正确"的角度出发的。联系到今天元旦和春节并行不悖的节期事实，这些入情入理的辨析、说明，带有前瞻性的建议，不但使得黄石的观点在同时代知识分子关于节期改革的探讨中独具一格、意义非凡[151]，更使得民俗学研究真正与"民间的生活"发生了关联，并且是以民众的日常生产生活为原点的。当然，黄石在这前后大量关于女性民俗的研究，同样是长期以来以千百万受礼教束缚的女性的日常生活为出发点的。[152]

换言之，在黄石那里，民俗学真正成为一种关于民众、当下、现实和日常的学问，而非外在于民众、民间的，不同智识集团自我表达和角力的工具。毫无疑问，对孙末楠民俗学说的吸收、内化，对功能论的活用，使得黄石的民俗学乃老百姓生活日常学问的色彩更加明显。在黄石同期关于定县民间宗教的研究中[153]，这有着更加鲜明的体现：先入为主的"迷信"不再是认知前提，不乏神游冥想地"了解之同情"[154]百姓、融入其中、成为"局内人"，才是关键，启蒙、改造民众的工具理性、功利主义退居末位。

风土什志

多少有些遗憾的是，除瞿同祖、后起的部分燕大毕业论文作者、一度着力研究黄石并坚持传承与记忆是民俗学学科本位的赵世瑜[155]之外，在定睛也固守 folklore 的中国民俗学界，对黄石的深入思考和诠释回应可谓寥寥。除吴丽平之外[156]，更无人注意到黄石民俗学说背后承载的中国民俗学 folkways 这一重要的学科传统。这样，也不难理解英译为"*The Folkways*"的《风土什志》这本抗战正酣时在成都创办且力求"雅俗共赏"的刊物，为何也基本逸出了后来民俗学者的视域。

1943 年 9 月，《风土什志》在成都创刊。出资者是留法归来的著名川籍作家、翻译家、社会活动家和实业家李劼人（1891—1962）。[157] 初创时期的作者以李安宅、于式玉（1904—1969）、陈国桦 (1910—1970) 等当时迁徙到成都诸大学的教授为主。不仅如此，创刊号的封面标明了该刊的英文名"*The Folkways*"，并一直沿用到 1946 年 9 月的二卷一期。[158] 在创刊号封面，除中英文刊名之外，还有醒目的该刊主旨："研究人生社会·介绍风土人情。"尽管无法推断 *Folkways* 这一英文译名是否有深谙孙末楠 *Folkways* 的李安宅的影响，但孙末楠民俗学说的影响历历在目。

在该刊《发刊旨趣》开篇，编者明确将"风土"定义为影响着民族整个生活方式的民族文化之根本。原文云：

> 人类生活中，无论文明与野蛮，他们每一群的心灵上，差不多为旧日的信仰、习俗和太多奇妙的事情所占据，几乎影响民族整个的生活方式；所谓"千里不同风，百里不同俗"，这个因地迥异的风土，决定民族的思想、生活，形成民族的文化，且充分的显示着人类的率真、纯洁和热情，也反映着人类的野蛮、彪悍与凶恶！

因此，该刊的性质是："研究各地人生社会既往与现实的人文地理及地理知识，收集各方风土人情资料，作详确广泛的调查报告，且客观的描述当时社会环境，阐述其衍变等历史与地理的因果关系，作现实问题之参考。"而其内容始终涵盖民俗学（包括神话寓言、歌谣谚语、传说掌故等，即主要指向 folklore 一脉的民俗学）、历史学、地理学、生物学、社会学以及美术等多学科，也就自然而然。

/ 小　结

如后文将要呈现的那样，生活、需要、行为、心理、兴趣、动机、情感、满足、本能、个人、群体、习惯等，这些孙末楠界定"民俗"的关键词，频频出现在燕大社会学系毕业论文关于"风俗"和"礼俗"的界定之中。与中国古代之于风、俗、礼、制的认知一样，孙末楠对于民俗的定义，是这些后来者界定其所研究的"风俗""礼俗"的知识源之一，成为主动寻求突围的中国民俗学知识系谱中关键的一环。

这些明显有别于文学的民俗学和史学的民俗学的新意涵，正好是绝大多数既有中国民俗学学科史书写所忽略的。于是，改革开放后中国民俗学重建以来，因为对既有学科史梳理的不足，关于民俗学的学科定位、属性探讨，始终存在着种种尾大不掉、令人头疼的难题。诸如：民俗学是人文科学、社会科学，还是人文社会科学[159]；民俗学究竟应该怎样和人类学、社会学共存[160]；

民俗学是否应该社会科学化、怎样社会科学化[161]，何以安身立命[162]，等等。

注　释

1. 赵旭东、齐钊：《亲迎"三区论"的知识社会学分析：对费孝通研究的一个补充》，载《西北民族研究》，2011 年第 2 期，145~158 页；赵旭东、齐钊：《地方志与民俗的区域研究：对早期燕京大学法学院社会学系两篇毕业论文的分析》，载《民俗研究》，2012 年第 1 期，58~66 页；赵旭东、齐钊：《反思性批判与创造性转化：以燕京大学法学院社会学系与英国功能论人类学的双向互动为例》，载《西北民族研究》，2013 年第 1 期，46~55 页；齐钊：《社区·区域·历史：理解中国的三种进路——对燕京大学法学院社会学系学术传统与研究特色的再分析》，载《开放时代》，2013 年第 6 期，107~120 页。

2. 关于留美生对 20 世纪前半叶中国社会学的主导性影响，参见陈新华：《留美生与中国社会学》，天津，南开大学出版社，2009。

3. Sumner, W.G., *Folkways: A Study of the Sociological Importance of Usages, Manners, Customs, Mores, and Morals*, Boston: Ginn and Co., 1906.

4. 于恩德：《燕京大学社会学概况》，载《社会学界》，第四卷（1930），239 页。

5. 阎明：《中国社会学史——一门学科与一个时代》，13~19 页，北京，清华大学出版社，2010；杨燕：《移植与本土：燕京大学社会学学科发展研究（1922—1952）》，25~41 页，北京，北京师范大学博士学位论文，2016。

6. 这是费孝通 1962 年写就的《留英记》中的说法，参见费孝通：《师承·补课·治学》，6~7 页，北京，生活·读书·新知三联书店，2002。关于甘博与燕大社会学系、中国社会学之间的复杂关联，参见林海聪：《民国时期妙峰山庙会民俗的视觉表达：以甘博影响为中心的图像比较研究》，72~97 页，广州，中山大学博士学位论文，2020。美中不足的是，因为主要是基于甘博的视角，林海聪无意中强化了甘博对初创阶段的燕大社会学系和李景汉、张世文等中国学者的支配性影响，并没有呈现这些中国学者对甘博的反向评价、认知与影响。

7. 傅愫冬：《燕京大学法学院社会学系三十年》，载《咸宁师专学报》，1990 年第 3 期，76 页。

8. 《燕京大学法学院社会学系简章 布告第 14》，北京，北京大学档案馆藏，档案号 YJ19210005。关于步济时对燕大社会学系贡献的全面评估，参见杨燕：《步济时对创办燕京大学法学院社会学系的历史贡献》，载《北京教育学院学报》，2018 年第 2 期，85~92 页。

9. 许仕廉：《对于社会学教程的研究》，载《社会学杂志》，第二卷第四号（1925），1~11 页。

10. 许仕廉：《燕大社会学系教育方针商榷》，载《燕大周刊》，第一〇四期（1926），6~9 页，《燕大周刊》，第一〇五期（1926），8~10 页；《建设时期中教授社会学的方针及步骤》，载《社会学界》，第三卷（1929），175~181 页。

11. "人文区位学"是稍后的译法。最初，孙本文将之译为"人类地境学（或地位学）"。在介绍法国的社会形态学时，杨堃将以派克为代表的 Human Ecology 译为"人类地位学"。在派克来燕大讲学前后，许仕廉将其学说译为"人类境地学"。稍后，李安宅也采用了"人类境地学"这一译法。分别参见孙本文：《社会学名词汉译商榷》，载《社会学刊》，第一卷第三期（1930），9 页；杨堃：《社会形态学是什么?》，载《鞭策周刊》，第二卷第十三期（1932），14 页；许仕廉：《介绍派克教授（Robert Ezra Park）续》，载《益世报》，1932 年 11 月 28 日第十版；

李安宅：《麦基滢教授论美国社会学》，载《益世报》，1933 年 1 月 23 日第十版。1933 年，刚从美国回到燕大执教的赵承信应社会学会同学之邀，在撰文介绍派克时，特意指出，将 Human Ecology 译为"人文地境学"，很容易会误以为是地理学的研究，译为"人文地位学"，则显得"迂阔"，因此，他翻译为"人文区位学"，并重点介绍了人文区位学的位置（position）、流动（mobility）、自然区域之形成（formation of natural area）和功能区域的划分（delimitation of functional regions）四个方面。参见赵承信：《派克与人文区位学》，见《派克社会学论文集》，79~97 页，北平，燕京大学社会学会，1933。现今的中国学界，则将 Human Ecology 翻译为"人文生态学"。关于燕大社会学对人文区位学的引入与化用，亦可参见傅春晖：《早期燕京社会学的人文区位学研究——以杨庆堃的〈邹平市集之研究〉为例》，载《社会学评论》，2021 年第 5 期，193~231 页。

12. 《燕京大学法学院社会学系简章 燕京大学布告第 14，社会学与社会服务系课程一览 1928—1929》，北京，北京大学档案馆藏，档案号 YJ1928019。

13. 许仕廉：《燕京大学社会学及社会服务学系 1928—1929 年度报告》，载《社会学界》，第四卷（1930），3~6 页。亦参见《燕京大学法学院社会学系一九二八秋季消息》，载《社会学界》，第三卷（1929），283~285 页。

14. 于恩德：《燕京大学社会学概况》，载《社会学界》，第四卷（1930），243 页。

15. 子厚：《燕大社会学系近况调查》，载《社会学界》，第五卷（1931），192 页。

16. 《燕京大学社会学及社会服务学系 1931—1932 年度报告》，载《社会学界》，第六卷（1932），344 页。

17. 许仕廉：《建设时期中教授社会学的方针及步骤》，载《社会学界》，第三卷（1929），180 页。

18. 《燕京大学社会学及社会服务学系 1931—1932 年度报告》，载《社会学界》，第六卷（1932），343~344 页。关于 1933 年之前燕大社会学系教学、实验、科研与出版的总体状况，亦可参见李安宅：《社会问题研究及调查机关之介绍（九）燕京大学社会学及社会服务学系概况》，载《国际劳工消息》，第五卷第二期（1933），31~45 页。自此，燕大社会学系的学生人数维持在七十人上下。1947 年，复校北平不久的燕大社会学系学生人数是 65 人，1948 年是 72 人。分别参见《北平燕京大学法学院社会学系概况》，载《中国社会学讯》，第四期（1947），6 页；《燕京大学法学院社会学系概况》，载《社会建设（复刊）》，第一卷第一期（1948），84~86 页。

19. 杨燕、孙邦华：《许仕廉对燕京大学社会学中国化的推进》，载《北京社会科学》，2015 年第 10 期，68~75 页。其实，在领军燕大社会学系数年之后，基于自己数年的实践与观察，许仕廉对中国蓬勃的社会学运动有着系统而深刻的反思。参见许仕廉：《中国社会学运动的目标经过和范围》，载《社会学刊》，第二卷第二期（1931），1~29 页。

20. 《燕京大学社会学及社会服务学系 1933—1934 年度概况》，载《社会学界》，第八卷（1934），307~311 页。

21. 《燕京大学社会学及社会服务学系 1934—1936 年度概况》，载《社会学界》，第九卷（1936），325、339 页。

22. 吴文藻：《中国社区研究计划的商榷》，载《社会学刊》，第五卷第二期（1936），61 页。要说明的是，半个月后，该文也发表在 5 月 6 日天津《益世报》"社会研究"周刊复刊的第一期上。

23. 吴文藻：《吴文藻自传》，载《晋阳学刊》，1982 年第 6 期，48 页。后来，这个目的明确的社区调查名单在吴文藻的学生林耀华、陈永龄和王庆仁为吴文藻写的传记中进一步扩大，增加了费孝通到江村、黄迪到清河镇、郑安仑到福建。包括目的明确地选派学生到国外深造、有目的地分派学生开展社区调查的这个清单，很快进入学术史，被广泛引用，成为不折不扣的学界"传奇"。参见吴文藻：《吴文藻人类学社会学研究文集》，343~344 页，北京，民族出版社，1990；王建民：《中国民族学史上卷（1903—1949）》，201~202 页，昆明，云南教育出版社，1997。但是，黄石到定县调查、李安宅赴美深造等，实则另有机缘和因由。分别参见李荣贞：《中国民俗学的发展》，95 页，北平，燕京大学法学院社会学系毕业论文，1940；汪洪亮：《李安宅的学术成长与政治纠结》，载《民族学刊》，2016 年第 1 期，13~14 页。毫无疑问，从江村到禄村、玉村、易村的社区实地研究，继而比较归纳的《生育制度》和《乡土中国》来看，费孝通是吴文藻该研究计划最忠实也最有效的践行者。参见费孝通：《乡土中国》，97~106 页，上海，观察社，1948。

24. 赵承信：《社会调查与社区研究》，载《社会学界》，第九卷 (1936)，205 页。

25.《燕京大学社会学及社会服务学系 1936—1938 年度概况》，载《社会学界》，第十卷（1938），425~427 页。

26. 由于时局的影响，在这一年的课程设置中，新增了"日本的乡村社会"和"日本的社会变化"两门"民族志"课程。参见《燕京大学课程概要 1938—1939》，北京，北京大学档案馆藏，档案号 YJ1938006。

27. 燕京大学法学院编：《社会科学各系工作报告·社会学系》，载《燕京社会科学》，第一卷（1948），234 页。

28.《燕京大学社会学及社会服务学系 1934—1936 年度概况》，载《社会学界》，第九卷（1936），327 页。

29. 许地山：《礼俗调查与乡村建设》，载《社会研究》，第六十五期（1934），109~110 页。

30. 傅愫冬：《燕京大学法学院社会学系三十年》，载《咸宁师专学报》，1990 年第 3 期，78 页。

31. 姚慈霭：《婆媳关系》，北平，燕京大学法学院社会学系学士毕业论文，

1932。婆媳冲突的产生主要原因，即毕业论文的三、四两章，刊发在《社会学界》，第七卷。参见姚慈霭：《婆媳冲突的主要原因》，载《社会学界》，第七卷（1933），259~270 页。

32. 林耀华：《义序宗族的研究》，北平，燕京大学研究院社会学系硕士毕业论文，1935；陈礼颂：《一个潮州村落社区的宗族研究》，北平，燕京大学法学院社会学系学士毕业论文，1935。

33. 例如，杨清媚：《"燕京学派"的知识社会学思想及其应用：围绕吴文藻、费孝通、李安宅展开的比较研究》，载《社会》，2015 年第 4 期，103~133 页；张静：《燕京社会学派因何独特？——以费孝通〈江村经济〉为例》，载《社会学研究》，2017 年第 1 期，24-30 页；侯俊丹：《市场、乡镇与区域：早期燕京学派的现代中国想象》，载《社会学研究》，2018 年第 3 期，193~215 页。

34. 春田调查，当年又被译作"春野城调查"，其主要目的是发展城市居民的社区意识（community consciousness），以此作为社会改良运动的助力。因为调查是本地居民要求的，所以本地居民主动参与性强，出力甚多。由此，分为搜集材料、分析和解释材料、社会改良建议、材料和建议在教育方面的应用四个部分的春野城调查，被作为一种范式迅速推广而"运动化了"。参见赵承信：《社会调查与社区研究》，载《社会学界》，第九卷 (1936)，155 页。

35. Gamble, Sidney D., *Peking, A Social Survey*, New York: George H. Doran Company, 1921.

36. 吴景超：《孙末楠传》，载《社会学刊》，第一卷第一期（1929），1~21 页。关于孙末楠的生平与著述，亦可参见黄迪：《孙末楠的社会学》，1~16 页，北平，燕京大学研究院社会学系硕士毕业论文，1934。

37. 吴景超：《孙末楠的治学方法》，载《独立评论》，第一二〇号（1934），15 页。

38. 孙本文：《社会学上之文化论》，41~43 页，北京，朴社，1927；游嘉德：

《孙末楠与恺莱的社会学》，载《社会学刊》，第一卷第一期（1929），1
页；赵承信：《社会调查与社区研究》，载《社会学界》，第九卷(1936)，
180 页。

39. 吴景超：《孙末楠传》，载《社会学刊》，第一卷第一期（1929），2、20
页；孙本文：《孙末楠的学说及其对于社会学的贡献》，载《社会学刊》，
第一卷第一期（1929），2 页。

40. 吴文藻：《季亭史的社会学学说》，载《社会学刊》，第四卷第一期
（1933），26 页；黄迪：《孙末楠的社会学》，北平，燕京大学研究院社
会学系硕士毕业论文，1934;《派克与孙末楠》，见《派克社会学论文集》，
227~238 页，北平，燕京大学社会学会，1933。

41. 李安宅：《仪礼与礼记之社会学的研究》，4 页，上海，商务印书馆，
1931；杨堃：《民人学与民族学（上篇）》，载《民族学研究集刊》，第
三期（1940），136 页。

42. 罗致平：《民俗学史略（续二）：美国民俗学研究史略》，载《民俗》，
第二卷第三、四合期（1943），51~53 页。

43. 高丙中：《民俗文化与民俗生活》，76~102、172~208 页，北京，中国
社会科学出版社，1994。

44. 孙本文：《社会学上之文化论》，41~43 页，北京，朴社，1927。

45. 孙本文：《社会学上之文化论》，43 页，北京，朴社，1927。

46. 孙本文：《社会学名词汉译商榷》，载《社会学刊》，第一卷第三期
（1930），10 页。

47. 岳永逸：《"口耳"之学：燕京札记》，174~202 页，北京，九州出版社，
2022。

48. Hart, Hornell, "The History of Social Thought: a Consensus of American
Opinion, "in *Social Forces*, vol.6, no.2 (1927), p.195.

49. 后来，在翻译派克介绍撒木讷社会观的文章时，李安宅将该词的变体
"etnnocentrism"翻译为"本群中心论"，黄迪则将之译为"民族自我

中心主义"。分别参见 [美] 派克:《撒木讷氏社会观》,李安宅译,载《社会学界》,第六卷（1932），6 页；黄迪:《派克与孙末楠》,见《派克社会学论文集》,233 页,北平,燕京大学社会学会,1933。

50. [美] Hart, Hornell:《美国学者对于西洋社会思想史之材料的意见》,李安宅译,《燕大月刊》,第三卷第 1 期（1928），28 页。

51. 除本书"李安宅:礼与革命"一节之外,相关的进一步研究可参见岳永逸:《"口耳"之学:燕京札记》,206~233 页,北京,九州出版社,2022。

52. 在该文中,孙末楠被翻译为"匈谟涅"。参见吴景超:《几个社会学者所用的方法》,载《社会学界》,第三卷（1929），17~23 页。显然这篇文章的写作时间应该早于同年发表在《社会学刊》上的《孙末楠传》。此后,吴景超在其文章中,将 Sumner 统一译为"孙末楠"。

53. Cooley, C. H., "Sumner and Methodology," in *Sociology and Social Research*, vol.12 (1928), p.303. 转引自吴景超:《孙末楠传》,载《社会学刊》,第一卷第一期（1929），2 页。

54. 吴景超:《孙末楠传》,载《社会学刊》,第一卷第一期（1929），20 页。亦参见吴景超:《几个社会学者所用的方法》,载《社会学界》,第三卷（1929），20 页。

55. 孙本文:《孙末楠的学说及其对于社会学的贡献》,载《社会学刊》,第一卷第一期（1929），18 页。

56. 孙本文:《孙末楠的学说及其对于社会学的贡献》,载《社会学刊》,第一卷第一期（1929），15~16 页。

57. Sumner, W.G. and Keller, Albert G., *The Science of Society*, 4 vols. New Haven: Yale University Press, 1927.

58. 游嘉德:《孙末楠与恺莱的社会学》,载《社会学刊》,第一卷第一期（1929），2、3、6 页。

59. 黄迪:《派克与孙末楠》,见《派克社会学论文集》,229 页,北平,燕京大学社会学会，1933。

60. 吴文藻：《季亭史的社会学学说》，载《社会学刊》，第四卷第一期（1933），26~27 页。

61. Hodous, Lewis, *Folkways in China*, London: Arthur Probsthain, 1929, p.1.

62. Dennys, N. B., *The Folk-lore of China, and Its Affinities with That of the Aryan and Semitic Races*, London: Trübner and Co, 1876; Vitale, G. A., *Chinese Folklore, Pekinese Rhymes*, Peking: Pei-T′ang Press, 1896; Jameson, R. D., *Three Lectures on Chinese Folklore*, Peiping: North China Union Language School, cooperating with California College in China, 1932.

63. [美] 派克：《撒木讷氏社会观》，李安宅译，载《社会学界》，第六卷（1932），3~9 页。

64. [美] 派克：《撒木讷氏社会观》，李安宅译，载《社会学界》，第六卷（1932），3 页。

65. [美] 派克：《论社会之性质与社会之概念》，见《派克社会学论文集》，53~65 页，北平，燕京大学社会学会，1933。在当年该文篇首的"编者识"中，燕大社会学系的编者直接将孙末楠称为美国的"民俗学家"。

66. 异曲同工的是，在 21 世纪初，甘阳也提出了相似的命题和诠释，参见甘阳：《从"民族—国家"走向"文明—国家"》，载《书城》，2004 年第 2 期，35~40 页；《文明·国家·大学》，1~15 页，北京，生活·读书·新知三联书店，2012。

67. 《社会学家派克教授论中国》，费孝通译，载《再生》，第二卷第一期（1933），2 页。亦参见《费孝通文集》第 1 卷，121~122 页，北京，群言出版社，1999；[美] 派克：《论中国》，见《派克社会学论文集》，2 页，北平，燕京大学社会学会，1933。

68. 黄迪：《派克与孙末楠》，见《派克社会学论文集》，227 页，北平，燕京大学社会学会，1933。关于派克究竟如何根据自己的理解和创新，讲述孙末楠的民俗学说，除黄迪此文有详细的说明外，蒋旨昂的听课笔记同样有着呈现。参见蒋旨昂：《集合行为》，见《派克社会学论文集》，179~183页，北平，燕京大学社会学会，1933。

69. 吴景超：《孙末楠的治学方法》，载《独立评论》，第一二〇号（1934），14~17页。

70. 吴景超：《孙末楠的治学方法》，载《独立评论》，第一二〇号（1934），15页。另参见吴景超：《几个社会学者所用的方法》，载《社会学界》，第三卷（1929），20页。

71. Sumner, W.G., *Folkways: A Study of the Sociological Importance of Usages, Manners, Customs, Mores, and Morals*, Boston: Ginn and Co., 1906, p.34.

72. Sumner, W.G., *Folkways: A Study of the Sociological Importance of Usages, Manners, Customs, Mores, and Morals*, Boston: Ginn and Co., 1906, pp.2, 19, 30, 33-34, 67. 参见黄迪：《孙末楠的社会学》，127~129页，北平，燕京大学研究院社会学系硕士毕业论文，1934。关于孙末楠对于民俗、德型 / 范式的精彩论述，亦参见高丙中：《民俗文化与民俗生活》，172~208页，北京，中国社会科学出版社，1994。

73. 黄迪：《孙末楠的社会学》，130页，北平，燕京大学研究院社会学系硕士毕业论文，1934。

74. 黄迪：《孙末楠的社会学》，130~133页，北平，燕京大学研究院社会学系硕士毕业论文，1934。

75. 黄迪：《孙末楠的社会学》，134~140页，北平，燕京大学研究院社会学系硕士毕业论文，1934；《社会历程、社会产物，与社会变迁》，载《益世报》，1937年7月14日第十二版。

76. Sumner, W.G., *Folkways: A Study of the Sociological Importance of Usages, Manners, Customs, Mores, and Morals*, Boston: Ginn and Co., 1906, pp.19, 35-36, 117-118.

77. Sumner, W.G., *Folkways: A Study of the Sociological Importance of Usages,*

Manners, Customs, Mores, and Morals, Boston: Ginn and Co., 1906, p. 30.

78. 黄迪：《孙末楠的社会学》，148~159 页，北平，燕京大学研究院社会学系硕士毕业论文，1934。

79. Sumner, W.G., *Folkways: A Study of the Sociological Importance of Usages, Manners, Customs, Mores, and Morals*, Boston: Ginn and Co., 1906, pp.76-80.

80. Sumner, W.G., *Folkways: A Study of the Sociological Importance of Usages, Manners, Customs, Mores, and Morals*, Boston: Ginn and Co., 1906, pp.23-24，87.

81. Sumner, W.G., *Folkways: A Study of the Sociological Importance of Usages, Manners, Customs, Mores, and Morals*, Boston: Ginn and Co., 1906, p.86.

82. Sumner, W.G., *Folkways: A Study of the Sociological Importance of Usages, Manners, Customs, Mores, and Morals*, Boston: Ginn and Co., 1906, pp.26-27，473-474. 孙末楠对革命、改良和混化这些社会变迁方法的评估，黄迪在写完毕业论文后，有着进一步梳理。参见黄迪：《社会历程、社会产物，与社会变迁（续）》，载《益世报》，1937 年 7 月 21 日第十二版。

83. Sumner, W.G., *Folkways: A Study of the Sociological Importance of Usages, Manners, Customs, Mores, and Morals*, Boston: Ginn and Co., 1906, pp.53-54, 56.

84. 黄迪：《孙末楠的社会学》，166~168 页，北平，燕京大学研究院社会学系硕士毕业论文，1934。

85. Sumner, W.G., *Folkways: A Study of the Sociological Importance of Usages, Manners, Customs, Mores, and Morals*, Boston: Ginn and Co., 1906, p.28.

86. Sumner, W.G., *Folkways: A Study of the Sociological Importance of Usages, Manners, Customs, Mores, and Morals*, Boston: Ginn and Co., 1906, p.59.

87. Sumner, W.G., *Folkways: A Study of the Sociological Importance of Usages, Manners, Customs, Mores, and Morals*, Boston: Ginn and Co., 1906, p.76.

88. 黄迪:《孙末楠的社会学》，138 页，北平，燕京大学研究院社会学系硕士毕业论文，1934。

89. 黄迪:《孙末楠论社会动因》，载《益世报》，1936 年 12 月 23 日第十二版。这篇文章是黄迪根据其毕业论文"社会的动因"一章修订而成。

90. 黄兆临:《文化之范围、内容与性质》，载《新民月刊》，二卷二期（1936），13 页。

91. 李安宅:《仪礼与礼记之社会学的研究》，4 页，上海，商务印书馆，1931。

92. 汪洪亮:《李安宅的学术成长与政治纠结》，载《民族学刊》，2016 年第 1 期，15~16 页。

93. 李安宅:《仪礼与礼记之社会学的研究》，5 页，上海，商务印书馆，1931。

94. 李安宅:《仪礼与礼记之社会学的研究》，62 页，上海，商务印书馆，1931。

95. 任责:《什么叫作文化? 怎样研究文化?》，载《新西北半月刊》，第二卷第一期（1939），14~17 页。

96. 《社会学家派克教授论中国》，费孝通译，载《再生》，第二卷第一期（1933），1~10 页。

97. 吴文藻:《导言》，见《派克社会学论文集》，11 页，北平，燕京大学社会学会，1933。

98. 《燕京大学法学院社会学系学程——民国二十四年至二十五年》，载《社会学刊》，第五卷第一期（1936），155 页。

99. 陈礼颂:《一个潮州村落社区的宗族研究》，7、103 页，北平，燕京大学法学院社会学系学士毕业论文，1935。

100. 黄迪将之译为"抵牾合作"，这即后来派克所谓的"调适"（Accomo-dation），而非通常所谓的"竞争的合作"或"敌对的合作"（Competitive

Coorpation）。黄迪：《孙末楠的社会学》，105~114 页，北平，燕京大学研究院社会学系硕士毕业论文，1934。

101. 陈礼颂：《一个潮州村落社区的宗族研究》，3~4、10 页，北平，燕京大学法学院社会学系学士毕业论文，1935。

102. 陈礼颂：《一个潮州村落社区的宗族研究》，6 页，北平，燕京大学法学院社会学系学士毕业论文，1935。

103. 黄迪：《孙末楠的社会学》，135 页，北平，燕京大学研究院社会学系硕士毕业论文，1934。

104. 钟敬文主编：《民俗学概论》，1~2 页，上海，上海文艺出版社，1998。

105. 黄兆临：《文化之范围、内容与性质》，载《新民月刊》，二卷二期（1936），7 页。

106. 黄迪：《孙末楠论社会动因》，载《益世报》，1936 年 12 月 23 日第十二版；黄兆临：《文化之范围、内容与性质》，载《新民月刊》，二卷二期（1936），12 页。

107. 黄兆临：《文化与心理》，载《益世报》，1937 年 4 月 14 日第十二版。

108. 岳永逸：《以无形人有间：民俗学跨界行脚》，8~28 页，北京，商务印书馆，2019；《本真、活态与非遗的馆舍化：以表演艺术类为例》，载《民族艺术》，2020 年第 6 期，79~87 页。对日本和韩国的"非遗运动"，岩本通弥有着深度的批判和反思，参见 [日] 岩本通弥：《围绕民间信仰的文化遗产化的悖论：以日本的事例为中心》，载《文化遗产》，2010 年第 2 期，105~114 页；《世界遗产时代与日韩的民俗学：以世界遗产二条约的接受兼容为中心》，载《文化遗产》，2014 年第 5 期，32~52 页。当然，"制造"出来的非遗的保护的官僚技术化，不仅是东亚的问题，也是世界性的问题。分别参见 Hafstein, Valdimar Tr., *Making Intangible Heritage: EI Condor Pasa and Other Stories from UNESCO*, Bloomington: Indiana University Press, 2018; Meskell, Lynn,

A Future in Ruins: UNESCO, World Heritage, and the Dream of Peace, Oxford: Oxford University Press, 2018.

109. 费孝通:《乡土中国》，94 页，上海，观察社，1948。

110. 《费孝通文集》第 14 卷，103~104 页，北京，群言出版社，1999。

111. 瞿同祖是后文将会述及的曾在燕京大学任教的学者瞿兑之（1894—1973）的侄子。

112. 林耀华:《林耀华学术》，8 页，杭州，浙江人民出版社，1999；邸永君:《林耀华先生访谈录》，载《民族学通讯》，2003 年第 139 期，80~81 页。

113. 瞿同祖:《礼与社会分化》，载《自由论坛》，第二卷第一期（1944），21 页。

114. 瞿同祖:《俗、礼、法三者的关系》，载《北平晨报·社会研究》，1934 年 4 月 25 日第十三张。

115. 瞿同祖:《俗、礼、法三者的关系》，载《北平晨报·社会研究》，1934 年 4 月 25 日第十三张。

116. 根据瞿同祖《俗、礼、法三者的关系》和《俗、礼、法三者的关系（二）》，载《北平晨报·社会研究》，1934 年 5 月 2 日第十三张整理。

117. 瞿同祖:《俗、礼、法三者的关系（二）》，载《北平晨报·社会研究》，1934 年 5 月 2 日第十三张。

118. 法理社会一词，同样出现在《乡土中国》中。在开篇《乡土本色》中，费孝通写道："在社会学里，我们常分出两种性质不同的社会，一种并没有具体目的，只是因为在一起生长而发生的社会，一种是为了要完成一件任务而结合的社会。用 Tönnies 的字说：前者是 Gemeinschaft，后者是 Gesellschaft；用 Durkheim 的字说：前者是'有机的团结'，后者是'机械的团结'。用我们自己的字说，前者是礼俗社会，后者是法理社会。"参见费孝通:《乡土中国》，5 页，上海，观察社，1948。

119. 瞿同祖:《俗、礼、法三者的关系（二）》，载《北平晨报·社会研究》，

1934 年 5 月 2 日第十三张。

120. 瞿同祖：《俗、礼、法三者的关系（二）》，载《北平晨报·社会研究》，1934 年 5 月 2 日第十三张；《俗、礼、法三者的关系（三）》，载《北平晨报·社会研究》，1934 年 5 月 16 日第十三张。

121. 瞿同祖：《俗、礼、法三者的关系（三）》，载《北平晨报·社会研究》，1934 年 5 月 16 日第十三张。

122. 黄石：《神话研究》，213 页，上海，开明书店，1927。

123. 新近，谭一帆对黄石的民俗学研究，尤其是女性民俗研究的成果进行了相对全面的梳理，参见谭一帆：《黄石的女性民俗研究》，111~143 页，北京，北京师范大学硕士学位论文，2020。

124. 赵世瑜：《眼光向下的革命：中国现代民俗学思想史论（1918—1937）》，116、301、309 页，北京，北京师范大学出版社，1999。黄石先后出版的专著有：《神话研究》（1927）、《妇女风俗史话》（1933）、《星座佳话》（1935）、《基督教道德观与中国伦理》（1962）、《端午礼俗史》（1963）、《关公的人格与神格》（1967）和《中国古今民间百戏》（1967）；译著有：爱伦凯（Ellen Key）《母性复兴论》（1927）、薄伽丘（Giovanni Boccaccio）《十日谈》（1930）、顾素尔（Willystine Goodsell）《家族制度史》（1931），伊文思（I. O. Evans）《少年世界史纲 上册》（1935）。

125. 黄石：《性的"他不"》，载《新女性》，第三卷第七号（1928），757 页。

126. 黄石：《亲属通婚的禁例》，载《新女性》，第四卷第八号（1929），1048 页。

127. 黄华节：《叔接嫂》，载《东方杂志》，第三十一卷第七号（1934），22 页。

128. 李荣贞：《中国民俗学的发展》，109 页，北平，燕京大学法学院社会学系毕业论文，1940。

129. 此处李荣贞或者有误。赵世瑜指出，黄石 1928 年上半年在香港《华侨日报》做编辑，并从香港向钟敬文约过稿。参见赵世瑜：《眼光向下的革命：中国现代民俗学思想史论（1918—1937）》，302 页，北京，北京师范大学出版社，1999。

130. 李荣贞：《中国民俗学的发展》，95~96 页，北平，燕京大学法学院社会学系毕业论文，1940。

131. 《编纂"野蛮生活史"缘起及征求同工》，载《大公报》，1932 年 7 月 30 日第八版。

132. 吴文藻：《吴文藻自传》，载《晋阳学刊》，1982 年第 6 期，48 页。

133. 陈群记录、朱学勤订正：《费孝通先生访谈录》，载《南方周末》，2005 年 4 月 28 日。

134. 娄子匡：《中国民俗学运动的昨夜和今晨》，载《民间月刊》，第二卷第五期（1933），11 页。

135. 黄华节：《民俗社会学的三分法与四分法：论风俗礼制四者的关系》，载《社会研究》，第五十二期（1934），5~10 页；《民俗社会学的三分法与四分法：论风俗礼制四者的关系（续）》，载《社会研究》，第五十三期（1934），18~19 页。

136. 瞿同祖：《俗、礼、法三者的关系》，载《北平晨报·社会研究》，1934 年 4 月 25 日第十三张。

137. 黄华节：《民俗社会学的三分法与四分法：论风俗礼制四者的关系》，载《社会研究》，第五十二期（1934），6 页。

138. 黄华节：《纸钱略考》，载《太白半月刊》，第二卷第十期（1935），452 页。

139. 黄华节：《民俗社会学的三分法与四分法：论风俗礼制四者的关系（续）》，载《社会研究》，第五十三期（1934），19 页。

140. 需要说明的是，大致同期，杨庆堃同样给当时尚在国内的费孝通写过希望其前往美国留学或一游的信函。参见费孝通：《初访美国》，1~4 页，上海·重庆，生活书店，1946。

141. 黄石：《通讯研究：与杨庆堃君函》，载《社会研究》，第七十期（1935），149 页。

142. 黄华节：《民俗社会学的三分法与四分法：论风俗礼制四者的关系》，载《社会研究》，第五十二期（1934），5 页。

143. 瞿同祖：《论风与俗制与法的同异问题》，载《社会研究》，第五十五期（1934），32~35 页。

144. 孙文：《民族主义》，6~9 页，上海，民智书局，1925。

145. 黄华节：《礼俗改良与民族复兴》，载《黄钟》，第六卷第一期（1935），14 页。

146. 十多年后，费孝通在其《乡土中国》中，除"礼治秩序"直指乡土中国礼治的问题，随后的"无讼""无为政治"和"长老统治"都触及"礼"这一中华传统文化之核心议题。参见费孝通：《乡土中国》，51~75 页，上海，观察社，1948。

147. 黄华节：《礼失而求诸野》，载《道德半月刊》，三卷三期（1936），29~34 页。

148. 黄华节：《中国古代社会的休假制度》，载《社会研究》，第一二一期（1936），563~568 页。

149. 黄华节：《节期与生活》，载《社会研究》，第七十三期（1935），173~174 页；《改革节期生活的途径》，载《社会研究》，第七十五期（1935），189~194 页。

150. 黄华节：《改革节期生活的途径》，载《社会研究》，第七十五期（1935）192~193 页。

151. 吕文浩：《知识分子与民国废历运动三题》，见《中国社会科学院近代史研究所青年学术论坛 2009 年卷》，492~494 页，北京，社会科学文献出版社，2011。

152. 谭一帆：《黄石的女性民俗研究》，北京，北京师范大学硕士学位论文，2020。

153. 黄华节：《怎样研究民间宗教?》，载《民间》，第一卷第十期（1934），13~18 页；《定县巫婆的降神舞》，载《社会研究》，第一〇五期（1935），

437~441 页。

154. 陈寅恪：《陈寅恪集·金明馆丛稿二编》，279 页，北京，生活·读书·新知三联书店，2015。

155. 赵世瑜：《传承与记忆：民俗学的学科本位——关于"民俗学何以安身立命"问题的对话》，载《民俗研究》，2011 年第 2 期，7~20 页。

156. 吴丽平：《民俗学的三分法和四分法——瞿同祖和黄华节的论争》，见吴效群编：《民俗学：学科属性与学术范式》，301~309 页，郑州，河南大学出版社，2015；《黄石与民俗社会学》，载《民俗研究》，2020 年第 6 期，83~96 页。

157. 关于李劼人的传奇人生，参见龚静染：《李劼人往事（1925—1952）》，北京，商务印书馆，2021。

158. 关于该刊的总体情况，可参见李国太：《一份不该遗忘的民国杂志：成都〈风土什志〉及其"风土情结"》，见《百色学院学报》，2013 年第 2 期，66~71 页。

159. 人文科学和社会科学，是重建中国民俗学的掌舵人钟敬文在其晚年一直共用的表述。参见《钟敬文全集》，第 2 卷，北京，高等教育出版社，2018。

160. 高丙中：《中国民俗学的人类学倾向》，载《民俗研究》，1996 年第 2 期，6~14 页；郑杭生、陆益龙：《把握交融趋势，推进学科发展：论当代中国社会学、人类学和民俗学的关系》，载《温州大学学报（社会科学版）》，2010 年第 5 期，1~9 页。

161. 郭于华：《试论民俗学的社会科学化》，载《民间文化论坛》，2004 年第 4 期，9~14 页。

162. 赵世瑜：《传承与记忆：民俗学的学科本位——关于"民俗学何以安身立命"问题的对话》，载《民俗研究》，2011 年第 2 期，7~20 页；田兆元：《民俗学的学科属性与当代转型》，载《文化遗产》，2014 年第 6 期，1~8 页。

第03章

/ 风俗、历史与方志

　　"风俗""民俗"和"礼俗"三个语词，古已有之。虽然各自的含义有着明显的变化、相互之间有着差异，却都与中国现代民俗学运动息息相关。作为本土语汇，风俗又是其中最为常见的。在"中国基本古籍库 V7.0"中检索可知，从先秦到清末，风俗一词出现 65 840 次，民俗出现 6 573 次，礼俗出现 2 038 次。[1]

　　就"风俗"一词而言，除东汉应劭的《风俗通义》，不少典籍均有言及。诸如："俗者，习也，上所化曰风，下所习曰俗"（《周礼》）；"入境，观其风俗"（《荀子》）；"上以风化下，下以风刺上"（《毛诗序》）；"风成于上，俗化于下"；"千里不同风，百里不同俗"，等等。这些经典的表述，大抵传达出传统风俗观的三点内涵：伦理品性；传承性、扩散性与凝固性；能移易与改变的可变性。[2]当然，这些经典表述也清楚地表明，风俗原本不是民间的，它本身存在一个长期而复杂的过程，是不同集团、族群之间较量抑或说交际互动的结果。

将"风俗"列为燕大社会学十大研究之首的许仕廉，何以使用了"风俗"一词，而非进展有年的中国现代民俗学运动使用的更偏重 folklore 且同样是本土语汇的"民俗"[3]？这固然有孙末楠 folkways 的影响，但更为根本的是因为晚清以来，"风俗"一词的基本意涵已经发生了现代性转型，且与孙末楠 folkways 强调的一个群体的"民族性"（ethos）有着不言自明的会通之处。

　　因此，要厘清社会学的民俗学之演进，我们有必要厘清，"风俗"的现代意涵究竟是什么？它究竟是怎样被赋予新意的？它与folklore、folkways 这些外来语汇、思潮之间究竟有着怎样的关联？为何它与孙末楠的 folkways 更相契合？既然语义已经发生了现代性的蜕变，"风俗"又怎样被"民俗"更替，进而退居幕后？燕大的学生又是怎样针对"风俗"进行学术写作的？乃至为何很快"礼俗"又后来居上？

　　对于"风俗"与"民俗"两个语词在晚清民国的更替，在2010 年《中国近代学术社团与学科术语的生成：以"民俗学"学科术语地位的确立为例》和 2013 年《"风俗"与"民俗"的语义流变与地位转换》两文中，彭恒礼有着相对明晰的梳理。然而，他将"风俗"与"民俗"机械对立，将风俗与皇权和强调等级的教化对接，并认为这是导致"风俗"一词逐渐为"民俗"代替的主因。反之，他强调"民俗"的胜出，主要是因为中山大学民俗学会的成功运作。这些认知都明显失于简略，未能意识到这两个语词在现代中国民俗学运动中差互前行，你中有我、我中有你的复杂性，更未注意到孙末楠 folkways 的介入和燕大民俗学研究的盛况，以及大有后来居上之势的"礼俗"与"风俗""民俗"
复杂的三角关系。

/ 承载民族性的风俗：张亮采与胡朴安

风俗的"民族性"内涵，鲜明地体现在张亮采（1870—?）[4]
《中国风俗史》（1911）、胡朴安（1878—1947）《中华全国风俗志》
（1922）和陈锡襄（1898—1975）《风俗学试探》（1929）这三个以
"风俗"命名的经典文本的演进中。

在《中国风俗史》"序例"开篇，张亮采写道：

> 至有人类，则渐有群；而其群之多数人性情、嗜好、言
> 语、习惯，常以累月经年，不知不觉，相演相嬗，成为一种
> 之风俗。而入其风俗者，遂不免为所熏染，而难超出其限界之
> 外。记曰：礼从宜，事从俗。谓如是则便，非是则不便也。[5]

晚年的钟敬文认为，这段话"已经稍近于科学了"，是"从
旧风俗观到新风俗观的一只渡船，或者说是一曲前奏"。[6] 然而，
"夙有改良风俗之志"[7] 的张亮采，其书更重大的意义或者在于其
以风俗为纲，勾画出了别有风味的四个时代的"中国史"：浑朴
（黄帝以前到周之中叶）、驳杂（春秋至两汉）、浮靡（魏晋至五代）
与敦朴（宋至明）。进而，他希求自己所著能"正风俗以正人心，

或亦保存国粹者之所许也"[8]。尤其是，在其风俗史中，因应世界局势和家国危机，国家意识已经成为一个重要的参考指标。[9]

胡朴安《中华全国风俗志》的当下意识更浓。除辑录方志之外，笔记、游记、杂志与日报中近人有关风俗的记述，都在其搜罗之列。虽然都依赖既有的文字资料，但较之张亮采《中国风俗史》，除国家意识之外，因为知道必须周知全国风俗，才能为"多数人民谋幸福"[10]，所以胡著在"士风"内容减少的同时，将"知风俗"的主体扩大到了民众——人民。这使得风俗既有了 folklore 所指的基本意涵，也有了孙末楠 folkways 所言的地域社会生活文化的内涵。[11] 而陈锡襄的风俗学，更是自言"风俗学即民俗学，以译英语 Folklore 均无不可"[12]。

在试图建构现代民族国家的历程中，不同程度受到西学影响的这些学人对风俗的当代释义，使得旧瓶装新酒的"风俗"，有了现代性和民族性的意涵，并成为形塑民族认同、国家认同、国民认同中的一环。为何张亮采会别出心裁地用风俗来写中国史，胡朴安要将知风俗的主体从"士林"扩及民众？除外来的影响，这些理念上的主动抉择，是否有着更为直接的本土渊源？

/ 邓实：民史与风俗独立论

1902 年创办《政艺通报》的邓实，与章太炎、黄节（1873—1935）、刘师培（1884—1919）、马叙伦（1885—1970）等人交好，古今皆通。原本思想激进、宣扬革新的他们，受日本国粹主义的影响，在意识到全盘西化的危险性和危害性时，于1904年在上海成立了国学保存会，开设国粹学堂，建立公开的藏书楼，并在1905年创办《国粹学报》，成为相对的文化保守主义者。[13] 具有世界眼光、新学旧识集于一身的邓实，也从一位革新者转变成新知和国故之间的摆渡人。

受梁启超"史界革命"影响，邓实明确提出了有别于过往官史、朝史和君史的"民史"。何为民史？它乃君史记载之外的各色人等起居饮食、思想、事理和人伦等的历史。在其宏阔的民史编纂规划中，欲"纪历代风俗之盛衰进退"的风俗史是十二项之一，且紧随种族史、言语文字史之后，位居第三。[14] 对风俗史，邓实有着如下勾画：

> 民史氏曰，深乎渊乎，其风俗之原乎，危乎危乎，其风俗之机乎。神州自立国以来，其风俗为最旧矣。夏尚忠，其敝也，殷人变之以质。殷尚质，其敝也，周人变之不文。周俗之制，盖用文家。其敝也，文而弱，诈而好礼。至于七国，贪饕侵夺，权谋势利，诈伪并起，兵革不休。暴秦弃诗书而信术，捐玉镜而用噬虎，以吏为师，以刑法为治，天下之德教不绝如线。东汉之初，光武明章，讲求经术，尊崇节义，独行君子，雨晦鸡鸣，而风俗始一变。魏晋弃六经而清谈，国亡于上，教沦于下。宋兴，崇尚气节，奖励忠义。其亡也，志士勤王，士夫死节，而风俗一变。金元祸宋，中夏

涂炭，亡仇事夷，廉耻扫地。明末，东林诸君子，倡党论，持清议，以名节相高，士气之盛，山河壮色，而风俗一变。呜呼，读中国风俗史，自三代至今，盖三变矣。其变也，有名世之君子，承其敝而善矫之，则所变也贤于其故，否则不及其故。盖自成周之后至东京，自东京之后至赵宋，至赵宋之后至有明，率数百年而遇一变，变而善，其风俗始稍复乎古。盖移风易俗，若斯之难也。此乃韩愈所谓风俗与化移易者乎岂非天哉？非渊识睿智之士，其安能与于斯乎？作风俗史第三，纪历代风俗之盛衰进退。[15]

不仅如此，民史还是邓实所划分的历史进化的高端形态。他将历史由远及近、由低到高分为三等："上世一等，为神权时代史，曰神史；中世一等，为君权时代史，曰君史；近世一等，为民权时代史，曰民史。"[16] 这些思考，与邓实深深的民族、国家危机意识和民族主义情结紧密相关。而且，他还将人种、语言文字、风俗、学术、实业的独立，视为实现国家独立的基本条件。[17]

关于"风俗独立"，邓实写道：

风俗之来奚自乎，自乎人人之心而已。种族同，则此心同，而风俗无不同。种族异，则此心异，而风俗无不异。风俗之始，始乎人心之微，而终乎天下国家。种族之大者也，民之初生，各保其类，灿然成群，有饮食则有燕飨，有男女则有冠昏，有生死则有丧祭，有往来则有相见，有父子之亲，兄弟之友，夫妇之爱，朋友之交，君臣之义，则有人伦。是故五礼五伦者，发乎吾族，人人之心以成种性，而为风俗由祖父传之子孙，递传递远，相代相嬗，以酝酿而成。此一种之特质以独立生息于神州大陆之上，使吾外族之窜入君主之专制，则虽自炎黄以至今日，种同心同风俗通，怡怡愉愉，万世而大同可也。

　　风俗之变奚自乎，亦自乎人人之心而已。三五之代，其民重道德，隆礼仪，安其俗，乐其业，风同道。一于变时，雍故其时，风俗醇厚，日月清明，而山川秩序，草木禽兽，莫不馨香歌舞，中区之内，喁喁如也。及至七国崇诈伪务，兼并杀伐侵吞，相习成风。举先王之道，扫地以尽（见顾亭林日知录周末风俗一条），而中国之风俗一变。至秦而重君权，行专制，严刑酷法，贼虐斯民，使其民震慑帖服，务为小术以取，苟容懦罢无气，而中国之风俗再变。魏武崇奖跅弛，迭进权诈，流及正始，弃经典而尚清谈，贱守节而慕放达，仁义充塞，率兽食人，其祸遂至于亡。天下召戎狄，胥华胄而入于禽兽，而中国风俗乃三变矣。

　　自是以降，异族之霸者，帝临诸夏，挟其虎视之余威，以震荡摧锄天下之廉耻，及其既珍既夷既弥，而中国风俗乃变成一奴隶异种之劣根性，以乞怜取媚于匈奴巴氏羯羌鲜卑蒙古。人种之下，假其颜色，以为光宠混入，其虐老兽心之俗而与之同化。每经一乱，易一姓，则其奴性增高一级。循至近古，而华族乃无气无骨无色，沉忧积闷，憔悴悲郁。社会之内，层层压制，外族则如坐九天，同族则若堕九渊。非蝇营狗苟，无以得富贵，非贼杀同种，为虎作伥，无以博功名。由是而吾之一种人，其一半则既得功名富贵者，而纡青拖紫臣妾骄人，除叩头尽诺，饮酒会客听剧之外，无他事矣。其一半则未得者，而钻营谄媚，夤缘排挤，除咿唔咕哗看相算命求签拆字之外，无他事矣。斯时试起而视其世，其上流一派之社会，则一行尸走肉，饮食男女之社会也，其下流一派之社会，则一命相风水鬼神阴骘之社会也。

呜呼，千百年之力，十数专职之朝廷，僇之胎之芟之酿之，而出现此特别恶劣风俗，以代表吾华族之性质，岂不悲哉。天祸中国，变故百出，而未有己。其往昔同化于同洲外族之风俗者，今且同化于异洲外族之风俗矣。昔也鬼气，今也洋狂，昔也烟毒，今也酒酗，昔也多神，今也一神，昔之教也佛老，今之教也基督。由是而全社会之内，其一饮食也，则有半中半西者出焉，其一衣服也，一宫室也则有半华半洋者起焉。推之于吉凶，军宾嘉之。礼亦必有半中半西半华半洋者矣。父子兄弟夫妇朋友君臣之伦，亦必有不中不西不华不洋者矣。

呜呼，夫吾国者，黄帝之国，吾国之国教则孔子之教也。孔教者，以礼法为其质干，以伦纪为其元气。故礼法伦纪者，乃吾一种人之所谓道德而立之，以为国魂者也，使社会内而无礼法无伦纪，则国失其魂，人道荡然，而天地亦几乎息矣。世有坊民，正俗之君子，以保存华风俗，改良社会为职念者乎，其能忍而与此终古乎。独立其庶有瘳乎。长江大河之间，山深林密之地，他日犹有黄冠正朔遗风善俗一二存者。邓子敢大声而疾呼曰魂兮归来。[18]

由此可见，无论是强调风俗独立国家才能独立的"风俗"，还是欲通过风俗写偏重于民众的中国史的"风俗史"中的"风俗"，二者都偏重"士风"，并涉及国族人众的伦理道德与价值。而且，这种风俗，还是以"汉族－中国－华夏"为本位和中心的。故其划分出的"三变"，分别是东汉、赵宋和大明。毫无疑问，面临着艰危时局，亡国亡种的民族危机是那个时代忧国忧民的知识分子共有的心事。由此，在相当意义上，传统的风俗不再只是风土人情、乡风俚俗，骤然间具有了文化的意义，而且是与绝大多数国人相关，与中华文化尤其是汉文化存亡相关的标志性文化，有了文明的旨趣，是"华族"有别于"洋族"之所在，及至成为带有革命色彩的意识形态。因此，在邓实那里，风俗与种族、汉语汉字三位一体也就自然而然。

作为邓实的同时代人，胡朴安同为《国粹学报》的编辑，是国学保存会的重要成员。张亮采虽然身世不详，但前引其《中国风俗史》"序例"，也明确声明要保存国粹。虽然无法证明他也是国学保存会的成员，但其赞同国学保存会的主张，是毫无疑问的。也即，作为邓实学术上的"同党"，继续以风俗写史，并写出风俗史的张亮采和写出风俗志的胡朴安，同样秉持着凝聚华族文化精脉、心性与血性的"新"风俗观。邓实先期关于风俗的开创性著述，应该对张亮采、胡朴安的写作有着不容忽视的影响。[19]
反之，1872 年之后，就在中国出现并传播的 folklore 一词，对邓实、张亮采、胡朴安等形塑了新风俗观的国学保存会诸君子而言，似乎没有什么影响。

事实上，作为一个时代的标杆，顾炎武《日知录》"详前人所未及，发前人所未见"的发掘古今风俗制度沿革之措意[20]，在晚清民国持续发酵。[21]邓实就是顾炎武的忠实追随者之一。其风俗史分期、风俗观，都深受顾炎武的影响。当然，因应新学术，尤其是西学的引入，邓实也赋予了顾炎武之风俗学以学术上的新意。

1906 年，在评述顾炎武的学说时，邓实将学术分为君学、国学和群学三类。君学，功在一人，国学，功在一国，而群学，功在天下。邓实专门做注解释道："群学，一曰社会学，即风俗学也。"[22]虽然没有具体论证，但对忧国忧民的邓实而言，因为关注的都是芸芸众生——民，本土的风俗学也就与外来的群学即社会学并无不同，实乃二为一的关系，只是其名相异而已。不但如此，在其简白的表述中，国人的"天下"观、天下情怀也熔铸在了其民史——风俗学——社会学这一看似顺理成章的逻辑链条之中。

要提及的是，留美归来的吴景超就认为自己的学问路径是承袭了其在北大的师长陈黻宸（1859—1917）的"民史"观，且史学是现代学科体系中社会学、民族学等学养的重要组成部分。[23]燕大社会学系的风俗研究，正是在受多种因素影响而渐变的风俗观之基础上进行的。在融合孙末楠的民俗学说之后，燕大风俗研究的社会学色彩变得更加浓厚。

/ 梁启超、章太炎之新史学

风俗观在晚清的转型，也意味着现代学科意义上的中国民俗学运动的产生、演进，实则有着史学、文学和社会学的多样源头和演进路径。毫无疑问，史学对中国民俗学的影响最为深远。

20世纪60年代，钟敬文竭力梳理了晚清革命派、改良派等不同类型知识分子的民间文艺观，强调现代学科意义上的中国民俗学之发展的内发性。[24] 在那个特殊的年代，其沿着偏重民间文艺的 folklore 路径的历史爬梳，合情合理，无可厚非。从前文对邓实、张亮采、胡朴安之风俗观的简要释读，我们能够看出清末民初先贤们秉持的风俗观的"当下性"，或者说鲜明的时代性，即因应当时的存亡危机，承继顾炎武风俗观的忧国忧民的晚清知识分子们，格外强调风俗的"民族性"。

这与孙末楠竭力诠释的包含民风、德型和制度，且最终指向民族性（ethos）的 folkways 有着异曲同工之处。然而，在晚清，风俗指向民族特性这一观念的质变，却与孙末楠的民俗学说并无直接的关联。当然，二者有着共同认知论基础——进化论。

在中西文明对撞的背景下，留英归来的严复，1897年翻译出版了宣扬"物竞天择，适者生存"这一核心观点的赫胥黎（Thomas Henry Huxley, 1825—1895) 的《天演论》（*Evolution and Ethics*）。同年，严复开始翻译斯宾塞基于进化论的著作《社会学研究》（*The Study of Sociology*）。1903年，上海文明编译局出版该书足本时，严复将书名定为"群学肄言"。即，严复将 sociology 译为"群学"。如上一章所述，在太平洋的另一端，孙末楠不仅是在美国大学开设社会学课程的第一人，而且率先将斯宾塞 *The Study of Sociology* 作为耶鲁大学社会学课程的教材。因此引起的轩然大波，使得孙末楠差点愤而离职。

虽然是国学保存会的核心成员，邓实等人风俗观的形成，民史、风俗史的架构和书写，却与梁启超、章太炎等因应时变而发起、倡导的"新史学"密不可分。以进化论为认知前提的梁启超新史学的基本理念，集中体现在 1901 年《中国史序论》[25] 和 1902 年《新史学》[26] 两个文本之中。

梁启超的新史学，是通过对旧史学的批判而提出的。在梁启超看来，此前专注于"一人一家之谱牒"，只为朝廷君臣而作，并非为"国民"而作史的史家不是真史家，帝王史也非"真历史"。由此，梁启超提出了中国"未尝有史"这一石破天惊的著名论断。[27] 对他而言，作为当时中国最博大且切要的学问，史学应该是国民的明镜、爱国心的源泉。对激发民族主义、促进文明进步、使"四万万同胞强立于优胜劣败之世界"而言，史学居功至伟，所以必须发起"史界革命"，倡导"新史学"。[28]

梁启超在其新史学中提出，近世史家必须"探察人间全体之运动进步，即国民全部之经历，及其相互之关系"[29]。进而，梁启超明确指出，新史学完全是关于时间的学问，研究的是人群进化现象，并求其公理、公例。不仅如此，当时新生的政治学、群学（社会学）、平准学（经济学）、宗教学、人类学、人种学、地理学、地质学、言语学和法律学等，"皆近历史界之范围"，"与史学有直接关系"。[30]

打破既有成王败寇之"正统史"的朝代分期和"书法"，梁启超将中国历史分为上世（黄帝以迄至秦一统）、中世（自秦一统到清乾隆末年）和近世（乾隆末年之后）三个时代[31]，并倡导效仿基督纪年，以孔子生年纪年[32]。

除了以国民为重，激发民族主义、爱国心的新史学理念，梁启超对历史的分期、对人种发达与竞争的重视、基于汉族本位释读出的既有历史"煽后人之奴隶根性"的认知[33]，都在邓实的风俗观和风俗史构想中有着厚重的回响。甚或可以在一定意义上说，邓实的民史具体化了梁启超的新史学理念。晚些时候，作为民史核心部分的风俗史，在与梁启超、邓实同时代的张亮采、胡朴安那里得到更加强有力的回应，开花结果，也就自然而然。

当然，晚清新史学是一个复杂的话题。与梁启超相对激进的新史学观不同，同样倡导新史学的章太炎则要相对保守些。但是，在对传统史学进行革新的层面上，二者的基点是相通的，如：秉持进化论，都强调史学与社会学的关系，或将社会学放在史学之下，或将社会学视为研究从古至今各种社会状态的学问而大致等同于史学[34]；以民族主义和爱国主义为毂，欲重写中国史，进而保国保种、强国强种。章太炎相对保守的新史学观集中体现在《訄书》之中。他指出，风俗与历史、言语一样，关涉到国家、种族的生死存亡。在《訄书·哀焚书》中，章太炎有言："今夫血气心知之类，惟人能合群。群之大者，在建国家、辨种族。其条列所系，曰：言语、风俗、历史。三者丧一，其萌不植。"[35]

显然，邓实不但中和了梁启超和章太炎有着细微差别的新史学观，还有创新和相应的实践。邓实将梁启超的新史学具体化为有着庞大架构的民史。同样是推崇顾炎武的经世史学，邓实进一步将其风俗学与后生、外来的群学－社会学等同起来，并将受社会学影响的章太炎的言语、风俗、历史三独立论，拓展为人种、语言文字、风俗、学术、实业之五独立论，明确写出了"风俗独立"论，并呼吁撰写风俗史。

值得注意的是，作为辛亥革命的领导者以及中华民国的奠基者，孙中山后来在阐释他自己的也是中华民国的主导意识形态——三民主义中的"民族主义"时，同样将天然形成的"风俗习惯"和"生活"提升到形塑一个民族的重要力量这一高度。即，他同样赋予了风俗以民族性这一精神意涵，或者说政治内涵。应该说，这与晚清基于新史学的新风俗观一脉相承。孙中山提出的五种形成、形塑民族的力，与章太炎的三独立论和邓实的五独立论大同小异，其中语言／言语和风俗都赫然在列。孙中山写道：

> 我们研究许多不相同的人种，所以能结合成种种相同民族的道理，自然不能不归功于"血统"、"生活"、"语言"、"宗教"和"风俗习惯"这五种力。这五种力，是天然进化而成的，不是用武力征服得来的。所以用这五种力和武力比较，便可以分别民族和国家。
>
> 我们鉴于古今民族生存的道理，要救中国，想中国民族

永远存在，必要提倡"民族主义"。[36]

在进化论这一共有的认知论系统或者说哲学根基之下，太平洋两岸大致同期的 Folkways 和基于新史学的"风俗"最终都指向了民族性，也就在情理之中。也为差不多二十年后，中国学界，尤其是社会学界诸子热情地引入 Folkways 奠定了内在的学理基础和认知论前提，以致后者很快与很早就引入的 Folklore 并驾齐驱，甚至后来居上。

/ "风俗"与"民俗"的更替

顾颉刚民俗学的史学基底

如果不纠结于"风俗"与"民俗"这些细枝末节的语词，能够不拘于 1911 年辛亥革命这个政治节点，以及北大设立歌谣征集处的 1918 年和《歌谣周刊》创刊的 1922 年这两个地位后来居上并被赋予重要意义的学术节点，那么我们完全可以说：现代学科意义上的中国民俗学的滥觞，并非《歌谣周刊》"发刊词"中那个源自威廉·汤姆斯的"Folklore- 民俗"，也非周作人 1914 年年初在《绍兴县教育会月刊》上那则多少受到"日本民俗学之父"柳田国男（1875—1962）以及兄长鲁迅（1881—1936）影响的征集儿歌和童话的启示[37]，而是至少可以前推至 1902 年前后几乎与"新史学"同步形成的以邓实为代表的"新风俗观"和民史观。因为,这种新风俗观既与20世纪初民俗学史家津津乐道的进化论有关,更与民族主义紧紧捆绑一处,还不乏启蒙的功效和浪漫的想象。更何况,后来公认的现代中国民俗学运动北大时期的领军人物周作人、中大时期的旗手顾颉刚等后来人,均深受章太炎、梁启超、邓实等前辈写作的滋养。

虽然我们不能确认顾颉刚是否读过邓实主编的《政艺通报》,但《国粹学报》让中学时代的顾颉刚受益匪浅则是确定无疑的。[38] 1924年,在《东岳庙游记》一文中,顾颉刚提出了"古史的本身本来是神话"这一论断,进而强调要了解古史的意义,必先了解神话的意义。[39] 邓实对上世神权时代史的"神史"命名,很有可能给顾颉刚的这些认知以及实践提供了灵感。

顺此内在的脉络,我们就不难理解顾颉刚民俗学的复杂性及其螺旋式的回环递进。因应时局变迁,已经因为歌谣运动而成为中国民俗学运动中坚的顾颉刚,1927年南下广州,坐镇中山大学,有了自己掌舵主事的新天地。1928年春,顾颉刚不但将中山大学原有刊物《民间文艺》易名为《民俗周刊》,将其范围扩展至"宗教风俗材料",还在"发刊辞"中旗帜鲜明地提出要用民俗学来唤醒民众,重写历史:

> 我们要站在民众的立场上来认识民众!我们要探检各种民众的生活,民众的欲求,来认识整个社会!我们自己就是民众,应该各各体验自己的生活!我们要把几千年埋着的民

众艺术、民众信仰、民众习惯，一层一层地发掘出来！我们要打破以圣贤为中心的历史，建设全民众的历史。[40]

显然，这延续的就是邓实、张亮采、胡朴安等人要以风俗来重写中华史的雄心与实践。梁启超、邓实的"民史"观之遗痕清晰可见。换言之，原本在歌谣运动期间，受到"Folkore-民俗"感染的顾颉刚，虽然还在使用"民俗"一词，其内涵却隐晦地回归到晚清邓实等人改造过的"风俗"，即要以俗观史、以俗证史，最终以俗写史，从而为其古史辨添砖加瓦、推波助澜。

当然，相比国学保存会诸君以"风俗"支撑的新史学，顾颉刚借"民俗"成就的新史学明显有了推进和提升。后者的主旨是要借风俗证中国历史的悠久，正本清源，强化民族的同一，激发民族自信心和爱国心，其意义更主要在政治学层面。顾颉刚是要借民俗服务他"历史是层累造成"的史学观，要证伪，要写"真史"，更看重史学本身的学术性层面。不仅如此，在经历了辛亥革命和五四运动、新文化运动之后的民国语境下，倔强且始终有着反叛精神，或者说有着创新性与革命性的顾颉刚[41]，对"民众"的外延有了更大的推进。尤其是在《民俗周刊》的"发刊辞"中，他明确将社会中的弱势群体、长期被贬斥的边缘群体囊括了进来，如：农夫、工匠、商贩、兵卒、妇女、游侠、优伶、娼妓、仆婢、堕民、罪犯，等等。[42]

正如后文将要指出的那样，睿智的杨堃很早就鲜明地指出顾颉刚的民俗学是史学的。[43] 其实，就自己研究民俗是为了史学这一点，早在 1926 年顾颉刚就有过自白。诸如："研究了民俗学去认识传说中的古史的意义"，"从戏剧和歌谣中得到古史研究的方法"，"为研究古史方法举一个旁证的例"。[44] 不仅如此，就连他对社与土地城隍庙宇、祭祀和故事的研究，对各地迎神赛会、朝山进香风俗的研究，都是服务于古史考辨的，因为"这是中国**民族性**的结晶，是研究中国民族性的好材料"[45]。

为何顾颉刚始终执着于史学，热心倡导民俗学社会（科）学化的杨堃并未触及。显然，用民俗抑或风俗来重写历史，是晚清以来，包括顾颉刚在内的知识分子始终有的情结，是"风俗""民俗"这两个古语的所指发生现代性转型，从而成为现代学科这一内发性发展的必然。毫无疑问，这迥然有别于葛兰言在《古中国的跳舞与神秘故事》和《古代中国的节庆与歌谣》[46] 等专著中尝试用社会学的方法释读古中国的取径。正如上一节梳理的那样，这个内发的脉络渊源完全还可以上溯至明末清初的顾炎武。而且，这种情结并未因辛亥革命这个政治节点、肇始于 1918 年的歌谣运动这个学术节点而断裂。

交错：民俗的进与风俗的退

这样，我们也就不难理解《歌谣周刊》发行后一年，即 1923 年，在成立风俗调查会时，会有"风俗"和"民俗"名称之争，而且最终由"风俗"胜出。对此，风俗调查会征求会员的启事有记载，亲历者容肇祖还有更清晰的说明：

北大研究所国学门为设立"风俗调查会"事，在十二年五月十四日始集合同志，开筹备会。这会的设立，始由于常惠先生的提议组织民俗学会，后又由张竞生先生提议组织风俗调查会。筹备会中，对于名称上，常惠先生主张用"民俗"二字，张竞生先生主张用"风俗"二字。风俗二字甚现成，即用作 Folklore 的解释亦无悖，故结果不用民俗而用风俗。张竞生先生提出的风俗调查表，付讨论，经会众略加修改，议决采用。筹备就绪，乃订期二十四日开成立会，并先期发出征求会员的启事。[47]

大半年后，1924 年 1 月 30 日，虽然不一定与"风俗"有关系，但当周作人试图将"歌谣研究会"易名为"民俗学会"时，除常惠（1894—1985）表示赞同之外，其他与会者都提出异议，因而更名一事不得不告吹。[48]风俗调查的名称之争，则持续到一年之后。1924 年 5 月 15 日风俗调查会开会时，关于风俗调查会的名称，"沈兼士先生谓：沿用已久，亦无不当处，似不必更改，众无异议，照原文通过"[49]。

换言之，鸦片战争以来，西洋文明所激发的中国千年未有之变局、整体上服务于帝国主义的传教士对方言俚语等民间文化的搜集、戴尼斯和骆任廷等学者型的外国官员对于 Folklore 的引入、民族主义的勃兴、进化论的传播、近邻日本的影响，使得本土的"风俗""民俗"两个语词，同时经历了"现代性"的蜕变，也同时具有了新的意涵。在五四运动、新文化运动之前，应该说是经历了现代性的"风俗"一词更为盛行。作为一个关键期，也是过渡期，在歌谣研究会、风俗调查会和方言调查会相继成立的北大歌谣运动时期（1918—1925），被赋予现代性的"风俗"和"民俗"两个语词，依旧来有往地交替现身、登场。最终，"民俗"胜过"风俗"，大行其道。

为何是"民俗"整体性地胜出，而"风俗"败北，直至沦为"民俗"的子类？事实上，这两个语词的交替，展示着鲁迅、周作人、刘半农、沈尹默、胡适、顾颉刚这一批在19世纪八九十年代出生的新生代——"后浪"的正式登场，而章太炎、梁启超、邓实、张亮采和胡朴安等这些在19世纪六七十年代出生的前辈——"前浪"，不得不谢幕的必然。

与政治的情况类似，学术上新老的更替，也是话语的交接。不但是不同的话语，就是原本意涵相去不远的话语，俨然也有了不同的意识形态色彩。但是，学术话语的交接，绝非断崖式的，而是如犬牙般交错，更显复杂。

所以，早在1914年前后，也即"风俗"一词正盛行时，作为被新生代偏爱的学术语词，"民俗"已经不声不响如小荷般在水乡江南一隅，露出清新的"尖尖角"。这即上承柳田国男民俗学说、鲁迅"国民文术"，下启《北京大学征集全国近世歌谣简章》[50]和《歌谣周刊》"发刊词"[51]的周作人《征求绍兴儿歌童话启》。事实上，1918年《北京大学征集全国近世歌谣简章》和1922年《歌谣周刊》"发刊词"，就是数年前周作人这则《征求绍兴儿歌童话启》的加强版。就在"民俗"借《歌谣周刊》创刊，宣言式地正式登台亮相时，胡朴安不卑不亢，必然也自然地以"风俗"来命名、出版其专著。在"民俗""民俗学"一呼百应、势头越来越旺的 20 世纪 20 年代，"风俗"依旧余音不绝，甚至有着自己的专属园地，哪怕是用风俗写史的"民史"初心在不同程度地消减。

1928 年，史观同样承自顾炎武《日知录》、赵翼（1727—1814）《陔余丛考》、章太炎和王国维（1877—1927）的瞿兑之，在燕大历史系新开设了"历代风俗制度"课程。在公开发表的"研究导言"中，瞿兑之系统地诠释了其与晚清新史学的民史观一脉相承的风俗观、历史观。"非专为一人一事"秉笔的新史学观，在瞿兑之这里演进为包括下层社会在内的社会制度史，且关心的是"平民生活状况"。这主要包括：职业、衣食住（建筑交通服装饮食等）、社会组织（社会经济制度以至涉于政治之一部分）和思想习惯（宗教信仰语言文字等）。[52]

自然，他以《汉书》为主要材料，包括职业、物价、社交、习俗、居处、衣饰、器用等类的《汉代风俗制度史》，抛弃了过往"详于帝者上仪之盛"的典章制度史，写的是"人民日用之常"，即平民生活状况的纵断、横切、仰观的风俗制度史。[53]风俗不但与制度勾连，风俗本身也即制度，从风俗这一制度还可以透视汉代的历史、社会与生活。或者多少与燕大历史系的历代风俗制度课程有关，1929 年许仕廉才高调地将风俗列为燕大社会学系的十大研究之首。

1929 年，陈锡襄更是明确地将民俗学等同于风俗学。更不用说，1928 年，初版于 1911 年的张亮采《中国风俗史》已经再版十二次，1934 年和 1935 年又分别再版。1933 年，同样源于对风俗问题的关注，尤其是为反驳中国史料不足这一史观，杨树达（1885—1956）"依据旧录，广事采获"，出版了《汉代婚丧礼俗考》。因其翔实，曾星笠（1884—1945）称赞其"为史学辟一新径途"[54]。1938 年，尚秉和（1870—1950）《历代社会风俗事物考》，同样是为了鉴明无专书记录的社会情状、风俗变迁，使社会情状成为"真状"。[55] 当然，因为跨度大，又重在考证"事物"，书刚一出版，就遭到了严厉的批评，诸如：分类杂、次序乱、类名混、标目牵强、推论武断、引据滥、信古不变等。[56]

同样值得注意的是先后留法归来并在北大任教的徐炳昶和李璜。在 1918—1924 年留法期间，李璜直接师从马塞尔·莫斯和葛兰言。显然，徐、李二人对同事蔡元培（1868—1940）、胡适、周作人、刘半农等人发起的轰轰烈烈的歌谣运动绝对是熟悉的。然而，徐炳昶几乎未涉足歌谣运动，反而在《歌谣周刊》创刊的 1922 年，写就了《礼是什么》一文，刊发在《国立北京大学社会科学季刊》第一卷第一期。同样，1926 年就接受了徐炳昶之托而译述葛兰言《古中国的跳舞与神秘故事》的李璜，尽管五六年之后才完成了这一工作，但他在译著中从头到尾使用的都是"风俗"一词，且基本沿用了该词的古义。[57] 当时在国内已经进展有年，也不乏声势的民俗学运动和完全现代的"民俗"一词，似乎对李璜毫无影响。

更有意味的是，1948 年，在为复刊的《风土什志》编辑部约稿的信件中，作为中国现代民俗学运动长期的中坚与领军人物，顾颉刚使用的是"风俗"，而非"民俗"。在给编辑部推荐娄子匡时，顾颉刚写道："娄子匡先生专以研究风俗……"[58]

另外要提及的是，迟至 1944 年，早年曾游学日本、欧美多年，深谙东西、古今之学的陈寅恪，明确将"风俗"等同于"社会史事"。在当年 8 月 14 日给中研院史语所同事陈槃的信中，陈寅恪写道：

> 弟近草成一书，名曰《元白诗笺证》，意在阐述唐代社会史事，非敢说诗也。弟前作两书，一论唐代制度，一论唐代政治，此书则言唐代社会风俗耳。[59]

而且，尽管明显偏重"士风"，或者说"士宦之风"，在《元白诗笺证稿》中，"风俗"和"史实""风习""风气""习俗"以及"礼法"等词，实则是作为等义词出现的。[60]反之，该书仅有一次使用了"民俗"一词，且延续的是"民俗"原本有的古意，而非早已被赋予现代性的"民俗"。在谈及白居易的新乐府时，陈寅恪有言："亦是以乐府古诗之体，改良当时民俗传诵之文学。"[61]值得注意的是，其将"史事／实""风俗／习"与"社会"一体连用，明显有着"社会学"的意味，而且有着鲜明的过程以及渐变的意识。

陈寅恪的学问——"民族学术"——以东方学（orientalistik）和语文学 (oriental philology) 为底色，并在一定意义上受到德人赫尔德（J. G. Herder, 1744—1803）"反启蒙运动"思想的影响，始终有着浓厚的文化民族主义、中华文化本位主义的情结。[62] 纵然如此，其使用的与"风俗"相关的这些用语、自我释义，则很容易让人联想到涂尔干的"社会事实"（social fact），甚至韦伯抑或埃利亚斯的相关论述。[63] 正是因为有着浓厚的西学底蕴，且由于家国危机、民族危难而始终对"本国学术之独立"[64]的强调和孜孜不倦的追求、践行，陈寅恪平生所为的"不古不今之学"[65]，在指向文明生发、交融的动态过程和庞杂、混融的"民族性"的同时，还回应了 20 世纪初邓实提出的支撑一个国家独立的"五独立论"中的学术、人种和语言文字独立这三个面向。自然，风俗在陈寅恪史学、人文社会学中占有相当的份额，举足轻重，同样有着"独立"的微言大义。

中国现代民俗学的史学根性与文化主体性

经过现代性改造的"风俗"与"民俗"，多少都与因应求变、求新而生的反传统、反文化遗产语境有关。这两个语词在 20 世纪前三十年的更替，不仅仅是由于后浪与前浪必然会有的代际交替问题，还有语词本身的因由。无论偏重的是汉族，抑或国族，偏重的是士林还是抽象意义上的国民，抑或具体有所指的民众，经过现代性改进的"风俗"，在本质上有了文化主体性的内涵。然而，在字面意义上，无论理解成农民、市井小民、民众，还是抽象的国民、公民与人民，因为"民"这个字，"民俗"比"风俗"显然更简洁、明快并具有亲和力，与试图转型和革新的社会更相契合。何况在早年的英汉对译中，folklore 中的 folk 和"民"对译是常见情形。而且，就在邓实等人强调全新的"风俗独立"之风俗的同时，在汉语表达中绝大多数的风俗仍然是指传统的风俗教化之风俗。正是因为在救亡图存的整体语境中，与晚清新史学相伴，内涵发生现代性转型的风俗对文化主体性（风俗独立则国家独立、国族独立）的强调，在表达上具有优势的"民俗"最终取代"风俗"也就势在必然。

顺着晚清以来先行者强调并彰显文化主体性（尤其是对俗之主体"民"的强调）的逻辑，我们也就不难理解以下几个方面的问题：

第一，梁启超、章太炎和邓实等人对顾炎武的扬弃。其新史学的核心是"民史"，而民史的重头又是"风俗史"。

第二，顾颉刚的新史学对晚清新史学的推进。他更明确地将民的范围从士林扩大至包括农夫、工匠、商贩、兵卒、妇女、游侠、优伶、娼妓、仆婢、堕民、罪犯、小孩在内的"全民"。

第三，在中国现代民俗学运动关于民俗学的命名之争中，民俗学的下列名称相继出现的必然性：继承英语 Folklore 传统的同时也强调德语 Volkskunde 渊源的胡愈之（1896—1986），在 1920 年使用的"民情学"[66]；江绍原 1932 年使用的"民学"[67]；杨堃 1940 年旁征博引诠释的"民人学"[68]。

第四，在 20 世纪末，同样强调文化主体性的钟敬文提出"民俗文化学"（作为民俗文化承载者之主体性）的必然性，和他试图创建"中国民俗学派"[69]（民俗文化研究者之主体性）的必然性。

"风俗 – 史学"这一根性，使得在 Folklore 影响下的中国现代民俗学运动在"风俗"与"民俗"两个语词之间交错前行，甚至不时相互含括。因为，在北大《歌谣周刊》时期，正式登台的"民俗"同样有"史"的气息。歌谣研究会就在北大研究所"国学门"之下，同后设的风俗调查会、方言研究会一道，与明清史料整理会、考古学会并列。[70] 从胡适写就的《〈国学季刊〉发刊宣言》可知，对在北大国学门主事的胡适、顾颉刚等诸君而言，"国学"是研究一切过去的文化历史的"国故学"的简称。"国故"则既包含"国粹"，也包含有助于理解国粹的"国渣"。不仅如此，其理想中的国学研究的是中国文化史系统的十个分支，这明显带有晚清新史学，尤其是邓实架构的民史的十二个类别的影响。这十个分支分别是：民族史、语言文字史、经济史、政治史、国际交通史、思想学术史、宗教史、文艺史、风俗史和制度史。[71]

与胡适、钱玄同（1887—1939）、俞平伯（1900—1990）为顾颉刚《吴歌甲集》写的序一样，1925 年，沈兼士（1887—1947）给该书写的"序"，同样是在为国语的文学、文学的国语甚或方言文学正名。然而，沈兼士在强调歌谣的地方性和方言性的同时，还道明了歌谣的历史性与民族性两个层面。沈兼士认为，对于国语的文学和文学的国语，最重要的参考材料就是"有历史性和民族性而与文学和国语本身都有关系的歌谣"[72]。同样，对刘半农而言，民歌俗曲以及一切的民间作品的"意趣"都可归纳为语言、风土、艺术三者，因为这三者就是"民族的灵魂"。[73] 换言之，作为"民族的灵魂"的民歌，承载了民族性。即使是顾颉刚本人，在写于 1925 年 6 月 17 日的该书"自序"末尾，还将"风俗学家"与歌谣学家、文字学家、音乐学家并列，但并未提及"民俗学家"。[74]

同样，作为歌谣研究会核心人物，深得柳田国男民俗学真谛的周作人，充分意识到了柳田民俗学中"史"的意味。1944年，在《我的杂学 十四》中，周作人写道：

> 有如民俗学本发源于西欧，涉猎神话传说研究与文化人类学的时候，便碰见好些交叉的处所，现在却又来提起日本的乡土研究，并不单因为二者学风稍殊的之故，乃是别有理由的。《乡土研究》刊行的初期，如南方熊楠那些论文，古今内外的引证，本是旧民俗学的一路，柳田国男氏的主张逐渐确立，成为国民生活之史的研究，名称亦归结于民间传承。[75]

周作人进一步强调，要了解日本就"必须着手于国民感情生活，才有入处"。其中，指向神的宗教尤为重要，而要明白宗教，又须"先注意于其上下四旁，民间传承正是绝好的一条路径"。顺势，周作人指出，了解中国的关键在礼俗，因为不同于日本，"中国人民的感情与思想集中于鬼"[76]。

换言之，明敏睿智如周作人，在意识到指向时间的民俗"史"之意涵的同时，还"不经意"中道出了民俗学研究"礼俗"之必然。如果说顾颉刚将民俗"史"的意涵发展到极致，那么杨堃、黄石等则使民俗学研究"礼俗"，而且是当下正在践行的礼俗成为事实。这使民俗学真正与现实生活中的民俗传承者发生了关联。

在相当意义上，晚清以来，主要因新史学而肇始的中国民俗学"史"之根性和由此衍生的对文化主体性一以贯之的强调，使得中国民俗学有了有别于欧美、日本民俗学的品性和演进史。而且，这一品性在使得译自 folklore 的"民俗"代替"风俗"，日渐成为主流的同时，还给孙末楠 folkways 的全面引入，给杨堃和黄石倡导、实践的关注当下日常的社会学的民俗学提供了契机、因由和全方位的空间，进而又使得"礼俗"粉墨登场，成为后起之秀。而且，相当意义上，在社会学的民俗学展开的过程中，作为文化主体的"民"也从此前主要是自上而下被建构的对象，成为自下而上的合作的行动主体。正因为不同新鲜因素的汇入、介入，现代中国民俗学运动才吸附了不同学科领域、志趣迥异的诸多方家，百舸争流，有着丰富的位相和层次。

这一切，正是燕大社会学系的"风俗——民俗——礼俗"研究展开与更替演进的基本语境。

/ 方志、文献中的风俗及区位

婚丧之风俗

对民俗尤其是婚丧等人生仪礼的研究，可以说是燕大社会学的传统，也是历史学研究的经典范畴。

1927 年，根据《礼记》《春秋》《左传》《孟子》《史记》等典籍，燕大历史系的栗庆云撰写了毕业论文《周代婚嫁礼俗考》。该文不仅根据典籍梳理了周代婚嫁中的纳彩、问名、纳吉、纳征、请期、亲迎之"六礼"，还梳理出了值丧、赘见、庙见、反马、致女等杂礼和撤乐、烛夜、不贺等杂俗。

值丧，指纳征中，如男女双方有父母死亡，除对方前往吊丧之外，婚姻也从此中断。赘见，指亲迎的次日，新娘要执见舅姑。庙见，是执见的变通，即如果舅姑已亡，那么新娘在嫁入三月后，要在庙中对舅姑奠之以菜。反马，指婚礼时把送新娘的马留下，待三月庙见，夫家会遣使反马，以此宣告夫妻感情牢固，将偕老终生，妻子不再回娘家。致女，指女嫁三月后，又使丈夫随加聘问，以致成妇礼，笃婚姻之好。撤乐，指娶妇之家，三日不举乐，示思嗣亲之意。烛夜，指嫁女之家，三夜不熄烛。不贺，指婚礼时不要亲友庆贺。

栗文不长，仅二十页上下，但其"集合旧有之史料，加以科学方法之整理"[77]的追求，得到了评阅人孟士杰的认可："本论文依据经子考究周代婚嫁礼俗，诸所引证率可征信，具见学有心得，合行认为及格。"六年后，婚丧风俗成为燕大社会学研究的对象。不过研究的材料，从重典籍转向了重方志。

正是受到章太炎、邓实等国学保存会同人的影响，整理国故、保存国粹，在 20 世纪前半叶始终有着自己的地位，并未因激进的五四运动而终止，反而在五四运动退潮之后，高调地卷土重来。如前文所述，就是作为五四运动发源地的北大，其研究所也专设有"国学门"，而且歌谣研究会、风俗调查会和方言研究会都在国学门之下。更不用说，胡适对整理国故的身体力行和大力倡导。这一语境使得中国原有的众多方志有了学理和学术上的重要性。

20 世纪 30 年代，方志学作为一门学科，在学术界的地位已经确立。傅振伦（1906—1999）1935 年出版的《中国方志学通论》堪称其代表。基于亲自主持编纂 26 卷《河北新河县志》的实践，傅振伦对方志的名称、种类、性质、功用、学术地位、起源、发展、派别、通病、收藏整理、撰述，以及《越绝书》《华阳国志》、章学诚的方志学等，进行了全面、系统的梳理、归纳和总结。[78]

因为陈垣（1880—1971）、顾颉刚等杰出历史学家的先后加盟，燕大始终重视对方志的购置、收集、研究和释读。1931 年，朱士嘉（1905—1989）在《燕京大学图书馆报》第五期刊发了《征求地方志目略》。同年，他和顾颉刚联名撰文，将地方志定性为"以地方为单位的文化史"，强调地方志资料的丰富性、可信度、珍稀度和平民化色彩，并指出研究地方志的两条路径，即对地方志本身的研究和根据地方志资料进行专题研究。[79] 1933 年，虽然根本目的是服务于宗教，《圣教杂志》主编徐宗泽司铎（1886—1947）也呼吁在中国所有的传教士，重视地方志的搜集、阅读与研究。[80]

在相当意义上，正是受此思潮影响，费孝通《亲迎婚俗之研究》和陈怀桢《中国婚丧风俗之分析》这两篇燕大社会学系的学士毕业论文，都是以其能够找到的方志中的相关材料作为基本分析对象，进行区域性研究，尝试厘清婚丧习俗之地理分布以及流变、异同，进而在中华广袤的疆域上"绘制"巨幅关涉风俗的文化地图。这其中也多少有着历史地理学、人文区位学的影子。两文皆设六章。《亲迎婚俗之研究》六章分别是：亲迎婚俗之定义、亲迎婚俗近代之地理分布、亲迎区域之形成及其与移民之关系、亲迎区域之地理及社会限制、亲迎婚俗之传播和亲迎婚俗起源之假设。此外，还有附录，"近代亲迎婚俗地理分布图所根据之材料"。《中国婚丧风俗之分析》的六章分别为：弁言、婚丧二俗之根据、婚俗、丧俗、比较和余语。[81]

当然，就研究缘起以及目的，费孝通和陈怀桢有着差异。费孝通研究亲迎婚俗是因为他本人对民俗有着浓厚的兴趣。即，虽然因为资料的信度问题而没有"于乖误中获得真理之奢望"，却实实在在地想通过自己的研究，"激发国人对于风俗研究的兴趣，及阐明之文化研究之地理方法耳"。[82]鉴于在福州协和大学读书时，尝试在学校附近魁岐村落风俗调查的"茫无头绪，不知所措"和"成绩毫无"，陈怀桢写《中国婚丧之分析》的最大目的是为将来实地调查研究做准备。[83]

关于顾颉刚倡导的方志研究对自己亲迎婚俗研究的影响，后来在英伦留学的费孝通直言不讳，说正是顾颉刚和朱士嘉的《研究地方志的计划》引起了他"个人的尝试"。虽然因方志材料的具体性和可信性，让费孝通将这一尝试定性为"失败"[84]，然而，刚完成学士毕业论文的青年费孝通应该还是自信的。1933年1月底，他将论文呈送给了顾颉刚。顾颉刚在是年1月29、30日、2

月 19 日阅读费文，并在 2 月 19 日当天与前去拜访他的费孝通进行了长谈。[85]

对于自己利用方志材料展开亲迎婚俗研究的利弊，费孝通在写作学士毕业论文的当时就有着清醒的认知。一方面，自幼就受到小学校长和父亲影响，而被乡土志、方志"濡化"[86]的费孝通指明，只有地方志才有此"不尽可信之材料"，走遍全国实地调查非"个人能力之所能及"。另一方面，他更具体地指出方志材料的存疑之处：

> 所载是否可信，固属疑问。如修志者每喜谓其俗近古，以取悦于治者；即非有意篡改，传闻失实，以少例之弊，无实地调查训练之修志者，自不易免。常有一地之志，编修时日相距至近，而记载竟相抵触者。风俗之为物，绝非短时间可以尽易。故此种相抵触之记载，适足为其错误之明证。[87]

费孝通利用的地方志是当时燕大图书馆所藏，因而不得不辅以《古今图书集成》中"方舆汇编""职方典"所汇刻的府志。因为充分意识到就某一风俗仅仅使用文献考据方法研究的局限，或者也有同学基于田野的鲜活研究的刺激，深深受到派克等燕大社会学系诸师影响的费孝通，很快就赞成用民族学、考古学的方法及其资料做实实在在的经验研究，并在相当意义上远离了文献释读这一主要是"钻故纸堆"的研究模式。[88]本科毕业，在清华接受了一年每天测量、计算而"枯燥乏味"的体质人类学的专业训练后[89]，费孝通与新婚妻子王同惠一道，在奔赴广西田野调查的蜜月"旅行"中，翻译、校读康国泰（Le P. L. Schram，1883—1971）神父基于实际调查写就的《甘肃土人的婚姻》也就顺理成章。[90]

不同于费孝通不同程度地否认方志的信度，在论文的"弁言"中，陈怀桢强调利用方志进行研究的必要性、必然性及合理性。因为较之笔记、游记以及晚近发表在杂志上的调查等诸种文献，地方志反而有着具体而系统的优越性。现存方志中的风俗记载，即使再简单，也能助人"窥其全豹"[91]。然而，陈怀桢对方志的信度并非没有辨析。由于本意上是要为将来的实地调查做准备，所以在篇末，陈怀桢还是回到了地方志记述风俗的优劣得失上。

陈怀桢公允地指出，方志的不足表现在：其一，修志者对于风俗的记述主要靠其个人经验，且多抄袭前人，很少有实地考察；其二，修志者多来自地位高的文人士大夫阶层，有着固有的阶级局限，对于民间风俗往往视而不见；其三，所记述的风俗多不加解释，常让读者不知所云；其四，所记风俗简多详少，材料凌乱散漫；其五，记载风俗皆过往陈迹，不但没有时间性，还是死东西。然而，在没有其他资料可以参考前，只好权且用之。[92]

刊发陈文的《社会学界》的编者，对方志的意义是予以充分肯定的。虽然有循环论证的味道，编者却认为通过陈文所引用的这些记载清代风俗的方志，一可以看出"今昔风俗的异同，以及往日风俗对于今日的影响程度"，二可以"使我们知道地方志的可靠程度"。当然，这两个"可以"都是以一个人对"本地今昔风俗都很熟悉"为前提的。[93]

在论文中，费孝通分析了全国 15 个省 207 个地方的方志中关于亲迎婚俗的记载。其中，有 34 个地方的亲迎婚俗资料摘录自《古今图书集成》。根据这些记载，费孝通绘制出了亲迎婚俗的地理分布图。与之相较，陈怀桢使用的地方志要稍微多些，有264 种。根据搜罗到的方志材料，费孝通明确按照亲迎形态的完整性，分化出了亲迎"三区"：亲迎区、半亲迎区和不亲迎区。与此不同，陈怀桢的婚丧"四区"之划分，则是按照自然地理的区位特征进行的，分别是黄河流域、长江流域、珠江流域和关外区域。

1933 年本科毕业前，费孝通发表了《人类学几大派别：功能学派之地位》一文。[94] 其中，除重点介绍以马凌诺斯基（B. Malinowski, 1884—1942，今译为马林诺夫斯基）为代表的文化功能学派之外，还提及了进化学派、播化学派和批评学派。换言之，费孝通了解当时盛行的诸多学派。因此，在其学士毕业论文中，明显有着从母系社会向父系社会发展的进化论色彩。此外，他单设了"亲迎婚俗之传播"一章。该章在呈现出中国疆域内亲迎区、半亲迎区和不亲迎区"错综交杂的多元性、丰富性和动态性"[95] 的同时，有着"极强的文化传播论的色彩"，表现出了将当时时兴的功能学派和相对老套的传播学派综合运用的努力。[96] 在一定意义上，费孝通对功能论的借鉴、将之与传播论的有机融合，鲜明地体现了燕大同人"在对待西方理论和学说时所具有的自觉的主体性意识与反思批判意识"，在一定意义上实现了批判性吸收和创造性转化。[97]

1934年，在《社会学界》第八卷刊载时，费文排在陈文之后。但是，与陈文前的"编者按"侧重论文内容的提要不同，费文前的"编者按"显然是有意要推出年轻有为的青年才俊费孝通，因此更明白地交代了其知识系谱、研究初衷以及基本观点，并盛赞其亲迎产生之推论，"可备一说"。编者写道：

> 本文是费君用了三年的功夫，经过吴文藻、顾颉刚、潘光旦、王佩铮、派克（R. Park）及史禄国（Shirokogoroff）诸位先生的指导及批评，五次易稿而成的，慎审经营，确值得向读者介绍。
>
> 作者对于人类学最感兴趣，近专致力于此。本文的写法：最初追究亲迎风俗形成的历程。以社会环境的眼光来解释风俗的传播，及与移民的关系，以地理分布的概念来研究我国亲迎风俗的分布状态，比较其同异，分为亲迎区，半亲迎区，及不亲迎区。
>
> 所根据的材料以地方志为主，并以《图书集成·方舆汇考》补其不足，所参考各县志，见于附录。各地的亲迎，半亲迎或不亲迎的风俗，有详细的摘录。
>
> 费君所提出亲迎为母方家庭制度转变至父方时之遗俗的一段假设，虽不能断为必然；但确是从详尽的方法中，推衍

出来的，可备一说。[98]

在方兴未艾也生机勃勃的社会学语境下，究竟何为"风俗"？在不得不利用既有的大量方志中关于风俗的记载而展开研究时，这些豪情满怀的青年研究者，对风俗又有着怎样的界定和认知？虽然使用的还是"风俗"这个古语，但是通过派克的现身说法，尤其是吴文藻的言传身教、循循善诱、指导改正与批评[99]，孙末楠关于"民俗"论述的影响，显然对陈怀桢等实践者有着不露痕迹的影响。甚或可以说，在关于"风俗"这一术语的学理思考层面，陈怀桢要略胜同学费孝通一筹。

在论文开篇，陈怀桢就试图界定风俗。"风俗之本质多源乎礼"[100]，也即研究风俗就得明了礼。从中国古代礼之概况，尤其是《朱子家礼》对婚丧习俗的深远影响，陈怀桢分区域、分民族地解释了方志中记载的婚丧习俗。在风俗的生成史上，他延续了上以风化下而成俗的精英生成说，强调一旦形成之后，风俗就具有巨大的控制力和文化惯性。在陈怀桢分析风俗与习惯、群体与个人的连带关系及差异时，孙末楠关于民俗的定义中的群体、个人、本能、欲望，甚至拉丁语 mores 这个词，都显现了出来。此外，文中还有着李安宅借用孙末楠的民俗学说对"礼"的释读的影响。这些使得陈怀桢对"风俗"的社会学定义，多少有别于邓实等国学保存会诸君那里被赋予了家国意识、民族意识、形而上的"风俗"。

在论文"余语"中，陈怀桢写道：

风俗未起之前，人类借经验及力量以求所以满其欲望及需要之事物。每一事物必经多次试验与成败，然后可告成功；成功之后，先发明者以之教人。因人人皆欲满其欲望及需求，故人人效之，而风俗成矣。故风俗之始甚简，其将毕甚巨。其始也，起于一二人心术之微，及其既成，则合千万人之力而莫之能御也。然则风俗者何也？据诸方志："上之所化为风，下之所化为俗。"《说文》："风从虫，凡声；风动虫生，故虫八日而化。段注：风之用大矣。故凡无形而致者，皆曰风。"又："俗，习也，从人谷声。段注：以双声为训……引申之，凡相效谓之习。"腊丁文，风俗为 mores，乃祖先之成例之意。德文作 sitten，乃群众之习惯之意。英文 custom 一字，涵义有二：一曰习惯（a habitual or usual practice），二曰法律（law）。综上而观，风俗者群众之习惯也。若人类行为受风俗之指使，则毫无自由意志之可言，所谓不知其所以然而然之者是也。然则风俗与习惯何异？应之曰：习惯乃个人所私有，而风俗则及于全社会，故曰风俗者群众之习惯也。

风俗之意义同于习惯，所不同者只其范围之狭广耳。习惯常用连续之刺激而减少生理上和心理上之抵抗，使某种行为愈近于自然，故习惯有第二本能之称。行为愈近于本能，则人所用之精力愈省，于是剩余之精力尽可从事于其他行为。然习惯既成，倘若不能适合于环境，则应打破之，但打破非易事也，其困难亦正与改化本能性相等。如此习惯成为旧生活之保障、新生活之阻碍，其保障性越大，阻碍力亦越强。风俗者社会之习惯也。习惯表现于个人行为及生活方式；风俗表现于社会行为及社会现象。风俗与社会之关系至大且巨也哉！白芝浩（Walter Bagehot）[101]云："风俗乃社会之水门汀"（cement）；黎朋（Le Bon）[102]云："人类受风俗之支配"，信不诬也。[103]

在社会改良运动的大背景下，陈怀桢自然而然投身到这一潮流，未能免俗，将其研究回归到了改良"不良风俗"的时代语境中。在经过一番对风俗进行社会学化的释义之后，陈怀桢回归到了"风以动之教以化之"的古老而常青的教化观。他写道："风俗与社会关系既明，故欲改革眼前社会之不良风俗，非先明了过去风俗殆无由也。"并援引奥古斯特·孔德（Auguste Comte, 1798—1857），因为孔德曾说过，改造社会应先从行为、风俗、道德和信仰入手，而非先从物质方面着手。[104]

贞节与杀婴

与陈怀桢尝试对"风俗"进行社会学化的解释不同，同期燕大其他青年研究者没有要明确界定风俗的纠结。作为一个约定俗成也是不言自明的概念，这些研究者使用的"风俗"，或者指一种心性、思维、理念、道德标准，甚或主动或被动的文化理想，如贞节，或者指某种具体的、有传承性的普遍行为，如杀婴。

与根据大量方志材料来梳理、诠释某种风俗区域特征的路径不同，刘纪华《中国贞节观念的历史演变》完全根据典籍文献，对贞节观念的演变进行了历时性的研究。刘向《列女传》、班昭《女诫》、陈邈妻郑氏《女孝经》、宋若华《女论语》、朱熹《近思录》、明仁孝文皇后《内训》、吕坤《闺范》、蓝鼎元《女学》、清世祖《内则衍义》以及《史记》《汉书》《隋书》《大明会典》《大清会典》等文献，都是其征引对象。在根据这些文献对"贞""节""贞节"进行梳理时，刘纪华将贞节与在 20 世纪二三十年代盛行且有着西方背景的"贞洁"（chastity）以及"贞操"的语义进行了比较。在对贞节的界定中，她引入了爱伦·凯 (Ellen Key, 1849—1926)、霭里斯 (Havelock Ellis, 1859—1939) 的贞洁及贞操观念，云：

> 贞节，是只指着女子对妇道应有的行为；对男子所保守的"贞洁"或"贞操"。……贞节在宋以前所表现的，还有所为"情""志""义"。宋后至清，经儒家几次提倡的结果，贞节变成了女子的一种"宗教"：片面的、被动的、被征服的、奴隶的、盲目的，及非人道的一种志操而已。所以宽泛的说，"贞节"是妇女的一种志操，或德操。严格说，贞节就是女子对她自身的"守"与"敬"，与在家庭中，应有的自尊，及对丈夫应有的守志，从一。[105]

在论文的主体部分，刘纪华明确地将中国贞节观念的流变分为三个时期：其一，春秋至宋代以前的贞节观念，笼统而淡薄；其二，宋代是贞节观念严格化的过渡时代，元、明两代则将宋代倡导的严格化的贞节观念制度化地夯实；其三，清代，贞节观念不但被普遍化，还被宗教化，内化为女性的一种宗教。在公开刊发这部分内容时，"编者按"指出，该文对"历来帝后及男女学者对于贞节的诏令、理论和主张，搜集颇广"，清楚地描述出了贞节观念的演变，但未对诸如清代的贞节堂、全节堂、清节堂、崇节堂、立贞堂、保节局等推进贞节的组织加以考量。[106] 诚然，这多少有些遗憾！然而，仅仅就对贞节"观念史"的梳理而言，刘纪华有着难能可贵的长时段整体历史观，有着将贞节视为一种社会制度的鲜明的社会学意识和过程社会学的视角。

对贞节演进为一种乡风俚俗，刘纪华按照历史演进本身的脉络去寻求其原因，而非从既成的事实逆推原因。这一过程社会学的视角，使得刘纪华揭示出了贞节由"礼"化为"俗"的复杂的动力学。在明初之后，贞节妇女在受到表彰的同时，节烈人家还会被免除差役。在强调男尊女卑的宗法社会的基础之上，经由文人士大夫的倡导、推动与践行，再加之朝廷有力的奖掖以及立法，贞节在名利驱使下，诱惑民众主动效法、践行，并内化为自觉。这样，在明代，不仅仅是一种观念，同时也是一种社会制度的贞节在汉人社会盛行开来，成为处处可见的乡风俚俗。[107]

细心的刘纪华还注意到，在元明清交替之际，种族之间的差异、冲突对贞节推衍成习俗有着不容忽视的影响。在异族面前，节烈在精神和道德层面更加具有了"民族大义"之正气。于是在清初，汉族遗民明确有所谓"男投女不投，生投死不投，官投民不投"的言与行。进而，顺着宗法社会的纹理，刘纪华发现，衍生于宗法社会且指向女性的贞节，具有与指向男性的士风、名节同等重要的文化意涵，甚至反向影响到士风名节的形成。[108] 换言之，对刘纪华而言，成为风俗的贞节就是一种社会制度。贞节与名节不但共同构成了维持宗法社会均衡运转的两大基石，并外现为宗法社会的基本表征。因为有着这些深刻的认知，刘纪华对作为一种宗教的贞节的批判就攻势凌厉，并呼吁用强调男女双方都有责任和义务互守的，且指向身、心与道德和谐的"贞操"取缔"贞节"。[109]

从原本是全方位的含有情、志、义等精神内涵的一种宽柔的价值追求，到演化为对女性肉身的禁锢，再到成为束缚肉身和精神的一种"宗教"，对贞节在中国两千多年来流变的清晰梳理，这种在时间轴上的过程民俗学抑或说历史民俗学正好与费孝通、陈怀桢基于空间分布的区域民俗学研究形成互补之势。

对杀婴风俗的研究，汪明玉《中国杀婴的研究》虽然内容稍显单薄，却是地理与历史兼顾，在方法论上可以算是典型的历史地理学派。在共时性层面，其比较的范围不仅仅是国内，还涉及国外。为了说清杀婴风俗在全世界的共性，她专设了"世界的杀婴概况"一章，与"中国的杀婴概况"并列，并且分别从历时和共时的角度进行了双向度的勾勒。就中国各朝代的杀婴风俗，她从后稷被弃、《左传》中所载的春秋战国时期的令尹子文一直说到现代，并以宋代京畿各郡都有的慈幼局，反向读出宋代杀婴风俗之盛。关于中国杀婴的地域分布，她分别列举了山西、福建、浙江、湖南、江西、北平等地杀婴的情形。与其他地区的杀婴情形是从既有文献材料上获得的不同，北平的杀婴案例是汪明玉自己在北平南苑调查获得的实例。[110]

同时，汪明玉还专章梳理了中国历史上对于杀婴的道德谴责和禁止杀婴的相关法律规定。道德层面，主要是对儒、释、道三教反对杀婴的理念进行了说明。法律方面的制裁又分为官吏、帝王和国法三个层面。除列举了唐代以来法令中的相关条款外，她还提及宋代俞仲宽的《戒杀文》、明代陈崇的《厚伦》和《正俗》诸文，并抄录了清代顺治、雍正、乾隆、同治、光绪五位皇帝或正或反为了禁止杀婴而先后颁布的五道上谕。[111] 然而，虽然分析出了天灾人祸、经济、社会心理（重男轻女、陪嫁多、私生子）与宗教四个方面杀婴的原因，汪明玉明显未能有效地回答这一问题：在一个讲究人伦、尊老护幼的社会，一个上层阶级始终明确反对杀婴的社会，杀婴之俗为何依旧盛行？如果作为一种风俗，如同刘纪华展示的那样，贞节有效地从礼化为俗，那么杀婴之俗为何未能被上层社会倡导的"礼"所化？

半个多世纪后，同样主要是利用方志等文献，将质性研究和量化研究熔为一炉，并结合心理分析，田汝康（1916—2006）对杀婴，尤其是女性贞节如何在礼俗之间演绎有了更为明晰的回应。[112]

要指出的是，同在燕大，不同学科对风俗的认知、界定，明显有着差异。1929年，在燕大历史系的学士毕业论文《东胡民族风俗考》中，高爱梅对风俗的界定更接近于中国早已有之的古意，强调风俗与政教、典章制度、习惯之间的互动。她写道："风俗为政教之源，法制典章所申出也。古者，太史观风，故各国厘订宪政，皆以民间习惯为主。习惯者，即风俗所积而成。故各国之风俗、与各族之风俗，皆大异。"[113] 因此，该文主要根据史书、典籍的钩沉，叙写的鲜卑、女真等东胡各部的风俗，是一个属概念，包括了习尚、宗教、婚丧、祭礼、衣食、居住、生计和节序等子类，指的是生产生活的各个方面及其构成的整体。

对于各自感兴趣并关心的婚丧、贞节、杀婴等专项风俗，燕大社会学系的师生都希望借方志、典籍等文献，给出或共时或历时的勾勒与解释，并尝试突破概论式的风俗学和国粹派用风俗写历史的旧习。事件、案例、日常生活中的个体多少有了位置，朝向当下的意识和经验的研究呼之欲出。

在孙末楠《民俗学》等外来学说的影响下，陈怀桢对"风俗"的社会学定义与此前李安宅对"礼"的社会学定义殊途同归。中文语境中原本意义有别的两个古词，被新生的社会学统一，并有了现代性意涵。这也在一定意义上预示着燕大民俗学稍后向研究"礼俗"演化的必然性。基于Folklore传统的中国现代民俗学运动，也有了另一条同中有异的重要支脉。

/ 民俗性：费孝通的"乡土"

作为亲历者和见证者，费孝通曾将燕大在 20 世纪 30 年代前半期已经践行的社区研究之成果，视为"比较周备和比较可靠"的地方志，并格外强调基于实地调查的经验研究的重要性。在 1937 年 3 月 19 日写于伦敦的《读冀朝鼎著〈中国历史上的经济钥区〉》一文中，费孝通在批评社会史研究的基本取向的同时，深刻反思了其《亲迎婚俗之研究》的研究路径。谈及亲迎婚俗研究"失败"和社区经验研究的重要性时，费孝通写道：

> 我的问题比较简单，是"亲迎风俗的地理分布"。我想若地方志上关于该地婚俗有记载的话，我把每一地方有无亲迎的事实记下来，画在图上，一定可以得到它地理分布的情形了。我一面工作，一面却发生了一个基本问题，很多地方志上没有提起有没有迎亲的事，我算它有，还是没有呢？第二个难题，即使有地方明明写着"民重迎亲"，是指全地方人民在结婚时一定要新郎自己去接新娘的呢？还是只是一部分人守这习惯？在"重"字上看不出究竟来。有些记着"士多迎亲"，哪一种人称作"士"呢？再进一步，各本地方志上所谓亲迎是指同一件事么？即使形式上相同，功能上是否相同呢？亲迎的原因是否相同呢？最后，我费了有一年光景，一张亲迎婚俗分布图是画好了，究竟代表些什么意思，我自己也茫然。可是这个尝试却给我一个很大的教训，

若是我们要研究社会，第一是要注重材料的来源，而最好的是根据有训练的实地报告。有实地研究经验的人会告诉你，他对于自己观察得来的材料，有时还是不敢确定其必然可靠，而想依据片言只语的官报来做研究，任何严谨的学者是不敢尝试的。

....

回过头来，我们所谓现在尚可看到的"现实"，其实不过是将来的历史而已。我们所谓"社区研究"也不过是一部部比较周备及比较可靠的地方志。顾颉刚先生所提倡"地方志"的原则，我依旧十分同意，只是旧有的地方志缺点太多，并不能作"研究社会及经济史的大好资源"，这是事实问题，惟有在现在根据现实情形，多做社区实地研究，我们才能盼望将来的学者，根据这些地方性的专刊来写他们的社会史。[114]

其实，费孝通在离开燕大后数年的反思，或者多少也受到与他大致同期的燕大社会学系学生基于清河试验区某个村落调查研究而写成的毕业论文的冲击与影响，诸如万树庸《黄土北店村的研究》、蒋旨昂《卢家村》和邱雪峨《一个村落社区产育礼俗的研究》等。

1947年，瑞德斐发表了"The Folk Society"一文。[115]1948年，他应邀来华，在清华和燕大短期讲学。因为瑞德斐，孙末楠的名字再次与燕大社会学发生了关联。随后，张绪生翻译了"The

Folk Society"一文，并把 folk 与"乡土"对译，将文章题目翻译为"乡土社会"。在该文中，瑞德斐引用了孙末楠《民俗学》中的"初民社会"一词，来佐证其"乡土社会"，并援引 folkways 一词来阐释其乡土社会的特质。[116]

有意思的是，1947 年费孝通在《世纪评论》开设的专栏是"杂话乡土社会"。1948 年，根据该专栏文章整理修订成的著作就是大名鼎鼎的《乡土中国》。同年，数月之后出版的另一本专书，费孝通同样以"乡土"为其命名，即《乡土重建》。为何"乡土"会成为费孝通学术生产的关键词？如张江华和阎明新近的研究所示，在此过程中，作为费孝通的老朋友，瑞德斐关于墨西哥农民社会的研究 [117]、"The Folk Society"一文和费孝通的"乡土"有着复杂的关联。[118]

在 1948 年 9 月 1 日写给瑞德斐的信中，费孝通有言：

> 我读了你的《乡土社会》（Folk Society）一文，而且实际上，在我的中文新书《乡土中国》（*Folk China*）中采用并发挥了你的思想。这本书在中国发行已经超过八千册。[119]

换言之，费孝通自己用"folk China"对译"乡土中国"，将之视为与瑞德斐 folk society 相平行的概念。

当然，正如阎明在其文章中辨析的那样，费孝通的"乡土""乡土社会""乡土中国""差序格局"等核心概念还有着由潘光旦（1899—1967）、李树青（1906—?）、吴晗（1909—1969）

等构成的曾经常互相探讨、切磋的本土知识共同体的影响。不仅如此，如本书梳理所示，作为其在燕大社会学系关系或远或近、或亲或疏的师友或者说"同党"，吴文藻、李安宅、瞿同祖、黄石等人先期关于礼、礼俗以及法的研究、认知，对中国文化与社会基于各自有别的兴趣点的有效探究，也在费孝通后起关于"乡土中国"的研究、释读中若隐若现。

在此要强调的是，在晚年《谈谈民俗学》中，费孝通根据英华字典强调folk与"人民""老乡"以及"民间""土风"之间的对译，则是另一种语境与心境下的产物了。其实，在一定意义上，将费孝通的"乡土中国""乡土社会"分别当作"民俗中国""民俗社会"来读，也未尝不可。至少，被费孝通学术化、理想化、理念化而多少有些模糊的"乡土"，有着固着于土地（earthbound）——浸润着中华文明的大地——的"民俗性"。

正是来自异文化的他者欧达伟敏锐地感受到了费著浓郁的"民俗性"或者说"民俗学性"。于是，他有了迥异于国内学界理所当然地将费孝通视为社会学家抑或社会人类学家的认知与诠释。欧达伟强调费孝通对风俗的重视，甚至是痴迷。在此，有必要再引这些论述：

> 他对解释风俗比报道中国及其他地方的社会现实更感兴趣。……费孝通从满足社会需要的角度解释一个风俗跟着一个风俗。……他相信，正确地了解风俗和制度的功能，就有可能引进适应现在环境的新文化成份，使社会变迁少受痛

苦，他即为此而献身。[120]

以此重观 1983 年那篇定名为《谈谈民俗学》的演讲，我们
也就明白：费孝通之所以将民俗学窄化为口头民间文学，是因为
在他看来，民间文学之外的民俗抑或说风俗，甚至包括民间文学
在内，都应该用社会学的方法研究即应该社会学化，或者说社会
科学化。因此，他不厌其烦地追溯中国民俗学的 folklore 这一词
源，试图将之拉回到其原有的 folklore 这一轨辙。换言之，如果
以民俗学为本位，那么将费孝通视为社会学化的民俗学家或者说
社会学的民俗学家，同样不乏合情合理之处。[121]

以此观之，1983 年 8 月在全国民俗学、少数民族民间文学讲
习班上，终生着力于民俗学与民间文学的钟敬文邀请费孝通前来讲
演，并不是无心插柳的题外之旨，而是题中应有之义。或者，熟稔
费孝通学问、熟悉中国民俗学演进复杂历史的钟敬文，有着扩大民
俗学阵营、对民俗学社会科学化的认同和加速推进等无言的深意。

作为费孝通一生学术写作基底的"民俗－乡土"，事实上正
是他早期迫切要将中国社会学"本土化"的底色。正如阎明在《中
国社会学史——一门学科与一个时代》中的梳理，因为要本土化，
志在认识现实社会从而效力于民族国家的社会学家们，不得不
打量、关注与调研中国的现状，从而熟悉、皈依"乡土"。自然，
与"乡土""乡土性"两位的一体"民俗"举足轻重。不仅如此，
在进化论持续有效的洗礼下，被赋予了现代性的"民俗－乡土"，
也是整个 20 世纪中国民俗学运动不变的魂魄。如今，它以"乡

愁""城愁"这样一对孪生子的样态，让中国民俗学研究者既愁肠百结，也踌躇满志。

这样就不难理解，为何被晚清民初知识分子赋予了新意涵的风俗–民俗，在进入 20 世纪 30 年代之后，也经常被称为"礼俗"。经过 Folkways 的浸染之后，"礼俗"在燕大社会学系的民俗学研究中，位置日渐凸显，终于如"民俗"更替"风俗"那样，又更替了"民俗"，加剧着"风俗"的隐逸，这使得燕大的民俗学研究明显有着从"风俗"到"礼俗"的演进。

当然，从整体情形而言，因互相表征、不分彼此，燕大民俗学研究的演化过程与社会学本土化运动的各个发展阶段高度吻合。这也导致 20 世纪 50 年代，社会科学化的民俗学与社会学一样，一度被定性为"资产阶级学科"。

注　释

1. 查询网址：http://dh.ersjk.com/spring/front/read; 查询时间：2020 年 7 月 20 日。

2. 萧放：《中国传统风俗观的历史研究与当代思考》，载《北京师范大学学报（社会科学版）》，2004 年第 6 期，31~40 页。

3. 在晚清民初，关于"Folklore"与"民俗"对译演进的简单梳理以及"民俗"一词的使用，可参见岳永逸：《"口耳"之学：燕京札记》，411~433 页，北京，九州出版社，2022。

4. 目前，张亮采卒年基本都标注为 1906 年 2 月 22 日。但是，这个时间明显有误。在《中国风俗史·序例》结尾，张亮采写明了成书的时间和地点："宣统二年九月既望萍乡张亮采识于皖江之寄傲轩"。显然，1910年，张亮采仍然健在。参见张亮采：《中国风俗史》，"序例"，5页，上海，商务印书馆，1935。

5. 张亮采：《中国风俗史》，"序例"，1页，上海，商务印书馆，1935。

6. 钟敬文：《民俗文化学：梗概与兴起》，125页，北京，中华书局，1996。

7. 张亮采：《中国风俗史》，"序例"，2页，上海，商务印书馆，1935。

8. 张亮采：《中国风俗史》，"序例"，2页，上海，商务印书馆，1935。

9. 王晓葵：《民俗学与现代社会》，289页，上海，上海文艺出版社，2011。

10. 胡朴安：《中华全国风俗志》，"自序"，2页，上海，大达图书供应社，1936。

11. 王晓葵：《民俗学与现代社会》，296页，上海，上海文艺出版社，2011。

12. 陈锡襄：《风俗学试探》，载《民俗周刊》，第五十七、八、九期合刊（1929），5页。

13. 关于国学保存会和《国粹学报》的起落详情，参见郑师渠：《晚清国粹派：文化思想研究》，北京，北京师范大学出版社，1997；王东杰：《国学保存会和清季国粹运动》，载《四川大学学报（哲学社会科学版）》，1999年第1期，103~109页；《欧风美雨中的国学保存会》，载《档案与史学》，1999年第5期，33~39页；《〈国粹学报〉与"古学复兴"》，载《四川大学学报（哲学社会科学版）》，2000年第5期，102~112页。

14. 其后九项依次是：宗教史、学术史、教育史、地理史、户口史、实业史、人物史、民政史和交通史。参见邓实：《史传：民史各序》，载《广益丛报》，第六二～六四期（1905），1~10页。

15. 邓实：《史传：民史各序》，载《广益丛报》，第六二～六四期（1905），

4~5 页。

16. 邓实：《史学文编卷一：史学通论二》，载《政艺通报》，第一卷第十二期（1902），1 页。

17. 邓实：《鸡鸣风雨楼独立书》，载《政艺通报》，第二卷第二十三期（1903），1~3 页；第二十四期（1903），4~6 页；第二十五期（1903），7~9 页。

18. 邓实：《鸡鸣风雨楼独立书·风俗独立第四》，载《政艺通报》，第二卷第二十五期（1903），7~8 页。

19. 尽管邓实的后半生在一定意义上远离了学界，但其深厚的学问依然有着广泛的影响。例如，他关于清代学术的三阶段说就对王国维产生了重大的影响。参见姜萌：《王国维"清学三阶段论"溯源》，载《齐鲁学刊》，2013 年第 3 期，35~43 页。

20. 瞿兑之：《汉代风俗制度史前编序例》，见《汉代风俗制度史》，1 页，北京，广业书社，1928。

21. 不仅仅是清末，也不仅仅是风俗观，民国时期每逢民族主义思潮、情绪高涨时，如九一八事变后政府倡导新生活运动、中国本位文化建设时，顾炎武及其思想都会被符号化、旗帜化，教育、激励着国人。参见任小青：《近现代民族运动中的顾炎武认同》，见《晋阳学刊》，2020 年第 3 期，80~86 页。

22. 邓实：《顾亭林先生学说五　风俗学》，载《国粹学报》，第二十五期（1906），1 页。

23. 侯俊丹：《新史学与中国早期社会理论的形成：以陈黻宸的"民史"观为例》，载《社会学研究》，2014 年第 4 期，152~176 页。

24. 《钟敬文全集》第 13 卷，19~152 页，北京，高等教育出版社，2018。

25. 梁启超：《饮冰室合集（典藏版）03》，461~472 页，北京，中华书局，2015。

26. 梁启超：《饮冰室合集（典藏版）04》，751~782 页，北京，中华书局，2015。

27. 梁启超：《饮冰室合集（典藏版）03》，461 页，北京，中华书局，2015。

28. 梁启超：《饮冰室合集（典藏版）04》，751、757 页，北京，中华书局，2015。

29. 梁启超：《饮冰室合集（典藏版）03》，461 页，北京，中华书局，2015。

30. 梁启超：《饮冰室合集（典藏版）04》，758~761 页，北京，中华书局，2015。

31. 梁启超：《饮冰室合集（典藏版）03》，471~472 页，北京，中华书局，2015。

32. 梁启超：《饮冰室合集（典藏版）03》，467~468 页，北京，中华书局，2015；《饮冰室合集（典藏版）04》，780~782 页，北京，中华书局，2015。

33. 梁启超：《饮冰室合集（典藏版）04》，770~776 页，北京，中华书局，2015。

34. 章太炎同样是斯宾塞学说的译介者、认同者与鼓吹者，但其取径又与同样译介、鼓吹斯宾塞学说的严复有着东学和西学之间的微妙差异，甚至抵牾。对于章太炎对斯宾塞学说选择性吸收的复杂性，可参阅姚纯安：《社会学在近代中国的进程（1895—1919）》，91~109、115~172 页，北京，生活·读书·新知三联书店，2006；彭春凌：《何为进步：章太炎译介斯宾塞的主旨变焦及其投影》，载《近代史研究》，2019 年第 1 期，23~43 页；《从岸本能武太到章太炎：自由与秩序之思的跨洋交流》，载《历史研究》，2020 年第 3 期，110~131 页。

35. 《章太炎全集（三）》，323 页，上海，上海人民出版社，1984。需要补充说明的是：1906 年，同为国粹学派核心成员的刘师培，也特意强调过风俗志与社会学之间的连带关系。在《编辑乡土志序例》中，署名刘光汉的刘师培有言："风俗有志，则明于群治之进退，而社会之学可以得所依归。"1914年，李大钊（1889—1927）依然用社会学 - 群学来释风俗，并指出群（民）与（风）俗之间的形神、质力之关系。他明确地写道："盖群云者，不仅人体之集合，乃具同一思想者之总称。此种团体，实积有暗示力与暗示于他人者之层级而结合者。结合之容愈扩，暗示之力愈强。群之分子，既先天后天受此力之范制，因以成共是之意志。郁之而为风俗，章之而为制度，相维相系以建其群之基。群其形也，风俗其神也。群其质也，风俗其力也。……群学告我，风俗之行，一缘暗示，一缘模仿，相应并行。"分别参见刘光汉：《编辑乡土志序例》，载《国粹学报》，第二十一期（1906），3页；李守常：《风俗》，载《甲寅》，第一卷第三号（1914），5~6、8页。

36. 孙文：《民族主义》，8~9页，上海，民智书局，1925。

37. 周作人：《征求绍兴儿歌童话启》，载《绍兴县教育会月刊》，第四号（1914），25~26页。在《"口耳"之学：燕京札记》中，我已经数次提及周作人这则"童话启"对于中国民俗学发生与演进的重要性，并详细列举了周作人在1914年前后对现代学科意义上的"民俗""民俗学"的频频使用。在此，有必要强调鲁迅的影响。孟庆澍指出，在"失和"之前，尤其是在留日前后，鲁迅和周作人在读写方面都是你中有我、我中有你，呈现出"彼此在场"的胶着状态，并有着相似度极高的知识谱系。今村与志雄细考出了兄弟二人对柳田国男著作、学说和学术事业的熟悉。正因为如此，在周作人刊发这则"童话启"的前一年，即1913年2月，作为教育部社会教育司科长、佥事的鲁迅，在《教育部编纂处月刊》，第一卷第一册上刊发了《拟播布美术意见书》。文末"研究事业"之二的"国民文术"云："当立国民文术研究会，以理各地歌谣、俚谚、传说、童话等；详其意谊。辨其特性，又发挥而光大之，并以辅翼教育。"显然，这里的国民文术实乃现今所谓的"民间文学""口头文学"。周作人一年后征求启示的主旨、目的，实乃鲁迅"详其意谊。辨其特性，又发挥而光大之，并以辅翼教育"的细化与拓展，是在绍兴这个地方的具化。事实上，鲁迅不但和周作人的民俗学思想有着关联，而且如常惠、台静农（1903—1990）等当事人回忆的那样，还在事实层面对以周作人为核心的北大歌谣研究会有着影响。1923年，鲁迅就为《歌谣周刊》增刊画了星月图作为封面。当然，作为蔡元培领导下的教育部官员，鲁迅1913年的"意见书"有着蔡元培倡导的美育思想的影响。1912年，出任中华民国临时政府教育部总长的蔡元培发表了《对于新教育之意见》，将美育主义与军国民主义、实利主义、德育主义和世界观并列，强调"图画"这一"美育"兼有发展实利主义、德育和世界观的功效。显然，鲁迅的"意见书"定位在全国相关"美术事业"的工作意见。如"意见书"文本内容所示，"美术"的意涵也远大于当下，更接近蔡元培的"美育"。对"美术"一词在清末民国从文学、实业、事业、图画、美育到当下所指的狭义的美术的现代性演进，曾小凤有详细的辨析。分别参见岳永逸：《"口耳"之学：燕京札记》，6~7、44~45、423页，北京，九州出版社，2022；孟庆澍：《激流中的文本、主义与人》，115~128页，北京，人民出版社，2020；[日]今村与志雄：《鲁迅、周作人与柳田国男》，赵京华译，载《中国现代文学研究丛刊》，1992年第1期，248~255页；《鲁迅全集》第8卷，54页，北京，人民文学出版社，2005；常惠：《鲁迅与歌谣二三事》，载《民间文学》，1961年第9期，94~96页；台静农：《忆常维钧与北大歌谣会》，载《新文学史料》，1991年第2期，86~89页；蔡元培：《教育部总长蔡元培对于新教育之意见》，载《临时政府公报》，第十三号（1912-02-11），7~16页；曾小凤：《先锋的寓言："美术革命"与中国现代美术批判的发生》，9~112页，桂林，广西师范大学出版社，2020。

38. 顾颉刚：《古史辨·自序》，见《古史辨第一册》，13页，北京，朴社，

1926。

39. 顾颉刚：《顾颉刚民俗论文集·卷二》，481 页，北京，中华书局，2011。

40. 顾颉刚：《顾颉刚民俗论文集·卷二》，571 页，北京，中华书局，2011。

41. 分别参见顾颉刚：《古史辨·自序》，见《古史辨第一册》，1~103 页，北京，朴社，1926；岳永逸：《"口耳"之学：燕京札记》，48~51 页，北京，九州出版社，2022。

42. 顾颉刚：《顾颉刚民俗论文集·卷二》，570 页，北京，中华书局，2011。

43. 杨堃：《民俗学与通俗读物》，载《大众知识》，第一卷第一期（1936），10~11 页；《我国民俗学运动史略》，载《民族学研究集刊》，第六期（1948），94~95 页。

44. 顾颉刚：《古史辨·自序》，见《古史辨第一册》，60、66、68 页，北京，朴社，1926。当然，正如李政君在《变与常》一书中所作的梳理那样，在不同阶段，顾颉刚的古史观亦有变化。该书第三章"20 世纪 20 年代顾颉刚民俗探索的史学底色"从史学本位的角度梳理了顾颉刚的民俗研究。参见李政君：《变与常：顾颉刚古史观念演进之研究（1923—1949）》，北京，中国社会科学出版社，2020，尤其是 67~90 页。

45. 顾颉刚：《顾颉刚民俗论文集·卷二》，566~567、492 页，北京，中华书局，2011。

46. [法] 葛兰言：《古代中国的节庆与歌谣》，赵丙祥、张宏明译，桂林，广西师范大学出版社，2005。

47. 容肇祖：《北大歌谣研究会及风俗调查会的经过（续）》，载《民俗周刊》，第十七~十八期（1928），15~16 页。

48.《本会常会并欢迎新会员纪事》，载《歌谣周刊》，第四十五号（1924），第六~八版。

49. 《研究所国学门风俗调查会纪事》，载《歌谣周刊》，第五十八号（1924），第七版。

50. 《北京大学征集全国近世歌谣简章》，载《北京大学日刊》，第六十一号（1918-02-01），第一～二版。

51. 《发刊词》，载《歌谣周刊》，第一号（1922-1-17），第一～二版。

52. 瞿兑之：《历代风俗研究导言》，载《燕大月刊》，三卷一期（1928），16~19 页。

53. 瞿兑之：《汉代风俗制度史前编序例》，见《汉代风俗制度史》，1~3 页，北京，广业书社，1928。

54. 杨树达：《汉代婚丧礼俗考》，"自序"，1 页，上海，商务印书馆，1933。

55. 尚秉和：《历代社会风俗事物考》，"例言"，1 页，上海，商务印书馆，1938。

56. 衡：《图书介绍：历代社会风俗事物考（尚秉和著）》，载《图书季刊》，第二期（1939），90~91 页。

57. 李璜译述：《古中国的跳舞与神秘故事》，上海，中华书局，1933。

58. 顾颉刚：《社会教育学院顾教授来函》，载《风土什志》，第二卷第二期（1948），78 页。

59. 陈寅恪：《陈寅恪集·书信集》，231 页，北京，生活·读书·新知三联书店，2015。

60. 陈寅恪：《陈寅恪集·元白诗笺证稿》，北京，生活·读书·新知三联书店，2015，尤其是 2、23、53~54、84~93、229、239、246~247、287、296、325、337 页。

61. 陈寅恪：《陈寅恪集·元白诗笺证稿》，126 页，北京，生活·读书·新知三联书店，2015。

62. 陈怀宇：《在西方发现陈寅恪：中国近代人文学的东方学与西方学背景》，287~354 页，北京，北京师范大学出版社，2013。

63. 孟庆延:《思想、风俗与制度:陈寅恪史学研究的社会学意涵》,载《社会》,2020 年第 5 期,34~62 页。

64. 陈寅恪:《陈寅恪集·金明馆丛稿二编》,361 页,北京,生活·读书·新知三联书店,2015。

65. 陈寅恪:《陈寅恪集·金明馆丛稿二编》,285 页,北京,生活·读书·新知三联书店,2015。

66. 胡愈之:《论民间文学》,载《妇女杂志》,第七卷第一期(1921),32~36 页。

67. 江绍原编译:《现代英吉利谣俗及谣俗学》,上海,中华书局,1932。

68. 杨堃:《民人学与民族学(上篇)》,载《民族学研究集刊》,第三期(1940)。

69. 钟敬文:《建立中国民俗学派》,哈尔滨,黑龙江教育出版社,1999。

70.《国立北京大学研究所国学门概略》,1927。

71.《胡适文集》第 3 卷,9、13~14 页,北京,北京大学出版社,2013。

72. 沈兼士:《吴歌甲集序》,载《北京大学研究所国学门周刊》,第一卷第十一期(1925),12 页。

73. 刘复:《吴歌甲集·序五》,1~3 页,见顾颉刚:《吴歌甲集》,北京,北京大学歌谣研究会,1926。

74. 顾颉刚:《吴歌甲集·自序》,8 页,北京,北京大学歌谣研究会,1926。

75. 周作人:《甘口苦口》,91 页,北京,北京十月文艺出版社,2012。

76. 周作人:《甘口苦口》,91 页,北京,北京十月文艺出版社,2012。

77. 栗庆云:《周代婚嫁礼俗考》,1 页,北京,燕京大学历史学系学士毕业论文,1927。

78. 傅振伦:《中国方志学通论》,上海,商务印书馆,1935。

79. 顾颉刚、朱士嘉:《研究地方志的计划》,载《社会问题》,第一卷第四期(1931),1~5 页。

80. 徐宗泽:《公教教士当怎样注意中国地方志》,载《圣教杂志》,第二十二卷第八期(1933),450~454 页。

81. 1934 年,在分别添加了摘要式的"小引"或者说"编者按"后,陈怀桢和费孝通毕业论文的主体部分都刊载在了《社会学界》第八卷上。在正式发表时,陈文去掉了毕业论文中的弁言、余语以及部分附录。分别参见陈怀桢:《中国婚丧风俗之分析》,载《社会学界》,第八卷(1934),117~153 页;费孝通:《亲迎婚俗之研究》,载《社会学界》,第八卷(1934),155~186 页。

82. 《费孝通文集》第 1 卷,160 页,北京,群言出版社,1999。

83. 陈怀桢:《中国婚丧风俗之分析》,1 页,北平,燕京大学文学院社会学系学士毕业论文,1934。

84. 《费孝通文集》第 1 卷,532~533 页,北京,群言出版社,1999。

85. 《顾颉刚日记·第三卷 1933—1937》,9、16 页,台北,联经出版事业股份有限公司,2007。

86. 《费孝通文集》第 12 卷,230~233 页,北京,群言出版社,1999。

87. 《费孝通文集》第 1 卷,160 页,北京,群言出版社,1999。

88. 费孝通:《周族婚姻制度及社会组织一考》,载《清华周刊》,第四十一卷第七期(1934),27 页。

89. 费孝通:《师承·补课·治学》,88~90 页,北京,生活·读书·新知三联书店,2002

90. 费孝通:《译〈甘肃土人的婚姻〉序》,载《宇宙旬刊》,第三卷第七期(1935),36~38 页。

91. 陈怀桢:《中国婚丧风俗之分析》,2 页,北平,燕京大学文学院社会学系学士毕业论文,1934。

92. 陈怀桢:《中国婚丧风俗之分析》,66~67 页,北平,燕京大学文学院社会学系学士毕业论文,1934。

93. 陈怀桢:《中国婚丧风俗之分析》,载《社会学界》,第八卷(1934),

117 页。

94. 原文在《益世报》1933 年 4 月 24 日、5 月 1 日第十版分两部分连载，后收入《费孝通文集》，第 1 卷，72~78 页，北京，群言出版社，1999。

95. 赵旭东、齐钊：《费孝通的"三区论"与王铭铭的"三圈说"的比照分析》，载《开放时代》，2010 年第 7 期，131 页。

96. 赵旭东、齐钊：《亲迎"三区论"的知识社会学分析：对费孝通研究的一个补充》，载《西北民族研究》，2011 年第 2 期。

97. 赵旭东、齐钊：《反思性批判与创造性转化：以燕京大学法学院社会学系与英国功能论人类学的双向互动为例》，载《西北民族研究》，2013 年第 1 期。

98. 费孝通：《亲迎婚俗之研究》，载《社会学界》，第八卷（1934），155 页。

99. 陈怀桢：《中国婚丧风俗之分析》，4 页，北平，燕京大学文学院社会学系学士毕业论文，1934。

100. 陈怀桢：《中国婚丧风俗之分析》，5 页，北平，燕京大学文学院社会学系学士毕业论文，1934。

101. 白芝浩（1826—1877），英国著名经济学家、政治社会学家。

102. 黎朋（1841—1931），今多译勒庞，即《乌合之众》（*The Crowd: A Study of the Popular Mind*）的作者，法国社会心理学家、社会学家。

103. 陈怀桢：《中国婚丧风俗之分析》，75~76 页，北平，燕京大学文学院社会学系学士毕业论文，1934。

104. 陈怀桢：《中国婚丧风俗之分析》，76 页，北平，燕京大学文学院社会学系学士毕业论文，1934。

105. 刘纪华：《中国贞节观念的历史演变》，7~8 页，北平，燕京大学文学院社会学系学士毕业论文，1934。

106. 刘纪华：《中国贞节观念的历史演变》，载《社会学界》，第八卷（1934），17 页。

107. 从胡适发表在《新青年》第五卷第一号的《贞操问题》一文可知，直到 1918 年，都还有褒扬"妇女节烈贞操可以风世者"的《褒扬条例》在执行，基层政府还在为这些贞烈女向上一级政府呈文申报。在条例中，褒扬的节妇指自三十岁以前守节至五十岁以后者、年未五十身故但守节已达六年者；褒扬的烈妇烈女指遇强暴不从致死或羞忿自尽者、夫亡殉节者；褒扬的贞女指替未婚亡夫守贞二十年以上者，以及未符年例而身故者。参见《胡适文集》第 2 卷，457~458 页，北京，北京大学出版社，2013。

108. 刘纪华：《中国贞节观念的历史演变》，49~52 页，北平，燕京大学文学院社会学系学士毕业论文，1934。

109. 刘纪华：《中国贞节观念的历史演变》，53 页，北平，燕京大学文学院社会学系学士毕业论文，1934。

110. 汪明玉：《中国杀婴的研究》，19~20 页，北平，燕京大学文学院社会学系学士毕业论文，1934；《中国杀婴的概况》，载《互励月刊》，第一卷第五期（1935），38~39 页。

111. 汪明玉：《中国杀婴的研究》，22~32 页，北平，燕京大学文学院社会学系学士毕业论文，1934。

112. 田汝康：《男性阴影与女性贞节：明清时期伦理观的比较研究》，刘平、冯贤亮译校，上海，复旦大学出版社，2017。

113. 高爱梅：《东胡民族风俗考》，3 页，北平，燕京大学历史系学士毕业论文，1929。

114. 《费孝通文集》第 1 卷，532~533、534~535 页，北京，群言出版社，1999。

115. Redfield, Robert, "The Folk Society", in *The American Journal of Sociology*, vol.52, no. 4（1947），pp.293-308.

116. [美] 瑞德斐：《乡土社会》，张绪生译，载《燕京社会科学》，第二卷（1949），98~99、109 页。要提及的是，比张绪生稍早，袁方（1918—

2000）也翻译了该文，且文题翻译与张绪生相同，但将瑞德斐译为瑞斐德，译文连载于《自由批判》，1948年第一卷第10—12期。

117. Redfield, Robert, *Chan Kom, A Maya Village*, Washington, D.C.: Camegie Institution of Washington，1934；*The Folk Culture of Yucatan,* Chicago: The University of Chicago Press，1941.

118. 张江华：《"乡土"与超越"乡土"：费孝通与雷德菲尔德的文明社会研究》，载《社会》，2015年第4期，134~158页；阎明：《"差序格局"探源》，载《社会学研究》，2016年第5期，189~214页。

119. Fei, H.,"Hiao-Tung to Bob (September 1, 1948)"，in *Robert Refield Papers 1917-1958*, University of Chicago Library Special Collections. 亦可参见张江华：《"乡土"与超越"乡土"：费孝通与雷德菲尔德的文明社会研究》，载《社会》，2015年第4期，145页；阎明：《"差序格局"探源》，载《社会学研究》，2016年第5期，190页。

120. [美] 大卫·阿古什：《费孝通传》，董天民译，38、39、44页，郑州，河南人民出版社，2006。英文原文参见 Arkush, R. David, *Fei Xiaotong and Sociology in Revolutionary China,* Cambridge and London: Council on East Asian Studies, Harvard, 1981, pp. 47, 48, 54-55.

121. 其实，只要摆脱常见的社会学史和传记写作对费孝通杰出"社会（人类）学家"的先在定位，我们就会发现他作为政论家、散文家和书生、常人的多种职业定位、社会角色和丰富的人生面相。参见岳永逸：《导读》，1~12页，见费孝通：《乡土中国（注解本）》，北京，中华书局，2020。

第04章

/ 礼俗、社区与当下

/ "礼俗"亮相

在燕大和 20 世纪前半叶的中国社会学界，孙末楠《民俗学》《社会的科学》两书，影响到相当一部分中国学者对于民俗和对于民俗（学）与社会学关系的认知。如前文已经指出的那样，在这两部巨著中，孙末楠引用的丰富材料不是来源于他生活其中的美国都市社会，而是来源于初民社会。因为，孙末楠要探知的是人类基于饥饿（食）、性欲（色）、虚荣（名）、畏惧（宗教与禁忌）等，即他所言的"德型"而生成的人与人之间的关系和社会制度。[1]在相当意义上，主要通过派克，燕大师生延续了孙末楠的学说，将当时的中国社会视为与都市社会对立的"乡村社会"，也即 20 世纪 40 年代晚期，费孝通郑重定义并严肃使用的"乡土社会""乡土中国"。在进化序列中，乡村社会是一种比美国都市社会、工业社会落后，但又比初民社会发达、高阶的中间阶段的社会。

　　燕大社会学系将清河试验区定位为"村镇社区"，同样源于上述共有的认知。赵承信指出，村镇社区（village-town community）不同于人文区位学关注的"都市社区"（metropolitan community），也不同于比较社会学抑或功能社会学所指的"初民社区"（primitive or tribal community）。村镇社区是"一先工业化的社区，但同时其社会结构实已超乎无定居及初定居的初民社区"[2]。

　　在相当意义上，与同期的社会调查运动相较，清河试验区虽然有新的突破、尝试，也不乏有效的知识生产，但其底色还是出于社会改良的"乡村重建运动"的具化和实践。这样，在20世纪30年代前半期，也即燕大社会学系的清河试验区的后期，立足某一民俗事象的"**社会学调查**"（sociological survey）[3]、社区研究并不多。邱雪峨《一个村落社区产育礼俗的研究》，俨然是同期毕业论文中的另类。反之，上章提到的婚丧、贞节和杀婴的研究，更偏重风俗在面上的广博状态，是区域性的、长时段的，以文献释读为主，明显有着"概论"性质，或者可以将这些研究称为"区域民俗学"。鉴于这些研究明显的"人文区位学"印迹，称之为"区位民俗学"亦无妨。

　　卢沟桥事变之后，诸多内因与外因的合力，使得清河试验区渐渐难以为继。在新任系主任赵承信的张罗、主持下，留守在北平的燕大社会学系的民俗学研究，也就进入赵承信、杨堃和黄迪领军的基于"局内观察法"的社区研究与功能研究有机结合的"平郊村"时期。在太平洋战争爆发前，燕大社会学系的民俗学研究大多都是围绕平郊村这个城郊村落及北京城展开的。绝大多数论文的题目，都别有深意地以"礼俗"命名，诸如："一个村庄之死亡礼俗""北平婚姻礼俗""北平妇女生活的禁忌礼俗""北平儿童生活礼俗"等。因为强调礼与俗二者之间的互动，这些具体时空单元中聚焦于"民"的经验研究，始终贯穿着文献和历史的视角。自然，原本更多指向历史和民族性的"风俗"和虽然有当下意涵但更多指向民间言语、叙事以及文学的"民俗"这两个已经被赋予现代性的语词，出现频率明显降低。整体而言，这一时期的民俗学或者又可称为"社区民俗学"，甚或"村落民俗学"。

如同当年"民俗"日渐取代"风俗"一样，频频用"礼俗"代替此前以及同期的"民俗""风俗"，或者也可以视为燕大社会学的一种民俗学言语宣誓。它强调的不是研究对象的不同，而是研究理念、方法论与认识论的根本转型，是中国民俗学运动中一个试图更新既有中国民俗学的新学派的"徽章"。因此，在极简意义上，将社区民俗学视为平视民众，强调当下、过程与互动的**"礼俗学"**亦无不可。毫无疑问，它明显有别于邓子琴（1902—1984）在 1947 年特意界定、建构出的"礼俗学"。

同样秉承了顾炎武风俗观的邓子琴，在《中国礼俗学纲要》中，既有着对班尼（Charlotte Sophia Burne, 1850—1923）、列维 – 布留尔（Lucien Lévy-Bruhl, 1857—1939）和涂尔干等人学说的引用，也有着对现实的关怀。可是，他对礼俗学的诠释则回归到历史、"训诂"以及释名的老路，并将他视为中国文化精要的礼俗，窄化为冠、昏、丧、祭、饮酒、相见之"六礼"。

当然，该书也不乏真知灼见。诸如：对俗之地方的、常恒的和感情的特征归纳；认为"风俗"是"论其大而注重教化"，而"Folklore – 民俗"则究其细而注重民族心理、性格；西洋民俗学在于求真而重客观，中国民俗学在于求是而常参以主观见解。[4] 进而，在其话语谱系中，邓子琴对风俗、民俗和礼俗的定义别具一格：

> 凡总括一地域或一时代民族一切生活现象，而以价值意义评判论定之者，谓之风俗……凡依赖感情生活而有之信仰、惯习、及故事歌谣等，存在于未开化民族中，及文明民族之无智识阶级者，谓之民俗……凡依理智的指导形成之惯习，构成一定之仪式，而流行于一般社会中者（但此亦须文明民族中始有之），谓之礼俗。[5]

就风俗、民俗与礼俗三者的关系，邓子琴认为：风俗涵盖民俗；民俗涵盖礼俗；礼俗不但是民俗的核心，也是风俗的核心。[6] 尽管未见其参引孙末楠的民俗学说，也看不到燕大民俗学研究的影响，但邓子琴的"礼俗"明显类似于孙末楠的"德型"和黄石民俗社会学四分中的"礼"。

/ 村镇社区：清河的试验

1938 年 6 月，《社会学界》第十卷刊载了黄迪的《清河村镇社区：一个初步研究报告》。该文"弁言"粗线条勾勒了清河试验区的工作状况：试验区的主要工作"偏于农村建设的实验（亦即本系社会服务学生的实习）"，而"大规模的研究计划可谓尚未实现"；除试验区研究股的研究员之外，本校教员、研究员以及本科学生参加的研究多为个别间断性地进行。[7]

如前文言，1937 年，在介绍人文区位学、比较社会学和中国社会学建设的关系时，赵承信就使用了"村镇社区"这一概念。他指出，虽然中国有城市社区、都市社区、非汉族社区以及华侨社区等多种类型，但介于"都市社区"和"初民社区"之间的村镇社区才是中国绝大多数社区的真实情形，是中国社会结构的重心。[8] 引用 1934 年杨庆堃主要采用区位法的山东邹平市集研究[9]、1935 年林耀华主要用功能法的福建义序宗族研究之后，赵承信进一步指出，中国的村落并非一个自足的经济区或自足的共同生活单位。在半径五到十里（1 里 = 500 米），人口六千左右的基本市集基础之上的约两万人的辅助集，才是"较能自给自足的独立单位"。对村落全面的观察和完整的研究，应该以"市镇及其活动范围内的村落合成的村镇社区为研究的对象"[10]。

因此，在给黄迪《清河村镇社区：一个初步研究报告》写的《写在报告之后》之中，赵承信格外强调"村镇社区"这个概念的重要性。同时，对燕大清河试验区的缘起、发展、终结，赵承信也有着简要的说明。[11]1928 年，时任系主任许仕廉委托步济时和杨开道负责筹备试验区。不久，二位教授选定了清河。随即，杨开道还指导学生对清河的人口、家庭、商店、学校等社会概况进行了调查，并于次年完成。1930 年，试验区正式成立，先后由张鸿钧和王贺宸主持试验工作，主要是开展对"地方的服务"，同时也进行小规模的调研。较大规模的研究，受助于甘博以及汤姆生（W. S. Thompson）两人募捐所得的款项。1937 年，试验区工作因战事停止，燕大校方计划对试验区的改组也就此作罢。

试验区包括清河镇及其附近的 40 个村庄，总面积约 200 多平方里（1 平方里 =0.25 平方千米）。就行政管辖而言，宛平 16 村，昌平 9 村，北平市 15 村。后来进一步成为燕大社会学实验室的前八家村——平郊村，就是这些村落中的一个。1933 年，清河镇有 561 户，3123 人；整个试验区的人口总数约 25 000 人，家户约 5200 户。[12]1932 年，试验区设立了研究、卫生、社会、经济四股，开展了儿童福利、职业训练、公共卫生、文化学习、公共娱乐、体育活动等福利事业。具体而言，试验区开办了工厂、医院、儿童会、幼稚园以及幼女班，组建图书馆，办杂志、壁报，组织信用合作社、消费合作社、小本借贷，推广优质家畜品种，组织妇女从事手工副业，开展传染病预防、灭蝇运动，培训产婆并倡导新式接生，等等。[13]

显然，清河试验区有着社会调查、社会服务、社会实验和人才培养等多种功能。在《社会学界》，第十卷的"编后语"中，编者总结道：

> 清河社会实验区，是燕大为了实验建设技术，供给学生
> 服务机会的园地。自创办以来，颇蒙国内外许多学术团体的
> 注意。事变，该区毁破迫半，不能不暂时停办。黄先生对于
> 清河社区的综合研究，不但清算该处历年研究的总账，即在
> 方法上也给这种研究一个新的尝试。[14]

编者同时强调，要建设"所希冀的国家社会"，"必经实地认识
一途"。

燕大社会学系同人开展的清河试验，不仅是社会学系师生
们进行学科建设、理论实践和人才培养的需要，也是 20 世纪
二三十年代仁人志士救亡图存而心系农村，并试图改变赤贫农
村、积弱中国的运动中的一环。作为组织实施者和研究者，许仕
廉将中国乡村建设运动的起始年份定为 1931 年，并指明开展该
项运动的原因有三：第一，欧美列强的入侵，加速了中国农村的
衰败；第二，孙中山等政治家、思想家发展中国社会的计划；第
三，天灾人祸，如长江流域空前的洪灾，日本强占东北、侵扰上
海，以及世界经济危机的波及。[15]

清河试验区初期工作的开展并不顺利。一开始，当地农民不
相信大学的师生甘受农村的劳苦，怀疑他们有政治或传教方面的
意图。后来，经过近两年的磨合，农民终于认可了他们的工作，
对其建设农村与开展农村研究的志愿深表认同，主动希望合作。

在此基础上，试验区确立了三项基本原则：其一，研究社会实验的技术，不创造乌托邦式的理想社会；其二，实事求是，根据事实认识问题，根据问题寻求解决之道；其三，因陋就简地承办事务，尤其是根据现有经济能力决定可负担的程度。[16]

虽然如同当时众多乡村建设运动一样，清河试验区的实践并未能从根本上改变乡村的颓势，但却独树一帜，意义非凡。1937年，在鸟瞰中国的乡村建设运动时，苗俊长将燕大清河试验区与河北定县平民教育实验区、山东邹平乡村建设研究院、安徽和县乌江农业推广实验区、江苏昆山徐公桥乡村改进区等相提并论。苗俊长赞许道：

> 该区工作目标，是要在实验社会里，建立一个适当的实验场。他们所举办的事业，只求适合现有经济能力，所可担负的程度，决不求若何铺张，并且要根据本地民俗风化，与实际环境，找出合宜的社会控制技术，简单说：他们工作起源，实在是从人迹未曾到过的大莽业中，找出一条正确的道路一样。[17]

不预先做大计划，而是"根据本地的民俗风化与实际环境"，就事论事，寻求可行的解决之道，"研究与实际密切联络"[18]，这或许可以称为乡村建设运动中的清河特色或清河模式。黄迪总结性梳理了清河试验区的几种研究，将"村镇礼俗研究"与"镇的研究""村的研究"和"实验区工作的研究"并列，并特别提到

1934 年张折桂《礼俗调查的尝试》和 1935 年邱雪峩《一个村落社区产育礼俗的研究》。[19] 这在当时的乡村建设运动中是罕见的，并将燕大社会学系实地调查、研究民俗落到了实处。

对于村的研究而言，1932 年万树庸的硕士毕业论文《黄土北店村的研究》，就是对试验区黄土北店村的全景扫描。1929 年，清河试验区创设之初，万树庸作为骨干成员参与了清河试验区的调查工作。1930 年，他全面负责清河试验区的工作，对黄土北店村有着相当的了解。[20] 在撰写硕士毕业论文时，万树庸明确从"村的观点"出发，用"纯粹客观的方法"，将黄土北店村的社会现象加以系统的描述分析，以求了解该村的真实面貌。[21] 为此，他将统计研究法和个别研究法有机结合，将论文分为绪论、村落、村史、村民、家庭、铺户、学校、庙宇、青苗会（上）、青苗会（下）、村中的生活、结论十二章，并附有 6 幅图和 37 张统计表。这种事无巨细且面面俱到的对黄土北店村的摄影式记述，对于后人而言，具有不言而喻的资料学意义。因为其资料的"客观性"，该论文的精华部分刊载在了同年《社会学界》上。[22]

如果说在黄土北店村的实地调研中，派克倡导的社区研究的影响还不是太明显，那么晚两年的蒋旨昂对清河试验区卢家村的调研——《卢家村》——的人文区位学特征就清晰可见了。该文使用了"区位学的关系""我们群"等人文区位学的关键词。[23]《卢家村》也是对该村的全景扫描，包括地理、发展、人口、家庭、经济、教育、宗教、休闲、政治、对外关系十章。虽然是学士毕业论文，但蒋文的篇幅却是万文的 1.5 倍。在同年的《社会学界》

第八卷上，编者给该文的版面比费孝通、陈怀桢毕业论文的总和还多，有整整 70 页。在该论文中，蒋旨昂并没有介绍自己是如何进入卢家村展开调查的。但是，正式发表的该文精华版之前的"编者按"，由衷地肯定了蒋旨昂采用"局内观察法"所获得的成功：

> 本文是蒋君以一年余的代价在卢家村研究的结晶。他没有大学生及城市人的傲慢心理和行为，他时常往该村和村民交朋友，有极密切的友谊，他在村民家住过，吃过，参加过他们的婚丧仪式。在这样熟悉的情形之下，所得的材料，自然是可珍贵的，而不是通常一般彼此隔膜的正式的调查所可比拟。

> 关于村中领袖间的暗潮，完全是私生活，不愿为局外人言的，蒋君却原原本本地获知而详记下来，这是何等可珍异的材料？不过因为这些领袖们尚在，不好意思为他们一一揭穿，若稍加掩盖，便不易明白，所以"私塾的更动"及"领袖关系"——冲突——二节，终不得不加以割爱，特向读者声明。[24]

万树庸和蒋旨昂的研究既是当年黄迪撰写《清河村镇社区》的基本材料源，也是稍后燕大社会学系进一步在平郊村这一社会学实验室开展研究的基础。不仅如此，其关于青苗会的记述则是后人研究华北青苗会的重要资料，有助于深化对主要产生于农业生产的节庆属性的认知，深化对社会组织、治理和中国基层社会性质的认知。[25]

需要提及的是，受"到民间去""社会调查运动"的影响和派克在燕大宣讲的人文区位学走出学校而实地研究的影响，在清河试验区乡建工作展开的同时，燕大社会学系的师生也在清河之外的其他特定单位时空展开了调研。除后来影响较大的林耀华福建义序宗族研究、杨庆堃山东邹平市集研究之外，值得一提的是李有义在山西徐沟县[26]的农村社会组织研究和潘玉粹 1931—1932 年在河北固安柳泉村（马家村）的农村妇女研究。

李有义明确宣称，自己进行的是拉得克里夫·布朗所谓的社会学调查，而非此前的社会调查。[27]他认为，仅仅局限于村落甚或乡镇都不能完整地认识中国农民的生活实况。于是，他尝试"做一个县单位的社区研究"。因为与乡镇的不自足性比，县在"地理、社会、经济等等方面保持有一个独立的单位"，可以说是"最适宜于作研究的单位"。[28]当然，正如李有义指出的那样，徐沟有着特殊性。它是一个小县，面积差不多与清河试验区大小相等，只有同质性很高的 48 个村庄。不仅如此，徐沟还是李有义的故乡。[29]但是，就在中国开展研究最合适的空间单元之大小而言，中国民俗学、社会人类学再次对其展开讨论已经是 20、21 世纪之交的事情了。

潘玉粹对柳泉村的妇女研究是全景式的，包括日常生活、社会地位、婚姻、生育、健康、教育、宗教、娱乐，等等。因为认为城市郊区的村子明显有着"城市化"的痕迹，尽管也采用了万树庸、蒋旨昂等人在清河试验区使用的统计和个案相结合的调研方法，潘玉渌故意"舍近求远"地对柳泉村这个远离都市的村庄进行调查，以求发现占中国地域绝大部分的"真实"农村的生活状况。[30] 就研究时空单元而言，潘玉渌同样有了后来被赵承信、黄迪等人上升到认知论高度的潜在的"村镇"的意识，多少看到在柳泉村这个交通不便的村子，村民的活动范围和与村外世界之间的联系。她通过自己的观察和描述，勾画也强化了当时乡村建设派对农民愚、弱、私、贫（穷）的意识形态建构，并在公婆、丈夫、童养媳等关系的对比中，描述出柳泉村农妇之社会地位低，被奴役、受压迫的常识抑或说公共知识。

/ 社会学实验室：平郊村

1930 年，从燕大社会学系毕业后，赵承信前往美国，先后在芝加哥大学与密歇根大学就读，1933 年获得博士学位后回到燕大社会学系任教，直到燕大停办拆并。其间，他在燕大社会学系开设了社会学原理、人口学、统计学、都市社会学、都市社区、农村社区、人口与社会、社会学研究方法、比较社会学、比较社会制度等多门课程。1938 年，在吴文藻离开燕大南下后，赵承信接任社会学系系主任。1945 年，燕大复校后，赵承信改任法学院院长。

1937 年，受抗战影响，燕大在清河试验区的工作彻底终止。

1939 年 7 月，在反思试验区经验教训的基础之上，也是出于继续深入建设中国本土化社会学的追求，经过协调与努力，赵承信领导下的燕大社会学系开始了平郊村的实地研究工作，将之作为建设中国社会学的实验室。[31] 在这个实验室，赵承信要推进和切实展开的是有别于此前社会调查运动的"社会学具体的研究"——社区研究：

> 它的对象是**社区的整体**；它的目的是为发见人类的共同生活通则；它的方法是人类各社区类型的比较分析——**比较法**；它的技术是实地工作与历史材料兼用，但着重**实地工作法**。[32]

社区的整体、比较法与实地工作法，同样是 1939 年云南呈贡的"魁阁工作站"的调研指针。这也是当下学界关于魁阁研究的共识。平郊村与魁阁，一北一南同属燕大社会学的支脉。由吴文藻和费孝通先后主持的魁阁研究，更重土地、工业等明确关涉"国计"的大话题，现实针对性更强。因为吴、费二人的个人魅力、交际协调能力，魁阁工作站的调研更易引起回响，更易得到国外学术机构与学者的关注、支持，成果更易散布、传播。[33] 与之稍异，同样践行"社区－功能"研究，且作为社会学实验室的平郊村研究，虽然也涉及村落社区的土地、经济、政治、组织、宗教等方方面面，但更在意处于社会流中的村民之生计生活、生老病死、喜怒哀乐等日常生活面相，更在意平民百姓的生活实态与精神世界。当然，这似乎与抗战建国之伟业关联不大。再加之有"教会大学"的庇护，所以成果反而静卧图书馆，容易被禁锢，被忽略、忽视。

可是，如果能抛开这些以民族大义为名的政治审视，我们或者会发现：平郊村研究**"为发见人类的共同生活通则"**之目的，虽然更书卷气、学究气，但立意更高远、情怀胸襟也更博大。何况，这个 1939 年在沦陷区北平正式启动的社会学实验室，是以赵承信等一大批爱国师生为核心展开的，同样步履维艰，小心翼翼！"在野"的表象，暗藏着抗争的真意。

1941 年年底，太平洋战争爆发，燕大关停，赵承信等燕大师生被侵略者拘捕长达半年之久，平郊村实验因之中断。1945 年抗战胜利燕大复校后，平郊村实验室的研究工作迅疾恢复，延续到 1950 年。这完全实现了 1935 年在燕大讲学的布朗希望用科学方法长期进行社会学实验和研究的呼召。即，对于指向社会变迁的纵的研究，最准确、最理想的也极难实现的方法是："在若干年限之内，反复的观察已研究过的乡村。"[34]

平郊村是怎样一个村庄呢？平郊村是其学名（化名），真名乃前八家村，地处北平北郊，距德胜门十五里，西直门十二里，北到清河镇约二里，南至海淀镇约八里。它东邻石板房村，西接东柳村，南靠肖聚庄，北界后八家村。据传，辽代时，因修建析津府新城，官方在此建立了十六座烧砖瓦的官窑。这十六座官窑由一道相隔，道南八座，即后来的前八家村——平郊村；道北八座官窑为后八家村。这些窑主皆来自山东、山西两省，无一土著。随着官窑的停办，窑主纷纷他迁。在清末民初，部分平郊村村民是在明永乐年间迁入的。[35]1935 年，前八家村共 246 人。[36]此后，该村人口变化不大。1940 年，该村共 58 户，约三百口人，纯粹以农为生者约 50 人，从事工商业以及其他专门职业的近百人。村中有杂货铺二、豆腐坊一，小学设在村中延寿（年）寺内，村民交易物品要前往清河镇或海淀镇、左近的一些庙市，甚或北平城。村中有井八口，但村民卫生观念淡薄，生活环境较差。[37]

1948 年，平郊村的大体状况如下：

> 平郊村是从清华车站到清河镇大道上的一个村庄，住户约有六十家，人口男女共计约三百人。村中有一座庙宇。庙宇的作用逐渐从崇拜改为教育了，因为村小学就设在庙内。庙内有一座房子曾充过村合作社用的，但是现在村合作社已经关门了。村内有一个小规模的家庭棉织厂。此外还有一间小卖店。村内约有三分之一的人家属于 H 姓的，其余为杂姓。村民以农业为主，半佃的农户较多。村中有一个大户，占有全村农田的大半。太平年头，地主居于村中，管理产业，年头乱了，就住进北平城，田地则交给两位老雇农主持。这两位老雇农慢慢地也变为佃业主了，而且又雇有农工以协助生产。[38]

平郊村这个距离北平城区颇近的村庄显然受到都市社区的影

响。然而，在赵承信主导的燕大研究团队看来，这个"个别性"（个性）特征明显的村庄依旧有着"类别性"——同类村庄的共性。换言之，他们认为，平郊村依旧体现了"普通农村的家庭生活，庙宇宗教，村庄小学，以及地主自耕雇佃等农业生产关系和农作方式等"[39]。因为这些共性，研究平郊村也就相当于研究了大多数普通农村。

经过近二十年的发展，到 20 世纪 30 年代中期，精细、微观的农村社区研究，已经是中国农村社会学的"焦点与基础"。[40] 换言之，燕大社会学系建"社会学实验室"有着学术发展的必然，但选择平郊村这个村子作为燕大社会学系的"社会学实验室"，则多少有些偶然。平郊村原本就属于燕大清河试验区。1938 年圣诞节，社会学系同人与数位高年级学生再次前往清河试验区。归途中，他们遇到了社会学系的"旧友"，平郊村的小学校长 H 先生。多少是由于 H 先生，平郊村才成为燕大社会学新生的实验室。H 君与众位师生一见如故，且热心充当向导、引路人。H 君的父亲生前是清河一带富有且社会地位极高的绅士。当时，年约三十、与村民交好且希望重振家声的 H 君，已经是平郊村小学的教师和校长。[41] 当然，赵承信等人最终确定选择平郊村作为燕大社会学的实验室，主要是因为对属于乡建运动的清河试验区的反思，尤其是对建构中国本土社会学理论的诉求。此外，还有该村与燕大距离适中，骑自行车往返仅需 40 分钟，无"抢劫之事发生"等学生安全方面的因素。[42]

/ 实验室的目的、展开及成效

作为社会学调查的社区研究

作为燕大社区研究的重要倡导者，深受派克和布朗影响的吴文藻，1935 年就刊发了《现代社区实地研究的意义和功用》《西方社区研究的近今趋势》两篇文章，介绍并提倡用局内观察法和比较法、始于实地研究并止于实地研究的社区研究。[43] 旋即，他将两文合并，新增了"中国社区研究的西洋影响与国内近状"及"结论"，组成《社区的意义与社区研究的近今趋势》这篇长文，刊发在 1936 年《社会学刊》第五卷第一期上。[44]

在同年该刊第二期，吴文藻接着发表了具有指导意义的《中国社区研究计划的商榷》一文。在此前反复阐发的社区研究的意义、功用、演进与新近国内外状况的基础之上，该文沿用了布朗 1935 年在燕大讲学时区分的实地研究的两种调查方式：社会调查和社会学调查（研究）。后者，即社区研究。吴文藻将偏重静态社会事实叙述的社会调查，比作"社区的照相"，将注重历程、趋势描写和说明、解释的社区研究，比作"社区的活动电影"。随后，他着重阐明了应该如何具体、有效地展开社区研究，即介绍人文区位学和比较社会学都在使用的实地研究这一方法，内容涉及实地研究法的重要性、种类、范围、效用、实地研究员的训练方法和调查时长（一至二年）等。[45]

大致同期，赵承信同样全面清理了社会调查与社区研究的缘起、演进与优劣，指出了社区研究对于社会学建设的重要意义。[46] 他将中国的社区分为在边疆及西南诸省非汉族的部落社区（tribal community）、汉族的村落社区、市镇社区、县城或省会社区和近代都市社区五类，并希望能在这些类型中抽几个样本来研究。[47] 虽然都是在倡导、推介社区研究，并注重资料的搜集和对人文区位学的都市社区研究、初民社会的功能研究等既有社会学理论的理解，但是赵承信比吴文藻更加明确地强调"要对方法进行试验"[48]，明确地要将清河这一"乡建试验区"改为平郊村这一"研究实验室"。因此，其分析、批判也就更深刻，归纳也更到位和精准。

具体而言，赵承信认为：清河试验区的研究工作附属于"对症下药"的乡建运动；在一定意义上，站在民族复兴立场的知识分子以欧美观念来先入为主地评判中国农村和农民的乡建运动，面对的是"知识分子的农村"抑或说想当然的农村，而非"农民自己的农村"。自然，这导致了作为运动的社会调查的先天不足：

> 社会调查虽以实际问题为出发点，但这些位社会调查者却不是为分析问题而调查，他们是为社会改良而调查的。他们都是社会改良家，最低限度，每个社会调查者都富有社会改良的精神。不过凡是社会改良家总先有一套社会改良方案的，最低限度有一套社会改良的观念。所以每个社会改良式的社会调查总为调查者的改良观念所蒙蔽。调查者所认定的

实际问题是什么便调查什么；他调查的结果必然为的证明他心目中所认识的问题的存在；结果，他所搜集的事实必然为的证明他的改良方案，是有事实的根据而且是对的。[49]

要改变这一状况，就需要受过科学洗礼又能吃苦的知识分子到农村去"经验农民的生活""与农民过共同生活"，了解其活动方式和心理。[50]显然，赵承信的社区研究也即布朗强调的社会学调查。那么，社区研究与社会调查的区别究竟在哪里？如何展开？

赵承信明确指出:(1)社区研究的对象是社区的整个系统，"是一个社区文物体制相互的关联"；而社会调查是片段的，只分别探究各文物体制。(2)社区研究除了实地工作(fieldwork)之外，还要兼顾历史的材料。除填写表格，实地研究的研究者还要与社区的人共同生活，并用客观的方法分析一个社区的文物体制的结构与功能。即，研究者同时兼具局内人(participator)和观察者／局外人(observer)双重属性。换言之，社区研究使用的是"局内观察法""体验法"，或"居住法"。(3)社区研究的重点在于发现人类共同生活的原理原则，社会调查则偏于实用。(4)社区研究者要有充分的学理训练，发现一条通则便可推及其他相关联的通则而继续其实证工作；出于社会改良精神的社会调查，仅是社会改良的工具。(5)社区研究是要揭示社会过程，即社区中"文物体制功能相关的变化"；社会调查则是要证实社会问题的存在。[51]

显然，对于赵承信等雄心勃勃、信心满满的后继者而言，既有的清河试验区的调研"缺乏社会学理论的基础"[52]，甚至缺乏恰当的认知论与方法论。与此不同，因应艰难时局而不得不就近选择一个村落社区样本展开的平郊村研究，不但与乡建并重，还完全以理论的检讨为主。其最终的目的，是"装备一个社会学实验室：借此可以了解社区生活的实况，并可作方法论上研究活动的实验"[53]。社会学的实验室，又包括**研究活动的实验**和**村社区生活的实验**两层含义。前者重在研究者一方，是研究者和村民的互动；后者主要在研究对象村民一方，是村民之间的互动。[54]

　　为此，作为组织设计者和实施者，赵承信明确提出了平郊村实验室的三个目的：其一，方法的试验；其二，给学生实习的机会，理论与实践相结合；其三，材料的搜集，为与中国其他乡村以及世界乡村比较研究奠定基础。[55]就至关重要的"方法的试验"而言，赵承信强调，平郊村研究是将都市社区研究方法和初民社区的研究方法应用到中国农村社区而进行"一种方法的试验"。也即，实验室要目的明确地将社区－功能论夯实。因此，研究团队强调，对研究者自己下乡的详细记录和对研究者与被研究者言行互动的记录，都是方法论的题材。试验研究法就是"在控制研究者自己的活动"，记录活动则是"为控制试验的初步工作"。[56]换言之，在理念上，以田野作业为基本方法的平郊村实验，并未简单地将田野作业探知的现实视为绝对客观的，而是意识到因为"经历了再建构，去情景化以及创造的过程"，田野调查显现出来的现实是包括研究者自己在内的现实，是受到田野工作者有意或无意介入（intervention）而产生影响的始终处于过程中的变化的现实。[57] 因此，在平郊村实验中，调研者自己和调研活动本身明确地成为研究对象的一部分。

实验的展开

平郊村研究开展之时，因为是在暑期，所以教师和学生一同下乡，而且每星期达四五次。每次都由其主要合作者、向导，时任平郊村小学校长 H 君带领，拜访五六个农家。开学之后，下乡次数相对减少，但大四的学生则由于为毕业论文搜集资料，每星期至少下乡一次。同期，教师约每月下乡一次，以联络村民和指导学生。寒假期间，大四学生就搬到村里居住，在与村民朝夕相处的日常中进行调研。大四的学生毕业了，大三时选修过社会研究法课程而接触过平郊村村民的学生，顶替上来，继续研究。[58]

在平郊村试验开展一年后，赵承信就试验的研究技术方法分以下七点向校内外同人进行了报告：（1）尽量借重村中的小学教员，即 H 君，作为联络领袖、拜访农家的助理；（2）由 H 君介绍调查员认识村中领袖，学习农民的言语；（3）由 H 君带领调查员到农家拜访，熟识后，调查员自行到农家拜访；（4）由专人负责，综合学系同人和 H 君的意见，编制调查表格；（5）直接访谈与间接访谈并用，填写表格；（6）调查员言语审慎，以求教的态度和农民建立相互信任的关系；（7）召开调查员讨论会，相互交换调查的经验教训以及所得。[59]

平郊村这个实验室中展开研究的过程，在学生的毕业论文中也有着真切的记述。在杨堃的指导下，研究该村死亡礼俗的陈封雄是首批参加平郊村这个实验室工作的学生之一。他是陈师曾（1876—1923）的儿子，陈寅恪的侄子。陈封雄的研究工作始于1939年7月1日。最初，他每星期下乡一次，与村民联络感情，或在田间地头观看村民耕作，或与村民闲话，并拜访村中领袖，以求得到其支持。在向导平郊村小学校长的带领下，陈封雄赴各农户拜访达数月之久，日渐与村民熟悉起来。当年暑假之后，在杨堃的指导下，他将研究题目确定为死亡礼俗。此后，他总计下乡调查六十多次，每次平均三小时。在前八家村，除采用访问、局内观察、旁敲侧击以及读书诸法之外，陈封雄还专门提到了使之受益匪浅的、每周与诸位师长一起进行的两小时"检讨一切研究之方法"的讨论。[60]

1941年毕业的邢炳南，在平郊村做的是农具研究。其研究历程如下：

民国二十九年春季，笔者适选读赵承信先生之"农村社区"一科，以平郊村实地调查为课外作业之一部，遂参加研究工作，每周下乡一二次，与村民作感情之联络，由1940年班同学领导，故联络工作颇为顺利。下乡约三四次，已能独立拜访农户。惟因下乡之同学太多，村民多不辨姓名，故每次访问必首作自我介绍，使对方有较深刻之印象。迄学期终了，联络工作已渐成熟，遂入正式研究阶段。

同年暑期笔者正式选修"实地研究"一科，以兴趣关系暂定"农业技术与知识"为研究之范围，每周下乡五六次，轮流拜访各农户，收集应用之资料。秋季开学后，实地研究讨论班，审核诸同学暑期工作成绩，黄迪先生以笔者对农具之调查，已有相当成效，故嘱缩小范围，专门研究农具，复经赵承信及杨堃二教授之赞许，遂确定本题。总计下乡八十余次，每次约四小时。[61]

燕大师生在平郊村调查所得的数据等资料是共享的。不仅邢炳南在其论文中引用了很多集体调查所得的数据表格，来分析土地与农具、农家生活等之间的关系，赵承信指导的陈涵芬在研究平郊村的妇女地位时，也因为使用了这些数据，而将统计法作为自己论文的两种研究方法之一。其另一种方法，是依赖直接访谈和间接访谈的个案研究法。因为她欲借自己访谈家庭中的一个婆婆、一个媳妇和一个女儿，来全景式地呈现平郊村妇女一生的生活、思想与别人对其的态度，所以其调查同样是从面到点。其采录所得的三位女性详细的生活史，也就作为附录列在正文之后。与陈封雄、石埧壬等当时在平郊村从事实地研究的同学一样，陈涵芬历时近四个月的调查，先是在 H 君的带领下到各家拜访，熟悉了不同经济状况家庭的大体情形之后，再挑选了五六个家庭做经常性的拜访，访谈的同时观察这些妇女的举动、态度及工作。[62]

在燕大北平复校后，平郊村的研究仍旧定位为：训练学生的实地研究技术；广泛搜集事实，以之作为理论研究的资料。燕大社会学系师生在平郊村的研究方法，则是质化研究和量化研究并重，个案研究和统计分析并行。因此，作为社会学实验室的平郊村研究，要求研究者成为自己研究对象，即社会客体的"一部"，而参与观察。在对社会客体有了初步了解和认知，也即与研究对象有了基本的信任之后，再编制问卷、图形和表格等进行量化研究。根据上述原则，燕大社会学系的老师在深入平郊村村民的生活半年之后，才开始绘制表格，将自己的问题细化，而学生在平郊村前期生活体验的时长不得少于三个月，多则至六个月。两年多的时间，他们共编制了二十多种表格。每次编制表格、细化自己问题的时候，都是社会学系全体教员、助理和 H 君多次讨论与修改之后，才由教师向在平郊村有了前期生活体验的学生详细说明，再付诸实施。[63]

1948 年暑假期间，燕大社会学系约有十位同学，成立了"八家村实验工作讨论会"，约定每月下乡两次，以多与村民接触。因为局势动荡，实验工作时断时续，但是仍然曾将下乡的频率改为每周一次。1949 年 3 月，北平和平解放后，局势安定，平郊村实验工作改为每周两次。然而，时局变迁、斗转星移，当时真正下乡研究的只有马树茂一人了。[64]

实验的成效

赵承信主导的平郊村研究对民俗格外重视。在总体论述平郊村这个社会学实验室的"空间关系与时间转换"时，赵承信写道：

> 村民的一切活动，无论是日常的衣食住行或不常的生死婚丧等诸方面多少都为村区风俗内固定方式所左右的。但是各种制度在个体或群体活动显示出来的时候又要透过社会关系之中个体或群体的地位和身份才能发生作用。人格要素常会使活动的速度和深度发生差异，但是活动的方式总以风习制度和地位身份为准则。

> 平郊村研究已进行多年。从清河试验区时起至今平郊村已然经过多次外界大变动的压力了。究竟国民革命，敌人占据和战后复员等整个大局的变动对于平郊村有什么影响呢？村区老者当能叙述他们意识到的变动。数年研究的记录和现查员的记忆也能供给分析所需的材料。人事已然变动多了。生死婚娶乃是村区的新陈代谢作用。但这些都是翻旧式的变动。村民的社会地位和社会关系已有改变的了，但是村民的价值观念依旧，除了对于法币的估价改变了之外。村外的压力起于政治和经济的转换，村内组织和村民生活的持续则由于风习。这两种势力交合着支配了村民的生活。[65]

在太平洋战争爆发前，黄迪既参与了清河试验区的活动，也亲历了对于平郊村这个社会实验室的指导。1934年，黄迪等将community翻译为"社区"。[66] 此后，"社区"一词逐渐流行开来。在1938年执笔写完清河试验区的报告，夯实了"村镇社区"这个学术概念之后，黄迪进一步思考了"社区"这个概念。也就是在平郊村作为实验室正式启动的1939年，回应吴文藻之**"社区社会学"** [67] 提法的黄迪，在《社区与家村镇》一文中，结合清河试验区和平郊村的事实，再次从定义、层级、特性诸方面诠释了社区这一概念。[68]

麦恺维（R. M. MacIver, 1882—1970）认为："社区（community）是生活在一起而互相联系的任何人群，他们所共有的不仅是某种特殊的兴趣，而是整套广阔而完全的兴趣，其中包括着他们全部的生活。"借用该定义，黄石明确指出，与社区迥异，通常所谓的"团体"（group）是因"某种特殊兴趣"而发生的社会关系。因为社区必须含有整套人类的兴趣，是一组完整的社会关系，全能、独立而自足。由血缘连接的家族和氏族具有相当的社区性。因此，家（rural homestead）绝非大都市中的小家庭，而是最小型的社区。家之外，家际核心是村落（village），这形成了村社区，渐次是镇（town）社区和市（city）社区。难能可贵的是，黄迪注意到了不同层级的社区之间的过渡地带和连带性，即家社区和村社区合组成更完整的**村家社区**、比镇社区更完整的是**镇村家社区**、比市社区更完备的**市镇村家社区**。

由此，黄迪总结出社区的起源、发展与性质：其一，是人类交互与共同生活扩大及向心的结果；其二，家、村、镇、市本身既各自成为社区，相互之间又组合成各种联合社区，即高一级社区中含有低一级社区；其三，联合社区中的各社区，可分为中心社区和周围社区，低级联合社区内的中心社区同时也是高级联合社区的周围社区；其四，各级中心社区服务的复杂性从低到高递增。

有了这些深入的思考，后起的诸多学生关于平郊村礼俗的论文虽然是以平郊村这个村社区为核心，但明显有着家社区、村家社区，超村落的镇社区、市社区以及镇村家社区、市镇村家社区的意识。不仅将礼俗的实践主体视为家中人、村里人，同时也将其视为镇里人、市里人，而且是家、村、镇、市等不同层级叠加，集多种社会关系、社会分工、社会角色和社会组织于一身的具有个性的"社会的人"。

在平郊村实验推进年余之后，相关研究成果纷纷出炉。在民俗学方面，"最可称述者"是"全年农作日历"的编制。对此，杨堃曾经写道："此项工作，系在赵承信先生指导之下，全系师长及三、四年级学生全体参加。分任报告并几经研讨，屡加修改，而始逐渐完成。该书如能早日出版，我相信，它对于我们的民俗学建设运动，一定会大有帮助。"[69] 此外，燕大法学院完全围绕平郊村的学士毕业论文，如下表所示：

表 4-1 燕京大学法学院平郊村研究毕业论文

年份	序号	作者	导师	系别	篇名
1940	1	周廷壎	赵承信	社会学	一个农村人口数量的分析
	2	陈涵芬			北平北郊某村妇女的地位
	3	陈封雄	杨堃		一个村庄之死亡礼俗
	4	沈兆麟	黄迪		平郊某村政治组织
	5	李国轼	郑林庄	经济学	某村之土地制度
	6	孔祥莹			某村大农与小农农业经营之比较
1941	7	石堉壬	杨堃	社会学	一个农村的性生活
	8	李慰祖			四大门
	9	陈永龄			平郊村的庙宇宗教
	10	虞权			平郊村的住宅设备与家庭生活
	11	方大慈	黄迪		平郊村之乡鸭业
	12	韩光远			平郊村一个农家的个案研究
	13	邢炳南			平郊村之农具
	14	李镇	郑林庄	经济学	事变后平郊某村之合作事业
1947	15	蔡公期	赵承信	社会学	平郊村农工之分析
1948	16	张绪生	林耀华		平郊村学龄儿童所受的教育
	17	刘秀宏			前八家村之徐姓家族
	18	杨景行			平郊村一个手工业家庭的研究
1949	19	马树茂			一个乡村的医生

　　要说明的是，李国轼、孔祥莹、李镇三位经济系的学生参与平郊村的调研，完全是因为社会学系建立的平郊村社会学实

验室而起，并结合整个实验，选取了自己的专题。[70] 以今天的视野而言，除杨堃指导的《一个村庄之死亡礼俗》《一个农村的性生活》《四大门》《平郊村的庙宇宗教》《平郊村的住宅设备与家庭生活》数篇之外，要将其他论文归为社区民俗学抑或村落民俗学也不为过。

1948—1949 这个学年，虽然燕大社会学系之于平郊村的调查研究仅限于"每日活动之日记"与资料的继续搜集整理，但是却同时对圆明园以北的树村、南苑以南的华美庄展开了调查研究。1949 年 3 月，在陈永龄（1918—2011）的带领下，燕大社会学系的学生开始了对树村的调查。为了与村民共同生活、深入研究，学生们还在暑假"住于树村月余之久"[71]。同样，在陈永龄带领下，三、四年级的六名学生于同年 4 月 5 日展开了对燕大代管的金陵大学南苑华美庄土地改革的实地研究。[72] 1949 年的学士毕业论文，江载华《树村村长与新政权》、王宗玮《土改准备期间之华美庄》，以及教育学系王嵩玲《树村青年男女教育》等，都是这一时期的学术成果。

当然，在专注平郊村这个 "小社区"民俗学研究的同时，还有研究者实地观察的"大社区"民俗学研究。杨堃指导的周恩慈《北平婚姻礼俗》（1940）、权国英《北平年节风俗》（1940）、王纯厚《北平儿童生活礼俗》（1940）、郭兴业《北平妇女生活的禁忌礼俗》（1941）以及李慰祖《四大门》[73] 等，都是超村落的大社区民俗学研究的标志性成果。此外，燕大社会学的同人还继续进行着区域民俗学的研究。杨堃指导的杜含英《歌谣中的河北民间社会》（1939）、孙咸方《中国各地闹新房礼俗》（1940）以及赵盛铎《西藏民族之社会生活及礼俗之研究》（1939）等都当属此列。

目前关于燕京学派的研究，虽然以社区－功能论为标签，但却主要聚焦于吴文藻、费孝通、林耀华等，并奉其主要观点为圭臬，明显忽视了燕大社会学系在北平延续了十多年的硕果累累、可圈可点的社会学实验室平郊村系列研究。至今，在中国学界的实地研究中，能与平郊村系列相媲美的仍然不多。

/ 何为礼俗：清河镇的产育研究

当燕大社会学系师生从社会调查转向社会学调查、从社会改良转向社会学问题，切实地在一个小社区进行田野研究时，在其诸多以"礼俗"命名的民俗学论文中，"礼俗"指的究竟是什么？

前文已经提及，当费孝通、陈怀祯二人专注于从方志等文献中钩沉材料，进行区域民俗学，即风俗研究时，作为导师的吴文藻同时也将目光投向了小社区的民俗学研究。1935年，在吴文藻指导下，邱雪峩写出了落脚于清河这个村落社区的民俗学志——《一个村落社区产育礼俗的研究》。在该文开篇，邱雪峩给"礼俗"做出了如下定义：

"礼俗"是礼仪和风俗的简称，一个民族精神的生命，是仗着这两件来维持的。它是由于民族生活积聚的经验所形成的，是经过长时间的使用，是还在继续着的，被平适地享受着的；是有理的，确定的；它必定是强制的，不是可以随人的意欲而选择的；它必定是与其他的礼俗一致的。

"礼"的起源，出于人情，所以圣人顺人情而制礼，然亦以礼治人情．人情之最易见到的，是饮食男女以及言谈行为。徐炳昶曰："礼就是附于社会理想的行为的轨则。"所以世上一切大小事件皆依礼而行，于是俗之本质多源乎礼。礼与俗之关系大矣哉。礼俗之功用在于注重个人之制裁，社会国家之规范，无论个人之行为，社会之秩序，国家之施政，宗教之典仪，无一不本于礼俗。礼俗是包括日常所需要的物件，人与物，人与人，人与超自然等关系的节文，又包括制度与态度。那么可以说"礼俗"就是人类学家所说的"文化"，包括物质与精神两方面的。[74]

在这段引文中，邱雪娥引用徐炳昶的那一句话来自后者1922年发表的《礼是什么》一文。[75]邱雪娥礼俗定义的第一句，是许地山《礼俗调查与乡村建设》一文开篇的原话[76]，最后一句则出自李安宅《仪礼与礼记之社会学的研究》。[77]换言之，邱雪娥吸收了在她之前对其有启发的学界关于"礼（俗）"的学理思考。因为将风俗放置在了礼俗之下，所以在接下来对礼俗的后续阐释中，邱雪娥基本吸收了陈怀桢关于风俗的界说。即，将经过千百年沉积于民间而难以改良的礼俗，视为过去的、传统的、原始的、乡下的，其至是迷信的、巫术的与铺张浪费的，视为旧生活之保障、新生活之阻碍。自然，孙末楠用来界定民俗的欲望、刺激、本能、习惯、族群等，都是邱雪峩界说礼俗的基本语汇，只不过换了一种表述，云：

> 一切礼俗都是起于人群应付生活条件的努力。礼俗未起之先，人类借经验及力量以求所以满足其欲望及需要之事物，每一事物必经多次试验与成败，然后才告成功。所以，礼俗的意义同于习惯，只其范围较广。习惯常用连续之刺激而减少生理上和心理上之抵抗，使某种行为愈近于自然，行为愈近于本能，则人所用之精力愈省，即人之生活的经济。礼俗者社会之习惯也，表现于社会行为与社会现象，礼俗与社会之关系至大且巨也。[78]

然而，较之前人，邱雪峩的礼俗界说明显前进了一小步。结合中国的实情，当然也是受在燕大社会学系习得的社会学、人类学和民俗学诸多知识的影响和她自己的观察、思考，邱雪峩明确指出了礼俗与文人士大夫信奉的典章制度等书面传统迥然有别的传承方式，和远离书写传统的礼俗所具有的强大生命力。她写道：

> 礼俗的流行于民间，是因为各时代的**口头相传，行为相效**，世世不绝，所以一种民族的礼俗，常常代表他们从古到

今的平民思想。它是民众们的历史，民众们生活的表彰，他们所要知道的历史只是这些，并不是像士人们要求四五千年来有系统、有证据的历史。礼俗中所包含的迷信、传说、故事、歌曲等等，向来因为得不到士人们的同情，所以没有写上书本的权利；可是它们势力真大，它们能够使得一般民众把它们**习熟于口耳之间**，一代一代地传衍下去，支配了全民间生活，经过了数千百年而不失坠，它们并不靠着书本的保障，它们却都随着民众的口气行为，作细密的记录。[79]

同时，邱雪峩也吸收了神话仪式学派的相关理论，来阐明传说与民俗之间的互生关系：或因言生俗，或因俗生言。因此，口耳相传的传说对于礼俗的研究至关重要：

研究礼俗，不单要考察表现于实际生活上的礼制风俗，更要搜罗流传于民间的传说，用比较法归纳整理，从而分析隐含于民间传说里的迷信观念。这样，可以帮助我们了解民间礼俗的意义与寻究民俗的渊源。许多奇俗，也借助于民间传说的研究而寻出了隐晦的意义和来源。在这些传说上可以知道民众的烦闷的现实和希望中的快乐，可以知道他们的单调的起居和想象中的神秘，可以知道他们的浅陋的智识和所崇拜的天才。总而言之，我们若要接近民众，为他们谋福利，或要研究民众，解释他们一切事实，那么他们的传说都是极贵重的材料。[80]

虽然有这些新的吸收与总结，在开启民智和乡建运动的大背景下，与陈怀桢基于方志的风俗研究一样，邱雪峨深入清河社区的产育礼俗研究，其本意还是在改良旧俗尤其是陋俗。正如她自己大段论述后总结的那样：在明白"现今乡间所有产育礼俗之得失，及受过去之影响至何种程度"的同时，"为民俗学、改良礼俗者，及注意妇女与儿童问题者，有些微之贡献"；[81] 在将清河产育礼俗之方方面面公之于世的同时，"为改除陋俗恶习"提供根据，从而"为农村社会开拓一个光明路途者，作为参考"。[82]

虽然并未突破源自西方的单线进化论和本土古已有之的教化论的局限，被传统与现代、乡下与都市、迷信与科学、东方与西方等二元思维所支配，本着知识的欲望和服务于现实社会的目的，邱雪峨关于"礼俗"的界定和立足于一个具体而微的社区展开研究的拓展性尝试，却开启了燕大社会学系民俗学研究的新传统。当然，除始终重视民俗研究的吴文藻的指导、清河试验区卓有成效的工作之外 [83]，这也与瞿兑之、许地山分别在燕大开设的历代风俗制度、中国礼俗史这些课程同样有着关联。正如上一章已经呈现的那样，1934 年前后，明确基于社会学的视角尤其是孙末楠的民俗学说，瞿同祖、黄石撰文讨论了礼俗的基本意涵。

正如本节呈现过的诸多篇名那样，自邱雪峨之后，包括太平洋战争前后的平郊村研究，凡是燕大社会学系学生基于田野调查，直接以民俗为研究对象的毕业论文，其标题大抵都包含"礼俗"一词。反之，依赖文献，概况式的区域民俗学研究基本退居幕后，原本已被赋予现代性的"风俗"一词也与燕大师生渐行渐远。在相当意义上，不时出现在字里行间的"风俗"一词，恢复了被赋予现代性之前的传统词义，沦为"礼俗"或"民俗"的子类。

/ 向心运动：非汉民族之礼俗

1939 年在杨堃指导下，燕大社会学系有四篇关于边疆"非汉民族"研究的学士毕业论文：刘颖方《桂猺研究》、杜连华《罗罗之研究》、赵盛铎《西藏民族之社会生活及礼俗之研究》和刘诒娸《黔苗研究》。这些对边民群体的研究，大致遵从了杨堃关于民族学应研究初民社会的基本认知。[84] 当然，在民族生死危亡的非常时期，1938 年秋天，四位学生只能抱憾地进行基于文献的"非汉民族"研究。[85] 在那个非常时期，这些研究同样是出于爱国的热情：或欲使自己的研究，直接服务于边疆的治理[86]，或希望自己的研究促进"全中华民族的向心运动"[87]。显然，在沦陷区北平的这些"边民"研究，既是抗战期间国统区成蓬勃之势的"边政/疆学"[88]的回响，抑或说支脉，也是对民国期间持续开展的边民调查[89]的另一种回应。这些系统化的研究，与杨堃的民族学学科意识和建构追求密不可分。但是，这些基于文献的研究，也是包括边政学在内的相关学科学术史研究中经常被忽略的部分。

这四篇关于非汉民族的文献研究，正好处在清河试验区工作被迫中断、平郊村社会学实验室尚未全面铺开的非常时期。因此，四篇论文出现了"风俗""礼俗"混用的情形。在《桂猺研究》

中，"风俗"一节放在"猺民的精神文化"一章之下，和节令与集会、迷信、音乐诸节并列。[90] 在《罗罗之研究》中，礼俗与信仰并列设置了一章，礼俗包括婚姻制度、婚俗、家庭组织、丧葬，即通常所谓的红白喜事。[91] 在《西藏民族之社会生活及礼俗之研究》中，礼俗一章则包括了婚丧、产育、日常礼仪和季节活动。[92] 在《黔苗研究》中，风俗一章除包含《西藏民族之社会生活及礼俗之研究》中的礼俗一章所指陈的内容之外，还有禁忌等。[93]

在这些对一个族群的全景式描述中，礼俗似乎是一个不言自明的词汇，著者更看重风俗的本意，也试图对其做出定义抑或解释。刘诒娂强调风俗之于初民的控制力，认为风俗是初民社会的"法律""日常生活的准绳""最大的潜势力之一"。[94] 不仅强调风俗的软控制力，刘颖方还试图解释风俗的缘起：

> 人类生活，只是一种调适于环境的过程。风俗便是人类调适于环境时所产生的习惯。盖人类生存之第一任务就是谋生活，要谋生活就有种种的生活需要；要满足种种生活的需要，就不得不调适环境。人类在调适环境的过程中，有意无意地就创造了种种的风俗习尚。所以风俗是人类调适于环境所创造以之满足生活需要的工具。人类不能一刻脱离环境，即不能一刻缺少调适环境和满足生存需要的工具；换言之，即不能一刻缺少风俗。风俗虽为人所创造，但因为人类习用之故，便具有约束人类行为的力量，或为人类社会中无上的势力。个人的行为便于有意无意中，遵从风俗所规定的条

件。自初生、成长、婚嫁，以至老年死亡，种种行为，无不受风俗的束缚，所以个人的行为，就可说是风俗的表现。由此可知，风俗在我们人类生活中的重要。[95]

从中，我们不难看到孙末楠以及陈怀桢对于民俗的界定，虽然刘诒姌参考文献中并未提及这两人的著作。

/ 小　结

无论是孙本文、李安宅、黄迪等对孙末楠民俗学说的译介以及化用，还是瞿同祖对民俗社会学的三分与黄石的四分，孙末楠强调的在一社会文化系统中的民风、民仪（德型／德仪）和制度之间的演进都清晰可见。但是，这些吐故纳新的后起之秀，又并不是完全机械地搬用孙末楠的民俗学说，反而是力求突破，使之更适合中国民俗与文化的实情。自然，对这群成长中的社会学学者而言，古语中有的也是在社会生活中至关重要、处于核心层面的"礼"与"礼俗"就此凸显了出来。尤其是到黄石这里，将民俗学同时等同于礼俗学也就自然而然，水到渠成。包括许仕廉、吴文藻、赵承信在内，燕大这些师长本土化的思考、引导，必然会影响学生毕业论文的写作。到写平郊村这个社会学实验室的"民俗学志"时，"礼俗"全面取代"风俗"和"民俗"也就在情理之中。

然而，我们必须意识到，孙末楠《民俗学》的出发点和重点都指向社会学，是尝试以此为突破口来认知社会、说清社会的本质，从而建构其社会学。无论是冠以风俗还是礼俗之名，对孙氏民俗学说吐故纳新的燕大民俗学研究都难免自带社会学的底色：认知社会、乡村／乡土、农民、传统、民族，并为其服务，至少是改良礼俗。就连花大力气研读孙末楠《民俗学》的黄迪，也完全将其视为社会学经典，并用社会结构、动因、历程、秩序和变迁的社会学架构进行诠释，将之统称为孙末楠的社会观。毫不奇怪，传承孙末楠学说的人文区位学和布朗宣讲的功能社会学，且在燕大日渐成形的社区－功能研究，立刻成为黄迪新的学术兴趣点，文化、阶级、社区、功能等也由此成为其学术写作的关键词。[96]

所以，尽管与此前中国民俗学运动中的 folklore 有着关联，但我们完全可以将燕大社会学的民俗学视为 folkways 范式的社会科学化的民俗学，社会学的民俗学也就呼之欲出。与此同时，燕大社会学也正是在对民俗持之以恒的调研中，夯实了其社会学本土化的基础，从而成就了本土特色浓厚的"燕京学派"。

当然，这个面貌的出现，还有一个基本语境。那就是，顺应中国社会学本土化的大势，并在许仕廉、吴文藻和赵承信等学者信念如一的总体规划、设计下，燕大社会学在学科建设、学术理念和追求上一直力求与世界同步，并脚踏实地地服务社会和国家。包括许仕廉、吴文藻和赵承信这些领军人物在内，燕大社会学系绝大多数教师都有着留美的背景，孙末楠占有重要位置的美国社会学有形、无形中都是燕大社会学的基础。

许仕廉上任伊始，就将风俗研究列为燕大十大研究之首。作为继任者，吴文藻也不遗余力地推介孙末楠、季亭史、派克、布朗等诸学者的学说。1933 年，在介绍其美国老师季亭史的社会学说时，谈及其以民风（Folkways）为根本而创设与之有着相对关系的"国纪"（Stateways）时，吴文藻写道：

> 人类社会对于社员的反应，除了民风与德仪外，尚有一种方法，季氏称之为"国纪"（Stateways），以与孙氏的民风相对。以国纪与民风比：民风之发生，是无意识的，非正式的；国纪起始即是有意识的，正式的。民风不受社会压力的拘束，是自主自行的方法，凡为习俗礼仪，均可自动维持。国纪为法律所限定，是政府的方法，有立法，行政，司法的机关为之执行法令。国纪与民风的区别，不仅如此而已，且有范围广狭与威权大小的不同。民风虽有时可为全国人民所参加，而变为国风，实际上大抵限于一地方，一阶级，或一职业。反之，国纪效力所及，必然是与全国人民的行为实在相并。又民风虽可利用人类的恐怖心理，以约束他们的行为，毕竟没有实力，可以强制执行。反之，国纪具有实权，以武力为后盾；国家的威权，即建立于此武力之上。由此可知民风与德仪是民俗社会的现象，而政府与法律乃是国家的现象。[97]

这些似曾相识的观点，其实就是瞿同祖和黄石对民俗进行社会学三分、四分的核心论点。而孙末楠着力的"民俗社会"（Folk Society），经由瑞德斐的再诠释，在十多年后的费孝通那里，已经演化为"乡土社会""乡土中国""熟人社会"了。[98] 尤为重要的是，在这段话之前，吴文藻还趁机梳理了民风（Folkways）的词源，以及其与民俗（Folklore）之间的差异，并强调"民风论"比"民俗学"更进一层。吴文藻写道：

> 季氏以为社会反应之限于个人行为者，通称为习惯；其涉及集合或众多行为者，以前常称为风俗，今则统称为民风，以孙末楠的名著《民风论》（*Folkways*）而得名。他承认欲尽情描写一人群的众多行为及其生活方式，当莫善于"民风"一词。民风乃社会习俗，积久成风，原义渐失，而成为毫无意义的行为。西国文字中本有"民俗"（Folk-lore）一词，惟孙氏的民风论，比民俗学更进一层。他发觉民风中有较重要的习俗，一旦经过社会审定，予以认可，为团体态度所强制执行，则此种习俗，不复为民风，却已变为德仪（Mores）。德仪所异于民风者，在其专指社会上是是非非的成规而言：习俗以为是则是之，习俗以为非则非之，莫由强辩，这就是德仪。如此说来，德仪实是民德与民仪的混合物。[99]

换言之，作为师长，有着领袖风范同时也是燕京学派灵魂人物的吴文藻：明确知晓燕大民俗学——民风论的基本取径与既往已经开展的中国民俗学运动的不同。燕大的民俗学研究，不仅要关注民风，还要关注其与整个社会文化，尤其是与俗和礼、礼和制之间的联动异同，以及作为社会文化之一部分的民风之于社会文化整体的功能。其实，在作为燕大社会学建构的重要知识源头的美国社会学家中，不仅仅是孙末楠，季亭史也认为社会学应该研究民风、德仪、社会压力、社会淘汰、组织与士气等。[100]

北平沦陷伊始，从吴文藻手中接过社会学系大旗的赵承信，因地制宜地快速建立了平郊村这个社会学实验室，将社区 – 功能论夯实，与杨堃、黄迪等一道，切实地推动着以平郊村为实验室的礼俗研究的发展。

正是这种基本的系情、校情与国情，随着孙末楠的民俗学、派克的人文区位学和布朗的功能社会学等诸多理论的全面引进、实践与改进，在燕大社会学系，民俗学与社会学之间出现了互相激励并交错前行的态势。也即，在燕大社会学系，原本是为了助力中国社会学本土化的孙末楠《民俗学》，也开始蓬勃发展。这使得此前在北京、广州以及杭州已经有些声色的中国民俗学运动坚持的 Folklore 在燕大社会学系不再是唯一取向，并导致燕大民俗学在认知论、方法论和实践论诸方面都健步走在社会科学化的历程上，为中国民俗学开辟了新的方向、道路与范型。

值得注意的是，对外来理论的吸收，燕大的师生同样是批判性的。在对派克都市社会及其研究方法的释读中，主要采用人文区位学方法研究邹平市集的杨庆堃就鲜明地提出，鉴于都市和乡村的互动，将来是否一定还存在都市社会学和乡村社会学的分野这样尖锐的问题。他写道：

> 我们研究都市，就不能不扩大到研究农村。同时，在新都市的强烈影响下，要研究农村，就不能不研究都市。都市和农村已成了一个互相不能分离的整个机构。于是将来能否仍有所谓都市社会学和农村社会学的分野，已成了问题。[101]

在相当意义上，这些见解不乏前瞻性。改革开放后，多少受日本都市民俗学影响的中国都市民俗学之所以未能成声势，也是因为在发展过程中都市和乡村交互影响而混融的这一社会事实。[102]

对燕大民俗学传统的忽视，造成了当下中国民俗学的两个窘境：一方面，改革开放后，重建的中国民俗学对于民俗性质、民俗学的对象与方法的探讨，始终觉得是全新的。而民俗学究竟要不要社会科学化、怎样社会科学化，也长期是当代中国民俗学者割舍不掉也难以解决的"痼疾"。另一方面，对民俗片面的认知，导致今天不少人仍然在极简意义上将中华优秀传统文化等同于经史子集等所谓"雅文化"，而漠视民俗文化之于中华文化的根性。或者，将"非遗"等优秀的民间传统文化，视为细枝末节的技术、技艺或"口活儿"，并将之与雅文化对立起来，走向浅陋的极端。

此外，还必须指出的是：从燕大社会学的内在脉络而言，平郊村这个社会学实验室并不是对清河试验区的彻底否定，而是有着扬弃的提升。正如强调二者内在连续性的侯俊丹所言：清河试验区开辟了以时空维度把握中国社会变迁的研究格局，在认知论和方法论上都有着创新；其诸多的调查研究与认知本身，就是有效的知识生产；"市场"和"乡镇共同体"之理论框架，成为稍后社区研究的起点，并开启了多个研究脉络。[103] 显然，本章对燕大民俗学研究的铺陈，也在一定层面上回应了燕大社会学演进的这种内在的连续性与一体性。

注　释

1. 黄迪还专门探讨了孙末楠在 *Folkways* 中基于这四大动机所形成的功能团体和相互之间的关系，以此明了孙末楠之社会学对社会结构论述的作用。参见黄迪：《孙末楠论社会结构》，载《益世报》，1936 年 12 月 2 日第十二版。该文是黄迪根据其毕业论文中"社会的结构"一章修订而成。
2. 赵承信：《社区研究与社会学之建设》，载《社会学刊》，第五卷第三期（1937），17 页。
3. 社会学调查是 1935 年在燕大讲学的拉得克里夫·布朗的提法。布朗将调查分为两种：社会调查 (social survey) 和社会学调查。社会调查仅仅是"某一人群社会生活的闻见的收集"，社会学调查则是"要依据某一部分事实的考察，来证验一套社会学理论或'使用的假设'"。此后，吴文藻、赵承信和李有义等燕大师生基本上都采用这一说法。参见 [英] 拉得克里夫·布朗：《对于中国乡村生活社会学调查的建议》，吴文藻编译，载《社会学界》，第九卷（1936），79 页。
4. 邓子琴：《中国礼俗学纲要》，3~7 页，南京，中国文化社，1947。

5. 邓子琴:《中国礼俗学纲要》,7 页,南京,中国文化社,1947。

6. 邓子琴:《中国礼俗学纲要》,8 页,南京,中国文化社,1947。

7. 黄迪:《清河村镇社区:一个初步研究报告》,载《社会学界》,第十卷(1938),361 页。

8. 赵承信:《社区研究与社会学之建设》,载《社会学刊》,第五卷第三期(1937),17 页。

9. 杨庆堃:《邹平市集之研究》,北平,燕京大学研究院社会学系硕士毕业论文,1934。

10. 赵承信:《社区研究与社会学之建设》,载《社会学刊》,第五卷第三期(1937),18 页。

11. 赵承信:《写在报告之后》,载《社会学界》,第十卷(1938),420~422 页。

12. 许仕廉:《一个市镇调查的尝试》,载《社会学界》,第五卷(1931),1~10 页;《清河农村社会中心区》,载《河北月刊》,第一卷第二期(1933),1~8 页。邓淑贤:《清河试验区妇女工作》,1~2 页,北平,燕京大学文学院社会学系学士毕业论文,1934。杨骏昌:《清河合作》,2~9 页,北平,燕京大学法学院社会学系学士毕业论文,1935。邱雪峩:《一个村落社区产育礼俗的研究》,12~15 页,北平,燕京大学法学院社会学系学士毕业论文,1935。黄迪:《清河村镇社区:一个初步研究报告》,载《社会学界》,第十卷(1938),364~365 页。

13. 关于清河试验区的小本贷款、妇女工作、合作社、学校教育等方面具体展开的情形,可分别参见李鸿钧:《清河小本贷款研究》,北平,燕京大学文学院社会学系学士毕业论文,1934;邓淑贤:《清河试验区妇女工作》,北平,燕京大学文学院社会学系学士毕业论文,1934;杨骏昌:《清河合作》,北平,燕京大学法学院社会学系学士毕业论文,1935;梁树祥:《清河小学》,北平,燕京大学法学院社会学系学士毕业论文,1935;王际和:《清河试验区合作会计之研究》,北平,燕京大学法学院经济学系学士毕业论文，1936。关于清河试验区的总体回顾，则可参见王贺宸：《燕大在清河的乡建试验工作》，载《社会学界》，第九卷（1936），第 343~363 页；张德明：《教会大学与民国乡村建设：以燕京大学清河实验区为个案的考察》，载《北京社会科学》，2013 年第 2 期，第 57~62 页。

14. 燕京大学法学院社会学系：《编后语》，载《社会学界》，第十卷（1938），423~424 页。

15. 许仕廉：《中国之乡村建设》，载《政训月刊》，第三十四期（1937），34 页。

16. 许仕廉：《清河镇社会实验工作》，载《村治》，第三卷第二～三期（1933），2 页。

17. 苗俊长：《中国乡村建设运动鸟瞰》，载《乡村改造》，第六卷第一期（1937），17 页。

18. 这是当时国民党政府所聘的国联农业顾问 C. T. Dragoni 博士的赞誉之词。转引自《燕京大学社会学及社会服务学系 1932—1933 年度报告》，载《社会学界》，第七卷（1933），337 页。

19. 黄迪：《清河村镇社区：一个初步研究报告》，载《社会学界》，第十卷（1938），361~362 页。张折桂《礼俗调查的尝试》连载于 1934 年 6 月 27 日至 9 月 5 日《北平晨报》之"社会研究"第四十～五十期。

20. 万树庸：《黄土北店村的研究》，3 页，北平，燕京大学研究院社会学系硕士毕业论文，1932；于恩德：《燕京大学社会学概况》，载《社会学界》，第四卷（1930），242 页。

21. 万树庸：《黄土北店村的研究》，1、96 页，北平，燕京大学研究院社会学系硕士毕业论文，1932。

22. 万树庸：《黄土北店村社会调查》，载《社会学界》，第六卷（1932），11~29 页。

23. 蒋旨昂：《卢家村》，140、176 页，北平，燕京大学文学院社会学系学士毕业论文。

24. 蒋旨昂：《卢家村》，载《社会学界》，第八卷（1934），36 页。

25. 岳永逸：《"口耳"之学：燕京札记》，272~298 页，北京，九州出版社，2022。

26. 1952 年，徐沟和清源两县合并为清徐县。

27. 李有义：《山西徐沟县农村社会组织》，6~7 页，北平，燕京大学法学院社会学系学士毕业论文，1936。

28. 李有义：《山西徐沟县农村社会组织》，8 页，北平，燕京大学法学院社会学系学士毕业论文，1936。

29. 李有义：《山西徐沟县农村社会组织》，8~11、20~31 页，北平，燕京大学法学院社会学系学士毕业论文，1936。

30. 潘玉粿：《一个村镇的农妇》，2 页，北平，燕京大学法学院社会学及社会服务学系学士毕业论文，1932。

31. 要指明的是，建立一个以个案调查方法为主的"社会学实验室"是燕大社会学系长期都有的想法。参见子厚：《燕大社会学系近况调查》，载《社会学界》，第五卷（1931），193 页。此外，平郊村一度也是清华大学的"试验田"。1934 年，清华大学社会学系、经济学系、工程学系以及医院工作人员等一道在平郊村设立了"八家村建设区"，卓有成效地开展了儿童教育、成人教育、公共卫生和交通改良等方面的工作。1934—1937 年，原本就往来频繁的燕大、清华两校师生也在平郊村这个共有的试验地，有着良好的合作。分别参见《八家村建设区初步建设计划拟定》，载《清华副刊》，第四十二卷第二期（1934），17 页；《清华大学创设八家村建设区》，载《益世报（天津版）》，1934 年 11月 15 日第二张；敏：《八家村演剧记》，载《燕大团契声》，第一卷第一期（1936），7~10 页。

32. 赵承信：《社会调查与社区研究》，载《社会学界》，第九卷 (1936)，175 页。

33. 阎明：《中国社会学史——一门学科与一个时代》，182~195 页，北京，清华大学出版社，2010。

34. [英] 拉得克里夫·布朗：《对于中国乡村生活社会学调查的建议》，吴文藻编译，载《社会学界》，第九卷（1936），85 页。

35. 沈兆麟：《平郊某村政治组织》，38 页，北平，燕京大学法学院社会学系学士毕业论文，1940；李国轼：《某村之土地制度》，8 页，北平，燕京大学法学院经济学系学士毕业论文，1940；陈永龄：《平郊村的庙宇宗教》，2~3 页，北平，燕京大学法学院社会学系学士毕业论文，1941；刘秀宏：《前八家村之徐姓家族》，5~8 页，北平，燕京大学法学院社会学系学士毕业论文，1947。

36. 陈聚科、庐铭溥、余即苏：《前八家村社会经济概况调查》，载《清华周刊》，第四十三卷第一期（1935），41 页。

37. 陈封雄：《一个村庄之死亡礼俗》，1~4 页，北平，燕京大学法学院社会学系学士毕业论文，1940；李国轼：《某村之土地制度》，12~16 页，北平，燕京大学法学院经济学系学士毕业论文，1940。关于平郊村的土地制度和农业经营，除李国轼《某村之土地制度》之外，还可参见孔祥莹：《某村大农与小农农业经营之比较》，北平，燕京大学法学院经济学系学士毕业论文，1940。

38. 赵承信：《平郊村研究的进程》，载《燕京社会科学》，第一卷（1948），107 页。

39. 赵承信：《平郊村研究的进程》，载《燕京社会科学》，第一卷（1948），107 页。

40. [英] Firth, Raymond：《中国农村社会团结性的研究：一个方法论的建议》，费孝通译，载《社会学界》，第十卷（1938），249 页。

41. 赵承信：《平郊村研究的进程》，载《燕京社会科学》，第一卷（1948），108~109 页。

42. 李国轼：《某村之土地制度》，2 页，北平，燕京大学法学院经济学系学士毕业论文, 1940。

43. 吴文藻:《现代社区实地研究的意义和功用》, 载《社会研究》, 第六十六期（1935）, 125~128页;《西方社区研究的近今趋势》, 载《社会研究》, 第八十期（1935）, 237~241页。

44. 吴文藻:《社区的意义与社区研究的近今趋势》, 载《社会学刊》, 第五卷第一期（1936）, 7~20页。

45. 吴文藻:《中国社区研究计划的商榷》, 载《社会学刊》, 第五卷第二期（1936）, 55~65页。可对比阅读吴文藻编译的布朗讲词《对于中国乡村生活社会学调查的建议》一文。

46. 赵承信:《社会调查与社区研究》, 载《社会学界》, 第九卷(1936), 151~205页;《社区研究与社会学之建设》, 载《社会学刊》, 第五卷第三期（1937）, 13~20页。

47. 赵承信:《社会调查与社区研究》, 载《社会学界》, 第九卷(1936), 201~202页。

48. 齐钊:《社区·区域·历史:理解中国的三种进路——对燕京大学法学院社会学系学术传统与研究特色的再分析》, 载《开放时代》, 2013年第6期, 110页。

49. 赵承信:《社会调查与社区研究》, 载《社会学界》, 第九卷(1936), 162~163页。

50. 赵承信:《农村与民族》, 载《燕京新闻》, 1939年11月4日第九版。

51. 赵承信:《社会调查与社区研究》, 载《社会学界》, 第九卷(1936), 173~174页。

52. 赵承信:《平郊村研究的进程》, 载《燕京社会科学》, 第一卷（1948）, 109~110页。

53. 燕京大学法学院编:《社会科学各系工作报告·社会学系》, 载《燕京社会科学》, 第一卷（1948）, 239页。

54. 赵承信:《平郊村研究的进程》, 载《燕京社会科学》, 第一卷（1948）,

117 页。

55. 赵承信：《平郊村研究的进程》，载《燕京社会科学》，第一卷（1948），109~111 页。

56. 赵承信：《平郊村研究的进程》，载《燕京社会科学》，第一卷（1948），110 页。

57. [日] 菅丰：《民俗学者的田野介入与社会现实的再建构：通过田野调查构筑现实》，邢光大译，载《民俗研究》，2017 年第 3 期，50、52 页。

58. 赵承信：《平郊村研究的进程》，载《燕京社会科学》，第一卷（1948），109 页。亦参见燕京大学法学院编：《社会科学各系工作报告·社会学系》，载《燕京社会科学》，第一卷（1948），240 页。

59. 赵承信：《农村社会研究方法的实验》，载《燕大研究院同学会会刊》，第二期（1940），39~41 页。当然，对 H 君这位向导的倚重，也有不利的一面。即，在一定意义上，向导影响了参与调查的师生与村民的直接接触和交流。甚至在燕大师生不知情的情况下，H 君自作主张，误传燕大师生会补贴村中一位穷人的丧礼费用。这导致调查者和村民关系失和、紧张，调查难以为继。参与调查的师生不得不花费大力气修复与村民之间关系，从而得以继续与村民合作。因此，在 1945 年重启的对平郊村的研究中，调查不再通过向导展开，而是调查者与村民直接接触。参见 Chao, Ch'eng-Hsin, "P'ing-Chiao-Tsun as a Social Laboratory," in *The Yenching Journal of Social Studies*, vol. IV, no.1 (1948), pp.147-148, 151.

60. 陈封雄：《一个村庄之死亡礼俗》，4~6 页，北平，燕京大学法学院社会学系学士毕业论文，1940。

61. 邢炳南：《平郊村之农具》，1 页，北平，燕京大学法学院社会学系学士毕业论文，1941。相关内容，也可参见虞权：《平郊村的住宅设备与家庭生活》，2~4 页，北平，燕京大学法学院社会学系学士毕业论文，1941。

62. 陈涵芬：《北平北郊某村妇女地位》，8 页，北平，燕京大学法学院社会学系学士毕业论文，1940。

63. 赵承信：《平郊村研究的进程》，载《燕京社会科学》，第一卷（1948），112 页。

64. 马树茂：《一个乡村的医生》，1~2 页，北平，燕京大学法学院社会学系学士毕业论文，1949。

65. 赵承信：《平郊村研究的进程》，载《燕京社会科学》，第一卷（1948），116 页。

66. 兆临：《关于社会学名词的翻译》，载《北平晨报·社会研究》，1934 年 4 月 11 日第十一张。关于 Community 与"社区"对译的进一步梳理，参见岳永逸：《民俗、社区与文化：燕京大学社会学的本土化探索》，载《民俗研究》，2022 年第 1 期，14~15 页。

67. 1935 年，吴文藻在关于社区研究的讲演中，提出"社区社会学"。参见吴文藻：《现代社区实地研究的意义和功用》，载《社会研究》，第六十六期（1935），125 页。

68. 黄迪：《社区与家村镇》，载《燕京新闻》，1939 年 11 月 4 日第九版。

69. 杨堃：《我国民俗学运动史略》，载《民族学研究集刊》，第六期（1948），99 页。

70. 这在孔祥莹的论文中有特别的说明。参见孔祥莹：《某村大农与小农农业经营之比较》，1 页，北平，燕京大学法学院经济学系学士毕业论文，1940。

71. 燕京大学法学院编：《社会学系一年概况》，载《燕京社会科学》，第二卷，（1949），297 页。

72. 陈永龄：《南苑华美庄调查》，载《燕京社会科学》，第二卷（1949），119~164 页。

73. 正如后文所述，《四大门》虽以平郊村为中心，但研究的范围则涉及成府、海淀、丫髻山和通州等北京城内外。

74. 邱雪莪:《一个村落社区产育礼俗的研究》, 1 页, 北平, 燕京大学法学院社会学系学士毕业论文, 1935。

75. 徐炳昶:《礼是什么》, 载《国立北京大学社会科学季刊》, 第一卷第一期（1922）, 129 页。

76. 许地山:《礼俗调查与乡村建设》, 载《社会研究》, 第六十五期（1934）, 109 页。

77. 李安宅:《仪礼与礼记之社会学的研究》, 7~8 页, 上海, 商务印书馆, 1931

78. 邱雪莪:《一个村落社区产育礼俗的研究》, 1~2 页, 北平, 燕京大学法学院社会学系学士毕业论文, 1935。

79. 邱雪莪:《一个村落社区产育礼俗的研究》, 2 页, 北平, 燕京大学法学院社会学系学士毕业论文, 1935。

80. 邱雪莪:《一个村落社区产育礼俗的研究》, 3 页, 北平, 燕京大学法学院社会学系学士毕业论文, 1935。

81. 邱雪莪:《一个村落社区产育礼俗的研究》, 10 页, 北平, 燕京大学法学院社会学系学士毕业论文, 1935。

82. 邱雪莪:《一个村落社区产育礼俗的研究》, 109 页, 北平, 燕京大学法学院社会学系学士毕业论文, 1935。

83. 邱雪莪:《一个村落社区产育礼俗的研究》, 11 页, 北平, 燕京大学法学院社会学系学士毕业论文, 1935。

84. 刘诒娡:《黔苗研究》, 1~3 页, 北平, 燕京大学法学院社会学系学士毕业论文, 1939。

85. 刘颖方:《桂猺研究》, 1 页, 北平, 燕京大学法学院社会学系学士毕业论文, 1939。

86. 赵盛铎:《西藏民族之社会生活及礼俗之研究》, 1~4 页, 北平, 燕京大学法学院社会学系学士毕业论文, 1939。

87. 刘诒娡:《黔苗研究》, 69 页, 北平, 燕京大学法学院社会学系学士毕业论文，1939。

88. 汪洪亮：《民国时期的边政与边政学（1931—1948）》，北京，人民出版社，2014。

89. 田耕：《中国社会研究史中的西南边疆调查：1928—1947》，载《学海》，2019 年第 2 期，21~33 页。

90. 刘颖方：《桂猺研究》，46~60 页，北平，燕京大学法学院社会学系学士毕业论文，1939。

91. 杜连华：《罗罗之研究》，78~98 页，北平，燕京大学法学院社会学系学士毕业论文，1939。

92. 赵盛铎：《西藏民族之社会生活及礼俗之研究》，67~88 页，北平，燕京大学法学院社会学系学士毕业论文，1939。

93. 刘诒娍：《黔苗研究》，40~57 页，北平，燕京大学法学院社会学系学士毕业论文，1939。

94. 刘诒娍：《黔苗研究》，40 页，北平，燕京大学法学院社会学系学士毕业论文，1939。

95. 刘颖方：《桂猺研究》，46 页，北平，燕京大学法学院社会学系学士毕业论文，1939。

96. 仅从下述文章的题目，我们就可知黄迪的学术取向：《论“文化的重心”》，载《社会研究》，第一二七期（1936），511~517 页；《文化之范围、内容与性质》，载《新民月刊》，二卷二期（1936），5~25 页；《论阶级及中国社会阶级研究》，载《益世报》，1936 年 8 月 5、12、19 日第十二版；《比较社会学的别径》，载《益世报》，1937 年 1 月 27 日、2 月 3 日第十二版；《文化生活的空间与时间》，载《益世报》，1937 年 5 月 26 日第十二版；《清河村镇社区：一个初步研究报告》（1938）和《社区与家村镇》（1939）。《论“文化的重心”》是在对本尼迪克特（R. Benedict，1887—1948）《文化模式》（*Patterns of Culture*）一书和爱尔华（C. A. Ellwood，1873—1946）《作为社会生活基础的文化》（“Culture

as an Elementary Social Life"）一文述评的基础上，提出了更便于操作和把握的"文化的重心"（the core of culture）这个概念。《论阶级及中国社会阶级研究》中的"阶级"，实际上指社会人，是对季亭史"社员"（soius）的拓展性讨论。对季氏而言，作为其社会学的基本研究单位，社员强调人在本质上不仅是一个个人，而且是一个同人、同志，一个伴侣群中的伴侣，即是建立在生物基础之上的社会化动物（参见吴文藻：《季亭史的社会学学说》，载《社会学刊》，第四卷第一期 [1933]，10 页）。《比较社会学的别径》则是译评霍布豪斯（L. T. Hobhouse）、韦勒（G. C. Wheeler）和靳世保（M. Ginsberg）合著的《简单民族之物质文化及社会制度》（*The Material Culture and Social Institutions of the Simpler People*）的绪论，意在介绍布朗之外的比较社会学。文化、人、空间实际就是吴文藻倡导、力推的社区研究的三个基本因素，而黄迪更是直接声明，《论阶级及中国社会阶级研究》就是对吴文藻《中国社区研究计划的商榷》的细化。有意思的是，大致同期，在回顾自己在义序的宗族研究时，林耀华同样提出了表明文化关键的"文化重心"这一概念。林耀华写道："最后，我们如果精细地考究这一个社会，一定可以找出这个社会的文化重心，那就是文化重量的问题。这文化重心的意义，就是在一个文化配搭中，一定有几点特别重要，这几点在社会结构上是最基本的，是最主脑的，是最有力的；这几点又是连接文化各部分的枢纽，居于关键的位置；所以我们也可称之为文化的关键。例如在义序宗族中，祠堂会，私塾教育，社仓制度，祖先崇拜，家族精神，家族共产制度，孝道尊长，男贵女卑等观念，为该族文化的关键。"两年后，吴文藻也使用了"文化重心"一词，其意涵与他两位学生黄迪和林耀华相近，指一个社区所倚重的文化本位。他强调，功能的任何一方面或多方面都可以是一个社区的文化重心。这样，社区不同，就应该以其文化重心为出发点来观察和书写。诸如以巫术宗教为重心的社区，其意识形态偏于精神方面，以礼俗道德为重心的社区，其意识形态偏于社会方面，以知识技术为重心的社区，其意识形态偏于物质方面。分别参见林耀华：《从人类学的观点考察中国宗族乡村》，载《社会学界》，第九卷（1936），140页；吴文藻：《文化表格说明》，载《社会学界》，第十卷（1938），243~244页。

97. 吴文藻：《季亭史的社会学学说》，载《社会学刊》，第四卷第一期（1933），26页。后来，在为马凌诺斯基"文化表格"撰写的导读中，关于民风、德型、制度和法律之间的关系，以及由此形成的中国社会（乡村社会、民俗社会、民族团体）和西洋社会（都市社会、政治社会、国家团体）之间的异同，吴文藻依旧有着类似的辨析。参见吴文藻：《文化表格说明》，载《社会学界》，第十卷（1938，225~230页）。

98. 费孝通：《乡土中国》，1~7页，上海，观察社，1948。

99. 吴文藻：《季亭史的社会学学说》，载《社会学刊》，第四卷第一期（1933），26页。

100. 吴文藻：《季亭史的社会学学说》，载《社会学刊》，第四卷第一期（1933），16页。到了大后方西南之后，面对新群体宣讲社会学的基本常识时，吴文藻对民俗的宣讲又完全回归到了孙末楠的 *Folkways*，并将民俗重新称为"风俗"。参见吴文藻：《论社会制度的性质与范围六·制度与风俗的区别》，载《社会科学学报》，第一卷（1940），17~20页。

101. 杨庆堃：《派克论都市社会及其研究方法》，见《派克社会学论文集》，302页，北平，燕京大学社会学会，1933。

102. 相关思考，参见岳永逸：《都市中国的乡土音声：民俗、曲艺与心性》，北京，中国人民大学出版社，2015。

103. 侯俊丹：《市场、乡镇与区域：早期燕京学派的现代中国想象》，载《社会学研究》，2018年第3期。

第 05 章

/ 杨堃的民俗学译述

/ 学术"同工"杨堃及其批评

杨堃，早年留学法国，师从古恒（Maurice Courant, 1865—1935）、莫斯和葛兰言诸教授，专攻社会学、民族学，1930 年 5 月在法国里昂大学获得博士学位，1931 年年初回到北平。1934 年，其博士毕业论文《中国家族中的祖先崇拜》法文版，在里昂由鲍恩克兄弟出版社出版。[1]

关于杨堃与中国民俗学的关系、其对中国民俗学的建设与影响，在 1989 年的《杨堃先生的学术成就》[2]一文中，有着公允的描述。通过梳理杨堃的《与娄子匡书：论"保特拉吃"》（1933）、《民人学与民族学》（1940）、《介绍汪继乃波的民俗学》（1932—1935）等著作，作者认为杨堃是民俗学中"法国社会学派的代表人物"，而且他使中国社会学、民族学、民俗学和人类学这些"现代科学从一开始就具有多样化的理论倾向"。[3]《废立年节之社会学的意义》（1932）、《中国儿童生活之民俗学研究》（1939，与张若名合作）、《灶神考》（1944）、《我国民俗学运动史略》（1948）等著述，都反映了杨堃"西为中用"的指导思想。这些研究无疑构成20世纪三四十年代"社会学中国化和民族学本土化的学术大潮中的重要流脉之一"，代表了当时"中国社会科学的研究方向"。由此，杨堃本人也"堪称是我国现代社会科学的拓荒者之一"。[4]在20世纪70年代后的系列著述中，杨堃则致力于建立和发展马克思主义的中国民族学与民俗学。在这一时期的研究中，杨堃逐步全面地形成了他自成一家之言的有关民族学与民俗学的学说与思想体系。[5]

关于杨堃在燕大的教学科研，该文写道：

> 早在30年代末至40年代初，杨堃先生等带领燕京大学社会学系的学生在清河镇、八家村一带从事民族学与民俗学的介入调查和专题调查，取得了大量的第一手资料。仅1938—1941年，在杨堃先生的指导下，由学生撰写的调查报告就有十九本之多，其内容主要是对中国民族与民俗文化的研究。[6]

1937年，杨堃正式到燕大社会学系任教。在太平洋战争爆发前，他开设了该系四门基本课程中的两门。除单独开设"初民社区"之外，他与关瑞梧（1907—1986）合开了"社会学（导论）"。另外两门基本课程是赵承信开设的"农村社区"、赵承信与黄迪合开的"都市社区"。此外，杨堃还开设了家族与社会、比较宗教、当代社会学说、社会学与人类学研究班（与赵承信合开）、民族志、中国社会史等八门课程。[7]

1941年太平洋战争爆发，美日正式开战，留守沦陷区北平的燕大，不得不关停。是年，法国由交战国变成中立国。借这种"微妙"变化，法国驻华大使馆为发扬其汉学研究的传统，创办了中法汉学研究所，成为战时北平别有韵味的一道"文化风景"。离开燕大并继续留守北平的杨堃，被聘为中法汉学研究所的民俗学专任研究员，负责民俗学小组的领导工作。此后数年，在中法汉学研究所，杨堃搜集了大量的民俗资料。1944年，他撰写了长文《灶神考》。同期，他还主编了《民俗季刊》的创刊号，但因注册登记出了问题，稿子已经齐备的创刊号未能面世，胎死腹中。后来，因为中法汉学研究所的总务长杜伯秋（Jean Pierre Dubosc, 1903—1988）试图与杨堃合作，用法文发表论文，并强行要署名为第一作者，杨堃愤而辞去了专任研究员职务，再转到大学教书。[8] 不知何故，在抗战胜利燕大复校北平后，杨堃并未回到燕大。1947年，在孙本文的介绍下，杨堃接受了云南大学校长熊庆来（1893—1969）的邀请，南下云南大学社会学系任教。[9]

关于1931年归国后到1949年自身学术研究的基本兴趣与出发点，晚年的杨堃在回顾时，除将《灶神考》《我国民俗学运动史略》等视为该阶段自己的代表作之外，还将民俗学与民族学相提并论，反复强调自己这些研究社会学的一面，尤其是法国社会学的一面。他写道：

但我当时的志愿与兴趣，是想利用法国社会学派的观点、理论和方法，研究我国各民族的民间文化与原始文化。法国社会学派认为，社会学是一门综合性的社会科学，民族学与民俗学全是社会学的素材。我利用在各大学教书的机会，指导学生们的课外作业，搜集到许多民俗学资料与民族学资料。

…………

自 1930 年至 1950 年初，在这二十年中，我曾发表过数十篇学术论文。我当时的学术观点与企图，是介绍法国社会学派的理论与方法，研究中国的社会与民俗。法国社会学派在西方学术界中可以说是古典进化论派的一个支派，他们对于原始社会与原始宗教的研究，有许多地方是可借鉴的。我在这一时期的代表作，则是《灶神考》、《葛兰言研究导论》、《法国民族学之过去与现在》、《莫斯教授的社会学学说与方法论》、《中国近三十年来之出版界（社会学之部）》、《我国民俗学运动史略》等。[10]

1931—1949 年，对法国社会学的译介，几乎占据杨堃学术写作的半壁河山。其中，直接翻译的有《法国现代社会学》（1931）、《法国社会学史略》（1932）等；导读、提要类有《介绍雷布儒的社会学学说》（1933）、《法国民族学之过去与现在》（1936）、《法国民族学运动之新发展》（1937）、《莫斯教授的社会学学说与方法论》（1938）、"An Introduction to Granet's Sinology"

（《葛兰言中国学研究导论》）（1939）、《葛兰言研究导论》（1942—1943）、《法国社会学家莫斯教授书目提要》（1944）、《孔德以前的社会学》（1944）、《孔德社会学研究导论》（1944）、《勒普来学派社会学研究导论》（1946）等。另外，他还专文介绍过自己如何在法国学习社会学，也介绍过巴黎的中国学院，即1931年的《在法国怎样学社会学》和1946年的《谈巴黎中国学院》。

他也以自己熟稔的法国现代社会学派、民族学与民俗学理论以及自己的反思，本着将学术作为神圣志业的热忱，将学界同人视为与自己一样的学术"同工"[11]，展开能够说"不"，而非仅仅称"颂"的学术批评。对于自己一直引以为同道的吴文藻，杨堃除多次礼赞其对功能学派、社区研究的倡导和实践，还热情洋溢地赞誉吴文藻"学问渊博而有卓识，并且有学派领袖之态度"[12]。然而，上帝的归上帝，恺撒的归恺撒！对人本身的赞誉，并未影响到杨堃对自己赞赏的学人之学术的批评。基于自身秉持的学术立场，杨堃对学术"异见"就事论事且公允、持平的批判，常常使得不时出现在其批评文字中的"大师""柱石"等赞誉之词显得无足轻重、似有若无。这难免让人上火，也让杨堃始终难以加入任何一个学术集团。

1932年，许地山、吴文藻、黄石、江绍原、李安宅五人发起了编纂"野蛮生活史"的倡议，并发表了编纂方针与策略。看到该倡议后，杨堃立刻撰文批评，认为这篇"缘起"文字过于通俗、武断，带有种族或阶级的成见，标准不一，立场不明，及至于发问："不知道他们的立场是科学的，还是道德的？他们要编纂的'野蛮生活史'是一部科学的著作呢，抑是一部道德经呢？"[13] 在译介涂尔干和莫斯等人创设的社会形态学时，除评点黄国璋（1896—1966）编的《社会的地理基础》"不得要领"之外，杨堃同时提及了倡导并译介都市社会学的吴景超、专攻农村社会学的杨开道。他认为，这些留美归来的社会学同行的相关著作，"或者仅是一种叙述的工作，或者仅是一种表面的或局部的说明，而未能站在社会形态学之立场，将此种社会本体之真正的原因，一一告诉我们"，从而为之感到"可惜"。[14]

同样于1932年完成，刊发在《鞭策周刊》，第一卷第三、四期的《中国现代社会学之派别及趋势》依旧是一篇火药味很重的批评文章。文中，对于孙本文《社会学上之文化论》，杨堃认为该书仅仅介绍了美国的文化学派，而非社会学的文化学派，有"以一代全之弊"[15]，同时还忽略了心理学派对文化学派的影响，并有着对比较法的误解。对以李达《现代社会学》一书为代表的马克思主义一派，杨堃在辨明作为一种社会思潮的马克思主义与作为一门科学的社会学之本质不同之后，批评李著"明示社会改造之方针"等论断的武断。进而，他指出，因为对不少既往研究的误判、误用，李著"对不起'现代'二字"，从而建议将书名改为《历史唯物论之社会学》。[16]

出于社会改良之目的，1927—1935年，全国上下掀起了轰轰烈烈的社会调查运动和乡村建设运动。对此，批评之声与赞誉之声同在。因为其典型性和巨大的社会影响，晏阳初（1890—1990）、李景汉（1895—1986）等主导的定县平民教育运动和社会调查始终是关注的重点。1935 年，廖泰初厚重的硕士毕业论文《定县的实验：一个历史发展的研究与评价》，对定县的实践展开了全面评估，并专文介绍了他自己对这一社会实验的研究方法和经过。[17] 稍晚些时候，廖泰初再次撰文，评说此前社会调查的不足，明确倡导用长期生活在乡间，与老百姓同吃同住的"居住法"进行研究。[18] 同样，在对国内外调查历史的梳理中，主要以《定县社会概况调查》为靶子，赵承信对主观性很强的社会调查运动展开了全面的批评。在方法论层面，他强调有别于社会调查的社会学调查——社区研究，呼召人们抛弃先入为主的对农村、农民的价值评判，实实在在地进行社区研究。[19]

相较廖泰初、赵承信等人对社会调查运动的批评而言，杨堃的批评"尖刻"了很多。与廖、赵二人一样，杨堃以研究初民社会的局内观察法（methode intensive），也即廖泰初所言的"居住法"为准绳，直言不讳地将"社会调查"视为"骗人"的把戏，认为绝大多数调查报告"连一篇较好的游记还不如"。[20] 其实，早在 1933 年，杨堃就评说过李景汉的《实地社会调查方法》。虽然肯定了该书乃"国货"而迥异于同类著作的难能可贵，但杨堃评论文章的大半篇幅都是在一一数落其不足。诸如：作为社会调查家的李景汉对"亲属称谓"等民族学知识的缺乏，对社会调查史上勒伯莱（Le Play）和杜尔沟（Turgot）等法国重要学者的遗漏，对调查者服饰应该从俗的忽视，对列举了太多的表格而少使用说明和参考书目的缺憾，对仅仅依靠调查表格的社会调查功效的盲目乐观，等等。[21]

同样，对尚在萌芽状态的民族学调查，杨堃认为，《广西凌云瑶人调查报告》《台湾番族之原始文化》与《云南民族调查报告》等调查报告，过于幼稚、简单，"今竟当做中国最高学府的国立中央研究院之专刊，那真连我们，亦有点不好意思了"[22]，并为之感到"惭愧"[23]。对"还可原谅"的《岭表纪蛮》，杨堃指出，因为于史学有相当根基的作者刘锡蕃缺乏民族学的训练，虽然在"无史民族"内奔走多年，也劳而无功，"价值不会甚高"。即使是对于和自己有着同门之谊的凌纯声（1902—1981）的《松花江下游的赫哲族》，杨堃虽然将其视为我国民族学界"一部像样的著作"，但仍对其调查的时间"仅是'历时三月'"和成果"亦仅有此两册"表达了遗憾。顺势，杨堃将自己的批评矛头指向了当局的教育机关及其政策，以为民族学的这些不足，相当一部分源自普通的大学中没有开设民族学课程。[24]

　　自归国起，出于共同的学术爱好，杨堃就与娄子匡很快由笔友成为好友，甚至在北平帮着娄子匡"代销"杂志。[25]然而，就是对这样一位朋友，杨堃的批评也一丝不苟。1932年，在为娄著《中国新年风俗志》撰写的"序"中，杨堃对其没有明白说出"资料搜集的方法与整理材料的方法"而感到遗憾。[26]有意思的是，杨堃不但自己批评，还希望有更多的人加入到批评、讨论中来。为此，他也不时扮演了挑战者的角色，希望更多"名流"应战。对娄子匡的《打擂台》一文，杨堃不仅根据自己对"保特拉吃"（Potlatch，今常译为"夸富宴"）的所学所思，指出其是与非，还摆出擂台，吁请早已经在国内学界功成名就的史学家顾颉刚和神话学家兼民俗学家江绍原二人，"对此问题，亦有兴趣来发表意见"。[27]

杨堃的评论触角不单指向那时中国的社会学、民族学，还明确伸向了中国的史学、民俗学、人类学以及语言学等多个领域。他希望这些"还全在萌芽时代，故尚谈不到科学的研究"[28]的中国社会科学真正地"社会学化"，尤其是"科学化"。

林惠祥（1901—1958）曾将人类学定义为："用历史的眼光研究人类及其文化之科学：包含人类的起源、种族的区分，以及物质生活、社会构造、心灵反应等的原始状况之研究。"[29]对此，杨堃并不赞成。在杨堃看来，尽管历史的方法有益于人类学，但研究人类学并不一定要"用历史的眼光"，因为历史的方法不是人类学的"唯一方法"。[30]相反，在历史学的研究中，他特别强调葛兰言关于中国的研究的重要方法论意义及示范意义。杨堃倡导，历史研究应该像葛兰言那样，将社会学的分析方法应用到历史研究之中，从而使历史学和社会学相向而行，两相融合，建立社会学化的历史学，或者说历史学研究中的社会学派。因为史学"必须采用社会学的方法与理论，方有出路"。[31]为此，在对其他学科的建设性批评中，除民俗学之外，杨堃用力最勤的是对既有史学研究的批评，并身体力行地写出了《灶神考》这样的长文。

杨堃并不否认"最近二十年内"中国史学的巨大进步。然而，他也清楚地意识到，这一进步"大半是得自近年来考古学上的新发现与语言学方法的进步"，反之对同期民族学（社会学）方面的材料、方法与理论，中国史学界并未能予以应有的重视和充分的利用，尽管陈垣、胡适、顾颉刚等人已经注意到了民族学的重要性。[32] 除认为"考今"在相当意义上更重于考古之外，杨堃始终强调，要避免或者说改变冥顽不化的"化石史学"之实况，就必须从语文、技术、礼俗和思想四个方面吸收民族学的营养。自然而然，他将郭沫若（1892—1978）《中国古代社会研究》、傅斯年《东北史纲》和江绍原《中国古代旅行之研究》等研究的成功都与民族学联系了起来。

杨堃认为，郭著最大的贡献在于"打破我国史学界因袭的观念，首先采用民族学的方法并唤起一般学人对于民族学研究的兴趣与重视，因此，我国的史学界乃能另进入一个新的阶段"。这个赞誉不可谓不高。但是，杨堃的批评似乎更严厉。他写道："然而该书的错误，乃在乎作者不明了民族学在最近五十年内一切的新的进展。致使前人犯过的错误今仍不能更改；早已证明不确的理论，今犹引用得津津有味。"也即，杨堃将郭著的成功归功于民族学，而其失败则是不熟悉最近的学术发展所致。就傅斯年旁征博引的"兴会"的新史学之成功，杨堃认为傅斯年显然使用了民族学强调的比较的方法，因而傅著是"比较的与综合的新史学"，并非旧日的"化石的史学"。《中国古代旅行之研究》成功的关键则在于，江绍原对于神话学与民族学有"很深的造诣"。[33]

对于徐中舒（1898—1991）《耒耜考》采用民族学上的事实作为旁证来进行比较研究，杨堃盛赞其"在方法上较前人实已大为进步"。稍晚些，在《弋射与弩之溯源及关于此类名物之考释》中，徐中舒用当时北平现存的弓弩与数千年前的同类器物进行比较，使今有裨于考古。对于认为"考今"更重于"考古"的杨堃而言，虽然徐中舒之"今有裨于考古"明显有着局限，但已经"远非旧日学者所可及"，因而可喜可贺、可圈可点。[34]

原则上而言，杨堃以自己熟悉的"科学"与"方法（论）"之标准，以学术为"终身事业"，[35] 品评不同学科的研究者及其著述。他坚信，无论是西方还是中国，所有当时冠之以科学名目的学科都在发展中，而中国的相关科学则尤其"幼稚"。因此，对推崇法国社会学的杨堃而言，他甚至矫枉过正地倡导，"现在已经取得科学名称的一切科学"，不但都是社会形态学的部分，而且"全应接受社会形态学的观点与方法"，才能"由杂乱而系统化"，终至成为真正的科学。[36] 他谦卑地将自己视为学术的"同工"，"完全是出于善意的"[37] 就事论事，希望将这些尚在发展中的"幼稚"科学推向正途与成熟，因为"一切学术在开创时全是浅薄得很"。[38] 其不揣冒昧、直言不讳地左右开弓、四处出击，虽不一定能让人接受，也未必有回应，却言必有据。

杨堃曾明确声称："我不说法国社会学是怎样了不得的一种宝贝，我个人亦不是法国社会学派的一个信徒。"[39] 然而，在那个百花齐放、百家争鸣的年代，有着学术抱负并以学术为志业的杨堃，俨然是法国现代社会学、民族学与民俗学的"代言人"，其倡导"史学的社会学派""社会学的民俗学"也就在情理之中。

归国后数年间大体量、高质量、多学科的学术写作、译介与批评，使杨堃在 20 世纪 30 年代初期异军突起，引人瞩目。

悖谬的是，杨堃对学术的虔诚、严谨与勤奋，却像一把双刃剑。事实上是，围绕他始终并未能形成一个相对固定并长期的学术圈子，抑或说学术共同体。或者是他太靠前，太精细，太善于"抓辫子"，太客观，太真诚，即使是对于国内的主流学者圈而言，他也始终是在"边缘"。回国之初，一心做研究的杨堃，"由于种种关系"，被中央研究院和北平研究院拒之门外，"未被聘用"，"只好在各大学任教"，[40] 如球场上的替补队员。不但如此，狼烟四起之时，他"气定神闲"地留守北平，心无旁骛地传道、授业、解惑，写作自己的长篇论文。当人们欢庆胜利纷纷北归时，他南下去了边陲之地——昆明。与此同时，从其著述浩繁的注释和参考文献中，我们可以看见杨堃对国内外诸家相关研究的熟稔。但是，他高质量的学术写作，却应者寥寥，我们很难看见他人对其著述的反向引用。

对于中国社会科学界这个"江湖"而言，杨堃一本正经地呐喊，却常常如"持戟独彷徨"的无门无派的斗士。在相当意义上，杨堃也就成为一位凌空高冷的"独行侠"，抑或说喃喃自语、自得其乐也乐在其中的"呆侠"。再加之他与原配——以研究法国作家纪德而闻名的一代才女张若名（1902—1958）充满传奇也不乏沧桑而让人感叹唏嘘的生命历程 [41]，杨堃及其学问，也就始终处于被人们有意遗忘和淡淡记忆之间。

/ 葛兰言方法论的译介与传承

关于杨堃对以涂尔干、莫斯和葛兰言等人为代表的法国社会学派学说的大力译介,试图将社会学的方法与历史学的材料熔为一炉的尝试,新近国内学界对"首先是一个历史学家"的葛兰言的中国研究已有不少解读。[42] 在对《葛兰言研究导论》进行细读的过程之中,赵丙祥对杨堃及其学问发出了凝重的"蒙尘"之叹。[43] 正如已经提及的那样,因为其师承渊源,1949 年前的杨堃在自己涉足的史学等领域,都试图建立"社会学派"。在这一批判性的建设历程中,葛兰言的研究对杨堃意义非凡。

在力挺葛兰言研究并反驳丁文江(1887—1936)对葛兰言之批评[44] 的宏文中,杨堃充分肯定了葛兰言《中国古代舞蹈与传说》等系列著作在方法论上的贡献,即葛兰言对"社会学分析法"的使用。杨堃认为,在古代中国文化研究领域,葛兰言对社会学分析法的使用突破了以伯希和 (Paul Pelliot, 1878—1945)、高本汉(Bernhard Karlgren, 1889—1978)诸人为代表的语文学派之方法论,由此开创了"新的学派即社会学派"。[45] 针对丁文江对葛兰言的批评,杨堃写道:

> 丁先生对法文原著及英文本均不满意。对《中国古代节令与歌谣》一书亦曾述及,指出数点,予以驳论。据我看来,在对葛氏的一切批评中,当以此文为最刻薄。而最不能了解葛氏的批评家,亦当以丁氏为第一。[46]

事实上，《葛兰言研究导论》最为核心的部分就是在介绍、辨析葛兰言在研究古代中国文化与历史时，是如何使用社会学方法的。因此，杨堃触及的核心问题是社会学与历史学的关系问题。于是，"**历史事实**"与"**社会事实**"、"**活的成训（tradition vivante）**"与"**笔述的成训 (tradition littéraire)**"，都是杨堃频频使用的关键词。

葛兰言研究中国社会学的方法论，承自涂尔干和莫斯。涂尔干、莫斯和葛兰言都强调置身其中、长久体验的实际调查与田野研究的方法、资料的选取、全面的比较分析，并将社会视为具体材料或事实之息息相关的整体。换言之，一个社会事实同时兼有具体性和全体性（totalité）。杨堃指出：

> 葛兰言对于这个方法，虽说不是开创者，然而能发现其重要，首先应用在中国学内，并且应用得很恰当，很巧妙，不仅使中国学之研究从此走上了一条新路，创出一个新的学派，而且法国社会学派的方法论亦因此新的领域之应用，而更趋于精密，更成为极有效的一种工具，这乃是葛兰言最伟大的一种贡献。[47]

不仅如此，杨堃将葛兰言研究古代中国所使用的方法论——社会学分析法，比作能深入古史迷魂阵，使得一切魑魅魍魉魔鬼原形毕露、各归其位的"斩妖宝剑"，强调作为"现代学术界内最进步的方法论"，社会学分析法是建设中国的科学正需要的方法论。[48]

因此，葛兰言对古代中国文化史的研究综合使用了数量统计、观察和历史的方法，这不仅将社会学的方法引入了史学，同时也将历史的视角引入社会学领域，无疑给予了中国社会学家"一个很好的榜样"。对于杨堃而言，因为葛兰言的杰出研究，传统意义上研究过去的历史学与研究当下的社会学已经"异途同归，共同走到一个阶段，现彼此已经纠葛在一起，难分难离，如果说它们间的分别，究在何处，实在已不易答复"[49]。因此，在三年后的《社会科学讲话》第九讲，署名张好礼的杨堃直接将该讲命名为"中国新史学运动中的社会学派"。

在该讲中，杨堃延续《葛兰言研究导论》中的基本认知，强调在国外社会学与历史学已经纠缠一处的境况下，如果中国的社会学家、历史学家不相向而行、互相倚重，依旧画地为牢、固守一隅，那么就"不能担负起建设中国文化本位社会学的重任"[50]。事实上，虽然不否认同为社会科学（social science），杨堃却将史学、民族学、民俗学视为社会学（sociology）的"辅佐科学"。为此，他写道：

> 在我所说的这四门的"一般的社会科学"之内，第一种社会学，仍是居于特别重要的地位。如说史学、民族学、民俗学，三者全是社会学的"辅佐科学"，亦讲得通。因为从资料上讲，这三门所讲的，即全是社会学的资料。若再从方法论的观点而言，则这三门科学又全需要社会学研究法的帮助。但在另一方面，所谓社会学研究法者，实又系包括历史

方法与民族学方法，二者而言。……因此之故，如谓"一般
的社会科学"，仅指社会学一门而言，似亦合理也。[51]

稍晚，通过比较社会学与社会主义的根本不同、说明社会
学在西方的演进历史和方法论，而界定了社会学之后，杨堃同样
是在比较中分别对史学、民俗学和民族学这三个相互关联的社会
科学进行了狭义的定义，并强调这些学科相互之间的"辅佐性"。
杨堃认为，广义的史学肯定应该同时包括文字产生前后的所有历
史时期：文字产生以前的**先史**（preliterary history/prehistory）、初
有文字时仍无正式记载的**原史**（protohistory）和以**文字记载的历
史**。与之相应，除文献之外，广义史学的研究材料还应包括一切
口碑、传统、歌谣、神话，以及地下发掘的古代器物、化石等。
可是，为了研究的便利和专精，还是应该缩小范围。为此，杨堃
特意界定了"狭义史学"，即"专指各文明民族之历史记载之科
学研究"[52]。数年后，杨堃浅白地写道：

> 我们乃将先史时期以及一切关于地下发掘物之研究者，
> 全让给先史学家，考古学家、地质学家，古生物学家，古人
> 类学家等去办理。一切关于口碑、神话等之研究者，全送于
> 民俗学家与神话学家。一切关于边疆民族之研究者，全请民
> 族学家去负责。历史学家的责任，则仅像古朗士[53]所言，以
> 文献的史料为对象，对于文明民族之历史时代的生活史与文
> 化史，去作系统的整理与研究。那一方面，历史学家的责

任，可由专而精，一方面亦应知道，与历史学有关的一切辅佐科学，实亦不能忽略。故历史家与其他科学家间的连络与合作，乃是绝对不可少的。[54]

让杨堃深感振奋的是 1941 年李玄伯（1895—1974）《中国古代社会新研初稿》的出版。虽然李玄伯并未吸收此前社会学、民族学的新成果，但是因为他"首先采用了社会学的方法论"，所以杨堃不但认为该书是中国史学界"最近二十年内，最重要的一种著作"，是"新史学运动中划时代的杰作"，还认为它的出版标志着中国史学的社会学派的发端。[55] 鉴于李著的诸多不足，在谈论中国新史学运动中的社会学派时，杨堃还是回到了葛兰言出版于 1926 年的《中国古代舞蹈与传说》。

杨堃再次毫无保留地强调了葛兰言这本经典著作对于建设"科学的新史学"的贡献。他写道：

> 葛兰言最大的贡献就是在于方法。没有新的方法，决不能建设新的史学。历史考证法，语文学方法，唯物论方法等等，对于史学之研究，虽均有用，然仅赖此，尚不足以建设科学的新史学。科学的新史学，仅能是社会学的。故在方法论上，仅有社会学分析法，可以胜此重任。葛兰言的理论，我们可以修正，可以补充，或者亦可推翻。然而葛兰言所用的方法，那乃是绝对可靠的方法，亦即是建设新史学唯一的利器。我们若不能明白葛兰言的方法论，那就不必再念葛兰

言，亦不必再谈新史学的建设运动。[56]

简言之，完全不同于梁启超、章太炎和国学保存会诸君的新史学，也迥异于顾颉刚一心求真伪的新史学，杨堃信守的科学的新史学只能是社会学的，新史学运动的通途也只能是社会学的。正是对葛兰言式的社会学方法论[57]的"绝对"臣服，杨堃也才在该讲中从方法论层面肯定了自己于此前一年，即1944年完成的《灶神考》[58]，并将之视为中国新史学运动中的社会学派的标志性成果。

《灶神考》长达三万五千多字，分为论与蛙之关系、灶之名称与类别及其演化、灶君爷之来历三个部分。该文是杨堃计划中的专著《五祀考》的一篇。因为着力在古代，因此该文对灶王爷在近代民间宗教中的地位、敬拜仪式、神话传说等都从略。就所运用的材料而言，除广泛参考经史子集等历代文献之外，周作人、郭沫若、卫聚贤（1899—1989）、孙作云（1912—1978）等学者新近的研究，以及葛兰言《中国古代舞蹈与传说》等西文著述都在征引之列。尤其值得注意的是，当年在京发行的《小实报》、中法汉学研究所编辑的《民间新年神像图画展览会》等，同样在其参考之列。

然而，根据其对史学和社会学完美结合的高标准要求，一贯持公允态度的杨堃在《社会科学讲话》第九讲中进一步指出了《灶神考》可能有的不足，以及更加完美的可能研究路径与方向。他写道：

然若专以此文而言，我们似已不能再说，社会学家全是不读书，专讲空论的空谈家；或说，社会学家全是仅注意到社会的一般性，而忽略了历史的特殊性；似亦不应再将社会学与什么史观，或什么辩证法，混为一谈。至于该文所表现的弱点，我相信，我的看法不错，可共约为以下三点：一、著者在运用史料时，无论怎样努力，总不如一位职业的历史学家，运用得熟练。故从历史考证法之观点而言，可以批评的地方，当然是有的。二、作者是一位社会学家，但不是一位语文学家。然而语文学的方法与语文学一方面的知识，那却是绝对必要，决不能缺少的。故从此观点而言，著者的态度，无论怎样谨慎，亦难免不闹笑话。再不然，他在运用社会学分析法时，亦必定要受到许多限制。否则，那他就太冒危险，恐不免有失于科学的精神。三、著者曾指出许多不曾为人注意的小问题，其实亦往往全是很值得专文讨论的大问题。著者尚未能运用民族学、比较宗教学或比较法学各方面的史料，去作更进一步的发挥与研究，不免使我们觉得不满足。总而言之，该文在社会学的观点之外，可批评的地方颇多，然若仅从社会学的观点而言，则著者的学识诚不免使吾人尚有不足之感，然而著作所用的方法，我相信，那却是极正确的，那却是绝对可用的。[59]

从上文，我们大致就能明白，晚年杨堃将自己这篇民俗学和史学味都很浓的社会学研究——《灶神考》，与《葛兰言研究导论》《法国民族学之过去与现在》《莫斯教授的社会学学说与方法论》《中国近三十年来之出版界（社会学之部）》《我国民俗学运动史略》相提并论，视为自己归国后前二十年的代表作的原因所在。正如杨堃自己所言，他这一时期对学术的雄心是"介绍法国社会学派的理论与方法，研究中国的社会与民俗"[60]。换言之，杨堃希望通过发起并实践史学的社会学化、民俗学的社会学化与顺势而为的社会学的本土化，从而将中国的社会学、历史学、民俗学、民族学这些社会科学引领上科学发展的"正道"——法国社会学化，尤其是他视为康庄大道的葛兰言化，也即中国化。遗憾的是，或者是由于没有占据天时、地利、人和，也或者是由于他自己在 1950 年之后的"逆转"，不为烽火所动、始终安心坐冷板凳教书做学问的杨堃的这些倡导和实践，无论是在狼烟四起的当时，还是在改革开放后的当下，这些主要于战乱期间在北平完成的著述，其影响都局限在相当有限的范围之内。

尽管以《中国古代社会新研初稿》和《灶神考》作为标志，杨堃还是谨慎地声明："严格的讲，在中国新史学运动的现阶段内，实尚无社会学派之可言。"[61]他故意夸大其词，将其称为"中国新史学运动中的社会学派"，就是想在召唤社会学家注意史学的同时，也唤起史学家对于社会学的注意，从而使这两个学科相互缠绕、借重，结成联盟，让中国的新史学运动进入坦途，让中国的社会学丰满厚重、欣欣向荣。因此，这篇社会科学的最后一次讲座，是以葛兰言开创的社会学分析法如何具体应用到历史学的研究中为主要内容的。

不仅倡导新史学运动应该社会学化，杨堃对语言学也曾发出过类似的呼召。在《论言与社会》一文中，他始终强调语言作为一种"社会事实"和"社会制度"的重要性，语言学既是"社会的一部分"，也是"社会学中最早发生的一部分"。[62] 在梳理、引用索绪尔（Ferdinand de Saussure，1857—1913）、列维－布留尔等诸多名家的论述后，杨堃在文末尝试对语言进行了社会学式的分析，将语言演进与社会演进联系在一起。他写道：

> 我们可以观察到的即是，一种语言如使用的人群愈扩大时，其演进亦愈速。如限止于某一交通不便之区以后，即很易停止不进。并且心理的动作亦颇足影响到语言之发展。语言的普通趋势是脱离神秘的品性而逐渐变为理智的品性。具体的观念之词句日渐减少，而抽象的词句日渐加多，嗣后乃渐发生了文法的和逻辑的规律。故从神秘的过渡到合理的，从具体过渡到抽象的，从个人的过渡到普通的，从综合的过渡到分析的，这乃是语言在普通的演进中之明显的品性。但此种演进正是与集合心理之演进相一致的。因一种语言仅是社会生活之反映，故仅能将社会意识之所具有的表现出来。从此看来，语言不仅是由社会生活而生，即在它的普通形式之下，亦是随社会演进之方式而演进的。[63]

明了了杨堃基于法国社会学的学术渊源和他对社会学的史学以及语言学的期盼与呼召，我们也就不难明白，为何他身体力行地倡导社会学的民俗学。当然，他倡导、践行社会学的民俗学，不仅仅是因为法国社会学学派的影响。杨堃还主动突破师门禁忌，将汪继乃波纳入其知识谱系，并将汪继乃波的民俗学说系统介绍给了国人。

/ 汪继乃波其人

1873 年 4 月 23 日，汪继乃波生于沃特姆伯格的路德威斯伯格 (Ludwisburg)。这里曾经是德国的一个独立州。他的父亲是法国移民的后代，法院官员，母亲出生于一个荷兰家庭。但是，汪继乃波的父母并未缔结婚约。汪继乃波随姓于母亲。六岁时，汪继乃波与母亲一道移居法国里昂，在法国接受教育。他先在巴黎的圣巴伯（Sainte-Barbe）中学寄宿，后在尼斯的一所中学就读，随后又在尚贝里高中攻读哲学班，因为数学成绩不及格，转学到格林诺贝尔（Grenoble）高中。在此期间，他利用休息时间和假期研究古代货币，同时对萨瓦地区的史前史，特别是湖泊文明有着浓厚的兴趣。这些努力与涉猎，使他在目录学、地理学、语言学等方面都打下了坚实的基础，同时也增进了后来他在民俗学和人类学方面的造诣。

高中毕业后，汪继乃波在东方语言学院学习阿拉伯语，并在巴黎高等实践研究学院的哲学和历史科学系学习普通语言学和埃及研究。另外，他也兼修宗教系的课程。1894—1897 年，汪继乃波发表了数篇关于钱币学的文章。很快，社会问题成为其主要的研究对象。"财产标志"（les marques de propriété）这项研究和反思性的论题，将他从钱币学带到了人类学的领域，促使其重新思考关于禁忌、字体、字母和语言等方面的理论。

1897 年，汪继乃波在波兰的琴斯托霍瓦 (Czestochowa) 中学教授法语。在那里的四年期间，他学习了俄语、波兰语等斯拉夫语言。1901 年，汪继乃波回到巴黎。掌握多种语言的他，成为法国农业部农业教育科的首席翻译官。[64] 同时，他也开始对涂尔干、莫斯等法国社会学家和英国人类学家关注的问题感兴趣，如图腾崇拜、禁忌、宗教的原始形式，以及仪式和神话之间的关系，等等。他尽力考察了有关马达加斯加岛的记述，对上述问题进行了全新的讨论。在汪继乃波看来，禁忌作为一种社会习俗，不仅是宗教的，更是借助习惯保存下来的对义务观念的表达。日后，这一认知成为现代禁忌理论的萌芽。这些研究成果，集中体现在其专著《马达加斯加岛的禁忌和图腾崇拜》（*Tabou et totémisme à Madagascar*）与《澳大利亚的神话和传说》（*Mythes et légendes d'Australie*）之中。

从 1908 年开始，汪继乃波基本开始了自由学者的生涯。他巡回演讲，翻译作品，校对年表，也参与各种杂志的编纂工作。1908 年，他独自创办了《民族学与社会研究杂志》。1910 年，该杂志更名为《民族学与社会学杂志》，并成为巴黎国际民族学院的机关报。1912—1915 年，汪继乃波先是在瑞士的纳沙泰尔（Neuchâtel）大学任教，后来又参与了纳沙泰尔博物馆的改建工作。第一次世界大战期间，由于曾在报纸上撰文批评瑞士的亲德派，汪继乃波遭到瑞士当局驱逐。在法国外交部部长的帮助下，汪继乃波回到庞加莱 (Poincaré)，在那里一直居住到 1922 年。第一次世界大战结束后，汪继乃波参与组织了法国民族学会，并被尼科尔·贝尔蒙视为法国民族学的开创者。[65] 此外，汪继乃波还将蔼理斯（Havetock Ellis，1859—1939）的《性心理学》和韦斯特马克（E. A.Westermark，1862—1939）的《人类婚姻史》翻译成了法文。

1922 年，汪继乃波曾前往美国和加拿大，在两国举行了 86 场关于法国民歌、民间艺术以及民间工艺的演讲。[66]1945 年后，法国国家科学研究中心为 72 岁高龄的汪继乃波提供了津贴，以保证他能够将所有的精力投入《当代法国民俗学手册》（*Manuel de folklore francais contemporain*）（九卷本）的编纂中。1957 年，汪继乃波在布格拉罕 (Bourg-la-Reine) 去世。

尽管汪继乃波的博士论文有莫斯的指导，但汪继乃波的思想却富有心理学派的色彩，其治学方法也与英国人类学相近，不以涂尔干的学说为然。[67] 这种学术上的个性与取向，使得汪继乃波的研究，尤其是《通过仪礼》（*Les Rites de Passage*，1909），不但被涂尔干本人有意忽视[68]，还或多或少地长期被涂尔干及其追随者列入"黑名单"[69]。由此，汪继乃波的学术思想也长期在法国社会学界、人类学界受到一定程度的忽制。这种取向和境况，使得汪继乃波将其主要精力投入到民俗学研究之中，也使得他"在民俗学上的贡献更为伟大"[70]，被后人视为"法国民俗研究之父"[71]。

如前所述，汪继乃波把民间文艺和风俗习惯看成是"活文化"的各个方面，而不是"死文化"的残余。他认为，真正与民俗学有关的是"活的、直接的事实"。由此，他进一步指出，民俗学不是一门图书馆式的，在书斋里就能完成的学问，而是田野与实验的科学，并强调观察法、访谈法和地图法在民俗学研究中的重要性。这些思想和方法始终贯穿在汪继乃波的民俗学研究之中。

除前文提及的诸书之外，汪继乃波的民俗学著作还有五卷本的《宗教、传说与风俗》（*Religions, moeurs et légendes*，1908—1914）和《传说的形式》（*La formation des légendes*，1922）。汪继乃波关于民俗学理论、方法及调查的文章主要有：《神话及仪式研究的方法》（"De la méthode à suivre dans l'étude des rites et des mythes"）、《对民俗学方法论的贡献》（"Contribution à la méthodologie de Folklore"）、《战前的法国民俗学》（"Folklore en France depuis la Guerre"）和《法国民俗学》（"Le Folklore en France"）等。

∕ *Le Folklore* 的译介

就译介、引入汪继乃波及其民俗学而言，杨堃无疑是用力最勤的一位。汪继乃波的《民俗学》（*Le Folklore*，1924）法文原版仅 130 页，并非"精深的研究"，而是"通俗的、综合的、并带有宣传性"，且部分见解也值得商榷的小册子。[72] 除附录"附图索引"之外，该书分为十章，依次是：沿革，领域，方法，分类，故事与传说，歌谣与跳舞，游戏与玩具，典礼与信仰，房屋、用具与服装，民间艺术。然而，在杨堃看来，将这本通俗的小册子引入中国却有着积极的意义：

> 在法文内，而尤其在民俗学上，这一类综合的小书，并无多种。若更能取材新颖，纲领粗备，堪作"现代民俗学概论"一类书之代表的，则据我所知，乃仅此一本。并且不仅在法文内为然，即在英文或德文内，能用这样少的篇幅，叙述得这样完备，这样有条理，并能这样动人听闻，引人入胜的，实亦如凤毛麟角，极不多得。何况在我们学术落后的中国，民俗学一科，尚在萌芽时期，若于此时即作民俗学专著之介绍，深恐为时尚早。反之，若将这样的小册子，介绍出来，对于我国民俗学界之将来，或亦不无小补。[73]

因此，从 1932 年 5 月到 1933 年 3 月，《鞭策周刊》一卷十三期，二卷十五、十六、十九、二十一各期，分别刊载了杨堃翻译的汪继乃波《民俗学》中总论性质的前四章：沿革、领域、方法和分类。

在"沿革"一章，汪继乃波指出：威廉·汤姆斯 1846 年发明的"民俗（Folklore）"一词在欧洲快速取代了此前的"民众的古史（popular antiquities）"这一说法，主要是因为前者重新定义了民俗学，即民俗学不再仅仅是"一种历史的研究"，同时也成为"一种直接的调查"，即关注现实的学问。[74] 当然，在相当长的时间内，对于欧洲精英阶层而言，民俗学是不受待见的、无用的。包括大名鼎鼎的卢梭（Jean-Jacques Rousseau, 1712—1778）在内，精英阶层对民俗与民俗学有着道德上的成见，甚或可以说歧视。然而，因为有瓦尔特·司各特（Walter Scott, 1771—1832）和格林兄弟那样具有"民俗学家之秉性"的人物的努力，民俗学也渐渐成了气候。

难能可贵的是，在简短的篇幅内，汪继乃波指出了着力于巫婆神汉、鬼怪、邪说等迷信(superstitions)的妖怪学(Demonologie/Demonology)，其实是萌芽于天主教神父的著作和天主教主教会议录。换言之，基督世界的妖怪学，有着神学之根性，是神学自身孕育出来的。对这些为了移风易俗、正本清源而记述诸多迷信、风俗的神职人员而言，"研究民俗如不以神学为准绳，即是一种新的罪恶"[75]。汪继乃波的这一洞见，对于如今因受日本影响而有了些声色的中国民俗学界的妖怪学而言，显然有着相当的启发性。作为迥异于基督文明的中华文明，我们更需要深度考量：中国的妖怪、妖怪学来自哪里？其何以成为可能？当我们在谈论妖怪时，我们言说的究竟是什么？

其实，在日本，由井上圆了（Inoue Enryō，1858—1919）开启的妖怪学，其本意完全不是搜罗奇闻逸事，弘扬"妖怪"，而是出于明治维新精神革新并不彻底的事实，试图破除迷信与妄信，倡导科学理性之精神，以科学打破"假怪"并引导人进入"真怪"之宗教的世界。正所谓,"拂假怪,开真怪"[76],"本道理而除迷信、妄信之弊害"[77]。换言之,井上圆了命名为妖怪学的东西,实则意在开启民智与革新之哲学,提高教育、宗教之位置,实现道德的大革新。以科学的理念改宗教去迷信,以及基于文化自觉的内省,始终是井上圆了开创的日本妖怪学的基本主旨。[78] 或者正是由于对其哲学以及宗教学本质的看重与理解,蔡元培当年才进行了译介。

张东荪(1886—1973)指出,作为日本东京帝国大学哲学系的毕业生,井上圆了在《妖怪学》一书中对其所领会的西方哲学进行了日本化,"代表日本人初期接受西洋哲学的态度与反应"。与此类似,他认为蔡元培对井上圆了《妖怪学讲义》的译介,也"代表那个时候中国人对于哲学的态度"[79]。江绍原则直接将井上圆了的妖怪学视为日本在工业化、现代化过程中破除"迷信"的扛鼎之作。[80]

在"领域"一章,汪继乃波在梳理已有的民俗学研究对象的基础之上,结合当时学界已经有的进展和他自己的思考,分析了民俗学的研究对象及其特征,在与相邻学科的比较中,给民俗学做出了一个明确的定义。他指出,随着研究的深入,早期局限于仙女故事及其他传奇纪事的民俗学,日渐拓展到了信仰习惯、圣贤传说、歌谣等乡村叙事,也包括农民的朝山进香、婚丧嫁娶等典礼活动。与精英的传统有名有姓不同,民俗是"合乎大多数的民众之需要的"[81],是匿名的、集合的(collectif)。汪继乃波强调了民俗学研究对象的当下性、活态性等基本特征,指出除遗留物之外，还有现代的事实，并特意将现代的事实称为"**初生的事实**"（faits naissants）。[82] 他认为，民俗学关注过去，但与考古学和历史学定睛于过去不同，过去仅仅是民俗学附属的工作。因为"现代的事实亦均有前身"，而且"真正与民俗学有关的，则是活的、直接的事实"，所以必须对这些前身加以分析，才能明了其现状。

对于博物馆中展示的旧物器具，汪继乃波认为，民俗学应该研究的是"这些物品为现代活人所使用的各种的用途"。同样，与文学和音乐学对歌谣的研究不同，民俗学研究歌谣是在特定的空间，研究歌谣的形成及其传播。但是，社会生活是不停变迁的，所以民俗学的调查须连续进行，永无止境。因为对于民俗这些特征的认知，汪继乃波也就将民俗的范围从民间文学扩展到了民间信仰与崇拜，玩具、用具、器具等器物，房屋与乡村，还有舞蹈等民间艺术。其《民俗学》中总论之后第五至第十章的分论，也就大致按此排列。进而，汪继乃波有了对杨堃界定民俗学影响深远的定义：

> 民俗学并非如一般之所想象的，仅是些无系统的，多少带有好奇性或好玩的小的事实之集合，这乃是一种综合的科学。这门科学是特别地以乡下人，乡村生活，及在工业与都市的环境内所遗留的乡村生活之遗迹为对象的。[83]

汪继乃波认为，"历史的事实"已经呈现了所有的可能性，不再发展了，已经僵死，而民俗学更应该研究的是"活的事实"与"现实的事实"。活的事实与现实的事实肯定与过去有关，但却既具有一切的复杂性和不确定性，还隐含了指向未来的可能的发展，包含着将来的萌芽。因此，还是在与历史学、社会学、语言学、生物学、博物学以及心理学等诸多学科方法论的比较中，汪继乃波认为，"作为一门正在生长中的科学"[84]，民俗学的方法更接近于生物学，更应该偏向观察和比较的方法，而非仅仅是局限在历史学范围内的、追根溯源的、偏向于静态与过去的方法。任何一项活的社会事实，"全具有无限多的，不同的方面，而所有的这些方面，又全是彼此互有关系的，所以亦就是这些关系之总和，乃构成了完全特殊的一种东西"[85]。

对汪继乃波而言，观察不能是扁平的，应该是立体的；不能只看表面，还要看到其容积；不能是短暂的，应该是长期的。同时，一个有着学识、拥有机敏技巧甚至天资的民俗学家，还需要完全抛开、打破自己固有的阶级成见，具有同情心和人道主义精神，与研究对象平等相处。观察访谈最好用对话的方式展开，对等交流，并将直接调查与间接调查相结合。汪继乃波所说的间接调查，主要是指问卷调查。比较，并不是天马行空的乱比，而是在同类事实之间进行比较。难能可贵的是，结合其亲身实践，汪继乃波号召民俗学家将采集到的事实绘制成民俗地图。他旗帜鲜明地指出，民俗地图虽然新，却是民俗学"最适宜的方法"[86]。联系到如今民俗地图已经被各国民俗学家广泛使用的事实，可以看出汪继乃波无疑有着先见之明。

汪继乃波《民俗学》这本小册子总论部分的最后一章，是民俗的类别。在对当时塞毕犹（Paul Sebillot）、班尼女士和侯夫满可来叶（Hoffmann-krayse）三位学者影响相对较大、价值也较高的专书进行了介绍分析后，汪继乃波认为，成功的民俗学纲目应该是比较完备的，并"富于柔性"，即开放性，从而以"被观察的真实为准则"。[87]

实际上，在正式译介汪继乃波的《民俗学》之前，杨堃已经向不少同人推荐过这本书，并将其借给友人。当时在学界声名显赫的江绍原，就是受惠者之一。正是 1932 年从杨堃这里借阅了这本小书之后，初识法文的江绍原"幸甚喜甚"，并以"不失"之笔名在《鞭策周刊》发文，希望杨堃"暇时把它再翻一遍，逐章作一提要，供弟及周刊阅者研读"。[88] 也正是江绍原的"鞭策"，才再次激发了杨堃三四年前就想翻译该书的决心，振起其"久已消减之勇气来"[89]。杨堃的翻译确实引发了更多同人对汪继乃波及其民俗学的关注。

1933 年，在讨论民俗学的分类时，汪继乃波《民俗学》中关于民俗的分类也是娄子匡引用来进行自己理论建设的根据之一。对于汪氏的分类偏向，娄子匡评述道："这是为指引初步探讨民俗学者的入门，分类是比较的粗疏一些，我们一看便明白他是特别注重在民间艺术和语言这方面的。"[90] 娄子匡的评述多少有着随意性和主观性，与汪继乃波在《民俗学》中的章节设置和"纲目"一章的讨论出入较多。

与娄子匡对汪继乃波民俗定义和分类明显的不满不同，伴随《民俗周刊》而成长，且致力于研究民俗的叶德均（1911—1956），在梳理民俗学界说演进以及意义时，对杨堃翻译的汪继乃波的民俗学定义持赞赏的态度。对叶德均而言，汪继乃波关于民俗学的定义，是对在遗留物学说规训下的班尼女士等学者将初民社会也包括在内的、过于宽泛的民俗学定义的有效修正。进而，叶德均赞赏，汪继乃波及其追随者怀特（A. B. Wright）等人将"活"的民俗与遗留物——"死"的民俗——同时纳入了民俗学的研究范畴。叶德均认为，这是民俗学定义卓有成效的"前进"与扬弃，实乃"较精密的考察"，是完全"必要的"。在一并吸收了德国民俗学者将承载心意的实物视为民俗学研究对象的观点之后，叶德均创造性地给民俗学进行了如下界定：

> 民俗学是研究文明民族中文化或智识落后民众（或民间）的信仰与行为，风俗与习惯，民间艺术与文学，以及他们的实物，甚至于只要和上等社会不同样式的事物等的法则，起源，成长，和变迁的科学。在某种程度里还要考察，说明它们产生之物质的，社会的原因。它不过问这些事物是否传承的抑是近来的产物；但只要不是个人的，特殊的产物，而是民间集合的，共同的产物，都可包括在民俗学范围以内。[91]

由于杨堃、江绍原、娄子匡、叶德均等人对汪继乃波著述的译介或征引，汪继乃波这个名字也就长期出现在中国民俗学理论和民俗学史的重要著述中。[92]

在汪继乃波的众多著述中，在世界各地和人文社会科学领域产生深远影响的，主要是《通过仪礼》。在早年的译介中，杨堃自然频频提及《通过仪礼》，只不过将其翻译为"过路仪式""过路考礼节"，抑或"过路礼"。[93] 20 世纪末，对于汪继乃波的译介又强势归来。除在诸多的人生仪礼研究中，作为认知论得到广泛征引和评述之外[94]，《通过仪礼》也得以翻译和出版。[95] 汪继乃波的回归和中国学者对《通过仪礼》的细读，使其影响突破了人生仪礼的范畴，波及岁时节日、庙会等诸多领域的研究。[96]

/ 何济的《民俗学大意》

然而，杨堃或许并不是最早译介汪继乃波《民俗学》的中国学者。1925 年，已经在法国留学四年，年仅二十多岁的何济（曾觉之，1901—1982）[97]，根据"法人燕尼及各家之书"，写了《民俗学大意》一文。因为文中没有任何注释，"法人燕尼"是谁已无从知晓，但从该文的目次框架、基本观点、内容，及至大量的细节而言，何济这篇文章应该就是对汪继乃波《民俗学》(Le Folklore) 一书的缩写。

《民俗学大意》共分 12 小节，除首尾的绪言和结论外，其他章节与汪继乃波的《民俗学》完全相同，分别是：民俗学的历史、民俗学的范围、民俗学的方法、民俗学的类分、故事与传说、歌谣与跳舞、游戏与玩具、礼俗与信仰、房屋器用衣饰、民间的美术。更为重要的是，文章对于民俗学的核心认知也与汪继乃波一样。

在辨析民俗学的范围时，何济将民俗学与文学史、历史学、考古学、生物学等学科进行了对比。他指出，民俗学研究的是"没有其他科学注意的一种社会生活的原素；这个原素即是所谓'民众的'"，其所注意者是"在活着与直接可见的事实"。这就要求民俗学家"直接去看活在眼底的民生状况，日常情形"。因此，他号召用生物学家直接观察、比较生物的方法来研究民俗，并将民俗学称为"社会学的生物学"[98]。同时，何济也强调，民俗学家观察的事实之时空连续性，即民俗学不仅仅只关心民俗的过去，而且是将民俗视为"一个种子，向将来为无穷的发展的"。换言之，民俗学观察的是"具种子形有可能性的事实"，观察的是处于正在进行的过程中的民俗。[99]

鉴于社会生活日新不已，何济强调民俗学的研究"亦无有息时"，进而他对民俗学及其研究范围做出了这样的定义：

> 总之，民俗学不是仅为新奇与过去的微末事实的收罗，他是一种综合的学问，专注重山野的民间生活的。与其相关的科学虽多，但他不单研究事实本身，而且十分注意这些事实的进化与对于环境的反应。又这些事实不是过去与残留的，是"正在生长的"。所以我们在这里给民俗学的范围不仅为古时传来的传说，故事，歌谣，信仰，魔术等等，还要加上一切礼仪，游戏，跳舞，房屋，村舍，器用，家具，大

大小小的美术，民众所设立或新或旧的各种会社，与夫民众感觉与表现的样式的研究等。[100]

显然，对民俗的"山野"（民间）、传承、现在、动态、整体的属性认知，对民俗学要观察、比较的是包括民众感觉在内的民众生活的"日常情形"，而不仅仅是搜罗"新奇与过去的微末事实"等研究策略，都出自汪继乃波。其"民俗学的类分"一节所引用的法国、英国和德国的三个例证，也与杨堃翻译的汪继乃波的"民俗学之纲目"完全相同。此外，除强调借用生物学的观察、比较之方法以及将民俗学称为"社会学的生物学"之外，汪继乃波在《民俗学》的"方法"一章结尾部分呼吁民俗研究使用的地图法也同样出现在《民俗学大意》之"民俗学的方法"一节的尾部。

虽然出处不明，但何济的这篇译介则是出于对国内民俗学运动的回应。因为国内"没有民俗学专书"而"昧于民俗学之范围、方法、解释"，不但使得所得材料"殊难令人满意"，还"使人无所适从"。[101] 在此意义上，尽管明显是从别处借来，《民俗学大意》依旧可以称得上"中国现代民俗学概论书写与历史的起点"[102]，抑或说中国现代民俗学史上第一篇"民俗学概论"。遗憾的是，或者是因为人微言轻，也或者是因为观念太超前，年轻而敏锐的何济对汪继乃波《民俗学》的译介，尤其是对民俗学作为"现在学"之社会学属性的认知，并未引起国内同人的重视，始终湮没无闻。

注　释

1. 关于杨堃先生的生平和学术历程，可参见米有华：《杨堃传略》，载《晋阳学刊》，1991 年第 1 期，104~109+86 页；杨堃：《杨堃自叙》，载《史学理论研究》，1998 年第 4 期，43~51 页。米文相对偏重于 1949 年前，杨堃先生的自序则直接是从 1949 年说起，偏重于 1949 年后。

2. 该文现藏云南大学档案馆，卷宗 2003-RW006-Y。

3. 佚名：《杨堃先生的学术成就》，3~4 页，昆明，云南大学档案馆藏，卷宗 2003-RW006-Y，1989。

4. 佚名：《杨堃先生的学术成就》，5 页，昆明，云南大学档案馆藏，卷宗 2003-RW006-Y，1989。

5. 佚名：《杨堃先生的学术成就》，7 页，昆明，云南大学档案馆藏，卷宗 2003-RW006-Y，1989。

6. 佚名：《杨堃先生的学术成就》，11 页，昆明，云南大学档案馆藏，卷宗 2003-RW006-Y，1989。

7. 燕京大学法学院编：《社会科学各系工作报告·社会学系》，载《燕京社会科学》，第一卷（1948），235~236 页。

8. 米有华：《杨堃传略》，载《晋阳学刊》，1991 年第 1 期，106 页。杜伯秋也师承葛兰言，久居中国，著有《中国民画》等，后来成为有名的收藏家。当年，杨堃称其为艺术批评家和民俗学家。参见杨堃：《葛兰言研究导论（中篇）》，载《社会科学季刊》，第一卷第四期（1942），39~40 页。

9. 关于南下云南大学的整个过程，孙本文与熊庆来、熊庆来与杨堃之间的往返电文以及杨堃在云南大学的任职聘书，可分别参见云南大学档案馆馆藏的下述档案，编号分别为：1016-001-00375-003、1016-001-00375-005、1016-001-00417-005、1016-001-00418-004。已经有人利用这些史实，撰写了文章，参见刘兴育：《熊庆来与社会学系二三事》，载《云南档案》，2010年第6期，11~13页。需要指出的是，在其文章中，刘兴育弄错了杨堃到云南大学赴任的时间。早在1947年11月，杨堃就往云南大学任教了。

10. 杨堃：《杨堃民族研究文集》，518、519页，北京，民族出版社，1991。

11. 杨堃：《与娄子匡书：论"保特拉吃"（Potlatch）》，载《中法大学月刊》，第四卷第一期（1933），117页。

12. 杨堃：《中国近三十年来之出版界（社会学之部）》，载《国立华北编译馆馆刊》，第二卷第七期（1943），10页。

13. 杨堃：《编纂野蛮生活史之商榷》，载《鞭策周刊》，第二卷第一期（1932），11~13页。

14. 杨堃：《社会形态学是什么？》，载《鞭策周刊》，第二卷第十三期（1932），13页。

15. 杨堃：《中国现代社会学之派别及趋势》，载《鞭策周刊》，第一卷第三期（1932），50页。

16. 杨堃：《中国现代社会学之派别及趋势》，载《鞭策周刊》，第一卷第三期（1932），52页。就在1932年，杨堃还提出了"社会学不是社会主义"这一命题，并对二者进行了区分。诸如：社会学是一门科学，是客观的、叙述的、比较的、纯粹理智的、事实之判断的、不带任何色彩的，但因它尚处在幼稚阶段，所以仅有片段的综合、局部的假设；反之，社会主义是一种理想，是主观的、说明的、演绎的、辩证法的，偏重于情感的价值之判断，多少带有革命或反抗色彩；作为社会事实，社会主义应该是社会学的研究资料与对象。参见杨堃：《社会学是什么？》，载《百科杂志》，第一期（1932），4~5页。

17. 廖泰初：《我研究"定县实验"的方法和经过》，载《社会研究》，第六十八期（1935），143~145页。

18. 廖泰初:《从县的经验说到农村社会调查的缺欠和补救的方法》, 载《社会研究》, 第一〇三期（1935）, 419~422 页。

19. 赵承信:《社会调查与社区研究》, 载《社会学界》, 第九卷(1936), 151~205 页。

20. 杨堃:《民族学与史学》, 载《中法大学月刊》, 第九卷第四期（1936）, 26 页。

21. 杨堃:《评李景汉著〈实地社会调查方法〉》, 载《鞭策周刊》, 第二卷第二六期（1933）, 6~11 页。

22. 杨堃:《中国现代社会学之派别及趋势（续）》, 载《鞭策周刊》, 第一卷第四期（1932）, 80 页。

23. 杨堃:《民族学与史学》, 载《中法大学月刊》, 第九卷第四期（1936）, 25 页。

24. 杨堃:《民族学与史学》, 载《中法大学月刊》, 第九卷第四期（1936）, 25~26 页。

25. 杨堃:《与娄子匡书:论"保特拉吃"（Potlatch）》, 载《中法大学月刊》, 第四卷第一期（1933）, 127~128 页。

26. 杨堃:《中国新年风俗志序》, 载《鞭策周刊》, 第二卷九期(1932), 7 页。

27. 杨堃:《与娄子匡书:论"保特拉吃"（Potlatch）》, 载《中法大学月刊》, 第四卷第一期（1933）, 127 页。

28. 杨堃:《民族学与人类学》, 载《国立北平大学学报文理专刊》, 第一卷（1935）, 44 页。

29. 林惠祥,《文化人类学》, 7 页, 上海, 商务印书馆, 1934。

30. 杨堃:《民族学与人类学》, 载《国立北平大学学报文理专刊》, 第一卷（1935）, 34 页。

31. 杨堃:《民族学与史学》, 载《中法大学月刊》, 第九卷第四期（1936）, 8 页。

32. 杨堃:《民族学与史学》, 载《中法大学月刊》, 第九卷第四期（1936）,

16、24 页。

33. 杨堃:《民族学与史学》，载《中法大学月刊》，第九卷第四期（1936），21~23 页。

34. 杨堃:《民族学与史学》，载《中法大学月刊》，第九卷第四期（1936），20 页。

35. 杨堃:《民族学与社会学》，载《社会学刊》，第四卷第三期(1934),2 页。

36. 杨堃:《莫斯教授的社会学学说与方法论》，载《社会学界》，第十卷（1938），331 页。

37. 杨堃:《编纂野蛮生活史之商榷》，载《鞭策周刊》，第二卷第一期（1932），13 页。

38. 杨堃:《民族学与社会学》，载《社会学刊》，第四卷第三期（1934），1 页。

39. 杨堃:《中国现代社会学之派别及趋势（续）》，载《鞭策周刊》，第一卷第四期（1932），78 页。

40. 杨堃:《杨堃民族研究文集》，518 页，北京，民族出版社，1991。

41. 关于张若名的"传奇"人生，参见杨在道:《张若名研究资料》，北京，中国妇女出版社，1995。

42. 卢梦雅:《葛兰言的汉学发生研究》，22~52 页，济南，山东大学出版社，2018。其他相关解读可参见李孝迁:《葛兰言在民国学界的反响》，载《华东师范大学学报（社会科学版）》，2010 年第 4 期，37~43 页；王铭铭:《民族学与社会学之战及其终结：一位人类学家的札记与评论》，载《思想战线》，2010 年第 3 期，8~19 页；吴银玲:《杨堃笔下的葛兰言：读〈葛兰言研究导论〉》，载《西北民族研究》，2011 年第 1 期，180~187 页。

43. 赵丙祥:《曾经沧海难为水：重读杨堃〈葛兰言研究导论〉》，载《中国农业大学学报（社会科学版）》，2008 年第 3 期，171~177 页。

44. Ting, V.K., "Prof. Granet's 'La civilisation chinoise'", in *The Chinese Social*

and Political Science Review, vol.15, no.2 (1931), pp.265-290.

45. 除分上、中、下三部分连载于《社会科学季刊》的《葛兰言研究导论》外，杨堃还特意撰写过关于葛兰言学术的英文论文，回应丁文江对葛兰言的批评。参见 Yang Kun, "An Introduction to Granet's Sinology", in *The Yenching Journal of Social Studies*, vol.1, no. 2 (1939), pp.226-241.

46. 杨堃:《葛兰言研究导论（下篇）》, 载《社会科学季刊》, 第二卷第一期（1943）, 31~32 页。杨堃还曾写道: "更不幸的是, 葛兰言碰到丁文江博士这位劲敌。在后者不假思索地对他作品与他本人横加指责挖苦时, 葛兰言的名字在中国便几乎不为人所知了。从那以后, 人们再提起葛兰言似乎就只剩下嘲讽。这无疑是缺乏理解所致的结果。……丁文江博士精通法文吗? 我不知道。就算他承认精通法语, 他仍有可能无法理解葛兰言的学问。对此二人而言, 尽管都是在从事研究探索类的工作, 但他们的思维却是截然对立的。一个是极大地受到赫胥黎理性主义影响的科学家思维, 另一个则是深受马塞尔·莫斯的社会学所浸染的神话学家思维。一个在某一领域有突出成就的人, 可能无法理解另一领域的杰出者。正如歌德不理解贝多芬一样, 丁文江也并不理解葛兰言, 尽管他们每一个人都是各自领域内的佼佼者。" Yang, Kun, "An Introduction to Granet's Sinology", in *The Yenching Journal of Social Studies*, vol. 1, no.2 (1939), p. 227.

47. 杨堃:《葛兰言研究导论（中篇）》, 载《社会科学季刊》, 第一卷第四期（1942）, 17 页。

48. 杨堃:《葛兰言研究导论（中篇）》, 载《社会科学季刊》, 第一卷第四期（1942）, 35~36、42 页。

49. 杨堃:《葛兰言研究导论（中篇）》, 载《社会科学季刊》, 第一卷第四期（1942）, 43~44 页。

50. 张好礼:《社会科学讲话 第九讲 中国新史学运动中的社会学派》, 载《读书青年》, 第二卷第四期（1945）, 12 页。在《读书青年》上连载的"社会科学讲话"始于1944年10月10日该刊的创刊号，前八讲分别是：引言、社会科学之意义、社会科学之分类及其一贯性、社会科学与社会主义、社会学、社会学（续）、史学、中国新史学的学派与方法。

51. 张好礼:《社会科学讲话 第三讲 社会科学之分类及其一贯性》，载《读书青年》，第一卷第三期（1944），27页。

52. 杨堃:《民族学与史学》，载《中法大学月刊》，第九卷第四期（1936），6页。

53. 即法国历史学家 Fustel de Coulanges（1830—1889）。

54. 张好礼:《社会科学讲话 第七讲 史学》，载《读书青年》，第二卷第二期（1945），18页。

55. 张好礼:《社会科学讲话 第九讲 中国新史学运动中的社会学派》，载《读书青年》，第二卷第四期（1945），12、13页。另外，对李玄伯该书更详细的评论，参见杨堃:《评中国古代社会新研初稿》，载《中法汉学研究所图书馆馆刊》，第二号（1946），117~134页。

56. 张好礼:《社会科学讲话 第九讲 中国新史学运动中的社会学派》，载《读书青年》，第二卷第四期（1945），14页。

57. 要指明的是，对葛兰言中国研究的方法论意义，与杨堃赞赏的其将社会学的方法应用于史学之创举不同，普鸣（Michael Puett）认为：葛兰言中国研究的价值在于，"着力发现那些文化表层之下的冲突，少去用力比对不同文化的'基本预设'"。参见 [美] 普鸣:《作与不作：早期中国对创新与技艺问题的论辩》，28页，杨起予译，北京，生活·读书·新知三联书店，2020。

58. 杨堃:《灶神考》，载《汉学》，第一辑（1944），107~166页。在1986年再次编校后，杨堃将该文编入了1991年出版的《杨堃民族研究文集》中。编校后，该文的变化主要在注释方面，从原先的160条注释，精减到了136条。

59. 张好礼:《社会科学讲话 第九讲 中国新史学运动中的社会学派》，载《读书青年》，第二卷第四期（1945），14 页。

60. 杨堃:《杨堃民族研究文集》，519 页，北京，民族出版社，1991。

61. 张好礼:《社会科学讲话 第九讲 中国新史学运动中的社会学派》，载《读书青年》，第二卷第四期（1945），14 页。

62. 象乾:《论言与社会》，载《鞭策周刊》，第二卷第一期（1932），4~5 页。

63. 象乾:《论言与社会》，载《鞭策周刊》，第二卷第一期（1932），7~8 页。

64. 1951 年，汪继乃波自己曾宣称他能够应对 18 种语言的工作，而且这个数字还不包括他所掌握的方言。See Dundes, Alan ed., *International Folkloristics: Classic Contributions by the Founders of Folklore*, Rowman & Littlefield Publishers, INC, 1999, p.99.

65. Belmont, Nicole，*Arnold van Gennep: The Creator of French Ethnography*, Chicago: University of Chicago Press, 1979.

66. Dundes, Alan ed., *International Folkloristics: Classic Contributions by the Founders of Folklore*, Rowman & Littlefield Publishers, INC, 1999, p.99.

67. 杨堃:《法国民族学之过去与现在》，载《民族学研究集刊》，第一期（1936），112~113 页。

68. Kimball, S. T.，"Introduction to the English Edition"，p.xii, in Arnold van. Gennep, *The Rites of Passage,* trans. Monika B. Vizedom and Gabrielle L. Caffee. Chicago: University of Chicago Press, 1960.

69. Dundes, Alan ed., *International Folkloristics: Classic Contributions by the Founders of Folklore*, Rowman & Littlefield Publishers, INC, 1999, p.99. 新近，胡小宇对汪继乃波的生命历程，对汪继乃波与涂尔干、莫斯之间的学术恩怨进行了进一步梳理。参见胡小宇:《迈向科学的民俗学：范热内普的人生与学术》，载《民俗研究》，2022 年第 3 期，122~131 页。

70. 杨堃:《法国民族学之过去与现在》，载《民族学研究集刊》，第一期

（1936），113 页。

71. Bowie, Fiona, *The Anthropology of Religion: An Introduction*, Oxford: Blackwell Publishing Ltd., 2000, p.161.

72. 杨堃：《介绍汪继乃波的民俗学》，载《鞭策周刊》，第一卷第十三期（1932），9 页。

73. 杨堃：《介绍汪继乃波的民俗学》，载《鞭策周刊》，第一卷第十三期（1932），9~10 页。

74. 杨堃：《介绍汪继乃波的民俗学》，载《鞭策周刊》，第一卷第十三期（1932），10 页。

75. 杨堃：《介绍汪继乃波的民俗学》，载《鞭策周刊》，第一卷第十三期（1932），13 页。

76. [日] 井上圆了：《妖怪学讲义录：总论》，"绪言"，5~6 页，蔡元培译，北京，东方出版社，2014。

77. [日] 井上圆了：《妖怪学讲义录：总论》，18 页，蔡元培译，北京，东方出版社，2014。

78. 当然，百多年来，日本的妖怪学早已经是一个繁杂的学术体系，有着众多不同的学术理念和枝蔓。对此的系统梳理，可参见王鑫：《比较视域下的中日"妖怪"与"妖怪学"研究》，188~236 页，北京，北京外国语大学博士学位论文，2015。

79. 张东荪：《〈文哲月刊〉发刊词》，载《文哲月刊》，第一卷第一期（1935），3 页。

80. 江绍原：《中国礼俗迷信》，10 页，天津，渤海湾出版公司，1989。

81. [法] 汪继乃波：《民俗学的领域》，杨堃译，载《鞭策周刊》，第二卷第十五期（1932），8 页。

82. [法] 汪继乃波：《汪继乃波的民俗学（续）》，杨堃译，载《鞭策周刊》，第二卷第十六期（1932），9 页。

83. [法] 汪继乃波：《汪继乃波的民俗学（续）》，杨堃译，载《鞭策周刊》，

第二卷第十六期（1932），8 页。

84. [法] 汪继乃波：《民俗学之纲目》，杨堃译，载《鞭策周刊》，第二卷第二一期（1933），6 页。

85. [法] 汪继乃波：《民俗学的方法》，杨堃译，载《鞭策周刊》，第二卷第十九期（1933），9~10 页。

86. [法] 汪继乃波：《民俗学的方法》，杨堃译，载《鞭策周刊》，第二卷第十九期（1933），12 页。

87. [法] 汪继乃波：《民俗学之纲目》，杨堃译，载《鞭策周刊》，第二卷第二一期（1933），9 页。

88. 不失：《致杨堃博士书》，载《鞭策周刊》，第一卷第十期（1932），18 页。

89. 杨堃：《介绍汪继乃波的民俗学》，载《鞭策周刊》，第一卷第十三期（1932），10 页。

90. 娄子匡：《民俗学的分类》，载《民俗周刊》，第一一九期（1933），23 页。

91. 叶德均：《民俗学的意义及其变迁》，载《文学》，第二期（1935），97 页。

92. 参见李荣贞：《中国民俗学的发展》，1 页，北平，燕京大学法学院社会学系毕业论文，1940；张紫晨：《中国民俗与民俗学》，333 页，杭州，浙江人民出版社，1985；高丙中：《民俗文化与民俗生活》，66~68 页，北京，中国社会科学出版社，1994；钟敬文主编：《民俗学概论》，431 页，上海，上海文艺出版社，1998；赵世瑜：《眼光向下的革命：中国现代民俗学思想史论（1918—1937）》，167~168、177 页，北京，北京师范大学出版社，1999。

93. 杨堃：《介绍汪继乃波的民俗学》，载《鞭策周刊》，第一卷第十三期（1932），9 页；[法] 汪继乃波：《民俗学之纲目》，杨堃译，载《鞭策周刊》第二卷第二一期（1933），7 页；杨堃：《法国民族学之过去与现在》，载《民族学研究集刊》，第一期（1936），113 页。

94. 余光弘：《A. van Gennep 生命仪礼理论的重新评价》，载《"中央研究院"民族学研究所集刊》，第 60 期（1985），229~257 页；郭于华：《死的困扰与生的执著：中国民间丧葬仪礼与传统生死观》，30~34 页，北京，中国人民大学出版社，1992；岳永逸：《脱离与融入：近代都市社会街头艺人身份的建构——以北京天桥街头艺人为例》，载《民俗曲艺》，第 142 期（2003），207~272 页。

95. 岳永逸：《范·根纳普及其〈通过仪礼〉》，载《民俗研究》，2008 年第 1 期，5~12 页；《〈通过仪礼〉英文版导言》，岳永逸译，载《民俗研究》，2008 年第 1 期，13~23 页；《〈通过仪礼〉第一章 仪式的类型》《〈通过仪礼〉第十章 结论》，岳永逸译，载《民俗研究》，2008 年第 1 期，24~40 页；[法] 范·热内普：《过渡礼仪》，张举文译，北京，商务印书馆，2010。

96. 分别参见岳永逸：《对生活空间的归束与重整——常信水祠娘娘庙会》，载《民俗曲艺》，第 143 期（2004），213~269 页；萧放：《春节习俗与岁时通过仪式》，载《北京师范大学学报（社会科学版）》，2006 年第 6 期，50~58 页；高丙中：《作为一个过渡礼仪的两个庆典：对元旦与春节关系的表述》，载《中国人民大学学报》，2007 年第 1 期，49~55 页。此外，《民间文化论坛》，2016 年第 1 期还开设了"过渡仪礼"专栏，刊载了陈泳超《一次人神合谋的民间调停：以"动力学"致敬"过渡礼仪"》、宋清野《从仪式理论到社会理论：过渡礼仪的概念谱系》和吕微《"过渡礼仪"理论概念与实践模型的描述与建构》等文，进一步将作为一种范式的过渡礼仪的讨论推向深入。

97. 从与笔名为"春台"的孙福熙（1898—1962）的文字交往中，可推断出何济即 1921—1929 年在法国留学，后来成为作家和翻译家的曾觉之。参见何济：《论中西文化寄春台——等待中的一本书》，载《北新》，第二期（1926），1~12 页；曾觉之：《蒲尔谢湖边说春台》，载《白潮》，第十一期（1930），162~168 页。

98. 何济：《民俗学大意》，载《东方杂志》，第二十二卷第十四号（1925），92 页。

99. 何济：《民俗学大意》，载《东方杂志》，第二十二卷第十四号（1925），
94 页。

100. 何济：《民俗学大意》，载《东方杂志》，第二十二卷第十四号（1925），
93 页。

101. 何济：《民俗学大意》，载《东方杂志》，第二十二卷第十四号（1925），
90 页。

102. 刘铁梁：《中国现代民俗学概论的基本思想及其影响》，载《民俗研
究》，2017 年第 3 期，29 页。

第06章

/ 杨堃的民俗学研究

/ 民俗学社会科学化的内发性

因为师承渊源、知识谱系与学术志趣，杨堃对民俗学的社会学化，抑或说社会科学化的倡导，有其必然性。然而，正如曾觉之早在1925年就对汪继乃波民俗学进行的译介所表明的那样，民俗学社会科学化的努力，并不仅仅是杨堃一人的倡导与实践，也不仅仅是孙末楠民俗学说的影响与中国社会学本土化强力推进所产生的效应。就现代民俗学在中国的演进而言，社会科学化实则有着内在的必然性。也即，在求国家独立与民族独立的总体语境下，自立自强的民众和研究者这一双重文化主体走上前台实属必然。如同晚清以降不断更新的新史学、急于本土化的社会学运动一样，中国现代民俗学的社会科学化，既是一种早晚会出现的学科意识，也是一种从业者或者说有志者的集体（潜）意识，是由看似散漫的群策群力所推进的一种倾向、趋势，是一种由内而外发展的学科自觉和学术自信。

1931 年，日军发动的九一八事变作为一个标志性事件，促使包括学界在内的中华民族进一步觉醒，激发也激化了社会各界救亡图存的民族意识。正是由于民族振兴和文化建设的需要，20 世纪 30 年代早、中期，社会学、民族学、民俗学等社会科学的本土化呼声、改造得到切实的推进，边政（疆）学也得以快速蓬勃发展。

1934 年，中国民族学会成立，《文化建设》月刊刊行。1935年年初，王新命（1891—1961）、何炳松（1890—1946）、陶希圣（1899—1988）、黄文山（1901—1988）和孙寒冰（1903—1940）等十人联合署名的《中国本位的文化建设宣言》发表。此"宣言"开篇即指出，"在文化的领域中，我们看不见现在的中国了"，篇末则明确提出了建设以中国为本位的文化这一基本方针："不守旧；不盲从；根据中国本位，采取批评态度，应用科学方法来检讨过去，把握现在，创造将来。"[1]

在学界这一整体性"自强"的本土化历程中，在文学的民俗学与史学的民俗学发展的基础之上，江绍原、黄石、杨成志、钟敬文、娄子匡等这些具有多学科背景的学者，对民俗学的社会科学化都进行了有益的建设性尝试。关于当时中国民俗学者对民俗学理论投入的巨大热情与相互之间的讨论商榷，赵世瑜认为，这既是中国现代民俗学"开始逐渐成熟"的标志，也是其"开始具有自觉的学科意识"的标志。[2]换言之，摆脱一味照搬、模仿西学而"学术独立"，已经成为中国民俗学者的自觉追求。

不可否认，北大《歌谣周刊》的文学色彩浓厚。1931 年，乐嗣炳（1901—1984）撰文指出：受西学影响的现代学科意义上的中国民俗学，实则始自中山大学《民俗周刊》的出版，而非"出于少数文学家一时高兴"的《歌谣周刊》的刊行。[3] 也是在1934年，受过人类学系统训练的林惠祥，也撰文系统地阐释了民俗学的研究对象、学科的外国缘源、解释风俗和改良社会等效用，以及搜集民俗资料、建立博物馆、制作影像标本等研究手段和比较研究、历史研究、心理学和语言学研究等方法。[4] 这已然打破了固有的文学的民俗学与史学的民俗学之偏重于一端的学科取向。

顺带提及的是，虽然并未参与"folklore"的译名之争，也未时时打着民俗学的旗号，但是在相当意义上，作为史学的民俗学的领袖，九一八事变之后的顾颉刚因其家国情怀、抗争意识和忧患意识，还是走在了诸多同行的前列。借助群众喜闻乐见的诸多民间文艺，顾颉刚通过不停创办、发行诸多通俗读物以求唤醒民众的"国民"意识，使中国人知道自己是中国人。[5] 这一持续多年的实践，完全可以视为取之于民、用之于民，效力于国家、民族与社会的"公众"民俗学、"实践"民俗学。因为始终强调民间文艺、民俗的民众性、民族性和国家性，其晚些时候明确提出"中华民族是一个"[6] 也就自然而然，并成为其理想中的学术"真实"，而不仅仅是抗战中的"政治"正确。换言之，顾颉刚的民俗学、史学、民族学研究以及面向不同受众编辑刊物等学术事业，都是互为表里的。在此意义上，以顾颉刚为灵魂、成烽火燎原之势的系列通俗读物编辑活动，是民俗学的，是社会化的，也是社会科学化的。

钟敬文与杨成志

在《歌谣周刊》时期就崭露头角的钟敬文，到中大《民俗周刊》时期已经是民俗学运动的干将、主力。在离开中大之前，他就表露出重视民俗学理论研究和将民俗学与人类学、民族学熔为一炉的学术倾向。1934 年 1 月 2 日，赴日留学前，钟敬文在总结自己此前的民间文学研究时，也将自己的研究称为"民间传承学"或民俗学，强调其有意无意地使用了"多方面的方法和观点"，并相信自己的这些文章，"对于国内乃至于国外的民俗学者、民族学者、文艺学者、民众教育者、文化人类学者、民族心理学者等，或不无些微补益"。[7] 他主持的《艺风》月刊相关专辑和栏目也继续了他自己跨学科研究的尝试。

1934 年 12 月，题为"人类学·考古学·民族学·民俗学专辑"的《艺风》月刊二卷十二期，就是钟敬文主编的。在为该专辑撰写的《前奏曲》中，钟敬文在"人类学、考古学、民族学、民俗学"后面加上了"以及文化史"。换言之，对于与西村真次等日本同人有了面对面、频繁而深度交流的钟敬文而言，这本专辑实际上是五个学科，而不仅仅是封面上印写的四个。不仅如此，钟敬文始终强调这些不同学科之间的连带关系，将其统称为"这一群学问"。在篇尾，他写道："给予专门学者以一个强力的鼓励，给予多数智识分子乃至于一般民众以相当的刺激和认识，这是本刊特别印行这个聚集着一群互相有联系的学问的专辑的一点旨趣。"[8] 随后他主持的《艺风》的十期"民俗园地"栏目，同样显示出了文化史等多学科以及比较研究的基本取向。[9]

1935年，署名金粟的钟敬文，翻译了《日本民族学会设立旨趣书》，介绍日本民俗学委员会为顺应国际学界的发展情形，"决意发展地解散自己底组织"，而易名为"民族学会"。在"译者附记"中，钟敬文写道："右旨趣书发表后一个多月，那网络着全国诸重要的人类学，文化史，民俗学，宗教学等专门家成为一集团，而蓬勃富有朝气的日本民族学会便如所希望地成立了。"[10]同年稍后，他还译介了柳田国男的《民间传承论导言》等文字。[11]因为这些关联性很强的学术活动，有学者推测，钟敬文之于中国民俗学的多学科视野，是受到了柳田国男的影响。[12]

1928年，杨成志翻译了英国民俗学者班尼的《民俗学问题格》。[13]1936年，从欧洲归来不久的杨成志主持了中大《民俗》的复刊，并将周刊改为季刊，广发国内外同行。同样，复刊后的《民俗》人类学色彩浓厚，并有广东瑶人调查专号，"在形式与内容两方面，已均具备了专门研究刊物的规模与水准"[14]，较之此前中大的《民俗周刊》及其前身《民间文艺》，都"有过之而无不及"[15]。在复刊号上，杨成志的英文"导论"和《现代民俗学——历史与名词》两文都在力证民俗学独立的学科地位，注意"民俗"的释义及其与社会各方面的联系。

同样是在1936年，万斯年（1908—1987）也撰文将人类学、民族学和民俗学相提并论，试图厘清这三门关联紧密又各自独立的学科的特质。在参引诸多中英文文献后，他将人类学总结为主要是研究人类体质的学问，民族学是文化方面或者说生活样式的的研究，而民俗学的对象只是文化的一部分，即"传袭的习俗"[16]。虽然其辨析难免偏颇，但对民俗学更关注传承的特质之把握无疑是准确的。

江绍原与娄子匡

　　1928 年出版了《发须爪》[17]的江绍原，是 20 世纪二三十年代中国民俗学运动的重要人物之一。胡适盛赞他是"从小问题做起"，专门研究"胡子、头发、手指在中国历史上的迷信"，使"二千五百年来的东西都活了"，成为"一个系统"。[18] 本业是宗教学的江绍原，深得师长周作人赏识。在周作人看来，《发须爪》阐明了"好些中国礼教之迷信的起源"，除有益于学术，还能使青年"养成明白的头脑"，有着觉世的效力，更为实际的功用；然而，《发须爪》又不仅是好奇、好事之果，它还能把"谨严与游戏混合得那样好，另有一种独特的风致"。[19] 同时，江绍原还译介了不少国外民俗的研究与理论。他编译的《现代英吉利谣俗及谣俗学》，被学界频频征引，并在当时引起了 Folklore 中文译名的大讨论，促进了中国同人对民俗学学科属性以及研究对象的反思。[20] 不仅如此，他还曾在内蒙古自治区等地进行过实地调查，为寻找某种传说中的植物做过具体的实验。[21]

　　从宗教学切入民俗研究的江绍原，严谨科学，视野广博，文献与田野并重，对中国民俗学运动的演进影响深远，是"独辟蹊径"的最重要的民俗学家之一。他对于礼俗等迷信现象的研究，既不同于"提倡民间文学以抗衡贵族文学的刘复、胡适等人",也不同于"强调民众的历史来改造旧史观的顾颉刚"。[22] 研究中国民俗学史的王文宝也曾评价道:"勇于探索"的江绍原,"很快便在民俗学基础理论、礼俗迷信、宗教、占卜等研究方面开拓出一条路来,为我国民俗学的理论建设作出了杰出的贡献"。[23] 对于严谨且"挑剔"的杨堃而言,写出《发须爪》和《中国古代旅行之研究》的江绍原,不仅是杰出的民俗学家、神话学家、宗教学家,更是一位真正的社会学家或者说民族学家、人类学家,甚至史学家。[24]

1937年元旦,由娄子匡全力支撑的《妇女与儿童》,因为民俗学色彩浓厚,更名为《孟姜女》。更名后的《孟姜女》,还特意标明为"民俗学、民族学、文化史、社会史期刊"。考虑到当时顾颉刚孟姜女研究的重大影响和中大时期顾颉刚作为《民俗周刊》灵魂的巨擘身份,在一定意义上,"孟姜女"一词在学界几乎就是"民俗学"的别称。而将民俗学置于首位,并与民族学、文化史、社会史并列,既表明了编者对民俗学独立的学科定位与自信,也说明编者宏阔的多学科视野,以及民俗学的史学根性。因而,早在1936年就倡导"社会学的民俗学"的杨堃,在十二年后对《孟姜女》如此评价道:

在内容方面,已将水准提高,由民俗的采集与记录,已进而为比较的研究。每期篇幅虽说不多,然所载论文,皆出自专家,非同凡品。这在中国民俗学的建设运动中,确是颇可期待的一个刊物。[25]

因此，杨堃将《孟姜女》与复刊的北大《歌谣周刊》和中大《民俗》季刊相提并论，将之视为中国"民俗学运动复兴时期（1936—1937）"鼎立的"三足"。

只身外出调查的黄石

同样作为重量级人物的黄石，不仅仅是书写神话学、诠释民俗与礼俗等概念的理论研究者，更是身体力行的实地研究者。在现代中国民俗学运动中，他是最早明确主张并采用"局内观察法"进行民间宗教研究的民俗学家。如前文言，20 世纪 30 年代初期，在许地山的推荐下，"沉默""讷口"的黄石，长时间在定县调查，认真建构他的"礼俗学"。

对于调查研究民间宗教，黄石显然经验丰富。田野调查的观察和访问是他首先提及的。仅田野调查的预备工作，他就分列了调查地的物质环境、社会组织和生活方式三大类。物质环境，包括山川、土壤、地形、气候、物产、工商业和经济生活等；社会组织，包括家庭、宗族、村镇、地方政治和集会结社等；生活方式，包括衣食住行、生育成年、婚丧嫁娶、社交娱乐、男女职业、风俗习惯等。而且，黄石强调，在有了这样的观察之后，还必须"缜密审察构成整个的文化的各部分，是怎样的互相连结"[26]。

在完成上述预备的工作之后，才能探究民间宗教的实在情形。此时，黄石格外强调感同身受、化作局内人参与观察的重要性。他写道：

> 你要明白民间宗教的实在情形，就得跟老百姓一道儿跑——跟民众一同去上庙，一同去烧香，一同去赶庙，一块儿参加迎神赛会。……总之，凡是宗教活动的场所，你都得亲自到场。在这些场所里面，我们有几件事要作，第一是观察，第二是体验，第三是访问，第四是谈话。观察也者，就是站在一旁，用明敏的眼光，冷静的头脑，从头至尾观看一个宗教仪式或一种宗教活动的过程。……有时你非得亲自去体验，决不能领悟崇拜者的经验及其精神的状态，和内心的变化。[27]

不仅倡导，黄石经常克服诸多困难只身外出调查，然后对收集到的资料进行比较分析。在定县调查巫婆的降神舞——"跑花红／跑差龙"——时，他不仅穿梭在"庙会场中"，屏息静气地观察、沉思默想，还"费了许多方法，才刺探到一首不很完全的神歌"。[28]也正因为长期采用局内观察法进行田野调查，黄石才清楚地描绘出定县巫觋群体跑花红的内部知识。

在歌谣、传说等民间文艺的研究中，黄石也基本是以"实地调查做辅翼"[29]，把研究对象限定在一个研究者可以把控、观察的区域范围之内，兼及典籍志书、碑铭的相关记载，在比较分析的基础之上，窥察该地风俗，得出较为令人信服的结论或推论。

在研究定县歌谣反映的妇女生活礼俗时，黄石用他在定县不落岗、南新庄、东亭乡等地采集到的歌谣，呈现出那时定县农村绝大多数妇女从少女到婆婆的生命历程。在分析关于童养媳婚俗的歌谣时，他佐以具体统计的数据，说明男少女长之童婚的盛行。在统计的 766 名男子中，10 ~ 14 岁结婚的占 40.8%，女子 15 ~ 19 岁结婚的占 68.9%。对于男子在丁年结婚、妻普遍年长于夫的现象，黄石在歌谣里也找到"间接而确切的证据"，并罗列出若干解释。[30]

对于定县一带流行的"刘秀走国"的传说，黄石将之与村落地景、庙宇、动植物的释源等连带分析，认为这些传说实乃"真命天子，有百灵辅助"而终胜"假命"之观念意识对民众"模铸"之果，而这正是所有帝王传说的本质特征。[31] 同样，正是因为对他采集到的口头传说、士大夫阶层的方志典籍之记载以及安国药王庙碑铭的比较分析，黄石令人信服地指出：祁州药王并非文人士大夫以讹传讹的东汉中兴名将邳彤（？—30），而是源自宋代开封和杭州都有的皮场庙神——张森。[32]

因此，对于这位"将社会学的方法领到民俗学路上的人"[33]，李荣贞在系统梳理了黄石的民俗著述之后，如此总结道：

> 总而言之，他是应用了人类学的功能法，从实地研究，求了解一种风俗在整个文化结构上的地位，与文化各方面的互相关系。
>
> 当黄氏收集了材料研究理论时，用的是比较的方法：比

较的方法就是搜罗不同来源而性质相似的民俗，互相比较，用归纳的方法推论其内在的原因，发展的程序等。在他的文章里面，多是先举中国的例，然后或举欧美文明民族的例互相比较，或举澳非各初民社会的民俗来比较，这样就可以研究前者与后者中间的关系，这样就能对于该件民俗的性质和起源有深切的了解。[34]

/ 杨堃在燕大的教学实践

在 20 世纪 30 年代初期，上述不同学者都不同程度地注意到充实民俗学理论和系统，以及精密调查的重要性，也注意到民俗学与民族学、人类学、社会学、历史学、文化史以及宗教学等多学科之间的互动关系。这异地同声、异人同见的现象，说明在经过数十年的演进之后，中国民俗学社会科学化的内在必然性。可是，在民俗学理论准备、研究队伍团队准备、刊物准备在华北、华南、华东都呈活跃态势的情况下，抗日战争的全面爆发给予这种隆兴之象致命一击。

所幸的是，因为燕大教会学校的背景，在卢沟桥事变后至太平洋战争爆发前的数年，在许仕廉、吴文藻、派克、布朗等中外学者奠定的基础之上，尤其是在已有的清河试验区建设、研究的具体实践基础之上，燕大社会学系师生的 "社会学的民俗学" 努力，在相当意义上使得燕大成为社会科学化的民俗学 "孤岛"。

今天看来，杨堃坚守、宣扬的法国社会学、民族学和民俗学，与燕大社会学多少有着偏差。然而，燕大社会学既有的研究基础与成果，尤其是方法论的重视、对社会学本土化的践行，对社区研究、功能研究的大力倡导，使得倡导民俗学社会科学化的杨堃，也是在狼烟四起时没有南下而加盟燕大社会学系的杨堃，有了自己的用武之地。

有鉴于"已往的民俗学运动的失败，大半是在于未能深入民间，真正的与民间生活打成一片"，并"确信民俗学亦是社会学的一部分，因而研究民俗学亦须要采用社会学的研究方法"[35]，在杨堃、赵承信等人的倡导、推动下，利用平郊村这个社会学实验室，中国民俗学正式进入以燕大社会学系为阵地的"社会学的民俗学"建设时期。杨堃的加盟，使得燕大社会学系的民俗学研究整体面貌焕然一新。因为现实的观察、历史的视角与比较分析，无论是研究的对象、范围、成果的数量，还是质量，燕大社会学系的民俗学研究都上了一个新台阶，从而使"社会学视野下的民俗学"成为"社会学的民俗学"。

杨堃始终将民俗学视为一门主要以"活的成训"为研究对象的"活的科学"。1936年，在《民俗学与通俗读物》一文中，杨堃曾这样介绍汪继乃波关于民俗学的定义："民俗学是一门综合的科学，是特别以乡下人与乡村生活以及在工业与都市环境内所遗留的乡村生活之遗迹为对象的。"杨堃认为，汪氏的定义"大体是对的"，而且认为在其所列的民俗学的各种定义中，这"可算是一个较好的狭义的定义"。[36] 同年，杨成志在其文章中也提到民俗学的这个定义，并指明该定义说明了民俗学"目的不仅限于历史，却在其直接的研究"[37]。

在汪继乃波之于民俗学定义的基础之上，基于自己对民俗学与民族学、人类学分野的认知，杨堃给民俗学下了一个明确的定义，并顺势指明了民俗学应有的研究方法：

> 民俗学仅是研究各文明民族或历史民族的民间社会及其习俗的科学。不过还应补充两点：一、民间社会虽以乡村社会为主，但并非仅以乡村社会为限，因为还有都市社会的下层社会亦应包括在内；二、研究民间社会及其习俗，须用民族学家或社会人类学家亲身研究野蛮社会的方法，即是说要用"局内观察法"（Methode intensive），去研究民间社会的整个生活，将一般所说的物质文化与精神文化完全包括在内，并要注意到它们彼此间的相互关系，不应再像旧日的民俗学者，仅研究民间生活的一个方面，例如旧传，即算完事。[38]

这里要强调的不是后来燕大社会学系在杨堃指导下研究民俗的毕业论文篇篇卷首都标明的"局内观察法"，而是这一源自民族学、社会人类学的方法论对"民"的重视和尊重，认为民俗学研究者应该成为民俗事象的调研者，"亲入农村，与农夫结为朋友，过着农夫们的生活。从自身的体验与观察之中，以取得实际的资料"[39]。这样，研究者不是眼睛向下俯视、"到民间去"，而是与被研究者——农夫相互"平视"，以求形成一种前所未有的平等关系。调查研究的起点，不再是主导乡建运动和社会调查运动先入为主的启蒙、教育与改造调研对象，而是基于朋友式的认知、理解，甚至还有作为知识分子的研究者对自己的反思。

换言之，虽然"民"还是作为研究对象出现的，但现实生活中的"民"取代了"俗"，直接成为研究者关注的对象，成为文化的主体。这显然是中国民俗学发展史上一个质的飞跃：由"眼光向下"的民俗学，变成"平视"的民俗学；由频频回望、指向过去的民俗学，变成关注当下日常的现在民俗学；甚至可以将其视为作为一种思考方式、认知范式，作为一种方法与方法论的"眼睛向上看"的民俗学。[40] 在与社会人类学、民族学的交互感染中，强调文化主体性、传承与当下日常的中国民俗学独立的学科品位也得以形成。"民俗独立"不是在政治意义上或多少有些浪漫主义想象的层面上，而是在学术层面上得以确立。

正如上文已经呈现的那样，因为深受法国社会学、民俗学方法论的影响，无论是译介还是撰写相关文章，从归国伊始，杨堃始终都强调民俗学应该有其方法（论）。除了前文提及的局内观察法之外，关于民俗学的方法，他还有诸多论述。在对尚未谋面只是神交的娄子匡的《中国新年风俗志》的评述中，鉴于娄著没有明白说出"搜集材料的方法与整理材料的方法"之不足，杨堃从方法论的层面指出：民俗学如果要"脱离民间文艺之附庸的地位，而能进入科学之林，那并不在取材，而是在取材的方法，故民俗学书籍之价值，亦全以该书之材料，如何搜集，如何整理而定"；进而，一部可圈可点的民俗学书籍，它需要回答"参考的资料是什么？搜集的方法是什么？是自己亲为调查的？"等问题。[41]

除调查表格即问卷之外，具体到关于不同事象，应该用什么方法进行有准备的长时间持续调查，杨堃曾有如下说明：

> 调查民间的各种典礼与仪式，如殡丧，结婚，庙会，集市等等，必须利用照像，摄取电影或摄音机的方法；调查民间亲属的关系与家族之制度，可以利用谱系的方法；调查民间的习惯与琐碎旧事，可以利用自传的方法；调查民间的出产或技术，可以使用地图的方法，等等。除此以外，还有许多社会事实，必须深入其境，加入他们生活以内，经过长久的年月之后，方能收有功效，绝不是在短时间，手持几张调查表格，到处请人填写就可以奏效的。[42]

太平洋战争爆发之前，燕大社会学的民俗学已经出现了不少成果。因应当时内外条件的限制，杨堃无偿地给学生贡献出了自己十七八年积存的数万张读书卡片，并且对于学生论文从选题、调查、讨论大纲到分章呈阅批改，无不尽心尽力。对此，杨堃数年后自述道：

> 这些论文题目，有的是我给的，有的是经过我的劝告与保证始行决定的。因为同学对于著述没有经验，不会选择题目。所选题目，全是太大，无法完成。而同学所最感困难的，即是不会利用图书馆，不知参考资料如何取得。但我在

十七八年以来，已经积存了数万张读书卡片，可供他们作参考。其次，关于实际研究的方法，我们全是采用民族学家调查初民社区的方法，亲入农村，与农夫结为朋友，过着农夫们的生活。从自身的体验与观察之中，以取得实际的资料。大部分的论文，全是这样得来的实际的报告。文献的资料，仅是供参考与比较而已。至于论文大纲的决定，亦全是经过多次的讨论与修改，而始决定，故亦是师生合作的结果。最后，论文的写作，亦全是分章呈阅，分章批改。有时要经历过两三次的批改，方肯认可。像这样师生合作，认真研究的情形，在燕大以外，恐怕是不多见的。[43]

对杨堃无私的指导与付出，学生们在论文中多有回应。"性生活"这样如今都不乏敏感和难度的题目，就是杨堃"见示"石埇壬的，且叮嘱后者下乡收集材料，在前八家村从事实地的"社区研究"。对石埇壬的调查和写作，杨堃时加督促，"在材料、方法、观点等方面，多所建议"，悉心批阅，最终使之"得以完成"。[44]

周恩慈坦言，对于她要做的北平婚姻礼俗，书本中的材料"实在太少"，"不易搜集"，"不易寻找"。无论是查阅书面材料，还是实地调研，"于初着手之时颇觉碰壁"，幸亏杨堃"殷殷鼓励与教诲之盛意，循循善诱的指导"，她才克服困难，坚持下去，及至豁然开朗。[45]乃至于最后，周恩慈甚至欲将自己论文能够完成全部归功于杨堃。她写道："本文之作成，全赖吾师杨堃博士细心指导，从旁督促；关于材料的介绍，方法之运用等方面赐予很多的助力。其循循善诱，诲人不倦的精神实足敬佩。作者能完成此篇，率皆为吾师之赐，谨书于此以表谢意。"[46]

同年毕业，专门研究北平儿童生活礼俗的王纯厚，也与周恩慈一样对杨堃表达了谢意：

> 写述之前，备蒙杨堃师之循循导诱，除授以方法之采取，材料之搜集，观点之应用，及意义之指正外；并介绍以有关之书籍及短文多篇，以补不足。至其平日之谆谆鼓励，时刻督促，在在予作者以莫大之助力，此文得以告成，实乃吾师之功也。仅书数言于此，聊表谢忱，并志不忘。[47]

李慰祖对杨堃"十二分"的谢意，除了前述同门称颂的杨堃之鼓励、指导、建议是完成其毕业论文的必要条件之外，还在于杨堃随时告诉他不要忽略某些事实的重要性，尤其是给他指出了"一个实地研究者所应注重的一些条件"，从而使他"得以受到民族学的洗礼"。[48]虞权也表达了类似的谢意，因为不但"自始至终经杨堃师多次多方的热心指导"，还"供给了许多方法和材料"。[49]这种发自肺腑的鸣谢，同样出现在郭兴业的毕业论文中。[50]

因自己做闹新房研究被同学不解甚至嘲笑，数次都想放弃的孙咸方，最终还是坚持了下来。在其论文中，孙咸方专门将"导师杨堃先生的供给"作为其四种资料来源中的一种。孙咸方写道：

因杨先生对于民俗学素有研究，各种风俗材料都已搜集很多，所以在作者开始工作，而不知从何入手之际，杨先生将已搜集的材料供给作者外，又把最主要的参考书指示给作者。不但如此，并对材料的组织，同写述的方法，杨先生又加指导，故作者愿在此向杨先生致谢。[51]

陈封雄、虞权都将燕大社会学系的"讨论班"作为自己研究方法的一种，与访问、旁证、局内观察、阅读参考书等方法并列。对每隔两星期一次，师生共同参加的讨论班，虞权写道：

作实地研究的同学，每隔两星期集会一次，各位师长和三年级的同学也都来参加。在这个班中，我们除讨论实地研究的方法，计划，和临时发生的问题外，又把每人所拟的论文大纲列出，由各位师长及同学讨论和推敲应取消和补充的地方，及大纲之不妥洽与矛盾，使我们重新修改，并努力去找某一部分未注意过的材料。如是，一个论文大纲经过三五回的讨论，便可以把一切糟粕除掉，成为一篇差强人意的论文了。从另一方面说：这个"讨论"不啻是加强了论文之方法与计划，并且指导同学去搜求材料，对于论文的写成，是大有利益的。[52]

杨堃指导学生以局内观察法展开调查，平实地记述当时北平民众的人生仪礼、岁时节庆、宗教信仰等日常生活的方方面面。作为调查成果的论文包括:《北平梨园行之研究》(刘曾壮,1940)、《一个村庄之死亡礼俗》(陈封雄,1940)、《北平婚姻礼俗》(周恩慈,1940)、《北平年节风俗》(权国英,1940)、《北平儿童生活礼俗》(王纯厚,1940)、《中国各地闹新房礼俗》(孙咸方,1940)、《一个农村的性生活》(石埼壬,1941)、《北平妇女生活的禁忌礼俗》(郭兴业,1941)、《平郊村的庙宇宗教》(陈永龄,1941)、《四大门》(李慰祖,1941)、《平郊村的住宅设备与家庭生活》(虞权,1941)。

此外,还有《歌谣中的河北民间社会》(杜含英,1939)、《中国民俗学的发展》(李荣贞,1940)和1939年指导的族群研究系列:《罗罗之研究》《黔苗研究》《桂猺研究》《西藏民族之社会生活及礼俗之研究》和陈玉英《客家研究》。[53] 限于战时条件,这些研究大抵都是基于文献的研究。限于篇幅以及主旨,本书对族群研究系列不做详谈,同样割爱的还有《中国社会学的发展》(孙以芳,1940)一文。

在这些毕业论文中,《四大门》在1948年就被李慰祖自己缩译成英文,全文发表在辅仁的 *Folklore Studies* 第七卷。[54] 并从那时起,该研究就为海内外学界所瞩目。2011年,这篇当年的学士毕业论文,经过整理后,由北京大学出版社出版。就这些论文在学术史上的地位,当年杨堃自己的总结今天看来依旧是中肯与妥当的:

> 这些论文的水准,大致全可满意,并有几本,特别精

彩。譬如李慰祖的四大门（狐狸、黄鼠狼、刺猬、长虫）、陈封雄的死亡礼俗（前八家村）、石垗壬的性生活（前八家村）、虞权的住宅设备与家庭生活（前八家村）这四种专刊报告，在中国民俗学界及社会学界，尚均未曾有过。即以不很精彩者而言，如孙咸方的闹新房、权国英的年节风俗等等，若与从前中大、杭州两处"民俗学丛书"相较，恐亦是后来居上。[55]

即使是在全民抗战、异常艰难的年代，散居中国各地的勤于思、敏于行的学者们，也从未放弃自己关于学科前景的思考。与杨堃借一方苟且之"平安"，身体力行地带领燕大学生进行社会学的民俗学的实践相呼应，1942 年，有着芝加哥大学留学经历的中山大学胡体乾教授在《民俗》上刊发了《社会学与说明的民俗学》一文。借用孙末楠、弗洛伊德、涂尔干等人的研究和他自己的审思，胡体乾认为，作为科学的民俗学，应该不能仅仅局限在叙述的层面，而应该充分借鉴和吸收社会学的成果，使民俗学摆脱资料学的窘境，从叙述走向说明。[56]

其实，早在 1932 年，刚刚归国不久的杨堃：在大力译介以涂尔干、莫斯、葛兰言等为代表的法国现代社会学时，就明白地将法国社会学的方法归纳为同时兼具"具体性与全体性"的社会事实的叙述、比较与说明三个层面。[57] 在叙事之外，比较与说明，即后来所谓的阐释抑或诠释，以及归纳总结成为杨堃主导的社会学的民俗学努力拓展的方向。

/ 小结账式的民俗学史

小结账式的昨夜与今晨

在杨堃于 1936 年发表《民俗学与通俗读物》的前后，学界关于民俗学史的文章已然不少。可是，除钟敬文、陈锡襄、娄子匡等屈指可数的几位之外，多数民俗学史的写作很难如杨堃在该文中呈现的那样：系统地对中国民俗学发展阶段进行梳理和评述；通过研究者、著述以及刊物来叙史，品其优劣得失；明确指明内在的学理和逻辑。这些民俗学史的写作大抵分属以下几种情形：

（1）详细介绍《歌谣周刊》《民俗周刊》等某一刊物及其相关集团的章程、演进与成绩，如容肇祖《北大歌谣研究会及风俗调查会的经过》；

（2）侧重于"民俗学"（folklore）一词词义演进的梳理、罗列，铺陈国外相关研究成果和外国人关于中国民俗的研究，如郑师许（1897—1952）《我国民俗学发达史》和罗致平《民俗学史略》；

（3）根据作者自己认可的学说，在否定式的简述过往研究的基础之上，发出号召，说明民俗学研究应该有的路径或者可能，如罗绳武（1903—1995）《民俗学之社会史的研究》。

虽然有着横贯中西的视野，但郑师许在 1936 年梳理的中国民俗学的"发达史"，却颇有些类似当下"流水账式"的会议论文综述与或长或短的学术史。其文章多半的篇幅，都在列举包括传教士在内的欧美学者，诸如马伯乐、葛兰言等人之于中国民俗、文化的研究，再一一陈说他知晓的近邻日本学者对于中国民俗的研究。关于中国民俗学的成绩，郑师许仅仅列举了顾颉刚《妙峰山》《孟姜女故事研究集》，江绍原《发须爪》等著作，既未分期，亦未进行学理上的探讨。[58] 同年，叶德均的《民俗学之史的发展》一文，大抵是对杨堃翻译的汪继乃波《民俗学》和江绍原编译的《现代英吉利谣俗及谣俗学》相关章节的改写，几乎与中国本土的民俗学发展无关。[59]

1942—1943 年，曾经留学日本的罗致平所写的长文《民俗学史略》，主要是在译介北欧、德奥和英美等国民俗学的历史，并不涉及中国民俗学演进的历史。[60] 值得注意的是，在介绍德国民俗学时，对"德国民俗学之父"黎耳（Wilhelm Heinrich Riehl，1823—1897）的民俗学，罗致平将其强调"民众"，将过去、现在和未来融为一体，研究"生活的源泉"的"现在学"，称为"社会的民俗学"与"社会学的民俗学"。[61] 此外，如前文提及的那样，在介绍美国的民俗学时，罗致平将孙末楠的 Folkways 翻译为"俗道论"。

因为对史学界不满，并明确接受了唯物辩证的社会发展学说，罗绳武将民俗学视为"资本主义国家对于殖民地隶属民族之一种统治上的需要"。[62] 为此，他鲜明地倡导民俗学的研究应该采用摩尔根研究印第安人、恩格斯研究人类社会的社会史之方法，在记述的同时，要用"社会史的方法，或史的唯物论的方法"加以说明。[63] 换言之，对于班尼女士的信仰以及行为、习俗、故事歌谣与俗语的三分法之民俗，罗绳武认为都是精神文化层面的上层建筑，且都被物化形态的经济基础、生产力所支配。因此，对于持唯物论的他而言，"所有民俗学上的现象都直接的或间接的为其民族及其时代之物质生产力，或经济构造，以及基于此构造之社会生活所规定"[64]。

持唯物论的学者，还有汪馥泉（1900—1959）。他不但认为"经济是一切的基础"，还在一定意义上将社会学与唯物主义，抑或说社会主义画了等号，认为社会学研究经济就是研究生产手段、生产力、生产方式、生产关系，以及经济基础与上层建筑的关系等。因此，他认为：狩猎、捞鱼、畜牧等经济形态，是民俗学首当其冲应该研究的；在说明社会以及历代社会情况的基础之上，民俗学的任务就是要说明经济基础与上层建筑之间的关系；而以前的民俗学研究，除江绍原之外，往往并不是要为民俗学出力，而是要建设其史学，如顾颉刚的孟姜女研究。[65] 数年后，他尝试以唯物论对神话传说的变迁进行了研究，尤其强调文化环境的改变对文化变化的支配性作用。[66]

1928 年，钟敬文曾撰文对此前中国民俗学的状况进行了"小结"。根据班尼女士的民俗分类，他强调了周作人、顾颉刚、江绍原等人在民俗学研究方面取得的成绩。[67] 作为较早的中国民俗学史写作，虽为短章，钟敬文此文却敏锐地抓住了标志性人物及其成果。同年稍晚些时候，容肇祖撰文详细描述了北大歌谣研究会以及风俗调查会的缘起、经过与成绩。[68] 容肇祖这篇以资料取胜的长文正好与钟敬文的"小结"互补。然而，或者是因为钟敬文本人对周作人和顾颉刚的仰慕、追随，他并未点明这两位中国民俗学的肱股之臣明显有别于其他人的学科取向与兴味。

1933年，应艾伯华和日本学者小山荣三的邀约，娄子匡对歌谣运动以来的中国民俗学演进进行了相对全面的梳理，即《中国民俗学运动的昨夜和今晨》一文，其译文也相继在日本和德国发表。[69] 作为中国民俗学运动的干将之一，娄子匡主要关注的是中国学者对于中国民俗学运动的提倡、外国理论的译介和相关的研究实践。与郑师许、叶德均等不同，传教士等外国人对于中国民俗的相关研究，并未在娄子匡的梳理之列。该文的上半部分主要介绍了国内民俗学社团的更替、演进。除历数北大的歌谣研究会、风俗调查会和中山大学的民俗学会之外，娄子匡详细列举了他熟悉的东南地区，尤其是浙江和福建两地民俗社团活动开展的情况。文章的下半部分，是民俗学者的个人研究工作概况。除人们熟悉的周作人、顾颉刚、江绍原诸君之外，黄石、赵景深、林兰[70]和他本人的代表性著述都一一在列。

此外，在该文中，娄子匡还回顾了杨堃对汪继乃波、江绍原对怀特、杨成志等对班妮女士的民俗学的译介。在简述个人成绩时，娄子匡也分明地看到了顾颉刚在周作人发风气之先之后，"在民俗学的园外，又另辟了史学的蹊径"[71]，看到了赵景深、林兰的文学取向，江绍原、黄石的宗教学取向。虽然并未对各社团和诸位代表性人物的研究方法有系统的诠释，但娄子匡的梳理无疑对杨堃数年后一直着力的中国民俗学史之写作有着影响。

张南滨《中国民俗学研究的发展》

　　1934 年，在吴文藻的指导下，张南滨主要运用从顾颉刚和刘半农两人那里获得的材料，完成了她在燕大社会学系的学士毕业论文——《中国民俗学研究的发展》。[72] 无论是相较于娄子匡之于中国民俗学运动的梳理，还是相较于容肇祖对北大歌谣研究会与风俗调查会的梳理，以及此后杨成志对中大《民俗周刊》的整理[73]，张南滨对这两个时期的梳理要更加细致、系统和绵密，而且完全是对这两个时期刊物本身的细读，并非仅仅关注团体的兴衰、构成、简章、发刊辞，以及刊载文章的篇目名称之类。不仅如此，张南滨还对 1927 年 11 月 1 日出刊的《国立中山大学语言历史学研究所周刊》进行了梳理，涉猎 20 世纪 30 年代初期大江南北诸多与民俗学相关的刊物、著作和人物。尤其要提及的是占据该文大半篇幅的附录，包括简章、启示、专号和令、咨文四类。在一定意义上，这些附录与正文相得益彰，有着不容忽视的资料学价值。

　　对北大《歌谣周刊》的众多文章，张南滨按照歌谣、风俗、方言、传说、故事诸类别进行了梳理。对中大《民俗周刊》，张南滨细分为前期、中期和复刊三个时期。前期，即《民俗周刊》的前身《民间文艺》，在根据其"发刊辞"指明该刊的学术、文艺和教育之三种目的[74]的同时，按故事、传说、神话、歌谣、谜语和谚语进行分述。中期，按故事、传说、歌谣和谜语、宗教、风俗与节令、文化和制度、通讯分述，并重述了张清水（1902—

1944）、罗香林（1906—1978）对《民俗周刊》的改进意见。[75] 1933年3月21日到6月13日的复刊时期，则按故事、传说、神话、歌谣、礼俗、宗教与魔术、民族、通讯分述。

《国立中山大学语言历史学研究所周刊》中有不少民俗学的研究，如杨筠如《尧舜的传说》和《姜姓的民族和姜太公的故事》、黄仲琴《禹在中国西南部之传说与杜宇传说之比较》、方书林《孔子周游列国传说的演变》、石兆棠《一首很长的獐人结婚仪式歌》，等等。但是，在此前及随后的绝大多数中国民俗学史写作中，该刊基本都是被忽视与忽略的。根据该刊的内容，张南滨按物质文化、语言与文字、习俗与风纪、社会思想家、制度、宗教与艺术、传说、故事、谈诗等十个方面进行了梳理，尽管这个分类描述的标准模糊不清。

与此同时，张南滨的论文还讨论了娄子匡《中国民俗学运动的昨夜和今晨》中已经部分涉及的20世纪30年代初期的刊物，诸如：福州民俗学会编的《民俗周刊》，《绍兴商报》的"民俗"副刊，北平竿篥文学社编辑的《民俗》旬刊，林培庐（1902—1938）编的《民俗周刊》，北平民间社出版的《民间》半月刊，北通县河北省立实验城市民众教育馆编辑出版的《城市民教》月刊"游艺专号"，刘万章在广州编的《民俗》月刊，娄子匡、钟敬文和陶茂康（1901—1969）编辑的《民间》月刊，浙江省立民众教育实验学校出版的《民间文学专号》。就专书而言，除提及和娄子匡关联甚为密切的《民俗学集镌》《宁波谜语》《越歌百曲》《中国新年风俗志》之外，曹松叶（1897—1978）编辑的《金华各属谜语》，陈光尧（1906—1972）编辑的《谜语研究》，谢云声（1900—1967）编辑的《灵霄阁谜语初集》，李景汉、张世文（1905—1996）编辑的《定县秧歌选》等专书都在其叙说之列。

在第四章"民俗学的现状和趋势"之"人物"品评中，张南滨同样按照著作来臧否人物。除此前民俗学史写作中常提及的顾颉刚、江绍原之外，张南滨还分述了钟敬文、容肇祖、董作宾、娄子匡、林培庐和刘万章。不知何故，张南滨几乎未提及周作人。对于顾颉刚，张南滨以《吴歌甲集》《孟姜女故事研究集》《妙峰山进香专号》《苏粤的婚丧》诸书来说其成绩。因为顾颉刚"是始终注意民俗学的人"，具备"见闻的广博和毅力"[76]，所以张南滨将其放了人物榜之首。紧随顾颉刚之后且在江绍原之前的，是钟敬文。从其列举的钟敬文《歌谣杂谈》《民间文艺丛话》《楚辞中的神话与传说》《民间文学纲要》《印欧民间故事型式表》《狼獾情歌》等著作中，我们不难明白张南滨如此排列人物的本意，及其对民俗学研究对象的基本理解。换言之，张南滨的民俗学更偏重民间文学，或者说是以民间文学为中心的民俗学，即吴文藻所理解的 folklore。

虽然很多地方显得稚嫩，但是勇于阐明自己的立场与认知、努力辨明因由，是张南滨这篇资料性极强的民俗学史论文的特点之一。对于中大《民俗周刊》在 1933 年的短暂复刊，张南滨写道："现在虽然恢复出版，不过民俗学的学问，我国尚属幼稚，未曾大规模的从事搜集材料，研究整理。这次恢复，比从前办理困难很多，一是没有固定的经费，二是没有负专责帮助的人，三是没有预定的计划去依照着进行。"⁷⁷在相当意义上，这似乎是当下中国民俗学界实况的一种谶语，尤其是"没有预定的计划去依照着进行"。

当下中国，后钟敬文时代的中国民俗学中，各自为政的民俗学小团体依然面临着经费不足的困境。工具性倍增，或者说看似热闹的民俗学，反而少了对学理本身的思考和对常民生活的关注。在此整体氛围下，现居日本的周星关于当代中国生活革命的研究⁷⁸，也就显得别有意义。

就时间段和内容而言，张南滨的梳理似乎和娄子匡《中国民俗学运动的昨夜和今晨》大致雷同，但张南滨更为翔实的梳理却是着力于反思和批判，而不仅仅是勾画清楚"历史事实"。就民俗学的学科属性而言，张南滨开篇依旧将其定格在"历史的科学"，并强调民俗的感情、幻想、口传、群体、传承和行为等特征。⁷⁹同时，她声明自己研究的"唯一"目的，是使中国民俗学的研究"走入正轨"。对她而言，此前的中国民俗学研究虽然也"略有呼声"，却眼光游弋、朦胧，"时而转入历史与文学上去，忽略了民俗学的本身价值"。⁸⁰在评述《国立中山大学语言历史学研究所周刊》时，她也指出，虽然其中不少著述"趋向民俗学方法"，然结果往往是"走向历史学的方法"，并在内容方面"忽略了民众方面的题材"。⁸¹

究竟何谓民俗学本身的价值？侧重于呈现"学术事实"的张南滨，始终没有做出明白的回答。事实上，就其梳理和行文而言，尤其是从刚刚提及的她本人一些明显矛盾的表述中，还是能感觉到，张南滨无意识地将民俗学"本身的价值"指向了上文已经梳理过的中国学人对民俗学社会科学化，或者说社会学化的内在欲求，以及民众这一文化主体，也即民俗文化主体性的问题。这一前进的方向，实乃中国民俗学"内发性发展"的必然。毫无疑问，这些认知与吴文藻的指导有关。何况，论文开篇虽然是从folklore说起，但张南滨很快就提到了folk group(民俗团体)和folk society（民俗社会）。

/ 回顾：《我国民俗学运动史略》

1936年，北大《歌谣周刊》、中山大学《民俗周刊》纷纷复刊。在复刊之后，这一北一南曾经引领群雄的两本民俗学刊物，都加重了学术分量。

复刊后的《歌谣周刊》明确回归文学本位，强调歌谣的文学属性和之于中国文学可能有的贡献，即试图扩大中国文学的范围，增添范本，并侧重于对歌谣运动时期的97期刊物的整理研究。因此，复刊后的《歌谣周刊》栏目明确划分为研究、采录、译述以及通信等类别。就1936年复刊后《歌谣周刊》二卷四十期的主要内容，李荣贞曾经总括如下：歌谣与文学的理论研究，歌谣性质的讨论，山歌、儿歌、杵歌夯歌、吴歌、喜歌的整理研究，故事传说、谚语的整理研究，通俗文学史的整理研究和语言语音的整理研究，等等。[82]

与此不同，复刊后改为季刊的《民俗》则表现出更加浓厚的民族学、人类学以及社会学的学科取向。在《复刊词》中，杨成志引用了马略特（R. R. Marett, 1866—1945）的句子"Folklore is but a social anthropology as applied with the home-circle."来强调民俗学的社会人类学属性。[83] 同时，他不但在《复刊词》中强调中大民俗学会、《民俗周刊》、民俗丛书在中国民俗学运动史中的重要性，还在复刊号上花费大力气整理编辑出了中大民俗学会成立的经过和出版物的细目。[84] 与容肇祖对歌谣研究会及《歌谣周刊》的梳理一样，杨成志这篇史料翔实的文章，也成为中国民俗学史的经典文献。

社会与科学：《民俗学与通俗读物》

对于杨堃而言，民俗学史的写作必须是标志性事件、团体、人物、著述和研究方法等诸多方面的有效结合，以此避免学科史写作可能有的大事记、英雄中心主义等不良倾向。尤其是对研究方法、路径的关注，使杨堃的学术史写作有了思想的深度，批判的力度、厚度和方法论等多重意义。因此，1936 年刊发在《大众知识》首期上的《民俗学与通俗读物》，一篇貌似谈民俗学这门科学和顾颉刚担纲的《通俗读物》半月刊之间关系的文章，实则是一篇处处洋溢着真知灼见的中国民俗学运动发展简史。

"眼光向下"的民俗学运动和通俗读物，都强调文化双重主体之间的关系。在风云变幻的战争年代，民俗学运动与通俗读物都肩负着唤醒民众、教育民众、整合民众之理论与实用的双重意义，都指向文化主体性这一核心问题。因此，杨堃在该文首尾部分都畅谈了民俗学运动与通俗读物之间的共同点。事实上，因为顾颉刚主编的《大众知识》有"左倾"的嫌疑，国民党很快停止了对其的经费支持。在出版了12期之后，无以为继的《大众知识》被迫停刊。[85]

该文中，在介绍了民俗学的名称与定义之后，杨堃接着梳理了"民俗学在我国的近况"。他指出，狭义的作为科学的民俗学在中国始于1922年的北大歌谣征集运动。虽然"歌谣研究会的创设并不专在研究民俗学"，但它却指出了民俗学的重要性，对于民俗学的宣传"确实很有功劳"。[86] 对于民俗学学术团体及其实践，除北大的歌谣研究会外，他还提及：中山大学民俗学会办刊出丛书、办民俗学传习班、开设风俗陈列所等可观的成绩；江绍原、钟敬文、娄子匡在杭州组织的中国民俗学会及其"内容充实"的《民间月刊》等专刊；1936年北大歌谣研究会的恢复、《歌谣周刊》的复刊，以及风谣研究会的成立，等等。同时，杨堃也鲜明地指出："我国民俗学运动尚在极幼稚的萌芽时代。能具有个性并真能站得住的作品，尚颇少见。"[87] 虽如此，他还是挑出了周作人、顾颉刚和江绍原三位毫无争议的代表性人物。

进而，杨堃系统而明确地指出：周作人的民俗学，是"趣味的与文学的，而不是科学的"；顾颉刚的民俗学，是"史学的民俗学"；江绍原的民俗学，是"神话学派的民俗学"。值得注意的是，以其对社会学的敏感和专业眼光，杨堃还注意到了常人通常不会提及且至今也很少有人注意到的，以汪馥泉和罗绳武两位为代表的"唯物论"的民俗学。最终，杨堃明确倡导采用社会学方法——局内观察法——研究民俗的"社会学的民俗学"。

如前文所述，虽然钟敬文、汪馥泉、娄子匡等曾经隐约地触及这样的问题，但明确按照学术渊源和学科归属来论述、澄清中国民俗学运动或者说中国民俗学史，杨堃显然是第一位。对社会学的民俗学的大声疾呼与践行，杨堃更是集大成者。如前文提及的那样，方法论上的契合，和燕大社会学系已经有的重视方法论，尤其是对社区研究和功能研究的倡导、实践，以及燕大社会学系既有的关于民俗的研究，或者正是杨堃 1937 年正式加盟燕大的原因之一。

1940 年在毕业论文《中国民俗学的发展》中，李荣贞细化并系统化了杨堃在《民俗学与通俗读物》中对于中国民俗学运动发展的梳理，并有了新的推进。

史论与人论：《中国民俗学的发展》

在"绪言"中，李荣贞写道："本论文导师杨堃先生，自始至终在材料方面、方法观点方面，指导一切，此论文若有一分令人满意，皆杨堃先生之功也。"[88] 这绝非是学生出于对老师的尊重而写下的自谦或溢美之词。无论是民俗学的定义、论文的框架、基本的观念，李荣贞的论文都以《民俗学与通俗读物》一文为纲，对其进行了延伸、拓展与细化。除绪言、结论两章之外，李荣贞论文余下的五章大体可分为重事的"史论"与重人的"人论"两部分。

史论，即李荣贞论文的第二章"中国民俗学发展史略"。该章下设五节，分别是：五四运动前的中国民俗学，民俗学研究的起源——北大歌谣周刊，民俗学研究的发展——广州中大时期，民俗学的极盛时代（1935—1937）和燕大在中国民俗学运动的地位。和《民俗学与通俗读物》相较，根据时间的推移，李荣贞明显加重了1935—1937这数年在中国民俗学发展史中的分量，并称之为"极盛"。虽然有杨堃当年注意到的《歌谣周刊》的复刊，中大《民俗周刊》的复刊，以及顾颉刚在重整的歌谣研究会之外张罗组织的风谣学会，然而以长时段的眼光来看，将这三年称为中国民俗学的"极盛"时代，明显欠妥。

然而，唯其如此，李荣贞才详述了这两本重要刊物复刊的前因后果、人事配置、所做的工作、取得的成绩。在保存了大量史料的同时，李荣贞明敏地意识到了国难与学问之间的张力："自1935至1937，国人因外面势力的压迫，各种学问都有突飞猛进之势。"[89]毫无疑问，对李荣贞而言，民俗学亦在"突飞猛进"之列。虽然燕大有教会学校的幌子，在美、日没有撕破脸之前，尚能苟延残喘，但当年能明确地这样写，显然作者有着过人的勇气与胆识。以此观之，貌似唐突的"极盛"，也就有了一定的合理性。以学问之名，论文委婉地叙说着国之苦难。何况，这数年燕大之社会学的民俗学研究确实硕果累累！

因为1937年前周作人、许地山、瞿兑之、郭绍虞、郑振铎、顾颉刚、许仕廉、吴文藻、黄石诸人的引领，和此后杨堃在燕大的教学科研多偏重礼俗，尤其是 1939 年和 1940 年两年杨堃指导的系列以民俗学为主题的学士毕业论文，李荣贞明确地凸显了燕大在中国民俗学运动中的地位。不仅如此，以亲历者的身份，李荣贞将那数年燕大社会学系师生合力完成的论文选题、调研、讨论、方法和材料，都介绍了出来：

> 我国民俗学的整个运动在燕大能很明显的见出来，如文学派的周作人先生、郑振铎先生，史学派的顾颉刚先生、容肇祖先生，都曾先后在燕大任教职。社会学派在 1937 年之前，先有许地山先生在燕大讲授中国礼俗史，继之者则有吴文藻先生、黄石先生。1937 年之后，社会学系教授杨堃先生讲初民社区及家族社会学二门课程，也多偏重礼俗的研究。1939 年社会学系由杨堃先生指导下的毕业论文也多是民俗学的研究；如赵盛铎著《西藏民族之社会生活及礼俗之研究》，陈玉英著《客家的研究》，刘颖方著《桂猺研究》，刘诒娥著《黔苗研究》，杜连华著《罗罗之研究》，杜含英著《歌谣中的河北民间社会》。自 1939 年夏赵承信先生领导学生数人，作北平西郊八家村的调查，秋季开学后又组织了八家村研究班，由社会学系教员指导学生作实地研究之工作，并于每星期二报告讨论个人研究结果。1940 年毕业论文中，石墇壬君的《一个农村的性生活》[90]，与陈封雄君的《一个农村的死亡礼俗》，就是完全根据了调查得来的材料所写成的。权国英女士的《北平年节风俗》，孙咸方女士的《中国

各地之闹新房礼俗》，周恩慈女士的《北平婚姻礼俗》，王纯厚女士的《北平儿童生活礼俗》，材料一半得自实地调查，一半得自已有之文字记载。此外，自 1938 年社会系更聘任了苏钦孺先生，专门著述北平礼俗的各方面，如男女的歧视，北平的庙会，北平的旧历年节，产儿节育的礼俗……等。又杨堃先生正在编纂中国民俗学史，为我国民俗学作一系统的历史研究。[91]

在人物部分，除按照小传、著作、方法、贡献和影响诸项详述周作人、顾颉刚和江绍原之外，李荣贞还增加了娄子匡曾经格外提及的黄石。在详细列举、简述了诸方家关于民俗学的代表性著述之后，李荣贞更加明确地将周作人的民俗学称为"文学的民俗学"。[92] 而从搜集材料到整理材料而言，顾颉刚的民俗学都是"史学的"。在强调顾颉刚始终如一对于民俗学的宣传与鼓吹之功的同时，李荣贞还中肯地指出了顾颉刚对于中国民俗学运动在学理、方法与认知上的切实推进：

> 自从顾先生用史学的方法研究民俗之后，使我们更知道一件件的民俗都有他的来源、演变，于是由静态的进而为动态的，由仅有空间性的加上了时间的性质，这不能不说是顾先生对我国民俗学一大贡献。[93]

对于江绍原，李荣贞继续沿用了杨堃对于其民俗学研究的

"神话学派的民俗学"[94]之定位，盛赞江绍原在文献典籍中静心搜集资料的能力，热心引发众人参与而用通信的办法搜集资料，从而将其小品做成了"大家的小品"，将其"礼部"做成了"全中国的礼部"[95]之有效性，以及同时介绍科学知识并与国外相关礼俗进行比较研究的博洽。

难能可贵的是，李荣贞将黄石提高到了与周作人、顾颉刚、江绍原同等重要的地位，为其单设一章。在曾经与黄石一同参与定县调查的廖泰初的帮助下，李荣贞将黄石的生平、学术系谱、著述、方法、观念首次从学术史的角度进行了系统梳理，保留了珍贵的史料。李荣贞不但叙说了因为许地山的关系，黄石数年供职于定县，深入调查了当地的宗教、庙会等礼俗，而且在提及他撰写的关于定县民俗方面的报告时，李荣贞还使用了"民俗志"这一术语。[96]因为黄石主要是用局内观察法搜集资料、实地研究，并与异源而质似的民俗进行比较，以求明了该民俗的性质和在整个文化体系中的地位，以及与该文化其他方面的关系，李荣贞认为黄石是"我国将社会学的方法领到民俗学路上的人"[97]。换言之，对杨堃和李荣贞师生而言，黄石的民俗学是实实在在的"社会学的民俗学"：

> 在黄先生之前的中国民俗学是文学的、历史的、神话学的；但是由黄先生倡导，民俗学运动才得深入民间，真正与民间的生活发生了关系，以调查的资料为民俗学理论的根据，这样民俗学才走上了大道，成为社会学的民俗学。黄先

生就是领他入了这新阶段，新境界的人物。[98]

从本书第二章对黄石民俗学研究的梳理可知，李荣贞这些赞誉是中肯的。

通过李荣贞的详细铺陈，史论与人论得以相得益彰、相互呼应，杨堃数年前期盼的"社会学的民俗学"在时间序列上也正式成形，虽然并不一定存在此消彼长或线性的演进关系。为此，在论文结论部分，李荣贞简明扼要地写道：

> 我国的民俗学一步一步的由文学走入了史学，再走入了神话学，而终于达到了社会学的境地。近几年来周作人先生，江绍原先生都对民俗学失去了兴趣。作者曾亲身往访这二位先进；周先生说："我自己文学方面的责任和兴趣，不允我再去作民俗学的工作。"江先生也以兴趣的转变而拒绝接见；但一般社会学者，如吴文藻博士、赵承信博士、杨堃博士等对于民俗学的研究，社区的调查，发生了绝大的兴趣，认为这才是建立中国社会学的路途，并主张采用民族学家亲身研究野蛮社会的方法，去研究我国的民间生活。因为民俗学即是社会学的一部分，自然也应当采用社会学的研究方法；这个趋势在我国民俗学的发展上，十分的显著。[99]

不同于六年前张南滨笔下偏向 folklore 的民俗学，李荣贞笔下的民俗学 folkways 的意味明显浓厚，尽管其参考文献中没有孙末楠的 *Folkways*。

民人学与《我国民俗学运动史略》

尽管力促民俗学的社会学化，但杨堃社会学的民俗学仅仅只是倡导要用社会学的方法来研究民俗学，而非将民俗学和社会学合二为一，剥夺民俗学的学科独立性与主体性。对杨堃而言，民俗学始终是一门有着自己研究对象与价值的独立科学。在李荣贞撰写毕业论文时，为了"真正的中国本位文化之建设"[100]的可能，杨堃撰写了《民人学与民族学》一文，并在 1940 年刊发了该文的"上篇"。出于对国内学界与 folklore 对译的风俗学、谣俗学、民间学、民学、氓学以及民俗学等术语的不满，杨堃在该文中正式将 folklore 翻译为**"民人学"**。该文的撰写，同样是为了强调民俗学独立的学科属性，强调将民族学的研究方法——局内观察法——应用在民俗学中，从而在使民俗学避免"退而为志""降而成文学的附庸"的同时，得以"将科学的资格保守得住"，并扩大为一种综合且有着诸多分支的大科学——**"民人科学"**（folk sciences）。[101]

与吴文藻将 folkways 视为 folklore 的高阶，即"更进一层"[102]不同，杨堃完全意识到：孙末楠的 *Folkways* "意在建设一种社会学说，不是想替民人学另创一个新名"；而且，将 folkways 当成"民人学"的一个名称，是"我国社会学界内一种特殊的现象"[103]。这也是杨堃力主将 folklore 翻译为"民人学"从而避免与 folkways 相混淆的原因所在，并且他也顺势将 folkways 译为"民风"。

之所以力主将 folklore 翻译为"民人学"而非惯有的"民俗学"，就是因为从词源和语义上，杨堃意识到了 folklore 一词原本有的和应该有的"民"这一文化主体性之意涵。即，folk 的本意乃"民人"，且《诗经》《左传》中已经有"民人所瞻""民人日骇""民人苦病"等表述，而 folklore 实乃"文明国家中民人生活之研究"[104]。杨堃写道：

> 我觉得民俗学一词最大的缺点可以分作三项：一、从字源上讲，它与 folklore 一字的原义不相符合。因为 folk 的原义是指人民、民人、民族或民而言，并无民俗的意思。而 lore 的原义是指知识或学问而言，亦没有俗字的意味。故 folklore 一词，译作人民学、民人学或民学，均与原义相合，但不能译作民俗学。二、从定义上，folklore 现有的对象是研究民人的整个的文化，并非仅研究民俗一项即算完事。故民俗学的译法是和民间文学、民歌或民故学的译法一样，全犯了逻辑上"以部分代全体"的重大错误。三、再从我国用字的习惯上讲，如将 folk 译作民俗，则 folk-literature, folk-arts 与 folkcustom 等等，即应译作民俗文学、民俗艺术与民俗风俗等等。然而这样的译法，虽说亦会有人用过，毕竟觉着不大合理。[105]

在旁征博引、层层剥茧的分析后，在与民族学的比较之中，杨堃再次将 folklore 简洁地定义为："是用民族学的观点与方法，以文明社会之民人及其文化为对象的科学。"[106]

计划中的《民人学与民族学》分上、下两篇。如上述，上篇先是对 folklore 在欧洲的前史[107]、各种名称、演进、创生、传播和普及的梳理，分析该词已有的诸多中文译名的短长和倡导将其翻译成"民人学"的理由，进而是对 folklore 已有的遗留物说、成训说，尤其是"最正确的一个定义"民间生活说——包括精神生活、物质生活和经济生活在内的文明社会民间（人）的整个生活——的辨析[108]，对民俗学与民族学之间关系的厘清。就上篇而言，看似杨堃是在借 folklore 的译名问题谈论学科的性质以及与民族学之间的关系，实则是基于当下所言的"概念史"，一以贯之地在学科发展史的长河中，历时性地探讨该门学科的演进史。抛却 folklore 的中译这一部分，在相当意义上该篇的其他部分就是欧美民俗学简史。而且，杨堃对 folklore 演进史、传播史的系统梳理，比艾姆里奇（Duncan Emrich）对 folklore 一词的创生、传播与接受的梳理[109]，还早了六年。

该文计划中的下篇，原打算写"我国民人学运动的总检讨"，试图通过"历史的叙述"，"对我国近十余年的此种运动作一总的清算"，进而指出民人学运动的新方向。[110]然而，不知何故，下篇并未迅速发表。或者是传播的范围有限，杨堃在国难时期刊发的此文上篇也影响甚微，几乎没有人回应他对 folklore 的中译——"民人学"。1948 年，在同样是刊发于《民族学研究集刊》

上的《我国民俗学运动史略》一文中，杨堃自己再次使用了他曾经质疑过的"民俗学"一词，并对歌谣运动以来三十年的中国民俗学史进行了详细的梳理，实现了他八年前就有的"总检讨"之夙愿，也实现了对他自认为"通俗的""极简单并极不完全的"《民俗学与通俗读物》一文的再写作。[111] 事实上，八年后才刊发的《我国民俗学运动史略》，就是杨堃曾经计划中的《民人学与民族学》一文的"下篇"。因为在《我国民俗学运动史略》中，探讨民俗学的意涵时，杨堃两次提及"上篇"。一处写道，"然如采用我们在上篇所拟的定义，认为民俗学是研究整个的民人的生活的……"；另一处则云，"盖德文 VolksKunde 实较 Folklore 之意义为广，此吾人在上篇内已有论述"[112]。

　　然而，正是因为晚了八年，杨堃也才将《我国民俗学运动史略》书写的时段延长了八年。当然，主要是因为时局不稳而造成的信息传递和资料获得的困难，对于 1937 年后国统区和边区此起彼伏，甚至轰轰烈烈的民俗学运动[113]，杨堃都没有涉及。在该文中，杨堃先是简略地梳理了五四运动以前的中国民俗学。对于中国现代学科意义上的史前民俗学的梳理，他并未像改革开放后的不少民俗学史研究者那样列举关于民俗记述的大量文献，诸如《诗经》《楚辞》《山海经》《西京杂记》《东京梦华录》等，而是仅重点提及《礼记》《汉书》中先后出现的"民风""风俗"二词，即"命太师陈诗，以观民风"；"古有采诗之官，王者所以观风俗，知得失，自考正也"。随后，杨堃迅速转向了人们对古代神话、传说的相关学术研究。除他熟悉并推崇备至的葛兰言《中国古代舞蹈与传说》在其钩沉、点评之列，郑振铎《中国俗文学史》、江绍原"礼部文件"、尚秉和《历代社会风俗事物考》和茅盾（1896—1981）、钟敬文、孙作云与杨宽（1914—2005）的神话研究，都被他一一评述。

重民俗研究轻民俗事实的记述，既是杨堃这篇苦心经营、打磨多年的民俗学运动史略的总体特征，也是其学科史写作始终具有的鲜明特色。因为重视方法论和学理创见，将杨堃的中国民俗学史称为中国民俗学批评史，也大体合乎事实。因此，基于文献记述的事实——"生料"，并非就是对于社会事实——"熟料"的认知，对于只字不提方志等志书类的史前民俗学，杨堃解释道：

> 总而言之，我国旧有的民俗学资料并非缺乏，在经史子集各类中全可寻到。惟因为没有科学方法，故记录颇有缺点，即以资料而言，大半亦全是生料，不是熟料，不能直接供我们作参考。这是五四运动以前的情形。[114]

根据时局的变迁，学科的进展和掌握的资料，杨堃将五四运动之后至抗战胜利后的我国民俗学运动细分为五个时期：

（1）起源时期，即北大时期（1922—1925）；

（2）全盛时期／宣传时期，即广州中大时期（1928—1930）；

（3）衰微时期，即杭州中国民俗学会时期（1930—1935）；

（4）复兴时期（1936—1937）；

（5）近九年来（约 1938—1946）北平的民俗学研究／建设时期。[115]

对于起源时期，杨堃虽然重提周作人、沈兼士、刘半农等人"文学的兴趣大过科学的兴趣"，并将之定义为民俗学运动的"预备时期"[116]，却也强调了其发轫、拓荒之功。通过细读《歌谣周刊》，杨堃指出：从第 44 期到 48 期，因为征集和研究范围的扩大，《歌谣周刊》已经转型成民俗学研究的刊物。对于正式进入"宣传时期"的全盛时期，杨堃从刊物、人事两方面，强调了中大民俗学运动与北大歌谣研究会之间的内在关联。通过细读《民俗周刊·发刊辞》，杨堃清楚地诠释了他为何将顾颉刚主舵的中大民俗学称为"史学的民俗学"。在此，有必要抄录杨堃的原文：

> 我们单从这个发刊辞上已可看出许多意义来：第一，民俗学的前身原是民间文艺。而且当时是仅叫作民俗，未叫作民俗学。这证明民俗学在当时还未取得"学"的资格。第二，这个发刊辞的语气完全是一种战斗的口吻。这证明当时的民俗学运动是代表一种新的思想。第三，那篇发刊辞如不加上"民俗"两字，并不放在民俗周刊之内，那我们就会猜想它是一篇新史学运动的宣言，想不到它原是民俗的发刊辞。第四，他们所说的"民俗"是包括整个的民众社会，故民众艺术，民众信仰，民众习惯，亦全在内。这显然比英国民俗学家所说的"民俗"（Folklore），范围广得多了。第五，这篇发刊辞，据说是出自顾颉刚氏之手。然既署名曰"同人"，那

在发表之前，恐一定经过同人审阅或修正，故可视为是代表该刊同人的。第六，这个民俗学运动原是一种新史学运动，故较北大时期的新文学运动的民俗学运动，已经不同，已有进步。这代表两个阶段，亦是代表两个学派的。[117]

在根据杨成志《民俗学会的经过及其出版物目录一览》一文，盛赞民俗学运动全盛时期"最有生机，最为热闹"，收效极大并奠定了中国民俗学运动之基础的同时，杨堃没有忘记指出：《民俗周刊》所载资料、论文有关于边疆民族的，这超出了民俗学的范围，进入了民族学的领地；并不讳言《民俗周刊》和民俗丛书"在内容上全很幼稚，经不起严格的批评"。此外，他还认真、老实地指出了杨成志文章的不足，即作为全盛时期杂志的索引，《民俗学会的经过及其出版物目录一览》中的故事、传说、歌谣、谜语、谚语、逸事或趣事、风俗、信仰、研究和通讯这十类的分类标准不明，"恐怕是仅根据表面的文章标题，而并未顾及其内容"[118]。

虽然他将杭州中国民俗学会界定为中国民俗学运动的"衰微时期"，却充分肯定其"继往开来"之功，并详细列举了该会出版的《民俗》《民俗学集镌》《民间月刊》、中国民俗学会丛书和《艺风月刊》副刊的开办情况。除了提及钟敬文作词的《中国民俗学运动歌》，称赞其为坚守民俗学园地的战士及其"风雨如晦，鸡鸣不已"的精神之外，杨堃对两册《民俗学集镌》更是赞誉有加。他认为，《民俗学集镌》第一册"为我国民俗学界空前未有之大著作"，第二册"亦颇精彩"，两册在内容和形式方面"均较广州民俗周刊为进步"。[119] 在其断代的"复兴时期",杨堃不但将娄子匡主办的《孟姜女》月刊与北大《歌谣周刊》和中大《民俗周刊》的复刊相提并论,还认为该刊水准已经提高,民俗的采集与纪录演进为比较的研究,所载论文均非凡品。[120]

前文已经述及,关于七七事变后的中国民俗学运动,有鉴于其经历与掌握的材料,杨堃并未勉力要梳理出全国的状况,而是立足于他亲身经历与熟悉的沦陷区北平实况,分述他曾经先后任职的燕大社会学系、中法汉学研究所和他熟悉的辅仁大学。通过对燕大社会学系吴文藻、赵承信、费孝通、林耀华、黄迪、苏钦孺等人研究的介绍,以及对派克、马凌诺斯基、拉得克里夫·布朗、雷蒙德·弗斯(Raymond Firth)等学说的引入,杨堃认为燕大的民俗学对中国民俗学运动而言,已经从"宣传时期"进入了"建设时期"。[121] 因此,如前文所述,杨堃重在强调从清河试验区到平郊村实验室的范式转型,以及师生合力采用局内观察法所取得的骄人成绩。燕大创办的《社会学界》《燕京学报》《史学年报》《文学年报》《教育学报》《经济学报》《社会研究学报》等刊物都在其搜罗考察之列。

对其离开燕大后任职的中法汉学研究所,杨堃则主要介绍了其研究人员、日常工作、创办刊物以及成绩。对自己往来不少的辅仁大学,杨堃则详述在施密特(W. Schmidt, 1868—1954)学派也即维也纳学派之干将雷冕(Rev. Rudolph Rahmann, 1902—1985)、叶德礼(M. Eder, 1902—1980)的引领下,辅仁创设的民俗学研究相关机构、杂志,举办的展览。对于叶德礼依托人类学博物馆创办的《民俗学志》，杨堃认为这是"北平出版界内，惟一的民俗学专门刊物。刊内论文，大体言之，水准极高"，并以司礼义发表在该刊的大同城南的婚俗、谜语儿歌两篇研究作为例证。[122]

当然，较真的杨堃没有忘记和叶德礼等同人反复商榷过的人类学博物馆（Museum of Oriental Ethnology）中文译名名不副实的问题。对于司礼义等传教士杰出的中国民俗学研究[123]"恐不久又开设一新纪元"的强势，杨堃也提醒热心民俗学运动的同志，"如不愿甘落人后，应知自勉矣！"[124] 但是，对河北同乡赵卫邦发表在该刊且主要侧重北大与中大两个阶段的民俗学运动的梳理[125]，杨堃则不以为然。他认为，赵卫邦的梳理"似仅对于不能阅读中文的读者，方觉有用"[126]。毫无疑问，就民俗学史的书写而言，杨堃完全不满足于仅仅作"事实"的罗列甚或拼凑。

尽管这还是多少会被人诟病为"因人写史"，但正是这一不舍近求远的量力而行、有话则长无话则短的记述，为这一阶段北平的民俗学、民间文学的研究留下了众多史料以及线索。如王文宝、刘锡诚等前辈，以及新近高洁关于中国民俗学史的写作，涉及燕大、辅仁、中法汉学研究所的民俗学与民间文学研究的部分，大抵取材自杨堃此文。[127]

显然，杨堃这篇绵密的宏文，还是有不少缺憾：

其一，因为完全基于 folklore 这一显在的主脉，该文明显忽视了晚清以来，尤其是在史界革命和新史学影响下"风俗"的现代性历程，忽视了被赋予现代性的"风俗"与"民俗"交错前行的学术事实，并有意撇清了中国民俗学和孙末楠 *Folkways* 之间的深度关联以及与中国社会学本土化诉求之间的联动。

其二，不知出于何种考量，这篇欲通过"历史叙述"对我国民俗学运动进行"总检讨"的文字，未曾提及李荣贞在毕业论文中专章论述的黄石。

其三，因为重方法论的学派取向，该文在偏重团体、事件与刊物的同时，也就少了对重点学人及其作品的介绍与评述，从而"史"多"事"多却"人"少，甚至连他在《民俗学与通俗读物》中提及的江绍原也只论述了细枝末节。

其四，有"因人写史"之嫌。因为自归国起，出于共同的学术爱好，杨堃与娄子匡很快由笔友成为好友，杨堃甚至曾在北平帮娄子匡"代销"杂志。这样，在整篇文章中，杨堃对自己了解的娄子匡的民俗学事业着墨颇多。

其五，或者是由于政治上的愚钝、单纯，或者就是痴迷、忠诚于学术，因而将学术与政治截然分开，该文多少还是有"自我中心主义"之嫌。除对1925—1927年地处东南的福建协和大学和厦门大学承上启下的民俗活动的忽视之外，这又尤其表现在文章最后一部分，对近九年来进入"建设时期"的中国民俗学运动的梳理，杨堃只取材于北平，而完全无视了国统区与边区的"热闹"。这样，"总检讨"之"总"就自动打了折扣。

总之，瑕不掩瑜，杨堃的民俗学学术史写作有着他自己鲜明的特色：学术至上，实事求是，系统回顾，重代表性人物与标志性成果及其学术思想与研究方法的演进，抓大不放小，精准评述，商榷得失，指导实践和预测可能。这八个方面兼顾，成为杨堃关于民俗学学科史系列文章的特征。显然，他的学术史写作之实践，影响了 20 世纪晚期中国现代民俗学史的写作。这在赵世瑜《眼光向下的革命——中国现代民俗学思想史论（1918—1937）》中，有着分明的体现。

/ 中国儿童生活之民俗学研究

早在归国之初的 1932 年，杨堃就明确将礼俗调查与社会调查、民族学调查相提并论，将其视为中国社会学发展的趋势，明确将礼俗定义为"一国文化之代表"。在具体论及礼俗调查时，杨堃表达出了对现状的极度失望。对此，他多少有些悲愤地写道：

> 谈到中国礼俗之调查，更使我们惭愧。不仅是我国最高的学术研究机关，如国立中央研究院，或国立北平研究院，尚均未注意到此项工作，即在各大学或其他地方的文化机关内，亦很少设有此类的学术组织。礼俗博物馆，乃一国文化之代表，但在中国它似乎尚未降生。中央政府虽设有一个礼俗司，但这仅是一种官样文章，除与作官发生关系外，对于中国的礼俗调查，乃丝毫无关。数年前，北京大学及广东中山大学，均先后成立了民俗学研究会，无论其成绩若何，总算是中国学术界一件创举。不幸又均以特种原因，不能长寿。北平女师大研究所，出有一种礼俗半月刊，虽说简陋幼

稚，其价值极微，但慰有胜于无，仍不失为中国礼俗研究的一种定期刊物。可惜即此一物，亦以经费关系，早行停顿（我希望它不是寿终！）。去年江绍原先生在北京大学讲授礼俗之迷信，首先在我国大学内开创了中国礼俗研究之讲座，这总算是北京大学的一种光荣。不幸江先生的大著尚未完成，此门功课，忽被取消！中国礼俗之调查，从此，乃只好让洋大人去专利了！[128]

　　就杨堃对江绍原课程取消的感叹，江绍原自己曾戏谑地回应，说这是北大肃清传说中有肺痨病的"饭桶教员"，铲除"老鬼"之势力，以使北大中兴，并劝慰杨堃不必过于悲观。[129] 就杨堃感叹唏嘘的《礼俗》半月刊这一寿命不长的刊物，虽有顾颉刚、娄子匡等人的支持，也曾发表了罗绳武的《民俗学之社会史的研究》、任访秋（1909—2000）的《谚语之研究》等论文，但还是仅仅在出版了九期后，就停刊了。[130]

　　七年后，1939 年，民俗学界关于礼俗的研究依旧不能让杨堃满意。于是，他与原本专攻法国文学，尤其是以研究纪德而著称的妻子张若名一道，出版了法文著作《中国儿童生活之民俗学研究》(La vie de l'enfant en Chine, étude de Folklore)。1996 年，在征得杨堃同意后，刘晖翻译了该书。遗憾的是，刘晖省略了原书的引文、注释，将书名翻译为"中国儿童之民俗学研究"，刊载于是年《民俗研究》第 3 期。事实上，杨堃自己翻译的中文名"中国儿童生活之民俗学研究"明显更加精确，因为从文章内容可以看出，杨堃要研究的是"儿童生活"，而非"儿童"。更确切而言，杨堃所谓的"儿童生活"实际上就是他数年前强调的礼俗中的"生养"之部。

这本与张若名合著的关于中国儿童生活礼俗的专书，试图较为全面、系统地呈现 20 世纪 30 年代之前中国儿童的生活礼俗。该书分为儿童养育的节点和生活的不同特点两大部分。儿童养育的节点，包括出生、做三朝、做满月、做百岁、做周岁、做生日、成人礼等过关礼；儿童生活的特点，则包括儿童的成长、食物、睡眠、服饰、疾病、夭亡、玩具与游戏、童谣、教育诸部。虽然偏重于叙述，但明显用了法国现代社会学的方法，将生养礼俗视为"活的成训"，即有着整体性和具体性的社会事实。无论是就人生仪礼的研究，还是儿童生活礼俗这个专门领域而言，这样具体性的全景式写作，在中国民俗学界都应该算是开创性的。不仅如此，在开篇部分，杨堃夫妇就强调了包括儿童生活礼俗在内的中国人日常生活习俗传承与变异的关系，以及城市与乡村不同的社会形态：

> 20 年来，中国社会的方方面面都受到了现代文明的影响，中国人在他们的生活方式方面也发生了根本性的变化。然而，这种影响的范围只限于大城市，特别是新兴的知识分子阶层，为数众多的旧式家庭和普通百姓依旧保持着他们旧有的习俗和迷信。下面我要讨论的是儿童生活的状况。[131]

因为偏重于社会学的叙述方法，因此文中呈现的是他们夫妻收集了近十年的相关民俗资料。这些资料包括：杨堃夫妇直接调查所得、典籍和已有的文章、中国民俗学运动发生后二十年来"总是满腔热情的年轻的业余民俗工作者"完成的一些不太知名的调查成果。[132] 因为想整体性地给外国读者呈现出中国儿童的生活礼俗，文中的例证涉及北平，天津，河北保定、顺县、冀县、滦州、大名、安国，山东泰安，江西南昌，江苏淮安、武进、无锡、常州，浙江富阳、绍兴，广东潮州、翁源、梅县、陆安、曲江，贵州，重庆，云南曲靖等地。这些地域的出现，既与杨堃夫妇的生活经历有关，也与在他们成文之前中国民俗学运动发生、影响的地域范围密切相关。

在其叙述框架下列举不同地方相关风俗的同时，作者也注意比较。儿童教育部分，在说明大城市的儿童在学校学习与欧洲学校大致相同的教材时，详述大名等地乡村小孩"念家馆"的礼俗，并辅以顾颉刚自己儿时受教育的情形作为例证。以至于在卷尾，杨堃夫妇还要特意声明其比较的用心：

尽管我们总是指出某种风俗存在于某个地区，但这并不意味着此种风俗只存在于此，而不在别处。实际上，类似的风俗常常遍布整个中国，不过多少在细节上有所变化而已。同时我们还要指出，即使在同一个城市或同一个县，风俗也有相当明显的变化，因为中国的一个县几乎同法国的一个省一样大，风俗会因村庄的不同而变化，正如一句谚语云："十里不问俗，五里改规矩。"[133]

看了杨堃自己的写作理念与架构，我们就不难明白：无论是偏重于"活的成训"还是"笔述的成训"，即无论是偏重于利用局内观察法的调查，还是偏重于对方志等文献的钩沉、梳理，抑或二者并重，为何在儿童生活礼俗之外，红白喜事等人生仪礼以及妇女生活的禁忌礼俗等，都成为在燕大正式执教后杨堃指导的学生论文的重要研究对象。

/ 小 结

20 世纪 30 年代初期，刚从法国回来的杨堃，明显有着用法国社会学为新生而幼稚的中国社会学、历史学、民俗学、民族学助燃的热望。其中，他对莫斯、葛兰言赞赏有加，不遗余力地鼓吹相关的学说与著作，身体力行地写出《灶神考》这样用社会学方法细读文献典籍的佳作，树立了社会学化的史学的典范。在其希望中国社会学、民族学、史学以及语言学等学科，借鉴社会学方法而社会科学化的总体学术追求中，与上述学科关联紧密的中国民俗学的社会科学化、社会学化，自然是杨堃必有的诉求。这样，"法国民俗学之父"汪继乃波的民俗学学说被杨堃系统地译介进来，并引起江绍原、娄子匡、叶德均等人的共鸣。

当然，经过从以北大《歌谣周刊》和周作人为代表的"文学的民俗学"到以中大《民俗周刊》和顾颉刚为代表的"史学的民俗学"十余年的演进之后，中国民俗学的社会科学化有着某种内在的必然性。在这种演进的趋势中，钟敬文、杨成志、江绍原、娄子匡和黄石都表现出了将民俗学社会科学化的自觉。尤其是与燕大渊源颇深的黄石，在20世纪30年代前期更是长期在定县一带实地调查，对相关民俗进行叙述、比较和说明，居功至伟。

相较上述诸人，杨堃始终是社会学的民俗学或者说民俗学社会科学化的坚定倡导者、推动者与实践者。他早早就明确倡导民俗学的社会学化，鼓吹社会学的民俗学才是民俗学科学化的正途。不仅如此，在20世纪30年代后半期，当周作人、江绍原等人渐渐对民俗学失去兴趣时，杨堃反而大声疾呼主要研究"活的成训"的民俗学的现代性、采用局内观察法的重要性，在给民俗学以清晰定义的同时，在诸多社会科学中赋予民俗学明确的位置，从而将其与社会学、民族学、史学、考古学等区分开来。为了说明民俗学的这些基本特征与属性，杨堃对中国民俗学运动演进的内在脉络进行了总检讨，理出了其中的学术谱系和内在逻辑。在民俗学诸多的研究对象中，"一国文化之代表"的礼俗又具有特别的重要性。进而，他又率先写出了儿童生活礼俗研究方面的专著。

虽然杨堃基本不提孙末楠的 *Folkways*，而且对大力译介孙末楠和奥格本（W. F. Ogburn, 1886—1959）文化学说的孙本文有着批评，但其以法国社会学和法、德民俗学为源的民俗学认知，还是与孙末楠的民俗学说暗通款曲。依托以孙末楠 *Folkways* 为基底，并始终坚持民俗研究、推进社区－功能论的燕大社会学系这个平台，对学生倾囊相授的杨堃倡导的社会学的民俗学也就风生水起，开花结果，从而在认知论、方法论和实践论等多个层面推进中国民俗学稳步向前。

注　释

1. 《中国本位的文化建设宣言》，载《文化建设》，第一卷第四期（1935），1、5页。

2. 赵世瑜：《眼光向下的革命：中国现代民俗学思想史论（1918—1937）》，300页，北京，北京师范大学出版社，1999。

3. 乐嗣炳：《民俗学是什么以及今后研究的方向》，载《开展》，第十～十一期（1931），10页。

4. 林惠祥：《民俗学研究导言》，载《商务印书馆出版周刊》，第一百零六号（1934），1~9页。

5. 参见刘龙心：《通俗读物编刊社与战时历史书写(1933—1940)》，载《"中央研究院"近代史研究所集刊》，第64期（2009），87~136页。

6. 顾颉刚：《中华民族是一个》，载《益世报·边疆周刊》，1939年2月13日。

7. 钟敬文：《"中国民间文学探究"自叙》，载《亚波罗》，第十三期（1934），66~67页。

8. 钟敬文：《前奏曲》，载《艺风》，第二卷十二期（1934），19~20页。

9. 钟敬文主编的"民俗园地"各期篇目，参见《中国民俗学运动简讯（四）：民俗园地：艺风月刊（第一期至第十期要目）》，载《民俗》，第一卷第二期（1937），285~288页。

10. 《日本民族学会设立旨趣书》，金粟译，载《艺风》，第三卷第二期（1935），57~58页。

11. [日] 柳田国男：《民间传承论导言》，钟敬文译，载《艺风》，第三卷第五期（1935），103~107页。

12. 董晓萍：《跨文化民俗学：钟敬文留日个案研究之一》，57~60页，北京，中国大百科全书出版社，2017。

13. 《民俗学问题格》，杨成志译，广州，国立中山大学语言历史学研究所，1928。

14. 杨堃：《我国民俗学运动史略》，载《民族学研究集刊》，第六期（1948），97页。

15. 古通今：《民俗复刊号——兼评我国民俗学运动》，载《民俗》，第一卷第二期（1937），294页。

16. 万斯年：《人类学、民族学、民俗学之范围及其关系》，载《文化论衡》"创刊号"（1936），1~8页。

17. 江绍原：《发须爪：关于它们的迷信》，上海，开明书店，1928。

18. 胡适：《图书使用法》，载《时事新报》，1928年4月23日。转引自王文宝：《江绍原民俗学论集·序》，见王文宝、江小蕙编：《江绍原民俗学论集》，13~14页，上海，上海文艺出版社，1998。

19. 周作人：《谈龙集》，42、41页，北京，北京十月文艺出版社，2011。

20. 江绍原编译：《现代英吉利谣俗及谣俗学》，280~328页，上海，中华书局，1932。

21. 赵世瑜：《眼光向下的革命：中国现代民俗学思想史论（1918—1937）》，294页，北京，北京师范大学出版社，1999。

22. 赵世瑜：《眼光向下的革命：中国现代民俗学思想史论（1918—1937）》，110、288页，北京，北京师范大学出版社，1999。

23. 王文宝：《江绍原民俗学论集·序》，见王文宝、江小蕙编：《江绍原民俗学论集》，2页，上海，上海文艺出版社，1998。

24. 杨堃：《评江绍原〈中国古代旅行之研究〉》，载《社会学刊》，第五卷第二期（1936），81~90 页。

25. 杨堃：《我国民俗学运动史略》，载《民族学研究集刊》，第六期（1948），98 页。

26. 黄华节：《怎样研究民间宗教?》，载《民间》，第一卷第十期（1934），14~15 页。

27. 黄华节：《怎样研究民间宗教?》，载《民间》，第一卷第十期（1934），15 页。

28. 黄华节：《定县巫婆的降神舞》，载《民间》，第一卷第十期（1934），440 页。

29. 黄华节：《从歌谣窥察定县家庭妇女的生活》，载《社会研究》，第五十九期（1934），61 页；《祁州药王考略》，载《社会研究》，第六十四期（1934），101 页。

30. 黄华节：《从歌谣窥察定县家庭妇女的生活》，载《社会研究》，第五十九期（1934），63 页。

31. 黄华节：《流行旧定州属的汉光武传说》，载《社会研究》，第九十六期（1935），372 页。

32. 黄华节：《祁州药王考略》，载《社会研究》，第六十四期（1934），101~106 页。

33. 李荣贞：《中国民俗学的发展》，107 页，北平，燕京大学法学院社会学系毕业论文，1940。

34. 李荣贞：《中国民俗学的发展》，108 页，北平，燕京大学法学院社会学系毕业论文，1940。

35. 杨堃：《民俗学与通俗读物》，载《大众知识》，第一卷第一期（1936），13、11 页。

36. 杨堃：《民俗学与通俗读物》，载《大众知识》，第一卷第一期（1936），7 页。

37. 杨成志:《现代民俗学——历史与名词》,载《民俗(复刊号)》,第一卷第一期(1936),1~2页。

38. 杨堃:《民俗学与通俗读物》,载《大众知识》,第一卷第一期(1936),9页。

39. 杨堃:《我国民俗学运动史略》,载《民族学研究集刊》,第六期(1948),99页。

40. 就这些问题,岩本通弥曾有深入思考,我也曾按此思路与视角研究过北京。分别参见[日]岩本通弥:《以"民俗"为对象即为民俗学吗——为什么民俗学疏离了"近代"》,宫岛琴美译,载《文化遗产》,2008年第2期,109~115页;岳永逸:《老北京杂吧地:天桥的记忆与诠释(修订版)》,北京,生活·读书·新知三联书店,2019。

41. 杨堃:《中国新年风俗志序》,载《鞭策周刊》,第二卷九期(1932),7页。

42. 杨堃:《评李景汉著〈实地社会调查方法〉》,载《鞭策周刊》,第二卷第二六期(1933),10页。

43. 杨堃:《我国民俗学运动史略》,载《民族学研究集刊》,第六期(1948),99页。

44. 石堉壬:《一个农村的性生活》,1、7页,北平,燕京大学法学院社会学系学士毕业论文,1941。

45. 周恩慈:《北平婚姻礼俗》,1~2页,北平,燕京大学法学院社会学系学士毕业论文,1940。

46. 周恩慈:《北平婚姻礼俗》,3页,北平,燕京大学法学院社会学系学士毕业论文,1940。

47. 王纯厚:《北平儿童生活礼俗》,5页,北平,燕京大学法学院社会学系学士毕业论文,1940。

48. 李慰祖:《四大门》,7页,北平,燕京大学法学院社会学系学士毕业论文,1941。

49. 虞权:《平郊村的住宅设备与家庭生活》,8页,北平,燕京大学法学院社会学系学士毕业论文，1941。

50. 郭兴业：《北平妇女生活的禁忌礼俗》，3 页，北平，燕京大学法学院
社会学系学士毕业论文，1941。

51. 孙咸方：《中国各地闹新房礼俗》，6 页，北平，燕京大学法学院社会
学系学士毕业论文，1940。

52. 虞权：《平郊村的住宅设备与家庭生活》，4 页，北平，燕京大学法学院
社会学系学士毕业论文，1941。亦可参见陈封雄：《一个村庄之死亡礼
俗》，1~4 页，北平，燕京大学法学院社会学系学士毕业论文，1940。

53. 截至本书定稿，仍未能在相关图书馆和数据库中找到《客家研究》
一文。

54. Li, Wei-tsu, "On the Cult of the Four Sacred Animals (Szu Ta Men 四大门)
in the Neighborhood of Peking", in *Folklore Studies,* vol.7 (1948), pp.1-
94.

55. 杨堃：《我国民俗学运动史略》，载《民族学研究集刊》，第六期（1948），
99~100 页。

56. 胡体乾：《社会学与说明的民俗学》，载《民俗》，第一卷第四期（1942），
1~3 页。

57. 关于对法国社会学方法这三个层面最为集中的诠释，可参见杨堃：《社
会学是什么?》，载《百科杂志》，第一期（1932）， 11~15 页。十二年
之后，杨堃又再次系统诠释了社会事实的叙述、比较与说明三法，参
见杨堃：《社会学研究法》，载《中国学报》，第一卷第一期（1944），
45~57 页。

58. 郑师许：《我国民俗学发达史》，载《中山文化教育馆季刊》，第三卷第
二期（1936），677~685 页。

59. 叶德均：《民俗学之史的发展》，载《青年界》，第九卷第四期（1936），
33~38 页。

60. 罗致平：《民俗学史略（上）》，载《民俗》，第一卷第四期（1942），

20~27 页;《民俗学史略（续）：英国民俗学研究史略》，载《民俗》，第二卷第一、二合期（1943），50~53 页;《民俗学史略（续二）：美国民俗学研究史略》，载《民俗》，第二卷第三、四合期（1943），50~55 页。

61. 罗致平:《民俗学史略（上）》，载《民俗》，第一卷第四期（1942），23~27 页。关于黎耳的学说，亦可参见简涛:《德国民俗学的回顾与展望》，见周星主编:《民俗学的历史、理论与方法》，820~822 页，北京，商务印书馆，2006。

62. 罗绳武:《民俗学之社会史的研究（续）》，载《礼俗》，第三期（1931），3 页。

63. 罗绳武:《民俗学之社会史的研究》，载《礼俗》，第一期（1931），2 页。

64. 罗绳武:《民俗学之社会史的研究》，载《礼俗》，第一期（1931），3 页。

65. 汪馥泉:《民俗学的对象任务及方法》，载《开展月刊》，第十~十一期（1931），1~9 页。

66. 汪馥泉:《神话及传说的动态》，载《绸缪月刊》，第二卷第五期（1936），93~98 页。

67. 钟敬文:《数年来民俗学工作的小结账》，载《民俗周刊》，第一期（1928），9~13 页。

68. 容肇祖:《北大歌谣研究会及风俗调查会的经过》，《民俗周刊》，第十五~十六期（1928），1~10 页;第十七~十八期（1928），14~31 页。该文后来又重载于《城市民教月刊》，第三卷第三~四期（1934），95~119 页。要补充说明的是，作为中国现代民俗学运动中的重要参与者，陈锡襄亲身参与组织了闽学会，译介过班尼的民俗学说。在其刊发《风俗学试探》的前一年，即同样是在 1928 年，陈锡襄以戏谑——正话反说——的笔法，写就了《中国民俗研究之新展拓与新难关》一文。在该文中，他将中国民俗学运动的困难归因于守旧势力的庞大、民俗学从业者的非专业性，"都是这一般无聊的文人的鬼混的"。反之，他妙趣横生地将中国民俗学运动势不可挡的展开归结为三个层面：五四运动、新文学运动中的异想，促生了关注歌谣、故事传说和旧戏的民俗学运动；新史学之到民间去，在使民俗学之研究对象、参考对象得以拓展的同时，还使得新史学和民俗学互相依仗；社会科学之时髦要求使民俗学与政治学、民族学、伦理学等多学科发生了深度关联。不但以胡适、周作人、顾颉刚、江绍原、何思敬、张竞生、董作宾、钟敬文等人的学术成绩佐证，他还指出以周作人为代表的这帮学人神出鬼没的学术"新味儿"的威力。分别参见陈锡襄：《闽学会的经过》，载《国立第一中山大学语言历史学研究所周刊》，第一集第七期（1927），166~172 页，第八期（1927），189~198 页；陈锡襄：《一部民俗学著作的介绍》，载《国立第一中山大学语言历史学研究所周刊》，第一集第十一~十二期合刊（1928），302~308 页；[英] 班女史：《民俗学是什么》，陈锡襄译，载《开展月刊》第十~十一期合刊（1931），1~8 页；陈锡襄：《中国民俗研究之新展拓与新难关》，载《文理》，第二期（1931），1~19 页。

69. 娄子匡：《中国民俗学运动的昨夜和今晨》，载《民间月刊》，第二卷第五期（1933），1~16。该文日文版见日本《民俗学月刊》五卷一号，德文则由艾伯华翻译，载于 1934 年 1 月的德国《民族学》（ *Zeitscrift für Ethnologie* ）

70. 关于林兰的身份，可参见黎亮：《中国人的幻想与心灵：林兰童话的结构与意义》，23~27 页，北京，商务印书馆，2018。

71. 娄子匡：《中国民俗学运动的昨夜和今晨》，载《民间月刊》，第二卷第五期（1933），10 页。

72. 顾颉刚在其日记中有载：1933 年 11 月 6 日，"张南滨女士来，问歌谣材料，为写半农信"。参见《顾颉刚日记·第三卷 1933—1937》，107 页，台北，联经出版事业股份有限公司，2007。

73. 杨成志：《民俗学会的经过及其出版物目录一览》，载《民俗（复刊号）》，第一卷第一期（1936），223~312 页。

74. 张南滨：《中国民俗学研究的发展》，25 页，北平，燕京大学文学院社会学系学士毕业论文，1934。

75. 张南滨：《中国民俗学研究的发展》，29~31 页，北平，燕京大学文学院社会学系学士毕业论文，1934。

76. 张南滨：《中国民俗学研究的发展》，77 页，北平，燕京大学文学院社会学系学士毕业论文，1934。

77. 张南滨：《中国民俗学研究的发展》，45 页，北平，燕京大学文学院社会学系学士毕业论文，1934。

78. 周星：《道在屎溺：当代中国的厕所革命》，北京，商务印书馆，2019；《百年衣装：中式服装的谱系与汉服运动》，北京，商务印书馆，2019。

79. 张南滨：《中国民俗学研究的发展》，2 页，北平，燕京大学文学院社会学系学士毕业论文，1934。

80. 张南滨：《中国民俗学研究的发展》，1 页，北平，燕京大学文学院社会学系学士毕业论文，1934。

81. 张南滨：《中国民俗学研究的发展》，53 页，北平，燕京大学文学院社会学系学士毕业论文，1934。

82. 李荣贞：《中国民俗学的发展》，31 页，北平，燕京大学法学院社会学系毕业论文，1940。

83. 杨成志：《复刊词，Introduction》，载《民俗（复刊号）》，第一卷第一期（1936），IV 页。

84. 杨成志：《民俗学会的经过及其出版物目录一览》，载《民俗（复刊号）》，第一卷第一期（1936），223~312 页。

85. 顾潮编著：《顾颉刚年谱》，266、273 页，北京，中国社会科学出版社，1993。亦可参见刘龙心：《通俗读物编刊社与战时历史书写（1933—1940）》，载《"中央研究院"近代史研究所集刊》，第 64 期（2009），101 页。

86. 杨堃:《民俗学与通俗读物》,载《大众知识》,第一卷第一期（1936）,9页。

87. 杨堃:《民俗学与通俗读物》,载《大众知识》,第一卷第一期（1936）,10页。

88. 李荣贞:《中国民俗学的发展》,2页,北平,燕京大学法学院社会学系毕业论文,1940。

89. 李荣贞:《中国民俗学的发展》,32页,北平,燕京大学法学院社会学系毕业论文,1940。

90. 石堉壬应该与陈封雄、周恩慈、陈涵芬和李荣贞等人同级,但不知何故,石堉壬正式毕业的时间是1941年。现藏在北京大学图书馆中的石堉壬这篇毕业论文封面时间是"民国三十年五月"。周恩慈和陈涵芬在自己的毕业论文中都曾提及石堉壬毕业论文研究的内容,而陈封雄与石堉壬更是至交。在论文"致谢"中,石堉壬写道:"同学陈封雄君,年来与笔者朝夕相共,析疑问难,得益良多,故于文成之日,谨致谢意。"分别参见周恩慈:《北平婚姻礼俗》,78页,北平,燕京大学法学院社会学系学士毕业论文,1940;陈涵芬:《北平北郊某村妇女地位》,48、53页,北平,燕京大学法学院社会学系学士毕业论文,1940;石堉壬:《一个农村的性生活》,8页,北平,燕京大学法学院社会学系学士毕业论文,1941。

91. 李荣贞:《中国民俗学的发展》,32~33页,北平,燕京大学法学院社会学系毕业论文,1940。引文中,李荣贞提及的杨堃正在编纂的中国民俗学史,应该就是杨堃1948年刊发的《我国民俗学运动史略》一文。

92. 李荣贞:《中国民俗学的发展》,48页,北平,燕京大学法学院社会学系毕业论文,1940。

93. 李荣贞:《中国民俗学的发展》,69页,北平,燕京大学法学院社会学系毕业论文,1940。

94. 李荣贞:《中国民俗学的发展》,71页,北平,燕京大学法学院社会学系毕业论文，1940。

95. 参见江绍原：《民俗与迷信》，12 页，陈泳超整理，北京，北京出版社，2016。

96. 李荣贞：《中国民俗学的发展》，95 页，北平，燕京大学法学院社会学系毕业论文，1940。

97. 李荣贞：《中国民俗学的发展》，107 页，北平，燕京大学法学院社会学系毕业论文，1940。

98. 李荣贞：《中国民俗学的发展》，109 页，北平，燕京大学法学院社会学系毕业论文，1940。

99. 李荣贞：《中国民俗学的发展》，111 页，北平，燕京大学法学院社会学系毕业论文，1940。

100. 杨堃：《民人学与民族学（上篇）》，载《民族学研究集刊》，第三期（1940），131 页。

101. 杨堃：《民人学与民族学（上篇）》，载《民族学研究集刊》，第三期（1940），156~157 页。

102. 吴文藻：《季亭史的社会学学说》，载《社会学刊》，第四卷第一期（1933），26 页。

103. 杨堃：《民人学与民族学（上篇）》，载《民族学研究集刊》，第三期（1940），136 页。

104. 杨堃：《民人学与民族学（上篇）》，载《民族学研究集刊》，第三期（1940），146 页。

105. 杨堃：《民人学与民族学（上篇）》，载《民族学研究集刊》，第三期（1940），145 页。

106. 杨堃：《民人学与民族学（上篇）》，载《民族学研究集刊》，第三期（1940），157 页。

107. 杨堃梳理出的前史包括迷信（superstition）、妖怪学（démonnlogie）、民间错误（les erreurs populaires），民间古俗（Antiquitates Vuglares）、

古物（Antiquaries）和民间文学（popular literature）、神话学
（mythologie）等。

108. 杨堃：《民人学与民族学（上篇）》，载《民族学研究集刊》，第三期
（1940），147~152 页。

109. Emrich, Duncan, "'Folk-Lore': William John Thoms", in *California Folklore Quarterly*, vol. 5, no. 4 (1946), pp. 335-374.

110. 杨堃：《民人学与民族学（上篇）》，载《民族学研究集刊》，第三期
（1940），131 页。

111. 杨堃：《民人学与民族学（上篇）》，载《民族学研究集刊》，第三期
（1940），156 页。

112. 杨堃：《我国民俗学运动史略》，载《民族学研究集刊》，第六期
（1948），99、101 页。

113. 刘锡诚：《20 世纪中国民间文学学术史》，412~585 页，开封，河南大
学出版社，2006；刘薇：《学术自觉与文化认同：云南民俗文化调查
（1937—1945）》，北京，中国社会科学出版社，2021。

114. 杨堃：《我国民俗学运动史略》，载《民族学研究集刊》，第六期
（1948），93 页。

115. 有趣的是，1943 年，杨堃也曾经对中国社会学发展的历史进行过类
似的分期，即始自 1900 年前后的萌芽期、始自 1919 年的宣传期，
始自 1929 年的学派时期和始自 1933 年的建设时期。参见杨堃：《中
国近三十年来之出版界（社会学之部）》，载《国立华北编译馆馆刊》，
第二卷第七期（1943），1~19 页。

116. 杨堃：《我国民俗学运动史略》，载《民族学研究集刊》，第六期
（1948），94 页。

117. 杨堃：《我国民俗学运动史略》，载《民族学研究集刊》，第六期
（1948），95 页。需要提及的是，在 1945 年的"社会科学讲话"中，
杨堃就再次重申、强调过他 1936 年的观点：作为我国民俗学运动史

中的一位"大师"，顾颉刚是"历史的民俗学派的开创者"。参见张好礼：《社会科学讲话 第八讲 中国新史学的学派与方法》，载《读书青年》，第二卷第三期（1945），17 页。

118. 杨堃：《我国民俗学运动史略》，载《民族学研究集刊》，第六期（1948），95 页。

119. 杨堃：《我国民俗学运动史略》，载《民族学研究集刊》，第六期（1948），96 页。

120. 杨堃：《我国民俗学运动史略》，载《民族学研究集刊》，第六期（1948），98 页。

121. 杨堃：《我国民俗学运动史略》，载《民族学研究集刊》，第六期（1948），98 页。

122. 杨堃：《我国民俗学运动史略》，载《民族学研究集刊》，第六期（1948），101 页。

123. Serruys, Paul, "Les cérémonies du mariage: Usages populaires et textes dialectaux du sud de la préfecture de Ta-t'oung (Chansi)", in *Folklore Studies,* vol.3, no.1(1944), pp.73-154; vol.3, no.2(1944), pp.77-129; "Children's Riddles and Ditties from the South of Tatung (Shansi)", in *Folklore Studies*, vol.4 (1945), pp.213-290. 对司礼义中国民俗学研究的述评，可参见岳永逸：《"土著"之学：司礼义的中国民俗学研究》，载《民族文学研究》，2020 年第 1 期，60~79 页。

124. 杨堃：《我国民俗学运动史略》，载《民族学研究集刊》，第六期（1948），102 页。

125. Chao, Wei-pang, "Modern Chinese Folklore Investigation. Part I. The Peking National University", in *Folklore Studies*, vol.1(1942), pp.55-76; "Modern Chinese Folklore Investigation. Part II. The National Sun Yat-Sen University", in *Folklore Studies*, vol.2(1943), pp.79-80. 对赵卫邦英文写作的民俗学研究的再评价，可参见岳永逸：《"土著"之学：辅

仁札记》，115~142 页，北京，九州出版社，2021。

126. 杨堃:《我国民俗学运动史略》，载《民族学研究集刊》，第六期(1948)，101 页。

127. 王文宝:《中国民俗学发展史》，100~103 页，沈阳，辽宁大学出版社，1987;《中国民俗研究史》，134 页，哈尔滨，黑龙江人民出版社，2003; 刘锡诚:《20 世纪中国民间文学学术史》，389~390 页，开封，河南大学出版社，2006; Gao, Jie, *Saving the Nation through Culture: The Folklore Movement in Republic China*, Toronto: UBC Press, 2019, pp.164-171.

128. 杨堃:《中国现代社会学之派别及趋势（续）》，《鞭策周刊》，载第一卷第四期（1932），80~81 页。

129. 不失:《致杨堃博士书》，载《鞭策周刊》，第一卷第十期（1932），18 页。

130. 相关研究，可参见陈子艾:《北平师大〈礼俗〉述评》，载《北京师范大学学报（社会科学版）》，1991 年第 2 期，30~34 页。

131. 杨堃、张若名:《中国儿童之民俗学的研究》，刘晖译，载《民俗研究》，1996 第 3 期，1 页。

132. 杨堃、张若名:《中国儿童之民俗学的研究》，刘晖译，载《民俗研究》，1996 第 3 期，13 页。

133. 杨堃、张若名:《中国儿童之民俗学的研究》，刘晖译，载《民俗研究》，1996 第 3 期，12 页。

第07章

/ 考现：社会学的民俗学之
方法论与认识论

/ 局内观察法

"局内观察法"，即法语 méthode intensive。其英译 method of participant-obervation，直译成中文就是"参与观察法"。这也即现在通行的"田野作业"，fieldwork。受马凌诺斯基等人对初民社会研究的影响，作为对经典人类学、坐而论道式人类学的反动，兼具认知论性质而不仅仅是方法论的田野作业，明显有别于乡建运动时期得到广泛鼓吹和实践的社会调查——social survey。当初前行者也就常常用局内观察法——田野作业的核心部分——来指代田野作业。当然，人们也经常将之称为"实地研究"。

前文已经提及，20 世纪 30 年代前半期，黄石、万树庸、蒋旨昂、林耀华、廖泰初、邱雪峩、陈礼颂、费孝通、李有义等人都先后采用了这一方法进行研究。[1] 只不过在称谓上，多少受乡建运动和社会调查运动的影响，局内观察法经常与实地研究混用。把功能学派翻译为"机能派"的黄石，就将田野作业称为"实地研究"。[2] 廖泰初更是形象地将之称为"居住法"，并大力倡导。[3] 与黄石一样，在 1928 年就翻译出马凌诺斯基《两性社会学》(*Sex and Repression in Savage Society*)初稿的李安宅[4]，也坚持使用"实地研究"的说法。

对李安宅而言，作为土八股和洋八股"顶门针"的实地研究，不是走马观花的"到此一游"或戴着有色眼镜的"求证"，而是经过人类学严格训练，且具有透视力的有骨有肉的经验研究。无论是称作 fieldwork，还是 ethnography，实地研究都是获取知识、产生真知的根本途径。[5] 这一旨趣，也充分体现在李安宅对祖尼印第安人的经典研究之中。基于其所观察到的事实，他对已有的关于这些事实的"个性化描述"和容易在"思想上造成混乱"的客位认知进行再诠释，渴求获得可用于更广阔研究的一种"文化洞察力"或者说"文化透视力"(a cultural perspective)。[6] 自然，十多年后，在中国开展的实地研究，尤其是村镇农耕文明和边疆民族文化并举的实地研究，对李安宅而言已经成为中国乃至世界社会科学建设的一种基本路径。[7]

在燕大随着派克对人文区位学和布朗对比较社会学的先后宣讲，吴文藻、赵承信等师长的倡导，在《北平晨报·社会研究》以及后来复刊的《天津益世报·社会研究》这些阵地上，对田野研究的局内观察法和访谈这两类技巧都有深入的探讨。诸如：与文献研究的差别；调查者应有的态度和调查时的步骤；为何最好到家乡等自己熟悉的地方调研；如何与研究对象接触、交往，得到对方的认同，建立起信任的朋友关系，从而成为局内人；访谈提纲的设置；访谈的种类与具体的技术，如怎样发问（忌强问、空问、没礼貌的问和有暗示的问）、如何把控访谈、发问的用语、强调、问听时的表情、如何记录；调研者局内人和局外人角色的转换，等等。[8]

当然，作为使社区研究产生影响巨大的提倡者，吴文藻在1936 年提出中国社区研究计划时，除强调以局内观察法作为基本方法的实地研究的重要性之外，还明确倡导要将社区研究和功能研究有机结合起来。而且，他希望：以局内观察法为本的社会学研究法，在将来能"包括统计的'准确'与历史的'洞见'"，从而成为研究人类社会"最精密的方法"。[9]

在杨堃那里，局内观察法是"民族学家或社会人类学家亲身研究野蛮社会的方法"。1936 年，他明确号召民俗研究应该采用此法。[10]与杨堃稍有不同，虽然也将 method of participant-obervation 翻译成"局内观察法"[11]，但作为社会学家的赵承信的知识谱系则与美国学者林德曼（Eduard C. Lindeman, 1885—1953）《社会发现：研究功能群的一种方法》（*Social Discovery: An Approach to the Study of Functional Groups*, 1924）关联更紧密。

自反研究：《狱中杂记》

赵承信曾经专门解释道："林氏的局内观察法是把一个社

会学家跟一位局内人合作起来做研究工作的，原是两个人合作一事；后来社会学家把林氏的说法修改为一个人做着局内活动Participation 与社会学家观察社会活动 Observation 两种。"[12] 晚些时候，赵承信又有进一步说明："局内观察法的应用，依照Lindeman 原意，是局内者与观察者两人合作研究一个社会现象的，后来此法推演成为局内者即观察者，观察者即局内人，亦即二者合而为一，一人兼做二事。"一方面，局内观察法可以弥补社会学研究者"常缺乏实地参加各种欲加研究的活动的机会"之不足；另一方面，也可以弥补社会研究"很容易流为空泛的玄学式的理论体系"之不足。[13]

换言之，局内观察法使得社会学家研究自己亲身参与的群体活动成为可能。正是基于对局内观察法认知上的推进，赵承信才详细记述了其与燕大同人在太平洋战争爆发后身陷日本人囹圄半载（1941.12.8—1942.5.25）的狱中生活，使社会学家及其同僚成为自己的研究对象，将观察者（局内者）和被察者（局内人）集于一身。无论社会学界、民俗学界还是人类学界，至今基本没有人关注的该研究，包括铁窗风味、被审、拘留人之形色、群体生活、沉思的机会、论学谈道、大病不死、上帝之爱八个部分。

作为训练有素的社会学家，对于"普通社会学家不易切身经验的一种社会（或称反社会）活动"——监狱生活——的真切记述之目的，不仅仅是要保留材料，赵承信还希望就"局内人的主观态度与客观的表现加以适合的说明"[14]，以反思对这种特殊的亲身经历使用局内观察法的困难及其意义。因此，《狱中杂记》

除在字里行间始终有着社会学家及其思考的影子，还专设"社会学注释"一节。在《大中》杂志第四至九期连载完之后，由该杂志社结集出版，题为《狱中杂记：一个社会学的诠释》。[15] 2015年，三晋出版社将该书作为"囚居文丛"中的一种再版，但少了原有的副标题"一个社会学的诠释"。[16] 这明显是对原著的基本旨趣的误读，即将一本学术著作视为新近文学评论界所谓情真意切的探奇、揭秘、写真，还希望有着批判性的不伦不类的"非虚构写作"。[17]

客观而言，赵承信对自己狱中生活的描述与思考，在中国社会学领域早早地开启了"自我社会学"抑或"反思社会学"的先河。这在同期的西方社会学研究领域也是罕见的。近些年，在大陆有些影响的露思·贝哈的《易受伤的观察者：伤心人类学》1996年才问世。[18] 在民俗学领域，研究者将自己作为研究对象，进行学术书写则是近七八年的事情。[19] 显然，这些后起的著作，都不知有赵承信《狱中杂记》这一本土源头。

无论杨堃和赵承信两人的知识系谱有着怎样的不同，但强调研究者亲入社区，与合作者打成一片、结成朋友进行研究，并将研究者自我、研究者与研究对象的互动也纳入观察、分析的范畴，进而凸显"社会学实验"在经验描述和理论建设方面的特色，则是共同的。而且，因为是系主任，又是平郊村这个社会学实验室的设计师和督导者，赵承信对平郊村诸多的实地研究付出了大量心血和具体有效的指导。石堉壬就曾写道："赵承信主任对本文大纲及材料，多所建议，并时加鼓励，首应致谢。"[20] 在论文的"感谢辞"中，李慰祖对赵承信的感谢紧随在对杨堃的感谢之后，云：

> 作者要向本系主任赵承信博士表示至深的谢忱。他时常
> 命作者注意许多重要而往往被人忽略的问题。在这方面作者
> 实在是获益良多。他不仅在方法论上有许多指导，并且特别
> 令作者注意本文的中心问题。此外，在实地研究上更给了作
> 者不少的便利。[21]

考现的参与观察

如前文所述，燕大社会学系师生采用局内观察法调研的平郊
村，是一个城郊村落。它与大致同期的廖泰初研究的海淀阮村、
冉村那样，是"城乡连续体"。与赵承信的相关研究类似[22]，廖泰
初在将这样的城乡连续体称为村落社区的同时，也将其称为"边
际"社区、城郊社区，并将之与都市、农村、边疆三种类型的中
国社区并列。廖泰初指出，这些边际社区一方面保持着固有的家
庭组织、农业生产，另一方面又受到都市经济以及西洋文化、战
争的影响，过着两种生活。[23]指导学生在平郊村采用局内观察法
进行社区研究的赵承信、黄迪与林耀华，同样注重平郊村之政治
组织、养殖业、农业、手工业、教育、医疗、家族等形态与城市
之间的紧密关联，以此凸显平郊村这样在城市和农村之间的边
际社区在社会组织、经济形态、生计方式、生活习惯和文化特

征等方面的混融性，也即在人文区位上具有一定过渡性的"边际"特征。[24] 与上述几位稍有不同，1937—1941 年在燕大社会学系任教的杨堃所指导的以平郊村为基本观察对象的毕业论文，更关注在"时空连续体"中，个体的生命历程、岁时节日与宗教日常。

顺带说明的是，按照当时国际学界已经形成的学术规范，无论是在太平洋战争爆发之前，还是在抗战胜利燕大北平复校之后，燕大社会学系关于平郊村这个社会学实验室的写作中，人名、地名大多都采用了化名。除在个别论文中被化名为"安乐村"[25]、"前祖家坟"[26] 之外，前八家村普遍被称为"平郊村"，村中庙宇"延年寺"亦称"延寿寺"，赵承信文字中提及的燕大社会学系在平郊村的引导员 H 君[27]，在太平洋战争爆发前的毕业论文中多化名为"于念昭"，燕大北平复校之后，多化名为"徐志明"，有时称为"李德明"。

对杨堃倡导学生研究风俗礼仪、日常生活，甚至主动找学生从事他自己关心、感兴趣的相关题目的殷殷之情，在学生的毕业论文中多有回应。研究北平婚姻礼俗的周恩慈写道：

> 近年来杨堃师以民族学之观点，对于民间各种风俗礼仪之研究极为注意；杨博士为我国著名民族学家，对于民俗学之研究亦甚感兴趣；尝谓："吾等如欲保存中国固有文化，须先洞悉全国各地之社会情形，人民生活状况及了解一切民间风俗习惯。如欲达到此目的，则必须以社区研究之方法，

深入民间实地研究；搜集可靠材料，更以所得者与前人研究之结果加以对照和比较，如此方能得知民间生活的真实及我国固有文化特性。"

本学年开始时，吾师即将其意见告诸同学，指示吾等研究北平各种婚、丧、产育、年节等礼俗，作者乃择婚姻礼俗，欲在吾师指导下稍有所成。[28]

1940 年，郭兴业因事推迟返校，错过了导师选择。在此情况下，杨堃主动担负起对她的指导之责，并将自己早已关注的北平"妈妈儿经"（妈妈令儿、妈妈礼儿），定为郭兴业毕业论文研究的题目。郭兴业写道：

杨堃先生为我国著名的民族学家，对民俗学的研究也非常感觉兴趣。因为有鉴于中国民俗学的尚未发展，所以平日对于民间的各种风俗礼仪、以及日常生活等，都极为留意观察。同时对于诸生徒也频频倡导，希望大家注意到这个问题，而能共同努力于中国民俗学研究的工作。

本学年开始的时候，作者因事返校较迟，各导师名下的同学数目均已规定。作者正在彷徨无措，幸蒙杨堃先生慨允，愿负作者论文的指导责任，并代作者拟定论文范围，即北平"妈妈儿经"的研究。所谓"妈妈儿经"也就是妇女各种礼俗迷信的总称。因这种"妈妈儿经"在民间潜伏的势力很大，北平旧式妇女的一切生活、习惯及思想等，莫不受其牵制，受其影响，所以实在是研究民俗学的绝好材料。可惜以往无人注意，致使这些材料流于零乱琐碎，因此，杨堃先生愿作者能尽量搜集，加以有系统的分析及整理。[29]

换言之，在其研究基础之上，基于应对社会学的民俗学进行叙述、比较、说明的基本认知，杨堃指导学生采取"民俗学志"的方式，系统呈现当时个体北京人的空间民俗、时间民俗与心意民俗。而要达到这一目的，指导学生采取局内观察法调研，"搜集可靠材料"的"考现"也就成为重中之重。陈封雄《一个村庄之死亡礼俗》、石堉壬《一个农村的性生活》、虞权《平郊村住宅设备与家庭生活》和陈永龄《平郊村的庙宇宗教》，都是直接以前八家村这个社会学实验室为研究对象的。

作为陈师曾之子，前后到前八家村下乡调查 60 多次的陈封雄，自小与书画为伍，且在燕大上学前就有了些画名。然而，他全无"城里人"的矜持，不但有着经验研究者入乡随俗的坦荡、豪爽、机智，还有着旁敲侧击，反复求证、求真的谨慎与细致。清河一带名声显赫的阴阳生——成云生，是他重要的观察对象与合作者。在论文中，陈封雄是这样回顾、总结其田野调查中的访谈与观察的：

（一）访问　每与乡人闲谈时，即以"入乡问俗"之态度叩询该村死亡之种种礼俗，因笔者对死亡风俗茫然不知，故所得不论巨细，均于返校后记录之。将死亡仪式之大要问明，然后逐渐询问其细节，与死亡仪式有关之人物如和尚与阴阳生，亦择一二访问，此外更注重乡民对死亡之态度，仪式繁简之原因，与夫因死亡而牵涉之其他问题。

（二）局内观察 每逢该村以及附近各村有死丧之事，则尽力设法往观，因当地各村之风俗皆同，故无拘限一村之必要。当工作时，处处随机应变，须赠礼时既不惜破钞，当叩首时亦勉为其难，邀食则食，劝饮则饮，如逢场作戏，尽力不与乡民划分界域，以谋真实材料之获得。

逢丧之家每不愿陌生人参预其事，故笔者多与小学校长徐君同往，借可避免猜疑。举凡入殓，接三，伴宿，出殡等仪式，笔者皆曾身临目视不下三数次。其中以入殓最难躬逢其盛，因丧家多不愿无关之辈目视死者，况笔者又每携相机猎影，乡人不明摄影原理，故更疑惧避见，更因人死至入殓为时极暂，时间稍有差错，即失良机，故一年来仅见入殓一次，即六道口村焦霖之妻丧也，材料相当完备，"大殓"一章乃笔者最引为宝贵。至若接三，出殡等，笔者亦自始至终尾随不舍，默记种种细锁节目，以便归校录之。惜因学识有限，方法生疏，故忽略处在所难免。

接三与伴宿之夜多举行放焰口，延至次晨始毕，笔者亦曾于去冬参加一次，彻夜未眠，广开眼界，本文第四章所述即该夜之经历也。

（三）旁敲侧击 当事者每有隐情，或心绪不佳，或因忙碌，笔者不便冒然直询各项问题，则择一二熟悉该家内情者询之。彼等处于客观地位，多侃侃而谈，若干宝贵材料于焉而得，询问至少二人，以证其真实程度，而定去取。[30]

即使在今天，有关性的研究都是敏感话题，田野调查万难进入，而且充满风险。[31] 那么，在八十多年前，调查平郊村性生活的石堉壬是如何进入田野，使研究得以展开的呢？

1939年7月1日，石堉壬正式开始了在前八家村的调查工作。他每星期下乡一次，先与村民联络感情。在向导——前八家村小学校长李德明的引介下，与村民熟悉后，他才"自行拜访"。9月在接受了导师杨堃的命题之后，他每星期下乡一二次。在调查的一年时间里，石堉壬共计下乡百次以上。然而，因为村民视性为神秘、污秽和羞耻之事，从不公开谈论，若公开谈论则被视为人格低下[32]，所以其中大半以上的时间都是在想方设法地与村民"套近乎"。石堉壬写道：

> 最初数月只做感情之联络，与当地人尽力熟识，继则询问结婚礼节之种种，至于直接与性有关之事，尚不能率然询问，恐招怒村人，杜绝以后材料之来源，及有相当感情后，始敢大胆问及性交奸淫等事。又以乡人对于性有关之事，不愿出口，恐降低自己地位，而一般人有多采村丑不可外扬之态度，是故所得材料甚鲜。[33]

不仅如此，他还参加了五次婚礼——前八家村的马姓嫁女、李德明婚礼、张姓招赘女婿、齐增结婚和六道口村的邹清续弦。

因为研究话题的敏感性，石坤壬的研究方法就包括了访谈、观察、个案和文献诸种，随机组合，灵活展开。他明确将访谈分为直接、间接两种，自如套用，以求证所获材料的可信性。具体访谈的方式，他细分为闲谈、目的明确的聊天和与完全相熟的合作者之间开玩笑式的聊天。因为性生活的资料在乡民口中收集的困难，石坤壬将期刊、专书等文献记述中有关性生活的材料与村民交谈互相印证的同时，也引出新的鲜活材料。观察，也明确分为局内和局外两种。局内，即今天所言的参与观察。在亲身参加的五次婚礼中，"凡赠礼、坐席、叩首等事，均勉为其难"。而且在李德明的婚礼中，石坤壬被请为"上香的"，代新郎把弓箭；在六道口邹清的婚礼中，石坤壬作为陪送亲官客坐席。这样，他遍览了拜天地等琐碎仪式。[34]

在其研究方法中，石坤壬单独罗列了"个例研究法"，并将之定义为："研究某一人某一家庭或某机关之历史、现状与环境。根据历史与环境，以解释其一切活动。"[35] 因为认识到生活史个案的重要性，在 118 页正文之后，两个附录《李德纯之历史》《李德明结婚之前前后后》共计 88 页，是正文的四分之三，占整篇论文篇幅的三分之一。

生长在北平的虞权，自认为"口才笨拙，性情纤缓"[36]，但他在前八家村的田野调查还是获得了成功。与其他参加实地研究的同学一样，虞权平均每星期下乡两次，每次都目的明确地拜访一两户农家，除得到些口述材料之外，他更留心该农家的房屋形式与室内陈设，回校后，他再将之一一写出或者画出。如果发现不同的说法，为求材料的完全与真实，他会三番五次、不厌其烦地多问数人，反复求证。寒假期间，他还与其他五位进行实地研究的同学到前八家村里住了十来天，和村民亲密接触，不但观察村民一日的生活历程，也收集岁时习俗，参加其拜神、拜年、集会、联欢等活动，从而得到了许多平时得不到的材料。[37]

对于此前基本没有研究，抑或被各色精英武断地视为"迷信"的"四大门"宗教，来自广东的李慰祖更是只能采取局内观察法，探查其详，穷究其理。为了展开调查，李慰祖先行学习了乡民的土语，尤其是"四大门"信仰中的"行话"。在展开调查时，他竭力避免自己局限于一两个人提供的信息，尽量与更多的人直接交谈，以获取广泛而全面的信息。对于香头的内部知识，即"秘密的部分"，如同黄石早些年所倡导和实践的那样[38]，作为"忠实的信徒"，李慰祖亲自去不同的香坛求香。他曾到老公坟王香头、南长街土地庙二号王香头、清河镇东南的仓营村开香头等香头的香坛，为祖母求香，到西柳村王香头香坛为舅母求香，陪同学高郁武等到海淀碓房居刘香头香坛求香。因为这许多的亲身实践，李慰祖与众多香头形成了良性互动，并获得了香头们的认同。[39]这种亲力亲为，显然有别于1925年顾颉刚等人调查妙峰山那样，"假充了朝山的香客"[40]，只动眼动手，几乎不置一词的"闷葫芦"式的旁观——哑声调查。

就自己有效获取香头群体的内部知识，李慰祖写道：

关于"秘密的部分",作者便由十几个香头得到所希望的材料。作者到"香坛"去"求香",向他们表示同情,对于"仙家"奉献供品。无论如何,已然多少具备一个信徒的条件了。由于气味相投,他们便会很高兴的叙述"当差的"历史,拜师的典礼,"朝顶进香"的盛况,仙家显着的灵验等等。这些材料都是香头的专利,而为一般乡民所不知道的。[41]

当然,即使作为真正的香客与香头交际互动,因为怕引起香头的反感,从而有碍观察的顺利进行,李慰祖还是忍痛割爱,放弃了用照相方式对香坛布置、香头下神仪式的记述。换言之,在田野现场,观念和方法论意识都十分明确的李慰祖,已经游刃有余地做到了"有所为有所不为",从而得以完成对四大门宗教的清楚呈现,其著述也最终成为被后人频频征引的经典之作。

在调查平郊村的庙宇宗教时,陈永龄既有数小时访谈之后一无所获的苦恼,也有对于参与观察之重要性的真切体悟。他指出:研究宗教信仰,如果不能与村民朝夕相处,就无法体察村民的信仰,因为这些信仰"不是言语所能表达出来的,只有与他们生活在一起,心领神会,潜移默化,才能得知他们内在信仰的真实性质"。由于自认为没有达到"默会"的理想状态,陈永龄实事求是地将其研究定性为"实地研究工作初步尝试的结果","以后做专门学问的一个起始"。[42] 当然,在调查中,为获得合作者的认同,尤其是为了与其建立起互信的"朋友"关系,蔡公期和杨景行等使用了中国社会中人们惯用的烟酒作为交际手段,从而使田野工作顺利展开。[43]

　　1939 年，研究北平婚姻礼俗的周恩慈与研究北平儿童生活礼俗的王纯厚，其研究范围没有局限在平郊村这个社会学实验室。为寻求可靠的田野材料，在书面材料大致找到之后，她们一道在每周末前往燕大附近的成府、海淀、三旗、蓝旗等地进行实地调查。两个月的时间，两人所认识的这些地方的贫户不下四五百家。在燕大职员苏钦孺的介绍下，两人找到了时年 87 岁高龄的合作者——海淀善缘桥的佟老太太。耳聪目明、头脑清晰的佟老太太一生参加过贫富人家的婚礼逾百起。继而，佟老太太再介绍了另一位重要合作者佟文俊先生。周恩慈和王纯厚与这两位合作者，"间或为应用物品之馈赠，或作经济方面之帮忙"，与佟先生结成了好友，使之愿将其所知悉数相告。进而，周恩慈和王纯厚想尽方法，与多人相谈，多方详细求证。周恩慈还参与观察前八家村聂增二的旧式婚礼和同学张醒亚、纪淑荣在北平城忠信堂举行的半新半旧之婚礼，得到了"较为真实正确"的材料。[44] 在调研中，为获取更全面的认知并提高效率，王纯厚还将自己的访谈对象分为三大类：土著居民中年长者；相士、道士和接生婆等特殊群体；同学。[45]

　　研究北平年节习俗的权国英，在依赖《晨报》《新民报》《世界日报》《华北日报》《时报》《新北京报》等众多报刊材料的同时，还在旧历新年参与观察了前门外的关帝庙会等活动，并往平郊村调研，进行了大量的访谈。这样，在权国英笔下，北平年节风俗不但是当下的、现世的与活态的，还是官民一体的，有着鲜明的历史感。

在非常时期，研究全国各地闹新房礼俗的孙咸方，有着因"地广不能实地调查"之苦，但是她依旧对同学及其亲友进行了访谈，并尽可能"亲自参加婚礼"[46]。这样，孙咸方的研究也就与早年费孝通、陈怀桢完全依赖方志、古籍的风俗研究有了质的不同，"风俗"也被易名为"礼俗"。同样，研究妈妈儿经的郭兴业，在广泛搜集书籍、杂志、报纸中相关记载的同时，也展开了实地调查和访谈。不但经常对亲戚陈伯宏和燕大职员苏钦孺进行访谈，郭兴业还对一个旗籍住户进行了专访，该个案研究也成为论文的附录。此外，身后赢得"北京通"盛名的金受申（1906—1968），也应郭兴业的要求，在《立言画报》专门发表了《北京妇女的禁忌》一文。[47]

就一个具体的研究而言，虽看重田野材料，杨堃师生却并不忽视已有的文字材料，而是二者并重，尝试纵横比较，力所能及地加以说明，抑或说阐释。在《北平年节风俗》的末尾，权国英罗列的"参考书目举要"包括了中文书籍、中文杂志、中文报纸和英文书籍四类，而郭兴业《北平妇女生活禁忌礼俗》的参考书目比权国英还多了一类——"日文书籍"。

诚实互惠与访谈技巧

燕大社会学系师生在平郊村的实地研究是群体性的而非个体性的。这样，在老师们的带领下，基于日常的互动，师生与村民整体性地形成了良性互动的关系。1940 年 3 月 20 日（农历二月二十一），是赵承信率先也一直联系的平郊村小学校长徐志明的结婚典礼。是日，赵承信、黄迪、萧正谊、孙德允、徐祖甲诸位教授专程前往参加了婚礼。燕大在前八家村做调查的同学亦前往参加并送贺礼。师生共赠大洋十元、喜对一副。经常叨扰徐志明的诸位同学，则另赠一套茶具、一床线毯、一对花瓶。燕大师生的光临和厚礼，让徐家荣耀无比，立马张罗悬挂喜对，将贺礼陈设在新房，并特意吩咐厨师备上等酒席一桌，由德明作陪食用。[48]尽管如此，在学生前往调查时，仍然不时面临"不信任"而导致的处处怀疑、言语不通、信息不实等诸多困难。[49]

值得一提的是，张绪生对于局内观察法－实地研究的系统反思与总结。他关于平郊村学龄儿童所受教育的研究始于 1941 年，因为战争关系而不得不中断了数年，后于 1946 年重新开始。瑞德斐 1947 年刊发在《美国社会学杂志》上的"Folk Society"一文，也由他翻译成中文，刊发在 1949 年的《燕京社会科学》第二卷。因此，在赵承信和林耀华的先后指导下，张绪生 1948 年完成的毕业论文——《平郊村学龄儿童所受的教育》——方法论意识更加明显。

在"研究方法与调查技术概述"一节，张绪生使用了"实地研究"和"个案研究"等词汇。所列举的调查技术包括：

（1）以诚实互惠的原则建立友谊；

（2）知而慎言，和蔼可亲；

（3）说对方能听懂的话，谈他们所了解的事儿；

（4）控制谈话，尽可能避免是非问、正式问，而是具体地提问；

（5）不要轻易对合作者许诺，应承其要求；

（6）就同一话题，反复求证，印证每个人所说的话；

（7）注意对合作者的称谓；

（8）尽可能不要触犯合作者的谈话禁区，尽力避免他们不愿谈及的话题；

（9）衣饰要朴素，不穿村民眼中的奇装异服；

（10）随时与同学、导师交换意见；

（11）调查结束时，给村民留下好印象，不要人走茶凉，永不回头。[50]

关于"诚实与互惠"原则，张绪生写道：

> 诚实就是不以欺骗的手段从农民取得材料。说得到的，就作得到，万勿使村民认为同学是滑头的、不负责任的、自私的、不可靠的人。同学到村民家中去，村民常沏茶，或以纸烟相接待，有时还要留住吃饭或喝酒。这时最好不要拒绝，因为村民很少是虚让的。同时村民以为我们的拒绝是看不起他们。不过我们在吃、喝以后，是要记住"互惠"原则（Principle of Reciprocity）的。那就是说，我们在适宜的时候（如村民婚丧嫁娶、婴儿弥月、过生日等的时候）要送礼酬答。送的礼物因时因人而异。普通以钱钞、酒烟、或肉类等食品为宜。有时村民所要的不是实物而只是"人情"，那么

我们"人"到了或话到了，也就算履行了互惠的原则。[51]

对建立了良好田野关系后开始的访谈，张绪生也独有心得。他指出，要使谈话能够继续，并获得有效的细节信息，研究者问话的方式——主动控制谈话——非常关键，必须考虑给合作者留有可能的说话空间，使之愿意表达，还言之有物。因此，他反对"孩子在家很听话吧？""今年的收成好吗？"之类的是非问，倡导"您的孩子在家都做些什么？""今年一亩地能打多少粮食？"这样的对话问。[52]

要指明的是，田野调查在20世纪30年代的燕大已经是不少学科都在采用的研究方法。专攻教育学的廖泰初，不仅其本人的研究深受社会学方法尤其是田野调查法的影响，其留校任教后指导的毕业论文也多采用田野调查的方法，研究教育方面的话题。这些基于社区的实地研究其实就是今天细分学科的教育社会学、教育人类学，抑或教育民俗学。1939年，在廖泰初的指导下，玉文华撰写了圆明园边西冉村的农民生活与教育方面的毕业论文。

1938年11月至1939年1月，玉文华在西冉村住了两个多月进行调查。他每天素食淡饭，睡"冰窖式"的屋子，接触"天真的乡人"。1939年春季，玉文华还每星期再花一天或两天，前往西冉村做补充调查。[53] 其毕业论文中"写在文后"一节，主要是对田野调查，尤其是访谈经验的总结。除强调与农民做朋友之外，经验总结还涉及访谈的主动性、随机性、灵活性、方向性、全面性等多个层面。玉文华明确强调，要和农民做好访谈，应该：

（1）和乡人作朋友；

（2）要避免说即忌讳的话如"死"等字；

（3）避免说青年妇女的事；

（4）不要规定谈话的题目；

（5）谈话要看农民是否欢迎；

（6）常到农民家里去；

（7）帮助农民解决困难问题；

（8）不要认为农民所说的都对；

（9）要避免直接谈经济问题；

（10）要避免太直率的谈话，同时也不要表示出谈话是经过思索后谈出来的；

（11）谈话最好的永远继续，中间不要有长时间的间断；

（12）谈话要望注意自己的一举一动。[54]

1940 年，在杨堃的指导下，孙以芳《中国社会学的发展》，第四章"从社会调查到社区研究"中专节谈及民俗学研究。在 1940 年前中国社会学发展的整体背景下，孙以芳点出了因为新方法的采用，原本以叙述为主且有诸多不足的民俗学"逐渐贡献出新的见解"。对此，她写道：

> 民俗学亦随"五四"运动而有民间文艺的提倡，民间宗教、神话、风习的探求。后更因留学生中习民俗学者归国之努力，以及国内乡村建设运动"到民间去"的呼声，益为推

广，各地民俗学会林立（然其设仍仅在沿海一带较多），个人与团体的从事民俗调查渐增，而各种期刊专著亦如雨后春笋之丛生。国内民俗学着重点在民间礼俗与传说之调查，其所用方法较社会调查复杂，且多为事实的叙述，而非量的统计，然亦缺乏社会"整体"观念，故在方法与结果上与"有机式的研究"不同。然晚近已有一般受社会学与人类学观点理论方法影响者，侵入民俗学范围，对民俗学逐渐贡献新的见解，以从事研究矣。[55]

/ 功能论

引入与推介

前文已经指出，因为教会大学和教师构成等关系，燕大社会学系对同期国外新生的各种学说、理论、流派都有及时的引介，并不陌生。对于以拉得克里夫·布朗与马凌诺斯基擎旗，且始于实地研究也终于实地研究的功能学派，同样如此。虽然迟至 1937 年才出版，但李安宅早在 1928 年就翻译出马凌诺斯基《两性社会学》初稿。1931 年，因翻译《两性社会学》，李安宅开始与马凌诺斯基通信。在回信中，马氏授意李安宅将 1929 年开始翻译的论文《巫术科学与宗教》（"Magic Science and Religion"）和专书《原始心理与神话》（*Myth in Primitive Psychology*）合并译为一本。[56] 这即后来的经典译本——《巫术科学宗教与神话》。[57] 因为详细研读马氏的这些著作，李安宅后来对祖尼印第安人的研究也深受其影响，因而异于本尼迪克特等美国人类学家的研究，并得到布朗的称许，赞其祖尼人研究"给了美国人类学家每人一把椅子（You gave the American Anthropologist everyone a chair）"[58]。

与马氏的著作早就进入燕大学人的视野不同，为了扩大其比较社会学的实验区，对葛兰言的中国研究产生浓厚兴趣并深研过涂尔干派社会学的布朗[59]，1935 年秋冬之际莅临燕大开讲。再加之作为燕大社会学领军人物的吴文藻的大力推介，在布朗来燕大开讲前后的这三四年，燕大社会学系的师生对功能学派的基本主张、方法和相关著述有了更全面而深入的了解。

正如吴文藻分析指出的那样，同为基于实地研究（田野调查）的功能学派的大师，因为学术背景和经历的细微差异，布朗与马凌诺斯基有着细微的不同。[60] 马氏的功能观，其解释或偏重心理学，或偏重生物学，意在阐明文化发生功能时的本质，其从实地考察得来的材料基本限于特罗布里恩德群岛。[61] 常将自己的学说称为比较社会学的布朗，其功能论始终有着法国社会学的整体观，坚持纯正的社会学解释，以寻求社会文化领域内的一般法则。因此，精确的定义、系统的分类和表证的概论，是布朗科学方法论的基本特征，而功能法也就包括了实地试验的比较法，且尽可能精密考察和比较各种不同形式的社会和文化。

对比较法，布朗有着严谨的定义：其一，不考量时间因素的横的比较，即不同社区、不同文化内部之间的比较，而是进行整体的比较，并非某一因素的比较，以明了其当下制度的功能、文化本质与社会生活，由同时期若干不同的材料中发现其普遍原则；其二，纵的比较，即持续观察同一社区或文化，对其社会变迁进行比较，以明了文化变迁的历程，在若干不同文化之比较中发现文化变迁的一般规律。显然，横的研究在纵的研究之先。[62]

关于比较社会学（布朗亦自称为新文化人类学）的要旨，布朗曾将其与旧文化人类学比较，总结出五点不同：

> 一、对未知之过去不作假定的再造，避免作任何历史起源的推测。二、对特殊的社会或文化现象不作心理学的解释。三、对社会及文化现象用社会学的术语作精密的叙述，并对此种现象加以系统的分类。四、视任何文化为一完整系统，研究制度、礼俗、信仰之功能乃此完整系统中之一部。五、应用自然科学之概论方法于人类社会生活，发现其中之普遍律。对某种现象解释为某普遍原则中之一特例。总之此新文化人类学是功能的，概论的，社会学的。[63]

在为《大洋洲》季刊创刊号写的"弁言"中，布朗从另一个角度说明了其比较社会学（功能人类学）的核心旨趣：

> 任何民族的文化研究的正当进行，必须由受过专门训练的科学家来担负。实地研究员的任务，不只是记录事

实，尤须应用科学方法，发见他们的意义，解释他们的功能。……功能人类学研究一民族的生活，犹如生理学研究一机体的生活。因之，民族生活之须符合社会学的法则，犹如机体生活之须依照生理学的法则。而人类学家的任务，即在这些法则的发见。所以说，社会人类学也就是社会的形态学与生理学。[64]

在吴文藻紧锣密鼓的张罗下，1936 年出版的《社会学界》，第九卷就是"纪念布朗教授来华讲学特辑"。该辑刊载了布朗的《社会科学中之功能观念》《人类学研究之现状》《对于中国乡村生活社会学调查的建议》《原始法律》诸文的中文译文，也刊发了吴文藻写的导论式的《布朗教授的思想背景与其在学术上的贡献》、林耀华《从人类学的观点考察中国宗族乡村》、杨开道《布朗教授的安达曼岛人研究》、赵承信《社会调查与社区研究》等诸多重量级文章。

两年后，马凌诺斯基的《文化论》也完整地翻译了过来。[65]为此，吴文藻还特意为马氏的"文化表格"撰写了导读《文化表格说明》，在《社会学界》第十卷同期刊发。与此同时，作为马凌诺斯基的弟子，雷蒙德·弗斯还专门应邀，为中国同行介绍应该如何研究中国农村社区。[66]他指出，农村社区研究的核心是要在一个较小的社会单位中进行显微镜式的精细研究，在分析使社会完整得以持续的因素的同时，分析社会变迁的动力。这样，就要考察包括亲疏远近、权力分配、宗教信仰等在内的村民相互之间的社会关系，考察这种种社会关系如何相互影响，如何合力决定社区的团体生活。进而，再逐步将研究范围扩展到邻近村落和市镇。

师生的合力，使继人文区位学之后，功能论在燕大社会学深入人心，而且二者出现了合流的趋势。在吴文藻南下之后，赵承信创建的平郊村这一社会学实验室，就同时秉承了人文区位学和功能论强调用科学方法进行社会学实验的传统。

在燕大的演讲中，布朗本人对"功能"有简洁的说明：

> 一个特殊社区的社会生活的各方面，均系密切的相互关联着，或为一个统一的整体，或体系中的各部分。任何一方面，除非研究它和其它一切别的方面的关系，不易正当的明了。因此，一个村落的经济生活，除非考虑它和家族或氏族组织，宗教，以及"社会裁认"Social sanctiuons 的制度等的相互关系，则不能完全明了。这样可以说，每一种社会活动都有一种功能；而且只有发现它的功能，才可以了解它的意义。任何活动的功能，任何风俗或信仰的功能，就是把社区看作一个统一的体系，来定它在这整个社会生活中的地位。[67]

在《文化论》中，以物质器具为例，马凌诺斯基对功能的定义如下：

> 我们所谓功能，就是一物质器具在一社会制度中所有的

作用，及一风俗和物质设备所有的相关，她使我们得到更明白的而深刻的认识。观念、风俗、法律决定了物质的设备，而物质设备却又是每一代新人物养成这种社会传统形式的主要仪器。[68]

显然，一直以宣传法国涂尔干派社会学为己任，始终力挺葛兰言中国研究的杨堃，对同样有着法国社会学之学术渊源且强调整体观的功能论有着更多的认同。在平郊村系列的民俗学志中，布朗和马凌诺斯基上述对功能的定义，几乎扮演了基本指针的角色。

黄石的"机能法"

以马凌诺斯基和布朗为双子星座的功能学派产生不久，就迅速传播到中国，影响了人们的认知与研究。前文已经提及，经常只身外出调查的黄石就是功能论的践行者，也是将功能论运用于民俗学研究的成效卓著者。只不过，黄石将"功能学派"翻译为"机能派"，将"功能论"译为"机能法"。黄石将"机能法"的要点简括为三：

第一，它认定文化是整个的，不能支离割裂的。机构，文化的各部分，彼此互相牵连，交互错综，因此文化的每一方面（比方说礼俗，宗教，经济），必须放在文化机构上原来的部位，才能够明白它的意义，才能够看出它的作用或机能，万不能单独提出一部分或一方面来，作孤立的研究。第二，同是追寻文化或社会事实的起源，旧人类学——即进化派的人类学所致力的是再造演进的阶程，机能派则着意构造的定律和作用的定律。第三，机能的研究法以"实地研究"为起点，**亦以"实地研究"为终点**，绝不像社会进化论者坐在书房里的扶手椅上去制造理论。所以然者，非如此不能看出文化各部分的相互关系，非如此不能看出它们在整个机构里怎样各尽其功能。[69]

因为深得功能学派之三味，所以黄石对民间宗教的认知也迥异于持"迷信观"的启蒙者、革命者以及乡村建设派。依照"机能学派"，他将民间宗教从认知论和方法论进行了迥然有别于"迷信观"的多重界定：其一，宗教是文化，绝非神秘与愚昧的事物。其二，作为与物质、经济、社会制度等同等重要的文化，宗教有其特殊的作用。如果宗教成为问题，那就是整个文化的问题，绝不能因为不信或讨厌宗教，就故意漠视。其三，既然宗教与文化之各方面、与各种社会制度有着错综复杂的关联，就应该到宗教在文化机体原来的部位去实地观察，即"到民间去"。[70]

同年，在对民俗社会学的四分——风、俗、礼、制中，黄石鲜明地提出了民俗的"黏结度"属性，即"各种民俗习惯与文化的整体及其各部分互相勾结，互相黏着的程度"[71]。显然，黏结度说的是作为文化的民俗这个部分与文化整体之间的咬合度，强调民俗的功能。次年，在谈论当时势在必行的节期改革时，黄石同样从"机能的观点"（functional point of view）讨论其可能发挥效应的途径。他指出，作为生活节律，历法与节期和历史、文化、社会环境以及生活各个方面紧密相关、互相顺应，甚至是这些结构不可分解的部分，牵一发而动全身。换言之，如果结构发生变动，历法与节期自然会发生变动；反之，要改变历法和节期，就必须先改变与其联系在一起的结构与生活形态。进而，黄石将文化或者说文明形态比作歌曲、音调，将历法和节期比作拍子、节奏。黄石写道：

> 这好比一支歌曲，各个音调的编配，等于一民族的文化等等的结构，曲调的拍子或节奏，即等于历法和节期，音调改变了，节拍自然就得更易；反之，节奏一变动，则音调若非重新调整，便不成为和谐的曲调。历法节期与生活结构的关系，也正如节拍与音调结构的关系一样，贸然改变其一，而不顾其他，结果不是引起错乱的现象，便是根本改动了结构。[72]

因而，他先是在农耕文明这一结构中来释读农民"固守"传统节令的因由，指出城市和农村的不同。进而，他提出节期改革的原则：是否令生活和谐顺适；是否适合现存的和理想的生活；与文化、生活的情调结构是否和谐。最终，他还倡导建立一个强化民族认同的新型节日。对于今天的节日研究而言，黄石当年的这些认知并不显得过时，而依然具有指导意义。

虽然也经常利用文献溯源、利用外语熟稔的优势进行中西比较，但是 20 世纪 30 年代黄石的民俗学研究明显有别于 20 世纪 20 年代的民俗学研究，他也因此而成为当之无愧的中国社会学的民俗学的引路人和先行者。

社区研究与功能研究的合流

在推介功能学派的过程中，用力最勤者非吴文藻莫属。先后撰文介绍过法国、德国、美国等社会学诸多流派的吴文藻，经多方比较最后选择了功能学派。他认为：实地研究的精神和实际应用价值兼具的功能学派，是"社会人类学中最新进，而亦是现今学术界上最有力的一个学派"，而且在实地研究的方法上，功能观点与社区观点"在精神上完全是一致的"。[73] 这一认知，实际上与西方学术发展的自我修正恰相吻合。在美国，以派克为代表，研究都市的人文区位学倡导的社区研究，虽然偏重量化，有着更多的统计分析，但文化与区位（空间）、人口一样，是人文区位学的三大核心要素之一。与此不同，殖民霸权色彩浓厚的初民社会研究始终都关注文化。在功能主义这里，文化是各种制度互动形成的整体，对这些制度的配置与使用即功能。这样，关注文化的社区研究与功能研究对于吴文藻、赵承信、杨堃、黄迪等中国学者来说，可谓殊途同归。

在布朗来华讲学的三个月，"日夕追随左右，得聆教授训诲，获益良多"的林耀华，对功能学派赞赏不已：

> 布朗教授为功能学派的首领，功能学派为人类学中最
> 新颖而且最进步的一个学派。此派学者都是亲身踏进初民社
> 会，经过长时间的居留，详细观察，谨慎采访，把所有的实
> 地状况，分析考核，融汇贯通；所以他们所发表的专刊，不
> 但能够历历如绘的表现了实际情形，而且能够栩栩如生的描
> 写了民族精神。[74]

其实，在布朗来华讲学之前，林耀华对功能论已经十分熟悉。
1935 年 5 月，他在燕大研究院完成的硕士毕业论文《义序宗族的
研究》就是在功能论指导下完成的。林耀华写道：

> 调查方法，颇受功能学派的影响。此派主张在实习之
> 前，必经过严格的科学训练，先有理论背景，到实际工作的
> 时候，才可互相参照，互相考核，养成理论根据事实，事实
> 符合理论的观念。实习之后，发现材料缺点，或是疑难问
> 题，就得重新从事调查；研究起始为实地工作，至终还是实
> 地工作。作者抱着此种态度，踏进实际社会。[75]

与同年完全基于田野调查而实录清河社区"当下"产育礼俗
的邱雪峨不同，在社区 – 功能论的指导下，同样进行田野研究的
林耀华有着更加明确的研究策略——从整体到局部、从结构到功

能、从关系到生活，即"先以乡村社区为宗族的基础，进而分析宗族组织及其功能，宗族与家庭的连锁结构，亲属关系的系统与作用，最后应用生命传记方法，描述个人之在宗族内的生活"。[76] 不仅如此，林耀华还有着历时性的视角，始终关注文献的爬梳。燕大社会学系的系统教育，使林耀华深知国学和民俗方面知识的重要性[77]，因此在其研究中，民俗一直有着相当的分量。学界长期将《义序宗族的研究》视为人类学或社会学专著，更多地是与该文"宗族"之标签和功能论"帽子"以及并未止步于"礼俗"有关。

其实，考虑到林耀华选取距离自己老家不远，同属闽地因而方便调查的义序[78]，尤其是虑及占了论文近一半篇幅，且将文献和现实有机结合的人生仪礼——"个人生命史"——研究[79]，那么将《义序宗族的研究》视为一篇"民俗学志"也并不为过。更何况，汪继乃波[80]的《通过仪礼》、孙末楠的《民俗学说》等都或间接或直接地对其个人生命史的描述、研究有着影响。与此同时，虽然林耀华未曾引用陆懿薇《福州年节风俗的研究》（1934）等与民俗学关联更紧的燕大本校毕业论文，但是中大《民俗周刊》、谢云声《闽歌甲集》、魏应麒（1904—1978）《福州歌谣甲集》等却都在其征引之列。

当然，在功能论引导下的林耀华，在一年之后对《义序宗族的研究》中大篇幅的个人生命史有进一步交代和说明。他认为，社会和个人原本就是"二而一"的整体。所以，叙述个人生命史是要显现与众人的关系、时代的变迁，与众人、家族团体、宗族团体关系的变迁。这样，如同以宗族叙述为起点，或以家族叙述为起点一样，以个人叙述——个人生命史——为起点，同样是"整个地透视宗族社会各部分各方面的互相关系的整体"[81]。

受布朗和吴文藻的影响，1936 年本科毕业的李有义同样旗帜鲜明地尝试用功能论进行研究。在对山西徐沟县农村社会组织的研究中，李有义明确宣称，定县社会调查太"偏重量的方面"，所供给的材料"多半是一些数目字，或是一些片段的叙述与记载"，并不足以了解整个社会，因此"只有从功能方面去看，才会明白各种社会组织在整个社会生活中所占的位置"。[82] 亲炙布朗、翻译了布朗《人类学研究之现状》《社会科学中功能之观念》而完全认同布朗理念的李有义认为：社会是完整的，对于社会各部分的研究也得从各部分在整个社会生活中的功能出发来考量。他在自己家乡进行的农村组织的研究，就是这样的"整个的研究"，是把农村社会组织当作一个"完整的系统"、当作"社会完整体系中的一部分"的研究。[83] 他还以机器与其零件之间的关系，论说社会的整体性（integral whole），强调一个社会各个组成部分之间的相互影响。[84]

自然而然，在分析与血缘组织有着绝大关系的婚姻时，他指出了婚姻的三重功能：个体的成人；繁衍子孙，延续家族；履行社会义务，保持社会秩序。[85] 在研究徐沟的庙宇、神社、家神等宗教组织时，李有义有这样的断语：

　　宗教在他们不是信仰，乃是生活，不是空虚，乃是实在，整个生活都交织在宗教组织之中，在他们日常生活上没有一样不受宗教组织的影响的，天旱了，固然得祈雨，有什么不舒服，一样亦得求神，甚至一举一动，莫不求神佛护佑。农民的生活要离开了宗教，几乎可以说要整个解组，这情形在徐沟县农村社会中更特别的显著。[86]

因此，李有义始终是从这些宗教组织在实际社会生活上的影响出发，窥其宗教、教育、商业、娱乐等复杂的功能。

就在此期间，深研了孙末楠学说的黄迪，同样琢磨过比较社会学。[87]同时，黄迪继续关注着派克一派对人文区位学的推进。为此，他特意撰写了《文化生活的空间与时间》一文，介绍在美国的人文区位学不仅仅关注区位、空间，时间同样是前行与演进中的人文区位学的重要维度。[88]在介绍时，黄迪将 timing 翻译成"时化"，并指出人文区位学主动引入时间维度，不是要做溯源或过程研究，而是要呈现更迭循环的生活韵律或者说节奏(the rhythem of life)。于是，前引黄石的节期研究、廖泰初关于乡村社区研究至少需要一年才"差强人意"的呼召[89]、瑞德斐在墨西哥村庄的经验研究（ *Tepoztlán: A Mexican Village*；*Chan Kom: A Maya Village*）都成为其强调社区研究中时间维度重要性的依据。

质言之，黄迪认为，主要研究都市社区的人文区位学和主要研究初民社区的功能主义必将合流，因此对他而言指向也呈现"文化节奏"的人生仪礼、岁时节日就有了其应有的学术正当性和地位。虽然知识源不同，这显然与译介汪继乃波民俗学以及过关仪礼的杨堃不谋而合，从而使得指向文化韵律的人生仪礼、节庆成为平郊村民俗学志的主流。

/ 互动的礼俗

如前文所言，1940 年前后，因为对将 folklore 翻译为"民俗学"产生了质疑，杨堃本人几乎放弃了对"民俗"与"民俗学"两词的使用。对杨堃而言，或者说对杨堃指导的燕大社会学系以"礼俗"命名的毕业论文而言，取代"民俗"的"礼俗"不但是中国文化的核心，它还是在一个社区，抑或一个人群中——农民与都市下层社会——正在践行的、有着历史性的、活态的生活文化，即"活的成训"。这种有着多重功能的活态的群体性文化还支配、规训着组成群体之个体的身心、生命历程，日常的生产、生活，终至形成群体共享的心性与惯习。这些在一定层面上强调民俗之"合理性"的新内涵，明显有别于 20 世纪 30 年代初期在燕大社会学系，人们以为风俗偏向过去、相对负面而力主对其进行改变的观念。

与此同时，此阶段的杨堃同样推崇马凌诺斯基的文化功能论。尤其是已经有马凌诺斯基《文化论》和吴文藻《文化表格说明》等可资参考，学生们关于礼俗的写作，不仅突破了指向过去的、静态的、见俗不见人的宏观之"风俗学"的限制，而且将历时性传承和官民互动之礼俗视为活态的、当下的并服务于人的动态文化，在可全面观察和把控的"小社区"或群体中微观细描礼俗，强调其功能。

闹新房礼俗

在相当意义上，孙咸方《中国各地闹新房礼俗》貌似直接承继了区域民俗学，即燕大旧有的以费孝通和陈怀桢学士毕业论文为代表的风俗研究之传统。因为，她不但绘制了中国"各地闹新房期限"和"各地参加闹新房者"两幅地图作为附录，而且直接继承了陈怀桢研究婚丧时的四区划分——黄河流域、长江流域、珠江流域和关外。只不过陈怀桢的"关外"，在孙咸方这里成为绥远、云南、内蒙古、新疆等边疆各地。然而，尽管有如此之多的相似之处，如果我们细读该文，就会发现，孙咸方研究的确实是"礼俗"，而非费孝通与陈怀桢当初意义上的"风俗"。

事实上，20世纪20年代中期以来，闹新房、初夜权等在中国学界已经不是一个禁忌话题。首先将初夜权、闹新房作为一个学术话题提出的还是周作人。1926年，周作人翻译了废姓外骨给二阶堂招久《初夜权》一书写的"序言"。在译文结尾添加的"案"中，周作人指明了闹新房可能是初夜权的"变相"，并言明调研闹新房这一风俗的价值。周作人写道：

> 又浙中有闹房之俗，新婚的首两夜，夫属的亲族男子群集新房，对于新妇得尽情调笑，无所禁忌，虽云在赚新人一

笑，盖系后来饰词，实为蛮风之遗留，即初夜权之一变相。此种闹房的风俗不知中国是否普遍，颇有调查之价值。族人有在陕西韩城久寓者，云新娘对客须献种种技艺，有什么"胡蝶拜"的名目，如果不误则北方也有类似的习俗也。[90]

多半是响应周作人的号召，1928 年在其小品系列中，江绍原抄录发表了相关文献中关于柬埔寨僧道初夜权的记述。[91] 1929 年，汪馥泉翻译了二阶堂招久《初夜权》一书，并直接全文引用了周作人翻译的该书序言。[92] 1930 年，黄石撰长文探讨了初夜权的起源。[93]

正是因为受这些既有研究的影响，孙咸方不再将闹新房视为"一个醒目与有趣的风俗"，而是将闹新房与初夜权以及听房联系起来，作为一个严肃的话题，力求全景且详细地呈现中国诸地闹新房的礼俗，从而"供给一般民俗学家一点零碎的材料"。[94] 因此，其资料来源也与完全依靠方志等古书的陈怀桢不同，虽然因非常时期的种种限制，其论文"极有限"的材料来源，基本都是"现代的"、当下的。[95] 这些现代的资料包括:《歌谣周刊》《民俗周刊》《妇女杂志》《国立中山大学语言历史学研究所周刊》等报刊上相关的文章，她自己参与、观察的平津一带的婚礼，她对身边不同地域的同学、亲友的深度访谈，等等。

受《文化论》的影响，孙咸方完全认同马凌诺斯基对风俗的定义，即"一种依传统力量而使分子遵守的标准化的行为方式——是能作用的或能发生功能的"[96]。在此文化功能主义的认知基础之上，通过大量鲜活的案例，孙咸方欲说明：（1）闹新房的主要目的在于"早生贵子"，具有宗教与法术功能；（2）闹新房让原本对新郎及夫家十分陌生的新娘消减陌生感，具有使新娘服从夫家之社会功能；（3）闹新房具有使人们身心放松的娱乐功能。[97]

这些应该都是孙咸方将自己的研究称为"礼俗"，而非"风俗"的原因。尽管其材料来源多数仅仅是"离地"的访谈或报刊资料，采用局内观察法获得的资料并不多，而且关于闹新房的功能分析也确实稍显"幼稚"，但对于婚礼中闹新房这一习俗活态资料的钩沉、梳理却有拓荒之功。在中国学界，再次出现对于该话题的专题研究，已经是在整整六十年之后了。[98]

妇孺生活礼俗

研究儿童生活礼俗的王纯厚，大致沿袭了邱雪峨关于礼俗的定义，将礼俗视为由民族生活积聚的经验所形成，即"仪礼和风俗的简称"，并强调一个民族固有文化的传递和民族精神的生命，都仰仗礼俗来维持。[99]如果说该定义是孙末楠 folkways 的回声，没有多少功能论的影子，那么在论说研究方法与角度时，王纯厚则坦言这部分基本全是社会学的与功能论的。因为时间、精力等诸多客观条件的限制，对于杨堃为她拟定的北平儿童生活礼俗这一研究对象，王纯厚明言，其研究目的"不外自礼俗方面着手，来窥探北平旧式家庭之儿童生活情况，及其与社区中其他各方面的关系"，从而进行"整体的研究",发现与其他纵横各部之间的关系。

对于研究对象的纵横范围,王纯厚写道:

> 范围系以满汉二族为研究对象,以清时至现代百年以内为时间限制,而又特别着重于现代人之活的材料……。地域界限包括北平城内及附近四郊,四郊中尤以西郊之海甸,三旗,蓝旗等处为主。至家户之界限不拘贫富智愚,而只以注重礼教,尊崇仪节,迷信守旧者为准。盖仅有于此类家庭中始可窥见其于礼俗势力之保存及持奉,明达开通之家则根本漠视之,摒弃之。至内容方面因篇幅所限,仅包括由求子至成童之一阶段,未能将儿童之疾病,死亡,丧葬等列入,实为憾事。[100]

郭兴业将研究对象限定为北平中产阶级旧式家庭的妇女禁忌礼俗,同样声明其所采用的观点是"社会学的","注重整个妇女生活的研究"。[101]为体现出其研究的整体性和全面性,对北平妇女生活禁忌礼俗,郭兴业分为日常生活和季节生活两大部分进行叙述。在日常生活中,饮食细分为饭桌、儿童、处女、其他四类;服饰分为日常服饰、女红和其他三类;居住分为盖房、扫房、室外和室内四类;其他分为性、身体各部、气候、动植物、孕妇、疾病医药诸类。在季节生活中,她又重点详述了腊八、除夕、元旦、元宵、填仓、立春、龙抬头、清明、端午、乞巧、中秋和重阳等节气中的禁忌礼俗。最后,辅以宣武门外包头章胡同的旗人王大宾家的调查个案。

此外，女性月经的禁忌在日常生活中明显占有重要位置。然而，郭兴业只进行了点到为止的略写。"性的禁忌"一节实际上就是月经禁忌。[102] 对于分工合作的燕大社会学系平郊村实地研究小组而言，详写月经禁忌的是研究性生活的石堉壬。根据石堉壬的调查，平郊村女子月经初潮，多在 14 ~ 16 岁。月经期间，又称"小日子"，禁止喝醋、花椒水，禁止吃生冷食物，且婚礼最好错开经期，因为人们深信"骑马拜堂，家败人亡"。又因为乡民视月经为污秽，所以经期还要避讳祭神、祭祖、上梁、竖柱、破土、安葬、开市、穿井、拜天地、入殓和一切喜庆之事。同时，女性必须严藏月经用纸和经布。此外，经布不能示于神佛，否则有灾，不能放在光天化日之下，否则会受日精月华而成妖怪。然而，月经又可以辟邪，有妖魔鬼怪时，用经布掷之，鬼怪立散；下雨打雷时，若将经布放在头顶，能避雷击。[103]

郭兴业对民俗的定义不但有孙末楠 folkways 的余韵，还明确多了功能论的成分。她尤其强调民俗是为了满足生活的需要而产生的，而且对社会具有极大的支配力和功能：

> 民俗可说是一种社会力量，一切社会现象常缘此而生。而民俗的产生是由于满足生活的需要。这种民俗的形成是渐进的，不自觉的。我们可以大胆的说，整个的人生，都是浸浴在民俗里；整个的社会，都是维系在民俗上。我们很清楚的看到，种种社会设施，或社会政策，或是社会改进

方案，都常常被千头万绪，迷离莫辨的民俗所阻滞。民俗是文化的母体，同时也是文化的赘疣，造福作祸，都是民俗的作用。因为民俗在社会里具有如此伟大的支配力，所以，欲了解社会、改造社会、与控制社会，都应该从民俗研究入手。[104]

在对平郊村妇女地位的实地研究中，关于为何村中拜神信佛的多是女子这一问题，陈涵芬基于观察，给出了社会学的解释：女性受教育的机会少，知识浅陋而迷信；供奉神佛已经是"家务事"的一部分，而"成为女子传统的当然的任务"。[105]与前一个原因似乎是公众常识不同，没有长期深入细致的观察，是很难看到供奉神佛的"家务事"属性的。既然是家务事，从属于男性并主内的妇女，自然得履行好其社会分工与角色职能。当然，供奉神佛乃妇女的家务事，此一情况中仍有特例。在平郊村，赵甲长作为一户殷实人家的家长，不但每年除夕晚亲自到延年寺烧香磕头，还在每月初一吩咐两个儿子前往庙里去烧香。[106]

死亡礼俗

在对平郊村死亡礼俗的研究中，陈封雄并未给礼俗下一个明确的定义，却花了整整一节的篇幅来强调礼制与民俗之间的互动，尤其是礼制对民俗之形成的压制性影响，明白地揭示了"礼下庶人"的教化之功。在第二章"死前"的"后事之筹划"

一节，通过多张图表，陈封雄对《大清会典》中的五服之规制与他所见的平郊村乡民的日常实践进行了比较，得出了"乡民对礼制已不愿完全俯首听命"的结论。[107] 换言之，就中国社会之实际情形而言，他者经常天真并一本正经地视为土生土长的民俗，实际上并不是其主观想象中那个纯粹的、封闭的，抑或原生态的"民间"的。

异曲同工的是，对宋代以来精英集团"礼下庶人"的持续教化而形成的乡规民约抑或家风民俗，杨开道一度借用了现代以来的"教育"一词加以梳理和诠释。其梳理清楚地表明：以皇帝为首的统治集团以及士大夫集团之倡导、力推对所谓乡风民俗形成的主导性影响。[108] 新近，关于清代国家层面的慈孝观念如何通过年画而得以成功在民间推广的研究，也说明了礼与俗之间的互动，或者说礼是如何演变成俗的。[109] 在强调并倡导弘扬优秀传统文化的当代，礼俗互动又重新高调地回到中国民俗学者的视野中，并在相当意义上被倡导者视为一种研究范型抑或认知模式。[110] 显然，无论古今，在观念层面二分的礼俗，始终存在着动态的交互感染、影响。处于流变状态中的双方，不断地互相缠绕、磨合而生成一种新的事象——"纠缠体"（entangled objects）[111]，且生生不息。

陈封雄之所以对礼制和民俗之关系进行了这些梳理、释读，正是因为他明确站在社会学的立场，相信人与动物有着本质上的不同。陈封雄强调人与人之间的种种社会关系，和因为这些社会关系而产生的种种社会行为。孙末楠、派克等人曾经频频使用的

"需要""欲望"，仍然是串联其所言的社会关系和社会行为的关键词。在此基础上，他尤其强调前八家村丧礼中所有仪式各自的意义和功能，诸如发泄、联络感情、为死者求安，尤其是为生者祈福、重整家庭与社区等，并得出"丧事乃生者之事"的结论。最后，他给死亡下了一个恰切的功能主义的定义：

> 死亡绝非一独立之社会现象，与其直接或间接相联系之事实颇多，不仅为个人生命之重要关头，亦为是一组行动之枢纽。[112]

自然，依赖丧事而存在的和尚、阴阳生、茶房、冥衣铺、棺材铺、杠房以及新生的警署等行当和从业者、丧家甚或丧家所在社区社会关系的中断抑或改变等，都在陈封雄观察、叙写之列。

对陈封雄而言，死亡礼俗不仅仅是亡者及其家庭的礼俗，还是村落的、社区的，是北平城的，也是处于历时性流变中的整个社会的与民族国家的。而且，死亡礼俗不仅关涉死，同时也指向了生，不仅指向灵魂观，还指向生死轮回、向死而生的生命观。就是在今天看来，陈封雄对于死亡礼俗的研究的认识论和方法论，都有着不言而喻的高度。然而，因为该研究的尘封，中国民俗学界后来关于丧仪的研究大致是再次从直面死亡本身与生死观这个原点出发的。[113]

乡土宗教礼俗

何为乡土宗教？简言之，它是信奉者"行"出来的宗教，即信众身体力行实践的宗教。[114]

陈永龄将中国人的"庙宇崇拜"和"家庭祖先崇拜"并列，他在平郊村的经验研究关注的就是前者，将平郊村村民主要围绕村西北角延年寺的宗教实践直接称为"庙宇宗教"，认为庙宇宗教"在中国人民的宗教生活中占有极重要的地位"，有着其"特殊的功能"。[115] 然而，他感兴趣与研究的并不是"庙宇宗教本身"，而是"庙宇宗教在村民的日常生活中究竟发生了怎样的功能、作用"，即关注庙宇宗教和村民现实生活之间的关系。所以，他明确宣称自己用的是"社会学的观点"，而非"宗教学的观点"。[116] 也即，陈永龄对庙宇宗教的社会学研究，强调的是在平郊村村民日常生活中涉及的庙宇宗教的诸多关系，因而专章描述讨论延年寺之于村民生活的宗教、教育、政治、经济、社会和娱乐等种种功能。[117] 虽然以延年寺为研究中心，基于生活的实态与真实性，在社会空间序列上，陈永龄也将研究的范围扩展到与村民宗教活动发生关联的平郊村之外的小口、北顶和妙峰山诸庙会。

多少有些遗憾的是，按照经世济民、强国强民的功利观，以及当时盛行的简单片面的科学观和对于民众教育、乡村改造等社会运动的看法，陈永龄在文尾将其浓墨重彩描述的庙宇宗教归结为有百害而无一益，需要率先破除与改变的"消极、自私、出世的宗教"，革命情怀满满。[118] 考虑到庙宇敬拜在当时的中国红红火火的事实，作为功能主义者的陈永龄实则是一个机械、主观的功能主义者。此时，他与始终对民间有着积极浪漫情怀的顾颉刚没有差别。虽然率先调查妙峰山，但顾颉刚相信当民智开启时，朝山进香这些"迷信"就会消失。陈永龄历时一年有余认真观察的乡民及其宗教实践，最终沦为冷冰冰的"解剖对象"，而乡民也非有血有肉有着自己文化认知、情感认同和理性逻辑的"朋友"。这多少有些遗憾！然而，抛弃这些基于单线进化论的框架和自我中心主义的价值、是非判断，就其不遗余力描述的敬拜事实本身而言，我们或者还是可以将庙宇宗教简单定义为：庙宇与村民日常生活的关系，村民对庙神敬拜与日常生活的关系。

胡（狐狸）、黄（黄鼠狼）、白（刺猬）、柳（蛇）之"四大门"敬拜、信仰曾经长期在北京城乡和北中国盛行。至今，与江南的五显（五通）和华南的巫蛊信仰一样，四大门敬拜大抵还是被主流话语定格在"迷信"的范畴。1941 年，专门研究北平西北郊一带"四大门"的李慰祖，抛弃所有先入为主的偏见，将其直接称为"宗教"。较之陈永龄，李慰祖对于当时普遍使用的"迷信"一词，态度更加决绝。他绝难以同意加诸求香者头上的"迷信"一词，因为"**这个模糊的词字非但不足以增加我们的了解，反之适足以成为研究的阻碍**"[119]。因此，抛弃先入为主的任何障碍和所谓信仰的真伪、高低、文野之别，李慰祖直面事实真相，以求"描述北平西北郊一带农民信仰的实际情形，并且企图在事实中能以寻出这种四大门宗教对于农民生活的主要任务是什么"[120]。

引用涂尔干《宗教生活的基本形式》中的观点，李慰祖将

"四大门"宗教定义为一种社会制度、社会的反应,强调"存在必有其所以存在的理由"。同时,他批判高延(de Groot,1854—1921)、明恩溥(A. Smith,1845—1932)和禄是遒(Henri Doré,1859—1931)等西人对中国农村宗教的研究不但"感情用事",充满了宗教的偏见,而且是距离事实太远的"非科学的",对于"我们的研究并无多少补益"。[121] 这些认知,使他对于"四大门"宗教的定位更加客观,摆脱了单线进化论以及革命主义的羁绊,更多地看到其对于个体、家庭、社区、社会积极、合理的一面,也没有像同学陈永龄那样将民众践行的宗教归结为消极、自私与出世的和需要彻底摧毁的。

李慰祖虽然直接面对、呈现的是"四大门"这种"宗教"本身,但他的研究同样是社会学的。为了"保持严明的社会学立场",李慰祖还舍弃了对于香头"反常"行为——神灵附体而迷狂——的心理学解释。[122] 这样,李慰祖直接将其研究欲回答的问题归结为"四大门"宗教的性质与功能两个方面,功能方面又包括:"四大门信仰的功能是什么?香头在社区中负责什么任务。何以在'破除迷信'的旗帜之下,香头制度在不利的环境之中,能够依然存在?"[123]

权国英《北平年节风俗》虽然是以年节风俗命名,但如果考虑到年节风俗中敬神、祭祖、逛庙等活动中满满的宗教性,我们完全也可以将其视为同庙宇研究和"四大门"研究一样的宗教研究,而且同样是强调年节功能的社会学研究。在该文开篇,权国英指出,研究旧历年节之礼俗是"研究社会学的人应有的职责"¹²⁴。因此，她采用社会学的观点与方法，对从腊八到龙抬头之间的北平年节中的宗教、经济、娱乐和道德诸类生活分别进行了描述与分析。虽冠以"风俗"之名，并且在章节目录和正文中经常出现"迷信"一词，权国英实际上研究的是旧历年节的合理性，即旧历年节之于民众生活的宗教、经济、娱乐和道德诸功能。其中，因为关涉到人们的生命观、时间观以及宇宙观，在权国英记述的年节风俗中，宗教生活部分篇幅远远在经济、娱乐和道德生活之上，占据论文大半。

1932 年，刚归国不久的杨堃就曾反复表达过他对于被政府强令废除的旧历年节的理性认知，发出了对旧历年节进行抢救性研究的倡导。站在社会学的立场，杨堃指出：第一，并没有令行即止的旧历年节在城乡普遍存在，"必有其所以存在的理由"，"必是能与当时当地之社会环境相适合"；第二，旧历年节正好是与中国人生产生活相关联的循环时间观以及与之相连带的生产生活模式的具体体现；第三，社会生活的变化是必然的，因此对于那些极珍贵的，还能亲眼所见的旧历年节的诸种仪式、种种"迷信"，尤其有抢救性记录、研究的必要。¹²⁵

由此可知，在相当意义上，权国英之于北平年节风俗的研究，实际上就是对杨堃八年前关于旧历年节之社会学认知和理念的具化，是对于年节风俗的抢救性研究。在相当意义上，无论是保护优秀传统文化，还是非遗运动的助力，文化部民族民间文艺发展中心近十多年来大力推动的《中国节日志·春节卷》这一文化工程，无意中延续的正是杨堃当年抢救性研究年节风俗的夙愿。尽管在八九十年前，政府是要"废"春节，而今天的政府是一心一意想"兴"春节，试图还春节以"年味儿"。[126] 显然，如果不承认也不能够还春节以神圣性和人们对时间的敬畏，只在意"去神化"后空洞的闲暇娱乐，尤其是拉动 GDP 数据的旅游经济，在信息时代、网络社会的今天，春节必然无法回归曾经有的"年味儿"。

/ 整体观

作为整体的社会事实

无论是以涂尔干为首的法国现代社会学，还是马凌诺斯基的文化功能论与布朗的比较社会学，都强调社会的整体性、有机性，强调社会中各部分的相互关联。在燕大师生熟悉的布朗《人类学研究之现状》中有这样一段话：

> 文化分子之意义，乃整个社会生活中某分子，与其他分子发生之相互关系，不仅具体之活动，思想感情亦包在内。欲发现此种意义只有与研究之人民发生亲密之接触，对某文化之各方面皆加以直接系统的研究，然后方可决定某种文化分子（如信仰风俗等）之意义为何。
>
> 然文化分子之意义，不能由直接询问土著某种风俗之意

义为何而得之。因土著对其自己文化中之事物多不思索其意义。即吾人若非人类学家亦大半不思及握手摘帽礼节之意义为何，间或由个人口中得出若干解释亦系主观意见。任何文化分子之意义，只能用客观的眼光由整个文化各部之交互关系中见之。

⋯⋯⋯⋯⋯⋯

任何文化分子意义须由其在整个文化中与其他文化分子之关系中发现，因此实地研究者须做文化之整个的研究；在社会学的观点中，此种整个的研究尤为重要。

⋯⋯⋯⋯⋯⋯

新人类学以为任何现存之文化皆为一完整的单位或体系，文化中之每一分子在整个关系中有他自己的功能，偶尔文化之体系亦可被其他不同文化之侵入而扰乱，甚或摧毁，此种情形在今日极普通，如非洲，印度，及中国。然普通文化互相影响之程序，乃一民族接受某种外来文化分子，同时拒绝其他文化分子，拒绝或接受由文化体系之性质决定。既经接受之文化分子则渐适应于本位文化之体系。[127]

这段强调了部分和整体之辩证关系——从整体看部分，也是从部分看整体、部分承载整体，抑或说部分反向涵盖整体——的话，不仅被黄石在其田野研究、对乡土宗教的研究实践中熟练运用，对平郊村民俗学志同样产生了深远影响。关于如何在中国乡村进行社会学调查，布朗强调，对研究者可观察的包括适应

（adaptation）和完整（integration）的社区研究，可具体分为三种判然有别又相互关联的研究：第一，不涉及变迁的、特定时期一个社区内部结构和生活的横向研究（synchronic or monmochronic study）；第二，一个社区与其他社区或较大社区的外部关系的研究；第三，研究社区内部结构和外部关系中已经以及正在进行的变迁的纵向研究（diachronic study）。进而，布朗特别强调，他所提议的方法的根本性质是，"在进行任何特殊题目的研究时，必须把整个社会生活放在心里"，由此，并非"研究一个乡村的经济生活或宗教生活"，应该研究的是"乡村生活的经济方面或宗教方面"。[128]

用功能论研究义序宗族的林耀华在亲炙了布朗的讲座之后，不但更加明了了功能论的妙处，而且对布朗继承自涂尔干学派的整体观有了更为本土化的理解和表述。他在反思如何用功能论来研究中国宗族乡村时，将社会文化比作一张密织的网：

> 功能学派之分析初民社会制度：注意文化的功能方面，而非构造方面；注意于社会的活动部分，而非固定部分；注意于人们的关系情况，而非静止情况。研究的起始，必先从社会制度的一方面或文化的一小部分下手，然后渐渐追踪这一方面或一部分和其他方面或各部分的功能关系，使社会制度的各方面或文化的各部分能够贯连起来，成为整个相互动作相互影响的实体。**社会文化好像一个纵横密织的繁网，我们无论挑出那一条线，全局必受牵制，整体**

必见震动，由此可见社会的功能的关系了。我们研究社会，不应当像前人一样把社会事实一条一条的排列出来就算完事，我们应当精密考察，看到各方面的关系，因为社会是一个有机的活动的功能的整体，而不是无机的固定的静止的东西。[129]

作为社会学的民俗学，杨堃指导的毕业论文也充分体现了"作为整体的社会事实"这一社会学的基本立场。所有的论文，都表现出以自己研究的专项民俗事象为轴，在勾画出与其相关联事象、人群抑或个体的基础之上，尽可能全方位地呈现出一个人群、一个村落社区，抑或北平城内外的社会生活实况。这样，以平郊村为基本研究空间的民俗学志，又基本都突破了这一有形的时空单元。人们确实是在平郊村中做研究，但又不仅仅只是在研究平郊村。

因为"一村之各种活动，时与附近其他各村发生直接及间接关系"，所以平郊村附近十余里范围之内，生产生活形态相同的村庄都是石堉壬的研究范围。而且，凡与性有关之事，"不畏琐碎，一并收入"[130]。不仅如此，对性行为的界定，石堉壬始终有着基于关系和功能的整体观。他写道：

> 性行为除系一对男女之肉体关系外，更有其社会学及文化上之意义，其间包括艺术、宗教、迷信、巫术、风俗、信仰，甚至经济活动，人事关系亦与性行为相互关系，譬如在

求偶过程中，当事男女必受传统力量之支配，法律之限制及风俗之规定。

....

此事实与文化之其他方面交织成蛛网关系，每牵一丝，全网必为之振动。文化体系本为一整体，各文化现象之目的，均在满足人类之需要，研究人类生活或文化体系，可自各方面入手，入手方法虽异，而所得结果则同，譬如自性生活入手研究，必先研究爱情，性之追求，爱之巫术及神话等，此种过程均为求偶之一部，求偶为婚姻之一方面，婚姻又为家庭生活之一方面，由家庭而成氏族，而有父系及母系亲属关系，此种关系彼此联合而成较大亲属体系，此较大之亲属体系则足以控制各种社会关系，经济活动，巫术，神话及宗教信仰等。[131]

正是因为有着上述相同的认知论，在架构上，各篇论文，主题鲜明却又旁涉相关仪礼，并关注到特定人群以及个案、特例。不仅如此，这些论文还立足于当下活态的现实，注意到民俗的传承性与变异性，有着历时性的观念和意识。这样，原本各自单独成篇的这些论文从纵横等不同方面，又构成了一个整体，成为如今探知七八十年前北京日常生活、群体心性的"百科全书"。

自然，空间民俗表面上将住宅设备和家庭生活连带一处，实则指向的是宇宙观，家用器物和农具不仅仅是工具与静物，也有了流转、亲情、生命的温度与人情世故。除岁时节日外，时间民俗的主体是生养、红白喜事等人生仪礼，回应的是每个个体都会面对的生命观与时间观，尤其是"我从哪里来，如何长成，又到哪里去"等人生的根本问题。除在空间民俗和时间民俗中处处弥漫着心意民俗之外，杨堃还专门指导学生抛弃既有的"迷信"之偏见，直面社会事实本身，观察家门之外的"庙宇"和家门内外都有的"四大门"信仰，并直接将与二者相关联的敬拜实践以"宗教"命名。

丧仪中的警察与阴阳生

主要基于平郊村展开调研的陈封雄，其书写的死亡礼俗之主体部分包括：死前的迷信与禁忌、后事的筹划、穿着寿衣；濒死之大殓的殃榜、破土、报丧、呈报地方、治丧和大殓诸环节；包括辞灵、出殡、安葬、净宅诸环节在内的发引；葬后的圆坟、周年祭、除服以及家庭之间的变动。同时，他专设了特殊死亡、堪舆与阴阳生两章，并始终注意他所耳闻目睹的乡民之丧仪实践与古礼之间的比较，以及贫富不同、社会地位身份有着差异、分野的乡民内部丧仪繁简的不同。与丧仪相关的亡者、生者、主家、亲戚、邻居、阴阳生、警察、保甲长、和尚、厨夫、茶房、杠夫、吹鼓手等各色人等，及其群体特征、行规行距、相互之间的关联，陈封雄都一一述之。

进入民国以来，尤其是在北京等城市，执政者欲根据"科学"

之理念，废除旧有的收生姥姥（接生婆，又称产婆、稳婆）和阴阳生等被定义为"迷信"的行当。然而，理念和实践之间明显有着巨大的差距，传统与现代之间始终存在混融，抑或说渐进与渐退的关系。正如陈封雄论文中记述的那样，在20世纪30、40年代之交平郊村的丧礼中，警察和阴阳生不但并存，还相互倚重。阴阳生，多有自己的堂号和执业的地理范围。他主要是在人死之后，根据亡者的生辰八字给主家开具殃榜，即丧事之重要仪程的顺序单。在警察制度推行之前，阴阳生被先天地视为死亡的合法证明人。凭借阴阳生开具的殃榜，主家即可抬埋死者。警察制度推行开之后，尽管因为殃榜上的"迷信"言辞，当局有取缔阴阳生的提议与实践，而且警察也可能检视死者，但基本还是凭殃榜颁发抬埋执照。于是，在平郊村的丧仪中，就出现了传统之实践与现代之理念共谋的局面，"警方因利用此传统风俗而减轻任务，此其利也，然因利生弊，遂有受贿买填殃榜之不法行为"，而贫者也有了"死不起"之叹。[132]

早在民国四年（1915）十一月，北洋政府内务部颁布实施的《违警罚法》[133]第三十四条就明确规定，死丧必须呈报地方当局，在当局或警署填报"人民死亡呈报书"，在盖有保、甲长的印章后，再回原处换取出殡执照。该条法律规定，无论是正常死亡还是非正常死亡，不依法令章程报告警察官署者，处十日以下之拘留或十元以下之罚款。然而，在传统与现代始终呈犬牙交错状态的日常生活层面，该法律规定实则多流于形式。到陈封雄调查时为止，入民国以来的数十年间，前八家村的丧家大抵是持"人民死亡呈报书"下葬，少有人再去换出殡执照。[134]

鸡姑、"四大门"及"五大门"

关于前八家村延寿寺菩萨殿廊下不起眼的砖制神龛中的鸡姑神，正是研究丧俗的陈封雄说清楚了鸡姑的神格及其为何供奉于正殿廊下。因产而死的妇女，被视为有罪而遭到了上天的惩罚，是不洁的。因此，为了避免污秽祖茔，因产而死的妇女须暂厝，等到本家再有丧者安葬时，顺便将产妇之棺掘出，在祖茔地依序葬之。这种专门针对产妇的二次葬仪，乡民称之为"带灵"。不仅如此，在接下来的三日，丧家要为死亡产妇扎制一个鸡笼焚烧，这样就可以使产妇之魂免入鸡笼。村民相信，鸡姑是阴间专司保佑产妇灵魂的，但其地位低下，所谓"大庙不收，小庙不留"[135]。因此，作为人生命历程中的护佑神之一，鸡姑虽然在延寿寺有着神位，却是在正殿廊下不起眼的地方。

陈永龄对于鸡姑神的研究，则给我们提供了平郊村民也很少知道的这个小神更丰富的面相，即鸡姑，或者就是"寄孤"。生前为乞丐的他，虽喜参佛修禅，但自知身份地位低微，遂只在庙台即殿廊趺坐。升化后，其塑像也就立在殿廊下，专司收留孤魂野鬼。因此，凡有应佛事，诸如放焰口等之庙宇，皆供有寄孤神。[136] 当然，根据赵卫邦对扶箕的研究[137]，延寿寺中这个专门应对死于难产的妇女、专司收留孤魂野鬼的鸡姑，即以自己强大的法力避免污秽的小神是厕神紫姑的变体，也说不定。[138]

这样，原本不搭界的庙宇景观、神灵座次和丧仪以及村民鬼魂观之间潜在的逻辑关联被揭示了出来，碎片化的生活事实被串联成了有着种种关系、逻辑和功能的整体。以某个点或局部，我们就有可能透视全局和整体，甚至直达心性。纵然有这些优点，陈封雄还是意识到了对丧仪研究应该有的更多路径，如量化研究丧礼的经济意义，从丧仪探讨亲属关系、宗族制度和宗教性等。[139]

完全在北平西北郊做实地研究的李慰祖，也意识到了自己未曾涉及的文献研究与历史事实的重要性、"四大门"在中国地理分布研究的重要性。因而，李慰祖坦陈实地研究"仅能描写一种社会组织的横剖面，纵的方面便有赖于历史学的探讨了"[140]。就"四大门"之名称，李慰祖也说这仅仅是北平近郊流行的说法：

> 但是较远的地方，如平北顺义县一带，便有"五大门"的说法，乃是"狐柳黄刺白"。"刺门"乃是刺猬，"白门"乃是兔。日人石桥丑雄的著作中便提到"四大家"（四大门）与"五大仙"（五大门）的说法。又在日人永尾龙造著作中，也采取"五大门"标题。此外，A. Smith 也沿用五大门的分类。但是这几个作家所说的五大门乃是在狐狸、黄鼠狼、刺猬、长虫之外加上"鼠"，合称为"狐黄白柳灰"。[141]

这样，从地方差异、民众的说法到学者的归纳，"四大门"这个语词的诸多"异文"便能一目了然。对于《四大门》一文在整体观指导下的完备性，从其章节目次我们就可窥其全貌。

除绪论、感谢辞、结论和参考书目提要之外，论文分设了"四大门"的概念、作为社会制度的香头、作为农家崇拜之重心的财神楼和附录四个板块。

"四大门"的概念分为三章：成因，包括凡俗与神圣的"四大门"、坛仙与家仙、"四大门"与猎户、"四大门"的通性与修炼方法；"四大门"与农家，包括财神爷、家仙的败家和家仙拿法；"四大门"的特质，涉及仙家的居处与生活，坛仙的分工与阶层，家仙的气量、禁忌、对头，变态的坛仙，还分别专节论述了"四大门"与回教、基督教、庙神、理门公所、巫术以及传说稗话之间的关系。

占了论文过半篇幅的香头分设了 16 章，分别是：香头的意义与成因；保家坛；香头的完成典礼，又细分为认师、安炉、安龛、开顶四节；香头的相互礼节与丧葬礼节；香坛的设备；塑像（附神话）；香头的下神（附香火的形状）；香头的治病与药品；香头私人等坛神的仪式；香头的定期典礼——朝顶；香头社区的任务；乡民对香坛的奉献；香头的地位；香头社区地位的变迁；香头的道德；香头间的社会关系。

财神楼，又分为意义与功能、结构与奉祀、修造仪式三章。附录是"乩坛"和"李香头家庭事闻略"两部分。[142]

同中有异的年节风俗

权国英的北平年节风俗研究，在关注眼前活态民俗的同时，并没有忘记曾经有的官民、城乡和贫富各阶层共知或共享的礼俗。她提及了分别在腊月十九、正月二十前后，曾经仅在官署之内举行的"封印"、开印仪式，也提及了灯节前后，宫内各殿纱灯的制作与悬挂之法，正月二十五朝廷、粮商和普通农户不同形态的填仓节。[143] 她还分述了在腊月里卖年货者的层次与差异：在北平城区大街小巷卖松柏枝和芝麻秸的，基本都是来自郊区或更远乡下的农民；在街头巷尾摆摊写对子、卖对子的大抵包括学生、落魄文人、好文艺的阔家公子和有闲阶级的青年四类人，而买者则多为乡下人；与卖对子的杂合性不同，卖灯笼的则具有专业性，多为专门做生意的小贩，且大抵学过裱糊的技艺；卖祭灶用的糖瓜最多只能持续到腊月二十三，因此其售卖的时间最短，两三天到五六天不等。[144]

在注意到市面的繁荣时，权国英同样注意到了与繁荣并存的"荒芜"的一面。因此，反映穷人过年躲债的俗语、歌谣都在其征引之列。诸如：

> 送信的腊八粥，要命的关东糖，救命的煮饽饽。
>
> 腊月最怕来要账，逼得东跑又西藏，听见爆竹一声响，才把穷心平安放。
>
> 一年到头，穷人发愁，没钱还账，典地牵牛，老婆也是

骂，小子也是哭，明年的衣食从何出？[145]

就这些歌谣所反映的社会事实，权国英以 1938 年、1939 年《北平晨报》先后刊载的姚长瑞、荣芝、郑茂林、周福有等诸多案例作为佐证。对于年节的娱乐，王纯厚虽然粗分为家庭和社会二种，所涉同样全面。除尽可能分别陈述穷、富人家男女老少各自的娱乐之外，对家门外娱乐的介绍，既涉及相对传统的庙会、灯节、戏园，也涉及"杂吧地儿"天桥和新型影院等处。

权国英还特别提及当时已经不多见，但 20 世纪初叶北平中上人家"浪漫"姑娘和少奶奶经常玩耍的太平鼓以及弹口琴。在述及太平鼓可能起源于满族之番乐和武则天之淫器二说的同时，权国英还分析指出，太平鼓和弹口琴相对盛行的时期，也正是"妇女的束缚非常严厉"的时候，因而即使是在开明些的家庭，在年节耍弄这些东西的妇女也常常会被邻里等他者贴上另类的标签。[146] 换言之，这些年节期间少部分女性有限的娱乐，实际是作为封建礼教重要组成部分的妇女贞操观的异文。

再以年节中的宗教生活而言，根据敬拜对象，权国英将其分为敬神、祭祖和其他迷信与禁忌三大类。[147] 敬神又细分为家中的祭神与家外即庙会上的祭神。家庭内的敬神，再分为二：一是家中常年供奉的财神、全娘娘、三财（关圣大帝、增福财神、玄坛赵元帅）、三大士（文殊、普贤、观音），在年节时要专门摆素供、焚香祭祀；二是在旧历年节才祭祀的神，如门神、牺牲、灶神、财神、星神，等等。对各神的来历、职能、供奉的时间、供品的数量等祭拜的方式和形态，她都一一清楚地加以描述和说明。庙会上的祭神则分述前门外的关帝庙及比邻的观音庙、广安门外的五显财神庙、西便门外的白云观、朝阳门外的东岳庙、安定门外的黄寺、德胜门外的黑寺和北新桥边的雍和宫。祭祖则分述满汉两族如何祭祀，还述及了京城蒙古族人家的祭祖。关于贴春联的讲究，权国英意识到了苏钦孺记述的重要性，因此完全引用了苏著中的记述，即普通人家的春联是红纸黑字，庵观寺院是黄色春联，孝服未满三年之家是蓝色春联，而如果新年尚在百天热孝期内，则主家不贴春联。[148]

这样，权国英所叙写的年节不仅仅是个体的、家庭的，也是整个北京城的，是由北平各色人等组成的社会的，有着共性，也有着层次和差异。当然，作为其分类描述年节风俗中宗教生活的关键词，权国英并未对宗教与迷信的内涵外延进行明确的界定，这就使其看似分明的分类反而含混不清。她所列举的除夕之日的迷信与禁忌，大抵都是我们当下的习俗，诸如贴春联、门神、挂钱、丢百病、天地桌、踩岁、辞岁、接神、吃团圆饺子、压岁钱、守岁等。虽有此不足，但这些列举显然囊括了除夕之夜阖家老小都不同程度参与的所有习俗。

渐变的民俗

石堉壬充分意识到，因为前八家村位于北京城边，其生产生活无不受都市文化的熏染，故关于性行为的迷信、禁忌以及宗教等，都有简化的趋势："各种仪式虽未尽皆消散，但已采取敷衍态度。"[149] 虽然主写儿童生活礼俗，王纯厚也兼顾北平居民的种族分布、婚姻目的及礼教观念，年节生活、教育生活、游戏娱乐生活以及性生活中的儿童。主写北平满汉两族最普遍且民间通行之婚姻礼俗的周恩慈，虽然未涉及蒙古族、回族、藏族以及南方各省迁居北平者的婚仪，却还是从婚姻的意义、目的、择偶标准与限制、不同的婚姻形式谈起。在分别描述自己调研的满族、汉族婚礼个案的基础之上，解释这两个民族婚礼的普遍特征与异同，牵涉到婚后男女家庭地位的变化、女子结婚后与婆家各色人等的关系、夫妻感情与怀孕生子的情绪，以及婚姻关系的终结，并且还专写了一节介绍回族婚礼的大致情况。

不仅如此，这些民俗学志之整体观还体现在对渐变民俗的叙述之中。对于同期处于社会顶端的少数明达之家而言，守旧家庭坚持的礼仪早已被视为"顽固迂腐，无稽之谈"。在叙写婴儿开口之后、枕上外祖母或祖母做的枕头之前，王纯厚提及一旧俗：男婴要用宪书（即历书）一本垫在砖上，先枕一会儿，女婴则是先枕一会儿草纸裹的土砖，以示男尊女卑。接着，王纯厚写道："不过此种动作今已不行，仅在乡中或过于迂腐之家仍保存之。"[150]

反之，在"认干亲"一节，王纯厚提到了衍生的新习俗。在详述了人们通常拜认姓名吉祥、子女众多、命相相生和"全人"（公婆父母丈夫子女俱全的女性）为干妈，以及有人家拜小妾、妓女、尼姑以及乞丐等为干妈的情形后，王纯厚写道："晚近以来，异邦人士来华者众，国人喜与之游。曾受欧风熏染及文化水准高度的家庭中，每与异国人士为干亲。本校中西籍教授及职员互结干亲，即其例也。"[151]

同期，因生计所迫，《大清通礼》等书所载的丧仪礼制在平郊村已经多少有些疏废。虽然乡民在和陈封雄谈及丧仪时，依旧是据"礼"作答，但其仪式实践已经有很多简化。这在其丧服时间的短长上体现得尤其明显，很少有乡民能依"礼"行事。[152]已经成为平郊村小学所在地多年的延年寺，更是将现代学校教育、村民宗教实践以及商店等集于一体，成为一个个体与群体、村内与村外、传统与现代、国家与社会杂糅，名副其实的"公共"空间。小孩来这里上学，村民来这里敬拜、购物。人们相互讲述"四大门"及其香头的灵验故事、真人真事，并行不悖。[153]

在其记述的年节风俗中，当述及年关前后各类店铺的热闹和关门、开门时，权国英没有忽略典当铺的特殊情形。因为日寇入侵，局势动荡，收入不稳，所以平民常常不得不腊月三十当衣物，而在大年初一赎回。这样，作为商铺之一种的当铺也只得改变惯例，而无年无节地照常开市，在腊月三十晚关门，正月初一照常营业。在除夕这天，北平城大小当铺门口常贴有黄纸条，上写："本当准于卅日六时上门，正月初一照常生理。"[154]

就拜年的方式，除提及铺户派伙计"递片儿"、学校等机关的团拜之外，仅就亲友之间的拜年方式，权国英列举出了当时共存的四种形态：亲自登门拜年、自制贺柬寄送给亲友拜年、买贺年片寄送亲友拜年和登报拜年。[155]根据对苏钦孺的访谈，权国英还特意加注释说明清代官员之间贺年所用的"职名"，即"一张红色纸片，正面印官衔和名字，反面印'号'及住址"，而且高级官吏用的才能称"名片"，低级官吏所用即称为"职名"。[156] 到了 1940 年前后，平郊村村民在思想观念以及文化层面都受到北平城，特别是近在咫尺的燕大、清华师生不小的影响。例如，主要租种村中于家土地的赵甲长就印制了名片，不但平常拜访客人的时候用，春节拜年时也用。[157]

/ 社会均衡论

在黄迪指导的方大慈的平郊村养鸭业的研究中，鸭户饲鸭，是全家总动员而又有着分工合作的繁杂体系，并与鸭户家的农业、其他饲养业之间形成了和谐平衡的分工体系。女性主内，男性主外，这其中既有劳力的因素，也有社会风俗之柔性控制。[158] 不仅如此，北平买卖填鸭的市场也是一种完整的"社会制度"。根据特殊交易方式与时间，这种社会制度明显还具有"半秘密结社"的性质。[159]

在赵承信指导下的平郊村雇工研究中，蔡公期同样将雇工视为一种社会制度。其研究不仅涉及雇工的来源、类别、雇请和辞工的方式与步骤、雇工生产生活在年度周期和一日之中的节律、工资待遇，还涉及雇工与东家——地主之间的关系，以及雇工的出路，等等。在他者看来，乡土中国的雇工长期有长、短之别，在平郊村则还有包工一类。同时，因工作性质、个人能力以及与主人关系的深浅等原因，平郊村的长工实际上还有着头活、二活、随活、车把式和小做活的等多种类别。[160] 关于雇工的工资，蔡公期注意到，1947 年内战、清华大学施工以及政府抽丁服兵役等因素导致的通货膨胀和劳力短缺，使得平郊村雇工的工资出现了由现金向实物回归的逆向历程。[161]

　　燕大在北平复校之后，因为林耀华的加入，在燕大社会学系平郊村这个社会学实验室后期的民俗研究中，在整体观、功能论中，还明显多了林耀华《金翼》诠释的社会均衡论，即强调人类行为、人际关系和社会生活始终会处于一种动态的平衡之中。[162] 要注意的是，在 1935 年写完硕士毕业论文《义序宗族的研究》后，林耀华结合布朗讲座，在 1936 年写作了总结性也是反思性的《从人类学的观点考察中国宗族乡村》一文。如前文所引，该文充分肯定了其所用的个人生命史的意义。即与家族、宗族研究一样，个人生命史能"整个地透视宗族社会各部分各方面的互相关系的整体"。换言之，这也在相当意义上预示了其《金翼》产生的必然性和基本方法论。赵丙祥和渠敬东对《金翼》的释读也从不同的角度说明了这一点。[163]

　　1947 年，刘秀宏在研究平郊村的徐姓家族时，开篇就明确将社会视为"一个动态具有功能联系的整体"[164]。1948 年，采用个案研究和生命史方法研究平郊村聂姓手工业家庭的杨景行，不但在其论文开篇对社会均衡论进行了简单的阐释，结尾也用该理论解释了聂家这个手工业家庭的兴衰沉浮与诸多社会因素之间的关联。[165] 同年，张绪生在平郊村学龄儿童所受教育的研究中，理所当然地将童戏、恶作剧视为教育的一环，从而在将"教育"还归生活常态的同时，在一个动态的社会系统中，以整体的视野重新诠释教育。正是在这样开放的整体观中，张绪生所谓的童戏才得以包括下述诸多类别：弹球、打老、扔虹、跳间（房子）、点果子、抽汉奸、踢足球、推风车、放风筝、吹喇叭、抄子儿、翻花线、踢毽子、游大钟寺、看打鬼、逛小口庙、逛北顶庙等。[166]

1949 年，在研究西医进入平郊村后，与中医、巫医之间混融的动态关系时，马树茂将社会这个动态的且具有功能联系的整体之各部分相互影响，而总是能够达成均衡的认知，阐释得更加明白：

> 一个问题的发生，必有其各方面的原因，不能孤立的去研究，因为社会是一不可分的整体，任何一部分的变动，必影响其它部分的变动；其它各部分的变动，这一部分也受其影响。整体的各部分，皆互相关联，互相影响，并且各有其功能。在普通情形下，整体呈现着均衡的状态，但其中任何一部发生变动，均衡状态便会失去其均衡。本文所述西医出现于乡村社会，即是受社会变动的影响。西医既在旧传统的用各式方法治病的均衡状态社会中出现，则使这乡村社会起了很大变化。在社会中，许多个体不断的互动着，刺激着。有了刺激，必生反应，当刺激与反应失去均衡，便会引起个体与个体间关系的失调现象，换句话说，

就是人与人的关系失掉均衡。这样，个体必得努力适应新的情景，寻求新的均衡，直到适应了新的情景，也就恢复了新的均衡，恢复了常态。作者根据这个观点，研究徐志明西医在乡村里发展的情形。[167]

/ 小 结

首先，上述这些各有侧重、有点有面的毕业论文，相互之间又构成了一个整体。在写到腊月到正月的妇女生活禁忌时，郭兴业就提到她与权国英《北平年节风俗》的不同，或者说互补：权国英的论文是专门对年节期间男女礼俗仪式的研究，而她"只注重妇女一方面，且只着重各种迷信及禁忌的描写"，凡是权国英论文已经写过的，她就不再重复。[168]

其次，写平郊村的论文，从住宅、庙宇、器物、农具、到妇女地位，再到红白喜事，完全立体地呈现了1940年前后平郊村的日常生活。考虑到平郊村处于城乡之间的边际社区的过渡属性，平郊村之案例不但具有历时性的过渡性，也具有横向的人文区位学意义上的过渡性。对于认识当时中国社会的日常生活而言，其典型性不言而喻。

再次，以北平城这个更大的区域而言，妇女的生活禁忌礼俗、儿童生活礼俗、婚姻礼俗、年节风俗、"四大门"宗教等分别从生命历程、岁时节日以及心性的角度，整体性地再现了当时北京的市井日常。

最后，如果把平郊村的所有研究视为当时北平社会生活的一个案例，那么这个案例与北平这个大区域的研究和孙咸方主笔的《中国各地闹新房礼俗》就连成一串，似乎可以呈现出当时整个中国的礼俗，而所有单独成篇的论文只是这个大部头的"中国礼俗志"抑或说"中国民俗志"中的一个分支、一个章节。

篇幅最长，也深得杨堃赞赏的石堉壬的毕业论文，征引参照了麦倩曾、陈怀桢、费孝通、刘纪华、蒋旨昂、卢懿庄、王纯厚和周恩慈诸人的毕业论文。他充分意识到自己研究只是初步的，有着诸多的不足。[169]

简言之，采用局内观察法，在社区 – 功能论以及社会均衡论影响下的整体观含义有二：其一，任何一种社会事实，都是整体的社会事实。其本身作为一种社会制度，又是大的社会制度的一个支脉，并与其他制度互动，始终维持着一种均衡的动态关系。民俗亦不例外。其二，任何一种社会事实，都可以作为核心、原点，以此透视社会的纵横联系、演进变迁、群体心性，以及时代风貌、民族精神。即，任何一种细小、琐屑的社会事实，都可以反观整个社会，并以之洞察该社会的过去、现在与将来。这些认知论与方法论同样体现在平郊村这个社会学实验室的其他经验研究之中，使得平郊村成为名副其实、当之无愧的"社会学实验室"，尽管其重要性、学术价值已经完全被当下的社会学、民俗学、人类学等社会科学忽视，或者说有意遗忘。

要特别提及的是，在燕大社会学系师生的"中国礼俗志"书写之中，几乎每篇论文都会提及燕大社会学系书记苏钦孺。作为主要的信息提供者，他扮演了重要角色。诸多论文都曾提到，在赵承信、杨堃等教授的鼓励下，通晓京城礼俗常识的他写有《北平的旧历年关》《北平市属的庙会》和《男女歧视之分析观察》等多种著述。[170] 遗憾的是，这些著作始终未能查找到。

注　释

1. 需要格外提及的是，除上述诸人之外，还有张中堂 1932 年前后对山东泰安西南大堰堤村（学名大眼滴）的青苗会、红枪会、无极道和村公所等几种组织的实地研究。参见张中堂：《一个村庄几种组织的研究》，北平，燕京大学法学院社会学系学士毕业论文，1932。

2. 黄华节：《怎样研究民间宗教?》，载《民间》，第一卷第十期（1934），13~18 页。

3. 廖泰初：《我研究"定县实验"的方法和经过》，载《社会研究》，第六十八期（1935）；《从定县的经验说到农村社会调查的缺欠和补救的方法》，载《社会研究》，第一〇三期（1935），419~422 页；《再论"居住调查法"答叶君》，载《益世报》，1936 年 6 月 18 日第十二版。

4. 李安宅：《〈两性社会学〉译者序》，见 [英]Malinowski, B.:《两性社会学》，6 页，李安宅译，上海，商务印书馆，1937。

5. 任责：《实地研究讨论》，载《益世报》，1937 年 1 月 27 日第十二版。

6. Li, An-che, "Zuñi: Some Observations and Queries", in *American Anthro-pologist*, New Series, vol.39, no.1(1937), pp.62-63.

7. Li, An-che, "China: A Fundamental Approach", in *Pacific Affairs*, vol.21,

no.1 (1948), pp.58-63.

8. 徐亦如：《实地研究与局内观察》，载《社会研究》，第九十三期（1935），342~347 页；《局内观察法实用谈》，载《社会研究》，第九十五期（1935），359~361 页；周逸：《访问（Interview）技术》，载《社会研究》，第一〇四期（1935），427~432 页，第一〇五期（1935），441 页，第一〇六期（1935），447 页，第一〇九期（1935），471~472 页。

9. 吴文藻：《中国社区研究计划的商榷》，载《社会学刊》，第五卷第二期（1936），57~58 页。

10. 杨堃：《民俗学与通俗读物》，载《大众知识》，第一卷第一期（1936），9 页。

11. 赵承信：《社会调查与社区研究》，载《社会学界》，第九卷 (1936)，173 页。

12. 赵承信：《狱中杂记》，载《大中》，第一卷第四期（1946），55 页。

13. 赵承信：《狱中杂记》，载《大中》，第一卷第八～九合期（1946），110 页。

14. 赵承信：《狱中杂记》，载《大中》，第一卷第八～九合期（1946），111 页。

15. 在《燕京社会科学》第一卷《社会科学各系工作报告·社会学系》中，《狱中杂记》的出版时间署成了 1941 年，显然有误。因为发行人是李书春、地址在北平海淀碓房居五号、由燕大引得校印所印刷的《大中》杂志是在 1946 年才创刊的，而且只在当年刊行了 8 期即停刊。参见燕京大学法学院编：《社会科学各系工作报告·社会学系》，载《燕京社会科学》，第一卷（1948），242 页。

16. 赵承信：《狱中杂记》，太原，三晋出版社，2015。

17. 孟庆澍：《激流中的文本、主义与人》，236~244 页，北京，人民出版社，2020。

18. Behar, Ruth, *The Vulnerable Observer: Anthropology That Breaks Your Heart*, Beacon Press, 1996. 中译本参见 [美] 露思·贝哈：《伤心人类学：易受伤的观察者》，黄佩玲、黄恩霖译，台北，群学出版有限公司，

2010。

19. 参见岳永逸：《忧郁的民俗学》，1~146 页，杭州，浙江大学出版社，2014；户晓辉：《日常生活的苦难与希望：实践民俗学田野笔记》，北京，中国社会科学出版社，2017。

20. 石堉壬：《一个农村的性生活》，7 页，北平，燕京大学法学院社会学系学士毕业论文，1941。

21. 李慰祖：《四大门》，7 页，北平，燕京大学法学院社会学系学士毕业论文，1941。

22. 赵承信：《社会调查与社区研究》，载《社会学界》，第九卷（1936），151~205 页；《社区研究与社会学之建设》，载《社会学刊》，第五卷第三期（1937），13~20 页。

23. 分别参见廖泰初：《一个城郊的村落社区》，1941，铅印本；《沦陷区的一个城郊社区》，载《华文月刊》，第二卷第二～三期（1943），58~62 页。

24. 参见以下燕京大学社会学系毕业论文。沈兆麟：《平郊某村政治组织》（1940）；方大慈：《平郊村之乡鸭业》（1941）；韩光远：《平郊村一个农家的个案研究》（1941）；刘秀宏：《前八家村之徐姓家族》（1947）；蔡公期：《平郊村农工之分析》（1947）；杨景行：《平郊村一个手工业家庭的研究》（1948）；张绪生：《平郊村学龄儿童所受的教育》（1948）；马树茂：《一个乡村的医生》（1949），等等。

25. 周廷壎，《一个农村人口数量的分析》，北平，燕京大学法学院社会学系学士毕业论文，1940。

26. 石堉壬：《一个农村的性生活》，北平，燕京大学法学院社会学系学士毕业论文，1941。

27. 赵承信：《平郊村研究的进程》，载《燕京社会科学》，第一卷（1948），107~116 页。

28. 周恩慈：《北平婚姻礼俗》，1 页，北平，燕京大学法学院社会学系学士毕业论文，1940。

29. 郭兴业：《北平妇女生活的禁忌礼俗》，1~2 页，北平，燕京大学法学院社会学系学士毕业论文，1941。

30. 陈封雄：《一个村庄之死亡礼俗》，5~6 页，北平，燕京大学法学院社会学系学士毕业论文，1940。

31. 这在《我在现场》一书中有着全方位的整体呈现，参见黄盈盈等：《我在现场：性社会学田野调查笔记》，太原，山西人民出版社，2017。亦可参见肖索未：《欲望与尊严：转型期中国的阶层、性别与亲密关系》，177~189 页，北京，社会科学文献出版社，2018。

32. 石堉壬：《一个农村的性生活》，10 页，北平，燕京大学法学院社会学系学士毕业论文，1941。

33. 石堉壬：《一个农村的性生活》，4~5 页，北平，燕京大学法学院社会学系学士毕业论文，1941。

34. 石堉壬：《一个农村的性生活》，3 页，北平，燕京大学法学院社会学系学士毕业论文，1941。

35. 石堉壬：《一个农村的性生活》，3~4 页，北平，燕京大学法学院社会学系学士毕业论文，1941。

36. 虞权：《平郊村的住宅设备与家庭生活》，5 页，北平，燕京大学法学院社会学系学士毕业论文，1941。

37. 虞权：《平郊村的住宅设备与家庭生活》，3~4 页，北平，燕京大学法学院社会学系学士毕业论文，1941。

38. 黄华节：《怎样研究民间宗教?》载《民间》，第一卷第十期（1934），13~18 页；《定县巫婆的降神舞》，载《社会研究》，第一〇五期（1935），437~441 页。

39. 李慰祖：《四大门》，88~92、97~99 页，北平，燕京大学法学院社会学系学士毕业论文，1941。

40. 钟敬文：《钟敬文文集·民俗学卷》，506 页，合肥，安徽教育出版社，

2002。

41. 李慰祖：《四大门》，3~4 页，北平，燕京大学法学院社会学系学士毕业论文，1941。

42. 陈永龄：《平郊村的庙宇宗教》，5 页，北平，燕京大学法学院社会学系学士毕业论文，1941。

43. 蔡公期：《平郊村农工之分析》，3~4 页，北平，燕京大学法学院社会学系学士毕业论文，1947；杨景行：《平郊村一个手工业家庭的研究》，3 页，北平，燕京大学法学院社会学系学士毕业论文，1948。

44. 周恩慈：《北平婚姻礼俗》，2~3 页，北平，燕京大学法学院社会学系学士毕业论文，1940。

45. 王纯厚：《北平儿童生活礼俗》，5 页，北平，燕京大学法学院社会学系学士毕业论文，1940。

46. 孙咸方：《中国各地闹新房礼俗》，5~7 页，北平，燕京大学法学院社会学系学士毕业论文，1940。

47. 郭兴业：《北平妇女生活的禁忌礼俗》，3 页，北平，燕京大学法学院社会学系学士毕业论文，1941。

48. 石埁壬：《一个农村的性生活》，179 页，北平，燕京大学法学院社会学系学士毕业论文，1941。

49. 李国轼：《某村之土地制度》，3~5 页，北平，燕京大学法学院经济学系学士毕业论文，1940。

50. 张绪生：《平郊村学龄儿童所受的教育》，5~11 页，北平，燕京大学法学院社会学系学士毕业论文，1948。

51. 张绪生：《平郊村学龄儿童所受的教育》，7 页，北平，燕京大学法学院社会学系学士毕业论文，1948。

52. 张绪生：《平郊村学龄儿童所受的教育》，8 页，北平，燕京大学法学院社会学系学士毕业论文，1948。多年后，盐野米松对访谈也有类似的反思和总结。在国内民俗学界，对访谈和在北京田野调查再度的系统总结，也已经是近十来年的事了。分别参见 [日] 盐野米松：《树之生命木之心·人卷》，244~254 页，英珂译，桂林，广西师范大学出版社，2016；岳永逸：《老北京杂吧地：天桥的记忆与诠释（修订版）》，22~27、339~368 页，北京，生活·读书·新知三联书店，2019。

53. 玉文华：《西冉村的农民生活与教育》，100、106 页，北平，燕京大学文学院教育学系学士毕业论文，1939。

54. 玉文华：《西冉村的农民生活与教育》，103 页，北平，燕京大学文学院教育学系学士毕业论文，1939。

55. 孙以芳：《中国社会学的发展》，181 页，北平，燕京大学法学院社会学系学士毕业论文，1940。

56. 李安宅：《人类学与中国文化：〈巫术科学宗教与神话〉译本序》，载《社会研究》，第一一四期（1936），509 页。

57. [英] Malinowski, B.：《巫术科学宗教与神话》，李安宅译，上海，商务印书馆，1936。

58. 陈波：《李安宅：回忆海外访学》，载《中国人类学评论》，第 16 辑(2010)，156 页。

59. 吴文藻：《布朗教授的思想背景与其在学术上的贡献》，载《社会学界》，第九卷（1936），34 页；[英] 拉得克里夫·布朗：《人类学研究之现状》，李有义节译，载《社会学界》，第九卷（1936），66 页。

60. 吴文藻：《布朗教授的思想背景与其在学术上的贡献》，载《社会学界》，第九卷（1936），21~24 页；《功能派社会人类学的由来与现状》，载《民族学研究集刊》，第一期（1936），123~144 页；《吴文藻人类学社会学研究文集》，294~298 页，北京，民族出版社，1990。

61. 当然，马氏的功能论也多少受到涂尔干学派，尤其是莫斯的影响。参见吴文藻：《文化表格说明》，载《社会学界》，第十卷（1938），208 页。

62. [英] 拉得克里夫·布朗，《人类学研究之现状》，李有义节译，载《社会学界》，第九卷（1936），69~71 页。

63. [英] 拉得克里夫·布朗,《人类学研究之现状》,李有义节译,载《社会学界》,第九卷（1936），63~64 页。

64. 转引自吴文藻:《布朗教授的思想背景与其在学术上的贡献》,载《社会学界》,第九卷（1936），30 页。

65. [英]Malinowski, B.:《文化论》,费孝通、贾元霜、黄迪合译,载《社会学界》,第十卷（1938），111~206 页。

66. [英] Firth, Raymond:《中国农村社会团结性的研究：一个方法论的建议》,费孝通译,载《社会学界》,第十卷（1938），249~257 页。

67. [英] 拉得克里夫·布朗:《对于中国乡村生活社会学调查的建议》,吴文藻编译,载《社会学界》,第九卷（1936），80~81 页。在评介布朗的学术背景和贡献时,这段话也被吴文藻再次引用。参见吴文藻:《布朗教授的思想背景与其在学术上的贡献》,载《社会学界》,第九卷（1936），20 页。

68. [英]Malinowski, B.:《文化论》,费孝通、贾元霜、黄迪合译,载《社会学界》,第十卷（1938），149 页。

69. 黄华节:《怎样研究民间宗教?》,载《民间》,第一卷第十期（1934），14 页。

70. 黄华节:《怎样研究民间宗教?》,载《民间》,第一卷第十期（1934），14~15 页。

71. 黄华节:《民俗社会学的三分法与四分法：论风俗礼制四者的关系（续）》,载《社会研究》,第五十三期（1934），19 页。

72. 黄华节:《改革节期生活的途径》,载《社会研究》,第七十五期（1935），189 页。

73. 吴文藻:《功能派社会人类学的由来与现状》,载《民族学研究集刊》,第一期（1936），123 页。

74. 林耀华:《从人类学的观点考察中国宗族乡村》,载《社会学界》,第九卷（1936），125 页。

75. 林耀华:《义序宗族的研究》，2 页，北平，燕京大学研究院社会学系硕士毕业论文，1935。

76. 林耀华:《义序宗族的研究》，202 页，北平，燕京大学研究院社会学系硕士毕业论文，1935。

77. 林耀华:《在大学和田野之间》，44 页，北京，北京大学出版社，2011。

78. 林耀华:《在大学和田野之间》，51 页，北京，北京大学出版社，2011。

79. 林耀华:《义序宗族的研究》，109~204 页，北平，燕京大学研究院社会学系硕士毕业论文，1935。

80. 当年，林耀华将汪继乃波译为弗安基摄。林耀华坦诚自己没有看到过汪继乃波《通过仪礼》原书，而是通过 A. I. Richards (*Hunger and Work in A Savage Trike*, 1932) 和 A. M. Tozzer (*Social Origins and Continuities*, 1926) 的介绍知晓。参见林耀华:《义序宗族的研究》，111~112、123 页，北平，燕京大学研究院社会学系硕士毕业论文，1935;《义序的宗族研究》，107~108、119 页，北京，生活·读书·新知三联书店，2000。

81. 林耀华:《从人类学的观点考察中国宗族乡村》，载《社会学界》，第九卷（1936），138~140 页。

82. 李有义:《山西徐沟县农村社会组织》，5 页，北平，燕京大学法学院社会学系学士毕业论文，1936。

83. 李有义:《山西徐沟县农村社会组织》，6 页，北平，燕京大学法学院社会学系学士毕业论文，1936。

84. 李有义:《山西徐沟县农村社会组织》，14~15、29~30 页，北平，燕京大学法学院社会学系学士毕业论文，1936。

85. 李有义:《山西徐沟县农村社会组织》，53 页，北平，燕京大学法学院社会学系学士毕业论文，1936。

86. 李有义:《山西徐沟县农村社会组织》，133 页，北平，燕京大学法学院社会学系学士毕业论文，1936。

87. 黄兆临:《比较社会学的别径》，载《益世报》，1937 年 1 月 27 日第十二版、2 月 3 日第十二版。

88. 黄迪：《文化生活的空间与时间》，载《益世报》，1937 年 5 月 26 日第十二版。

89. 廖泰初：《社区研究的时间单位》，载《益世报》，1937 年 5 月 5 日第十二版。

90. [日] 废姓外骨：《初夜权序言》，启明译，载《语丝》，第一〇三期（1926），3 页。

91. 江绍原：《柬埔寨僧道之"初夜权"》，载《新女性》，第三卷第七号（1928），77~78 页。

92. [日] 二阶堂招久：《初夜权：Jus primae Noctis 底社会学的研究》，上海，北新书局，1929。

93. 黄石：《初夜权的起源》，载《北新》，第四卷第六号（1930），39~54 页。

94. 孙咸方：《中国各地闹新房礼俗》，1、3 页，北平，燕京大学法学院社会学系学士毕业论文，1940。

95. 孙咸方：《中国各地闹新房礼俗》，7 页，北平，燕京大学法学院社会学系学士毕业论文，1940。

96. 孙咸方：《中国各地闹新房礼俗》，93 页，北平，燕京大学法学院社会学系学士毕业论文，1940。

97. 孙咸方：《中国各地闹新房礼俗》，93~97 页，北平，燕京大学法学院社会学系学士毕业论文，1940。

98. 尚会鹏：《闹洞房》，北京，中央民族大学出版社，2000。要说明的是，虽然是其主要参考文献，但该书却误将孙咸方的学士毕业论文当成了硕士毕业论文。

99. 王纯厚：《北平儿童生活礼俗》，1 页，北平，燕京大学法学院社会学系学士毕业论文，1940。

100. 王纯厚：《北平儿童生活礼俗》，4 页，北平，燕京大学法学院社会学系学士毕业论文，1940。

101. 郭兴业:《北平妇女生活的禁忌礼俗》,2 页,北平,燕京大学法学院社会学系学士毕业论文,1941。

102. 郭兴业:《北平妇女生活的禁忌礼俗》,18~19 页,北平,燕京大学法学院社会学系学士毕业论文,1941。

103. 石埼壬:《一个农村的性生活》,14~16、35 页,北平,燕京大学法学院社会学系学士毕业论文,1941。

104. 郭兴业:《北平妇女生活的禁忌礼俗》,1 页,北平,燕京大学法学院社会学系学士毕业论文,1941。

105. 陈涵芬:《北平北郊某村妇女地位》,44 页,北平,燕京大学法学院社会学系学士毕业论文,1940。亦可参见陈永龄:《平郊村的庙宇宗教》,14 页,北平,燕京大学法学院社会学系学士毕业论文,1941。

106. 韩光远:《平郊村一个农家的个案研究》,44 页,北平,燕京大学法学院社会学系学士毕业论文,1941。

107. 陈封雄:《一个村庄之死亡礼俗》,20 页,北平,燕京大学法学院社会学系学士毕业论文,1940。

108. 杨开道:《明清两朝的民众教育》,载《教育与民众》,第二卷第四期(1930),1~18 页;《中国乡约制度》,山东省乡村建设研究院,1937。

109. 袁宙飞:《清代民间年画慈孝图像的功用价值探赜》,载《民俗研究》,2017 年第 3 期,141~145 页。

110. 赵世瑜、张士闪主编:《礼俗互动:中国社会与文化的整合》,济南,齐鲁书社,2019;张士闪:《礼与俗:在田野中理解中国》,济南,齐鲁书社,2020。

111. Nicholas-Thomas, *Entangled Objects: Exchange, Material Culture and Colonialism in the Pacific*, Cambridge, Mass.: Harvard University Press, 1991.

112. 陈封雄:《一个村庄之死亡礼俗》,120 页,北平,燕京大学法学院社会学系学士毕业论文，1940。

113. 郭于华：《死的困扰与生的执著：中国民间丧葬仪礼与传统生死观》，
北京，中国人民大学出版社，1992；Peng, Mu, *Religion and Religious Practices in Rural China*, London: Routledge, 2019.

114. 岳永逸：《行好：乡土的逻辑与庙会》，49~53、83~106、166~171、307~316 页，杭州，浙江大学出版社，2014。

115. 陈永龄：《平郊村的庙宇宗教》，1 页，北平，燕京大学法学院社会学系学士毕业论文，1941。

116. 陈永龄：《平郊村的庙宇宗教》，4~5 页，北平，燕京大学法学院社会学系学士毕业论文，1941。

117. 陈永龄：《平郊村的庙宇宗教》，85~102 页，北平，燕京大学法学院社会学系学士毕业论文，1941。

118. 陈永龄：《平郊村的庙宇宗教》，106~107 页，北平，燕京大学法学院社会学系学士毕业论文，1941。

119. 李慰祖：《四大门》，109 页，北平，燕京大学法学院社会学系学士毕业论文，1941。

120. 李慰祖：《四大门》，1 页，北平，燕京大学法学院社会学系学士毕业论文，1941。

121. 李慰祖：《四大门》，1~2 页，北平，燕京大学法学院社会学系学士毕业论文，1941。

122. 李慰祖：《四大门》，3 页，北平，燕京大学法学院社会学系学士毕业论文，1941。

123. 李慰祖：《四大门》，4 页，北平，燕京大学法学院社会学系学士毕业论文，1941。

124. 权国英：《北平年节风俗》，1 页，北平，燕京大学法学院社会学系学士毕业论文，1940。

125. 杨堃：《废历年节之社会学意义》，载《鞭策周刊》，第一卷第一期

（1932），10~11 页；《中国新年风俗志序》，载《鞭策周刊》，第二卷九期（1932），7~8 页。

126. 岳永逸：《都市中国的乡土音声：民俗、曲艺与心性》，123~137 页，北京，中国人民大学出版社，2015。

127. [英]拉得克里夫·布朗：《人类学研究之现状》，李有义节译，载《社会学界》，第九卷（1936），66、67 页。

128. [英]拉得克里夫·布朗：《对于中国乡村生活社会学调查的建议》，吴文藻编译，载《社会学界》，第九卷（1936），83 页。

129. 林耀华：《从人类学的观点考察中国宗族乡村》，载《社会学界》，第九卷（1936），126 页。

130. 石埔壬：《一个农村的性生活》，2 页，北平，燕京大学法学院社会学系学士毕业论文，1941。

131. 石埔壬：《一个农村的性生活》，114、117 页，北平，燕京大学法学院社会学系学士毕业论文，1941。

132. 陈封雄：《一个村庄之死亡礼俗》，25 页，北平，燕京大学法学院社会学系学士毕业论文，1940。

133. 关于《违警罚法》在民国期间的演进以及利弊得失，参见孟庆超：《简评 1943 年〈中华民国违警罚法〉》，载《行政法学研究》，2003 年第 3 期，49~55 页。

134. 陈封雄：《一个村庄之死亡礼俗》，30~31 页，北平，燕京大学法学院社会学系学士毕业论文，1940。

135. 陈封雄：《一个村庄之死亡礼俗》，105~106 页，北平，燕京大学法学院社会学系学士毕业论文，1940。

136. 陈永龄：《平郊村的庙宇宗教》，43~44、59 页，北平，燕京大学法学院社会学系学士毕业论文，1941。

137. Chao, Wei-pang, "The Origin and Growth of the Fu Chi", in *Folklore Studies*, vol.1 (1942), pp.9-27.

138. 岳永逸:《"土著之学":辅仁札记》,170~172 页,北京,九州出版社,2021。

139. 陈封雄:《一个村庄之死亡礼俗》,122 页,北平,燕京大学法学院社会学系学士毕业论文,1940。

140. 李慰祖:《四大门》,4、142 页,北平,燕京大学法学院社会学系学士毕业论文,1941。

141. 李慰祖:《四大门》,11 页,北平,燕京大学法学院社会学系学士毕业论文,1941。

142. 2011 年在该论文编辑出版时,"感谢辞""四大门与回教"等文字被删除。参见李慰祖:《四大门》,北京,北京大学出版社,2011。

143. 权国英:《北平年节风俗》,1~2、84、5~7 页,北平,燕京大学法学院社会学系学士毕业论文,1940。

144. 权国英:《北平年节风俗》,54~56 页,北平,燕京大学法学院社会学系学士毕业论文,1940。

145. 权国英:《北平年节风俗》,57 页,北平,燕京大学法学院社会学系学士毕业论文,1940。

146. 权国英:《北平年节风俗》,77、105~106 页,北平,燕京大学法学院社会学系学士毕业论文,1940。

147. 权国英:《北平年节风俗》,11~51 页,北平,燕京大学法学院社会学系学士毕业论文,1940。

148. 权国英:《北平年节风俗》,35 页,北平,燕京大学法学院社会学系学士毕业论文,1940。直到 2017 年,在陕西绥德郭家沟,春节如热孝在身,村民依旧不贴春联。参见岳永逸:《以无形入有间:民俗学跨界行脚》,6 页,北京,商务印书馆,2019。

149. 石堉壬:《一个农村的性生活》,116~117 页,北平,燕京大学法学院社会学系学士毕业论文,1941。

150. 王纯厚:《北平儿童生活礼俗》,28 页,北平,燕京大学法学院社会学系学士毕业论文,1940。

151. 王纯厚:《北平儿童生活礼俗》, 79 页, 北平, 燕京大学法学院社会学系学士毕业论文, 1940。

152. 陈封雄:《一个村庄之死亡礼俗》, 93~95 页, 北平, 燕京大学法学院社会学系学士毕业论文, 1940。

153. 陈永龄:《平郊村的庙宇宗教》, 27~30 页, 北平, 燕京大学法学院社会学系学士毕业论文, 1941。

154. 权国英:《北平年节风俗》, 62 页, 北平, 燕京大学法学院社会学系学士毕业论文, 1940。

155. 权国英:《北平年节风俗》, 101~102 页, 北平, 燕京大学法学院社会学系学士毕业论文, 1940。

156. 权国英:《北平年节风俗》, 109 页, 北平, 燕京大学法学院社会学系学士毕业论文, 1940。

157. 韩光远:《平郊村一个农家的个案研究》, 71 页, 北平, 燕京大学法学院社会学系学士毕业论文, 1941。

158. 方大慈:《平郊村之乡鸭业》, 52 页, 北平, 燕京大学法学院社会学系学士毕业论文, 1941。

159. 方大慈:《平郊村之乡鸭业》, 43 页, 北平, 燕京大学法学院社会学系学士毕业论文, 1941。

160. 蔡公期:《平郊村农工之分析》, 50~53 页, 北平, 燕京大学法学院社会学系学士毕业论文, 1947。

161. 蔡公期:《平郊村农工之分析》, 36~40 页, 北平, 燕京大学法学院社会学系学士毕业论文, 1947。

162. Lin, Yueh-hua, *The Golden Wing: A Sociological Study of Chinese Familism*, London: K. Paul, Trench, Trubner & Co., 1947. 亦可参见中文译本, 林耀华:《金翼: 中国家族制度的社会学研究》, 207~214 页, 尤其是尾章"把种子埋入土里", 北京, 生活·读书·新知三联书店, 2000。

163. 赵丙祥：《将生命还给社会：传记法作为一种总体叙事方式》，载《社会》，2019 年第 1 期，37~70 页；渠敬东：《探寻中国人的社会生命：以〈金翼〉的社会学研究为例》，载《中国社会科学》，2019 年第 4 期，98~122 页。

164. 刘秀宏：《前八家村之徐姓家族》，1 页，北平，燕京大学法学院社会学系学士毕业论文，1947。

165. 杨景行：《平郊村一个手工业家庭的研究》，1~2、68~73 页，北平，燕京大学法学院社会学系学士毕业论文，1948。

166. 张绪生：《平郊村学龄儿童所受的教育》，北平，燕京大学法学院社会学系学士毕业论文，1948。

167. 马树茂：《一个乡村的医生》，2~3 页，北平，燕京大学法学院社会学系学士毕业论文，1949。

168. 郭兴业：《北平妇女生活的禁忌礼俗》，29 页，北平，燕京大学法学院社会学系学士毕业论文，1941。

169. 石堉壬：《一个农村的性生活》，117 页，北平，燕京大学法学院社会学系学士毕业论文，1941。

170. 参见权国英：《北平年节风俗》，113 页，北平，燕京大学法学院社会学系学士毕业论文，1940。

第 08 章

/ 房舍中的生命[*]

    虽然长期作为国都，但犹如"流体"的老旧北京——旧京，事实上是一座乡土性城市，甚或说是一个人口密集的大农村。在文化心性和孙末楠所言的"民族性"（ethos）上，旧京与作为地景的农村有着高度的同质性。这座由层层叠叠的城墙、城门相区隔的都城中，不但紫禁城、庙观、胡同、四合院有着同构的空间美学，不同行当、阶层的城里人与乡下人，还共享着神秘而神圣的生命观、敬拜天地万物的宇宙观和崇德报功、敬天法祖的价值观。[1]不仅如此，除诸多实用的功能之外，房舍中的农具、笤帚、神龛、财神楼、祖宗板子等器物也是交际、流动与动态的，与人的生命历程互动互现，交相辉映，互相成就。

---

[*] 本书中的社会调查只是一种社会学方法的实践，本书主要是通过对于这些毕业论文的具体的分析，探讨社会学的方法对于民俗学的意义之所在，不代表论文中所涉及的现象目前还存在。——编注

/ 农舍、村庙与器具

村民住宅及其设备

在相当意义上，平郊村的住宅设备以及家庭生活，也充分说明了乡土中国城乡空间建构的一体性。外国学者归纳的中国建筑"宫室本位"和"左右对称"等特点，得到了虞权的认同。宫室本位说的是，中国的宗教建筑和普通民宅都不是独立的庞大建筑物，而是单个建筑体的集合。这个集合体"蕴藏着种种更丰富的布局、配合及变化"。如同王国维在《明堂庙寝通考》中揭示的那样，这个集合体还与中国家族制度和古之明堂紧密相关，有着深厚的历史渊源。[2] 同时，除庭园以及街巷的商店之外，宫殿、佛寺、道观、文庙、武庙、陵墓、官衙、住宅等所有建筑的配置方式，都是"主房在上方，而厢房左右对称"[3]。

当然，虞权撰写这篇关于村民住宅设备和家庭生活的"民俗学志"，不仅仅是为了印证上述观点。通过观察与访谈，虞权意在说明：住宅与周边空间的关系，住宅内不同配置之间的关系，修建过程中主家与雇工的关系，生活于其中的人相互之间的关系，以及住宅及其设备对于村落生活、家庭生活，甚或"家风"的日常功能。

为了突出主次，通过观察和对于念昭及其母亲、瓦匠黄则琴、木匠祁德彦、堪舆家杨同锦等多人的深度访谈，虞权将自己研究的范围缩小到"以房屋建造为主"，对平郊村造屋的手续、仪式、社会意义与功能加以详述。除"附录"和"参考书目"之外，全文共设七章，分别是：首章绪论，交待缘起、材料与方法；二章，描述村屋的类别和区位；三章，描述村屋的建造程序与方法，包括建房动机与准备、材料的选购、工匠的雇用和待遇、修房的整个程序；四章，房屋的利用、分配、所有权和修理；五章，按经济状况分述不同地位村民住宅的室内布置；六章，与住宅相关的信仰和习俗，包括风水、建屋的宗教仪式和入住前后的习俗及迷信；七章，总括性讨论住宅的物质设备与社会关系，包括居住设备与家庭生活、家庭文化、历史制度以及传统习俗。长达 45 页的三个附录主题鲜明、图文并茂，资料性和史料性极强，分别是：村屋的各部结构及专门名称、平郊村全村住宅平面图、几个家庭的室内设备。

在开篇，虞权就声明，该研究是社会学的，是在马凌诺斯基《文化论》指导下的研究，试图回答马氏提出的下述问题：文化的物质方面如何影响于道德方面？住宅的样式、构造、家庭设备和家庭组织之间是一种怎样的关系？[4] 在《文化论》的"家庭生活及其物质设备的形式和功能"一节，马凌诺斯基有如下论述：家庭物质设备，包括文化中的居处、室内布置、烹饪器具、日常用具和房屋在地域上的分布情形；这些物质设备精巧地编织在家庭生活的布局中，深刻影响这个家庭的法律、道德和经济各个方面；一个家庭的文化特性与其屋内的物质设备密切相关。[5] 显然，从内容架构到主旨，虞权都严格遵循了马氏的界定。

对其研究的社会学属性的强调和功能主义的诠释方式，在整篇论文中一以贯之。与建筑的技术相较，虞权更感兴趣的是在村屋的建造与使用过程中，人与人之间的关系，也即他所谓的社会关系和社会功能。诸如：在村落中住宅区位与房主经济、地位、职业和所属宗族／姓氏之间的互动关系；木匠、瓦匠、石匠以及风水先生等"工匠"相互之间的关系；这些工匠与主人的关系；修房时哪些人之间展开合作，如何合作；搬迁新房时，主家与亲戚邻里的互动交往；性别和代际关系等对一家之内住房分配的影响，等等。

第三章"村屋的建造程序及方法"，虽然也提及破土、码磉（线蹲子、清沟、砸夯、灌浆）、立柱、上梁、砌墙、盖屋顶、装饰、搭炕等建筑工序，虞权着重描述、阐释的却是"因建造而产生及关联的各种社会关系"[6]，建筑学方面的事实只简略地叙述。对于室内的消费型家具，虞权关心的不是技术学或工艺学关注的家具尺寸，也非美术学关注的家具纹样、色彩，而是着力于这些家具代表的社会意义和"人因家具而发生的诸般关系"[7]。关于平郊村对房屋的使用，虞权更关心"迷信"和礼俗，关心"一所房屋的利用与分配和那个房子所在的社区之传统文化"[8]的关系，并附带说明房屋所有权及其买卖典赁等诸种社会关系。虞权指出，在平郊村，住宅堂屋迎门安放的"摆设"——佛龛，兼具宗教功能和社会功能，可以显示出这个家庭礼佛的虔敬程度及其经济地位。[9]而且，这些接受过香火供奉的佛龛已非俗物，在破碎之后不能随意焚烧处置，必须请入庙内，放在殿中。[10]

同样，破土仪式，不仅仅有祭祀土地的宗教功能，该仪式对于瓦匠和雇主而言还有着明确的社会功能：主雇双方都以庄严的态度，将造屋视为重大的事件，雇主因此重视瓦匠及其工作，瓦匠也因此诚心做工。[11]

这样，在叙写修建住宅的过程中，虞权将更多的笔墨，集中在行动主体——人——的身上。他会深描下列这些围绕人的细节，诸如：买卖木料时，"成三破二"的中人促进买卖的情形；买城砖、石条以及未毁木料时，平郊村民与圆明园管理处、圆明园内佃户的关系；破土动工前，工务局的人如何查验地基、验地契以及营私舞弊而"吃私"；工匠以及小工的工钱，主人茶水的供给，以及破土、立柱、上梁、挑脊和竣工时，主人要付的喜钱；富贵人家为了赶工期抑或炫富，夏天正午让工匠赶工而生的"买晌"；修房过程中瓦匠的重要性，等等。

该文中，虞权有很多回答文化的物质与道德之间关系的尝试，有试图说明围绕家庭住宅修建而使用多重社会关系的努力。尽管这些说明"未必能予所提出的问题一个满意而详明的答复"，但"至少给研究这一方面的人贡献一些实地研究所得的材料"。[12]在叙写的过程中，虞权始终有着明确的主位立场和意识。对自己使用的"迷信"一词，虞权特意加引号，并随文在括弧中注明，这是他作为局外人和研究者的客位用法："迷信是我们的用法，故括之。"[13]在叙述修房材料的选购时，虞权引用了俗语"松木柁，榆木檩；柏木柱子，杉木椽子，西路钉子"，来说明平郊村人修房选料的理想状态。[14]

用民俗语汇来支撑、架构、串联所描述的民俗事象，是燕大实地研究的民俗学志的基本特征。石埔壬就敏锐地抓住了平郊村关于乱伦和奸淫的民俗语汇，并对其进行释读。[15]

　　同样，直接用民俗语汇，虞权构建出了平郊村村屋的种类和家具器物的类别。他沿用这些日常语汇的符旨，用以表征房屋的"好坏"，而村屋各部结构及其建筑学上的专门名称则用附录的方式，图文并茂地加以详细说明。[16]虞权指出，对于房屋，平郊村人常常以"土"与"瓦"来区分好坏，并形成其观念世界中的房屋序列与级差。这个序列包括：朝廷禁止作为民房的"筒子瓦"房，士绅阶层享有的"阴阳瓦"房，显得小气穷样的"干挤瓦"房，或为中下人家或为大户人家中不住人的"灰梗房"，以及再等而下之的"灰房""土房"，直至喂养牲畜的"平棚"。

　　除了庙宇、祠堂之外，清政府不准民间用筒子瓦修建住宅，这在平郊村相沿成习。到虞权调查时，平郊村依旧没有此类房屋，只有村中延年寺的正殿是用筒子瓦的，勉强可以算作筒子瓦房，乃村中"唯一建筑宏丽雄伟的地方""唯一宽阔公用之处"。[17]正因为少且高不可及，虽然"好"且处在村民房屋观念世界的金字塔尖，但相沿成习而成为一种禁忌的筒子瓦房，在村民生活中并"不很重要"。[18]进而，在装饰以及光线和舒适度层面，人们将开有窗户而光线不足的"土房"，称为"闷葫芦"，以和开有窗户而光线充足的"瓦房""满装修"相区别。按照修建时所用檩子的数目，从好到坏的房子依次是"硬/真七檩""硬/真五檩""假七檩""假五檩"和无檩的"硬山搁"。同样，次等的一般是"土房"。当然，用檩子的多少直接关系到房子的结实程度，并且是以经济力量作为支撑的。这样，房屋檩子的多少，也就成为一个家庭在村落中经济状况、社会身份和地位的象征。

与此同时，即使沿用了村民自己对于村屋的主次分类，虞权还是反思了自己记述的局限性。他写道：

> 总之，房屋的好坏不能遽依上面的粗浅分类而定。固然，在物质方面，我们可以由其所用之材料及建筑之格式上，定其高下，或把它归入某一类去。但在村社区中，一所房子因其主人之地位，身份，房屋之区位，历史，及传统……其中必有一种吾人所不易观察之现象。即关于一所房子的一套传说记忆，及可能的相关的事物之类，都可使村民对它的看法及印象与我们局外人的不一样。这种微妙的关系，除非彻底明了本村历史，各所房屋历史，村中人事关系等等，是不易求得的。[19]

作为城郊村、一个边际社区，虞权也注意到都市，抑或说西洋文化对平郊村建房的影响。在虞权调查的当时，已经有村民在室内墙面涂刷大白或石灰，以省去糊纸的旧俗。虞权写道："这也是从西式房子学习得来的，可以说是西洋建筑文化输入于农村的现象。"[20] 在家具器物的木器类中，虞权不厌其烦地罗列了案、桌、橱柜、凳、椅、床、箱，以及吐痰用的灰槽等杂类。关于凳类，除方形的"五凳"、矩形的"鼓牌凳"、细长的"板凳"之外，虞权还细列了圆凳、三足凳、扇面凳，以及用来支大车车把或架厨房案板的"高脚凳"、出恭时用的"恭凳"和大户人家大门到两旁倚门放置的供下人休息的"懒凳"等。[21]

在以赵甲长为个案的平郊村的农家研究中，与虞权同期在平郊村展开社区研究的韩光远，对赵甲长家房屋的分配使用进行了交代。北房五间，两明一暗。明间，既是赵甲长夫妇的住房，也兼做这个家庭的会客室，家中好些的装饰物品都摆放在此。暗间，次子永普夫妇居住，只有锅台、被褥。东耳房是长子永康夫妇住，屋中仅有一长案以及梳头洗面的器具。西边厢房两间，一间是马棚，一间是储藏室。东边两间厢房实为一屋，有炕和锅台，夏天常在这里做饭。长子夫妇住东耳房，实有奖励之意。弟弟结婚之前他们夫妻在北房暗间居住，在暗间居住是要随时听父母使唤、照顾父母的。[22]

韩光远还使用方言土语，给"农舍"下了一个非常精彩的功能性定义：

> 所谓农舍，包括所有的院落和房屋，以赵家言，即约四亩的晒场与房屋基地，内院房屋大小共九间，晒场小屋一间，及猪圈二间，内院北房五间为"满装修"，东房两间，西房两间与场院的小屋，则为"闷葫芦"形式。这点地方是他家唯一的产业，是他们主要活动的基地，也就是他们生、病、老、死所在的地方。他们这点产业，已经守了三代，共九十余年的光景，因为这几间房子和这几亩地，使他们一向维持着顺利的生活，延续了家庭的香烟，而且在平郊村争得

头等户的地位。所以院落虽小，房屋虽陋，却对他们完成了
重要的任务。[23]

联系到赵甲长家房屋的居住格局，上述这个定义既明确说明
在一个较为殷实的农家，其"农舍"内不同空间因其功能有着等
级之分、有着系统的阶序配置，强化着夫权意识形态支配下的家
长之权威，也将生活空间、家庭在社区中的地位以及家庭生活史
有机地串联了起来。

在平郊村，各家主要生计方式、经济状况会直接影响房屋、
院落的结构与外观。黄淞家在平郊村东端，全家以养鸭为主要生
计。1940 年前后，他家年均出售差不多六百只填鸭。因为养鸭是
主业，所以在其黍稭矮墙围起来的院落中，鸭圈占了将近一半的
面积，并有院中鸭圈、院外鸭圈和冬季鸭圈之分，另还有水池。[24]

徐志明是平郊村唯一受过中等教育的人，也是村中唯一的西
医，还兼任小学校长、甲长、燕大社会学系在该村进行社会学实
验的指导员，有着多种社会角色和身份。然而，在徐志明家这个
开明贤达的九口之家，直到 1949 年，房屋的设置也是神人共存，
分配则男女有别，长幼有序。因为徐志明是医生，所以在南、北
套间之间是客厅、饭厅与诊疗室。同时，这个大厅也是神明的
居所。在此屋后墙，设有神龛一座。西屋北套间是上房，原本应
该由家中长者居住，但因为北套间正对大门，担心有妖魔鬼怪闯
入，所以志明的母亲与志明二嫂住在南套间，志明则与妻女住在
北套间。志明的侄子结婚后，小夫妻住进了原本志明侄女住的南

耳房，佚女则搬到南套间居住。[25]

村庙与财神楼

位于平郊村西北角，坐北朝南的"筒子瓦"延年寺，与村民
的生死观、风水观以及教育观等牵连一处，是实在的，更是象征
性与隐喻的，承载了平郊村村民关于自己村落的历史记忆与想象
性比附，始终鲜活。

该寺最早建于明朝永乐年间，当时仅有最北端的真武殿，因
此延年寺的旗杆始终在真武殿前，而非山门前。康熙四十六年
（1707 年），皇族公主巴赵氏在平郊村西修建坟墓，因而平郊村原
真武殿南修建了菩萨殿和天王殿，并易名为延年寺。延年寺的东
殿供奉三位娘娘，西殿本为禅堂。此后，延年寺的维护、修葺常
由村中首富担当，一度也曾由青苗会管理。[26]

在顺治二年（1645）至嘉庆十八年（1813），以及道光二年
（1822），延年寺曾抬着天仙娘娘[27]的行驾于四月十五往西顶广仁
宫、十月十五往涿州广谥宫朝顶进香，同行的有大鼓、吵子、铙
号和中幡。"庙运"与"村运""国运"紧密相连。此后，平郊
村此类集团性的外出朝顶不再发生。在陈永龄等调查时，天仙圣
母的行驾——小神龛，仍旧供奉在延年寺的娘娘殿中，成为村民
对祖辈朝香记忆的象征。[28]

1918 年，青苗会会所曾设立在延年寺中。1920 年，在于维翰、
于维屏、霍敏学的倡导下，延年寺禅堂改为简易小学的教室，东

跨院改作学校操场，后来续中有断，多有起伏。[29] 这使得原本意在破除"迷信"的现代学校与传统的敬拜空间同处一室，且在敬拜空间的包围之中。不仅如此，人们还在正殿菩萨殿设立了孔子神位，在孔子圣诞时，校长带领学生在孔子神位前，集体行礼敬拜。[30] 在卢沟桥事变前，学校还会在四月四日儿童节和九月一日学校成立的纪念日，举行两次欢迎村民参与的游艺大会，有新剧、旧剧、唱歌、跳舞、双簧等表演，还有学生的运动会。[31] 显然，这些活动将更多的都市气息、现代理念传递到平郊村这个边际社区。

与西学一道，政治机关、合作社、互助社、西药等纷纷加入延年寺这一平郊村的公共空间。在相当意义上，这使得延年寺成为建构现代民族国家、形塑国民在平郊村的实验场。作为边际社区，平郊村也就成为现代性转型具体而微的演练场、展示地。新观念、旧传统在此聚首，试探博弈，交锋过招。

1925年，警察局在延年寺设立北郊警察第二分驻区公所，寺内有四五十个警察常年驻守，庙门口亦设立有岗位。这使得作为宗教敬拜场所的延年寺，猛然变为一个政治机关。因建立现代民族国家的诉求，超自然的"神判"与世俗的"人判"在此交融、更替与演化。虽然北郊警察第二分驻区公所仅仅持续数年，却使平郊村的庙宇宗教出现了衰变。1938年，于念昭张罗成立的合作社设在娘娘殿内，1939年改设在天王殿，售卖物品也由文具、零食扩展到日用杂货，以及香烛钱粮、菜蔬等。1940年，"新民会"为笼络民心而设立，仍由于念昭主事的互助社亦设在天王殿。平时，天王殿主要是买卖、借贷等经济活动的空间。但是，每月初一、十五，经营者都要在弥勒佛前烧香敬拜，以谢神佛。[32]

或者是因为延年寺是村中唯一的公共空间，1940年，燕大社会学系设置的救急药箱也放了药王殿中。同是指向身体安康，传统且被主流话语归为"迷信"的药王和与"科学"捆绑一体的现代西药共处一室。有趣的是，对村民而言，药王会加持神力在这些救急药箱中的药品上。因此，救济药箱自从挂在药王殿之后，一扫以前的冷清，前来药王殿领取西药的村民踊跃而愉快。[33]与此同时，前来取药不仅加强了村民尤其是妇女之间的交往、信息的传递和舆情的形成，也加强了村际之间的交往。此外，日伪时期，伪政府设置的"爱护村"（维护铁道及其车站安全）的"爱护旗"，也悬挂在寺外的小旗杆上。[34]

乡土中国城与乡、凡俗与神圣同构的空间美学，再次出现在平郊村村民对延年寺这一人文地景的认知，抑或说附会上。众所周知，元末以来，出于族际冲突、朝代更替等多种原因，北京城的外形渐渐被比附为"八臂哪吒"，北京城也有了"八臂哪吒城"的别名，并衍生了一系列的建城传说。[35]与此类似，在平郊村，对历经明清两朝才形成，且一直在不断修缮的延年寺之格局、形貌，也有船和蝎子两说。真武殿为船尾，真武殿前的旗杆乃船上帆樯。在村民的地景世界、风水观和宇宙观中，延年寺更似蝎子。或云，天王殿山门墙上两圆窗是蝎的双目，居后的旗杆是蝎尾毒钩，前殿仅有的钟楼是蝎螯。之所以没有修鼓楼，就是要其少一螯，免得蝎子成形而作祟乡里。[36]

在一定意义上，上述两种比附主要停留在群体内外言说、交际的精神层面，时隐时现。与此不同，作为平郊村村民个体生命历程的完成之地，充分体现村民生命观、生死观的延年寺，则实实在在地存在于村民的相关仪式实践和有板有眼、一丝不苟的具体行动之中。在最南端天王殿的东西两侧，遥遥相对的是药王殿和五道庙，一主生，一主死。因此，村民习惯将药王殿之旁门称为"生门"，而将五道庙之旁门称为"死门"。平日，村民出入延年寺，皆走生门。除非有死丧时"报庙"，死门一般关闭。进出死门报庙，多少有招魂之遗俗：

> 村民遇有丧亡即忙至五道庙向阎王神像焚香痛哭，声言某人已于某时病故，享年若干岁，伏地叩首，此即在阎王前报名注册。报告后即以一纸钱屡屡试贴于该庙墙壁上，地位各异，至该纸钱或因尘埃牵牢不复飘落而止，死者之灵魂即被认为栖于该处，于是向纸钱焚香叩首而返，是为报庙。有时以手持挑钱纸在五道庙内乱招，待纸钱被挂于墙上而止。[37]

到接三日，晚间送三时，家人一定会专门经过五道庙，并有孝子手持纸钱入内将亡人魂灵召唤出来。延年寺的西门——死门——此时打开，以便亡者魂灵出外。在死门外宽阔处焚烧"活驴""车"等纸扎，以让亡者乘之赴望乡台。不但如此，长住在延年寺的于念昭等人，在村里有人死之前，就亲身经历且感应到了五道庙的"显灵"。[38]

在平郊村，人们虔信的财神不是关公等文武财神，而是"四大门"，尤其是黄、白、常三门。主要供奉"四大门"的财神楼，或简或繁，形制不一。到1941年，平郊村的财神楼仍有十五座之多。[39] 较为常见的财神楼，或砖砌或土筑，高约一米，宽约两尺，长约四尺，分作三间，前面开一门或三门，居中的门口摆放有香炉。原本是于念生所修、后归开豆腐坊的黄则岑所有的财神楼精美异常。该财神楼用的是细磨的砖瓦、精选的木料，共分两层，三楼三底，每层都有三个门洞。村民传言，修建这个财神楼的花费足以修建普通房屋三间。[40] 然而，村民家中财神楼的修建之因，要么是家人被财神爷"拿法"，要么是因为还愿，所以这个与家宅融为一体的神圣空间的修建，通常都是在香头的主持下进行的。这时，如同修房一样，围绕财神楼，主家、香头、瓦匠以及风水先生等各色人等，有了种种分工合作。

与村庙相较，因为相信家仙有兴家、败家甚至拿法家人的能力，通常位于家居场院或是房角，作为家仙住地的财神楼，与村民的日常生活关联更紧，神圣意味浓厚。村民对其的重视程度，超过了室内的佛龛与家居之外的庙宇，并且对陌生人的靠近非常警惕。对此，李慰祖写道：

> 平常人若是走近财神楼，便会引起他们的怀疑，而要加以监视。因为接触财神楼很容易将财神爷冲撞，对于此农家便会有不利的结果。作者同黄则岑之间已然有了相当的友

谊，但是每逢作者走近他房子西边的财神楼的时候，他总留
心作者的行动。同样，当黄淞在他家财神楼旁栽葱的时节，
作者一边同他说话，一边观察他家的财神楼的构造，他便立
刻请作者到他家中去坐。如果作者未曾误解，那么他的意思
很像是："并不希望你到屋中去坐，而是希望你离开财神楼
远一点！"[41]

1939 年，黄则岑之妻卧病在床，久治不愈。无意中，他在财
神楼求祈财神爷保佑妻子，结果妻子居然逐渐康复。自此，黄则
岑在每月初一、十五例行烧香上供。到李慰祖前往调查时，黄则
岑说只有黄门没有显过形，白门和常门都显过身。与黄则岑因为
愿望实现而虔诚供奉财神楼不同，平郊村西边的张姓人家则因为
财神爷并未能保佑自己儿子病愈，在儿子死后一气拆毁了家中的
财神楼。[42] 在李慰祖的记述中，此类口碑中有关"四大门"及其"当
差"的香头之真人真事，在平郊村远近比比皆是。

这样，庙宇就不仅仅是村落中一种显眼的公共景观与地标，
神像、神龛、财神楼等也不再仅仅是安处房舍中的静物，而是与
村民的日常生活发生着种种关联，并且表征着村民之人生观、世
界观与主观世界和地盘意识，是村落社会生活、家庭生活的"指
南针"[43]。在村民的日常生活世界中，与时俱进的庙宇也就成为一
个复杂多元而异质的公共空间，"现代性"日渐浓厚。神圣而私有
的财神楼之建、毁与转移，则与不同家庭的兴衰、家人的健康平
安关联一处，成为人们茶余饭后的谈资，给村民以道德教化的同

时也为村落生活注入活力。换言之，建毁、改易与或浓或淡的祭拜，都赋予了村庙、财神楼更丰富的体征，使其更具生命力。

流动的农具

对于中国民俗学而言，在村落中观察、记述、分析与建房、用房有关的习俗、交际与公共生活，虞权等人的研究都是史无前例的，其资料性和学术性也丝毫不逊色于大致同期叶德礼对北京城区房屋门前装饰的研究[44]，以及马仪思对北京街门春联的研究。[45] 在中国民俗学界，再次出现关于空间习俗的深度描述与阐释，已经是半个多世纪之后的事情。[46] 虽然是在铺陈罗列不同经济条件家庭的家具器物之种类，虞权却注意到了这些家具器物和家庭生活以及家风养成之间的连带关系。在相当意义上，虞权还开了中国民俗学研究家居器物的先河。

关于器物的研究，不得不提及和虞权同年毕业的邢炳南的毕业论文——《平郊村之农具》。与李慰祖专章描述的"四大门"宗教香坛的塑像、物具和供品等设备不同[47]，也与虞权专章记述平郊村的家用器物不同，邢炳南专门调研的是平郊村的农具。也正因为邢炳南写了农具，所以虞权在自己的论文中才只写了消费型的家用器物，邢炳南的论文还影响到了方大慈对鸭户农具和农事设备的关注。[48] 这种分工合作、相互呼应的互文关系，正是上一章已经提及的燕大平郊村这个社会学实验室的研究特色之一，是燕大关于平郊村的民俗学志的特色之一。

参照留日归来的颜纶泽（1890—?）[49]、顾复（1894—1979）[50] 等人关于农具的学说，邢炳南将农具定义为："凡农家耕作所必需之一切器械。"[51] 因此，他花了一半的篇幅分类描述诸种农具的构造与功用，诸如耕耙器、耙碎器、播种器、镇压器、施肥器、中耕器、收割器、掘采器、运输器、脱谷器、收敛器、脱麸器、精选器、贮藏器等，并手绘了 71 幅精美的农具图作为附录。如果说农具的构造和功用部分研究强调的是生产中的"人与农具之关系"，基本是静态的，那么论文的后半部分则是对农具的动态研究，分析的是农具如何影响"人与人之关系"，这又分为农具与经济、社会生活两个层面的关系。农具与经济的关系，包括农具市场，农具与土地、资本、劳力，着力呈现的是农具如何影响社区生活。就农具与除经济之外的社会生活之关系而言，论文涉及农具的所有权、租借，农具知识与技术的传承，关于农具的信仰与禁忌，以及农具其他的社会功能等议题。

　　因应赵承信、黄迪等师长界定的"村镇社区"，邢炳南把平郊村农民购买农具的市场，分为临时和长期两种。临时市场主要是在农事相对清闲的农历四月中旬，围绕平郊村东边的两个香火庙——小口庙和北顶之庙会形成的庙市。长期的农具市场则是清河镇和德胜门两个农具市场。[52] 农具与土地、资本和劳力之间的关系，都是根据大量的统计数据进行分析的。

　　在山东台头村，根据某家耕牛的大小强弱，人们就大致能估计这个家庭拥有土地的亩数及其在村中的地位。[53] 也即，在相当意义上，牲口的饲养、流通和使用意味着乡土社会的阶层性与流动性。[54] 与此相类，在平郊村，农具的多少与农民拥有的土地数量以及从事农耕时间的长短呈正相关，是该户人家在村中财富、身份、地位的象征。农具的所有权主要是针对家庭内部成员而言的，且不同的家庭成员对农具的关心程度有着明显的差别。作为重要因素，感情的亲疏和居住的远近都影响着农具在平郊村借用、流动的方向。农具知识和技术的习得则主要是通过谈天、观察、请人指导、自己琢磨四种方式。[55] 关于平郊村农具的信仰，邢炳南主要记述了仓神、青龙、白虎三种，禁忌则罗列了男女老幼必须都遵守的关于碾磨、牲口槽和大车运灵的禁忌，以及更多针对妇女，尤其是毛女（童女）、半边人（寡妇）、四眼人（孕妇）、产房人（分娩不久的妇女）等"四相人"的禁忌。

农具的其他社会功能指农具在婚丧等人生仪礼、建筑中的使用，以及铲雪、自卫等用途。在结论部分，邢炳南"稍有所见"地再次从功能主义的角度，对平郊村的农具之功能进行了总结：服务于生产、扩大经济生活范围、表现阶层分化的经济功能；促进邻里和谐、服务于婚丧、建筑、娱乐的社会功能；制作、使用、修理农具等知识与技术传承的教育功能；指向五谷丰登、祈求丰收的宗教功能。[56]

当然，平郊村并不是惯常认为的那样是自给自足、封闭的农村，而是要与相当距离的村外世界发生种种联系、交际与往来。而且，平郊村更非世外桃源。时局的变化，尤其是日寇入侵所带来的动荡和侵蚀，同样体现在平郊村这样的城乡连续体和边际社区中。就是在这些论文中，"沦陷"的印迹也随处可见。较沦陷前，燕大毕业论文中参引的日文文献明显增多。研究的既是农具，邢炳南也直面了日本不结实的农具在有计划地向平郊村渗透的事实。此时，观察者眼中的农具，明显具有了蕴含民族大义的"政治性"。只不过，邢炳南是以另一种方式叙述和表达的：不习惯于接受新事物的"保守"农民，对侵略者诱导性推广的农具，表现出了一如既往的"木讷"和不以为然。邢炳南写道：

> 1940 年秋季，北郊新民会举办谢秋大会，内设农具展览会，多采日人用具，惟农民参观者寥若晨星。该会另设农产品评会，凡产品优良之农户，皆赠送日人农具，以资提倡，惟此等农具甚不坚实，因此益失村民对新农具之信心。平郊村之农具中，以灌溉器最为简陋，年来虽经四五机关提倡井水灌溉，然因风气未开，加以政局不安，使农民畏惧不前，故无成效。农事之优劣类皆听天命，绝不进求改良，因是生产技术无从改进，而附捐杂税有增无已，是为农民生活困苦之主要原因。[57]

与虞权的家用器物研究一样，在文化功能论的规训下，邢炳南研究的平郊村农具，已成为平郊村当下日常生活的一部分，而非在其生活之外。原本作为静物、不会言说的农具，不但有了生命，还是物质性和精神性兼具的文化，甚至可以说是平郊村村民群体性遵循的文化模式抑或说惯习，以及心性的具象。目的明确地研究器具和人们日常生产、生活的关系，在半个多世纪后的中国学界得到了回应。在钟敬文的指导下，郑然鹤对中国和韩国的农具——犁——进行了比较研究，写出了一部犁演进、传播和使用的文化史。他指出，犁不仅是重要的农具，并且在人们的生活、习俗和制度中都有一席之地，影响到人们的精神生活，这在信仰、民间故事和农谚中都有着分明的体现。[58] 在对 20 世纪江西竹林垄村事无巨细的深描与细读中，张柠专门描述、分析了该村家具、农具、食物、玩具等物品中凝聚的乡村经验。其精彩的微观权力分析，揭示出了这些流动的乡村之物的深层意涵。[59]

还要附带一提的是，杨毓文对于儿童玩具及游戏用具的精彩研究。[60] 出于对"勤有功，戏无益"之传统教育观的批驳，杨毓文提倡游戏教育的理念，因此特别指明沙地、积木、活用木板、活用木架、球、小偶人、秋千与滑板等是最有益于儿童的玩具，认为这些可以提高儿童生活的兴趣、增加求知的机会、养成儿童爱好的观念、培养良好的生活习惯，继而有益于民族美德的培养。为此，结合儿童群体的生理和心理特征，他指出选择玩具的性别、年龄、气质、安全性（卫生）之四大原则，并根据功能，将玩具分为帮助儿童感官发展、肌肉及技能发展，创造性、模仿和戏剧化，增进儿童社会性，促进学习，培养爱好艺术等诸多类别。

因此，鉴于儿童玩具少的国情，对于玩具的选择与制作，杨毓文提出了要符合儿童年龄特征与兴趣、有教育意义并注意体积与重量诸原则。更加难能可贵的是，有鉴于当时中国尚无儿童玩具方面的参照书籍，论文以大半的篇幅分别从制造、大小与用法三个方面说明了室内外游戏用具与玩具的制作方法，并精心绘制了四十幅示意图。论文中详述的户外用具和玩具包括沙箱、秋千、跷跷板、滑板、积木、活用木架、活用木板、攀悬梯、两轮木马、推车、小汽车等；室内玩具包括木制、布制与纸制玩具，如活动鸵鸟、单轮双鸭、兔形木架、彩色轮、小木篮、潜水艇、火车、床椅、洋娃娃、七巧板、益智图等。

换言之，如同虞权和邢炳南对平郊村用具和农具的分析紧紧围绕村落生产、生活展开一样，杨毓文的儿童玩具研究同样紧紧围绕儿童展开，是情境性的。显然，这与儿童作为正在成长中的也是独立的人之认知紧密相关，是完全以儿童为中心的。而且，杨毓文的研究还具有实践性，即阅读者可以按照他的图例和解说来制作玩具。遗憾的是，新近对中国物质文化的研究，尤其是对于民具学的梳理，依然忽视了虞权、邢炳南和杨毓文这些七八十年前的研究成果。[61]

/ 祖宗板子与座次

陈涵芬对于平郊村妇女地位的研究，同样是在住宅空间中呈现的。与虞权重视房屋的修建过程和室内摆设不同，陈涵芬更加注重"案主"——访谈对象——的生活史。因此在深入访谈的基础之上，陈涵芬呈现的是其不同案主住宅的使用动态，包括租赁、转让的关系，院内、房内附属设施的搭建、摆放，房屋使用的分配，以及邻里对房产来由的传闻、评说，等等。[62]

不以平郊村为时空单元的研究，同样注意空间对于人日常生活的意义。郭兴业注意到在北平城，房产的多寡是衡量富裕程度的标准。不但如此，对完全靠房租生活的人，北平有"吃瓦片的"之专称。[63]郭兴业忠实记录的个案——旗人王大宾，就是典型的"吃瓦片的"。王大宾在北平城有大小房产十七所。1940年前后，王家的房租收入月均在七百元左右。[64]

王家自己在宣武门外包头章胡同的住所，是典型的三进四合院。在论文的附录中，郭兴业详细描述了这套三进四合院的基本格局，父子、母女、主仆之间的使用分配，室内摆设，祖宗墙等。至今老北京人通常念想的四合院"天棚鱼缸石榴树，先生肥狗胖丫头"之美好，同样在王宅中有着鲜明的体现：

> 至于院中则天棚、鱼缸、石榴树等，应有尽有，其他花木如玉簪花、洋绣球、指甲花、海棠花、玳瑁花、香橼等，也都杂列院中。此外，鱼缸七个，除其中最大一个养荷外，其余六个则蓄有大头鱼、红球鱼、满天星、一身青、一身蓝等，不下二百余条。[65]

进入民国以后，因为旗人整体性的落魄，北平城不少旗人开始隐瞒自己的旗人身份。这种族别身份的人为改变，不仅仅是换衣装、改汉姓，还体现在其居住空间布局的微妙变化之中。郭兴业敏锐地捕捉到了因应社会巨变而在王宅这个"神经末梢"产生的微变。即，在王宅的祖宗墙上，汉人的祖先牌位取代了原本旗人家庭都有的"祖宗板子"。郭兴业写道：

> 第三院仍是东西房各三间，上房五间。上房由本宅主人老夫妇二人居住，西房三间为主人未出门的姑娘所住，东屋有一间为女仆所住，其余二间满堆皮箱破物等。上房堂屋正中墙上倒贴一红纸所书的"福"字，约有一尺见方，因"倒""到"同音，盖取谐音"福到"之意。其下又贴一红纸条，上面写着"童言妇语，百无禁忌"。东墙上挂有几张画片镜框等，西墙上则没有这些陈设。盖旗人世家，其西墙向目之为祖宗墙，例设所谓祖宗板子，即支一木板，板上置一黄布包袱，按时举行祭礼。不过王宅因不愿自认为旗人，所以取消这个祖宗板子，而像汉人一样，代之以祖先牌位，但拘于成例，仍不敢对一向目为神圣的西墙有所亵渎，所以不敢悬挂任何物件。[66]

那么，原本京城旗人的祖宗板子究竟形制如何，是怎样供奉的呢？根据苏钦孺的记述，常年放置在西墙的木质祖宗板子呈长方形，上雕莲花，长约六寸，厚、宽皆约三寸。祖宗板子上的"黄布包袱"名"妈妈袋"。家中每生一人，就写下其生辰八字，以帛捻为锁，编成辫绺，加以小锁，放在妈妈袋内。到要成婚时，解袋开其锁。此外，祖宗板子上还有供影匣及家谱，匣中有影像。除夕夜八时祭祖，主要的供品是黄米粥、猪肉、水饺，在香碟内焚香，家人每人磕三头，或一跪九拜。[67]

在这个宽敞、舒适、惬意的四合院，与之相匹配的是男女各色人等之间的基本礼节和讲究，谁也不得越矩。王宅一家祖孙三代人口虽然简单，吃饭的座次却排列得清清楚楚，以示各人在家中的身份地位。每天在方形硬木八仙桌就餐时，老爷王大宾坐上首左面，老太太紧邻老爷，坐上首右面，少爷坐老爷左下首，小姐坐老太太右下首，少奶奶带着儿子坐末席，即老爷和老太太的对面。但是，虽贵为少奶奶，她也不能和老爷同时用餐。她能坐在那里，一是为了照顾儿子，二是为了帮助女仆给众人添饭。必须在众人吃完之后，贵为少奶奶的她才能坐下来吃饭。[68]

在平郊村，一个稍微殷实的人家，吃饭的规矩讲究也与王宅大同小异：媳妇不但要做饭菜、伺候公公婆婆吃饭，而且是在大家吃完之后，才能站立在公婆的桌前，吃些大家不愿吃的，或剩下的饭菜。[69]

这些琐屑而日常的观察与叙述，看似平淡，却忠实地记录了如今充满梦幻色彩和怀旧"城愁"[70]的当年四合院生活的真实场景。如果没有明确的学术意识和敏锐的捕捉能力，就会与这些"穷相"擦肩而过。尽管分析，即杨堃强调的"说明"力度显得不足，但其作为记述或有着学科意识的民俗学志则是成功的。然而，中国学者，尤其是民俗学者，再次关注到吃饭座次之类琐屑的日常，并对其进行微观细描和言之有理的或结构主义或功能主义的深度诠释，则差不多是一个甲子之后的事情了。[71]虽如此，这些后来者也未曾提及前人这些精彩的记录和研究的尝试。

村宅、庙舍、四合院、村内、村际等这些乡土性浓厚的文化空间，或者可以通称为"房舍"。房舍与其说是涵盖固着在大地上低矮的茅庵草舍、乡野小庙等具象、亚类的属概念，还不如说是一个抽象的符码。它是相对于都市（文明）而存在的建筑形态、生活空间与文化模式。[72] 以此观之，燕大这些关于房舍和器物的民俗学志，也就给我们提出了一些新问题。在侧重器物研究的民俗学中，如何理解物与房舍等文化空间、地方的关系？同样是陈设、圈束物的大"器皿"，今天遍布城乡、繁简不一的大小博物馆、展览馆——"楼堂馆所"抑或说"馆舍"，与乡野陌巷的茅庵草舍——房舍又有着怎样的异同？与七八十年前相较，今天的物、空间与人三者之间的关系，有了怎样整体性的转型？

尤为关键的是，在这些房舍中，个体生命又有着怎样的历程？人们如何看待生死、男女？燕大社会学的民俗学又是如何叙述、释读每个人都必须面对的生死日常的？除了资料学的意义之外，这些叙述、比较与说明对于今天的民俗学又有着怎样的启迪？

/ 性、喜与生

流变的旧京的乡土性、同构性不仅体现在平郊村的住宅、家用器具和尊卑伦理上，同样体现在北平城内外大多数小民百姓的红白喜事、生老病死等人生仪礼中，只是繁简程度不同而已。

在中国人的神话世界中，生命并不仅仅是人的生理行为，而是源自神灵与大地，并与特定的植物、动物有着交互感应，是一种超理性的精神性存在，有着神圣性与神秘性。[73] 因此，对于绝大多数中国人而言，不可知性和不确定性是神圣与神秘之生命的本质特征，需要借助诸多仪式和神灵等超自然力与其沟通、交流。如此，个体生命才能健康、平安，最终得以有序完成。

何为生命：替身、寄名与挂锁

《旧京琐记》卷一"俗尚"有载，清代旗人子弟往往拜僧道为师，求其保护。还有担心子弟难养，遂购买一贫家儿令其为僧，谓之"替身"。日后，被替的人长成，替身就如同其弟兄一样，全家都得以礼相待。[74] 在普通人家那里，富贵人家的"替身"就成了"烧替身"，即"还童儿"。根据其主要合作者佟文俊先生的口述，王纯厚写道：

> 小儿体弱多病，父母为预防其夭折计，乃令裱糊铺用纸糊一三尺来高之小人，并将小儿之姓名，生辰，年庚等书于另一纸上，于旧历正月十五日，烧香上供，焚于庙中。因为一般人相信人是受神力之支配，小孩往往是庙中童子偷生下来的，现被发觉，神佛派人来捉，必还一纸人以代之。也有的相信神要用人的时候，就得叫外边的孩子回来，孩子所以夭亡，全是造因于此。若用个纸人来代替，从此在神前销

账，于是活着的小儿可免于死，可不被召回了。这种以纸人来代替活人之保育法，俗名之日"烧替身"。[75]

在平郊村，孩子如果是从延年寺娘娘殿的子孙娘娘前拴娃娃求来的，同样需要用纸糊制一童代表真童灵魂，焚化在子孙娘娘前，免得娘娘将孩子收回。村民杨棻哲的闺女就是1936年在子孙娘娘前拴娃娃后而生。到1941年，这个女孩已经五岁。担心子孙娘娘看见闺女而将其收回，杨棻哲从不准闺女到延年寺玩耍。在1940年春天，黄永山不满两岁的儿子久病不愈，家人遂将其许与外祖母家所在树村的佛寺出家，做"长和尚"。此愿许后十多天，孩子的病果然痊愈。家人相信此子之命是神佛所赐，决定让其在九岁左右受戒入庙，否则便恐其不能久活。[76]

作为保育法，王纯厚与烧替身一同提及的还有"收魂"。同时，她站在"科学"立场批评道：此两种保育方法"迷信色彩太浓厚"，乡中虽尚有奉行者，却为数已经不多。[77]然而，尽管那时王纯厚观察到的此类习俗在北平城郊已经不多，生命之神圣性与神秘性——生命与超自然力之间的关联——却是长时间存在且具有普遍性的"理性"认知，它甚至体现在了个体的整个生命历程之中，并且会在重要节点进行群体性的仪式实践。

1935年，邱雪峨全方位地观察、记述了清河镇的产育礼俗。文章提及的关于小孩来源的观念——生命观，包括了感孕说、投胎说、神主说等诸说。[78]换言之，在那个轰轰烈烈进行乡村重建以及开展新生活运动的年代，生命源于神秘力量的神圣观，仍然深入人心。对于望子的举动，接受了反迷信的进化观和科学观教育的邱雪峨，将之视为巫术－宗教的，指明生儿子——延续"香火"才是婚姻的根本目的。因此，婚礼中的枣子、栗子、筷子、莲子、花生等物其实都是望子的符码，喻指"早立子""快生儿子""连生贵子"；新郎新娘坐帐时，吃"子孙饽饽"（饺子在婚礼中的特称）时一定会在别人的诱导下说出"生"字。婚后最为直接的求子办法就是到娘娘庙里"拴娃娃"。[79]

如（烧）替身那样，在有了香火之后，如何使孩子健康成长同样与神灵关联一处。"使儿易育法"包括：认／拜干父母改称父母为大爷大娘甚或哥嫂之"喊疏"或易姓名，献儿给神佛的"出家"或"寄（记）名"，戴保安辟邪的佩饰（挂锁、缀红布、将香火即庙里求的香骨等物戴在小孩身上），烧替身，收禁等。疾病的预防与治疗法，除引痘之外，更多的是求娘娘庙王奶奶（也称王三奶奶、王二奶奶）、问卜、拜白马先锋收惊、因天花拜痘疹娘娘、因眼疾拜眼光娘娘、因癣疾而母亲带小孩扫庙上的石虎——扫癣。[80]

1940 年，在北平城内及四郊进行儿童生活礼俗研究的王纯厚，无视少数"明达开通"类家庭，侧重于占多数的注重礼教、尊崇仪节的满汉旧式家庭，并"特别着重于现代人之活的材料"[81]。王纯厚的记述，再次印证了生命的神圣性、神秘性和成长的艰难，抑或说人们对生命群体性的敬畏。神圣与神秘的生命，有着很多不可知性和不确定性。借助诸多仪式与神灵沟通交流，人生才能最终得以完成。文中，王纯厚详细描述了当时相对守旧的家庭从望子、求子到生产、降生、周岁、命名和保育等诸多仍在践行的礼仪，包括望子、求子、怀孕、分娩、洗三、十二朝、满月、挪骚窝、百日、周岁、认干父母、过继、许与神佛[82]——寄名/跳墙和尚、烧替身与收魂、佩戴避邪饰物，等等。

对于体弱难养的孩子，除替身之外，寄名庙庵宫观，是那个年代京城内外常有的仪式。人们常常会将体弱难养的孩子，寄名甚或寄养在庙里。这些被称为"寄名和尚"或"寄名道士"的孩子，在年满十二岁或结婚前都要专门在庙里举行"跳墙"仪式，因此又有了"跳墙和尚"或"跳墙道士"的专称。男孩子多许与关帝庙、老爷庙、吕祖庙、娘娘庙等，女孩则多寄名在太平庵、三圣庵等尼姑庵。

对于寄名，王纯厚有如下叙写：

寄名是将小儿送至庙中，由庙中主持把儿名注入册簿上，并认庙中和尚为师傅，师傅给取个法名，挂上一锁，名为"寄名锁"，系用蓝线穿铜钱制成。至许与神佛之意是："跳出红尘外，不在五行中"。于是掌生命大权之神，无权过问了。献时要烧香上供，并许何年还俗。礼仪完毕之后，小儿一如往日在家中生活。不过在年节，圣会，善会，初一，十五要去叩头。年关，节关仍要与师傅送些钱，米粮，用品及衣鞋等件表示孝敬。小儿既然出了家，头发是要剃去的，直到什么时候跳了墙才能复留。

小儿到了九岁，十一岁或在婚前一月，必须还俗跳墙。事前须择一吉日，备好香蜡纸供，并红布一方，筷子一把，新籤箕一个，笤帚一把，牲口一头。及期，父母带其向神前焚香祷拜，然后使儿持笤帚籤箕洒扫佛堂，扫毕，由师傅令儿跪佛前与之开锁，将锁留置庙中。这时师傅便叫小儿横卧一板凳上，（凳横陈于院中，上铺红布），师傅以箸击儿身，口中说着："你前殿不烧香，后殿不洒扫，今天一把乱棍，将你打出门去，以后永远不许再回庙来"。于是小儿起身，跳过板凳，一直跑回家中，一路不许回头，不许说话。此即所谓跳墙还俗了，到家后先剃头留发。从此他不再是出家人，也不属于神佛了。既返红尘，则可娶妻生子，无所禁忌。[83]

至于准备的牲口，王纯厚随后注解，北方常见的驴是上选，马亦可。送牲口是以牲口做小孩的"人质"，把牲口留在庙中代替小儿位置。送不起牲口的人家，也要按价折钱少许，捐给庙中。[84]在那个变动不居的年代，失势落魄人家同样会给小孩寄名，以求健康平安。1915年，因为其父早亡，年仅三岁的启功（1912—2005）被家人送往雍和宫，接受灌顶礼，成为一个"寄名"的小喇嘛，法号"察格多尔扎布"。自此，每年大年初一，启功都要到雍和宫拜佛，直至生命的最后几年。[85]

要强调的是，在清末民初，将孩子，尤其是体弱多病的孩子，许与神佛、寄名挂锁，是国人基于对生命本质的认知而普遍采取的保育方式。生来是长子的鲁迅，家庭很是"珍重"。因此，儿时的他曾先后两次被家人"记名"。先是向大桶盘的女神记名，后来又拜一个和尚阿隆为师，从师父处领得"长根"这个法名，表示出家做了沙弥。此外，家人还给他备有避邪保平安、出门必戴的"牛绳"。[86] 因为父亲早逝，幼时体弱多病痛的胡适，也曾被母亲许给观音菩萨座下做弟子，同样取了佛名。[87]

对于绝大多数在温饱线上挣扎的贫穷人家而言，到顶四大门仙家的香头坛口给小孩挂锁或寄名，更为常见。是时，人们请王奶奶下神，将红绳和小制钱编成锁状，挂在小孩颈项上，这即是"压套子"。压套子之后，小孩就可以无灾无病。因此，香头扮演了儿童"庇护者"甚或说"庇护神"的社会角色。而且，在压套子之后，有家长直接让孩子拜香头做干父母，以求"长治久安"。待小孩年纪稍长，或是结婚之前，到香坛上将锁摘去，"开锁"，就是"出套子"。[88]

当然，保佑小孩健康成长的锁，不一定都是在香坛上求的，有时也是拜寄的干爹干妈给挂的锁。因怕难养，平郊村的徐志明小时候也拜有干爹。干爹给干儿干女挂的锁会给幼儿本人。幼儿得此锁，家人要妥善保存，因为成人时要举行开锁仪式，且多在婚前举行。人们相信，若是开锁过早，儿童也不得永年。开锁典礼常由干爹本人主持，若干爹无法到场，则由全人代劳。徐志明就是 1940 年在婚前才开锁。其情形如下：

先将预先备好之线锁，挂于德明颈上，然后在佛前烧高香一股，张君与德明分别各向佛爷叩首，叩毕，德明面向西南喜神站立，张君与德明面面相对，以手开锁，口念："天门开、地门开，天赐寿星开锁来，喜神、贵神、财神一齐来，义父寿活甲子又甲子，重逢又重逢，义子延年百岁百岁又百岁。"此词念毕，锁亦随之解开，德明乃向张君叩首道谢，开锁仪式即告完毕。自此以后，德明即算成人矣。[89]

寄名、跳墙、开锁、扫堂这些仪式，虽然今天在早已城市化的平郊村和现代化的北京城难觅踪影，但在华北农村仍然被广泛实践着。而且，当下这些仪式所用的器具、仪程以及人们对生命、成人和婚姻的理解，与上述这些 80 年前的记述，并无太多的差异。[90]

性教育、"喜"与生

性教育及其他

虽然在清代的近三百年中，满汉文化一直在融合，然而还是有着各自明显的族群特征。这在婚姻的缔结上同样有着体现。直到 20 世纪三四十年代，满人婚姻不但多妻妾少见，童年订婚也不多见，指腹为婚者更少。而且，北平满人的婚姻也典型地再现了其作为上层阶级之悠闲与耗财买脸的生活风格。在满人的婚姻缔结过程中，基本都是亲戚故旧在男女之间往来穿插、说合，并无汉人社会的专职媒人。在满人中，给人牵线做媒，俗称"喝冬瓜汤"。然而，"喝冬瓜汤"并不容易，他"先要留心记住某家某家郎才女貌，然后到男女两家去说，来往跑道，费工夫，赔车钱，是丝毫报酬没有的"[91]。

至今，学界流行的观点是中国人过去长期没有性教育，或者说缺少性教育。这显然不仅是对中国人日常生活的不了解，而且是污名化与歧视性的误读。或者说，"性教育"这一语词在转译、传播的过程中，出发语言（本源语，source language）之概念及思想与归宿语言（译体语，target language）之间产生了巨大的错位。[92]在平郊村，儿童有下列获得性知识的途径：其一，来自家庭，无意察觉父母兄嫂的有关行为及言说，另外女孩的女性长辈会传授相关知识；其二，来自学校，高年级孩子给低年级孩子讲，尤其是男生；其三，来自社会，村中游荡的"不良"青年，是主要传播源；其四，娶媳妇、做夫妻等童戏中，也明显有着其因素或者说其意识；其五，乡村孩童见惯不惊的猪、狗、牛、鸡、鸭等家畜家禽的交配场景。[93]

根据周恩慈的调研，1938年农历五月下旬，北平西城的刘君和曹小姐举行了婚礼。当时，家在新街口的刘君在辅仁读书。曹小姐是前门外人。相对而言，刘君家稍贫，但仍有身份，曹家富庶。婚礼时，虽然经济状况不是很好，刘家仍然满足了曹家三轿娶亲的要求。娶亲时，三轿皆新。红彩轿新娘坐，两顶绿轿分别由娶亲太太与送亲太太乘坐。

曹小姐的嫁妆有六十四抬，诸如：朱漆衣柜一个、朱漆衣箱一对、黄色皮箱一对、红木条案一对、大穿衣镜一架、绸缎被褥八床、硬木妆台全副（一架及台上用物）、朱漆八仙一对、红绒台毡两条、红木镜台一对、绣花围屏一对、朱色瓷瓶一对、朱色瓷罐一对、玻璃面镜两对、各色花瓶八对、坐灯灯伞成双、红木礼匣一对、江西瓷器全副、五彩瓷罐两对、云铜脸盆一对、点锡香盒全座、书桌座椅全套、房契地契一盒（陪送田地房产，以契为证）、家藏春宫画两幅，等等。

这两幅春宫画，来自天津杨柳青，乃女子所绘。杨柳青女子所绘的春宫画非常名贵，价数十元、千百元不等，是那个年代富庶人家陪嫁中常有之物，也是母亲向女儿进行性教育的主要工具和载体。据传，小偷一般不会偷盗藏有春宫画的柜箱。由于平常都对女儿严加看管，所以在临出嫁时，母亲恐其不懂初夜知识，常于晚间无人时，以此画示之，次日将画陪送过去，让女儿收藏在箱柜中，免犯贼盗。陪送时，春宫画有的放在嫁妆的第一台，有的则随便放在其中的任何一台。[94]

在其调研中，石堉壬对作为"社会事实"，尤其是性教育载体的春宫画的呈现更加全面。他写道：

> 据称津西杨柳青地之闺秀长于此画，尤以未嫁女子之画品为佳，他处绘此画者虽亦甚多，但终不如杨柳青女子所画之活泼生动，绘此者亦有名家，画中签记姓名，有时更提以诗句，每套十幅或十二幅十六幅不等，昂者恒至数千元。
>
> …………
>
> 本村每于旧历年节，必有卖画贩来村，彼除卖年画外，亦附带出售春宫画，惟不敢公然交易，村人如愿购买，必唤

之一旁，暗中交易，衣冠齐楚者，则不敢售与，恐系暗探。去岁年节，笔者去清河画棚购买春宫画，走问四处，均称无有，叩之原因，则谓近来百物昂贵，人多以钱换食品及日常必需之物，决无余资，购买娱乐品也。[95]

他辨析了春宫画的娱乐、信仰与教育三种功用：第一，纨绔子弟的玩好。第二，厌胜避邪的信仰，诸如避妖魔鬼怪，与贵重物品同放，贼不偷，虫不蛀蚀等。就与贵重物品同放的原因，石塽壬还解释了其内含的交感巫术的思维。取其"云雨"之含义，"云雨"，能灭火，故春宫画放在珍贵物品旁，有避火之功能。这也是其别名"避火图"的由来。第三，性知识之传授。同时，石塽壬也指出，晚近随着性知识的普及，陪送春宫画的已经不多。显然，在相当长的时期，暗地里有序流转的春宫画，其主要意义就在于性教育。

婚前，无论是否借助春宫画，长辈会分别对新郎、新娘进行专门的性教育。因为在"贞节"礼教的训育下，哪怕是新婚之夜的男女好合，也不仅仅是男女当事人的事，而是关涉到两个家庭和相关社会之大事件。其结果关系到家族在社会上的地位，尤其是能抬高该女子所在家庭、家族的社会地位[96]，并在相当程度上决定着新娘婚后的生活是否幸福。因此，新婚前男女双方家庭对新人的性教育，既关涉性生殖本身，是技术层面的，也是伦理"道德"和社会层面的。[97]

因此，嫁妆中，除春宫画、给新生儿洗三用的大铜盆是必备之物外，喜布、垫布、便盆这些指向性和生育的器具都是必备之物。垫布，是新婚之夜铺在女子身下以免玷污被褥的布；便盆，新娘将来生小孩"试水"，尤其是难产时，产婆用手蘸水在产道探胎儿远近，这时就要用陪嫁的便盆装水；大铜盆，在婴儿洗三时使用。[98]

何"喜"之有

那么，在嫁妆中，何为"喜布"？至今，人们已经习惯性地将婚礼——"红喜事"的"喜"意义简化成"喜庆"之"喜"。

过去，在华北包括北平城在内，因为产妇主要靠喝小米粥滋补身体这一文化事实与群体性的心理真实，日常口语中的"喝粥"也就成为"坐月子"的代称。[99]当下，北中国产妇坐月子喝粥这一习俗仍然有着强大的文化惯性，并频频引发代际之间和来自天南地北不同地域的家庭成员之间的冲突。[100]然而，"喝粥"代指坐月子的文化内涵、语义已经被群体性遗忘。《辞海》《现代汉语词典》等主要的工具书，都没有"喝粥"和"坐月子"互释的意项。与此类似，过去婚仪中人们所说的"喜"有着更加丰富的文化意涵。甚至可以说，已经被当今人们遗忘的"喜"之意涵，浓缩了全部严酷的"封建礼教"。然而，这在当下同样被整体性地遗忘了。

新婚之夜，新娘房事之后的处女红，即俗称的"喜"。如果在新婚之夜，新娘房事后无"喜"，夫可休妻。通常在新婚之夜的次日清晨，女仆会向新娘索"喜"。此时，新娘就会拿出染有"喜"的白绫——**喜布**，女仆再持装有"喜"的托盘向公婆道"喜"，索要赏钱。随后，婆家遣人持"喜"盘送往娘家，**报"喜"**。到女家门口时，报喜者就会大喊："给府上报喜来了。"通常，此时天尚未亮，邻里皆能闻知。这时，女家将来人迎入室内，给了赏钱后，命来人将原物带回，交给新娘保存。随后，娘家人方可前往婆家吃酒。这是汉人的婚俗。与汉人不同，新婚之夜有喜时，满族人是让挂在新郎家大门上的彩继续高悬。前往的新娘家人看到了门彩就知道有喜，于是进去高兴地接受新郎家的酒肉招待。否则，夫家人不但会将门彩取下，还可能将娘家人扫地出门，甚至与其对簿公堂。

对此，根据其主要合作者——家住海淀善缘桥七号，时年 87 岁的佟老太太的口述，周恩慈写道：

> 至于验处女的方法，是在新婚之夜用块白布或白绸试验，试验所得之处女血叫作"喜"。……次晨女仆即持"喜盘"，即一红漆盘子，向新娘索"喜"。如有，则女仆持盘向公婆贺喜要赏钱，男家大门上扎的彩即仍安置如故。次日吃酒者，若见男家门彩未撤，便到男家来吃酒宴。男家且将此所谓喜者，拿出与女家观看，然后交与新娘保存。如无"喜"则门彩立时拆掉，女家便不进来吃酒，即来了也是被男家用凉水泼出去，或拳头打出去。然在稍微体面的人家，不是女家先预备一份假的，就是男家忍痛不撤门彩，以顾全面子，也真有打官司的。但为家声计，两家多暗中说合，并不声张。多半是由男家提出几个条件，要女家遵从，如"从此不

许她回娘家"，"如不守家规我们打骂无罪"等。虽然有时条件过苛，但为名誉计，不愿姑娘因不贞被人休回，也只得忍下去。[101]

根据蓝旗营前五条 35 号佟文俊先生的口述，周恩慈复原了由佟文俊本人为至亲做媒说成的，于 1917 年 10 月 23 日举办的一场旗人婚礼。男方傅为基曾经官费留学日本，专业是教育学，时年 27 岁，其父是清正五品武官。女方蔡淑琴，时年 25 岁，其父蔡春岳生前是圆明园八旗卫军将帅之一。是日，关于"喜"的情形如下：

> 当夜好事完成，女家特备之白绫一块亦为之染红，结果二人快乐满意，度此洞房花烛夜，次晨很早便起来，但新娘仍坐炕上，不能即行下地。由女仆持盘向少奶奶讨"喜"。新娘乃将白绫拿出，交女仆放入其所持之漆盘中，女仆持此向太太贺喜，并要喜钱。公婆闻之甚喜，知女子家教有方，规训良好，门外彩绸仍悬挂如昨。此时娘家梳头太太及吃酒人皆已来到，新郎之母及兄嫂等皆到门外相迎……[102]

作为相对守旧的富贵人家，在傅、蔡两位旗人举行婚礼的 21 年后，即 1938 年，前文提及的两位汉人刘君和曹小姐的婚礼中，虽然有所差别，"喜"同样扮演着重要角色，女仆依旧在清晨向新娘索"喜"：

次日清晨，女仆即来索喜，新娘授予后，即持盘向公婆道喜并要赏钱；后随即遣人持盘送往女家，俗谓报喜。到女家门口时即大喊："给府上报喜来了"。这时，由女家迎入房内，给了赏钱，命来人将原物带回，后复交新娘保存。也有的人家遣人抬着盘子送去，并有鼓乐相随，礼节更为隆重。[103]

1924 年四月初一（5 月 4 日），平郊村大户徐维屏给四儿子徐志纯举行了一场声势浩大的婚礼，新娘是东小口奚涧泉之女。对这场婚礼，刘秀宏没有提及验"喜"、索喜、道喜和报喜种种仪式，然而其描述的此后四日的"回门"与六日的"瞧六天"这两个分别在娘家和婆家举行的仪礼，都是为了证明新娘之贞洁。刘秀宏写道：

后四天，娘家官客及堂客与新妇关系近者，前来接新妇回娘家。一般皆为哥嫂前来，新妇乘轿，新郎官乘车，各带随身男女仆人同行。此行曰"回门"，以证新妇是为贞操，否则只遣新妇归，新郎官留家。至娘家后，新郎官于娘家住宿一夜，次日返回。后六天名"瞧六天"，所有亲友复至，维屏及李氏将新妇介绍与诸亲友，以证明该女贞洁，今已被接受为家之一份子。[104]

无论是汉族婚礼中女仆前往娘家报"喜"，还是旗人婚俗中新娘家人到新郎家去看门彩撒否，维护、表征的都是新娘的贞洁。不见"红"，没有"喜"，将对新娘及其家人引发灾难性的后果。2007 年冬日，当我首次在北大图书馆读到引用的这些文字时，感觉自己就像坐在冰冷的"铁屋子"中一样，感到窒息而怅然。封建礼教严酷的"礼"，已经彻底演化为"民"深以为然的"俗"，并通过众目睽睽的仪式、舆论、物饰、色彩、声音，支配着人的肉身。日常生活中礼与俗的一体性，或者也是杨堃任教燕大之后，指导的毕业论文都常常冠以"礼俗"之名，而不用"民俗"抑或"风俗"的原因之一。

望子：生不生

五四运动、新文化运动倡导的科学等理念，不但未能切实有效改变"喜"所代表的贞节观念，也未能在日常生活层面改变京城的汉族旧式家庭重男轻女、无后为大的香火观念。尽管儿子同样只是"传宗接代的工具"、家庭的"附属物"。同期的满族家庭，虽然也受了儒家教化的影响，但还是男女并重，"养儿也得济，养女也得济"[105]。婚姻，不是五四运动、新文化运动以来启蒙者所鼓吹的爱情之果，对绝大多数人而言，还是以延续香火为其第一要义。无论家庭贫富、地位高低、受教育程度如何，"父母之命，媒妁之言"仍是多数男女缔结婚姻的常态。婚仪中的大枣、栗子、柿子、莲子、筷子、子孙饽饽等物都象征着阖家上下对子嗣的渴望。傅为基和蔡淑琴在婚庆当天的合卺礼上，吃子孙饽饽的情形如下：

此时喜娘按合婚时所定方向，面朝北坐幛，新郎亦盘膝坐于炕上……二人皆向喜神坐定。厨房将新娘家中所带来的子孙饽饽煮好端来。此后送亲太太即说："请姑爷先用"，然后又对新娘说："你也用些"。新夫妇二人遵嘱后，各人只咬一点，并未真吃。窗外新郎之侄大声问："生不生?"一连问三次，娶亲太太在房内答曰："生!"即表明生子之意。其实，也真是煮得半生不熟，叫人没法吃。[106]

到 1938 年，北平城汉族旧式家庭的婚仪中吃子孙饽饽的场景与上述场景并无差别。[107]1940 年徐志明的婚礼上，吃子孙饽饽的场景稍有不同。新婚夜，子孙饽饽是由娘家带来、煮成半熟的。但是，其中有两个较大，用红线紧系，男女交换食之。吃时，在窗外男童问"生不生"时，里面回答"生"的不是新娘，而是新郎，但同样有子孙万代之意。[108]

在京西门头沟斋堂川一带，婚仪中直接问新娘"生不生"，并且答案一定是"生"的习俗一直延续到 20 世纪 80 年代。只不过人们因应特定的自然环境、历史人文和经济形态，新娘要象征性地吃含盐量很高的"缘分饼"。[109]并且，家中长者鼓励晚辈听房。因为没人听房会被视为不吉，所以如果没有适当的听房之人，还须将扫帚立在窗台之外，以象征听房之人。[110]

当然，根据孙咸方的调查，无论是在北平城区，还是在通县等郊区，北平本地人的婚俗是不闹房的。[111]即使闹房，也只限于中等以上人家，贫穷人家的婚仪要简陋很多。听房也只限于富有之家。[112] 尽管如此，在各色人等来往、聚居的北平，一切始终都是变化的，外地人的迁入自然也将闹房之俗带进了北平，并有了北平的色彩。

1939 年 12 月，经同学周恩慈的介绍，孙咸方参加了周恩慈的中学同学，河北滦县的一对新人的婚礼。新郎肆业于中国大学，新娘是协和医院护士。因此，参加婚礼的多是双方新人的同学，婚礼有着欧化的色彩，是都市的、新式的与"文明的"。纵然如此，这些来自辅仁、燕大和中国大学的大学生们仍然闹房，尤其是层层递进地要闹新娘，"天翻地覆"地闹到夜里十二点方散。诸如：要新娘送茶、敬烟、拿糖果；要新娘吸烟，给新娘吐烟圈；要新娘唱歌，要新娘新郎陈述恋爱经过、接吻；要新娘学猪叫、学狗叫；抢走新娘香气四溢的自用手帕，等等。因为新娘的淡定与拒绝，众人闹腾的程度逐渐加强，最后闹客认输，以众人各分得新娘早已准备好的花格手帕一条，结束了这场"新式的闹房"[113]。

要是婚后久未得子，人们虽然也有医治服药等"尽人事"的办法，但更多是将希望寄托于神灵，即"听天命"，前往邻近的娘娘庙烧香，甚或专程前往朝阳门外的东岳庙、西郊的妙峰山求祈。

自助生产与助产

到分娩时，占北平人口绝大多数的底层民众又是如何生产的呢?

在 20 世纪前半叶,非洲昆族产妇自己离家,独自在外分娩,这既是一种习俗,也是一种社会制度。[114] 出于对女性的文化定义、女性的自我定义,尤其是对生命和身体的定义、认知与理解,这种女性自助的分娩方式,其实在人类有着普遍性。这在 20 世纪初期的中国也不例外。20 世纪 30 年代初期,在对河北固安柳泉村的调查中,潘玉渌就记述了此前当地农妇"哪家都这样"的"自助生产"。对潘玉渌而言,产妇自己收生是一件奇怪的事情,但这在当地农妇看来却是很自然的事,而且因为觉得"不洁净",也不愿对外人谈起。后来,一位慷慨而健谈的农妇独自倾诉了她自助生产的情形:

> 据她说:"我生那第二个的时候,我姑婆,我男人,同我一个八岁的儿子,我们都是睡在一个炕上。当我觉得不好的时候,我就把地下预备着的沙土拿到旁边。"我问:"沙土是什么时候预备的,为什么要用沙土呢?"她说:"知道日子不远了,就前几天到道边上收点沙土来。沙土是顶好的东西。用沙土不是省得污了衣服被褥吗?而且用完了把沙土一扔,又省事又干净。"她又接着说:"我一个人静静的把东西都弄干净了,这才把我男人推醒,给我做点粥喝。喝了粥,这场事就算完了。"我又问:"小孩一落地不就哭吗?为什么一个炕上的人都会不知道你干这事而等你叫他们呢?"她说:"你怎么这么傻啊!我不会拿被把小孩盖住,叫他们听不见

哭声吗？"我又问："那么您怎么断脐带呢？"她说："这还用问？炕上不就有作针线的剪子吗？拿过来就用，这有什么难呢？"我很赞叹的说："您可真有本事，不言不语的一件大事在夜间就办完了。"她说："这算什么？哪家不是这样啊！"[115]

当然，在同时期的北平城内外，产妇分娩通常都有产婆，亦名稳婆（即收生姥姥、接生姥姥）接生。只不过随着西医的进入，原本为产妇分娩仪式保驾护航的产婆的合法性开始受到质疑与挑战。与传统丧仪中的阴阳生一样，在现代民族国家的建构过程中，产婆也成为被改造、教育和要置换、取缔的一个群体。

20 世纪 30 年代初期，在燕大社会学系的清河试验区，试验区就协同北平公安局合办产婆训练班，要求试验区内 50 位产婆都须参加培训，规定只有在得到培训证书后才能"持证上岗"。产婆训练规程的课程内容包括：产科生理学解剖大意、细菌学大意、消毒学及方法概要、临床设备手续、产前及产后护理概要、产科用具与药物用法等诸方面。到 1934 年年初，试验区已举办了前后三个训练班，共计有 22 名产婆参与培训。而且，因为村民的老观念和经济条件，即使受过训练的产婆，也较少遵循训练的要求使用各项消毒器材。发放给受训产婆存放收生用具的抽口白口袋直接被弃用。因为对村民而言，白色象征死亡，抽口则意味着婴儿会犯抽口疯。[116] 换言之，在 20 世纪 30 年代初期，在助产制度有序渗透的清河试验区，虽然技艺娴熟的助产士有着良好的口碑[117]，但旧式分娩仍然是试验区的主流。

日伪时期，助产士制度的实施、影响范围依旧有限。一直到20 世纪 40 年代末，由于经济条件和老习惯，平郊村的产妇分娩时多数仍然是由接生婆接生。[118] 不仅如此，北平城乡的绝大多数产妇还是在家由接生婆等人陪同，蹲着分娩。这无疑是那个时代新旧交融、蹒跚而行的北平一个厚重的侧影和典型的身姿：

> 接生婆的头一步工作是先与孕妇诊脉，看中指的脉搏跳到何处，如距离指尖近，表明快生了。其次就是预备接生用品，在炕上和地下铺好草纸，亦有铺草的，富贵人家多铺细纸，漆布及油布等物。窗门紧闭，严密遮盖，不使透一点风，不许空气流通。日光不避，仅将下部窗户遮挡，防他人向屋内看视。产妇蹲着，后面由一人或二人抱腰。抱腰的人多为婆母，娘家母亲，实无人时或仓促时乃由丈夫抱，亦有求别个身强力壮的妇人抱的。屋中人不要多，丈夫也要走开，恐孕妇心中忙乱。这时不得大声谈笑，必得肃静，等到听得婴儿呱呱的哭声了，才算放心。
>
> 生后，把产妇扶到炕上坐着，穷家或是乡下多坐在一个满装细炉灰上面铺着草纸的蒲包上，要坐上四五个钟头方许躺下。[119]

1947 年，在雷洁琼指导下，詹宝真完成了其毕业论文，《平郊社区妇女研究》。詹宝真调研的"平郊社区"并非作为社会学实验室的前八家村，而是燕大和清华之间的成府村。成府距离北平城更近，更受大学风气、都市生活方式影响。到1947年，成府有906户，计3905人。在20世纪40年代中晚期，成府产育妇女之分娩已经整体性地实现了由接生姥姥接生到请助产士接生的转变。[120]

/ 妈妈儿经：妇女的地位及禁忌

当初，这些在传宗接代、香火传衍中付出如此之多，身心受到多重束缚的女性，究竟有着怎样的地位？生活中有着哪些禁忌？换言之，一位女性从生理上的女性转化为社会化的女性，"妈妈儿经"在其中扮演了重要角色。这些正是陈涵芬《北平北郊某村妇女地位》和郭兴业《北平妇女生活的禁忌礼俗》着力呈现的。

无论北平城还是平郊村，通常而言，在旧式家庭，妇女从属于男性。少女时期，尚有一些自由。因为终究要嫁出去，所以与兄弟相较，女孩子也很少有上学的可能，并且必须学会洗衣、做饭、针线活等家务，甚至想办法挣钱补贴家用。[121]出嫁成为媳妇后，其身份地位迅速降低。除了生儿育女这一基本的职能之外，就是伺候公公、婆婆等丈夫一家老小，通常是"忙在头里，吃在后头"。吃饭时，坐在末席或者只能站在一旁的她，必须先伺候公公、婆婆、丈夫吃完了，自己才能吃。[122]唯独在熬成了婆婆之后，一位女性才可能享有些自由。平郊村赵甲长的妻子，就经历了做童养媳、儿媳的种种苦难，直到自己成为婆婆之后，尤其是她的婆婆过世之后，才享有了些自由。[123] 总之，在旧式家庭中地位低下之女性，不但家内家外的日常劳作一点不比男性少，而且禁忌在其日常生活中还无处不在、无时不有，伴随其生命始终。[124]

20 世纪二三十年代，在三从四德等封建礼教积年累月的规训下，平郊村女性社会地位低下。在 1926—1940 年，平郊村自杀的三人都是已婚妇女。男权和夫权主导下的婆媳不和、妻妾不和，是这些妇女自杀的根本原因。最终，完全处于弱势和被欺凌地位的媳与妾，被迫走上末路。[125] 然而，与同时期婚礼依旧在强调、强化女性的"贞节"不同，在丧礼中，过去丧夫之妇断发以宣誓守寡的习俗，则已经消失：

> 如是妇女丧夫，若尚存风韵，预料日后生活之苦，如无其他条件之牵制，则多重作冯妇。故当壮男逝世，亲属必征询其妻之计划。据乡人谓，二三十年前，丧夫之妇如决定守寡终身，则于入殓时割发寸许置亡夫手中，因既为结发夫妻，故持其发而去。近年此俗已湮灭无闻，想系有不便处。不愿守寡之妇，则于丧后"五七"日径返娘家或另觅夫婿，亦有于葬后当日除孝而去者。[126]

在其研究中，陈封雄试图对同期丧俗进行人文地理学的浅描。因此，他简单地对前八家村的丧俗与北平城和清河镇的丧俗进行了横向比较。他认为，较之清河镇仍然烦琐的丧俗，前八家村的丧俗已经稍有移易，或消灭或简化。这既因为它更靠近都市，民智渐开，也是因为社会动荡不定，生活日窘。[127]虽然陈封雄的比较和说明略显单薄，但他却在最日常的层面记录了平郊村丧仪中的这些微变。无论怎样，这一微变告诉今天的人们，在社会渐变的历程中，八九十年前平郊村的丧仪给予了寡妇一定的自由选择权，而不再是仪式性地将寡妇纳入贞节牌坊的丛林，甚至强行将寡妇象征性地随夫"装入"棺材。这显然是整个社会，尤其是中国乡村妇女解放史上的一个亮点。至少，在日常生活最细微的层面，寡妇在其亡夫的丧仪中可以完整地拥有自己的头发，从而有了重新生活的希望和可能。这种拥有，将森严的男权世界撕开了一道裂缝。当然，这只是一道小小的缝隙。在日常生活世界中，绝大多数妇女在绝大多数时间都还是固守、留守在传统礼俗世界的阴影之中。

"上炕一把剪子，下炕一把铲子。"这句俗语说的是在传统观念中，一位能干的女性的基本能力，即会做女红，会做饭，能伺候好一家老小的冷暖日常。这在民间的浪漫叙事中，有一个专有名词——"巧女"或"巧姑"。然而，一个女孩究竟从什么时候开始学习做女红？怎样学习做女红？有哪些禁忌和讲究？这些基本很难记录下来。研究妈妈儿经的郭兴业，通过对苏钦孺的访谈，记录下了当年北平小姑娘初学女红时的讲究。

一位十二三岁的小姑娘，在初学女红时，有着专门的仪式。北平妇女相信，厕神"毛姑姑"[128]是专管女红的神仙。因此，初学者有敬拜毛姑姑的开蒙礼。即初学女红的姑娘，必须先给毛姑姑做一双小鞋，悬挂在厕所的墙上。在悬挂小鞋时，初学者口中默祷：

　　　　毛姑姑！毛姑姑！

　　　　教我拙，我给毛姑姑拆了窝；

　　　　毛姑姑！毛姑姑！

　　　　教我巧，我给毛姑姑做到老。

这样，默念三遍后，初学者就算行了开蒙礼，以后就能日进一日了。[129]

　　妈妈儿经不仅仅是教姑娘如何做人、如何待人接物的"律令"，还是在母女之间生产生活知识、技艺的有效传承、延续。每年农历九月半，家家主妇都要腌菜。腌菜的定例陈规是：百斤白菜用盐六斤、花椒四两；萝卜、黄瓜是每百斤用盐七斤，花椒三四两。当然，因为怕盐水粗手，以后学不好针线活，所以闺女是不能动手的。同时，当年办丧事的人家不能腌，月经期间的主妇也不能腌菜。[130]龙抬头之日，吃的薄饼、面条、饭、馄饨、水饺各自的俗称，如"龙鳞""龙须""龙子""龙耳"和"龙牙"，[131]这些也都通过妈妈儿经，口耳相传。

/ 事死如事生

　　丧礼，聚焦、演绎的同样是生命观。与生育相关仪礼一样，丧礼也是人们对生命和身体认知论的集中呈现。尤为重要的是，丧礼中的不少仪程、物饰在指向死的同时，又指向了生。而且，如同婚仪一样，丧礼中的不少符码同样有着指向香火、子孙绵延的宏旨。[132] 在平郊村丧仪的民俗学志中，陈封雄展示了长者面对死亡的坦然。面对质佳的寿衣，长者不但备感欣慰，且不乏自己料理寿衣者，"直若备办行装，处之泰然"[133]。关于寿衣这一重要符码的宏旨，陈封雄有如下描述：

> 制作或购买寿衣须择闰月中之吉日，择闰月乃延寿之意，寿衣之质料绝不得用缎，因"缎子"与"断子"音同。乡人制寿衣多用布，又不宜制皮衣，恐死者来世全身生毛，亦不可需衣领与纽扣（以布条代之），因"领子"有领去子孙之讳，纽扣俗呼"纽子"将子孙扭去当属大忌。衣袖宜长，不使手掌外露，恐死者来世沦为乞丐，寿衣层次之总和应为奇数，乃忌重丧也。普通乡民所备寿衣多为白布衬衣衬裤各一，蓝布夹袄夹裤各一（无裤带，因有"带子"之忌），夹袍一件，此外尚有白布袜，腿带，布鞋各一双，瓜皮帽一顶。妇女无长衫与帽。[134]

在死者尸身入棺之后，人们会在尸体上盖以陀罗经被，下垫黄色褥子，取"铺金盖银"之意。所谓陀罗经被是黄色布上印有朱字番经，多为北平城鼓楼东的双盛染坊所制，各寿衣铺都有代售。然而，入殓时，人们对尸体的处置，同样蕴含着对于两位一体、纠缠一处的死与生之理解。有时，盖陀罗经被时，人们会将其移到尸体足部，而尸身不盖一物，谓将来死者托生时不至于妨碍其"起立"。此外，还有给亡者"开光""开口"和去绊脚丝等多种仪礼：

> 继由孝子用茶盅盛净水，以新棉花沾之，揩拭亡人面部与眼睛，谓之"开光"，谓使来世眼不瞎，实则乃使亡人目瞑之法，因有人死后尚睁目，以水拭之可使合目。开光时，孝子呼"开光啦"！乃相信死者仍有感觉，故以对生者之态度待之，拭毕将茶盅自脑后掷而碎之。
>
> 亡人口中之茶叶包亦须取出抛弃，否则来世成哑子，谓之"开口"。足部之绊脚丝亦须除去，以免来世不会行路，是故婴儿学步时，有人持刀在其后作斫物状，乃恐其前生未除绊脚丝也。亡人之手掌应向下，否则来生为乞丐。[135]

这些对尸身的处理，将《中庸》所倡导的"事死如事生，事亡如事存"之"存之至也"演化到了极致。不仅如此，这些丧仪还影响到幼儿的养育礼。在抓周仪式举行之后，人们还要为幼儿举行一个附属的仪礼——跺绊脚丝：

> 小儿由人扶着两臂，在地上站着，由另外一个家人在小儿两脚间用力跺着。扶着的人问："跺什么哪?"跺的人答道："跺绊脚丝哪"。连说数遍，这样小儿就容易学步了。[136]

之所以如此，就是因为人们相信人是由死人转世托生的，死人脚上的绊脚丝，会阻碍小儿学步。换言之，在关涉生死的乡风民俗中，人们不仅践行着"事死如事生"的古训，还反向实践着"事生如事死"之辩证法。这延续至今。在陕北，直至 20 世纪末都还有着"合木"的习俗。在寿衣、寿木都准备好之后，长者会着寿衣在寿木中坐一会儿，亲戚邻里齐聚贺之。为此，人们甚至会摆数天的宴席。[137]

墓穴的布置与洞房，尤其是婚床，亦有相似之处：在避邪的同时，同样指向吉祥与子嗣香火。陈封雄注意到：墓穴中预先埋有一缸金鱼，以示"吉庆有余"；墓穴的四角埋有枣栗，并用红纸包裹，以求子孙众多；撒在墓穴中的小米、玉米、高粱、红豆等谷物，是避土中"邪气"的。[138]有的墓穴中，尤其是大户人家的墓穴中，还会放置或绘制有春宫画，意在避免狐兔穿穴和蛟龙侵犯，使亡者"安生"。[139]

婚仪中，尤其是铺床时使用的筷子，象征着"快生儿子"，有着"生育繁衍"之宏旨。与此相类，辞灵时，在给亡者准备吃食"布罐"用的新筷子，同样有着与婚仪上类似的宏旨。如果死者年少，则布罐用的新筷子会被直接扔掉。如果亡者高寿，这双布罐用的新筷子，就会留予儿童使用，而且经常还会出现人们哄抢这双新筷子的行为。[140]反之，在平郊村一带，包括婚礼在内，遇到喜事时，人们要在坟头烧纸，告诉老祖宗家中喜事，这即"烧喜纸"。而且，在迎娶当天，在婆亲花轿启程后和返回前要摆设好天地桌，在其上将女家陪送的油灯——"长命灯"点上，并且不能吹灭，只能待其油尽自灭。[141]

/ 人生礼俗的现在性

在旧京艰难的现代化蜕变中，随着教会医院助产士制度的引进、警察制度的设立，对常人生死的控制也逐渐脱离旧俗而自上而下制度性地西化，最终在 20 世纪导致接生婆、阴阳生这两种传承久远的社会角色在北京城消失。[142] 虽然有官方对助产制度和警察制度（尤其是生命统计调查员制度）的强力推行，但是在日常生活层面，尤其是生死习俗这些仪式化行为的变化则是缓慢的。这种官民"共谋"的缓进，抑或说妥协、折中，充分体现在 1940 年前后北京城内外人生仪礼的日常实践中。杨堃等指导的这些关于北平人生仪礼的毕业论文，就真实地记述了当时处于渐变过程中的新旧杂陈、交替、混化的日常实践。

或者是因为旧京的乡土性特征太过浓厚、历史太过悠久，又或者是因为书写者骨子里被单线进化论所桎梏，在如今的民俗学界，将民俗等同于过去的、静止的甚或落后的观念，仍然根深蒂固。无论是保护、弘扬，还是新造，不少自居上位的民俗学者，依旧高高在上以"移风易俗"为己任，将民俗视为工具，走着传统士人"闻达"的老路，并冠之以"经世济民"的正义性。"陌生人原则"[143]、"日常生活的未来民俗学"[144] 等思考不但超前，更是另类。

这样，也就不难理解常人春《老北京的风俗》、金受申《老北京的生活》[145] 和罗信耀《小吴历险记：一个北京人的生命周期》（*The Adventure of Wu: The Life Cycle of a Peking Man*）这些受者颇众的关于北京生死的著述，内容都是指向过去的。罗梅君的学术研究也同样如此。[146] 弘扬优秀传统文化、非遗运动，多少又旁助了这一指向过去的认知取向，而当下人们的日常生活却被推移到视界之外。出殡时规模盛大的抬杠，生育礼俗中的望子、求子、添盆、洗三、满月、抓周，都是渲染的对象，仿佛北京和以北京为代表的中国，一直停滞在七八十年前。事实上，改革开放后，北京城乡的孕妇产前定期体检，临盆时在产科医院或者妇幼保健医院分娩生产，聘用高价月嫂已经是普遍的社会事实。生育习俗已经发生了从神圣、神秘到理性、医学，从随机、男性做主到计划、女性做主的整体性位移。[147]

如果考虑到平郊村作为城乡连续体的边际属性，那么这些燕大师生七八十年前的调研，实则就是都市民俗学抑或现代民俗学。因为他们直面的是处于动态过程之中的传统与现代此起彼伏、混融兼具的民俗，是都市性和乡土性同在的民俗。细致的参与观察和字斟句酌的浓描，显现出了不同语境、情境中的民俗的过程性、社会性与"自治性"。[148] 而且，这些具有鲜明现代意识、现在意识，关注个体价值、讲究传承的民俗学志，对现实生活中践行的人生礼俗的观察、叙述、比较与说明，在相当意义上既重新定义了仪礼、人生与民俗，也重新定义了"现在"，或者说赋予了"现在"以**"现在性"**。

何为"现在性"？生活世界中，所有正在践行、发生的民俗，都是现在的，而且是具有时间厚度（thick）和深度 (depth)、此刻 (now) 和非此刻 (not-now) 同在的"现在"(the present)。这一承接过去、预示将来而绝对具有延展性的"现在"（extended present），或者可以更确切地称为"现在性"。对于践行人生仪礼、阅读这些礼俗描述的我们而言，"现在性"更强调践行者、观察者和阅读者等同一时空或不同时空不同行动者的"意识的厚瞬间"（thick moment of consciousness）。[149]

反之，非实证研究，《老北京的风俗》《老北京的生活》和《小吴历险记》[150]属于另一文类的多少有些感怀伤时的忆旧之作，尽管可能文笔曼妙，能不同程度地激发读者的好奇心与怀旧情结，但就其叙述的同类礼俗而言，就明显缺少了这种连接过去和未来的"现在性"。对于当下的我们而言，它们是凌空悬置的、恒定与静态的，仅仅是与现在对立的过去。在《小吴历险记》中，"小吴"仅仅是串联人生仪礼和日常生活的叙事策略与线索，而非活生生的、独立的行动主体。换言之，民俗的现在性是与行动主体的感官世界，也即行动主体的意识的厚瞬间捆绑在一处的。与本章分析的燕大论文不同，这三本完全都是在写"俗"，属于传统风俗志或民俗志一路。这也即后文要进一步澄清的基于民俗调查的民俗志与基于民俗学调查的民俗学志的差别所在。

注　释

1. 岳永逸：《朝山》，261~268 页，北京，北京大学出版社，2017。颇具意味的是，对赵园这样感觉细腻、经历坎坷，而又敏于思、勤于著的学者而言，她祖辈生活的河南老家、她前后在其中读书八年的北大，也只不过是她的"乡土"。参见赵园：《独语》，113~115、156~177 页，北京，北京师范大学出版社，2013。

2. 虞权：《平郊村的住宅设备与家庭生活》，6、90~91 页，北平，燕京大学法学院社会学系学士毕业论文，1941。

3. 虞权：《平郊村的住宅设备与家庭生活》，7 页，北平，燕京大学法学院社会学系学士毕业论文，1941。

4. 虞权：《平郊村的住宅设备与家庭生活》，1 页，北平，燕京大学法学院社会学系学士毕业论文，1941。

5. [英]Malinowski, B.：《文化论》，费孝通、贾元羡、黄迪合译，载《社会学界》，第十卷（1938），146 页。

6. 虞权：《平郊村的住宅设备与家庭生活》，21 页，北平，燕京大学法学院社会学系学士毕业论文，1941。

7. 虞权：《平郊村的住宅设备与家庭生活》，51~52 页，北平，燕京大学法学院社会学系学士毕业论文，1941。

8. 虞权：《平郊村的住宅设备与家庭生活》，37 页，北平，燕京大学法学院社会学系学士毕业论文，1941。

9. 虞权：《平郊村的住宅设备与家庭生活》，57 页，北平，燕京大学法学院社会学系学士毕业论文，1941。

10. 陈永龄：《平郊村的庙宇宗教》，10 页，北平，燕京大学法学院社会学系学士毕业论文，1941。

11. 虞权：《平郊村的住宅设备与家庭生活》，77 页，北平，燕京大学法学院社会学系学士毕业论文，1941。

12. 虞权：《平郊村的住宅设备与家庭生活》，92 页，北平，燕京大学法学院社会学系学士毕业论文，1941。

13. 虞权：《平郊村的住宅设备与家庭生活》，69 页，北平，燕京大学法学院社会学系学士毕业论文，1941。

14. 虞权:《平郊村的住宅设备与家庭生活》，23~24 页，北平，燕京大学法学院社会学系学士毕业论文，1941。

15. 石堉壬:《一个农村的性生活》，98~102、112 页，北平，燕京大学法学院社会学系学士毕业论文，1941。

16. 虞权:《平郊村的住宅设备与家庭生活》，10~14、94~130 页，北平，燕京大学法学院社会学系学士毕业论文，1941。

17. 陈永龄:《平郊村的庙宇宗教》，85、86 页，北平，燕京大学法学院社会学系学士毕业论文，1941。

18. 虞权:《平郊村的住宅设备与家庭生活》，10~11 页，北平，燕京大学法学院社会学系学士毕业论文，1941。

19. 虞权:《平郊村的住宅设备与家庭生活》，14 页，北平，燕京大学法学院社会学系学士毕业论文，1941。

20. 虞权:《平郊村的住宅设备与家庭生活》，35 页，北平，燕京大学法学院社会学系学士毕业论文，1941。

21. 虞权:《平郊村的住宅设备与家庭生活》，55 页，北平，燕京大学法学院社会学系学士毕业论文，1941。

22. 韩光远:《平郊村一个农家的个案研究》，42~43 页，北平，燕京大学法学院社会学系学士毕业论文，1941。

23. 韩光远:《平郊村一个农家的个案研究》，31 页，北平，燕京大学法学院社会学系学士毕业论文，1941。

24. 方大慈:《平郊村之乡鸭业》，5 页，北平，燕京大学法学院社会学系学士毕业论文，1941。

25. 刘秀宏:《前八家村之徐姓家族》，42~43 页，北平，燕京大学法学院社会学系学士毕业论文，1947；马树茂:《一个乡村的医生》，7~8 页，北平，燕京大学法学院社会学系学士毕业论文，1949。此外，关于房屋买卖的情形，尤其是清末民初买卖房屋的契约形制与内容，可参见李国轼:《某村之土地制度》，42~43 页，北平，燕京大学法学院经济学系学士毕业论文，1940。

26. 沈兆麟：《平郊某村政治组织》，82~84 页，北平，燕京大学法学院社会学系学士毕业论文，1940。

27. 即碧霞元君，又称天仙圣母、天仙娘娘。在京畿之地，尤其是北京城内外，信众俗称其为"老娘娘"。参见岳永逸主编：《中国节日志·妙峰山庙会》，82~83 页，北京，光明日报出版社，2014。

28. 陈永龄：《平郊村的庙宇宗教》，38~39、41~42、45 页，北平，燕京大学法学院社会学系学士毕业论文，1941。

29. 陈永龄：《平郊村的庙宇宗教》，40~41、87~91 页，北平，燕京大学法学院社会学系学士毕业论文，1941。

30. 陈永龄：《平郊村的庙宇宗教》，89 页，北平，燕京大学法学院社会学系学士毕业论文，1941。

31. 陈永龄：《平郊村的庙宇宗教》，99~100 页，北平，燕京大学法学院社会学系学士毕业论文，1941。

32. 陈永龄：《平郊村的庙宇宗教》，93~97 页，北平，燕京大学法学院社会学系学士毕业论文，1941。卢沟桥事变后，平郊村之合作社和互助组具体的组织状况、运行状况、财政情形，以及二者之间的差异，对村民生活的影响，参见李镇：《事变后平郊某村之合作事业》，北平，燕京大学法学院经济学系学士毕业论文，1941。

33. 陈永龄：《平郊村的庙宇宗教》，78 页，北平，燕京大学法学院社会学系学士毕业论文，1941。

34. 陈永龄：《平郊村的庙宇宗教》，92 页，北平，燕京大学法学院社会学系学士毕业论文，1941。

35. Chan, Hok-lam, *Legends of the Building of Old Peking*, Hongkong: The Chinese University Press, 2008；岳永逸：《老北京杂吧地：天桥的记忆与诠释（修订版）》，373~377 页，北京，生活·读书·新知三联书店，2019；金受申：《北京的传说》，北京，北京出版社，1981；张紫晨、

李岳南编：《北京的传说》，上海，上海文艺出版社，1982。

36. 陈永龄：《平郊村的庙宇宗教》，34 页，北平，燕京大学法学院社会学系学士毕业论文，1941。

37. 陈封雄：《一个村庄之死亡礼俗》，29 页，北平，燕京大学法学院社会学系学士毕业论文，1940。

38. 陈永龄：《平郊村的庙宇宗教》，79~80 页，北平，燕京大学法学院社会学系学士毕业论文，1941。

39. 陈永龄：《平郊村的庙宇宗教》，27 页，北平，燕京大学法学院社会学系学士毕业论文，1941。

40. 李慰祖：《四大门》，134、136 页，北平，燕京大学法学院社会学系学士毕业论文，1941。

41. 李慰祖：《四大门》，135 页，北平，燕京大学法学院社会学系学士毕业论文，1941。李慰祖提到的黄淞是平郊村的养鸭户，他家财神楼的形制和对四大门的信仰实践，参见方大慈：《平郊村之乡鸭业》，67~69 页，北平，燕京大学法学院社会学系学士毕业论文，1941。

42. 李慰祖：《四大门》，31~33、137、139 页，北平，燕京大学法学院社会学系学士毕业论文，1941。

43. 陈永龄：《平郊村的庙宇宗教》，102 页，北平，燕京大学法学院社会学系学士毕业论文，1941。

44. Eder, Matthias, "Hausfrontdekorationen in Peking. Mit Parallen aus Shan-tung und Nord Honan (House-Front Deorations in Peking)", in *Folklore Studies*, vol.2(1943), pp.51-78.

45. Martin, Ilse, "Fruhlingsdoppelspruche von 1942 an Pekinger Hausturen (Spring-Couplests at Peking Street-Doors 1942)", in *Folklore Studies*, vol.2 (1943), pp.89-174.

46. 参见 [韩] 金镐杰：《土楼的民俗研究：以闽西、闽南地区方、圆土楼为主》，北京，北京师范大学硕士学位论文，1998；《山西省吕梁西部地区窑洞民居民俗研究——以柳林县三个窑洞村落为个案》，北京，北京师范大学博士学位论文，2001。

47. 李慰祖：《四大门》，77~80 页，北平，燕京大学法学院社会学系学士毕业论文，1941。

48. 虞权：《平郊村的住宅设备与家庭生活》，51 页，北平，燕京大学法学院社会学系学士毕业论文，1941；方大慈：《平郊村之乡鸭业》，60~62 页，北平，燕京大学法学院社会学系学士毕业论文，1941。

49. 颜纶泽：《农具学》，上海，商务印书馆，1919；《中等农具学》，上海，中华书局，1926。

50. 顾复编：《农具学》，上海，商务印书馆，1934。

51. 邢炳南：《平郊村之农具》，1 页，北平，燕京大学法学院社会学系学士毕业论文，1941。

52. 邢炳南：《平郊村之农具》，55~57 页，北平，燕京大学法学院社会学系学士毕业论文，1941。

53. 杨懋春：《一个中国村庄：山东台头》，50 页，张雄等译，南京，江苏人民出版社，2001。

54. 王建革：《传统社会末期华北的生态与社会》，151 页，北京，生活·读书·新知三联书店，2009。

55. 邢炳南：《平郊村之农具》，79~80 页，北平，燕京大学法学院社会学系学士毕业论文，1941。

56. 邢炳南：《平郊村之农具》，88~90 页，北平，燕京大学法学院社会学系学士毕业论文，1941。

57. 邢炳南：《平郊村之农具》，88 页，北平，燕京大学法学院社会学系学士毕业论文，1941。

58. [韩] 郑然鹤：《中国与韩国犁的比较研究：以中国华北、东北地区为中心》，北京，北京师范大学博士学位论文，1998。

59. 张柠：《土地的黄昏：中国乡村经验的微观权力分析》，57~132 页，北京，中国人民大学出版社，2013。

60. 杨毓文：《儿童玩具及游戏用具之研究》，北平，燕京大学理学院家政学系学士毕业论文，1948。

61. 周星：《物质文化研究的格局与民具学在中国的成长》，载《民俗研究》，2018年第4期，31~50页。

62. 陈涵芬：《北平北郊某村妇女地位》，59~60、73~76、88、91~92页，北平，燕京大学法学院社会学系学士毕业论文，1940。

63. 郭兴业：《北平妇女生活的禁忌礼俗》，15页，北平，燕京大学法学院社会学系学士毕业论文，1941。

64. 郭兴业：《北平妇女生活的禁忌礼俗》，69页，北平，燕京大学法学院社会学系学士毕业论文，1941。

65. 郭兴业：《北平妇女生活的禁忌礼俗》，68页，北平，燕京大学法学院社会学系学士毕业论文，1941。

66. 郭兴业：《北平妇女生活的禁忌礼俗》，68~69页，北平，燕京大学法学院社会学系学士毕业论文，1941。

67. 权国英：《北平年节风俗》，48、31页，北平，燕京大学法学院社会学系学士毕业论文，1940。关于旗人家的祖宗板子也出现在1939年出生的关庚暮年回忆中，参见关庚：《我的上世纪：一个北京平民的私人生活绘本》，90页，北京，中国青年出版社，2007。

68. 郭兴业：《北平妇女生活的禁忌礼俗》，5页，北平，燕京大学法学院社会学系学士毕业论文，1941。

69. 韩光远：《平郊村一个农家的个案研究》，41页，北平，燕京大学法学院社会学系学士毕业论文，1941。

70. 岳永逸：《以无形入有间：民俗学跨界行脚》，196~224页，北京，商务印书馆，2019。

71. Liu, Xin, *In One's Own Shadow: An Ethnographical Account of the Condition of Post-reform Rural China*, Berkeley: University of California Press,

2000, pp.39-51；[日]西村真志叶：《日常叙事的体裁研究：以京西燕家台村的"拉家"为个案》，146~225 页，北京，中国社会科学出版社，2011；刁统菊：《华北乡村社会姻亲关系研究》，76~78 页，北京，中国社会科学出版社，2016；陆晓芹：《"吟诗"与"暖"：广西德靖一带壮族聚会对歌习俗的民族志考察》，124~130、277~308 页，桂林，广西师范大学出版社，2016。

72. [法]利奥塔：《非人：时间漫谈》，205~221 页，罗国祥译，北京，商务印书馆，2000。

73. 岳永逸：《人生仪礼：中国人的一生》，20~30 页，北京，光明日报出版社，2015。

74. [明]史玄：《旧京遗事》，[清]夏仁虎：《旧京琐记》，[清]阙名：《燕京杂记》，41 页，北京，北京古籍出版社，1986。

75. 王纯厚：《北平儿童生活礼俗》，89 页，北平，燕京大学法学院社会学系学士毕业论文，1940。亦可参见常人春：《老北京的风俗》，248 页，北京，北京燕山出版社，1990。

76. 陈永龄：《平郊村的庙宇宗教》，74、76~77 页，北平，燕京大学法学院社会学系学士毕业论文，1941。

77. 王纯厚：《北平儿童生活礼俗》，89~90 页，北平，燕京大学法学院社会学系学士毕业论文，1940。

78. 邱雪峨：《一个村落社区产育礼俗的研究》，26~33 页，北平，燕京大学法学院社会学系学士毕业论文，1935。

79. 邱雪峨：《一个村落社区产育礼俗的研究》，26 页，北平，燕京大学法学院社会学系学士毕业论文，1935。

80. 邱雪峨：《一个村落社区产育礼俗的研究》，26~33、100~109 页，北平，燕京大学法学院社会学系学士毕业论文，1935。

81. 王纯厚：《北平儿童生活礼俗》，4 页，北平，燕京大学法学院社会学系学士毕业论文，1940。

82. 陈永龄也详细记述了平郊村民对儿童与神佛关系的认知、言行，参见陈永龄：《平郊村的庙宇宗教》，第 70~72 页，北平，燕京大学法学院社会学系学士毕业论文，1941。

83. 王纯厚：《北平儿童生活礼俗》，87~88 页，北平，燕京大学法学院社会学系学士毕业论文，1940。亦可参见常人春：《老北京的风俗》，251~253 页，北京，北京燕山出版社，1990。

84. 王纯厚：《北平儿童生活礼俗》，94 页，北平，燕京大学法学院社会学系学士毕业论文，1940。

85. 启功口述，赵仁珪、章景怀整理：《启功口述历史》，41 页，北京，北京师范大学出版社，2004。

86. 周作人：《鲁迅的青年时代》，6~8 页，北京，北京十月文艺出版社，2013。

87. 《胡适文集》第 1 卷，54 页，北京，北京大学出版社，2013。

88. 李慰祖：《四大门》，114、115 页，北平，燕京大学法学院社会学系学士毕业论文，1941。

89. 石堉壬：《一个农村的性生活》，170 页，北平，燕京大学法学院社会学系学士毕业论文，1941。

90. Scott, Lee Janet, *For Gods, Ghosts and Ancestors: the Chinese Tradition of Paper Offerings,* Seattle: University of Washington Press, 2007, pp.61-62；岳永逸：《行好：乡土的逻辑与庙会》，1~3、156~163 页，杭州，浙江大学出版社，2014。

91. 周恩慈：《北平婚姻礼俗》，28 页，北平，燕京大学法学院社会学系学士毕业论文，1940。

92. 方维规：《概念的历史分量：近代中国思想的概念史研究》，242 页，北京，北京大学出版社，2018。

93. 石堉壬：《一个农村的性生活》，10~12 页，北平，燕京大学法学院社会学系学士毕业论文，1941。

94. 周恩慈:《北平婚姻礼俗》,82~84 页,北平,燕京大学法学院社会学系学士毕业论文,1940。

95. 石堉壬:《一个农村的性生活》,16~17 页,北平,燕京大学法学院社会学系学士毕业论文,1941。

96. 石堉壬:《一个农村的性生活》,116 页,北平,燕京大学法学院社会学系学士毕业论文,1941。

97. 石堉壬:《一个农村的性生活》,38~39 页,北平,燕京大学法学院社会学系学士毕业论文,1941。

98. 石堉壬:《一个农村的性生活》,37~38、61、205 页,北平,燕京大学法学院社会学系学士毕业论文,1941;王纯厚:《北平儿童生活礼俗》,24、37 页,北平,燕京大学法学院社会学系学士毕业论文,1940。

99. Lowe, H. Y., *The Adventure of Wu: The Life Cycle of a Peking Man*, Princeton, New Jersey: Princeton University Press, 1983, p.14.

100. 李婉君:《"坐月子"与"过日子":对北方传统产后习俗的文化释读》,北京,中国人民大学博士学位论文,2014,尤其是 107~117 页。

101. 周恩慈:《北平婚姻礼俗》,39 页,北平,燕京大学法学院社会学系学士毕业论文,1940。在云南昆明汉族的旧式婚礼上,新婚之夜同样要"验红",而且白绸或白布同样是新娘自备。参见孙咸方:《中国各地闹新房礼俗》,88 页,北平,燕京大学法学院社会学系学士毕业论文,1940。

102. 周恩慈:《北平婚姻礼俗》,59~60 页,北平,燕京大学法学院社会学系学士毕业论文,1940。

103. 周恩慈:《北平婚姻礼俗》,86 页,以及 91~92 页,北平,燕京大学法学院社会学系学士毕业论文,1940。此外,石堉壬也详细描述新婚之夜的"验红"和作伪的方法。参见石堉壬:《一个农村的性生活》,45~48 页,北平,燕京大学法学院社会学系学士毕业论文,1941。

104. 刘秀宏:《前八家村之徐姓家族》,39~40 页,北平,燕京大学法学院社会学系学士毕业论文，1947。

105. 王纯厚：《北平儿童生活礼俗》，6 页，北平，燕京大学法学院社会学系学士毕业论文，1940。

106. 周恩慈：《北平婚姻礼俗》，57 页，北平，燕京大学法学院社会学系学士毕业论文，1940。

107. 周恩慈：《北平婚姻礼俗》，76、85 页，北平，燕京大学法学院社会学系学士毕业论文，1940。

108. 石埔壬：《一个农村的性生活》，63、193~194 页，北平，燕京大学法学院社会学系学士毕业论文，1941。

109. 刘铁梁主编：《中国民俗文化志·北京·门头沟区卷》，290~291 页，北京，中央编译出版社，2006。

110. 邢炳南：《平郊村之农具》，84 页，北平，燕京大学法学院社会学系学士毕业论文，1941。类似的风俗也存在安徽寿县、苏州、四川顺庆等地，参见孙咸方：《中国各地闹新房礼俗》，46、53~54、60 页，北平，燕京大学法学院社会学系学士毕业论文，1940。

111. 孙咸方：《中国各地闹新房礼俗》，18~19 页，北平，燕京大学法学院社会学系学士毕业论文，1940。

112. 石埔壬：《一个农村的性生活》，43 页，北平，燕京大学法学院社会学系学士毕业论文，1941。

113. 孙咸方：《中国各地闹新房礼俗》，12~14 页，北平，燕京大学法学院社会学系学士毕业论文，1940。

114. [美] 玛乔丽·肖斯塔克：《妮萨：一名昆族女子的生活与心声》，169~198 页，杨志译，北京，中国人民大学出版社，2017。

115. 潘玉羿：《一个村镇的农妇》，36~37 页，北平，燕京大学法学院社会学及社会服务学系学士毕业论文，1932。亦可参见潘玉羿：《一个村镇的农妇》，载《社会学界》，第六卷（1932），283 页。

116. 邓淑贤：《清河试验区妇女工作》，43~46 页，北平，燕京大学文学院社会学系学士毕业论文，1934。

117. 邓淑贤：《清河试验区妇女工作》，47 页，北平，燕京大学文学院社会学系学士毕业论文，1934；杨骏昌：《清河合作》，105~107 页，北平，燕京大学法学院社会学系学士毕业论文，1935。

118. 马树茂：《一个乡村的医生》，25~26 页，北平，燕京大学法学院社会学系学士毕业论文，1949。

119. 王纯厚：《北平儿童生活礼俗》，23~24 页，北平，燕京大学法学院社会学系学士毕业论文，1940。

120. 詹宝真：《平郊社区妇女研究》，72~73 页，北平，燕京大学法学院社会学系学士毕业论文，1947。

121. 这是当时北平城外底层家庭婚前女孩子生活的普遍情形，亦可参见詹宝真：《平郊社区妇女研究》，17~20、35~36 页，北平，燕京大学法学院社会学系学士毕业论文，1947。

122. 郭兴业：《北平妇女生活的禁忌礼俗》，5 页，北平，燕京大学法学院社会学系学士毕业论文，1941；陈涵芬：《北平北郊某村妇女地位》，95 页，北平，燕京大学法学院社会学系学士毕业论文，1940。

123. 韩光远：《平郊村一个农家的个案研究》，17~18 页，北平，燕京大学法学院社会学系学士毕业论文，1941。

124. 韩光远：《平郊村一个农家的个案研究》，60~63、49 页，北平，燕京大学法学院社会学系学士毕业论文，1941。

125. 陈封雄：《一个村庄之死亡礼俗》，101~104 页，北平，燕京大学法学院社会学系学士毕业论文，1940。

126. 陈封雄：《一个村庄之死亡礼俗》，97 页，北平，燕京大学法学院社会学系学士毕业论文，1940。

127. 陈封雄：《一个村庄之死亡礼俗》，121 页，北平，燕京大学法学院社会学系学士毕业论文，1940。

128. 在大致同期司礼义对山西大同西册田的调查中，毛姑姑也是女孩们信仰的神灵。除新年会询问毛姑姑年内自己能否找到丈夫之外，大旱之年，人们还会让女孩们骑在笤帚上向毛姑姑祈雨。Serruys, Paul, "Children's Riddles and Ditties from the South of Tatung (Shansi)", in *Folklore Studies*, vol.4 (1945), pp.267-268.

129. 郭兴业：《北平妇女生活的禁忌礼俗》，12 页，北平，燕京大学法学院社会学系学士毕业论文，1941。

130. 郭兴业：《北平妇女生活的禁忌礼俗》，47 页，北平，燕京大学法学院社会学系学士毕业论文，1941。

131. 权国英：《北平年节风俗》，8 页，北平，燕京大学法学院社会学系学士毕业论文，1940。

132. 中国传统丧仪中"生"之象征的普遍性，参见郭于华：《死的困扰与生的执著：中国民间丧葬仪礼与传统生死观》，105~112 页，北京，中国人民大学出版社，1992。

133. 陈封雄：《一个村庄之死亡礼俗》，21 页，北平，燕京大学法学院社会学系学士毕业论文，1940。

134. 陈封雄：《一个村庄之死亡礼俗》，20 页，北平，燕京大学法学院社会学系学士毕业论文，1940。

135. 陈封雄：《一个村庄之死亡礼俗》，41 页，北平，燕京大学法学院社会学系学士毕业论文，1940。

136. 王纯厚：《北平儿童生活礼俗》，45~46 页，北平，燕京大学法学院社会学系学士毕业论文，1940。

137. 师月玲：《陕北习俗：合木》，载《民俗研究》，1988 年第 2 期，77~78 页。

138. 陈封雄：《一个村庄之死亡礼俗》，78 页，北平，燕京大学法学院社会学系学士毕业论文，1940。

139. 石埇壬：《一个农村的性生活》，18 页，北平，燕京大学法学院社会学系学士毕业论文，1941。

140. 陈封雄：《一个村庄之死亡礼俗》，71 页，北平，燕京大学法学院社会学系学士毕业论文，1940。

141. 石堉壬：《一个农村的性生活》，175、189 页，北平，燕京大学法学院社会学系学士毕业论文，1941。

142. 杨念群：《再造"病人"：中西医冲突下的空间政治：1832—1985》，127~173 页，北京，中国人民大学出版社，2006。又称稳婆的接生婆，是"三姑六婆"中的一类。"三姑六婆"这些边际、流动却担负着重要社会职能而不可或缺的"职业"群体，在中国社会历史悠久。其在明代的情形，可参见衣若兰：《三姑六婆：明代妇女与社会的探索》，上海，中西书局，2019。

143. 吕微：《与陌生人打交道的心意与学问：在乡愁与大都市梦想之"前"的实践民俗学》，载《民俗研究》，2016 年第 4 期，5~19 页。

144. 高丙中：《日常生活的未来民俗学论纲》，载《民俗研究》，2017 年第 1 期，19~34 页。

145. 金受申：《老北京的生活》，北京，北京出版社，1989。

146. [德] 罗梅君：《北京的生育、婚姻和丧葬——19 世纪到当代的民间文化和上层文化》，王燕生、杨立、胡春春译，北京，中华书局，2001。

147. 岳永逸：《"口耳"之学：燕京札记》，378~395 页，北京，九州出版社，2022。对此，反而是社会人类学对人生仪礼有着更多当下的关怀与思考。除前引的李婉君的博士学位论文之外，还可参见肖索未：《"严母慈祖"：儿童抚育中的代际合作与权力关系》，载《社会学研究》，2014 年第 6 期，148~171 页；肖索未、蔡永芳：《儿童抚养与进城务工农民的城市社会文化调适》，载《开放时代》，2014 年第 4 期，183~193 页；赵芮：《新老博弈：商业化坐月子与家长权威的式微》，载《思想战线》，2016 年第 4 期，26~31 页。

148. 关于民俗自治性的定义，参见岳永逸：《"土著"之学：辅仁札记》，

63~67 页, 北京, 九州出版社, 2021。

149. Humphery, Nicholas, *Seeing Red: A Study in Consciousness*, Cambridge, Mass.: Harvard University, 2006, pp.111-129. 关于"意识的厚瞬间"和民俗之间关系的进一步诠释, 参见岳永逸:《忧郁的民俗学》, 49~56 页, 杭州, 浙江大学出版社, 2014。

150. 从该书前言可知, 本书是 1939—1940 年, 受到外国友人激励的罗信耀, 在参考了大量同类主题的英文、日文和中文书籍之后, 为英文报纸 *The Peking Chronocle*(《北平时事日报》)撰写的专栏, 目的在于介绍、澄清生活在北平的中国人的生活和习俗(life and customs)。1940 年夏、秋,《北平时事日报》编辑部将之结集出版。参见 Lowe, H. Y., *The Adventure of Wu: The Life Cycle of a Peking Man*, Princeton, New Jersey: Princeton University Press, 1983, pp.xxi-xxii.

第 09 章

/ 乡土宗教的生态

在长时段的日常实践、交流与交际中，"香火"实现了自身语义的叠加，将香烛灯火等物象，与祭祀神祇、祖先的仪礼，家庭子嗣，庙观中管理香火事务的人，神祇的灵验集于一体。围绕香火，物、礼、人、神，互相诠释，相互涵盖，成为互文。民众可以自如地使用"香火"这个词语，表达对家里家外、公与私、男与女、父与子、人与神、传统与现代、神圣与世俗等的认知、欲求。[1]同样，20 世纪早期的北平，尤其是郊区的庙宇宗教、"四大门"和王奶奶的敬拜之间，也有着这样相互涵盖、辉映与混化的互文性。

/ "迷信"退隐

前文已指出，专门研究北平郊区民众宗教实践的陈永龄、李慰祖大抵是基于社区－功能论的视角，尤其基于涂尔干和马凌诺斯基二者关于宗教的认知，或者以为宗教是一种社会制度，言其有别于世俗（profane）的神圣（sacri）的一面，或者认为宗教是对社会生活需要的回应，因需要而生，所以有着种种功能。在《文化论》中，马凌诺斯基有言：

> 宗教是和人类基本的，即生物的，需要有内在的，虽为间接的，联系。好像巫术一样，它的祸根是在于人类的预测和想象，当人类一脱离兽性，它便开始萌芽。只有在这里，关于个人及社会的完整及更大的问题才会出现，而那些直接的，应付实际急需的临机举动，反无多大相干。只要人们一旦不仅和他们的同代人，而且和他们的前人与后裔开始作共同活动，许多关于人类命运与人类在宇宙中的地位的忧虑，预测和其他各问题便都发生了。这里，我们也必须坚决主张：宗教并非产生于玄想，更非产生于幻觉或妄解，而是出于人类计划与现实的冲突，以及个人与社会的混乱。假如人类没有足以保持完整和供为领导的某种信仰的话，这种冲突和混乱势必发生。[2]

显然，马凌诺斯基对宗教的功能主义认知，偏重于心理揣测。陈永龄引用了这段引文的首尾两句，并将其作为界定、研究和分析平郊村庙宇宗教的基本指针。不仅如此，他将马氏的理性表达进行了更为浅白的译写：

人类在其重要生命转机的时候——如生、老、病、死的关头，情绪及精神上都有急骤的扰乱与变化。这样常常造成一个人的人格解组；大而言之，也易造成社会的紊乱。因为在这个危难的关头，人类的智慧、经验、知识，已是没有用武之地，既然在人的方面找不着出路，所以便把信念与希望转升而为对超自然及超人的崇拜，因而保持了自己身心的调整平衡，积极的来应付这当前危难的关头，这也就是宗教生活的发生。[3]

除黄石《怎样研究民间宗教?》《定县巫婆的降神舞》和稍晚些李世瑜《现在华北秘密宗教》[4]等少数研究之外，在七八十年前中国学人的宗教研究中，这种实证的取向，直接将信仰者之言行推向前台，并试图诠释宗教发生的动因，罕见而难得。尤其是长期立足于一个社区，在系统而全面的调研基础之上，对庙宇敬拜进行叙述、比较与说明更是寥若晨星。尽管马氏的功能主义信奉者为了建构自己的学术理论，常常将宗教实践呈现为平面的、共时的，并有着因为"冷眼旁观"——身居客位——似乎就必然客观、真实的意味。

在功能主义认知论以及方法论的指导下，陈永龄、李慰祖等基于参与观察和深度访谈的田野研究，首先抛弃了此前众多学人在极其简单的意义上使用的"迷信"一词。前文已经指出，与陈永龄的认知论中明显还有着"迷信"的阴影和教化、革命的姿态不同，李慰祖对加在求香者头上的"迷信"一词绝难苟同。

就治病、除祟、指示疑难、调停、禳解、安坛等香头之于社区生活的功能，李慰祖都试图说明作为一种社会制度和通过香头体现的"四大门"宗教的合理性。同时，他还指出，在反迷信语境中，在警察对香头的盘查以及取缔过程之中，香头不是减少了而是增多了，而且也出现了香头使警察折服，后者为前者排忧解难的案例。[5]

那个年代北平乡土宗教的民俗学志中，研究者根据观察和思考，明确提出了乡土宗教的不同类型，即家庭宗教、庙宇宗教和"四大门"宗教，强调三者鼎立又相互补充的互惠关系，并力图结合信众的敬拜实践和主位认识，勾画出乡土宗教的神灵系谱及其阶序。简言之，家庭宗教，是发生在家居中的对祖先和神灵的敬拜。庙宇宗教，是在家门之外的庙宇这一公共性社会空间中对神灵的敬拜。"四大门"宗教，是跨越家门内外的，对胡、黄、白、柳四种灵异动物也即仙家——"四大门"——的敬拜实践。其又有家仙和坛仙之别。普通人家在场院一角的财神楼子供奉的家仙，旨在保佑家宅平安、五谷丰登、丰衣足食，与家庭宗教关联更紧。香头家供奉的坛仙，则能看病、看事儿、除祟，且香头必须每年带领信众朝山进香，与庙宇宗教聚散依依。

在这些民俗学志中，直接出场的不是僧道等专职的宗教人士，而是村民、信奉者、神媒也即香头，其音声、神情、脉搏与气息的细腻呈现，"热描"出了一个乡土宗教完整的感官世界和"主观现在"（subjective present）[6]。这又是怎样的一幅人文图景呢？

/ 有序的神灵

关于北平的神马，于鹤年在 1936 年曾经开列过一张颇为详尽的清单。[7] 其所列神灵，大致可分为如下四类：

其一，天地、天地三界十方万灵真宰、三界真符使君、天清三宝天神、真武玄天上帝、冥府十王、达摩老祖、南无弥勒佛、忠义神武灵佑仁勇成显关圣大帝、广生大帝、协天总圣执掌雷部纯阳孚佑帝君、护法韦陀尊神、和合二圣、文昌梓潼帝君、天文魁星、城隍之神；

其二，泰山娘娘、天后娘娘、王母娘娘、圣母娘娘、天妃娘娘、天仙娘娘、白衣送子观音、观世音菩萨、天圣娘娘、子孙娘娘、眼光娘娘、痘疹娘娘、广生娘娘、催生娘娘、血山娘娘、水母娘娘、金姑娘娘、全司娘娘、引蒙娘娘、九天玄女、金炉圣母奶母娘娘、龙母娘娘；

其三，禹亭侯蔡伦祖师、曹公之神、天贵之神、四官之神、无敌火炮大将军、张老相公、十代明医、鲁公输子先师、园林树神、果花之神、鼓板郎君、油仙、管油之神、三窑之神、司命之神、龙王、十二宫辰、萧公之神、福神、吉神、利市迎喜仙宫、增福积宝财神、玄坛赵元帅、太仓之神、五显财神、感应药圣韦真人、本命延寿星君、梅葛仙翁、灶君、水草马明王、牛王、南天门三灵侯、土公土母、床公床母、炉火之神、南方火德真君、增圣五哥哥、五谷、刘猛将军、钱龙进宝、星科；

其四，丫髻山王奶奶、狐仙之神、报事灵童、灵应小圣之神等。

毫无疑问，无论过去还是现在，这份详尽的神灵清单对于民俗学研究都有着重要的资料学意义。然而，这些神马由谁在供奉、供奉在什么地方、何时供奉、怎样供奉，于鹤年未有任何说明。与此不同，在杨堃的指导下，只要涉及敬拜实践，1939 年到 1941 年这三年燕大社会学系关于民俗研究的毕业论文，都会尽可能详细地描述神灵、敬拜者、神媒（香头）、时间、地点、仪式过程和相关的传说故事等。整体而言，这些研究通常都将敬神和祭祖分而述之，敬神又分为家庭中的祭拜和庙宇中的祭拜。就神力而言，庙神高于家神。对于民众日常生活影响最大的"四大门"则单列。

与庙神始终为善不同，"四大门"喜怒无常、忌讳多多，还可能作恶。因此，平郊村村民有"四大门"是"神里头的小人"这样形象的说法。[8] 在乡民的宗教观及其实践中，庙神无力解决"四大门"的事儿，"四大门"的事儿只能求顶仙、当香差的香头禳解。不但乡民有病或事儿时常常要求助于香头，而且不少庙宇中也供奉上了"四大门"抑或成神的香头，以兴旺庙宇的香火，使庙会红火热闹。这样，"四大门"不仅在民居中安家落户，还与庙宇宗教、朝山进香连带一处，成为乡土宗教神谱与敬拜实践中有机的一环。直至 1950 年前后，在平郊村，作为巫医的香头还与家神、庙神、星命家、乩手、风水先生一道，和中医、西医强有力地竞争着疾病与病人。而且，"四大门"宗教在平郊村仍然有着相当的势力和信众，巫医的人数多于中医，地位也高于中医，西医就仅仅只有徐志明一人。村民有病时，会率先与仙家联系，先请香头治病。[9]

家　神

在《北平年节风俗》中，权国英关于年节期间的祭祖意义与方式的描述，主要在强调慎终追远的文化意义，记录殷实之家可能有的仪礼。[10]或者是因为研究地域过大，权国英强调了祭祖的普遍性。在平郊村这个小社区，陈永龄注意到了村民对于神佛的崇拜远胜于对祖先的崇拜。村中只有于念昭、杨则锦两家供有祖先神位，一般村民仅仅只是在婚事之后的二三日才带新娘去祖坟叩头拜祖，认祖和认祖坟，以示新娘正式成为婆家的成员，获得新的身份。对三代以内祖先之生日和忌日的祭祀，也只在于、杨两家举行。这两家之所以供祖先神位并祭拜，原因是一家为书香门第，一家为村中首富。反之，普通村民在家庭中的祭拜更多是与生产、生活紧密相关，诸如：祭财神以及财神楼；秋收时在场院的祭堆；为求保佑骡马等牲畜而在六月二十三祭祀水草马明王，即马王爷；正月初八顺星，等等。

以平实的记述，陈永龄无意中指出了将中国人的祖先崇拜均质化这一认知误区。在20世纪前半叶的中国，尤其是华北乡村，大户人家并不常见。1924年，中国华洋义赈救灾总会在河北、山东、江苏、浙江四省，调查了340个农村，计7097户，户均5.24人。1926年，京郊的挂甲屯户均4.6人。1928年，清河镇共371户，户均 4.9 人。同年，成府调查的 391 户，户均 5.179 人。[11] 属于燕大清河试验区的黄土北店村和卢家村的情况也与此类似。1932年，黄土北店 276 户，共 1373 人，户均仅 4.95 人，四口之家最多，共计 64 户，四口以下的人家，占全村户数的 55%。[12] 1934年，卢家村 55 户，共计 255 人，户均 4.6 人，而三口之家就有 13 户之多，占 23.6%。为此，蒋旨昂不无忧虑地写道：

> 每家平均人数很低，只 4.6 强。其实趋势恐怕比这个数目还低，因为分家风气的盛行，八九口乃至十几口的家，将来是否仍能多见，就是问题。而且如果现在晚婚因经济破产而较诸往年多的印象是正确的，则大家庭更是渐趋消灭了。[13]

换言之，在日常生活层面，更接近儒家伦理道德的祖先崇拜，以祠堂、族谱、牌位、墓碑、仪礼繁杂的墓祭和祠祭等为基本表征的祖先崇拜，与读书人家——士绅、乡贤——关联更紧。[14] 将有序而烦琐的祖先崇拜视为中国社会抑或文化的特质，明显有着主观建构和以偏概全、以局部代指整体的痕迹。在相当意义上，这些有意强化的祖先崇拜，凸显了中国作为长时段流动的移民社会[15]中聚合性与静态的一面，而淡化甚或有意掩饰了中国作为"游民"社会[16]的离散性、动态性与反结构性，更忽视了中国乡土社会以"小家庭"为基本单元生活的事实。

在此意义上，哪怕是理想型，将北中国乡村分为宗族型和宗教型两类，显然有着更多的合理性。[17]至少，宗族和宗族连带的祖先崇拜，并非乡土中国的全部。当然，北京周边宗族型村落较少，其原因更为复杂。诸如：皇权的强控制力、周边乡村服务于京城物质生活的经济原因、屈从也依附于王公贵胄生老病死的制度性设计，等等。

在北平年节风俗的描述中，权国英基本上集合了她能搜集到的所有关于年节时人们在家内祭拜灶王爷的仪礼、言行与禁忌，并分述了年节时门神、全神、拜四方、财神和星神相关的祭拜言行。[18]既出于经济条件的限制，也有生产生活方式的影响，在平郊村，村民家中供奉最多的是财神和灶王爷，也有供奉指向平安和子嗣的菩萨、娘娘与张仙的人家，以及只供仙家楼（财神楼）的人家。如前文所言，村民真正信奉的财神，并不是关公等文武财神，而是"居住"在财神楼中的仙家——"四大门"，尤其是刺猬——"白爷"。平郊村村民不仅仅是在房舍中供奉财神楼子，在于念昭、全子修等村民的口中，延年寺同样是"四大门"出没、显灵的地方。位于村正东一里多的何家坟，就是胡仙炼丹的大本营，"到了晚上，火球此生彼落，洋洋大观"。此外，"四大门"的兴家败家、拿法某人的灵异故事、传说、稗史和人们找香头、坛仙求解的敬拜实践，皆有名有姓，时间、地点、人物、原委一应俱全。[19]

根据信奉神佛的程度，陈永龄将平郊村民分为三类：完全信奉神佛的听天命者、半信半疑的听天命也尽人力者、完全信靠人力者。[20]更为关键的是，陈永龄指出了这些不同程度的信仰者不仅处置疾病的态度不同，家居中对于神位的设置也有着分野：不设置神位者或无力设置神位者、只设灶王爷神位者、堂屋正中供奉有大佛龛者。[21] 换言之，如果从唯心和唯物这组二元对立的视角看，那么陈永龄实际从信仰层面辨析出了平郊村村民的三个类别：完全信仰的唯心者、将信将疑的半唯心半唯物者、完全不信的唯物者。至今看来，对于中国宗教的研究者而言，这些基于事实的分类都有着重要的参考价值，并不显得过时。

三十多年后，基于其对台湾乡村的经验研究，郝瑞（Steven Harrell）对信众有了大致类似的划分：理智上依附于系统宗教理念，但行动上少有表现的理智型信仰者（intellectual believer）；信奉所有宗教理念的真正信仰者（true believer）；基于实用原则的行为上的信仰者（practical believer），即半信半疑者；忽视任何宗教可能的真实和有用性的无信仰者（non-believer）。[22]

庙　神

于鹤年曾经列举的众多神马，在一座庙宇中究竟是如何排列组合的，相互之间是怎样的一种阶序关系，在陈永龄深描的延年寺都有了清楚的呈现。当时，在陈永龄调查平郊村延年寺之前，奉宽、顾颉刚等对妙峰山的调查，顾颉刚和叶郭立诚对北京东岳庙的调查，顾颉刚对苏州东岳庙、东莞城隍庙等的调查，都注意到了神灵的分布以及阶序的问题。[23] 事实上，陈永龄对延年寺神灵阶序有意识的厘清，李慰祖对四大门宗教神灵谱系的梳理，都深受顾颉刚等前人的影响。[24] 1941 年的平郊村延年寺结构简单，但这也是至今多数中国乡村常见的庙宇布局，供奉的神灵则是释、道二教都有的庞杂众神。延年寺的南北中轴线上，从南往北依次是天王殿、香池、正殿菩萨殿和真武殿。东殿三间是娘娘殿，正对的西侧是 1920 年改为简易小学的禅院。紧靠山门，天王殿东侧是药王殿和钟楼，西侧是五道庙。

天王殿中有正对山门朝南的弥勒佛。弥勒佛北侧的屏风后是护法神——坐南朝北的韦陀。东西两侧分别是四大金刚，即村民惯称为"风调雨顺"的魔礼海（持国）、魔礼寿（广目）、魔礼青（增长）和魔礼红（多闻）。天王殿北侧是香池和石碑。其北是正殿菩萨殿，内供有延年寺主神，即坐北朝南的观音。观音的东侧是文殊，西侧是普贤。观音前东西两侧，分别是二郎神、善财和李天王、龙女。正殿内西南侧廊道供奉着鸡姑（寄孤），东西两侧分别是十八罗汉。最北端的真武殿位居高台。殿内，真武坐南朝北。真武东侧有周公、天罡（北斗星），西侧有桃花女、河魁（文曲星）。靠近真武殿门内东侧是关公，西侧是赵玄坛。

正对香池的三间东殿正中是天仙娘娘，天仙娘娘南、北两侧分别是眼光娘娘、子孙娘娘。三位娘娘神像前还有痘哥、痘姐之神位。殿内东北角有灵官，东南角是天仙娘娘的行驾，西北角是山神。在延年寺，娘娘殿虽然是偏殿，却被村民视为"老娘娘"（天仙娘娘）从妙峰山（西山）往丫髻山（东大山）时的歇脚处，是老娘娘的行宫。[25] 即，对于平郊村老娘娘的信奉者而言，丫髻山和妙峰山这两座位于京畿重地的老娘娘圣山并非毫无关联。[26]

这样，延年寺的老娘娘之敬拜，也就成为北京以及华北地区老娘娘信仰体系这张密织的蛛网中一个重要的节点。香池西侧是禅院。天王殿东侧是钟楼和药王殿。药王殿中是坐东朝西的药王，药王两侧是土地、财神和两个侍童。天王殿西侧是主死的五道庙。五道庙内正对殿门的是东、西、南、北、中五方之神，南北两厢则分立鬼卒、侍吏、判官和大鬼。

陈永龄不仅花费了整篇论文七章中的三章、大半的篇幅，图文并茂地记述这些神灵的形制、区位与阶序，还大致结合文献记载和村民记忆，梳理了这些神灵的来龙去脉、神格及其功能，记录了口耳相传的灵应故事。在神话仪式学派的指引下，他认同先有宗教信仰，然后才产生了相关的解释文本，即种种传说和灵验故事，并强调了这些赏罚分明的灵验故事促使村民向善、不越轨的道德性和柔性控制力。[27]

在对延年寺内庙神的神系进行了清楚的描述之后，结合其实地观察平郊村的家庭敬拜、各庙殿的整洁程度、局部空间职能的变化和村民的主位表述，陈永龄明白了这众多庙神与村民的宗教实践之亲疏远近及其与社会变迁之间的关系：

（1）庙宇宗教乃家庭宗教的补充，实为妇女的"家务事"，"四大门"宗教又弥补庙宇宗教之不足，三者共同构成了村民的宗教世界与体系。

（2）庙神之重要性的决定因素，不是所在区位是正殿抑或偏殿，也不是佛、道二教的神灵阶序，而是村民对于这些超自然存在的神格的理解及其之于村民日常生活的功能。

（3）因为与妇女小孩关联紧密，在所有的庙神中，观音菩萨、子孙娘娘、眼光娘娘、老娘娘等女神最受村民亲近，是"最有地位的神佛"，偏殿娘娘殿的香火才是全寺之冠。

（4）庙运与村运、国运紧密相连，大的社会之变明显影响着平郊村庙宇宗教的兴衰。原本作为传统习惯并偏重于仪式的庙宇宗教，日渐出现了少神秘化而多社会化、少宗教信仰而多道德观念的态势。

（5）清末以来，简易小学、第二分驻区公所以及合作社、互助社或长或短在延年寺中的设立，多少都弱化了延年寺之于村民宗教敬拜的职能，使之成为一个更加复杂、多元与异质的现代性色彩浓厚的公共空间。[28]

家仙、坛仙与朝顶

在家户内外、村庙和丫髻山、妙峰山等不同空间出入的"四大门"，同样有着鲜明的差别与阶序。在财神楼供奉的家仙，是稍稍得道的"四大门"，仅能保佑家宅平安，不能安龛塑像。坛仙则道行高深，在山中修炼，直接由老娘娘管辖，在家中有一套专门的典礼，为仙家之塑像或绘像安龛设坛。通常，保家坛的仙家不降坛，不开口说话，事主不当香差。香坛的仙家则必然降坛，香头也必须为之当差：或瞧香治病，坛仙不附体，香头当"明白差"；或顶香治病，坛仙附体，香头当"糊涂差"。与家仙只是每月初一、十五或初二、十六烧香不同，坛仙须每日早晚两次或早午晚三次上香，在龛前供奉茶、酒、菜蔬、鲜果、饽饽和鸡蛋等。[29]

坛仙之间，又有着道行高下之别。因仙家与香头两位一体，坛仙之间的高低关系就表现为香头之间的师徒关系。当一个人被仙家"拿法"作祟，要其当香差时，请来的香头就会顶神与作祟者进行交流谈判。成功的话，作祟者即被拿法者就会成为请来的仙家即香头的徒弟。进而，前者在后者的指导下，经过安炉、安龛（安坛）、开顶等系列"成人礼"之后，成为给仙家当香差的香头。香头的成人礼，相互之间参加收徒开坛典礼、丧礼，定期进香朝顶[30]，在进一步固化同门香头之间关系，明确尊卑之差序的同时，也强化着一个师门香头与王奶奶、老娘娘之间的连接，使一个香头既属于一个师门，也属于一个社区和一座圣山，有了更多的社会连接与合理性，成为复杂的社会文化权力关系网络中的重要节点和不可缺失的一环。[31]

在村民的神灵系谱中，坛仙，又较庙宇神祇低下一等。丫髻山和妙峰山等庙宇中都供奉的王奶奶，是"四大门"的总管，而老娘娘则是王奶奶的上司。[32] 为了获得同行的认可，一个香头不得不在师父的带领下前往丫髻山或妙峰山等地制度性地开顶，并以师门为单位，带领各自的善人年度性地朝顶，以保持与王奶奶、老娘娘之间的制度性联系，得到后者的注意、关照与统领。海淀杨家井十九号的张香头门下的各香头、善男信女、治好的病人等，每年的不同时日都要在张香头的带领下，前往各山、寺朝顶：

（1）三月十五，天台山；

（2）三月十七，东岳庙；

（3）三月二十八（小建）、二十九（大建），丫髻山；

（4）四月初六，妙峰山；

（5）五月初一，通州李二寺；

（6）八月二十，潭柘寺。[33]

这样，"四大门"宗教自然而然被整合进了庙宇宗教体系之中，整合进了民间社会长期建构的环绕以及拱卫京城的以老娘娘为毂的"三山五顶"这一由地景显现的主观世界之中。[34]通过众多不同师门的香头及其徒子徒孙与善人，"四大门"敬拜也就在相当意义上影响着一个庙宇香火的兴衰。

不仅如此，"四大门"仙家还直接现身说法，以其灵验，为一个庙宇催香火，从而使该庙的香火猛然兴旺起来。根据李慰祖的调查，清末时北京城灯市口东口二郎庙香火的一度兴旺和20世纪30年代北平西边八里庄佛塔香火的骤起，都是因为"四大门"的入住。就后者的情况，还在后来形成了俗语，"八里庄的塔，先灵后不灵"[35]。李慰祖早年的这些观察和记述，并非空穴来风，无中生有。20世纪末，潜在的胡仙使庙宇香火兴旺，然而光明正大的佛祖享有盛名，这一现象仍然在陕北出现。[36]

反之，在一个香坛，香头们常常将佛、神、仙并置，将庙神反向纳入"四大门"的敬拜体系中。然而，这些神、佛无论是居正位，还是配祀在侧，多不会降神附体，从而与"四大门"之间形成了一种反向的涵盖关系。在李慰祖的记述中，大多数香坛都将老娘娘、王奶奶同龛供奉。与此不同，海淀碓房居六号的刘香头香坛，有大佛龛三个，正中佛龛供奉的是玉皇，右边佛龛是观音，左边佛龛是药王。[37] 此时，香坛已经是一个缩微版的庙宇了，而香头的家居在一定意义上也扮演着一个社群或社区庙宇的角色。由此，乡土宗教神人一体和家庙让渡的辩证法也就交相辉映，生生不息。[38]

/ "冷描"的妙峰山

要充分理解上述调查研究的意义，就不得不简要地回顾下既有的关于妙峰山研究的学术史。作为北京西郊沿袭数百年的信仰圣地，一直有奉宽那样的人在无声地关注与记述妙峰山。光绪二十二年（1896）就开始朝山进香的满族人奉宽，在持续近三十年的"参与观察"基础之上写就的《妙峰山琐记》一书中，对妙峰山进行了翔实的记述和考证。见到此书稿的顾颉刚，先是惊奇，继而佩服、汗颜，并由衷赞叹，力促其正式出版。作为朝山者一员的奉宽，除记述香会朝山的基本情形外，相当一部分精力都在记述香道沿途的风物、地名、金石等。人们为何朝山？为何要敬拜老娘娘？香会究竟怎么组织起来？朝山敬拜与日常生活究竟有着怎样的关系？这些都不是奉宽试图回答的问题。此时，奉宽这个"局内人"反而更像是跳出来的"局外人"，成为"我群"

中的他者。

将妙峰山的敬拜实践带入研究视界，并鼓动知识分子主动去探究妙峰山之类"民间"社会及其信仰的，则是1925年顾颉刚一行五人的妙峰山调查及其成果——《妙峰山》。[39]作为学院派知识分子妙峰山调查的开创性成果，顾颉刚等人的调查大致可归为旁观式的，甚或是柳田国男所言的"旅行者的采集"[40]。这些有着开创精神并敢于丢下书本的学人，更多的是将自己看到的会帖等文字抄录下来，而缺乏和香客的平等交流。如此，妙峰山敬拜依旧是平面的，是在香客、民众的日常生活之外的。在发现了奉宽的著述之后，顾颉刚"正式的调查""这才是调查的形式"等赞美，主要是针对奉宽所录材料，尤其是文字资料的翔实："几十字的固然不缺，几百字的也不加刊删；一件东西的行格、尺寸、地位，记得一丝不苟。"[41]

妙峰山，尤其是其香会始终在顾颉刚的学术版图中有着特殊位置。自1925年后的十余年，他一直关注着妙峰山庙会，不管有无经费支持，只要有可能，他就前往，共计在庙会期间上妙峰山六次。具体情况如下：

（1）1929年5月17日（四月初九）到19日，重回北平不久的顾颉刚，张罗组织了人均花费9.24元的自费"一八妙峰进香调查团"。成员包括魏建功、周振鹤、罗香林、朱自清、容媛、白涤洲、徐旭生等12人。18日当天，顾颉刚与众人商谈定了调查之后个人要担负的写作题目。31日，顾颉刚审读了周振鹤写就的《王三奶奶》一文。[42]

（2）1932 年 8 月 13 日（七月十二），大病初愈的顾颉刚偕同三人到妙峰山一游，在关帝庙抽得第七十五签。[43]

（3）1933 年 4 月 29 日（四月初五）到 5 月 1 日，顾颉刚与潘由笙、在燕大就读的叔父顾廷龙（1904—1998）一道考察了妙峰山。

（4）1934 年 5 月 19 日（四月初七）到 20 日，顾颉刚带领燕大 12 个学生上了妙峰山。

（5）1936 年 5 月 27 日（四月初七），顾颉刚带领顾廷龙、侯仁之、陈梦家、周恩慈等 22 人，当日往返妙峰山。同年 6 月 9 日晚，为了访问妙峰山香会，顾颉刚与张次溪（1909—1968）、许道龄（1906—?）、常惠等一道，在西四香积园宴请了妙峰山主持宗镜、广济寺方丈涤尘、老督管陈永立和烟平三义堂领正金秀锡。

（6）1937 年 5 月 15 日（四月初六）至 16 日，顾颉刚带燕大、清华两校学生计 40 人再上妙峰山。[44]

1929 年这次考察的成果，是在顾颉刚指导下完成的 1929 年 7 月《民俗周刊》69—70 期合刊——"妙峰山进香调查专号"。客观而言，无论是偏重于文献的罗香林对碧霞元君的研究，还是偏重于田野的周振鹤的王三奶奶研究，都较以往的研究详尽了很多。除了感受、观察，调查者也有了与香客、会首之间的访谈交流，并且在 18 日将调查范围扩展到了天太山（天台山）。然而，依旧关注香会的顾颉刚，因为往返两日"未逢一香会"，在感慨"北平之衰落"的同时[45]，也根据他四年前的经验对妙峰山敬拜做出了"垂尽的余焰"之判断："大约这种风俗，一因生计的艰难，再因民智的开通，快要消灭了。"[46] 1933 年的调查，只有顾廷龙写了一篇报告的上半部分来。[47] 不知何故，除在日记中有所呈现外，1929 年后的六次调查，顾颉刚本人都未再就他感兴趣的妙峰山写出文章来。

事实上，只要相对安宁，妙峰山的香火都没有太大的变化。从 1931 年在燕大任教的钱穆（1895—1990）游妙峰山的回忆录，我们就可知一二：

> 又曾游妙峰山。……三人结队，自山脚登山顶，分八程，每一程八里，沿途有庙，来者遇庙必小驻膜拜，虔诚者则三步一拜。七程五十六华里，历级升达山顶，已黑夜。自此再一程，转向下，群峰四绕，妙峰如在盆底。遥望灯火，如游龙，诸路环向之。知各地来敬香者，正络绎不绝。余三人餐后小憩，亦携灯火续行。抵妙峰，已深夜，无宿处。道士引至一小屋，供周文王神座，幸得隙地。佑莼拼两空桌为床，睡其上，余睡神座右侧地上。凡求子者皆来拜，终夜不绝，一如其向余而拜，竟终夜不得眠。明晨下山，佑莼精神健旺如常，诚亦难得也。[48]

虽然有着这样那样的遗憾，而且只是为期两三天的调查，但即使放在当下，1925 年和 1929 年两次有顾颉刚参与、指导的调查，其成果都是丰硕的，而且是里程碑式的。如果正视包括妙峰山在内的大江南北、长城内外的诸多庙会敬拜、乡土宗教在 21 世纪依旧红红火火的事实，那么顾颉刚当初"快要消灭了"之似乎理性的预言与期望，明显是落空了。为何数次前往妙峰山且明敏、睿智的顾颉刚，会对朝山进香这些乡土宗教出现误判？其根本原因或者就是他只顺应了自己的逻辑以及学术的兴趣，始终试图唤醒、教育与启蒙民众的知识分子姿态或者说革命心性。换言之，虽然他率先走向妙峰山，走向了香会、香客，但他并没有真正与信众打成一片，成为他们的朋友，事实上依旧游离在民众的日常生活之外。[49]

以此观之，无论是从民俗学史的角度而言，还是从乡土宗教研究史的角度而言，采用局内观察法，真正与乡民、香客结成朋友的燕大社会学系师生对乡土宗教的功能论研究就堪称意义非凡。整体而言，这些研究不再先入为主地将乡民实践的宗教视为需要改造的"迷信"、陋习，抑或风俗习惯。反而，正如李慰祖参与观察抑或身体力行的实践那样，这些被污名化、标签化的信仰实践也是研究者自己的。研究者不再是冷漠的他者，而是亲切的局内人，其本身就是顶礼膜拜的虔诚"信众"中的一员。

尤其是对于京畿一带人神王奶奶的敬拜而言，因为李慰祖、陈永龄的努力，此前研究者眼中的王奶奶已成为香头的与信众的，处于研究者客位的王奶奶变为信奉者主位的王奶奶。李慰祖的"四大门"研究更是史无前例地、全面而忠实地记述了北平郊区以王奶奶、老娘娘为上级神灵的四大门宗教的内部知识，并揭示了其之于民众日常生活的"内价值"[50]。

/ 人神王奶奶

传闻，王三奶奶是京东人氏，亦说天津人，或三河、香河人。她本是老娘娘的虔诚信徒，因虔心修行而成神。每月初一、十五，她都前往金顶妙峰山上香。平时，她为人扎针、瞧香治病，无不奏效，远近闻名，生前就被信者视为神明。

在奉宽的记述中，金顶上王奶奶殿中的王奶奶，"塐村媪像，着蓝布衣，缠足，神采如生。天津人奉之极虔，称为王三奶奶"，并认为其是《汉书》所载之媪神——富媪之遗韵。[51] 同时，奉宽也提到王奶奶是妙峰山香道上最早创立茶棚之人的说法。在朝顶中道之关帝庙东南隅，有善人给王奶奶修建的墓地。墓前小碣正中题写有"王奶奶之墓"，左行题"创化施主，建立茶棚"，右行题"同治十二年孟夏，敬善长春众等重修"。[52] 根据周振鹤1929年的调查，至晚在民国四年（1915），坐化后的王三奶奶已经享有了香火，信众还为她在金顶妙峰山建起了小庙，塑上了神像。民国十二年（1923），还有善人在当时同样庙祀老娘娘的位于今石景山区的天台山为王三奶奶修建了行宫。[53] 在20世纪30年代中期，王三奶奶的盛名传播到了大江南北。1936年，《上海漫画》第2期，就刊载了柳小沫创作，题名为"华北民众都跪在王三奶奶跟前"的漫画。

在此，要特别提及与妙峰山关联紧密并一直调查王奶奶的李世瑜。1942—1949 年，先后在辅仁读书、工作的李世瑜，连续七年调查妙峰山，晚年又全程参与策划修复妙峰山各庙殿与设计重塑神像。就奉宽和燕归来簃主人两人关于王奶奶墓的记述，李世瑜在晚年关于王奶奶的写作中有详细的回应。[54] 李世瑜强调，根据他五伯母丁氏（1887 年生人）的追忆，王奶奶确有其人。王奶奶的母亲是个乡下跳大神的"姑娘婆"——香头。王奶奶自小因"仙根"而无师自通，会"撞客"。因为灵验，后来到天津城做老妈子的王奶奶名声越来越大，组织了"万缘公议圣会"到妙峰山朝顶进香，还搭建了茶棚。一年，在带领香会朝顶走到庙儿洼时，王奶奶"摔死"——坐化。这才有了敬善、长春会众为她在中道关帝庙旁修的墓和墓前小碣的题名。

此外，李世瑜还记述了下述事情：其一，他七八岁时，在他的家乡天津西北名叫梁家嘴的村子，人们在土地庙建"天仙圣母王三奶奶行宫"的经过；其二，20 世纪 20 年代，王奶奶在北京永定门外观音台"显圣"的故事，因此人们在这个观音殿的西偏殿设了王三奶奶的行宫；其三，1990 年前后妙峰山重新修建时，北京东直门里八十岁的香头龚有成和新街口五十多岁的香头文淑贞，修复王奶奶殿的行动；其四，1992 年农历三月十五，在李世瑜本人的协助下往妙峰山运送王奶奶塑像的途中，王奶奶塑像自燃和他本人启程时说丧气话而途中出车祸受伤的事情。

或是因为王三奶奶确实是三河人，或是为了强化王三奶奶与天津地界的关系，天津香客格外崇信王三奶奶。甚至因为对王奶奶的敬拜，老娘娘碧霞元君在天津也跟着沾了光。包括著名的天后宫在内，天津城内不少庙宇都加设了碧霞元君和王奶奶的像，称为天仙圣母王三奶奶行宫，这在清末民国时期达到顶峰。进而，天津的香客们还将王奶奶说成东岳大帝的第七个女儿，而碧霞元君是王奶奶的大姐。[55]

20 世纪 20 年代妙峰山庙会期间，天津还出现了数百个"带香会"。带香会或为团体或为个人，专门代人前往妙峰山进香。在庙会前，带香会在大街小巷张贴小黄报条，上书："金顶妙峰山朝山进香，天仙圣母，王三奶奶，有香早送，由某日起，至某日止，送至某处。"有心而不能亲自朝山的，就到纸马香蜡铺买檀香木制的香牌，交付给带香会。香牌上同样是王三奶奶和天仙圣母并列。在天津天后宫的楼上，也供奉有王三奶奶之神像，神像为身穿蓝布老式裤褂的七八十岁老妪。[56]

在通往妙峰山金顶的不同香道的茶棚中，尤其是在天津人设立的茶棚中，王三奶奶不是与老娘娘平起平坐，就是居于配殿，不少茶棚还配祀有"四大门"。在北道，天津同心堂设立的双龙岭茶棚正殿中，王三奶奶与老娘娘、观音比肩而立；在大峰口施送馒头粥茶会，王三奶奶与胡三太甲（胡仙）一道供奉在配殿；1932 年，天津乐善社在磕头岭设立的茶棚中，其配殿供奉着王三奶奶；1934 年，天津人张玉亭在苇子港 / 贵子港设立的茶棚中，王三奶奶和大仙堂分别陪祀在茶棚正殿中的老娘娘两侧。[57] 在中北道，响墙茶棚、青龙山朝阳院茶棚中，王三奶奶同样配祀在老娘娘旁边。响墙茶棚还有一个单独供奉老仙爷的小庙，仙门青龙司。青龙山朝阳院茶棚中，则有用黄布条书写的下述神位：柳十大仙静修、黄七大仙静悟、白二真人馨顺、柳四真人长真。[58]1933年4月29日（农历四月初五）到5月1日妙峰山庙会期间，在手持《妙峰山琐记》的顾廷龙一行三人经过天津同心堂立的双龙岭茶棚时，看见王三奶奶与碧霞元君、观音一道供奉在正殿中。[59]

1925年，顾颉刚在妙峰山看到的王三奶奶，与同年天津天后宫中供奉的王三奶奶样貌雷同，也是"青布的衫裤，喜雀窠的发髻，完全是一个老妈子的形状"[60]。仅四年后，周振鹤在妙峰山看见的王三奶奶像已非"老妈子"模样，而变为菩萨了："头上戴着凤冠身上披着黄色华丝葛大衫。脸带笑容，肤色像晒透的南瓜蒂腹，红中带黄，盘膝坐。像高约五尺。"周振鹤也注意到，信众为了强调王三奶奶由人成神的真实性，在王三奶奶的塑像边还摆放了其真容："用黄铜镂成的一座屏风式的镜框里面，嵌着一张在丁卯年摄得的六寸半身的灵魂照片。"[61]

在当年庙会现场，还有《妙峰仙山慈善圣母王奶奶平安真经》《灵感慈善引乐圣母历史真经》《慈善圣母王奶奶亲说在世之历史大略》和王奶奶的表牒、印章在传播、使用。在《慈善圣母王奶奶亲说在世之历史大略》中，关于王三奶奶来历的传说如下：

> 王三奶奶，京东人氏。幼失怙恃，寄食外家。年十九，归王氏；夫业农，家贫，相助耕耨，荒旱频年，遂折卖薄田，仍依外家，舅妗复授以针灸术以济世。未几，外家中落，奶奶乃依本乡李姓，日夜代其澣洗，自视为佣婢。后

稍有积蓄，即出以济助病贫。每逢朔望，入庙焚香，必早
至洗扫庙堂。年五旬，自念老迈，仍即回原家（？）；且以
针灸治病，靡不效者。至是阖村趋迓，视之若神仙，称之
曰王奶奶。从此日夜无余暇，往来各处；乡人乃买驴以赠，
用代步也。七十八岁，春三月，梦玉帝谕封为慈善老母命，
乃坐化。[62]

不仅如此，几乎每个香会在灵感宫内老娘娘前上过表牒之
后，就立马到王三奶奶殿叩首焚表。面对王三奶奶几乎与老娘娘
分庭抗礼的盛况，周振鹤感叹与老娘娘"抢生意"的王三奶奶大
有后来居上的势头，为老娘娘鸣不平。其实，不仅仅是善人、香
客、香会会首、香头在传播着王奶奶的灵验，追封其为神圣，能
够出入紫禁城中的各色人等、金顶的和尚们，都不同程度地参与
到这一火热的"造神"运动之中，使得王奶奶与老娘娘平起平坐，
而且在传说中还更灵验于老娘娘。

在奉宽的记述中，慈禧太后和光绪皇帝"二圣"，曾经在颐
和园遥观各路朝山之社火："光绪中叶，每山期逢驻园，则朝山
各社火献技于此，两宫隔垣亲览焉。"[63]不仅如此，慈禧太后还
为金顶灵感宫御书了"慈光普照""功侔富媪""泰云垂荫"三块
匾额。[64]到1933年，在助善的江仲良以及是年77岁高龄的香会
总管陈永立等人的口中，已经有了传闻中慈禧题写的"功侔富媪"
之牌匾，是专门钦赐给王奶奶的说法。[65]同年，在金顶，以灵感
宫主持僧宗镜的名义发散给香客的传单，"进香劝善歌接此一张

带福还家"，传单上的附录中有王奶奶灵验的故事。这个故事将王奶奶说成明末人，广施善行，在妙峰山坐化，乃肉胎仙，并继续强化她与天津之间的因缘。原文如下：

> 明末有王氏者，居香河县，常至天津，广行方便，遇有病者，辄施医药，活人无算。清初入妙峰山烧香，在西配殿坐化，至今肉身尚存，世所称普济菩萨王三奶奶是也。数百年来，大显威灵。民国初年天津刘某，因父病年余，医药罔效，乃面西北默祷娘娘与王奶奶，以求庇佑。次日，有身着蓝布袍手持拐杖者，入室曰买某药食之即愈，从之果愈。次年，刘某至山烧香，见王奶奶之像，始悟着蓝袍者，即此菩萨化身也。[66]

当年，周振鹤在记述妙峰山王三奶奶殿的布置时，还详细记下了王三奶奶圣母座下有两座高尺许的神位，上首是"南无三界救急普渡真君柳修因之仙位"，下首是"南无引乐圣母驾下胡二爷仙长之神位"。[67]

遗憾的是，以奉宽、顾颉刚、燕归来簃主人等人为代表的记述，并没有揭示"活生生的人神"王奶奶在信众敬拜实践中"活生生"的一面，大抵停留在旁观者式的冷静素描——**"冷描"**层面，有着"游客之学"的共性。同样，因为少了对于"四大门"内部知识的探查，不知"四大门"宗教乃"拟人的宗教"——四种神圣的动物前加以人的姓氏——之特性[68]，周振鹤较为深入的观察、记述与讨论，也未能指出王奶奶与胡二爷（胡仙儿）、柳修因（柳仙）之间的关系[69]，也止步于"冷描"。

虽然陈永龄和李慰祖的乡土宗教民俗学志少有参考奉宽、顾颉刚、周振鹤等前人的成果，研究也不是无可挑剔，且还有着比较和诠释相对浅薄等不足，但他们，尤其是李慰祖，有了真正化身为信众中的一员，与之一同敬拜的热情和实践。这种身体力行，使得他们带有暖意和情感地**"热描"**出了"四大门"宗教的知识系谱，无意中厘清了"四大门"宗教与王奶奶敬拜、老娘娘敬拜、庙宇宗教、朝山进香之间的内在逻辑关联。在京畿之地信众的宗教学中，该逻辑关联如下：

（1）胡二爷——胡仙和柳修因——柳仙等"四大门"是王奶奶的下级。

（2）王奶奶又听命于老娘娘（碧霞元君／泰山奶奶）。

（3）香头不仅仅有着"四大门"上身附体的异态，还需要得到高居东大山（丫髻山）抑或西山（妙峰山）之金顶的王奶奶、老娘娘的认可，前往"开顶"，以此完成从边缘性附身（peripheral possession）到仪式性附身（ritual possession）的转型[70]，从而获得在家居内外的日常生活中服务于社区与信众的超能力，抑或说资质。

（4）为了保持其超自然能力，或自觉"当差"或被"催功"，香头得年度例行性地在庙会期间前往丫髻山或妙峰山等圣地"朝顶"，将其与王奶奶、老娘娘之间的沟通交流常态化、制度化。[71]

（5）因此，朝顶香道上有同时供奉王奶奶和老娘娘的众多茶棚。

（6）以王奶奶为总管的"四大门"宗教影响到丫髻山、妙峰山等庙宇香火的兴旺，其重要性甚或超过了主神老娘娘，大有后来居上之势。

在平郊村村民在村外的庙宇宗教实践中，四月初一至十五妙峰山庙会主要是宗教的，四月十一小口庙会和四月十八北顶庙会则主要是经济与市集交易的。在1940年前后，平郊村前往妙峰山朝拜的老年人会乘坐村里大户人家还愿的大车，在妙峰山下住一晚，次日朝顶之后再回村。实在去不了的，也要在庙会期间，在自家的庭园中，对着妙峰山的方向，"顺一股香"，以示虔诚。同时，平郊村与周边的东杨村的七圣神祠、萧各庄的地藏寺、六眼口的增福庵、西杨村的永安观之间存在着或亲近或疏远的关系。陈永龄用相当的篇幅，记述了这些村庙中王奶奶以及"四大门"的敬拜情况。

在平郊村西南数十步的东杨村，其七圣神祠虽然主祀关帝，但王奶奶的香火远胜过关帝，以至于远近村民平常都称呼此庙为"王奶奶庙"。该庙中的王奶奶与当年顾颉刚在妙峰山见到的王奶奶非常相似，是身着蓝布衫，慈眉善目，手持旱烟袋、旁有拐杖的老妇人。塑像旁边，还有村民还愿时奉献的三寸金莲鞋两双。村民口耳相传的王奶奶身世，大致与《慈善圣母王奶奶亲说在世之历史大略》所书近似，只是村民相传，原本是京东三河县人的王奶奶，是在妙峰山朝顶时坐化的，乃"肉胎仙"。因此，较之"四大门"，王奶奶要高一等，很多香头得顶王奶奶之名，为人瞧香治病。

就具体的敬拜情形，除提及平郊村的杨则锦家常有人来七圣神祠烧香外，陈永龄还列举了东杨村每天早晚到王奶奶殿敬拜的詹姓妇人和每逢初一、十五来此烧香叩头的张顺的母亲，并记述了她们坚持前往烧香敬拜的缘由。前者是因为"四大门"要詹姓妇人顶香当差，后者则是因为王奶奶指引应完官差后回家途中迷路的张顺平安到家。[72] 此外，距离平郊村仅一里地的六眼口村的增福庵和距离平郊村约二里地的西杨村永安观，虽然主祀神都是关公，但在增福庵正殿西边的小屋，供奉着王奶奶，而永安观内则直接设有"四大门"的神龛。[73]

如果说本意是研究平郊村庙宇宗教的陈永龄，对王奶奶相关敬拜的描述还显浅略，那么专门研究"四大门"宗教的李慰祖则全面而细致地"热描"出了20世纪三四十年代北平郊区敬拜王奶奶的全景，尤其是微观近景。关于王奶奶的神格，李慰祖有更详尽的调查和书写。西直门外大柳树村关香头在王奶奶下神附体时，道出了王奶奶的多样性和复杂性，但同样强调了她由凡人而成神的经历：

> 王奶奶不是一个，有东山（丫髻山）"王奶奶"，有西山（天台山）"王奶奶"，我是东山"王奶奶"，原本是京东香河县后屯村的人，娘家姓汪，西山"王奶奶"，跟我是同村的人，娘家姓李，我们并不是一个人。天津称"王奶奶"作"王三奶奶"，现住妙峰山，那又是另外一个人，她并没有弟子，

也并不降神瞧香。我本来是七世为人身，在第八世成了道。在成道的那一世的人身，夫家姓王，娘家姓汪。我们"当家的"（即其丈夫）磨豆腐卖，我们吃豆腐渣，在夏天去野地里挖"刺儿菜"（一种野菜，叶如柳叶状，一个茎上结一朵花，作浅玫瑰色），放在大缸里酸起来，就着豆腐渣吃，很是苦楚，现在的窝窝头那真是"玉筵"（按乡民俗称美酒席作"玉筵"，也呈作"御筵"）了。后来，我们当家的死了，剩下我和一个傻儿子，更是困苦！有一年丫髻山盖铁瓦殿，我给山上背铁瓦，每一块的"背钱"（即工资）才"四儿钱"（即四个制钱），背一天，够个吃饱的就是了。赶到铁瓦殿盖好，我进去看看，哪知道我成道的时辰到了，就"坐化"（肉体坐在殿中成了正果）在殿里（即今丫髻山铁瓦殿中坐化的肉体"王奶奶"。据北平南长街土地庙二号王香头说，现在"王奶奶"已被尊为"慈善仙姑"）。[74]

在 1940 年前后，这些香坛上的王奶奶塑像是什么样的情状呢？与 1929 年妙峰山上的王奶奶已经穿戴凤冠霞帔作菩萨状不同，此后十多年平郊香头家供奉的王奶奶仍是活生生、朴实可亲的人神，有老妪的面貌、年画般扑面而来的浓艳喜感：

在成府槐树街李香头"坛口"上，有东山"王奶奶"的塑像，是一个老妪的样子，端然正坐，头现佛光，白发参差，面皮上有皱纹，喜笑慈和，渥赭色的面孔，穿着黄色道袍，遍身全团花，座下列着一个"聚宝盆"，中间放着财宝。在"王奶奶"左肩之下，塑着一个农童，短衣秃袖而立，腰间系着"褡包"（束腰的带子），右手执着皮鞭，左手牵着一匹小黑驴。这是"王奶奶"的儿子，名字叫做"傻二哥"，又叫做"王哥哥"。……在槐树街李香头"坛口"上，还与王奶奶预备烟袋一份，菠菜绿的翡翠烟嘴，虎皮乌的烟杆，白铜烟锅，青缎烟荷包，供在龛的旁边。……王奶奶下神的时候，便要吸关东烟，吸起来，烟便永不离口，并且要喝小叶茶（即较好的香片茶），喝完一碗，跟着又喝，有时喝的很多，并且有时饮酒，但是不用菜品佐酒，这都是王奶奶每次下神的惯例。[75]

与此稍异，成府东刚秉庙的李香头坛口的乡下老妪一般的王奶奶，则头戴石榴花，身着蓝布衣裙，旁有一根紫色木拐杖。

这些以王奶奶和老娘娘为上级神灵的香头，是怎样年度性地进香朝顶的呢？朝顶虽然由香头组织张罗，但却已经成为其香坛所在的社区的事情。善男信女，尤其是在香坛治好的病人，纷纷助钱，助力，助车，助香烛、香油、毛巾、毛掸等物。朝顶之前，人们还要在特定地点"开山"，以商议所有朝山事务，从而各司其职，分头行事。在此过程中，坛口是核心单位，进而形成了"朝山会"：

香头各"门"（系统）有各家的组织，结合的各团体，均都世代相传，团体的行动最重要的是进香朝顶。每个"坛口"是团体的单位，若干同门的"坛口"（从一师相传的坛口）组合而成为"会"，例如西直门丁香头便有"海灯会"，这个会朝顶的时候，以香油为主要的供品，刚秉庙李香头的会名为"蜡会"，其供品以蜡烛为主，诸如此类，此外还有"清道会"以笤帚为主，"掸子会"以毛掸为主。海淀张斌香头本门的"会"创于清季乾隆二年，定名做"五顶长陛子孙老会"。会中有旗帜作为标记，旌旗存在张香头的师哥西直门外大柳树王奶奶坛上。因为后者在本门香头之中，辈数最大，所以同门共推她作"把头"（会头）。这个会以"五顶"命名的缘故，是因为每年按期朝拜"五顶"。"五顶"便是天台山，丫髻山，妙峰山，里二寺，潭柘山的岫云寺。其中以东山（丫髻山）最重要，因为东山"王奶奶"总管天下四门仙家的缘故。[76]

显然，在相当意义上，李慰祖本来针对"四大门"香头的研究，却揭示出了奉宽、顾颉刚等人列举百十档妙峰山香会时所忽略的部分"本相"。即相当一部分朝顶的香会，其实都与"四大门"宗教有着关联，是因"四大门"宗教而生的。平郊村南半里地左右的肖家庄村民李瑞，曾经为西直门丁香头的海灯会到妙峰山进香助善。在募捐油钱之后，李瑞就在各捐户门前贴一张"香报子"。曾经让顾颉刚驻足抄录的那些香报子有两种来源：一种是香头所贴，一种是朝顶善会所贴。[77]这种来源上的差别，也是奉宽、顾颉刚均忽略了的。换言之，在当年具体而微的信仰实践中，正是因为妙峰山的王三奶奶以及老娘娘与"四大门"之间的渊源，周振鹤所见的妙峰山王三奶奶的香火才如此兴旺。虽然当年的周振鹤没有再进一步关注北京的"四大门"信仰，李慰祖也并未前往妙峰山实地调查，在其参考文献中也未见提及周振鹤《王三奶奶》一文，但正是这些前赴后继、各自为阵的研究，才使我们今天得以了解进入民国之后的近四十年间，北京地区关于王三奶奶以及老娘娘信仰的全貌。

20 世纪和 21 世纪之交，吴效群、王晓莉[78]等人对妙峰山又进行了详尽的民俗志研究。当然，这些改革开放后中国民俗学学科重整后重新走向田野的研究，因为各自出发点和理论关怀的不同，在强化当下和听得到的"口述"历史的同时，差不多完全忽略了王三奶奶曾经作为"四大门"宗教之神灵的社会事实。在其市民政治学色彩浓厚的释读中，吴效群将王三奶奶解读为天津香客用以与北京香客进行政治文化较量和宗教权力争夺的符码，并将王三奶奶视为天津人的"碧霞元君娘娘"。[79]

与上述这些学者兼有重回田野的兴奋和历史迷障前的迟疑不同，在其精彩的胡仙研究中，偏重于文献诠释的康笑菲，则将妙峰山的王三奶奶编织到了北中国女神信仰与胡仙信仰的历史长河之中，大气磅礴。在列举了周振鹤、顾颉刚、李慰祖、坦布鲁克以及殷兆海、吕衡等人的记述后，康笑菲写道：

尽管资料之间存在差异，显然王奶奶的崇拜源自于民众关于胡仙的信仰，并且王奶奶本人是一个被神化了的女性灵媒和其他边缘化女性的代表。这些女性灵媒和边缘化女性在当地社区生活中扮演了积极的角色，并对妇女有着特别的吸引力。[80]

进而，康笑菲将北中国乡土宗教中的西王母、碧霞元君与王奶奶这三位原本有着时间先后顺序的女神并置，看到了这三位女神的官方属性和个体特征，不但代表了历时性升迁等级的不同阶段，而且也是同一种敬拜共时性兼有的不同面相。最终，康笑菲毫不吝啬地赋予了 20 世纪初叶才在京畿之地兴起的王三奶奶这一"活生生人神"以巨大的文化内涵、价值理性与诗性：

> 在不同的程度上，都脱胎于萨满和灵媒地方文化的西王母、泰山奶奶、王奶奶对女性有着特别的吸引力。同时，她们与狐狸精的共同关系又暗示了这些女神有潜在的危险。但是，由于敬拜者使用公共符号和官方象征提升她们的权力，在其发展历程中，这三种敬拜也都在按等级前进。当一种敬拜发生了从地方到地区和国家层面的扩展并得到公众甚或官方的承认之后，另一种新的、小的、地方性的次生敬拜就会出现。胡仙信仰本身也是这样升迁的一个例证。在 19 世纪晚期和 20 世纪早期，华北和东北的狐狸常常被作为五种（或四种）神圣动物之一而得到敬拜。这五种动物包括狐狸、黄

鼠狼、刺猬、蛇、老鼠。在这五种神圣动物中，狐狸处于最上层，许多它的恶习都"滑"向了黄鼠狼这种与之相似但在现实生活中几乎没有价值的动物。[81]

/ "热描"的功效

如前文所述，因应经世济民、强国强民的功利主义视角，当时盛行的片面的科学观及其对于民众教育、乡村改造等革命发展之作用，陈永龄在文尾将其描绘的庙宇宗教总结为有百害而无一益，是需要率先破除与改变的消极、自私、出世的宗教。尽管如此，李慰祖、陈永龄以及权国英等人针对特定时空、特定人群，对乡土宗教展开微观细描的社区 – 功能研究，完全可以与稍晚些贺登崧等人采用地理学方法以及语言学方法对大同、万全和宣化乡村庙宇进行的地毯式普查、图说相提并论[82]，二者共同构成了20世纪前半叶中国乡土宗教研究的双星。长时段观之，虽然明显有着作者自己也承认的这样那样的不足抑或遗憾，但是这些以"四大门"宗教、庙宇宗教以及家庭宗教为主体的乡土宗教民俗学志显然意义非凡。

首先，它尽可能摆脱了既有的"迷信"观，直面民众的敬拜实践。以"宗教"命名此前的研究者用"迷信"指代的社会事实，这本身就是一个值得称贺的巨大进步。要再度提及的是，卢沟桥事变前，李有义曾指出，对山西徐沟的农民而言，宗教"不是信仰，乃是生活，不是空虚，乃是实在"，而且人们的整个生活都交织在宗教之中，日常生活没有一样不受宗教的影响。[83]

其次，研究者不但实地观察，还亲身实践，与村民、香头、求香者成为朋友。这在相当意义上，实现了方法论的革新。

最后，正是因为亲力亲为，调查不再是站在门外的冷眼旁观或默观，研究的对象不再仅仅是他者，研究者自己与合作者之间的互动也成为观察、记录、分析的对象。

尤为重要的是，书写不再是强调所谓客观真实、研究者置身事外的"冷描"，而是主观的，有着温度、烟火气息并融入研究者情感认同的"热描"。唯其如此，才给我们保留了丰富而鲜活的七八十年前北平乡土宗教的实况，也才有了对当时的神灵谱系和王奶奶敬拜进行全貌勾勒的可能性。

此外，还有数点需要特别说明。

其一，"仙根"之说。[84] 因为李慰祖《四大门》以英文刊发和正式出版，"四大门"宗教开始广为人知，在学界产生了巨大影响。然而，仍然少有人注意到李慰祖在其研究中记述并加以解释的仙根。如同当下华北乡土宗教中的"老根儿"[85]，仙根直接意味着人与"四大门"仙家之间可能有的亲缘上的关系，即人神一体的同根同源性。不仅如此，仙家甚至还承载着"农民道德理想的结晶"[86]。通过为之当差的香头认师、安炉、安龛（安坛）、开顶等系列"成人礼"，通过相互之间参加收徒开坛典礼、丧礼和定期进香朝顶等典礼，胡、黄、白、柳"四大门"仙家之间的次第和谱系在香头有着师门派别、堂号和字辈法名的师徒谱系图中清楚

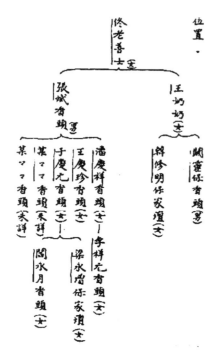

图 9-1　海淀张香头门中谱系图[87]

地展现了出来。正是通过这些仙家与香头两位一体的师门谱系，精神世界中的虚拟网络化为现实生活中绵密的人际关系网络，二者相互影射，镜像叠生。这或者也是李慰祖直接在其论文第二编（上）"香头"之正题后加上了副题"社会制度"，并在结论部分直接讨论了"香头制度"的原因之一。[88]

秉承林耀华《义序宗族的研究》和《金翼》、许烺光（1909—1999）《祖荫下》、弗里德曼（M. Freedman, 1920—1975）《中国东南的宗族组织》等已有研究，麻国庆继续强化着家、家族在中国文化、社会结构中举足轻重的地位。[89]确实，帝王崇拜强化的君臣政治伦理谱系、祖先崇拜强化的血缘亲情谱系、行业神崇拜强调的业缘师承谱系，从各自的层面，交叉、叠合而混融地整合着乡土中国，使之成为一个硕大的"拟制的家"[90]。以此观之，"四大门"宗教支配的仙家 – 香头谱系，同样是乡土中国拟亲属文化特质的有效载体。反之也可以说，经由香头运行的"四大门"宗教是"建立在家族主义"之上的。[91] 人神同体的香头不但扮演了信众日常生活指导者、家庭保护者、个体生命呵护者、社区秩序维护者等多种角色，在进香朝顶等群体性敬拜活动中，他还是社会关系抑或"权力的文化网络"[92] 的多元核心之一。

其二，"家庭宗教"之说。在其论文的结论部分，陈永龄随意地使用了"家庭崇拜/宗教"来指称其在"村内的宗教活动"一节中描述的发生在"家庭中的宗教崇拜"，包括祭祖与祭神。[93] 虽然在其一直未正式刊载、出版的毕业论文中，陈永龄并未对该术语进行深度阐释或学理分析，但家庭宗教的明确提出，在学术史中却意义非凡。

1949 年，在《祖荫下》中，许烺光也使用了"家庭宗教（family religion）"一词，尽管它也并不是许烺光的学术关键词，而且其内涵、外延和陈永龄的使用也有不同。对许烺光而言，家庭宗教的核心就是祖先敬拜。他指出，西镇的祖先敬拜是一种日常化的行为，"家庭是宗教的一部分，反之宗教也是家庭的一部分"，奇迹、灵验并非家庭宗教之关键。[94] 异曲同工的是，作为重要的比较神学家，裴玄德（Jordan D. Paper）一直强调基于家的宗教对于人类宗教和文明的重要意义。为此，他认为中国的敬祖，即"家庭主义"（familism）是积极的、值得肯定的，也是中国人应该引以为豪的。以此为基础，裴玄德创建了与基督教认知范式并驾齐驱的认知人类宗教的新范式，即 Chinese Religion。[95]

其三，"家务事"之说。至今，诸多关于中国宗教的研究都在试图回答为何宗教活动的参与者以女性居多这一事实。这些回答多取后现代尤其是女权主义的视角，进行由果溯因、以今审古式看似合理的分析，即常将女性亲近神灵归因于在男权的禁锢与压迫下寻求主体性和主体地位的一种表达。[96] 然而，正如平郊村研究所呈现的那样，拜神礼佛的信众中以女性居多，在相当意义上是因为供奉神佛是家务事的一部分，因而是"女子传统的当然的任务"。[97]

显然，如果没有长期深入细致的观察，即有着过程与行为的视角，是很难看到供奉神佛的"家务事"属性的。事实上，当下的经验研究，也在一定程度上印证了七十多年前对供奉神佛之家务事属性认知的合理性。[98]

其四，在当年燕大诸多学生撰写的民俗学志中，"宗教"与"仪礼–礼俗"的分野是明显的，尽管其描述的事实多有交集。如果将宗教广义地定义为人与超自然力量之间的关联，和人类对生命、宇宙以及万物的思考与终极关怀，那么指向人生仪礼的传统礼俗、与自然交流的岁时节庆，显然也可划分到宗教的范畴。正是在此意义上，日本学人架构的"民俗宗教"早已将这两部分纳入了其范畴[99]，中国学人也开始正视家与庙之间相互让渡的辩证关系[100]，强调在乡土宗教的庙庆、朝山中，人生仪礼相关仪式的核心性[101]。

最后，有必要厘清"朝顶/山"和"朝贡"[102]二者之间的异同。

香头与王奶奶、老娘娘之间皈依与统属的友善关系——朝顶，俨然类似于藩属国抑或说附属国与宗主国之间主动依附和慷慨恩赐的责任与义务——朝贡。朝顶，指向的是精神世界中具有超自然意义与能量的圣山及其神灵；朝贡，指向的是人世间的禁地，尤其是在禁地威权无限因而自身也成为一种禁忌的帝王以及帝王所表征的"强大"帝国。朝顶生发于草根社会，多少有着草根社会自组织的性质，是中国社会内部家户之外的"自治"机制；朝贡则是传统帝国精英基于"家天下"观念的一种欲天下臣服而不乏处心积虑的制度性设计，维系的是以中国为中心的东亚世界的国际秩序，是"治他"的理想愿景[103]。朝顶神圣、神秘，强化的是人与超自然力之间的关联，更多满足的是个体内心的需求，赋予其生命以意义与可能；朝贡世俗、势利，彰显的是强群与弱群之间消长的动态关系，更多满足的是帝王——天子——君临天下的野心、雄心。

然而，尽管有这些基于神圣与世俗这一基本对立关系的诸多不同，朝顶与朝贡却还是有着同质性的一面。从语法而言，朝顶和朝贡两个词都是动宾短语。不仅如此，两个词的意旨，尤其是各自指称的组分与因素之间的社会结构有着惊人的相似。如果再考虑到在中华文化传统下，帝王——真龙天子——不可置疑的神圣性、宗教性，那么朝顶指向的"顶"和朝贡指向的"天"，实则表征的都是人世间不容挑战的"独一无二性"与"至高无上性"。作为一种四面八方向中心、仰视而后俯首的"聚"的实践与行为，在朝顶和朝贡之间，很难说是谁在效仿谁，谁在影响谁。至少可以说，朝顶与朝贡二者在词语结构和行动模式上的一致性以及互文性，是中华文化的又一表征。

事实上，如今对妙峰山和苍岩山等圣山朝顶的实践，已经将个体生命、宗教实践、旅游经济、文化保护以及民族国家的建构整合一处。[104] 与此同时，也正是由于具有同质性的朝顶与朝贡的合力，作为世界上历史悠久的古都之一，北京也才在现代民族国家的语境下有了光芒照四方的"金山"之喻——"北京的金山上光芒照四方"。与此同步的是，政治领袖不但有着向卡里斯玛型权威的让渡，还有着神马化后的多种敬拜实践。[105]

其实，以"科学"的名义来反对宗教抑或说宗教性，有着对科学和宗教（性）的双重误读。1938 年 1 月 28 日，就在燕大的燕东园，张东荪写了下述文字：

> 怀特海亦说，近世科学的发生与中世纪宗教信仰有关。西方学者对于这点似乎已早有明切的认定，我不必再引为是自我作古了。科学既是从宗教来的，则可知在西方文化上二者乃是一枝并蒂花。而不是如普通人所想象的那样相反的。我说科学从宗教而出，是用"相生"（genesis）一概念来说明之，并不是主张宗教的性质能以决定科学的性质，引为这是以"决定"（determination）来说明了。但相生虽不含决定，而仍必有相通的地方。所以科学与宗教在表面是相反，而在深藏的里面却并不相反。中国现在有一班时髦先生们大反对宗教，而以提倡科学自命，其实从文化史的观点来看，这些人们并不知科学为何物。[106]

/ 小 结

从实践论层面，通过对燕大毕业论文中空间（房舍、村庙和四合院）民俗、时间民俗（个体的生命历程与社会化）和"心意"[107]民俗（乡土宗教）之民俗学志的梳理，我们可以看出：采用局内观察法，有点有面叙述、比较和说明的社会学的民俗学与此前文学的民俗学、史学的民俗学之间具有明显的不同，尽管在比较和说明上受社区 – 功能论以及均衡论所限，有着这样那样的不足。在此，尤其要强调两点。

其一，民俗不再是调研者眼中先入为主的低下和需要移易的"风俗"，不再是乡村建设需要提升、整改的目标，而是民众正在传承、享有，甚或创造的生活文化。这些文化，有着内在的脉络和理性，是群体性的、系统化的对生命本身和外在世界的应变与反应。要厘清这些民俗的逻辑，即使有着广博视野和历史纵深感的调研者，也必须长期生活在社群中，尊重乡民，与之平等交流、成为朋友，从而尽可能站在主位立场、化身为局内人，在日常生活之流或者某种具体的情景中去理解、体认和感知。这一认知论和方法论的转型，使得这些民俗学志对相关民俗事象的"热描"，有了温度，这不但是研究对象的，而且是研究者的。

其二，长期的田野观察，使这些带有暖意的民俗学志记述的民俗是当下的，并赋予了正在践行的、处于过程中的民俗以"现在性"，从而在相当意义上重新定义了民俗。作为个体或者群体

"意识的厚瞬间"，延续过去、预示未来、连接城乡、规训男女老幼、摆渡生死阴阳、因时应景、因人而异的民俗，其时空的延展性弥漫渗透了所有个体的差异性。牵一发而动全身。如同这些民俗学志展示的那样，透过任何一个细小的器物、仪式或者稗话，甚至参考文献，今天的我们都可以真切感知到那个时代普通甚至位卑的个体的日常生活，与家中老小、左邻右舍，与远近的村外世界、精英文化、政治风云之间的关联。研究者是在"村落"里做研究，但绝不仅仅是只研究自己置身的那个"村落"。他们呈现的知识，是"地方性"与"现在性"的，也是世界性和历时性的。这使得这些民俗学志，具有不容置疑的历史学和资料学价值。

2019 年 12 月 28—29 日，在北京师范大学召开的"本土语汇的高度"工作坊上，刘铁梁教授进行了名为"手艺：安身立命与用于交流的本领"的主题演讲。他睿智地指出：天津杨柳青、潍坊杨家埠、苏州桃花坞、开封朱仙镇等传统年画生产基地都在大城市边缘——城乡过渡地带，这意味着必须从城乡交流关系出发来理解年画的意义；作为中国城乡两端的中介，年画以中国老百姓喜闻乐见的艺术形式，将城乡黏合在了一起；年画不仅把城里的信息带到乡下，也使城里人多少保留有乡下人淳朴的情感，从而固化了中华文明的同质性与一体性。不仅如此，年画还是同处一个社会的男女、知识阶层与未接受正规教育的群体的互动及其结果，也是社会进程与变迁的载体。[108] 通过商号和四通八达的贸易网络，中国年画也成为沟通中国和世界的桥梁，并在传播、迁徒与流通的过程中，具有了国际性。[109]

然而，如果注意到 80 年前燕大毕业论文中这些关于避火图的信息，我们应该会对年画有更充分的认识。也即，年画不仅连接城乡，也是生物性需要和审美性需要、个体生命不同阶段、家庭（族）、不同地方，甚或不同行当的黏合剂与润滑剂。尤其是避火图在婚丧仪礼场合的出现，也意味着避火图在最纯粹意义上指向的是中国人对生理、生殖、生命、社会以及宇宙本身的理解。哪怕画工再粗糙、色彩再炫目，避火图这样的年画，已经具有了不言而喻的神圣性，也就必然会成为男女、阴阳、代际之间的一种禁忌，直至成为偷盗的禁忌。

显然，对燕大以平郊村为主体的诸多民俗学志的意义，我们不仅要放在七八十年前的城乡交流关系中、民俗学和社会学交互演进的学科脉络中来理解，也应该放在当下的城乡交流关系中、放在传统与现代的交流关系中、放在民俗学与社会学的交流关系中来理解。至少，当将之与大致同期的魁阁研究、贺登崧和司礼义等人对北中国民俗的田野研究并置时，其无论对于社会学还是民俗学的价值都会不言而喻地凸显出来。

注　释

1. 岳永逸：《举头三尺有神明：漫步乡野庙会》，149~150 页，济南，山东文艺出版社，2018。

2. [英]Malinowski, B.:《文化论》，费孝通、贾元羹、黄迪合译，载《社会学界》，第十卷（1938），183 页。

3. 陈永龄:《平郊村的庙宇宗教》，7 页，北平，燕京大学法学院社会学系学士毕业论文，1941。

4. 李世瑜:《现在华北秘密宗教》，成都，华西协和大学中国文化研究所、国立四川大学史学系联合印行，1948。

5. 李慰祖:《四大门》，106、109 页，北平，燕京大学法学院社会学系学士毕业论文，1941。

6. Humphery, Nicholas, *Seeing Red: A Study in Consciousness*, Cambridge, Mass.: Harvard University, 2006, p.113.

7. 于鹤年:《民俗学与神马》，载《河北月刊》，第四卷第三期（1936），2~3 页。

8. 韩光远:《平郊村一个农家的个案研究》，48 页，北平，燕京大学法学院社会学系学士毕业论文，1941。

9. 马树茂:《一个乡村的医生》，39~53 页，北平，燕京大学法学院社会学系学士毕业论文，1949。

10. 权国英:《北平年节风俗》，28~33 页，北平，燕京大学法学院社会学系学士毕业论文，1940。

11. 以上四组数据，均转引自万树庸:《黄土北店村的研究》，36~37 页，北平，燕京大学研究院社会学系硕士毕业论文，1932。

12. 万树庸:《黄土北店村的研究》，36 页，北平，燕京大学研究院社会学系硕士毕业论文，1932。

13. 蒋旨昂:《卢家村》，56 页，北平，燕京大学文学院社会学系学士毕业论文，1934。要说明的是，1778 年，直隶户均也就 4.77 人。参见何炳棣:《明初以降人口及其相关问题 1368—1953》，4 页，北京，中华书局，2017。

14. 陈永龄:《平郊村的庙宇宗教》，10 页，北平，燕京大学法学院社会学系学士毕业论文，1941。

15. 葛剑雄主编：《中国移民史》，福州，福建人民出版社，1997。

16. 王学泰：《游民文化与中国社会》，北京，同心出版社，2007。

17. [美] 杜赞奇：《文化、权力与国家：1900—1942 年的华北农村》，
    86~113 页，王福明译，南京，江苏人民出版社，2003。

18. 权国英：《北平年节风俗》，11~20 页，北平，燕京大学法学院社会学
    系学士毕业论文，1940。

19. 李慰祖：《四大门》，16、20~30、43~46 页，北平，燕京大学法学院社
    会学系学士毕业论文，1941。

20. 陈永龄：《平郊村的庙宇宗教》，14 页，北平，燕京大学法学院社会学
    系学士毕业论文，1941。

21. 陈永龄：《平郊村的庙宇宗教》，9 页，北平，燕京大学法学院社会学
    系学士毕业论文，1941。

22. Harrell, Steven, "Belief and Disbelief in A Taiwan Village", PH.D. Dis-
    sertation, Stanford University, 1974, pp.104-120.

23. 分别参见奉宽：《妙峰山琐记》，广州，国立中山大学语言历史学研究
    所，1929；顾颉刚：《顾颉刚民俗论文集·卷二》，386~387、476~517 页，
    北京，中华书局，2011；叶郭立诚：《北平东岳庙调查》，台北，东方
    文化书局，1970。

24. 这从陈文和李文的"参考书目提要"就可以一目了然。参见陈永龄：《平
    郊村的庙宇宗教》，110~117 页，北平，燕京大学法学院社会学系学士
    毕业论文，1941；李慰祖：《四大门》，176~193 页，北平，燕京大学
    法学院社会学系学士毕业论文，1941。

25. 陈永龄：《平郊村的庙宇宗教》，70 页，北平，燕京大学法学院社会学
    系学士毕业论文，1941。

26. 关于丫髻山的进香史，可参见徐天基：《"标准化"的帷幕之下：北
    京丫髻山的进香史（1696—1937）》，载《"中央研究院"近代史研究

所集刊》，第 84 期（2014），59~113 页。

27. 陈永龄：《平郊村的庙宇宗教》，48、83~84 页，北平，燕京大学法学院社会学系学士毕业论文，1941。

28. 陈永龄：《平郊村的庙宇宗教》，46、69、103~105 页，北平，燕京大学法学院社会学系学士毕业论文，1941。

29. 李慰祖：《四大门》，52~55 页，北平，燕京大学法学院社会学系学士毕业论文，1941。

30. 李慰祖：《四大门》，56~74、75~76、131~133 页，北平，燕京大学法学院社会学系学士毕业论文，1941。

31. 作为一种社会制度，香头的这些成人礼至今仍在华北乡野有条不紊地上演。参见岳永逸：《行好：乡土的逻辑与庙会》，120~127 页，杭州，浙江大学出版社，2014。

32. 李慰祖：《四大门》，72 页，北平，燕京大学法学院社会学系学士毕业论文，1941。

33. 李慰祖：《四大门》，102 页，北平，燕京大学法学院社会学系学士毕业论文，1941。

34. 三山，指妙峰山、丫髻山和天台山。五顶，指环绕京城的东西南北中五座老娘娘庙。相关研究可参见 Naquin, Susan, *Peking Temples and City Life, 1400-1900*, Berkeley: University of California Press, 2000, pp. 499-564；赵世瑜：《狂欢与日常——明清以来的庙会与民间社会》，352~378 页，北京，生活·读书·新知三联书店，2002；吴效群：《妙峰山：北京民间社会的历史变迁》，28~51 页，北京，人民出版社，2006。

35. 李慰祖：《四大门》，37、43 页，北平，燕京大学法学院社会学系学士毕业论文，1941。

36. Kang, Xiaofei, "In the Name of Buddha: the Cult of the Fox at a Sacred Site in Contemporary Northern Shaanxi"，载《民俗曲艺》，第 138 期

(2002)，67~107 页。

37. 李慰祖：《四大门》，81 页，北平，燕京大学法学院社会学系学士毕业论文，1941。

38. 岳永逸：《行好：乡土的逻辑与庙会》，107~171 页，杭州，浙江大学出版社，2014。

39. 顾颉刚编著：《妙峰山》，广州，国立中山大学语言历史学研究所，1928。

40. [日] 柳田国男：《民间传承论与乡土生活研究法》，5 页，王晓葵、王京、何彬译，北京，学苑出版社，2010。

41. 顾颉刚：《顾颉刚民俗论文集·卷二》，474 页，北京，中华书局，2011。

42. 《顾颉刚日记·第二卷 1927—1932》，283~284、288 页，台北，联经出版事业股份有限公司，2007。此次调查的情形，亦可参见魏建功：《卷头语》《图释》，载《民俗·妙峰山进香调查专号》，六十九~七十期合刊（1929）。

43. 《顾颉刚日记·第二卷 1927—1932》，675 页，台北，联经出版事业股份有限公司，2007。

44. 《顾颉刚日记·第三卷 1933—1937》，39~40、190、478、484、642~643 页，台北，联经出版事业股份有限公司，2007。

45. 《顾颉刚日记·第二卷 1927—1932》，284 页，台北，联经出版事业股份有限公司，2007。

46. 顾颉刚：《顾颉刚民俗论文集·卷二》，475 页，北京，中华书局，2011。

47. 顾廷龙：《妙峰山进香调查》，载《民间月刊》，第二卷第八号（1933），91~104 页。

48. 钱穆：《八十忆双亲、师友杂忆合刊》，143 页，北京，九州出版社，2011。

49. 当然，这种心性不仅仅是顾颉刚个人的，而是社会学的方法、局内观察法没有切实运用于民俗调查的他那个时代学界的共性。这种看似低姿态走向民间，实则俯视的余波至今犹存。对此的系列反思，参见岳永逸：《都市中国的乡土音声：民俗、曲艺与心性》，3~14、243~255、320~339 页，北京，中国人民大学出版社，2015；《朝山》，1~32 页，北京，北京大学出版社，2017；《以无形入有间：民俗学跨界行脚》，3~51 页，北京，商务印书馆，2019。

50. 刘铁梁：《民俗文化的内价值与外价值》，载《民俗研究》，2011 年第 6 期，36~39 页。

51. 奉宽：《妙峰山琐记》，94 页，广州，国立中山大学语言历史学研究所，1929。

52. 奉宽：《妙峰山琐记》，28 页，广州，国立中山大学语言历史学研究所，1929。亦可参见燕归来簃主人：《北京妙峰山纪略·中道》，载《新东亚旬刊》，第一卷第十八期（1939），24 页。

53. 周振鹤：《王三奶奶》，载《民俗周刊》，第六十九~七十期（1929），86~87 页．

54. 李世瑜：《社会历史学文集》，666~674 页，天津，天津古籍出版社，2007。

55. 李世瑜：《社会历史学文集》，704、706 页，天津，天津古籍出版社，2007。

56. 王文光：《天津的妙峰山进香情形》，载《京报副刊》，第二五一期（1925），7~8 页。

57. 燕归来簃主人：《北京妙峰山纪略·北道》，载《新东亚旬刊》，第一卷第十九期（1939），23~24 页。

58. 燕归来簃主人：《北京妙峰山纪略·中北道》，载《新东亚旬刊》，第一卷第二十期（1939），25 页。

59. 顾廷龙：《妙峰山进香调查》，，载《民间月刊》，第二卷第八号（1933），

92~93 页。

60. 顾颉刚编著：《妙峰山》，176 页，广州，国立中山大学语言历史学研究所，1928。

61. 周振鹤：《王三奶奶》，载《民俗周刊》，第六十九～七十期（1929），70 页。

62. 周振鹤：《王三奶奶》，载《民俗周刊》，第六十九～七十期（1929），83 页。

63. 奉宽：《妙峰山琐记》，8 页，广州，国立中山大学语言历史学研究所，1929。

64. 奉宽：《妙峰山琐记》，88~89 页，广州，国立中山大学语言历史学研究所，1929。

65. 顾廷龙：《妙峰山进香调查》，载《民间月刊》，第二卷第八号（1933），100 页。

66. 顾廷龙：《妙峰山进香调查》，载《民间月刊》，第二卷第八号（1933），98 页。同页的另一则灵验故事是：1923 年，北京四眼井的马某，在上妙峰山进香后，求有草药，藏在家中。次年元旦，两个儿子同时得急病。因来不及求医，马某遂向西北祷告，取出所求草药，给两个儿子煎服，病果愈。遂将此药施与他人，无不神效。

67. 周振鹤：《王三奶奶》，载《民俗周刊》，第六十九～七十期（1929），70~71 页。

68. 李慰祖：《四大门》，10 页，北平，燕京大学法学院社会学系学士毕业论文，1941。

69. 周振鹤：《王三奶奶》，载《民俗周刊》，第六十九～七十期（1929），105~106 页。关于乡土宗教中人神一体的辩证而动态的关系，本土作家的通感、直觉常常远胜于国内外学者多少有些"隔"的理性判断。周作人格外强调宗教的情感性和与文学艺术之间的高度关联性。张爱玲（1920—1995）则指出中国人的宗教是即时实践出来的"人的关系"，是"人生小小的一部"。相较而言，汪曾祺（1920—1997）对小民百姓供奉的神的神格把握更为精准。用汪曾祺的话来说，"活生生的人神"就是"农民自己的神"。写过城隍、土地、灶王爷、八仙和罗汉的汪曾祺，也写过北中国常见的女神水母。他不喜欢乡野村庙中呈凤冠霞帔作命妇装束、俨然"娘娘"状的水母，喜欢的是"小媳妇模样"的水母。为此，他解释道："这是农民自己的神，农民按照自己的模样塑造的神。这是农民心目中的女神：一个能干且俊俏的小媳妇。农民对这样的水母不缺乏崇敬，但是并不畏惧。农民对她可以平视，甚至可以谈谈家常。这是他们想出来的，他们要的神，——人，不是别人强加给他们头上的一种压力。"分别参见周作人：《艺术与生活》，37~40页，北京，北京十月文艺出版社，2011；张爱玲：《流言》，152~155页，北京，北京十月文艺出版社，2012；汪曾祺：《人寰速写》，47~48页，杭州，浙江文艺出版社，2020。

70. Ward, C.A., "Spirit Possession and Mental Health: A Psycho-Anthropological Perspective", in *Human Relations*, vol. 33, no.3 (1980), pp.146-163.

71. 李慰祖：《四大门》，72~74、102~108页，北平，燕京大学法学院社会学系学士毕业论文，1941。

72. 陈永龄：《平郊村的庙宇宗教》，15~17页，北平，燕京大学法学院社会学系学士毕业论文，1941。

73. 陈永龄：《平郊村的庙宇宗教》，18、20页，北平，燕京大学法学院社会学系学士毕业论文，1941。

74. 李慰祖：《四大门》，82~83页，北平，燕京大学法学院社会学系学士毕业论文，1941。

75. 李慰祖：《四大门》，83~84页，北平，燕京大学法学院社会学系学士毕业论文，1941。

76. 李慰祖：《四大门》，103页，北平，燕京大学法学院社会学系学士毕业论文，1941。

77. 李慰祖:《四大门》, 105 页, 北平, 燕京大学法学院社会学系学士毕业论文, 1941。

78. 王晓莉:《碧霞元君信仰与妙峰山香客村落活动研究——以北京地区与涧沟村的香客活动为个案》, 北京, 北京师范大学博士学位论文, 2002。

79. 吴效群:《妙峰山: 北京民间社会的历史变迁》, 186 页, 北京, 人民出版社, 2006。

80. Kang, Xiaofei, *The Cult of the Fox: Power, Gender and Popular Religion in Late Imperial and Modern China*, New York: Columbia University Press, 2006, p.143.

81. Kang, Xiaofei, *The Cult of the Fox: Power, Gender and Popular Religion in Late Imperial and Modern China*, New York: Columbia University Press, 2006, pp.145-146.

82. Grootaers, Willem A., "Les temples villageois de la région au Sudest de Tat'ong (Chansi Nord), leurs inscriptions et leur histoire (The Village Temples in the Southest of Tatung (Shansi), Their Inscriptions and Their History) ", in *Folklore Studies*, vol.4 (1945), pp.161-212; Grootaers, Willem A. with Li Shih-yü(李世瑜) and Chang Chi-wen (张冀文), "Temples and History of Wanch' üan (Chahar). The Geographical Method Applied to Folklore", in *Monumenta Serica*, vol. XIII, (1948), pp.209-316; Grootaers, Willem A., 李世瑜 and 王辅世, "Rural Temples around Hsüan-Hua (South Chahar), Their Iconography and Their History", in *Folklore Studies*, vol.10, no.1 (1951), pp. 1-116.

83. 李有义:《山西徐沟县农村社会组织》, 133 页, 北平, 燕京大学法学院社会学系学士毕业论文, 1936。

84. 李慰祖:《四大门》, 51、53 页, 北平, 燕京大学法学院社会学系学士毕业论文, 1941。

85. 岳永逸：《行好：乡土的逻辑与庙会》，121~123 页，杭州，浙江大学出版社，2014。

86. 李慰祖：《四大门》，142 页，北平，燕京大学法学院社会学系学士毕业论文，1941。

87. 李慰祖：《四大门》，125 页，北平，燕京大学法学院社会学系学士毕业论文，1941。

88. 李慰祖：《四大门》，50、140 页，北平，燕京大学法学院社会学系学士毕业论文，1941。

89. 麻国庆：《家与中国社会结构》，北京，文物出版社，1999;《永远的家：传统惯性与社会结合》，北京，北京大学出版社，2009。

90. 岳永逸：《空间、自我与社会：天桥街头艺人的生成与系谱》，214~219 页，北京，中央编译出版社，2007。

91. 李慰祖：《四大门》，145 页，北平，燕京大学法学院社会学系学士毕业论文，1941。

92. [美] 杜赞奇：《文化、权力与国家：1900—1942 年的华北农村》，10 页，王福明译，南京，江苏人民出版社，2003。

93. 陈永龄：《平郊村的庙宇宗教》，8~12、103、105 页，北平，燕京大学法学院社会学系学士毕业论文，1941。

94. Hsu, L.K., *Under the Ancestors' Shadow: Chinese Culture and Personality*, London: Routledge & Kegan Paul, 1949, p.242.

95. Paper, Jordan D., *The Spirits Are Drunk: Comparative Approaches to Chinese Religion*, Albany: State University of New York Press, 1995, pp.61-68; "A New Approach to Understanding Chinese Religion," in *Studies in Chinese Religion* [Taipei], vol. 1, no. 1(2013), pp.1-32.

96. Hsu, L.K., *Under the Ancestors' Shadow: Chinese Culture and Personality*, London: Routledge & Kegan Paul, 1949, p.270; Sangren, P. S., "Female Gender in Chinese Religious Symbols: Kuan Yin, Ma Tsu, and the 'Eternal

Mother', ," in *Signs* 9 (1983), pp.4-25, "Myths, Gods, and Family Relations, " in Shahar, Meir and Robert P. Weller (eds), *Unruly Gods: Divinity and Society in China*, Honolulu: University of Hawaii Press, 1996, pp.150-183; 赵世瑜：《狂欢与日常：明清以来的庙会与民间社会》，284 页，北京，生活·读书·新知三联书店，2002。

97. 陈涵芬：《北平北郊某村妇女地位》，44 页，北平，燕京大学法学院社会学系学士毕业论文，1940；陈永龄：《平郊村的庙宇宗教》，14 页，北平，燕京大学法学院社会学系学士毕业论文，1941。

98. Bunkenborg, Mikkel, "Popular Religion inside out: Gender and Ritual Revival in a Hebei Township", in *China Information*, vol.26, no.3 (2012), pp.359-376.

99. [日] 宫家准：《日本的民俗宗教》，赵仲明译，南京，南京大学出版社，2008。

100. 岳永逸：《行好：乡土的逻辑与庙会》，310~316 页，杭州，浙江大学出版社，2014。

101. 华智亚：《人生仪礼、家庭义务与朝山进香：冀中南地区苍岩山进香习俗研究》，载《民俗研究》，2016 年第 1 期，89~98 页；岳永逸：《朝山》，268~273 页，北京，北京大学出版社，2017。

102. 当然，无论是偏重乡土宗教的"朝山 / 顶"，还是偏重帝国政治的"朝贡"，二者在汉语表述中又经常笼统地写作"朝圣"。对于"朝圣"一词的知识社会学，王铭铭曾有过详尽的梳理。参见王铭铭：《走在乡土上——历史人类学札记》，176~212 页，北京，中国人民大学出版社，2003；《西学"中国化"的历史困境》，244~261 页，桂林，广西师范大学出版社，2005。关于"朝贡"的专题研究，可参见李云泉：《万邦来朝：朝贡制度史论》，北京，新华出版社，2014。

103. 李伯重：《火枪与账簿：早期经济全球化时代的中国与东亚世界》，266~281 页，北京，生活·读书·新知三联书店，2017。

104. 岳永逸:《朝山》，61~210 页，北京，北京大学出版社，2017。

105. 岳永逸:《革弊？人神敬拜的礼俗让渡》，载《民俗研究》，2016 年第 4 期，54~60 页。

106. 张东荪:《思想言语与文化》，载《社会学界》，第十卷（1938），40 页。

107. 随着语境的不同，日常语汇"心意"有着复杂多变的意涵。在大小的敬拜空间，"心意"则成为人神之间交际的代名词，从而有了宗教性。参见陈纬华:《灵力经济：一个分析民间信仰活动的新视角》，载《台湾社会研究集刊》，第 69 期（2008），57~106 页；岳永逸:《朝山》，187~201 页，北京，北京大学出版社，2017。

108. 侯杰、王凤:《从传统到现代：民间年画与中国女性生活》，载《妇女研究论丛》，2016 年第 5 期，108~118 页。

109. 赖惠敏、王中奇:《清代北方版画贸易网络》，载《民俗曲艺》，第 207 期（2020），111~172 页。

第 10 章

/ 民俗学志：裸写与热描

在正式总结之前，有必要简要回顾燕大民间文学研究和同期辅仁的民俗学研究，也即拙著"历史的掌纹"系列前两部《"口耳"之学：燕京札记》和《"土著"之学：辅仁札记》的主要内容。两书大抵延续的是中国民俗学既有的 folklore 这一路径与传统。简言之，燕大的民间文学研究偏重形态学，或者说文体学，其关键词是体裁、区位和比较；辅仁以传教士为主的民俗学研究，则是基于方言、方音与地理的"土著"之学。

/ "口耳"之学：体裁、区位与比较

对于燕大学生群体的民间文学研究而言，周作人、胡适、顾颉刚、郭绍虞、郑振铎、朱自清以及钟敬文、赵景深等前辈学者的认知与引领举足轻重。这一路径也始终是 folklore 引领的中国

民俗学的主流，并成就了蔚为大观、在世界范围内也独树一帜的作为一门学科的中国民间文学。其中，因为长期在燕大任教，在歌谣和传说研究方面，顾颉刚的引领作用又尤为明显。在相当意义上，顾颉刚与郭绍虞一道，成为燕大偏重于文本研究的民间文学研究的领军人物。燕大的民间文学研究，虽然大体还是以文本为主，且数量不多，却分量极重。李素英《中国近世歌谣研究》、薛诚之《谚语研究》、杨文松《唐小说中同型故事之研究》和洪德方《学龄前的儿童与故事》，均有着鲜明的形态学抑或说文体学意识，并尝试厘清歌谣、谚语和故事这些民间文学亚类的内涵与外延，可圈可点。

歌　谣

在顾颉刚等人的指导下，1936 年李素英的硕士毕业论文《中国近世歌谣研究》，是系统总结歌谣运动的开篇之作。在周作人、胡适、顾颉刚等人同中有异的诸多观念的影响下，她因应冯梦龙《山歌》的发现与刊行，将"近世"的时长拉伸到明季，对歌谣的分类、性质、内容、形式和辞格等，进行了言必有据的诠释，还以北平歌谣、吴歌、客音(客家山歌)和藏地歌谣为主，对全国的歌谣进行了人文区位学研究，创新性地提出歌谣是"介于旧诗词与新体诗之间的一种执中的诗体"[1]。同时，基于对歌谣、文学与社会的理解，她无意中提炼出了与唯美、出世和保守并存的歌谣之入世、激进、革命的另一面，指出因应民族国家的存亡危机和历史演进的必然,"歌谣运动"具有向"歌谣革命"嬗变的可能,即新文艺的主潮应该是以民众为本位、对象和主体的旧瓶新酒的大众文化。以此观之,毛泽东《在延安文艺座谈会上的讲话》实乃大势所趋,有着深刻的历史必然性。

李素英对歌谣以文学为本位的研究,有着浓郁的家国情怀、社会意识和历史大视野。这使得该研究不但丰富了文体学的内涵与外延,也明显有着后文将要诠释的"民俗学志"的文体特征,至少有着民俗学志的意味。同时,其研究表明,当将作为文学的歌谣视为社会的,并与社会变迁联系在一起时,歌谣研究也就多少有了"社会学的民俗学"的色彩。

同样是基于文学本位,但迥异于李素英寻求歌谣运动内发性发展的路径,燕大西语系王同峰(音译)的学士毕业论文《中英歌谣的比较研究》是外向型的。他的文学区位抑或说文学地理,也不像李素英那样限于国内的华北、江南、华南和藏区等板块,而是隔了千山万水的中国和英国。从收集与整理、起源与作者、特征、歌谣中的生活等方面,王同峰对中英歌谣进行了比较,从而不但向学界介绍了一些英国歌谣研究的基本事实与观点,也使得中国歌谣研究有了主动"请进来"之拿来主义的世界眼光。[2]有些遗憾的是,受当时对本土文化持批判甚至否定态度的主流认知(也是具有道德优越感的革命认知)的影响,他总体上对英国歌谣持"蜕化论"观点,而对中国歌谣持"退化论"观点,认为中国近世歌谣是粗俗的,既逊色于《诗经·国风》《孔雀东南飞》等古典歌谣,也逊色于英国的近世歌谣。

故 事

　　燕大学生的传说研究大致是在顾颉刚之古史辨理念影响下进行的。齐思和《黄帝之制器故事》（1931）和韩叔信《龙与帝王的故事》（1931）两篇毕业论文，都是层层剥茧，试图寻求真正的历史，即证伪传说，以求还原历史。与之不同，根据对唐传奇等古籍的细读，杨文松梳理出古镜、金刀、梦与枕、南柯、离魂、杜子春、小幽灵、斩蛇、昆仑奴、盗马、狐书、化虎、虎道士、虎媒、虎妻、猎人、报恩虎、龙洞、柳毅传书等同型故事。在对这些同型故事的纵横比较研究中，受进化论和同源说影响的杨文松，提出了跨越时空的"故事流"这一术语。可是，也正是受同期盛行的单线进化论、同源说／传播论的规训，杨文松也多少有些简单地将中国古代丰富的传说故事，纳入了一个由低级到高级、由简单到复杂的时间序列，并将这些故事的源头都归到了古印度。然而，其"故事流"这一概念，不但看到了民间故事始终处于流变过程中这一特征，还将其研究做成了现代的与当下的，云：

　　　　每一故事的典型像虎妻型及斩蛇型之类能够沿着历史的时代传下来，而其流行的地域包括着东方和西方，无论纵横两方面，都像江河流水，很可以名之曰故事流。这种故事流表明传说的超时间与空间的特性。[3]

值得称道的是，在今人的研究中，杨文松的"故事流"不再仅仅是某一型故事的历时性流变，而是书面、口头、图像和仪式四种叙事之间的交错博弈，是这四者之间的经久不衰的互动、互文。[4]

无论是郑振铎还是燕大英文系毕业的刘寿慈[5]，二人的印度寓言翻译，都试图界定寓言的基本特征，发现寓言在中国语境下的演进。[6]因此，刘寿慈对寓言的界定也就是在寓言与神话等不同文类的比较中进行的。而且，二人都注重寓言对于儿童教育的重要性。周作人以儿童为本位的儿童文学观[7]对寓言的译介影响深远。对于童话（儿童故事），包括 1936 年燕大英文系匡文雄（音译）的学士毕业论文《中西童话之比较》（"A Comparison between Chinese and Western Fairy Tales"）在内的研究，都在尝试厘清童话的特质。

当然，燕大的民间文学研究又不仅仅限于文本。如《"口耳"之学：燕京札记》中辨明的那样，在社区 – 功能论的主导下，杜含英的歌谣研究和李慰祖、马树茂等人涉及的灵验故事研究，已经有了鲜明的语境意识，是情境性的，讲述者的主位视角跃然纸上。洪德方《学龄前的儿童与故事》不但在尝试厘清童话等儿童故事的体裁特质，儿童情绪和环境、故事本身和讲者技巧都成为研究的对象。这些都俨然是当代中国民间文学语境研究的本土先声。[8]换言之，包括后文要述及的谚语在内，燕大的民间文学研究，有着从文本向语境、从形态到生态的演进，至少有了相关的意识。这在以顾颉刚为代表的古史辨派传说研究、以黄石等人为代表的神话－仪式学派研究和以钟敬文为代表的民间故事形态学研究等偏重于文本取向的研究之外，辟出了一条新路。

谚　语

至今都少有人涉足的谚语研究，在其起点就达到了一个高峰，那就是1921年面世的郭绍虞《谚语的研究》。[9]在郭绍虞的指导下，精通英、德、法、俄、日、世界语等多种语言的薛诚之，在其积攒的一万多张谚语卡片的基础之上，于1936年完成了硕士毕业论文《谚语研究》，也完成了郭绍虞十多年前计划中的事业——对谚语的比较研究和对谚语与文学关系的研究。薛诚之这篇体大虑周、思精理要的论文，拓展、夯实了郭绍虞开创的谚语形态学。

在与歇后语、成语、格言、歌谣等相邻、相近体裁的比较中，薛诚之精准的谚语定义不但涉及内容、辞藻，还涉及"作为人类推理、交往及行动时候的一种标准"之实践性、规范性，涉及谚语对于"人类各时代"的普遍性。这就使其谚语研究不仅仅基于中国的经验事实、文化传统，不仅仅是语言的，还是行动的、制度的，是人类整体意义上的。在其纵横的比较研究中，薛诚之始终将中国的谚语置于世界、人类谚语的大背景之下，中国的也就是世界的。简言之，薛诚之的谚语定义同时兼顾语言和言语双重属性：

谚语是人类于各时代所积累下来的实际观察以及日常经
验的成果，为的便于保存和传达，乃自然地以一种具着意识、
简短、均衡、和谐、机灵诸特征性的便于记忆的语言表达出
来，以作为人类推理、交往、及行动时候的一种标准。[10]

在对谚语文本的微观细读中，他不仅打通了通常意义上内容
和形式之间的区隔，析变出了谚语的意识、简短、均衡、和谐、
机灵之五要素，还别出心裁地创设出了缜密、实用而开放、操
作性强的谚语分类体系。在对谚语在文学中作为题材和体裁的
梳理基础之上，他也拓荒性地进行了"谚话"写作的尝试，虽
然数量有限，却在一定意义上丰富、完善了中国文学批评固有的
文类。

尽管几乎被后人忽略，甚至遗忘，薛诚之生前也基本不为
外人所知，但他建构出了别有韵味的谚语学。这也就不难理解，
在同样终生从事谚语研究的朱介凡（1912—2011）的回忆中，
胡适曾对薛诚之《谚语研究》做出了高度评价。胡适认为，薛
诚之的《谚语研究》是"运用现代科学方法，研究中国事物的
杰出成绩！"[11]

多少有些遗憾的是，薛诚之强调的谚语的言语属性——"作
为人类推理、交往及行动时候的一种标准"，在其同时代的学人
中，只有王顺[12]等个别学人在自己的调查研究中意识、涉及。可
喜的是，20世纪末，晚年的钟敬文鲜明地提出：谚语不仅仅是一
种民俗语言，其本身就是一种民俗活动。[13]正是在此理念的指引

下，在黄涛的研究中，谚语不但是一种行为，还是一个个民俗事件，这较为充分地体现了六七十年前薛诚之明确提出的谚语的言语属性、行动属性，也体现出了明显有别于谚语形态学的谚语生态学之特质。[14]

值得注意的是，这些对民间文学不同文体的研究，又反向影响到了教育学等其他相关学科的研究。狭义民俗学的学科意识，不仅仅流露在弹词[15]、岔曲[16]等俗文学的研究之中，在教育学的相关研究中也处处可见。1940年，在廖泰初指导下，刘庆衍完成了关于蓝旗营卫生状况及其改进方案的研究。在该研究中，刘庆衍专节讨论了歌谣、谚语中蕴藏的蓝旗营村民对卫生、疾病的看法以及相关的实践。[17]

除神话之外，无论研究对象是歌谣、谚语、传说、故事还是寓言，燕大师生的民间文学研究都是在中国现代民俗学运动发展史的脉络中有序前行的，既全面吸收既往的研究成果，又在这些成果基础之上尝试做出新的突破。各个子类的研究都在试图对民间文学这一大范畴下的不同文类，通过内容、形式等方面的辨析，进行界定，以明了其特征与本质，从而推进了民间文学研究的深度与广度。歌谣运动时期就倡导的比较研究方法，得到了切实有效、灵活自如的运用，并有了明确的区位意识。这使得对于无论哪种体裁的民间文学的研究，都有着探寻历史的深度、地域的广度和认知的厚度的自觉追求。或者与燕大作为教会学校本身就中西合璧有关，具有世界眼光的纵横比较，是这些文本研究的普遍特色。因此，体裁、区位和比较，是燕大偏重于文本的民间文学研究的关键词。

毫无疑问，这些研究多少都有着单线进化论的影子。尽管如此，在中国民间文学史、民俗学史的长河中，李素英的歌谣学、薛诚之的谚语学、杨文松的故事学，都有着不容忽视的价值和学术地位。连同郑振铎和刘寿慈两人对寓言的精准定义、杜含英对歌谣的社会学释读、洪德方和匡文雄对儿童故事／童话的认知、洪德方对儿童故事的"表演研究"、李慰祖等人对灵验故事的社区－功能研究——"语境研究"等，都具有承前启后的里程碑式的意义。

/ "土著"之学：乡音、方言与地理

辅仁大学的民俗学研究集中体现在 1942 年创刊的外文刊物《民俗学志》（*Folklore Studies*）中，其作者主要是与辅仁有着种种关联的传教士。

与同期的多数中国学者一样，1911—1938 年陆续出版的禄是遒 (Henri Doré, 1859—1931) 主笔的 18 卷本的《中国民间信仰研究》（*Recherches sur les superstitions en Chine*），主要是依赖文字资料来呈现中国人的信仰。对此，先是在山西大同西册田一带传教后来在辅仁执教的贺登崧明确表达了不满。他认为，"确定有一种敬礼在人民生活中所占据的地位"，只有通过实地调查。[18] 因此，延续闵宣化（Jos Mullie, 1886—1976）开创的传统，贺登崧

带领辅仁的中国学生，融汇地理学、语言学的方法，实地勘查，力求将民俗、方言、地理、历史、宗教研究打通，进行整体的研究。进而，他试图"从过去中国各地方的文化中心区的构成过程里，去发现物质的和精神的主要因素跟它们的相互作用和反应"，并希望中国同人能在"各种正确的地方材料的搜集"基础之上，进行这样综合的研究。[19]

同是田野研究，但却与燕大师生对平郊村的微观细描稍异，贺登崧、李世瑜等辅仁师生对大同、万全、宣化三地数百个村庄的庙宇、神像、敬拜以及方言务求其全的中观研究，在中国尚属创举。这实在是中国民俗学史上浓墨重彩的一笔。其地图法的娴熟使用，揭示了"各地宗教敬礼的方式显有种种的差异"，并根据这些差异一窥"文化区域的分布"以及可能的演进。[20]这不但对区域民俗研究，也即民俗文化圈或民俗文化带之研究意义非凡，也是今天盛行的大数据和"读图时代"的先声。其实，在相当意义上，说贺登崧开创了中国现代民俗学的分支"民俗地理学"以及"方言民俗学"也不为过。

具体而言，贺登崧倡导的将地理学和地图法应用于方言与民俗研究的操作路径是：首先，将一定地域内有着差异的方言（词、语法和发音）、民俗（诸如庙宇、神灵、壁画）标示在地图上，即根据特定事象或条目，制作方言地图或民俗地图；其次，全面观察、分析其分布，确定相应的界线，再适当参考方志、碑铭等，建构出该地域语言、民俗的变化过程；最后，由点及面，从既往中国各地文化中心区的构成过程中，发现物质的和精神的主要因素跟它们的相互作用和反应。

　　作为贺登崧先后在大同与辅仁的同事，同样一丝不苟追求学术研究科学性的司礼义，对方言、方音更加情有独钟。在对大同城南乡村方言的调查研究中，口传的谜语、儿歌、故事等对他日显重要，进而司礼义对桑干河畔数十个村庄的诸多民俗事象进行了深入的观察、体认和调研。遵循人类语言习得是从声音开始的这一基本规律，其关于当地婚俗、谜语、儿歌和故事等的调研，不但重视方音、方言，还逐一用方音记录，标注国际音标、进行语法注释，再翻译成英文或法文，展开诠释与比较。[21] 他甚至可以用自己熟练掌握的当地方言，反向检测信息提供者是否用了方言给他提供信息。[22]

　　基于长期与村民互动交际的文本比较与分析，司礼义洞见迭出，不时回应着中国民俗学者已有的认知。在其深耕的桑干河畔，他既能看到儿童谜语和成人谜语、儿童故事和成人故事内部的差异，也能洞察韵语和故事这些文类之间的相互影响及互文性；既能看到在孩童中流传的戏谑绰号之类韵语的必然性和偶然性，也能洞悉韵语故事和儿童故事之间的连带性。事实上，这些基于田野、量大质优且将语境研究和文本研究有机结合的研究，始终是在与中外学者相关研究的对话基础上展开的。正是出于对中国学者"极少对民俗本身，即民俗资料本身，投入全部的心力"，反而"大谈语言、文学、教育，甚至政治"[23]的惋惜，对格林童话对民间源流有意的轻视以及歪曲的严厉批评，司礼义对自己研究之科学性的追求到了近乎严苛的地步。其民俗学研究具有浓厚的方言学色彩，将之视为"方音民俗学"也不为过。当然，这也有了在文本的语言中产生"一种非自然状态"之嫌。[24]

较之贺登崧，司礼义明显更重视方音、方言和不同民俗事象之间的联动。个体对方言、方音和民俗的理解与使用，在司礼义的中国民俗学中占有更加重要的位置。换言之，在一定意义上，与贺登崧更加偏重作为人文地景的方言与民俗之地理分布相较，司礼义的中观研究更加重视民俗传承主体——人——的重要性。当然，这一同道之间的细腻差别，或者也源于关注的具体对象之不同。虽然都是以对同一地域的方言、方音考察为基础，但司礼义更加关注儿歌、谜语、故事等人们口耳相传的活态"音声"，贺登崧聚焦的更多是经幢、石碑、钟磬、铭文、家谱、庙宇、神像等外在于人的更加物化的乡野文化形态。

无论怎样，以贺登崧和司礼义为代表的辅仁大学的民俗学研究，都有着对民俗资料本身投入全部心力的科学性追求。其以方言区为单位的中观研究，基于具体时空日常生活而令人信服的文本比较、文化释读、地图法的使用，都极大地丰富了中国民俗学的内涵与外延，提升了中国民俗学的品位。事实上，这两个"外人"的中国民俗学研究完全可以称作"土著"之学。

/ 民俗志与民俗学志

在 20 世纪三四十年代中国民俗学运动的洪流中，非常重视民俗和民俗资料本身的燕大以及辅仁的民俗学研究，只是长期被忽视的枝蔓而已。因应民族危亡而求生存的艰难时局，中国民俗学运动的主流大抵依旧延续了歌谣运动以来的"抢救""记录""救亡"以及"启蒙"等主旨。[25] 民俗以及民俗学之所以重要，更多是因为其先天就具有的工具理性，抑或说其"外价值"，民俗资料本身的科学性以及"内价值"则位居其次。毫无疑问，本书勾画的在整体上"为学术而学术"的燕大"社会学的民俗学"有着不同的知识谱系。相较于同时代整个中国民俗学的图景而言，本章前两节的补充性概述，为燕大社会学的民俗学的价值评估，给出了一个近距离的参照系。

如同已经揭示的那样，燕大的民俗研究始终有比较的眼光、传承的意识和现实的关怀，既关注传统礼俗的互动，也关注都市生活方式及其观念的冲击波和这些冲击波在边际社区形成的余韵，日寇的"影响"也若隐若现，还有了比较中国各地闹新房礼俗的专文。当然，正如诸多毕业论文引用的大量当年的报刊等文献所表明的那样，关于北京市井风情的文类很多：《旧京琐记》《北平一顾》[26]、邓云乡《燕京乡土记》等渲染"城愁"的"追梦忆旧"之作；主要描摹市井风情的竹枝词；陈师曾等人的风俗画；《北平风俗类征》[27] 和《北平岁时志》《京津风土丛书》[28] 等类书；《天桥百写》[29]、《小吴历险记》等纪实类的报刊专栏类写作；[30] 旅行指南之类的导览书；[31] 以及诸多洋人的调查书写以及照相[32]，等等。与这些文类相较，当年燕大青年学生的学术写作生动鲜活，资料性和可读性兼具，同时亦不乏严谨甚或深刻。

这些基于实地观察以及学理思考的整体性地记述，自然保存了前文已经部分提及的很多大众不以为然、理所当然的习俗与常识，展现了礼俗的丰富性、多元性、复杂性，极具资料学意义和学术价值。

在描述把将亡之人抬至灵床时，陈封雄平实而简洁的记述，更充分地体现了上述这些特征：

> 舁病者至灵床多由近亲为之，如近亲无力抬曳，身强力壮之长工或邻居多当此任。病者虽系女子亦不忌此，仅小殓时异性须回避，故绝未遵"妇人不死于男子之手"之古礼。灵床之形式无定，木板下承矮凳即为灵床，门板长桌亦可。满人多由杠房租床，名为传"吉祥板"。乡人谓人将死，即曰"快上床啦"，乃指灵床，故乡人多睡炕而忌睡床。灵床放置之方向亦无定则，如室中容积宽大则多置东西方向，使病者头部向西，取升西天之意。[33]

前文已经提及，尽管在这些专写礼俗、风俗的毕业论文中，没有人使用"民俗志"之类的词汇，同期进行民俗学史研究的李荣贞却明确使用了"民俗志"一词。[34] 当然，在现代民俗学史上，李荣贞并非最早使用"民俗志"的研究者。

20 世纪 20 年代，从日本留学归来的何思敬，一度对民俗学发生了兴趣。在 1928 年《民俗周刊》的第一期，受主事人顾颉刚的邀约，何思敬撰文细述了民俗学在英国 19 世纪以来的发生与演进。[35] 在同年的《民俗周刊》第四、五期，他专门撰文评论顾颉刚等人的"妙峰山进香专号"。不仅如此，他还将班尼女士的《民俗学手册》（*The Handbook of Foklore*）介绍给杨成志，鼓励其翻译。稍晚些时候，在为杨成志翻译的《民俗学问题格》撰写的"序"中，采用马略特和班尼女士的陈说，何思敬在与民族志（ethnography）的比较中，多少有些悲观地将 folklore（民俗学）降格为"民俗志"。他认为，民族志是指向外在世界的，包括技术与言语等材料与事实，没有固有的研究方法，只是一种学问的手段。民俗学聚焦国内，关注仪式与信仰，然而：

> Folklore 也不过是一种学问的手段，而不是一个独立有组织的说明学。不过，当做一个学问的手段看，Folklore 确实是一个非常收效的手段。因其收效所以它在学问中可以成独立的一个部门。因其如是，若 Folklore 为民俗学则不免太重，不如称之为民俗志来得适当。[36]

1931 年，在给江绍原编译的《现代英吉利谣俗及谣俗学》写的序言中，老道的周作人也表达了他对自己早年热心的民俗学的质疑，至少说担心，同样发出了可能要将"民俗学"降格为"民俗志"的感叹。换言之，对周作人而言，民俗志仅仅是对民俗学研究对象——民俗——的记录，而民俗学则更应该是像倡导社会学的民俗学的杨堃一再强调的那样，在叙述之后，还要有比较与说明。只有有了基于叙述的比较与说明，民俗学才能够形成独立的学科品格、风范与灼见，即方法论与诠释体系。周作人惆怅也忧心地写道：

> 民俗学——这是否能成为独立的一门学问，似乎本来就有点问题。其中所包含的三大部门，现今好做的只是搜集排比这些工作，等到论究其意义，归结到一种学说的时候，便侵入别的学科的范围，如信仰之于宗教学，习惯之于社会学，歌谣故事之于文学史等是也。民俗学的长处在于总集这些东西而同样地治理之，比隔离的各别的研究当更合理而且有效，譬如民俗学地治理歌谣故事，我觉得要比较普通那种文学史的——不自承认属于人类学或文化科学的那种文学史的研究更为正确，虽然歌谣故事的研究当然是应归文学史的范围，不过这该是人类学的一部之文学史罢了。民俗学的价值是无可疑的，但是他之能否成为一种专门之学则颇有人怀疑，所以将来或真要降格，改称为民俗志，也未可知罢。[37]

此后，使用"民俗志"的学人日渐增多。1934年，《振华女学校季刊》，第一卷第三期刊载有海澜撰写的《青海民俗志略》。1936年，《民俗（复刊号）》刊载了王兴瑞、岑家梧的《琼崖岛民俗志》。然而，始终没有人对"民俗志"进行界定、解释，大体沿用的是"民俗的记录"之字面意义。

客观而言，1939—1941年以及1945年在北平复校之后的燕大社会学系数批以民俗为主要研究对象的毕业论文，其不少的比较、说明，多少有些浅薄，诚如作者们自己常常所言的那样，是"幼稚"的，抑或仅仅是"尝试"。在前八家村的丧仪研究中，陈封雄就风水、乡民、阴阳生三者进行了循环式的解释：乡民相信风水，催生了阴阳生，阴阳生反向迎合了村民的种种希望，乡民于是再进而维持阴阳生的生活与地位。[38] 此类"无效"的说明在这些论文中确实不少。陈永龄也将自己一丝不苟描述的庙宇宗教归结为消极的、自私的、出世的、急迫需要教化与改造的。

然而，这些基于研究者在具体时空单元——尤其是在赵承信主持的平郊村这个社会学实验室——中参与观察、访谈、个案研究、个人生活史、生命史等的记录与叙述，在中国学人研究民俗的历程中，则是开创性的、拓荒性的与群体性的，甚至完全可以说是成功的。唯其如此，包括众多灵验故事在内的口头文学的收集，既成为研究的手段，也是研究的材料，而且研究者还有着清楚的文类、文体意识。今人乐道的民间文学之语境研究，已经在当时成为学术事实。杜含英对歌谣文本明确的社会学解读，通过歌谣来透视京畿地区的社会生活实况，以及特定行业的群体特征，也是前所未有的。

尤其难能可贵的是，在吴文藻、杨堃、赵承信、黄迪、林耀华等燕大师长的指导下，这些研究者前所未有地有了明确的学科意识和方法论意识。整体观、社区研究、功能主义、神话学派以及历史意识、比较意识等贯穿始终。因为研究者亲身参与，与合作者交上了朋友，民俗事象的记述不再是面无表情的"冷描"，而是有着温度、厚度、深度与质感的"热描"。我们不但可以看到围绕一件器物、一个空间、一个事象的各色人等纷纷登场，交际互动，也可以看到常人从生到死之生命历程的烦琐与苦乐悲喜，还可以看到顶香当差的香头这一特殊群体通过诸多琐碎仪礼建构起的"拟制的家"。作为渐变的乡土中国权力文化网络中的一个节点、涂尔干意义上的"社会制度"和莫斯所言的"整体的社会事实"，燕大毕业论文中的民与民、俗与俗、民与俗、人与神、男与女、生与死、阴与阳、城与乡、传统与当下、东方与西方，都在相当意义上形成了相互诠释、映射与表达的互文性关系。

但是，无论是社区研究、功能主义，整体观抑或社会均衡论，这些所谓的理论都只是作为观念引导着这些青年学生对民俗的叙述以及比较，并未彻底支配其对这些民俗的说明、诠释，以至于在其叙述、比较中，常常看不到这些所谓理论的身影，更不要说有意地与之对话和检讨。在相当程度上，与现今言必称理论的八股式学位论文相较，这种低姿态的量力而行，使得这些偏重于叙述，尽可能把民俗事象作为一个有机体、一种社会制度、一种整体的社会事实清楚叙述的研究，几近于"**裸写**"[39]。自然，在这些"裸写"之中，当下众多学院派研究口口声声强调、凸显、建构的理论，反而处于一种弱势的地位，彻头彻尾地沦为"弱理论"或"微理论"。正是因为基于社会事实，在弱理论暗示下的裸写，在平郊村这个大写的"社会学实验室"，由青年学子完成的这些研究，虽然有着明确的认知论、方法论和学科意识，却因为字里行间鲜活的人及其俚语、俗说与故事，因为穿插其间的图片、表格，而同时具有了趣味性、可读性、资料性、文学性与学术性，成为一种跨界的超文本，甚至说"超文类"。

在此意义上，正如本书已经频频使用的那样，我更愿意将这些出自名不见经传的学生之手，实实在在、认认真真的社会学的民俗学之系列成果，称为"民俗学志"，而非"民俗志"。

民俗学志不仅仅是对以"民"——行动者——为中心的相关民俗的记录。主位与客位视角并重、呈现田野过程的民俗学志，更是含有学科意识和方法论意识的对民与俗以及二者之间互动、传承演进的立体性的研究性记述，以及不勉力为之、不牵强附会的比较与诠释。民俗志则像人们惯常有的通识那样，取径古已有之的风俗志、乡土志以及方志，仅仅是对民俗扁平化的记述，重在无行动者的事象、类型化也空洞化的事项——俗。在此意义上，与《老北京的风俗》《老北京的生活》一样，文笔曼妙、洋洋洒洒也有着可读性的《小吴历险记》同样属于民俗志的范畴。

也即，本书的民俗学志延续了刘铁梁《民俗志研究方式与问题意识》一文对"民俗志"的深度思考与再诠释：它"不单是为别人的研究提供资料，它自身还是一种复杂研究过程和认识表达方式"，其撰写与深入田野的民俗学者"对民俗的本质认识"和"推进学科发展"的"问题意识"密切相关。"问题意识"是研究者主动带着问题去实地研究，所带问题应该对于学科基本理论及前沿课题研究的开展，具有检验的和创新性的意义。因此，民俗学志的书写者应该从两个方面为民俗学的前进做出贡献：

一是对原有理论概念系统和个别推论进行实地检验，发现可能存在的问题，进而给予重新判断与纠正；二是实地发现新的现象和新问题，填补原有研究中的空白和补充原有的不足，同时通过这种拓展的努力使学科的理论方法更臻完善，对其他人文社会学科也给予积极影响。[40]

当然，民俗学志并不仅仅是融田野作业、理论或主题为一体，即研究方式、问题意识与经验事实并存的刘铁梁意义上的民俗志，它更是以民为主体，对民的生活世界、文化与心性带有暖意的叙写——"热描"。

换言之，民俗学志，首先在意的是民，要写的是民，将民视为与研究者、书写者一样的大写的人。它将民置于首位，让其现身说法。于是，陈谷子烂芝麻、家长里短、柴米油盐酱醋茶、喜怒哀乐愁怨苦等人生百态、人之常情、难言之隐，都会流于笔端，会呈现出大大小小的问题，从而或明或暗地有着历史意识、整体意识和批判意识，其完美的终极形式必定是思想与美感兼具的跨界文类——超文类。

通常意义上的民俗志则更在意"俗"，而且是在教化观、教育观、启蒙观、革新改良观支配下的采风问俗之"俗"与移风易俗之"俗"。这种理念认为，民是低下的、愚昧的，起码是低人一等的，需要被教化与教育，需要启蒙与被革新，俗大体也是粗鄙、浅陋的，需要被规训与改造，至少是提升。这样，民俗志的编撰、书写，不但有"颂圣"的雅意，还有以自我为中心的精英俯视众生的傲意，不乏猎奇、窥视癖之人性阴暗面作祟，是"盛世"（实在的或理想型的）与褊狭的精英主义的"镜像"。

通过这种投入情感的热描，民俗学志的研究者集观察记录者、书写者、诠释者三种身份于一身，不再外在于其研究对象 – 合作者——民，研究者自己的生活、思维、心性与文化也投射在了其对于"他者\群"的描述之中，而成为"我（群）"，即自己的。这样，在民俗学志中，通常意义上研究者与合作者、他者与我者之间的界限模糊，主位、客位的边际消失，相互之间是一种永远相互映射而重重叠加的镜像关系，如同上嘴唇与下嘴唇、上半身与下半身、左手与右手。

甚而可以说，一部成功的民俗学志与其说是在叙写、诠释外在的他者，还不说是在间接、隐晦地书写自己。研究者不再游离于研究对象，也不是褊狭的高高在上、冷眼旁观的拷问者、审判者，反而一定意义上有着浓郁的内省甚至忏悔意识，与研究对象有着祸福与共、休戚相关的共情。[41] 在此意义上，民俗学志也可以视为对融他者和我者为一体的大写的"我"的文化、惯习与心性的洞察，书写的是一个个不分彼此的鲜活个体的感官感觉世界中"意识的厚瞬间"。也因此，民俗成为动态的、过程的，并具有了"现在性"。也即，在内容方面，形式上作为超文类的民俗学志，是黄石所言的风、俗、礼、制的统一，并非通常意义上与大传统泾渭分明的"小传统"，也非地理学意义上"乡野的"和政治学意义上"民间的"。

在此，有必要重温《四大门》中这段经典的叙写：

在槐树街李香头"坛口"上，还与王奶奶预备烟袋一份，**菠菜绿的翡翠烟嘴，虎皮乌的烟杆，白铜烟锅，青缎烟荷包**，供在龛的旁边。这是神圣的东西，不得擅动，专等"王奶奶"下神时所吸用。[42]

即使当下，一位观察研究者如果没有"了解之同情"、不秉持承认优先原则[43]，很难想象"菠菜绿的翡翠烟嘴，虎皮乌的烟杆，白铜烟锅，青缎烟荷包"这种《红楼梦》式色彩鲜明又饱含赞美之情的典雅描写，会出现在对乡民"迷信"物饰的描写之中。没有毕业论文的语境，单凭这段文字，将其视为散文、小说中的句子，完全在情理之中。虽然同属科学研究，民俗学志的人文学属性、审美取向，明显胜于社会学，也因而在一定意义上高于社会学。

如果说叙述、比较、说明兼具，资料性与学理性同存，感性与理性混融，热描与内省相间，鲜活又科学严谨，是一部成功的民俗学志的标志，那么直到今天，要写出这样一部成功的民俗学志也是艰难的。但是，因为七八十年前燕大青年学子书写的这些民俗学志，我们完全可以自豪地说，在那个沧桑的、苦难深重的北平，在探索中前进的中国民俗学是丰满的、充满活力的。这些累累硕果，时时在字里行间流露出民众不回应、不呼应侵略者的"恩宠"，而是虚与委蛇，并不屈服于侵略者的民族气节。不仅如此，书写者本身群策群力的勘查、严谨、翔实与丰厚，也是对侵略者的一种不动声色的文化宣誓与学术宣誓。一度在平郊村延年寺门外旗杆上飘荡的那面"爱护旗",是孤零零的,也是渺小、丑陋与萧瑟的!

或者正是由于对方法论、学科意识与事象描述的并重,在叶德礼的张罗和陈垣校长的支持下,辅仁 1942 年创办的外文刊物 *Folklore Studies*,其中文译名就是陈垣校长题签的"民俗学志",而非当下直译的"民俗研究"。考虑到燕大社会学的民俗学的成效,杨堃也在辅仁兼职,还将自己的得意门生李慰祖送到辅仁深造读研究生[44],*Folklore Studies* 的中文译名"民俗学志"或者不仅仅是一种巧合式的延续,也不完全是雷冕和叶德礼等人对维也纳学派的发扬光大!

/ 社会学的民俗学:Folkways 与 Folklore 的合流

固然,燕大社会学系的乡村研究可以放在社会学或者社会人类学的视角下去审视、分析,从而凸显"区位""功能"以及"社区"这些关键词。[45] 然而,这种分析路径多少掩盖了燕大社会学系对民俗研究一以贯之的重视,而且将其民俗学研究的内在演进、诸多成果与贡献也放在了次等位置,更没有注意到民俗研究对社会学研究,尤其是对学界至今还在孜孜以求的社会学本土化的反哺。

在燕大,狭义的民俗研究显然远多于对民间文学的研究。本书第二至四章试图说明:受留美归来的孙本文、吴景超、许仕廉、吴文藻等中国社会学先驱隆重鼓吹和派克宣讲的影响，孙末楠的民俗学说为早期中国社会学的发展打下了深深印记；在乡村建设背景下，基于文献的关于风俗的比较研究逐渐后退，而对村镇社区民俗的实地观察与记述则后来居上。但是，即使是以"风俗"命名的研究，研究者也试图借用孙末楠、派克等人的学说，对其做出与时代和中国实际相符的新定义。

正如已经引用的陈怀桢等人对于风俗的定义那样，群体、个人、本能、需要、欲望等纷纷出现在关于风俗的定义之中。此时，老树新枝、旧瓶新酒，风俗早已经不是"厚人伦、美教化、移风俗"和"十里不同风百里不同俗"中的古义，在国学保存会诸君基于新史学对风俗意涵革新的基础之上，融入 Folkways 的"风俗"已经是一个全新的词，是现代学科意义上的强调民众的知识和民族意涵的 Folklore（民俗）的近义词。

当然，"上以风化下"的老旧风俗观，还是影响着后起的观察现实生活的民俗之研究。因此，基于局内观察法的相关民俗研究，重视相关文献的梳理、引用，且大抵都是以"礼俗"命名，强调礼俗之间互动混融的过程性与动态特征。而且，还出现了瞿同祖、黄石那样，将民俗细分为风、俗、礼、制的系统性认知。简言之，在社会学本土化的历程中，燕大狭义的民俗学研究大致有从风俗到礼俗的演进。

在此，不拟对相关章节的内容进行更多的重叙。首先要补充说明的是：在甘博、步济时、李景汉等人奠定的基础之上，尤其是受美国都市社会学、人文区位学的影响，燕大社会学系的师生同样一直注重对明显有别于乡村的都市民俗的研究。在此过程中，派克在燕大的授课十分重要。他不仅将芝加哥学派的社区研究理念带给了燕大师生，将孙末楠的 *Folkways* 介绍给燕大师生，还身体力行地带领燕大学生到天桥、监狱等地进行观察、体验与讨论。于是，在师长们的引领下，燕大关于都市民俗的研究更多地体现在对北平这样历史悠久的都市或旧有或新生的社群抑或行当的民俗的研究之中。旧有的，如对梨园行 [46]、娼妓 [47]、老年救济 [48]、都市摊贩 [49]、粥厂 [50] 以及会馆 [51] 的研究；新生的，如对警察 [52]、北京基督教女青年会 [53]、燕大毕业女生 [54]、女中学生 [55]、女招待 [56]、精神病学生 [57]、社会局妇女教养所收容妇女 [58] 的研究，等等。其中，因为清末以来女性解放运动的兴起，女性本身及其生活成为一个社会问题、话题，因此对于女性群体民俗的研究又格外突出。[59]自然而然，与以西方为标杆的都市文明相伴的卫生与教育等方面的习俗及其演进，也在燕大的民俗学研究中有着重要的位置。因为精力与能力，这些研究的进一步梳理只有留待将来。

简言之，无论是受哪种社会学、人类学理论或思潮的影响，自燕大社会学系创设以来，民俗研究在其演进中都有着举足轻重的位置。从前期附属于"对症下药"的乡建运动的清河试验区，到后期明确作为社会学实验室的平郊村研究，燕大社会学系的师生在系统吸收人文区位学、比较社会学、功能主义、法国社会学、民族学与民俗学等认知论、方法论的同时，力求将社会学中国化、本土化与社会科学化。正是因为孙末楠 *Folkways* 的影响，杨堃、黄石等人对民俗学社会科学化的倡导和践行，燕大师生对于民俗的理解发生了从"风俗"到"礼俗"的整体转型。正如已经指出的那样，在其硕士毕业论文《孙末楠的社会学》中，基于对孙末楠关于民俗、德型阐释的译介和梳理，黄迪对"民俗"的定义，已经有了半个多世纪后中国民俗学界定民俗时的创造、享用和传承等核心意涵，即"社会生活是在于造成民风，应用民风，和传递民风"。

在这一自觉的社会学本土化历程中，燕大社会学系的民俗研究，自然形成了鲜明的特色：既有继承经学和方志学传统而重文献研究的区域民俗学，也有平郊村这样研究者可全方位逼视、把控、体验与实践的基于小村庄的社区民俗学，还有基于北京城这样的大社区的民俗学——社群抑或行业（当）民俗——研究，或者说中观研究，以及面向全国的宏观研究。从 1927 年栗庆云完全依赖典籍的《周代婚嫁礼俗考》，到主要以方志等文献为基本材料的费孝通《亲迎婚俗之研究》、陈怀桢《中国婚丧风俗之分析》、孙咸方《中国各地闹新房礼俗》，再到文献研究和实地调查相结合的周恩慈《北平婚姻礼俗》、石埼壬《一个农村的性生活》中对 1940 年 3 月 20 日平郊村小学校长徐志明的结婚典礼的调研、1947 年刘秀宏《前八家村之徐姓家族》对 1924 年平郊村富户李志纯婚礼的描述[60]，燕大同人持续二十余年的婚俗研究，鲜明地体现了燕大民俗学研究的演进历程。就这些研究成果而言，不仅针对同一事象的不同层次的研究相互涵盖，坚持十余年的平郊村民俗研究各篇之间更是形成了一种互文关系，并与北京民俗研究之间形成有点有面的网状格局，给今天的我们清晰地呈现了那二十多年，甚或说 20 世纪前半叶北平的日常生活形态，及其过去和可能的将来。

　　要进一步说明的是，虽然有明确的学术追求、不乏精当的学理分析，甚至精深的个案研究，但是概论、概况式的区域民俗学，依旧还是偏重于基本"国情"，民风、民俗之事实的呈现，历史色彩浓厚。因此，本研究将此类研究的关键词锁定在其普遍使用的"风俗"一词，而将区域民俗学归在历史民俗学的范畴。与此不同，虽然也有特定时空文献的梳理，即历时性演进与礼俗互动的视角，基于实地观察、偏重个案的社区民俗学，则主要是呈现并研究当下正在发生、实践的人们的日常生活。因此，关键词是"礼俗"的社区民俗学，本质上是鲜活的、当下的现代民俗学。即使同样关注当下，同期的社群民俗学或者说行业民俗学，更多强调的是制度层面的社会事实。而基于平郊村这样一个研究者可全方位观察的小社区展开的民俗学研究，实则就是今天中国民俗学界所谓的"村落民俗学"。

　　在中国民俗学界，再次以明确学科意识开启村落民俗学之旅，将村落视为民俗传承的时空单元[61]、倡导撰写蕴含问题意识的民俗志，并将民俗志本身视为一种方法论，则是 20 世纪最后数年的事情。遗憾的是，倡导村落民俗学最用力、影响最大的刘铁梁教授，在进行其具有创新性的方法论建构时，也忽视或者说遗忘了多年前燕大开创的这一卓有成效的学科传统与实践。

　　"社会学的民俗学"这一理念，抑或说范式，是由 1937 年正式到燕大任教的杨堃明确提出来的。其实，这一转向抑或说突围，既有外力的推动，也是中国民俗学运动内发性发展的必然。20世纪30年代前半期，黄石、江绍原、钟敬文、杨成志和娄子匡等对此均有有益的尝试。其中，曾在燕大做特别生的黄石居功至伟。他既用局内观察法长期进行实地研究，用功能论研究诸多民俗事象，也借鉴孙末楠的*Folkways*，对"民俗"这一元概念进行学理辨析，还回应节期改革、边政建设等热点话题，实乃社会学的民俗学的引路人、强有力的实践者和成果卓著者。

杨堃留学法国多年，长于理论思考，并力求为民族学、社会学、人类学、历史学以及语言学等诸多尚在萌芽阶段的"幼稚"的中国社会科学注入科学的认知论和方法论，从而加速这些学科的社会科学化。在20世纪三四十年代，这始终是杨堃的学术理想与追求。因此，希望与新生的社会学、民族学等学科同样稚嫩的中国民俗学"社会科学化"，是杨堃必然有的夙愿。在其20世纪30年代初期的《废历年节之社会学意义》等一系列著述中，"社会学的民俗学"抑或说"民俗学的社会学派"一直隐含在字里行间。1936年，杨堃将"社会学的民俗学"正式提了出来。尽管他声明"我不愿再提出一个新的学派"，但却"颇想另指出一种新的方法来"，而那种新的方法就是"研究民俗学须采用民族学家亲身研究野蛮社会的方法"，并"确信民俗学亦是社会学的一部分，因为研究民俗学亦须采用社会学的研究法"。[62] 本书五、六两章就是试图通过对杨堃1949年前著述的系统释读，说明他提出并践行"社会学的民俗学"之必然性。

正是基于其本人诸多的学理思考、积累与研究，在加盟燕大后，杨堃才充分利用平郊村这个赵承信主导的社会学实验室，悉心指导虞权、李慰祖、陈封雄、石堉壬、陈永龄、王纯厚、孙咸方、周恩慈、郭兴业、权国英、杜含英、李荣贞等人对人生仪礼、岁时节日、乡土宗教、歌谣、学科史等民俗学众多领域进行研究，写出了多篇值得称贺的，处处有着行动主体"民"，并充分展现"俗"之过程性与现在性的民俗学志。对此，本书第七至九章分别从方法论和认识论、空间民俗、时间民俗、心意民俗以及物的民俗等多方面进行了梳理、诠释，此不赘述。但要再次强调的是："社会学的民俗学"这一既成却长期被忽视的学术事实，在使得社会学本土化和民俗学中国化的演进有了不同路径的同时，还赋予二者以"复数"形态。

正如已经提及的那样，因为精力、时间以及篇幅的限制，对杨堃指导的《罗罗之研究》《黔苗研究》《桂猺研究》《西藏民族之社会生活及礼俗之研究》《客家研究》等民族研究系列和《中国社会学的发展》，本书只能割爱，留待将来。

总之，主要基于众多本科和硕士毕业论文的细读，试图将民俗史、民俗学史和民俗学批评史融为一体的本书，只想揭示中国民俗学原本就有，但却因种种原因被忽视的丰硕也骄人的学术成果，多少恢复些中国民俗学学科史丰富、多元的形态与生态位相，以求能更好地继承并弘扬优秀的学术遗产，助力当今包括民俗学在内的诸多人文社会科学的良性发展以及乡土抑或社区优秀传统文化的建设与弘扬。其中，明显有别于 Folklore 的 Folkways 扮演了至关重要的角色。

伴随汤姆斯一路走来的 Folklore，始终在强调"民众的知识"这一基本意涵，有着浓厚的浪漫主义和人文传统。与此稍异，孙末楠创造并被许仕廉、孙本文、吴景超、李安宅、吴文藻、黄迪、费孝通等早期中国社会学家广为认同的 Folkways，实则指向习俗、德型和制度层层递进又三者一体的民族性 (ethos)，本来就是社会学或者说社会科学的基底。对内，这又与晚清梁启超、章太炎、邓实等倡导的以民史为核心的新史学，尤其是秉承自明季顾炎武创立的以俗证史、以俗写史、以俗扬史和以俗兴国的新风俗观不谋而合。在波澜壮阔的中国现代民俗学运动中，以晚清新史学诱发的风俗观为基底，同样有着民族主义和浪漫主义色彩的 folklore 与最终指向民族性的 folkways 在燕大这个中西合璧的教会大学的合流，既加速了中国社会学的本土化进程，使成长中的中国社会学有着深厚的民俗学底蕴，也使得民俗学的社会科学化，或者说中国现代民俗学运动中的社会学的民俗学学派得以形成。因此，中国民俗学也有了区别于他国民俗学的独特的演进历程和学术品格。

/ 在野性与国家性

正如已经辨析指出的那样，"风俗""民俗"和"礼俗"三个古语的现代性含义，都是千年未有之大变局和求变、求新、求强的反传统、反（文化）遗产的大势或正向或反向促成的。在辛亥革命之后，随着作为现代民族国家的中国在观念和制度性层面的日渐完善和确立，民俗学也越来越强地具有了因民族性而产生的"国家性"。或者说，随着现代民族国家的形成，国家性日益代替了民俗学长期奉行与强调的民族性。20世纪三四十年代，Folklore 和 Folkways 在中国民俗学的合流、整合，即社会学的民俗学的形成，其实也是研究主体所奉行的民族性和国家性并行不悖、和睦相处的必然。但在此前后，交杂混融又各有所表的民族性和国家性，多少有着轻重之别和主次之分。

在 1918 年 2 月 1 日《北京大学日刊》刊发了《北京大学征集全国近世歌谣简章》，之后《新青年》1918 年第 4 卷第 3 期、《教育杂志》1918 年第 10 卷第 4 期、《东方杂志》1918 年第 15 卷第 5 期等纷纷转载。不但如此，这一征集令纷纷得到各地政府的响应。1918 年 5 月 23 日，浙江省长公署发布了第 1093 号训令，要求教育厅遵照北大函征集歌谣，并刊送简章原文。[63] 同年 8 月 4 日，昆明县公署训令第七号给县劝学所转发了云南省长公署和教育厅的训令，要求劝学所对北大征集歌谣的事宜奉此合行，遵照办理。[64]

考虑到曾经做过教育总长的蔡元培的个人声望和北大的巨大影响，由北大发起的试图发现、催生"新的'民族的诗'"[65]的征集歌谣运动，不仅仅是启蒙知识分子强调的"民族的"，明显还有着浓烈的国家色彩，且实实在在地得到了各地、各级政府的助力。《北京大学征集全国近世歌谣简章》，第二条是材料"征集"的办法，云：

2 其材料之征集用左列二法：

一 本校教职员学生各就闻见所及自行搜集

二 嘱托各省官厅转嘱各县学校或教育团体代为搜集。[66]

换言之，虽然是北大发起，但它迅疾甚或说同步演化为上下一体的国家性行为。从使用的"征集"一词这一微观层面而言，它明显有着古已有之的采风观俗这一本土固有的制度性的官方传统，继往而开来。

事实上，百余年来，中国民俗学声浪巨大且参与者众的几个阶段，都与国家力量的介入和国人固有且被激发、释放出来的家国情怀的联动有关，诸如：九一八事变之后，对边疆诸多民族文化的关注，通俗读物的海量发行；卢沟桥事变后，向西南行进的知识分子对民歌的采录，边区对民歌、秧歌等的收集整理与化用；20世纪50年代，在众多人文社会科学领域，民间文学一枝独秀，直至在全国范围内掀起的新民歌运动；80年代开始持续近三十年的十套民间文艺集成这一有着"文化长城"之誉的巨大工程；21世纪以来快速推进并行政化、制度化、社会化、学术化以及馆舍化[67]的非遗运动，新近中国民间文艺家协会勉力推进的"中国民间文学大系"以及"中国民间工艺集成"工程，等等。所有这些政府及其相关职能部门发起的运动、工程，使得不同时期民俗学、民间文学的理论探讨同样具有明显的国家性、民族性，直至有《国家与民俗》这样的学术文集出版。[68]

从赫尔德在德国对民俗做出的定义和民俗学的生发而言，民俗及民俗学明显有着"在野性""反启蒙性"甚或说"反叛性"。[69]
岩本通弥、菅丰、岛村恭则等都注意到了日本民俗学在民族主
义和现代民族国家理念影响下始终潜存的"政治性"及其巨大的
支配力。为了反对这种政治性及其支配力，为日本民俗学寻求
新的可能性，在求助于德国民俗学主义，或取法于美国公共民
俗学的同时，柳田国男时期日本民俗学的"在野"状态具有了
新的意涵。[70]为此，菅丰特意将其提出的日本民俗学的"第三条
道路"命名为"新在野之学"。[71]当然，出于对 folklore 一词的反
动，兰蒂斯（M. Lantis）、普利米亚诺（L. N. Primiano）和鲍曼
（R. Bauman）等人对 vernacular 一词先后做出的革命性释义，[72]
也在其中扮演了重要角色。

　　"新在野之学"，在继承日本学院派民俗学之前的"在野"民
俗学传统的同时，借鉴公共民俗学的理论与实践，正视网络时代
官方、学者和民众三者之间日渐增多的相互监督与"协作"关系，
研究有这些力量在场的民众生活与民俗文化。对于 vernacular art
（在野艺术）——专家之外的普通人在日常生活中的"践行艺术"
（doing art），菅丰将其界定为：私人、非权力、非制度、非权威、
非市场、非官方、非正统、非精炼、非专业、非精英、非职业、
非教育（自学）的艺术，是普通人邂逅、理解、阐释和实践的艺
术，是与人之"生"密切相关并能支撑人之"生"的艺术。由此，
他认为对于在野的民俗学而言，家庭级文化遗产、个人级文化遗
产与国家级文化遗产，具有同等重要的价值，甚至是更应该关注
的对象。[73]而且，对当下社会中新的知识生产和社会实践的方向，

他也主要是用指向否定的"非"字来解释的：

> 研究关系的非终止性（即摆脱学者对于一个调查地采取短期调查，达到目的后即刻撤离的方式，而是在尽可能的时间里与调查地长期保持关联的"非终止性"的研究模式），非定型化，非规范化，非教科书化，非普遍化，非手段化，实践行为自身不能先验地存有目的性，持续性地从事实践活动的必要性。[74]

"新在野"与民俗学与生俱来的"在野性"并无本质差别。菅丰似乎弱化了反启蒙性、反叛性，但其强调的基于卑微人生和人间常态的民俗学应该有的革新性、实践性，实则同时指向学科内外的另一种反叛性。与岩本通弥、菅丰相呼应，同样致力于拓展日本民俗学新可能性的岛村恭则，为了强调作为民俗学研究对象的"人之生"，将现象学的"生活世界"改造为"生世界"，即"包含身体的'生'（生命）层面的'作为多元现实总体的生存世界'"，同时建议用更能指向"人之生"真实状态的 vernacular 取代 folklore。进而，他将"vernacular- 民俗"定义为："产生并存在于作为生存世界的'生世界'中的经验、知识、表现"，并将民俗学的价值、演进与可能的哲学根基追溯到欧洲哲学传统中的狄俄尼索斯精神。[75]

换言之，与高大上的"政治性"一道，带有反叛意识，至少具有否定性、反思性或者说自反性的"在野性"，共同推动着日本民俗学的演进与裂变。与此相类，尽管民族性、国家性在中国民俗学的演进中有着巨大的支配力，但同样始终有着"在野性""反启蒙性"或明或暗的掣肘。然而，因为不同的国情、政体、社会制度以及文化传统，相对于他国民俗学和国内其他社会科学而言，与民族国家独立强盛、与文化建设和精神文明建设的紧密相关性，造就了中国民俗学特有的起伏和学科品性：

1. 将民俗文化提升为经典文化，甚或说国家文化、民族文化的不懈努力。因应内外环境，有时甚至是尽举国之力。

2. 民俗文化的主体不仅仅是农民、市井小民，而且是作为国家主体、主人的国民、公民与人民。

3. 进而，因其不言而喻的"国学"属性与规格，在必要时中国民俗学也就成为国家意识形态建设中举足轻重的一环和介质，或正或反。

一体两面，祸福相依。由民族性而衍生的国家性，使中国民俗学是脆弱的也是坚强的。有时候，它被赋予活力，有时候又被愚弄以及遗弃。巨大的机遇，可能也是艰难的挑战。一方面，它可能会因为国家的刚需，风生水起，成为轰轰烈烈的运动、聚光灯下的宠儿、明星，寄托、孕育着新的希望与可能，但也易流于中空的浮华。另一方面，它也完全可能会因为同样的原因，成为时代的、国家的与学术的负资产，直至销声匿迹，或沦为其他学科的附庸，沦为一个任何场合都可以挪用的装饰符号而无足轻重，但却也易自我救赎，凤凰涅槃。

如阎明对同期中国社会学史"一门学科与一个时代"的书写

定位和深情而不乏感伤的铺陈所示[76]，如陆远别具一格地对剧变中的中国社会学家"读心"而揭示出"边缘化"的中国社会学必然有的内在困境所示[77]，如毕向阳对社会形态学、人文区位学的中国之旅"捡漏"所示[78]，也如"外人"欧达伟 *Fei Xiaotong and Sociology in Revolutionary China* 一书借费孝通展现中国社会学的冷眼旁观所示：中国社会学的生发、演化，亦然！

此时，无论说"社会学的民俗学"还是"民俗学的社会学"，都近于空荡荡的言语游戏了。

一切，如此坚韧，又如此脆弱！如此应景，又如此不合时宜！

2018 年 9 月 1 日 *初稿*

2022 年 6 月 1 日 *终稿*

注　释

1. 李素英:《中国近世歌谣研究》，152 页，北平，燕京大学研究院国文学系硕士毕业论文，1936。

2. Wang, T'ung Feng, "A Comparative Study of British and Chinese Ballads", a thesis of Bachelor of the Department of Western Languages of the College of Arts and Letters of Yenching University, 1940.

3. 杨文松:《唐小说中同型故事之研究》，58 页，北平，燕京大学文学院国文学系学士毕业论文，1935。

4. 参见刘惠萍：《图像与神话：日、月神话的研究》，台北，文津出版社有限公司，2011；《呈现"孝道"——以"丁兰刻木事亲"叙事为中心的一种考察》，载《成大中文学报》，第47期（2014），241~284页；《一种"历史"、两种"故事"：以两汉的聂政传说为例》，载《文与哲》，第26期（2015），147~180页。

5. 刘寿慈，即刘半农的弟弟刘正茂（1903—1981）。

6. 分别参见西谛：《论寓言：印度寓言序》，载《文学周报》，第一八一期（1925），2~3页；《寓言的复兴》，载《文学周报》，第一八三期（1925），3~4页；郑振铎编：《印度寓言》，上海，商务印书馆，1933；刘寿慈：《印度寓言》，北京，燕京大学英文系学士毕业论文，1927；《印度寓言》，上海开明书店，1931。

7. 周作人：《儿童文学小论》，上海，儿童书局，1932。

8. 岳永逸：《"口耳"之学：燕京札记》，138~170页，北京，九州出版社，2022。

9. 该书先是在《小说月报》1921年第二、三、四期连载，1925年商务印书馆出版了单行本。

10. 薛诚之：《谚语研究》，101页，北平，燕京大学研究院国文学系硕士毕业论文，1936。

11. 朱介凡：《中华谚语志》，109~110页，台北，台湾商务印书馆股份有限公司，1989。

12. 王顺：《北夏农谚的研究》，载《教育与民众》，第七卷第一期（1935），25~70页。

13. 钟敬文：《"五四"运动以来民间语言研究的传统与新时期语言民俗学的的开拓》，载《西北民族研究》，2002年第2期，10页。

14. 黄涛：《语言民俗与中国文化》，263~265、288~290页，北京，人民出版社，2002；《谚语》，见段宝林主编：《民间文学教程》，178~186页，北京，高等教育出版社，2013。

15. 朱炳荪:《岔曲研究》, 北平, 燕京大学文学院国文学系学士毕业论文, 1938。

16. 凌景埏:《弹词研究》, 北平, 燕京大学研究院国文学系硕士毕业论文, 1930。

17. 刘庆衍:《蓝旗营卫生状况及其改进方案》, 54~58 页, 北平, 燕京大学文学院教育学系学士毕业论文, 1940。

18. [比] 贺登崧:《中国民间传统宗教之研究: 辅仁大学方言地理学研究室地理调查报告之一》, 冯瓒璋译, 载《文藻月刊》, 第二卷第一 / 二期（1949）, 20 页。

19. [比] 贺登崧:《中国语言学及民俗学之地理的研究》,《燕京学报》, 第三十五期（1948）, 第 27 页。

20. [比] 贺登崧:《中国民间传统宗教之研究: 辅仁大学方言地理学研究室地理调查报告之一》, 冯瓒璋译, 载《文藻月刊》, 第二卷第一 / 二期（1949）, 19 页。

21. Serruys, Paul, "Les cérémonies du mariage: Usages populaires et textes dialectaux du sud de la préfecture de Ta-t'oung (Chansi), " in *Folklore Studies,* vol.3, no.1(1944); "Children's Riddles and Ditties from the South of Tatung (Shansi), " in *Folklore Studies*, vol.4 (1945), pp.213-290; "Fifteen Popular Tales from the South of Tatung (Shansi), " in *Folklore Studies*, vol. 5 (1946), pp. 191-278.

22. Serruys, Paul, "Fifteen Popular Tales from the South of Tatung (Shansi)," in *Folklore Studies*, vol. 5 (1946), pp. 192-193.

23. Serruys, Paul, "Children's Riddles and Ditties from the South of Tatung (Shansi)", in *Folklore Studies*, Vol.4 (1945), pp.213-214.

24. C., F. W., "Reviewed Work:'Fifteen Popular Tales from the South of Tatung (Shansi)'. by Paul Serruys, " in *Harvard Journal of Asiatic Studies*, vol.10, no.2(1947), pp.249-250.

25. 这从钟敬文大约写就于 1940—1943 年的《民间艺术探索的新展开》一文可见一斑。参见《钟敬文全集》第 14 卷，26~30 页，北京，高等教育出版社，2018。

26. 陶亢德编：《北平一顾》，上海，宇宙风社，1936。

27. 李家瑞编：《北平风俗类征》，上海，商务印书馆，1937。

28. 张江裁纂：《北平岁时志》，北平，国立北平研究院史学研究会，1936；张江裁辑：《京津风土丛书》，北平，双肇楼，1938。

29. 克非：《天桥百写》，载《新民报》，1939 年 2 月 28 日至 6 月 13 日第七版。

30. 新近，民国时期北京这些基于访谈的报纸专栏写作，再度成为出版界的宠儿。2020 年，商务印书馆编辑出版了王柱宇的《北平艺人访问记》《北平行当访问记》和贺逸文等的《北平学人访问记》。

31. 参见马芷庠：《北平旅行指南》，北京，经济新闻社，1936。

32. Siren, Osvald, *The Walls and Gates of Peking*, New York: Orientalia, 1924; Arlington, L .C. and W. Lewisohn, *In Search of Old Peking*, Peking: Henri Vetch, 1935.

33. 陈封雄：《一个村庄之死亡礼俗》，23 页，北平，燕京大学法学院社会学系学士毕业论文，1940。

34. 李荣贞：《中国民俗学的发展》，95 页，北平，燕京大学法学院社会学系毕业论文，1940。

35. 何思敬：《民俗学的问题》，载《民俗周刊》，第 1 期（1928），3~9 页。

36. 何思敬：《民俗学问题格序》，载《民俗周刊》，第 19~20 期（1928），11 页。

37. 江绍原编译：《现代英吉利谣俗及谣俗学》，"周序"1~2 页，上海，中华书局，1932；周作人：《看云集》，97~98 页，北京，北京十月文艺出版社，2011。

38. 陈封雄：《一个村庄之死亡礼俗》，116 页，北平，燕京大学法学院社会学系学士毕业论文，1940。

39. 参见岳永逸:《都市中国的乡土音声:民俗、曲艺与心性》,284~302 页, 北京,中国人民大学出版社,2015。

40. 刘铁梁:《民俗志研究方式与问题意识》,载《北京师范大学学报(社会科学版)》,1998 年第 6 期,47 页。

41. 有着经世济民之志,在社会大转型时期,分别在日本和中国关注"乡土"、书写"乡土"的柳田国男与费孝通,都有着这种恋地情结、内省意识和共情。参见 [日] 小熊诚:《作为自省之学的中国人类学——费孝通与柳田国男的学问与方法》,祁惠君译,载《开放时代》,2009 年第 3 期,57~66 页。

42. 李慰祖:《四大门》,84 页,北平,燕京大学法学院社会学系学士毕业论文,1941。

43. 哲学家霍耐特(Axel Honneth, 1949—   )明确强调,无论之于个体发生学还是社会关系,"承认先于认识"。具言之,"承认的态度相较于对外在世界仅仅采取认知的态度,具有优位性",而且作为一种实践的、非认知的态度,承认的态度才"是人类能够认识其他人以及外在世界的必要先决条件"。参见 [德] 霍耐特:《物化:承认理论探析》,48、85 页,罗名珍译,上海,华东师范大学出版社,2018。

44. 1942 年,基础好且"聪颖好学"的李慰祖(当然也因为他是杨堃在燕大的高足)被叶德礼聘为助理员。为此,叶德礼专门给雷冕教务长打报告陈情。参见北京师范大学档案馆藏,私立北平辅仁大学档案卷 43 "人事类 关于聘请教职员名单及聘书底稿 1942 年"。

45. 李怡婷:《功能与区位:1922—1952 年燕京大学法学院社会学系的乡村研究》,北京,中国农业大学硕士学位论文,2009;李怡婷、赵旭东:《一个时代的中国乡村社会研究:1922—1952 年燕京大学法学院社会学系毕业论文的再分析》,载《乡村中国评论》第 3 辑,261~306 页,济南,山东人民出版社,2008。

46. 杨肖彭:《北平梨园行之研究》,北平,燕京大学文学院社会学系学士毕业论文，1933；刘曾壮：《北平梨园行之研究》，北平，燕京大学法学院社会学系学士毕业论文，1940。

47. 麦倩曾：《北平娼妓调查》，北平，燕京大学应用社会科学院学士毕业论文；1930；麦倩曾：《北平娼妓调查》，载《社会学界》，第五卷（1931），105~146 页；卢懿庄：《娼妓制度研究》，北平，燕京大学法学院社会学系学士毕业论文，1935。

48. 管玉琳：《中国老年救济》，北平，燕京大学法学院社会学系学士毕业论文，1941。

49. 姚汉城：《一个都市摊贩之研究》，北平，燕京大学法学院社会学系学士毕业论文，1949。

50. 张金陔：《北平粥厂之研究》，北平，燕京大学法学院社会学系学士毕业论文，1932。

51. 张孝訴：《北平会馆调查》，北平，燕京大学法学院社会学系学士毕业论文，1936。

52. 陈哲：《北平市警察行政》，北平，燕京大学法学院政治学系学士毕业论文，1937。

53. 尹襄：《北京基督教女青年会》，北平，燕京大学法学院社会学系学士毕业论文，1941。

54. 金润芝：《燕京大学毕业女生之婚姻调查》，北平，燕京大学理学院家事学系学士毕业论文，1934。

55. 吴榆珍：《一个女子中学的课外生活》，载《社会学界》，第七卷（1933），223~257 页。

56. 张如怡：《北平女招待研究》，北平，燕京大学文学院社会学系学士毕业论文，1933。

57. 周乃森：《一百个精神病学生个案的分析》，北平，燕京大学法学院社会学系学士毕业论文，1941。

58. 周荫君：《北平社会局妇女教养所收容妇女之研究》，北平，燕京大学法学院社会学系学士毕业论文，1948。

59. 多少有些遗憾的是，历史学家程为坤（1953—2007）的遗著并未囊括这些燕大对女性的既有研究。不然，其研究应该更加精彩。参见 [美] 程为坤：《劳作的女人：20 世纪初北京的城市空间和底层女性》，杨可译，北京，生活·读书·新知三联书店，2015。

60. 刘秀宏：《前八家村之徐姓家族》，35~41 页，北平，燕京大学法学院社会学系学士毕业论文，1947。

61. 刘铁梁：《村落——民俗传承的生活空间》，载《北京师范大学学报（社会科学版）》，1996 年第 6 期，42~48 页。

62. 杨堃：《民俗学与通俗读物》，载《大众知识》，第一卷第一期（1936），11 页。

63. 齐耀珊：《训令 浙江省长公署训令教育厅准 北京大学函请征集全国近世歌谣并刊送简章仰即遵照由（附简章）》，载《浙江公报》，第 2219 号（1918），6~9 页。

64. 葛延春：《昆明县公署训令第七号 令昆明县劝学所：北京大学征集全国近世歌谣简章》，载《昆明教育月刊》，第二卷第十期（1918），12~17 页。

65. 《发刊词》，载《歌谣周刊》，第一号（1922-12-17），第一版。

66. 《北京大学征集全国近世歌谣简章》，载《北京大学日刊》，第六十一号（1918-02-01），第一版。

67. 岳永逸：《本真、活态与非遗的馆舍化：以表演艺术类为例》，载《民族艺术》，2020 年第 6 期，79~87 页。

68. 周星主编：《国家与民俗》，北京，中国社会科学出版社，2011。

69. 島村恭則，《民俗学とはいかなる学問か》，《日常と文化》，2019 年第 7 卷，1~14, 105~116 頁。

70. 岩本通弥，《フォークロリズムと 文化ナショナリズム—現代日本の文化政策と連続性の希求》，《日本民俗学》，2003 年第 236 期，172—

188 頁；岩本通弥，《ふるさと資源化と民俗学》，東京：吉川弘文館、2007；岩本通弥、菅豊、中村淳，《民俗学の可能性を拓く——"野の学問"とアカデミズム》，東京：青弓社，2012；桑山敬己、島村恭則、鈴木慎一郎，《文化人類学と現代民俗学》，東京：風響社，2019，56~99 頁。

71. [日] 菅丰，《日本现代民俗学的"第三条路"：文化保护政策、民俗学主义及公共民俗学》，陈志勤译，载《民俗研究》，2011 年第 2 期，52—71 页；《"新しい野の学問"の時代へ——知識生産と社会実践をつなぐために》，東京：岩波書店，2013。

72. Lantis, Margaret, "Vernacular Culture", in *American Anthropologist*, vol.62, no.2 (1960), pp.202-216; Primiano, Leonard. N., "Vernacular Religion and the Search for Method in Religious Folklife", in *Western Folklore*, vol.54, no.1 (1995), pp.37-56; Bauman, Richard, "The Philology of the Vernacular", in *Journal of Folklore Research*, vol. 45, no.1 (2008), pp.29-36.

73. [日] 菅丰：《民俗学艺术论题的转向：从民间艺术到支撑人之"生"的艺术（vernacular 艺术）》，雷婷译，载《民俗研究》，2020 年第 3 期，24~32 页。

74. 菅豊，《"新しい野の学問"の時代へ——知識生産と社会実践をつなぐために》，100 頁，東京：岩波書店，2013。

75. [日] 岛村恭则：《社会变动、"生世界"与民俗》，王京译，载《民俗研究》，2018 年第 4 期，76~82 页；《狄俄尼索斯（Dionysos）和民俗（Vernacular）——何谓民俗学视角》，孙敏译，载《日常と文化》，2021 年第 9 卷，157~174 页。

76. 当然，阎著也不乏纰漏。例如，根据《吴文藻自传》，将布朗说成林耀华硕士论文导师，言林耀华 1934—1937 年在燕大读硕士（阎明：《中国社会学史——一门学科与一个时代》，175、180 页，北京，清华大学出版社，2010）。实际上，林耀华硕士毕业于 1935 年 5 月，论文即使用了功能论的《义序宗族的研究》，但布朗当年 10 月才来华讲学。

77. 陆远:《传承与断裂：剧变中的中国社会学与社会学家》，70~153 页，北京，商务印书馆，2019。

78. 毕向阳:《社会形态学——人文生态学的知识谱系与"社会学中国化"的路径选择》，载《社会》，2021 年第 5 期，80~116 页。

附录 部分燕京大学毕业论文目录

（以时间先后为序）

黄迪：《孙末楠的社会学》（硕士），1934

第一编　生平与著述

第二编　社会观

　小引

　第一章　社会的结构

　　第一节　组织

　　　一、社会——广义的组织；功能团体——狭义的组织

　　　二、制度与组织

　　　三、人类行为四大动机及其所造成的主要组织

　　第二节　团体

　　　一、原始社会

　　　二、血缘团体与地缘团体

　　　三、我们团体与别人团体

　　第三节　阶级

　　　一、阶级与组织和团体的分别

　　　二、社会的价值

　　　三、阶级分类图解

乙、其为社会力的一般特征

第三章　社会的历程

第一节　小引

第二节　生存奋斗

第三节　生物竞争

一、从生存奋斗到生物竞争

二、个人间的竞争

三、团体间的竞争

甲、内群与外群间的竞争

乙、阶级斗争

第四节　抵牾合作

一、从生物竞争到抵牾合作

二、抵牾合作的意义

三、抵牾合作与同化

四、抵牾合作与暗示及模仿

第五节　社会历程的综合观

第四章　社会的秩序

第一节　小引

第二节　民风

一、民风的产生与定义

二、民风的特征

第三节　德型

一、从民风到德型

张南滨：《中国民俗学研究的发展》，1934

丙、《民俗周刊》的后期——复刊时期

    1. 故事

    2. 传说

    3. 神话

    4. 歌谣

    5. 礼俗

    6. 宗教与魔术

    7. 民族

    8. 通讯

第二节　《周刊》时期

甲、发刊的目的和沿革

乙、研究内容

    1. 物质文化

    2. 语言与文字

    3. 习俗与风纪

    4. 民族与氏族

    5. 社会思想家

    6. 制度

    7. 宗教与艺术

    8. 传说

    9. 故事

    10. 诗歌

第四章　民俗学的现状和趋势

邱雪莪:《一个村落社区产育礼俗的研究》，1935

附参考文献撮要

李有义:《山西徐沟县农村社会组织》,1936

第一章　绪论

一、什么是农村社会组织

二、为什么要研究徐沟县的农村社会组织

三、研究的范围和方法

第二章　徐沟县概况

一、地理位置

二、历史沿革

三、人口

四、经济状况

第三章　血缘组织(一)

一、家庭组织概况

二、大家族制度

第四章　家族组织(二)

三、婚姻状况

(一)婚礼

1.提亲

2.相亲

3.定亲

4.通信

5. 亲迎

6. 嫁女

7. 拜天地

8. 入洞房

9. 合卺

10. 道喜

11. 回门

12. 邀请

第五章　血缘组织（三）

四、几种特殊的婚姻形式

1. 寡妇再嫁

2. 兄妹夫妻

3. 童养媳

4. 招女媳

5. 姑表亲

6. 姨表亲

7. 姊死妹继

8. 妾

9. 两头大

10. 妾扶正

11. 活人妻

12. 配阴婚

13. 指腹婚

1. 渠的组织

2. 实行开渠

3. 渠的活动

四、青苗会

1. 青苗会的组织

2. 青苗会的活动

第八章　宗教组织

一、宗教组织概况

二、庙宇

1. 庙宇的种类

2. 庙宇的组织

3. 庙宇的活动

三、神社

1. 神社的种类

2. 神社的组织

3. 神社的活动

四、家神

1. 家神的种类

（1）门神

（2）土地

（3）天地

（4）关帝

（5）财神

（6）灶君

（7）佛

（8）张仙

（9）巧姑娘

（10）狐仙

（11）牛马王

（12）祖先神主

2. 家神祭祀的仪式

（1）普通祭祀

（2）特别祭祀

第九章　变迁中的农村社会组织

孙以芳：《中国社会学的发展》，1940

序

绪论

一、中国社会学发展研究的意义

二、研究的观点与方法

三、研究的范围——时间与领域

第一章　普通社会学发展初期

概论　社会文化背景与本章各节分期内容

引言

第一节　胚胎期

概论　社会背景与文化特征

一、康有为之生平著述与思想

二、梁启超之生平著述与思想

三、谭嗣同之生平著述与思想

四、社会学名词之发生

　　（一）"社会学"

　　（二）"群学"

　　第二节　萌芽期

概论　时代背景与此期中社会学方面之发展

一、严复生平著述、社会思想及其对社会学的贡献

　　（一）小传及著译

　　（二）氏之社会思想

　　（三）氏对社会学的贡献　群学的地位、《社会通诠》及《群
　　　　　学肆言》

　　第三节　具形期

概论　社会背景及一般文化之特征

一、社会思想方面的新发展

　　（一）陈独秀、胡适之生平著述

　　（二）陈、胡等之社会思想——反孔、倡新文学、新思潮、
　　　　　新文化运动与社会运动之解释

二、余天休在社会学上的贡献——生平、著述及社会学说、
　　　社会调查、殖边问题及社会学会与社会学杂志

三、陶孟和在本期中对社会学的贡献——生平、著述、社会

第一节　文化社会学与文化建设思想

概论　社会文化背景

一、中西文化论辩的社会思想——复古说、折中派、全盘
西化说、结论

二、文化社会学——各国文化社会学理论介绍之著作，陈
序经、孙本文对文化社会学理的应用

三、文化学——黄文山以及阎焕文等之文化学理论体系，
及胡鑑民之"从文化性质讲到文化学及文化建设"

四、文化建设运动——十教授中国本位文化建设宣言，黄、
阎之理论，胡适之批评，总论

第二节　法国社会学

概论　背景述略、介绍法国社会学译著、刊物与组织及介
绍的性质

一、法国正统派社会学——孔德、杜尔干、莫斯、布葛雷
及雷布儒

二、天主教派社会学——黎伯勒、戴慕林及都维尔

三、心理学派及生物学派社会学——达尔德及沃尔姆斯

第三节　英国功能派社会人类学

概论　在中国对于功能派社会人类学理论之著译、研究工
作、及其主要介绍推行者

一、功能派社会人类学的来源及其成立——特点、学术背
景、出生与成立

二、功能派社会人类学学理与方法——马氏布氏

三、民俗学的研究方法

四、中国民俗学者的民俗研究举要

第三节 民族学研究

概论 中文名、中国古代民族志最早学理之应用者、晚近
     民族学调查与学说介绍之时代背景、各译者、实地
     调查工作以及研究团体等

一、民族学、人类学、史学等名词与界域问题——民族学
    与人类学、民族学与史学、民族学与社会学、民族学
    与民族志、文化人类学、社会人类学

二、民族学学说与方法——近代民族学的前驱、社会进化
    论、传播论、循环论、批评派或历史派、新进化论、
    功能派社会人类学、法国社会学派及心理学派、综论
    中国的民族学方面

第四节 社区研究

概论 前驱、实地研究工作、理论著译、晚近研究工作

一、社区的意义

二、社区研究与社会调查之分别与社区研究的意义

三、社区研究的方法

四、中国社区研究计划拟议

结论

附录一 中国社会学者著作目录

附录二 本论文参考书目提要

一、专册与文章类

权国英:《北平年节风俗》,1940

序言

第一章　北平年节风俗概述

　第一节　新年以前——腊八至除夕

　第二节　元旦至灯节

　第三节　燕九节至龙抬头

第二章　年节中之宗教生活

　第一节　敬神（一）——在家庭

　　第一项　灶神

　　第二项　门神

　　第三项　接全神

　　第四项　拜四方——迎喜神、贵神、财神

　　第五项　祭财神

　　第六项　祭星神

　第二节　敬神（二）——在庙会（附打鬼散祟）

　　第一项　关帝庙及观音庙烧香

　　第二项　财神庙烧香

　　第三项　白云观祭星及会神仙

　　第四项　东岳庙烧香

　　第五项　打鬼散祟

孙咸方：《中国各地闹新房礼俗》，1940

陈封雄：《一个村庄之死亡礼俗》，1940

第二节　出殡

第三节　安葬

第四节　净宅

第六章　葬后

第一节　圆坟至周年祭

第二节　除服

第三节　丧后家庭间之变动

第七章　特殊死亡

第一节　自杀

第二节　产妇之死

第三节　其他

第八章　堪舆与阴阳生

第九章　结论

附参考书目

李荣贞：《中国民俗学的发展》，1940

第一章　绪言

第二章　中国民俗学发展史略

第一节　五四运动前的中国民俗学

第二节　民俗学研究的起源——北大歌谣周刊

第三节　民俗学研究的发展——广州中大时期

第四节　民俗学的极盛时代（一九三五——一九三七）

李慰祖:《四大门》, 1941

绪论

陈永龄：《平郊村的庙宇宗教》，1941

二、延年寺全图

郭兴业：《北平妇女生活的禁忌礼俗》，1941

第一章　绪论

第二章　日常生活的禁忌礼俗

第一节　饮食

第一项　饭桌上的礼俗禁忌

第二项　对于儿童的饮食禁忌

第三项　对于处女的饮食禁忌

第四项　其他饮食禁忌礼俗

第二节　服饰

第一项　日常服饰礼俗

第二项　女红禁忌礼俗

第三项　其他服饰禁忌

第三节　居住

第一项　盖房的禁忌

第二项　扫房的禁忌

第三项　室外的禁忌

第四项　室内的禁忌

第四节　其他

第一项　性的禁忌

第二项　身体各部的禁忌

附录三：参考书目

（一）中文书籍

（二）中文杂志

（三）中文报纸

（四）英文书籍

（五）日文书籍

参考文献

一、中文

档案史料

《八家村建设区初步建设计划拟定》，载《清华副刊》，第四十二卷第二期（1934），17 页。

《北京大学征集全国近世歌谣简章》，载《北京大学日刊》，第六十一号（1918），第一~二版。

北京师范大学档案馆藏，私立北平辅仁大学档案卷 43 "人事类关于聘请教职员名单及聘书底稿 1942 年"。

《北平燕京大学社会学系概况》，载《中国社会学讯》，第四期（1947），6 页。

《编纂"野蛮生活史"缘起及征求同工》，载《大公报》，1932 年 7 月 30 日第八版。

蔡元培：《教育部总长蔡元培对于新教育之意见》，载《临时政府公报》，第十三号（1912），7~16 页。

常惠：《鲁迅与歌谣二三事》，载《民间文学》，1961 年第 9 期，94~96 页。

陈群记录、朱学勤订正：《费孝通先生访谈录》，载《南方周末》，2005 年 4 月 28 日。

邸永君：《林耀华先生访谈录》，载《民族学通讯》，2003 年第 139 期，78~85 页。

《发刊词》，载《歌谣周刊》，第一号（1922），第一~二版

葛延春：《昆明县公署训令第七号 令昆明县劝学所：北京大学征集全国近世歌谣简章》，载《昆明教育月刊》，第二卷第十期（1918），12~17 页。

顾潮编著：《顾颉刚年谱》，北京，中国社会科学出版社，1993。

顾颉刚：《顾颉刚日记》，台北，联经出版事业股份有限公司，2007。

《国立北京大学研究所国学门概略》，1927。

《日本民族学会设立旨趣书》，金粟译，载《艺风》，第三卷第二期（1935），57~58 页。

李安宅：《社会问题研究及调查机关之介绍（九）燕京大学社会学及社会服务学系概况》，载《国际劳工消息》，第五卷第二期（1933），31~45 页。

敏：《八家村演剧记》，载《燕大团契声》，第一卷第一期（1936），7~10 页。

齐耀珊：《训令 浙江省长公署训令教育厅准 北京大学函请征集全国近世歌谣并刊送简章仰即遵照由(附简章)》，载《浙江公报》，第2219号(1918)，6~9 页。

《清华大学创设八家村建设区》，载《益世报（天津版）》，1934 年 11 月 15 日第二张。

台静农：《忆常维钧与北大歌谣会》，载《新文学史料》，1991 年第 2 期，86~89 页。

吴文藻：《吴文藻自传》，载《晋阳学刊》，1982 年第 6 期，44~52 页。

许仕廉：《燕京大学社会学及社会服务学系1928至1929年度报告》，载《社会学界》，第四卷（1930），3~6 页。

《燕京大学布告第14，社会学与社会服务系课程一览，1928—1929》，北京，北京大学档案馆藏，档案号 YJ1928019。

燕京大学法学院编：《社会科学各系工作报告·社会学系》，载《燕京社会科学》，第一卷（1948），233~246 页。

——,《社会学系一年概况》，载《燕京社会科学》，第二卷（1949），295~299 页。

《燕京大学课程概要 1938—1939》，北京，北京大学档案馆藏，档案号 YJ1938006。

《燕京大学社会学及社会服务学系 1931—1932 年度报告》，载《社会学界》，第六卷（1932），343~348 页。

《燕京大学社会学及社会服务学系 1932—1933 年度报告》，载《社会学界》，第七卷（1933），333~337 页。

《燕京大学社会学及社会服务学系 1933—1934 年度概况》，载《社会学界》，第八卷（1934），307~311 页。

《燕京大学社会学及社会服务学系 1934—1936 年度概况》，载《社会学界》，第九卷（1936），325~341 页。

《燕京大学社会学及社会服务学系 1936—1938 年度概况》，载《社会学界》，第十卷（1938），425~430 页。

《燕京大学社会学系学程——民国二十四年至二十五年》，载《社会学刊》，第五卷第一期（1936），155~157 页。

《燕京大学社会学系概况》，载《社会建设（复刊）》，第一卷第一期（1948），84~86 页。

《燕京大学社会学 1922 年一览 布告第 14》，北京，北京大学档案馆藏，档案号 YJ19210005。

《燕京大学社会学系一九二八秋季消息》，载《社会学界》，第三卷（1929），283~285 页。

燕京大学校友校史编写委员会编：《燕京大学史稿：1919—1952》，北京，人民中国出版社，1999。

佚名：《杨堃先生的学术成就》，昆明，云南大学档案馆藏，卷宗 2003-RW006-Y，1989。

于恩德：《燕京大学社会学概况》，载《社会学界》，第四卷（1930），

239~243 页。

[美] 约翰·司徒雷登:《在华五十年: 司徒雷登回忆录》, 程宗家译, 北京, 北京出版社, 1982。

《中国本位的文化建设宣言》, 载《文化建设》, 第一卷第四期（1935）, 1~5 页。

《中国民俗学运动简讯（四）: 民俗园地: 艺风月刊（第一期至第十期要目）》, 载《民俗》, 第一卷第二期（1937）, 285~288 页。

子厚:《燕大社会学系近况调查》, 载《社会学界》, 第五卷（1931）, 191~194 页。

毕业论文

蔡公期:《平郊村农工之分析》, 北平, 燕京大学法学院社会学系学士毕业论文, 1947。

陈封雄:《一个村庄之死亡礼俗》, 北平, 燕京大学法学院社会学系学士毕业论文, 1940。

陈涵芬:《北平北郊某村妇女地位》, 北平, 燕京大学法学院社会学系学士毕业论文, 1940。

陈怀桢:《中国婚丧风俗之分析》, 北平, 燕京大学文学院社会学系学士毕业论文, 1934。

陈焕锦:《进让村调查》, 北京, 燕京大学文学院社会学系学士毕业论文, 1927。

陈礼颂:《一个潮州村落社区的宗族研究》, 北平, 燕京大学法学院社会学系学士毕业论文, 1935。

陈永龄:《平郊村的庙宇宗教》, 北平, 燕京大学法学院社会学系学士毕业论文, 1941。

陈哲:《北平市警察行政》,北平,燕京大学法学院政治学系学士毕业论文,1937。

邓淑贤:《清河试验区妇女工作》,北平,燕京大学文学院社会学系学士毕业论文,1934。

杜含英:《歌谣中的河北民间社会》,北平,燕京大学法学院社会学系学士毕业论文,1939。

杜连华:《罗罗之研究》,北平,燕京大学法学院社会学系学士毕业论文,1939。

方大慈:《平郊村之乡鸭业》,北平,燕京大学法学院社会学系学士毕业论文,1941。

高爱梅:《东胡民族风俗考》,北平,燕京大学历史系学士毕业论文,1929。

管玉琳:《中国老年救济》,北平,燕京大学法学院社会学系学士毕业论文,1941。

郭兴业:《北平妇女生活的禁忌礼俗》,北平,燕京大学法学院社会学系学士毕业论文,1941。

韩光远:《平郊村一个农家的个案研究》,北平,燕京大学法学院社会学系学士毕业论文,1941。

韩叔信:《龙与帝王的故事》,北平,燕京大学历史学系学士毕业论文,1931。

洪德方:《学龄前的儿童与故事》,北平,燕京大学理学院家政学系学士毕业论文,1950。

黄迪:《孙末楠的社会学》,北平,燕京大学研究院社会学系硕士毕业论文,1934。

蒋旨昂:《卢家村》,北平,燕京大学文学院社会学系学士毕业论文,1934。

[韩]金镐杰:《土楼的民俗研究:以闽西、闽南地区方、圆土楼为主》,

北京，北京师范大学硕士学位论文，1998。

——，《山西省吕梁西部地区窑洞民居民俗研究——以柳林县三个窑洞村落为个案》，北京，北京师范大学博士学位论文，2001。

金润芝：《燕京大学毕业女生之婚姻调查》，北平，燕京大学理学院家事学系学士毕业论文，1934。

孔祥莹：《某村大农与小农农业经营之比较》，北平，燕京大学法学院经济学系学士毕业论文，1940。

李国轼：《某村之土地制度》，北平，燕京大学法学院经济学系学士毕业论文，1940。

李鸿钧：《清河小本贷款研究》，北平，燕京大学文学院社会学系学士毕业论文，1934。

栗庆云：《周代婚嫁礼俗考》，北京，燕京大学历史学系学士毕业论文，1927。

李荣贞：《中国民俗学的发展》，北平，燕京大学法学院社会学系学士毕业论文，1940。

李素英：《中国近世歌谣研究》，北平，燕京大学研究院国文学系硕士毕业论文，1936。

李婉君：《"坐月子"与"过日子"：对北方传统产后习俗的文化释读》，北京，中国人民大学博士学位论文，2014。

李慰祖：《四大门》，北平，燕京大学法学院社会学系学士毕业论文，1941。

李怡婷：《功能与区位：1922—1952年燕京大学社会学系的乡村研究》，北京，中国农业大学硕士学位论文，2009。

李有义：《山西徐沟县农村社会组织》，北平，燕京大学法学院社会学系学士毕业论文，1936。

李镇：《事变后平郊某村之合作事业》，北平，燕京大学法学院经济学系学士毕业论文，1941。

梁树祥:《清河小学》，北平，燕京大学法学院社会学系学士毕业论文，1935。

廖泰初:《定县的实验：一个历史发展的研究与评价》，北平，燕京大学研究院教育学系硕士毕业论文，1935。

林海聪:《民国时期妙峰山庙会民俗的视觉表达：以甘博影响为中心的图像比较研究》，广州，中山大学博士学位论文，2020。

林耀华:《义序宗族的研究》，北平，燕京大学研究院社会学系硕士毕业论文，1935。

凌景埏:《弹词研究》，北平，燕京大学研究院国文学系硕士毕业论文，1930。

刘曾壮:《北平梨园行之研究》，北平，燕京大学法学院社会学系学士毕业论文，1940。

刘纪华:《中国贞节观念的历史演变》，北平，燕京大学文学院社会学系学士毕业论文，1934。

刘庆衍:《蓝旗营卫生状况及其改进方案》，北平，燕京大学文学院教育学系学士毕业论文，1940。

刘寿慈:《印度寓言》，北京，燕京大学英文系学士毕业论文，1927。

刘秀宏:《前八家村之徐姓家族》，北平，燕京大学法学院社会学系学士毕业论文，1947。

刘诒娥:《黔苗研究》，北平，燕京大学法学院社会学系学士毕业论文，1939。

刘颖方:《桂猺研究》，北平，燕京大学法学院社会学系学士毕业论文，1939。

卢懿庄:《娼妓制度研究》，北平，燕京大学法学院社会学系学士毕业论文，1935。

马树茂:《一个乡村的医生》，北平，燕京大学法学院社会学系学士毕业论文，1949。

麦倩曾:《北平娼妓调查》,北平,燕京大学应用社会科学院学士毕业论文,1930。

潘玉猍:《一个村镇的农妇》,北平,燕京大学法学院社会学及社会服务学系学士毕业论文,1932。

齐钊:《探究与理解中国社会:1925—1951年燕京大学社会学系毕业论文的再分析》,北京,中国农业大学硕士学位论文,2012。

邱雪猍:《一个村落社区产育礼俗的研究》,北平,燕京大学法学院社会学系学士毕业论文,1935。

权国英:《北平年节风俗》,北平,燕京大学法学院社会学系学士毕业论文,1940。

沈兆麟:《平郊某村政治组织》,北平,燕京大学法学院社会学系学士毕业论文,1940。

石堉壬:《一个农村的性生活》,北平,燕京大学法学院社会学系学士毕业论文,1941。

孙咸方:《中国各地闹新房礼俗》,北平,燕京大学法学院社会学系学士毕业论文,1940。

孙以芳:《中国社会学的发展》,北平,燕京大学法学院社会学系学士毕业论文,1940。

谭一帆:《黄石的女性民俗研究》,北京,北京师范大学硕士学位论文,2020。

万树庸:《黄土北店村的研究》,北平,燕京大学研究院社会学系硕士毕业论文,1932。

王纯厚:《北平儿童生活礼俗》,北平,燕京大学法学院社会学系学士毕业论文,1940。

王际和:《清河试验区合作会计之研究》,北平,燕京大学法学院经济学系学士毕业论文,1936。

汪明玉:《中国杀婴的研究》,北平,燕京大学文学院社会学系学士毕业论文，1934。

王晓莉：《碧霞元君信仰与妙峰山香客村落活动研究——以北京地区与涧沟村的香客活动为个案》，北京，北京师范大学博士学位论文，2002。

王鑫：《比较视域下的中日"妖怪"与"妖怪学"研究》，北京，北京外国语大学博士学位论文，2015。

邢炳南:《平郊村之农具》，北平，燕京大学法学院社会学系学士毕业论文，1941。

薛诚之：《谚语研究》，北平，燕京大学研究院国文学系硕士毕业论文，1936。

杨景行：《平郊村一个手工业家庭的研究》，北平，燕京大学法学院社会学系学士毕业论文，1948。

杨骏昌：《清河合作》，北平，燕京大学法学院社会学系学士毕业论文，1935。

杨庆堃：《邹平市集之研究》，北平，燕京大学研究院社会学系硕士毕业论文，1934。

杨文松：《唐小说中同型故事之研究》，北平，燕京大学文学院国文学系学士毕业论文，1935。

杨肖彭：《北平梨园行之研究》，北平，燕京大学文学院社会学系学士毕业论文，1933。

杨燕：《移植与本土：燕京大学社会学学科发展研究（1922—1952）》，北京，北京师范大学博士学位论文，2016。

杨毓文：《儿童玩具及游戏用具之研究》，北平，燕京大学理学院家政学系学士毕业论文，1948。

姚慈霭：《婆媳关系》，北平，燕京大学法学院社会学系学士毕业论文，1932。

姚汉城：《一个都市摊贩之研究》，北平，燕京大学法学院社会学系学士毕业论文，1949。

尹襄:《北京基督教女青年会》，北平，燕京大学法学院社会学系学士毕业论文，1941。

虞权:《平郊村的住宅设备与家庭生活》，北平，燕京大学法学院社会学系学士毕业论文，1941。

玉文华:《西冉村的农民生活与教育》，北平，燕京大学文学院教育学系学士毕业论文，1939。

詹宝真:《平郊社区妇女研究》，北平，燕京大学法学院社会学系学士毕业论文，1947。

张金陔:《北平粥厂之研究》，北平，燕京大学法学院社会学系学士毕业论文，1932。

张南滨:《中国民俗学研究的发展》，北平，燕京大学文学院社会学系学士毕业论文，1934。

张如怡:《北平女招待研究》，北平，燕京大学文学院社会学系学士毕业论文，1933。

张孝诉:《北平会馆调查》，北平，燕京大学法学院社会学系学士毕业论文，1936。

张绪生:《平郊村学龄儿童所受的教育》，北平，燕京大学法学院社会学系学士毕业论文，1948。

张中堂:《一个村庄几种组织的研究》，北平，燕京大学法学院社会学系学士毕业论文，1932。

赵盛铎:《西藏民族之社会生活及礼俗之研究》，北平，燕京大学法学院社会学系学士毕业论文，1939。

[韩]郑然鹤:《中国与韩国犁的比较研究：以中国华北、东北地区为中心》，北京，北京师范大学博士学位论文，1998。

周恩慈:《北平婚姻礼俗》，北平，燕京大学法学院社会学系学士毕业论文，1940。

周乃森:《一百个精神病学生个案的分析》，北平，燕京大学法学院社会学系学士毕业论文，1941。

周荫君：《北平社会局妇女教养所收容妇女之研究》，北平，燕京大学法学院社会学系学士毕业论文，1948。

周廷墡：《一个农村人口数量的分析》，北平，燕京大学法学院社会学系学士毕业论文，1940。

朱炳荪：《岔曲研究》，北平，燕京大学文学院国文学系学士毕业论文，1938。

期刊、论文集论文

[美] 阿兰·邓迪斯：《伪民俗的制造》，周蕙英译，载《民间文化论坛》，2004 年第 5 期，103~110 页。

[英] 班女史：《民俗学是什么?》，陈锡襄译，载《开展月刊》，第十～十一期合刊（1931），1~8 页。

毕向阳：《社会形态学——人文生态学的知识谱系与"社会学中国化"的路径选择》，载《社会》，2021 年第 5 期，80~116 页。

不失：《致杨堃博士书》，载《鞭策周刊》，第一卷第十期（1932），18~19 页。

陈波：《李安宅：回忆海外访学》，载《中国人类学评论》，第 16 辑 (2010)，154~167 页。

陈怀桢：《中国婚丧风俗之分析》，载《社会学界》，第八卷（1934），117~153 页。

陈聚科、庐铭溥、余即苏：《前八家村社会经济概况调查》，载《清华周刊》，第四十三卷第一期 (1935)，第 41~50 页。

陈纬华：《灵力经济：一个分析民间信仰活动的新视角》，载《台湾社会研究集刊》，第 69 期（2008），57~106 页。

陈锡襄:《闽学会的经过》,载《国立第一中山大学语言历史学研究所周刊》,第一集第七期(1927),166~172页;第八期(1927),189~198页。

——,《一部民俗学著作的介绍》,载《国立第一中山大学语言历史学研究所周刊》,第一集第十一~十二期合刊(1928),302~308页。

——,《风俗学试探》,载《民俗周刊》,第五十七、八、九期合刊(1929),1~51页。

——,《中国民俗研究之新展拓与新难关》,载《文理》,第二期(1931),1~19页。

陈永龄:《南苑华美庄调查》,载《燕京社会科学》,第二卷(1949),119~164页。

陈子艾:《北平师大〈礼俗〉述评》,载《北京师范大学学报(社会科学版)》,1991年第2期,30~34页。

[日]岛村恭则:《社会变动、"生世界"与民俗》,王京译,载《民俗研究》,2018年第4期,76~82页。

——,《狄俄尼索斯(Dionysos)和民俗(Vernacular)——何谓民俗学视角》,孙敏译,载《日常と文化》,2021年第9卷,157~174页。

邓庆平:《贺登崧神父与中国民间文化研究》,载《民俗研究》,2014年第3期,62~72页。

邓实:《史学文编卷一:史学通论二》,载《政艺通报》,第一卷第十二期(1902),1~2页。

——,《鸡鸣风雨楼独立书》,载《政艺通报》,第二卷第二十三期(1903),1~3页;第二十四期(1903),4~6页;第二十五期(1903),7~9页。

——,《史传:民史各序》,载《广益丛报》,第六二~六四期(1905),1~10页。

——,《顾亭林先生学说五 风俗学》,载《国粹学报》,第二十五期(1906),1~14页。

董作宾:《一首歌谣整理研究的尝试》,载《歌谣周刊》,第六三号(1924),

第 1~7 版；第六四号（1924），第 1~4 版。

费孝通：《亲迎婚俗之研究》，载《社会学界》，第八卷（1934），155~186 页。

——，《周族婚姻制度及社会组织一考》，载《清华周刊》，第四十一卷第七期（1934），22~27 页。

——，《译〈甘肃土人的婚姻〉序》，载《宇宙旬刊》，第三卷第七期（1935），36~38 页。

——，《谈谈民俗学》，见张紫晨编：《民俗学讲演集》，1~9 页，北京，书目文献出版社，1986。

——《社会学家派克教授论中国》，费孝通译，载《再生》，第二卷第一期（1933），1~10 页。

[日] 废姓外骨：《初夜权序言》，启明译，载《语丝》，第一〇三期（1926），1~3 页。

[英] Firth, Raymond，《中国农村社会团结性的研究：一个方法论的建议》，费孝通译，载《社会学界》，第十卷（1938），249~257 页。

傅春晖：《早期燕京社会学的人文区位学研究——以杨庆堃的〈邹平市集之研究〉为例》，载《社会学评论》，2021 年第 5 期，193~213 页。

傅愫冬：《燕京大学社会学系三十年》，载《咸宁师专学报》，1990 年第 3 期，75~84 页。

甘阳：《从"民族—国家"走向"文明—国家"》，载《书城》，2004 年第 2 期，35~40 页。

高丙中：《中国民俗学的人类学倾向》，载《民俗研究》，1996 年第 2 期，6~14 页。

——，《作为一个过渡礼仪的两个庆典：对元旦与春节关系的表述》，载《中国人民大学学报》，2007 年第 1 期，49~55 页。

——，《日常生活的未来民俗学论纲》，载《民俗研究》，2017 年第 1 期，19~34 页。

顾颉刚：《中华民族是一个》，载《益世报·边疆周刊》，1939 年 2 月 13 日。

顾颉刚、朱士嘉：《研究地方志的计划》，载《社会问题》，第一卷第四期（1931），1~5 页。

顾廷龙：《妙峰山进香调查》，载《民间月刊》，第二卷第八号（1933），91~104 页。

古通今：《民俗复刊号——兼评我国民俗学运动》，载《民俗》，第一卷第二期（1937），293~295 页。

郭于华：《试论民俗学的社会科学化》，载《民间文化论坛》，2004 年第 4 期，9~14 页。

[美] Hart, Hornell：《美国学者对于西洋社会思想史之材料的意见》，李安宅译，载《燕大月刊》，第三卷第一期（1928），19~32 页。

[比] 贺登崧：《中国语言学及民俗学之地理的研究》，载《燕京学报》，第三十五期（1948），1~27 页。

——，《中国民间传统宗教之研究：辅仁大学方言地理学研究室地理调查报告之一》，冯瓒璋译，载《文藻月刊》，第二卷第一 / 二期（1949），18~20 页。

何济：《民俗学大意》，载《东方杂志》，第二十二卷第十四号（1925），90~102 页。

——，《论中西文化寄春台——等待中的一本书》，载《北新》，第二期（1926），1~12 页。

何思敬：《民俗学的问题》，载《民俗周刊》，第一期（1928），3~9 页。

——，《民俗学问题格序》，载《民俗周刊》，第十九 ~ 二十期（1928），9~12 页。

侯杰、王凤：《从传统到现代：民间年画与中国女性生活》，载《妇女研究论丛》，2016 年第 5 期，108~118 页。

侯俊丹：《新史学与中国早期社会理论的形成：以陈黻宸的"民史"观为例》，载《社会学研究》，2014 年第 4 期，152~176 页。

——：《市场、乡镇与区域：早期燕京学派的现代中国想象》，载《社会学研究》，2018 年第 3 期，193~215 页。

胡体乾：《社会学与说明的民俗学》，载《民俗》，第一卷第四期（1942），1~3 页。

胡小宇：《迈向科学的民俗学：范热内普的人生与学术》，载《民俗研究》，2022 年第 3 期，122~131 页。

胡愈之：《论民间文学》，载《妇女杂志》，第七卷第一期（1921），32~36 页。

华智亚：《人生仪礼、家庭义务与朝山进香：冀中南地区苍岩山进香习俗研究》，载《民俗研究》，2016 年第 1 期，89~98 页。

黄迪：《派克与孙末楠》，见《派克社会学论文集》，227~238 页，北平，燕京大学社会学会，1933。

——，《孙末楠论社会结构》，载《益世报》，1936 年 12 月 2 日第十二版。

——，《孙末楠论社会动因》，载《益世报》，1936 年 12 月 23 日第十二版。

——，《论"文化的重心"》，载《社会研究》，第一二七期（1936），511~517 页。

——，《文化生活的空间与时间》，载《益世报》，1937 年 5 月 26 日第十二版。

——，《社会历程、社会产物，与社会变迁》，载《益世报》，1937 年 7 月 14、21 日第十二版。

——，《清河村镇社区：一个初步研究报告》，载《社会学界》，第十卷（1938），359~420 页。

——，《社区与家村镇》，载《燕京新闻》，1939 年 11 月 4 日第九版。

黄华节：《怎样研究民间宗教?》，载《民间》，第一卷第十期（1934），13~18 页。

——，《民俗社会学的三分法与四分法：论风俗礼制四者的关系》，载《社会研究》，第五十二期，5~10 页；五十三期（1934），18~19 页。

——，《从歌谣窥察定县家庭妇女的生活》，载《社会研究》，第五十九期（1934），61~66页。

——，《祁州药王考略》，载《社会研究》，第六十四期（1934），101~106页。

——，《叔接嫂》，载《东方杂志》，第三十一卷第七号（1934），18~23页。

——，《咼钱略考》，载《太白半月刊》，第二卷第十期（1935），450~454页。

——，《节期与生活》，载《社会研究》，第七十三期（1935），173~174页。

——，《改革节期生活的途径》，载《社会研究》，第七十五期（1935），189~194页。

——，《流行旧定州属的汉光武传说》，载《社会研究》，第九十六期（1935），367~372页。

——，《定县巫婆的降神舞》，载《社会研究》，第一〇五期（1935），437~441页。

——，《礼俗改良与民族复兴》，载《黄钟》，第六卷第一期（1935），14~18页。

——，《礼失而求诸野》，载《道德半月刊》，三卷三期（1936），29~34页。

——，《中国古代社会的休假制度》，载《社会研究》，第一二一期（1936），563~568页。

黄石：《性的"他不"》，载《新女性》，第三卷第七号（1928），755~779页。

——，《亲属通婚的禁例》，载《新女性》，第四卷第八号（1929），1037~1051页。

——，《初夜权的起源》，载《新女性》，第三卷第七期（1930），39~54页。

——，《通讯研究：与杨庆堃君函》，载《社会研究》，第七十期（1935），149页。

黄涛：《谚语》，见段宝林主编：《民间文学教程》，178~186页，北京，高等教育出版社，2013。

黄兆临：《文化之范围、内容与性质》，载《新民月刊》，二卷二期（1936），5~25 页。

——，《论阶级及中国社会阶级研究》，载《益世报》，1936 年 8 月 5、12、19 日第十二版。

——，《比较社会学的别径》，载《益世报》，1937 年 1 月 27 日第十二版、2 月 3 日第十二版。

——，《文化与心理》，载《天津益世报》，1937 年 4 月 14 日第十二版。

[日] 菅丰：《日本现代民俗学的"第三条路"：文化保护政策、民俗学主义及公共民俗学》，陈志勤译，载《民俗研究》，2011 年第 2 期，52~71 页。

——，《民俗学者的田野介入与社会现实的再建构：通过田野调查构筑现实》，邢光大译，载《民俗研究》，2017 年第 3 期，49~56 页。

——，《民俗学艺术论题的转向：从民间艺术到支撑人之"生"的艺术（vernacular 艺术）》，雷婷译，载《民俗研究》，2020 年第 3 期，24~32 页。

简涛：《德国民俗学的回顾与展望》，见周星主编：《民俗学的历史、理论与方法》，808~858 页，北京，商务印书馆，2006。

姜萌：《王国维"清学三阶段论"溯源》，载《齐鲁学刊》，2013 年第 3 期，35~43 页。

江绍原：《柬埔寨僧道之"初夜权"》，载《新女性》，第三卷第七号（1928），77~78 页。

蒋旨昂：《集合行为》，见《派克社会学论文集》，121~183 页，北平，燕京大学社会学会，1933。

——，《卢家村》，载《社会学界》，第八卷（1934），36~105 页。

[日] 今村与志雄：《鲁迅、周作人与柳田国男》，赵京华译，载《中国现代文学研究丛刊》，1992 年第 1 期，248~255 页。

[英]拉得克里夫·布朗:《人类学研究之现状》,李有义节译,载《社会学界》,第九卷(1936),53~77页。

——,《对于中国乡村生活社会学调查的建议》,吴文藻编译,载《社会学界》,第九卷(1936),79~88页。

赖惠敏、王中奇:《清代北方版画贸易网络》,载《民俗曲艺》,第207期(2020),111~172页。

乐嗣炳:《民俗学是什么以及今后研究的方向》,载《开展》,第十一—十一期(1931),1~18页。

李安宅:《麦基淫教授论美国社会学》,载《益世报》,1933年1月23日第十版。

——,《人类学与中国文化:〈巫术科学宗教与神话〉译本序》,载《社会研究》,第一一四期(1936),507~510页。

——,《〈两性社会学〉译者序》,见[英]Malinowski, B.:《两性社会学》,1~7页,李安宅译,上海,商务印书馆,1937。

李国太:《一份不该遗忘的民国杂志:成都〈风土什志〉及其"风土情结"》,载《百色学院学报》,2013年第2期,66~71页。

李守常:《风俗》,载《甲寅》,第一卷第三号(1914),5~10页。

李孝迁:《葛兰言在民国学界的反响》,载《华东师范大学学报(社会科学版)》,2010年第4期,37~43页。

李怡婷、赵旭东:《一个时代的中国乡村社会研究:1922—1952年燕京大学社会学系毕业论文的再分析》,见《乡村中国评论》,第3辑,261~306页,济南,山东人民出版社,2008。

梁永佳:《超越社会科学的"中西二分"》,载《开放时代》,2019年第6期,67~80页。

廖泰初:《我研究"定县实验"的方法和经过》,《社会研究》,第六十八期(1935),143~145页。

——,《从定县的经验说到农村社会调查的缺欠和补救的方法》,载《社会研究》，第一〇三期（1935），419~422 页。

——，《再论"居住调查法"答叶君》，载《益世报》，1936 年 6 月 18 日第十二版。

——，《社区研究的时间单位》，载《益世报》，1937 年 5 月 5 日第十二版。

——，《一个城郊的村落社区》，1941，铅印本。

——，《沦陷区的一个城郊社区》，载《华文月刊》，第二卷第二·三期（1943），58~62 页。

林惠祥：《民俗学研究导言》，载《商务印书馆出版周刊》，第一百零六号（1934），1~9 页。

林耀华：《从人类学的观点考察中国宗族乡村》，载《社会学界》，第九卷（1936），125~142 页。

刘光汉：《编辑乡土志序例》，载《国粹学报》，第二十一期（1906），1~7 页。

刘惠萍：《呈现"孝道"——以"丁兰刻木事亲"叙事为中心的一种考察》，载《成大中文学报》，第 47 期（2014），241~284 页。

——，《一种"历史"、两种"故事"：以两汉的聂政传说为例》，载《文与哲》，第 26 期（2015），147~180 页。

刘纪华：《中国贞节观念的历史演变》，载《社会学界》，第八卷（1934），17~35 页。

刘龙心：《通俗读物编刊社与战时历史书写（1933—1940）》，载《"中央研究院"近代史研究所集刊》，第 64 期（2009），87~136 页。

[日] 柳田国男：《民间传承论导言》，钟敬文译，载《艺风》，第三卷第五期（1935），103~107 页。

刘铁梁：《村落——民俗传承的生活空间》，载《北京师范大学学报（社会科学版）》，1996 年第 6 期，42~48 页。

——，《民俗志研究方式与问题意识》，载《北京师范大学学报（社会科学版）》，1998 年第 6 期，44~48 页。

——，《中国民俗学发展的几个阶段》，载《民俗研究》，1998 年第 4 期，

81~89 页。

——,《中国民俗学思想发展的道路》载《民俗研究》，2008 年第 4 期，24~39 页。

——,《民俗文化的内价值与外价值》，载《民俗研究》，2011 年第 6 期，36~39 页。

——,《中国现代民俗学概论的基本思想及其影响》，载《民俗研究》，2017 年第 3 期，29~37 页。

刘兴育：《熊庆来与社会学系二三事》，载《云南档案》，2010 年第 6 期，11~13 页。

娄子匡：《民俗学的分类》，载《民俗周刊》，第一一九期（1933），16~28 页。

——,《中国民俗学运动的昨夜和今晨》，《民间月刊》，第二卷第五期（1933），1~16 页。

——,《〈民俗学志〉与叶德礼教授》，载《民俗研究》，2000 年第 1 期，97~98 页。

吕微：《与陌生人打交道的心意与学问：在乡愁与大都市梦想之"前"的实践民俗学》，载《民俗研究》，2016 年第 4 期，5~19 页。

吕文浩：《知识分子与民国废历运动三题》，见《中国社会科学院近代史研究所青年学术论坛 2009 年卷》，486~507 页，北京，社会科学文献出版社，2011。

[美] 罗伯特·巴龙：《美国公众民俗学：历史、问题和挑战》，黄龙光译，载《文化遗产》，2010 年第 1 期，86~96 页。

罗绳武：《民俗学之社会史的研究》，载《礼俗》，第一期（1931），1~5 页；第三期（1931），1~7 页。

罗致平：《民俗学史略》，载《民俗》，第一卷第四期（1942），20~27 页；第二卷第一、二合期（1943），50~53 页；第二卷第三、四合期（1943），50~55 页。

[英] Malinowski, B.:《文化论》, 费孝通、贾元甦、黄迪合译, 载《社会学界》, 第十卷（1938）, 111~206 页。

麦倩曾:《北平娼妓调查》, 载《社会学界》, 第五卷（1931）, 105~146 页。

孟庆超:《简评 1943 年〈中华民国违警罚法〉》, 载《行政法学研究》, 2003 年第 3 期, 49~55 页。

孟庆延:《思想、风俗与制度: 陈寅恪史学研究的社会学意涵》, 载《社会》, 2020 年第 5 期, 34~62 页。

米有华:《杨堃传略》, 载《晋阳学刊》, 1991 年第 1 期, 104~109+86 页。

苗俊长:《中国乡村建设运动鸟瞰》, 载《乡村改造》, 第六卷第一期（1937）, 11~22 页。

[美] 派克:《撒木讷氏社会观》, 载《社会学界》, 第六卷（1932）, 3~9 页。

——,《论社会之性质与社会之概念》, 见《派克社会学论文集》, 53~65 页, 北平, 燕京大学社会学会, 1933。

潘玉祼:《一个村镇的农妇》, 载《社会学界》, 第六卷（1932）, 261~286 页。

彭春凌:《何为进步: 章太炎译介斯宾塞的主旨变焦及其投影》, 载《近代史研究》, 2019 年第 1 期, 23~43 页。

——,《从岸本能武太到章太炎: 自由与秩序之思的跨洋交流》, 载《历史研究》, 2020 年第 3 期, 110~131 页。

彭恒礼:《"民俗学"入华考: 兼谈近代辞典对学科术语的强化作用》, 载《民俗研究》, 2010 年第 3 期, 253~261 页。

——,《中国近代学术社团与学科术语的生成: 以"民俗学"学科术语地位的确立为例》, 载《人文论丛》, 2010 年卷, 50~59 页。

——,《"风俗"与"民俗"的语义流变与地位转换》, 载《天中学刊》, 2013 年第 4 期, 113~120 页。

齐钊:《社区·区域·历史: 理解中国的三种进路——对燕京大学社会

学系学术传统与研究特色的再分析》，载《开放时代》，2013 年第 6 期，107~120 页。

——，《"传统的发明"的超越与传统多样性的敬畏》，载《民俗研究》，2017 年第 1 期，41~47 页。

瞿兑之：《历代风俗研究导言》，载《燕大月刊》三卷一期（1928），16~19 页。

渠敬东：《探寻中国人的社会生命：以〈金翼〉的社会学研究为例》，载《中国社会科学》，2019 年第 4 期，98~122 页。

瞿同祖：《俗、礼、法三者的关系》，载《北平晨报·社会研究》，1934 年 4 月 25 日第十三张，1934 年 5 月 2 日第十三张，1934 年 5 月 16 日第十三张。

——，《论风与俗制与法的同异问题》，载《社会研究》，第五十五期（1934），32~35 页。

——，《礼与社会分化》，载《自由论坛》，第二卷第一期（1944），20~24 页。

任小青：《近现代民族运动中的顾炎武认同》，载《晋阳学刊》，2020 年第 3 期，80~86 页。

任责：《实地研究讨论》，载《益世报》，1937 年 1 月 27 日第十二版。

——，《什么叫作文化？怎样研究文化？》，载《新西北半月刊》，第二卷第一期（1939），14~17 页。

容肇祖：《北大歌谣研究会及风俗调查会的经过》，载《民俗周刊》，第十五～十六期（1928），1~10 页；第十七～十八期（1928），14~31 页。

[美] 瑞德斐，《乡土社会》，张绪生译，载《燕京社会科学》，第二卷（1949），95~117 页。

沈兼士：《吴歌甲集序》，载《北京大学研究所国学门周刊》，第一卷第十一期（1925），12~13 页。

沈洁：《礼俗改造的学术实践：20 世纪二三十年代中国民俗学家的礼俗调查》，载《史林》，2008 年第 1 期，140~154 页。

师月玲:《陕北习俗：合木》，载《民俗研究》，1988 年第 2 期，77~78 页。

孙本文:《孙末楠的学说及其对于社会学的贡献》，载《社会学刊》，第一卷第一期（1929），1~19 页。

——，《社会学名词汉译商榷》，载《社会学刊》，第一卷第三期（1930），1~18 页。

田耕:《中国社会研究史中的西南边疆调查：1928—1947》，载《学海》，2019 年第 2 期，21~33 页。

田兆元:《民俗学的学科属性与当代转型》，载《文化遗产》，2014 年第 6 期，1~8 页。

万树庸:《黄土北店村社会调查》，载《社会学界》，第六卷（1932），11~29 页。

万斯年:《人类学、民族学、民俗学之范围及其关系》，载《文化论衡》"创刊号"（1936），1~8 页。

王东杰:《国学保存会和清季国粹运动》，载《四川大学学报（哲学社会科学版）》，1999 年第 1 期，103~109 页。

——，《欧风美雨中的国学保存会》，载《档案与史学》，1999 年第 5 期，33~39 页。

——:《〈国粹学报〉与"古学复兴"》，载《四川大学学报（哲学社会科学版）》，2000 年第 5 期，102~112 页。

汪馥泉:《民俗学的对象任务及方法》，载《开展月刊》，第十一十一期（1931），1~9 页。

——，《神话及传说的动态》，载《绸缪月刊》，第二卷第五期（1936），93~98 页。

王贺宸:《燕大在清河的乡建试验工作》，载《社会学界》，第九卷（1936），343~363 页。

汪洪亮:《李安宅的学术成长与政治纠结》，载《民族学刊》，2016 年第 1 期，8~19 页。

[法] 汪继乃波：《民俗学的领域》，杨堃译，载《鞭策周刊》，第二卷第十五期（1932），6~8 页。

——，《汪继乃波的民俗学（续）》，杨堃译，载《鞭策周刊》，第二卷第十六期（1932），6~9 页。

——，《民俗学的方法》，杨堃译，载《鞭策周刊》，第二卷第十九期（1933），7~12 页。

——，《民俗学之纲目》，杨堃译，载《鞭策周刊》，第二卷第二一期（1933），6~10 页。

王铭铭：《民族学与社会学之战及其终结：一位人类学家的札记与评论》，载《思想战线》，2010 年第 3 期，8~19 页。

汪明玉：《中国杀婴的概况》，载《互励月刊》，第一卷第五期（1935），33~40 页。

王顺：《北夏农谚的研究》，载《教育与民众》，第七卷第一期（1935），25~70 页。

王文光：《天津的妙峰山进香情形》，载《京报副刊》，第二五一期（1925），7~8 页。

王晓葵：《中国"民俗学"的发现：一个概念史的探求》，载《华东师范大学学报（哲学社会科学版）》，2016 年第 4 期，114~121 页。

乌丙安：《思路与出路：保护非物质文化遗产热潮中的中国民俗学》，载《河南社会科学》，2007 年第 2 期，1~6 页。

吴景超：《孙末楠传》，载《社会学刊》，第一卷第一期（1929），1~21 页。

——，《几个社会学者所用的方法》，载《社会学界》，第三卷（1929），17~23 页。

——，《孙末楠的治学方法》，载《独立评论》，第一二〇号（1934），14~17 页。

吴丽平：《民俗学的三分法和四分法——瞿同祖和黄华节的论争》，见吴效群编：《民俗学：学科属性与学术范式》，301~309 页，郑州，河南大学出版社，2015。

——，《黄石与民俗社会学》，载《民俗研究》，2020年第6期，83~96页。

吴文藻：《季亭史的社会学学说》，载《社会学刊》，第四卷第一期（1933），1~40页。

——《导言》，见《派克社会学论文集》，1~14页，北平，燕京大学社会学会，1933。

——，《现代社区实地研究的意义和功用》，载《社会研究》，第六十六期（1935），125~128页。

——，《西方社区研究的近今趋势》，载《社会研究》，第八十期（1935），237~241页。

——，《社区的意义与社区研究的近今趋势》，载《社会学刊》，第五卷第一期（1935），7~20页。

——，《中国社区研究计划的商榷》，载《社会学刊》，第五卷第二期（1936），55~65页。

——，《布朗教授的思想背景与其在学术上的贡献》，载《社会学界》，第九卷（1936），1~42页。

——，《功能派社会人类学的由来与现状》，载《民族学研究集刊》，第一期（1936），123~144页。

——，《文化表格说明》，载《社会学界》，第十卷（1938），207~248页。

——，《论社会制度的性质与范围》，载《社会科学学报》，第一卷（1940），1~56页。

吴银玲：《杨堃笔下的葛兰言：读〈葛兰言研究导论〉》，载《西北民族研究》，2011年第1期，180~187页。

吴榆珍：《一个女子中学的课外生活》，载《社会学界》，第七卷（1933），223~257页。

西谛：《论寓言：印度寓言序》，载《文学周报》，第一八一期（1925），2~3页。

——,《寓言的复兴》,载《文学周报》,第一八三期（1925）,3~4 页。

象乾:《论言与社会》,载《鞭策周刊》,第二卷第一期（1932）,4~8 页。

萧放:《中国传统风俗观的历史研究与当代思考》,载《北京师范大学学报（社会科学版）》,2004 年第 6 期,31~40 页。

——,《春节习俗与岁时通过仪式》,载《北京师范大学学报（社会科学版）》,2006 年第 6 期,50~58 页。

肖索未:《"严母慈祖":儿童抚育中的代际合作与权力关系》,载《社会学研究》,2014 年第 6 期,148~171 页。

肖索未、蔡永芳:《儿童抚养与进城务工农民的城市社会文化调适》,载《开放时代》,2014 年第 4 期,183~193。

[日] 小熊诚:《作为自省之学的中国人类学——费孝通与柳田国男的学问与方法》,祁惠君译,载《开放时代》,2009 年第 3 期,57~66 页。

谢宇:《走出中国社会学本土化讨论的误区》,载《社会学研究》,2018 年第 2 期,1~13 页。

徐炳昶:《礼是什么》,载《国立北京大学社会科学季刊》,第一卷第一期（1922）,123~136 页。

许地山:《礼俗调查与乡村建设》,载《社会研究》,第六十五期（1934）,109~110 页。

许仕廉:《对于社会学教程的研究》,载《社会学杂志》,第二卷第四号（1925）,1~11 页。

——《燕大社会学系教育方针商榷》,载《燕大周刊》,第一〇四期(1926),5~8 页;第 105 期 (1926),7~9 页。

——,《建设时期中教授社会学的方针及步骤》,载《社会学界》,第三卷（1929）,175~181 页。

——,《一个市镇调查的尝试》,载《社会学界》,第五卷（1931）,1~10 页。

——,《中国社会学运动的目标经过和范围》,载《社会学刊》,第二卷第二期（1931）,1~29 页。

——，《介绍派克教授（Robert Ezra Park）续》，载《益世报》，1932 年 11 月 28 日第十版。

——，《清河农村社会中心区》，载《河北月刊》，第一卷第二期（1933），1~8 页。

——，《清河镇社会实验工作》，载《村治》，第三卷第二—三期（1933），1~4 页。

——，《中国之乡村建设》，载《政训月刊》，第三十四期（1937），33~42 页。

徐天基：《"标准化"的帷幕之下：北京丫髻山的进香史（1696—1937）》，载《"中央研究院"近代史研究所集刊》，第 84 期（2014），59~113 页。

徐亦如：《实地研究与局内观察》，载《社会研究》，第九十三期（1935），342~347 页。

——，《局内观察法实用谈》，载《社会研究》，第九十五期（1935），359~361 页。

徐宗泽：《公教教士当怎样注意中国地方志》，载《圣教杂志》，第二十二卷第八期（1933），450~454 页。

[日] 岩本通弥：《以"民俗"为对象即为民俗学吗——为什么民俗学疏离了"近代"》，宫岛琴美译，载《文化遗产》，2008 年第 2 期，109~115 页。

——，《围绕民间信仰的文化遗产化的悖论：以日本的事例为中心》，吕珍珍译，载《文化遗产》，2010 年第 2 期，105~114 页。

——，《世界遗产时代与日韩的民俗学：以世界遗产二条约的接受兼容为中心》，宗晓莲译，载《文化遗产》，2014 年第 5 期，32~52 页。

燕归来簃主人，《北京妙峰山纪略》，载《新东亚旬刊》，第一卷第十八期（1939），23~25 页；第十九期（1939），23~24 页；第二十期（1939），23~27 页。

杨成志：《复刊词，Introduction》，载《民俗（复刊号）》，第一卷第一期（1936），I~V 页。

——，《现代民俗学——历史与名词》，载《民俗（复刊号）》，第一卷第

一期 (1936)，1~12 页。

——，《民俗学会的经过及其出版物目录一览》，载《民俗（复刊号）》，第一卷第一期（1936），223~312 页。

杨开道：《明清两朝的民众教育》，载《教育与民众》，第二卷第四期（1930），1~18 页。

阎明：《"差序格局"探源》，载《社会学研究》，2016 年第 5 期，189~214 页。

杨堃：《废历年节之社会学意义》，载《鞭策周刊》，第一卷第一期（1932），10~11 页。

——，《中国现代社会学之派别及趋势》，载《鞭策周刊》，第一卷第三期（1932），48~53 页；第四期（1932），78~81 页。

——，《介绍汪继乃波的民俗学》，载《鞭策周刊》，第一卷第十三期（1932），9~14 页。

——，《编纂野蛮生活史之商榷》，载《鞭策周刊》，第二卷第一期（1932），11~13 页。

——，《中国新年风俗志序》，载《鞭策周刊》，第二卷第九期（1932），6~8 页。

——，《社会形态学是什么？》，载《鞭策周刊》，第二卷第十三期（1932），6~14 页。

——，《社会学是什么？》，载《百科杂志》，第一期（1932），1~20 页。

——，《评李景汉著〈实地社会调查方法〉》，载《鞭策周刊》，第二卷第二六期（1933），6~11 页。

——，《与娄子匡书：论"保特拉吃"（Potlatch）》，载《中法大学月刊》，第四卷第一期（1933），117~128 页。

——，《民族学与社会学》，载《社会学刊》，第四卷第三期（1934），1~27 页。

——，《民族学与人类学》，载《国立北平大学学报文理专刊》，第一卷（1935），1~52 页。

——，《评江绍原〈中国古代旅行之研究〉》，载《社会学刊》，第五卷第二期（1936），81~90页。

——，《民族学与史学》，载《中法大学月刊》，第九卷第四期（1936），1~26页。

——，《民俗学与通俗读物》，载《大众知识》，第一卷第一期（1936），5~14页。

——，《法国民族学之过去与现在》，载《民族学研究集刊》，第一期（1936），101~121页。

——，《莫斯教授的社会学学说与方法论》，载《社会学界》，第十卷（1938），259~333页。

——，《民人学与民族学（上篇）》，载《民族学研究集刊》，第三期（1940），131~157页。

——，《葛兰言研究导论》，载《社会科学季刊》，第一卷第三期（1942）；第一卷第四期（1942），15~54页；第二卷第一期（1943），1~40页。

——，《中国近三十年来之出版界（社会学之部）》，载《国立华北编译馆馆刊》，第二卷第七期（1943），1~19页。

——，《社会学研究法》，载《中国学报》，第一卷第一期（1944），45~57页。

——，《灶神考》，载《汉学》，第一辑（1944），107~166页。

——，《评中国古代社会新研初稿》，载《中法汉学研究所图书馆馆刊》，第二号（1946），117~134页。

——，《我国民俗学运动史略》，载《民族学研究集刊》，第六期（1948），92~102页。

——，《杨堃自叙》，载《史学理论研究》，1998年第4期，43~51页。

杨堃、张若名：《中国儿童之民俗学的研究》，刘晖译，载《民俗研究》，1996第3期，1~13页。

杨庆堃：《派克论都市社会及其研究方法》，见《派克社会学论文集》，

239~302 页，北平，燕京大学社会学会，1933。

杨清媚：《"燕京学派"的知识社会学思想及其应用：围绕吴文藻、费孝通、李安宅展开的比较研究》，载《社会》，2015 年第 4 期，103~133 页。

杨燕：《步济时对创办燕京大学社会学系的历史贡献》，载《北京教育学院学报》，2018 年第 2 期，85~92 页。

杨燕、孙邦华，《许仕廉对燕京大学社会学中国化的推进》，载《北京社会科学》，2015 年第 10 期，68~75 页。

姚慈霭：《婆媳冲突的主要原因》，载《社会学界》，第七卷（1933），259~270 页。

叶德均：《民俗学的意义及其变迁》，载《文学》，第二期（1935），91~98 页。

——，《民俗学之史的发展》，载《青年界》，第九卷第四期（1936），33~38 页。

游嘉德：《孙末楠与恺莱的社会学》，载《社会学刊》，第一卷第一期（1929），1~11 页。

余光弘：《A. van Gennep 生命仪礼理论的重新评价》，载《"中央研究院"民族学研究所集刊》，第 60 期（1985），229~257 页。

于鹤年：《民俗学与神马》，载《河北月刊》，第四卷第三期（1936），1~3 页。

袁宙飞：《清代民间年画慈孝图像的功用价值探赜》，载《民俗研究》，2017 年第 3 期，141~145 页。

岳永逸：《范·根纳普及其〈通过仪礼〉》，载《民俗研究》，2008 年第 1 期，5~12 页。

——，《脱离与融入：近代都市社会街头艺人身份的建构——以北京天桥街头艺人为例》，载《民俗曲艺》，第 142 期（2003），207~272 页。

——，《对生活空间的归束与重整——常信水祠娘娘庙会》，载《民俗曲艺》，第 143 期（2004），213~269 页。

——，《革弊？人神敬拜的礼俗让渡》，载《民俗研究》，2016 年第 4 期，54~60 页。

——，《"土著"之学：司礼义的中国民俗学研究》，载《民族文学研究》，2020 年第 1 期，60~79 页。

——，《导读》，见费孝通：《乡土中国（注解本）》，1~53 页，北京，中华书局，2020。

——，《本真、活态与非遗的馆舍化：以表演艺术类为例》，载《民族艺术》，2020 年第 6 期，79~87 页。

——，《民俗、社区与文化：燕京大学社会学的本土化探索》，载《民俗研究》，2022 年第 1 期，5~20 页。

张德明：《教会大学与民国乡村建设：以燕京大学清河实验区为个案的考察》，载《北京社会科学》，2013 年第 2 期，57~62 页。

张东荪：《〈文哲月刊〉发刊词》，载《文哲月刊》，第一卷第一期（1935），1~7 页。

——，《思想言语与文化》，载《社会学界》，第十卷（1938），17~54 页。

张好礼：《社会科学讲话 第三讲 社会科学之分类及其一贯性》，载《读书青年》，第一卷第三期（1944），24~27 页。

——，《社会科学讲话 第七讲 史学》，载《读书青年》，第二卷第二期（1945），17~21 页。

——，《社会科学讲话 第八讲 中国新史学的学派与方法》，载《读书青年》，第二卷第三期（1945），16~20 页。

——，《社会科学讲话 第九讲 中国新史学运动中的社会学派》，载《读书青年》，第二卷第四期（1945），12~16 页。

张江华：《"乡土"与超越"乡土"：费孝通与雷德菲尔德的文明社会研究》，载《社会》，2015 年第 4 期，134~158 页。

张静：《燕京社会学派因何独特？——以费孝通〈江村经济〉为例》，载《社会学研究》，2017 年第 1 期，24~30 页。

赵丙祥：《曾经沧海难为水：重读杨堃〈葛兰言研究导论〉》，载《中国农业大学学报（社会科学版）》，2008 年第 3 期，171~177 页。

——，《将生命还给社会：传记法作为一种总体叙事方式》，载《社会》，2019 年第 1 期，37~70 页。

赵承信：《派克与人文区位学》，见《派克社会学论文集》，79~97 页，北平，燕京大学社会学会，1933。

——，《社会调查与社区研究》，载《社会学界》，第九卷（1936），151~205 页。

——，《社区研究与社会学之建设》，载《社会学刊》，第五卷第三期（1937），13~20 页。

——，《写在报告之后》，载《社会学界》，第十卷（1938），420~422 页。

——，《农村与民族》，载《燕京新闻》，1939 年 11 月 4 日第九版。

——，《农村社会研究方法的实验》，载《燕大研究院同学会会刊》，第二期（1940），39~41 页。

——，《狱中杂记》，载《大中》，第一卷第四期（1946），39~62 页；第一卷第八九合期（1946），83~118 页。

——，《平郊村研究的进程》，载《燕京社会科学》，第一卷（1948），107~116 页。

兆临：《关于社会学名词的翻译》，载《北平晨报：社会研究》，1934 年 4 月 11 日第十一张。

赵芮：《新老博弈：商业化坐月子与家长权威的式微》，载《思想战线》，2016 年第 4 期，26~31 页。

赵世瑜：《传承与记忆：民俗学的学科本位——关于"民俗学何以安身立命"问题的对话》，载《民俗研究》，2011 年第 2 期，7~20 页。

赵旭东、齐钊：《亲迎"三区论"的知识社会学分析：对费孝通研究的一个补充》，载《西北民族研究》，2011 年第 2 期，145~158 页。

——，《地方志与民俗的区域研究：对早期燕京大学社会学系两篇毕业论文的分析》，载《民俗研究》，2012 年第 1 期，58~66 页。

——，《反思性批判与创造性转化：以燕京大学社会学系与英国功能论人类学的双向互动为例》，载《西北民族研究》，2013 年第 1 期，46~55 页。

郑杭生、陆益龙：《把握交融趋势，推进学科发展：论当代中国社会学、人类学和民俗学的关系》，载《温州大学学报（社会科学版）》，2010 年第 5 期，1~9 页。

郑师许：《我国民俗学发达史》，载《中山文化教育馆季刊》，第三卷第二期（1936），677~685 页。

钟敬文，《数年来民俗学工作的小结账》，载《民俗周刊》，第一期（1928），9~13 页。

——，《前奏曲》，载《艺风》，第二卷十二期（1934），13~20 页。

——，《"中国民间文学探究"自叙》，载《亚波罗》，第十三期（1934），66~67 页。

——，《"五四"运动以来民间语言研究的传统与新时期语言民俗学的开拓》，载《西北民族研究》，2002 年第 2 期，5~13 页。

周飞舟：《行动伦理与"关系社会"：社会学中国化的路径》，载《社会学研究》，2018 年第 1 期，41~62 页。

周晓红：《社会学本土化：狭义或广义，伪问题或真现实》，载《社会学研究》，2020 年第 1 期，16~36 页。

周星：《非物质文化遗产保护运动和中国民俗学》，载《思想战线》，2012 年第 6 期，1~8 页。

——，《物质文化研究的格局与民具学在中国的成长》，载《民俗研究》，2018 年第 4 期，31~50 页。

周逸：《访问（Interview）技术》，载《社会研究》，第一〇四期（1935），427~432 页；第一〇五期（1935），441 页；第一〇六期（1935），447 页；第一〇九期（1935），471~472 页。

周振鹤：《王三奶奶》，载《民俗周刊》，第六十九~七十期（1929），

68~107 页。

周作人：《征求绍兴儿歌童话启》，载《绍兴县教育会月刊》，第四号
（1914），25~26 页。

曾觉之：《蒲尔谢湖边说春台》，载《白潮》，第十一期（1930），162~168 页。

专　著

毕旭玲：《中国 20 世纪前期传说研究史》，上海，上海社会科学院出版社，
2019。

常人春：《老北京的风俗》，北京，北京燕山出版社，1990。

陈怀宇：《在西方发现陈寅恪：中国近代人文学的东方学与西方学背景》，
北京，北京师范大学出版社，2013。

陈新华：《留美生与中国社会学》，天津：南开大学出版社，2009。

陈寅恪：《陈寅恪集》，北京，生活·读书·新知三联书店，2015。

陈泳超：《中国民间文学研究的现代轨辙》，北京，北京大学出版社，
2005。

陈远：《燕京大学：1919—1952》，杭州：浙江人民出版社，2013。

程为坤：《劳作的女人：20 世纪初北京的城市空间和底层女性》，杨可译，
北京，生活·读书·新知三联书店，2015。

[美] 大卫·阿古什：《费孝通传》，董天民译，郑州，河南人民出版社，
2006。

邓子琴：《中国礼俗学纲要》，南京，中国文化社，1947。

刁统菊：《华北乡村社会姻亲关系研究》，北京，中国社会科学出版社，
2016。

董晓萍：《跨文化民俗学：钟敬文留日个案研究之一》，北京，中国大百科
全书出版社，2017。

[美] 杜赞奇：《文化、权力与国家：1900—1942 年的华北农村》，王福明译，南京，江苏人民出版社，2003。

[日] 二阶堂招久：《初夜权：Jus primae Noctis 底社会学的研究》，上海，北新书局，1929。

[法] 范·热内普：《过渡礼仪》，张举文译，北京，商务印书馆，2010。

方维规：《概念的历史分量：近代中国思想的概念史研究》，北京，北京大学出版社，2018。

[美] 菲利普·韦斯特：《燕京大学与中西关系：1916—1952》，程龙译，北京，北京师范大学出版社，2019。

费孝通：《初访美国》，上海·重庆，生活书店，1946。

——，《乡土中国》，上海，观察社，1948。

——，《乡土重建》，上海，观察社，1948。

——，《费孝通文集》，北京，群言出版社，1999。

——，《师承·补课·治学》，北京，生活·读书·新知三联书店，2002。

奉宽：《妙峰山琐记》，广州：国立中山大学语言历史学研究所，1929。

富晓星：《空间、文化、表演：东北 A 市男同性恋群体的人类学观察》，北京，光明日报出版社，2012。

傅振伦：《中国方志学通论》，上海，商务印书馆，1935。

甘阳：《文明·国家·大学》，北京，生活·读书·新知三联书店，2012。

高丙中：《民俗文化与民俗生活》，北京，中国社会科学出版社，1994。

葛剑雄主编：《中国移民史》，福州：福建人民出版社，1997。

[法] 葛兰言：《古代中国的节庆与歌谣》，赵丙祥、张宏明译，桂林，广西师范大学出版社，2005。

[日] 宫家准：《日本的民俗宗教》，赵仲明译，南京，南京大学出版社，2008。

龚静染：《李劼人往事（1925—1952）》，北京，商务印书馆，2021。

顾复编：《农具学》，上海，商务印书馆，1934。

顾颉刚:《吴歌甲集》,北京,北京大学歌谣研究会,1926。

——,《古史辨第一册》,北京,朴社,1926。

——,《妙峰山》,广州:国立中山大学语言历史学研究所,1928。

——,《顾颉刚民俗论文集》,北京,中华书局,2011。

关庚:《我的上世纪:一个北京平民的私人生活绘本》,北京,中国青年出版社,2007。

郭绍虞:《谚语的研究》,上海,商务印书馆,1925。

郭于华:《死的困扰与生的执著:中国民间丧葬仪礼与传统生死观》,北京,中国人民大学出版社,1992。

何炳棣:《明初以降人口及其相关问题1368—1953》,北京,中华书局,2017。

胡朴安:《中华全国风俗志》,上海,大达图书供应社,1936。

胡适:《胡适文集》,北京,北京大学出版社,2013。

户晓辉:《日常生活的苦难与希望:实践民俗学田野笔记》,北京,中国社会科学出版社,2017。

黄石:《神话研究》,上海,开明书店,1927。

——,《黄石民俗学论集》,上海,上海文艺出版社,1999。

黄涛:《语言民俗与中国文化》,北京,人民出版社,2002。

黄盈盈等著:《我在现场:性社会学田野调查笔记》,太原:山西人民出版社,2017。

[德] 霍耐特:《物化:承认理论探析》,罗名珍译,上海,华东师范大学出版社,2018。

江绍原:《发须爪:关于它们的迷信》,上海,开明书店,1928。

——,《中国礼俗迷信》,天津,渤海湾出版公司,1989。

——,《民俗与迷信》,北京,北京出版社,2016。

江绍原编译:《现代英吉利谣俗及谣俗学》,上海,中华书局,1932。

金受申:《北京的传说》,北京,北京出版社,1981。

——，《老北京的生活》，北京，北京出版社，1989。

[日] 井上圆了：《妖怪学讲义录：总论》，蔡元培译，北京，东方出版社，2014。

李安宅：《仪礼与礼记之社会学的研究》，上海，商务印书馆，1931。

[法] 利奥塔：《非人：时间漫谈》，罗国祥译，北京，商务印书馆，2000。

李伯重：《火枪与账簿：早期经济全球化时代的中国与东亚世界》，北京，生活·读书·新知三联书店，2017。

李璜译述：《古中国的跳舞与神秘故事》，上海，中华书局，1933。

李家瑞编：《北平风俗类征》，上海，商务印书馆，1937。

黎敏：《建国初十年民俗文献史》，北京，中国文史出版社，2008。

李世瑜：《现在华北秘密宗教》，成都，华西协和大学中国文化研究所、国立四川大学史学系联合印行，1948。

——，《社会历史学文集》，天津，天津古籍出版社，2007。

李云泉：《万邦来朝：朝贡制度史论》，北京，新华出版社，2014。

李政君：《变与常：顾颉刚古史观念演进之研究（1923—1949）》，北京，中国社会科学出版社，2020。

梁启超：《饮冰室合集（典藏版）》，北京，中华书局，2015。

林惠祥：《文化人类学》，上海，商务印书馆，1934。

林耀华：《金翼：中国家族制度的社会学研究》，北京，生活·读书·新知三联书店，2000。

——，《林耀华学术》，杭州，浙江人民出版社，1999。

——，《义序的宗族研究》，北京，生活·读书·新知三联书店，2000。

——，《在大学和田野之间》，北京，北京大学出版社，2011。

刘惠萍：《图像与神话：日、月神话的研究》，台北，文津出版社有限公司，2011。

刘寿慈：《印度寓言》，上海开明书店，1931。

刘守华：《中国民间故事史》，武汉，湖北教育出版社，1998。

[日] 柳田国男:《民间传承论与乡土生活研究法》，王晓葵、王京、何彬译，北京，学苑出版社，2010。

刘铁梁主编:《中国民俗文化志·北京·门头沟区卷》，北京，中央编译出版社，2006。

刘薇:《学相觉与文化认同：云南民俗文化调查研究（1937—1945）》，北京，中国社会科学出版社，2021。

刘锡诚:《20世纪中国民间文学学术史》，开封，河南大学出版社，2006。

卢梦雅:《葛兰言的汉学发生研究》，济南，山东大学出版社，2018。

[美] 露思·贝哈:《伤心人类学：易受伤的观察者》，黄佩玲、黄恩霖译，台北，群学出版有限公司，2010。

《鲁迅全集8》，北京，人民文学出版社，2005。

陆晓芹:《"吟诗"与"暖"：广西德靖一带壮族聚会对歌习俗的民族志考察》，桂林，广西师范大学出版社，2016。

陆远:《传承与断裂：剧变中的中国社会学与社会学家》，北京，商务印书馆，2019。

[德] 罗梅君:《北京的生育、婚姻和丧葬——19世纪到当代的民间文化和上层文化》，王燕生、杨立、胡春春译，北京，中化书局，2001。

罗义贤:《司徒雷登与燕京大学》，贵阳，贵州人民出版社，2005。

麻国庆:《家与中国社会结构》，北京，文物出版社，1999。

——，《永远的家：传统惯性与社会结合》，北京，北京大学出版社，2009。

[英] Malinowski, B.:《巫术科学宗教与神话》，李安宅译，上海，商务印书馆，1936。

——，《两性社会学》，李安宅译，上海，商务印书馆，1937。

[美] 玛乔丽·肖斯塔克，《妮萨：一名昆族女子的生活与心声》，杨志译，北京，中国人民大学出版社，2017。

马芷庠:《北平旅行指南》，北京，经济新闻社，1936。

毛巧晖：《20世纪下半叶中国民间文艺学思想史论（修订版）》，北京，学苑出版社，2018。

孟庆澍：《激流中的文本、主义与人》，北京，人民出版社，2020。

［美］普鸣：《作与不作：早期中国对创新与技艺问题的论辩》，杨起予译，北京，生活·读书·新知三联书店，2020。

启功口述，赵仁珪、章景怀整理：《启功口述历史》，北京，北京师范大学出版社，2004。

漆凌云：《中国民间故事研究史论：1949—2018》，北京，中国社会科学出版社，2019。

钱穆：《八十忆双亲、师友杂忆合刊》，北京，九州出版社，2011。

瞿兑之：《汉代风俗制度史》，北京，广业书社，1928。

尚秉和：《历代社会风俗事物考》，上海，商务印书馆，1938。

尚会鹏：《闹洞房》，北京，中央民族大学出版社，2000。

施爱东：《中国现代民俗学检讨》，北京，社会科学文献出版社，2010。

——，《倡立一门新学科：中国现代民俗学的鼓吹、经营与中落》，北京，中国社会科学出版社，2011。

［明］史玄：《旧京遗事》，［清］夏仁虎：《旧京琐记》，［清］阙名：《燕京杂记》，北京，北京古籍出版社，1986。

孙本文：《社会学上之文化论》，北京，朴社，1927。

孙文：《民族主义》，上海，民智书局，1925。

陶亢德编：《北平一顾》，上海，宇宙风社，1936。

田汝康：《男性阴影与女性贞节：明清时期伦理观的比较研究》，刘平、冯贤亮译校，上海，复旦大学出版社，2017。

万建中：《20世纪中国民间故事研究史》，北京，北京师范大学出版社，2011。

汪洪亮：《民国时期的边政与边政学（1931—1948）》，北京，人民出版社，2014。

王建革：《传统社会末期华北的生态与社会》，北京，生活·读书·新知三联书店，2009。

王建民：《中国民族学史上卷（1903—1949）》，昆明，云南教育出版社，1997。

王铭铭：《走在乡土上——历史人类学札记》，北京，中国人民大学出版社，2003。

——，《西学"中国化"的历史困境》，桂林，广西师范大学出版社，2005。

——，《社会人类学与中国研究》，桂林，广西师范大学出版社，2005。

王文宝：《中国民俗学发展史》，沈阳，辽宁大学出版社，1987。

——，《中国民俗学史》，成都，巴蜀书社，1995。

——，《中国民俗研究史》，哈尔滨，黑龙江人民出版社，2003。

王文宝、江小蕙编：《江绍原民俗学论集》，上海，上海文艺出版社，1998。

王晓葵：《民俗学与现代社会》，上海，上海文艺出版社，2011。

王学泰：《游民文化与中国社会》，北京，同心出版社，2007。

汪曾祺：《人寰速写》，杭州，浙江文艺出版社，2020。

吴文藻：《吴文藻人类学社会学研究文集》，北京，民族出版社，1990。

吴效群：《妙峰山：北京民间社会的历史变迁》，北京，人民出版社，2006。

[日] 西村真志叶：《日常叙事的体裁研究：以京西燕家台村的"拉家"为个案》，北京，中国社会科学出版社，2011。

肖索未：《欲望与尊严：转型期中国的阶层、性别与亲密关系》，北京，社会科学文献出版社，2018。

燕京大学社会学会编：《派克社会学论文集》，北平，燕京大学社会学会，1933。

颜纶泽：《农具学》，上海，商务印书馆，1919。

阎明:《中国社会学史——一门学科与一个时代》,北京,清华大学出版社,2010。

[日] 盐野米松:《树之生命木之心·人卷》,英珂译,桂林,广西师范大学出版社,2016。

杨成志译:《民俗学问题格》,广州,国立中山大学语言历史学研究所,1928。

杨开道:《中国乡约制度》,济南,山东省乡村建设研究院,1937。

杨堃:《杨堃民族研究文集》,北京,民族出版社,1991。

——,《社会学与民俗学》,成都,四川民族出版社,1997。

杨懋春:《一个中国村庄:山东台头》,张雄等译,南京,江苏人民出版社,2001。

杨念群:《再造"病人":中西医冲突下的空间政治:1832—1985》,北京,中国人民大学出版社,2006。

杨树达:《汉代婚丧礼俗考》,上海,商务印书馆,1933。

杨在道编:《张若名研究资料》,北京,中国妇女出版社,1995。

姚纯安:《社会学在近代中国的进程(1895—1919)》,北京,生活·读书·新知三联书店,2006。

叶郭立诚:《北平东岳庙调查》,台北:东方文化书局,1970。

衣若兰:《三姑六婆:明代妇女与社会的探索》,上海,中西书局,2019。

岳永逸:《空间、自我与社会:天桥街头艺人的生成与系谱》,北京,中央编译出版社,2007。

——,《忧郁的民俗学》,杭州,浙江大学出版社,2014。

——,《行好:乡土的逻辑与庙会》,杭州,浙江大学出版社,2014。

——,《都市中国的乡土音声:民俗、曲艺与心性》,北京,中国人民大学出版社,2015。

——,《人生仪礼:中国人的一生》,北京,光明日报出版社,2015。

——,《朝山》,北京,北京大学出版社,2017。

——，《举头三尺有神明：漫步乡野庙会》，济南，山东文艺出版社，2018。

——，《老北京杂吧地：天桥的记忆与诠释（修订版）》，北京，生活·读书·新知三联书店，2019。

——，《以无形入有间：民俗学跨界行脚》，北京，商务印书馆，2019。

——，《"土著"之学：辅仁札记》，北京，九州出版社，2021。

——，《"口耳"之学：燕京札记》，北京，九州出版社，2022。

岳永逸主编：《中国节日志·妙峰山庙会》，北京，光明日报出版社，2014。

曾小凤：《先锋的寓言："美术革命"与中国现代美术批判的发生》，桂林，广西师范大学出版社，2020。

张爱玲：《流言》，北京，北京十月文艺出版社，2012。

张江裁纂：《北平岁时志》，北平，国立北平研究院史学研究会，1936。

张江裁辑：《京津风土丛书》，北平，双肇楼，1938。

张亮采：《中国风俗史》，上海，商务印书馆，1935。

张柠：《土地的黄昏：中国乡村经验的微观权力分析》，北京，中国人民大学出版社，2013。

张士闪：《礼与俗：在田野中理解中国》，济南：齐鲁书社，2020。

章太炎：《章太炎全集（三）》，上海，上海人民出版社，1984。

张紫晨：《中国民俗与民俗学》，杭州，浙江人民出版社，1985。

——，《中国民俗学史》，长春，吉林文史出版社，1993。

张紫晨、李岳南编：《北京的传说》，上海，上海文艺出版社，1982。

赵承信：《狱中杂记》，太原，三晋出版社，2015。

赵世瑜：《眼光向下的革命——中国现代民俗学思想史论（1918—1937）》，北京，北京师范大学出版社，1999。

——，《狂欢与日常——明清以来的庙会与民间社会》，北京，生活·读书·新知三联书店，2002。

赵世瑜、张士闪主编：《礼俗互动：中国社会与文化的整合》，济南，齐鲁书社，2019。

赵园：《独语》，北京，北京师范大学出版社，2013。

赵紫宸：《系狱记》，上海，上海青年协会书局，1948。

郑师渠：《晚清国粹派：文化思想研究》，北京，北京师范大学出版社，
1997。

郑振铎编：《印度寓言》，上海，商务印书馆，1933。

钟敬文：《民俗文化学：梗概与兴起》，北京，中华书局，1996。

——，《建立中国民俗学派》，哈尔滨，黑龙江教育出版社，1999。

——，《钟敬文文集》，合肥，安徽教育出版社，2002。

——，《钟敬文全集》，北京，高等教育出版社，2018。

钟敬文主编：《民俗学概论》，上海，上海文艺出版社，1998。

周星：《道在屎溺：当代中国的厕所革命》，北京，商务印书馆，2019。

——，《百年衣装：中式服装的谱系与汉服运动》，北京，商务印书馆，
2019。

周星主编：《国家与民俗》，北京，中国社会科学出版社，2011。

周星、王霄冰主编：《现代民俗学的视野与方向：民俗主义·本真性·公
共民俗学·日常生活》，北京，商务印书馆，2018。

周作人：《儿童文学小论》，上海，儿童书局，1932。

——，《看云集》，北京，北京十月文艺出版社，2011。

——，《谈龙集》，北京，北京十月文艺出版社，2011。

——，《艺术与生活》，北京，北京十月文艺出版社，2011。

——，《甘口苦口》，北京，北京十月文艺出版社，2012。

——，《鲁迅的青年时代》，北京，北京十月文艺出版社，2013。

朱介凡编著：《中华谚语志》，台北，台湾商务印书馆股份有限公司，1989。

二、外文

Arkush, R. David. *Fei Xiaotong and Sociology in Revolutionary China*, Cambridge and London: Council on East Asian Studies, Harvard University, 1981.

Arlington, L .C. and Wm. Lewisohn. *In Search of Old Peking*, Peking: Henri Vetch, 1935.

Bauman, Richard. "The Philology of the Vernacular", in *Journal of Folklore Research*, vol.45, no.1 (2008), pp.29-36.

Belmont, Nicole. *Arnold van Gennep: The Creator of French Ethnography*, Chicago: University of Chicago Press, 1979.

Behar, Ruth. *The Vulnerable Observer: Anthropology That Breaks Your Heart*, Beacon Press, 1996.

Bowie, Fiona. *The Anthropology of Religion: An Introduction*, Blackwell Publishing Ltd, Oxford, 2000.

Bunkenborg, Mikkel. "Popular Religion inside out: Gender and Ritual Revival in a Hebei Township", in *China Information*, vol.26, no.3 (2012), pp.359-376.

C., F. W. "Reviewed Work: 'Fifteen Popular Tales from the South of Tatung (Shansi)'. by Paul Serruys", in *Harvard Journal of Asiatic Studies*, vol.10, no.2 (1947), pp.249-250.

Chan, Hok-lam. *Legends of the Building of Old Peking*, Hongkong: The Chinese University Press, 2008

Chao, Ch'eng-Hsin. "Ping-Chiao-Tsun as a Social Laboratory," in *The Yenching Journal of Social Studies*, vol. IV, no.1 (1948), pp.121-153.

Chao, Wei-pang. "The Origin and Growth of the Fu Chi", in *Folklore Studies*, vol.1 (1942), pp.9-27.

———. "Modern Chinese Folklore Investigation. Part I. The Peking National University", in *Folklore Studies*, vol.1 (1942), pp.55-76; "Modern Chinese Folklore Investigation. Part II. The National Sun Yat-Sen University", in *Folklore Studies*, vol.2 (1943), pp.79-88.

Dennys, N. B. "Chinese Folk-lore", in *The China Review, or Notes and Queries on the Far East,* vol. 1, no.2 (1872), p.138.

———. *The Folk-lore of China, and Its Affinities with That of the Aryan and Semitic Races*, London: Trübner and Co, 1876.

Dundes, Alan ed., *International Folkloristics: Classic Contributions by the Founders of Folklore*, Rowman & Littlefield Publishers, INC, 1999.

Eder, Matthias. "Hausfrontdekorationen in Peking. Mit Parallen aus Shantung und Nord Honan (House-Front Deorations in Peking)", in *Folklore Studies*, vol.2 (1943), pp.51-78.

Emrich, Duncan. "'Folk-Lore': William John Thoms", in *California Folklore Quarterly*, vol.5, no.4 (1946), pp.335-374.

Gao, Jie. *Saving the Nation through Culture: The Folklore Movement in Republic China*, Toronto: UBC press, 2019.

Gamble, Sidney D. *Peking, A Social Survey*, New York: George H. Doran Company, 1921.

Grootaers, Willem A. "Les temples villageois de la région au Sudest de Tat'ong (Chansi Nord), leurs inscriptions et leur histoire (The Village Temples in the Southest of Tatung (Shansi), Their Inscriptions and Their History) ", in *Folklore Studies*, Vol.4 (1945), pp.161-212.

Grootaers, Willem A. with Li Shih-yü（李世瑜）and Chang Chi-wen（张冀文）. "Temples and History of Wanch' üan (Chahar). The Geographical Method Applied to Folklore", in *Monumenta Serica*, vol. XIII, (1948), pp.209-316.

Grootaers, Willem A. 李世瑜 and 王辅世 . "Rural Temples around Hsüan-Hua

(South Chahar), Their Iconography and Their History", in *Folklore Studies*, vol.10, no.1 (1951), pp. 1-116.

Hafstein, Valdimer Tr., *Making Intangible Heritage: EI Condor Pasa and Other Stories from UNESCO*, Bloomington: Indiana University Press, 2018.

Harrell, Steven. "Belief and Disbelief in A Taiwan Village", PH.D. Dissertation, Stanford University, 1974.

Hart, Hornell. "The History of Social Thought: a Consensus of American Opinion", in *Social Forces*, vol.6, no.2 (1927), pp.190-196.

Hodous, Lewis. *Folkways in China*, London: Arthur Probsthain, 1929.

Hsu, L. K. *Under the Ancestors' Shadow: Chinese Culture and Personality*, London: Routledge & Kegan Paul, 1949.

Humphery, Nicholas. *Seeing Red: A Study in Consciousness*, Cambridge, Mass.: Harvard University, 2006.

Hung, Chang-t'ai. *Going to the People: Chinese Intellectuals and Folk Literature 1918-1937*, Cambridge and London: Council on East Asian Studies, Harvard University, 1985.

Jameson, R. D. *Three Lectures on Chinese Folklore*, Peiping: North China Union Language School, cooperating with California College in China, 1932.

Kang, Xiaofei. "In the Name of Buddha: the Cult of the Fox at a Sacred Site in Contemporary Northern Shaanxi", in 《民俗曲艺》, 138(2002), pp.67-107.

——. *The Cult of the Fox: Power, Gender, and Popular Religion in Late Imperial and Modern China*, New York: Columbia University Press, 2006

Kimball, S. T. "Introduction to the English Edition", in Arnold van. Gennep, *The Rites of Passage*. Trans. Monika B. Vizedom and Gabrielle L. Caffee. Chicago: University of Chicago Press, 1960.

K'uang, Wen Hsiung. "A Comparison between Chinese and Western Fairy Tales", a thesis of Bachelor of the Department of English of the College of

Arts and Letters of Yenching University, 1936.

Lantis, Margaret. "Vernacular Culture", in *American Anthropologist*, vol.62, no.2 (1960), pp.202-216.

Li, An-che. "Zuñi: Some Observations and Queries", in *American Anthropologist*, New Series, vol.39, no.1 (1937), pp.62-76.

——. "China: A Fundamental Approach", in *Pacific Affairs*, vol.21, no.1 (1948), pp.58-63.

Li, Wei-tsu. "On the Cult of the Four Sacred Animals(Szu Ta Men 四大门) in the Neighborhood Of Peking", in *Folklore Studies,* vol.7 (1948), pp.1-94.

Lin, Yueh-hua. *The Golden Wing: A Sociological Study of Chinese Familism*, London: K. Paul, Trench, Trubner & Co., 1947.

Liu, Xin. *In One's Own Shadow: An Ethnographical Account of the Condition of Post-reform Rural China,* Berkeley: University of California Press, 2000.

Lowe, H. Y. *The Adventure of Wu: The Life Cycle of a Peking Man*, Princeton, New Jersey: Princeton University Press, 1983.

Martin, Ilse. "Fruhlingsdoppelspruche von 1942 an Pekinger Haustüren (Spring-Couplests at Peking Street-Doors 1942)", in *Folklore Studies*, vol. 2 (1943), pp.89-174.

Meskell, Lynn. *A Future in Ruins: UNESCO, World Heritage, and the Dream of Peace*, Oxford: Oxford University Press, 2018.

Naquin, Susan. *Peking Temples and City Life, 1400-1900,* Berkeley: University of California Press, 2000.

Paper, Jordan D. *The Spirits Are Drunk: Comparative Approaches to Chinese Religion*, Albany: State University of New York Press, 1995.

——. "A New Approach to Understanding Chinese Religion", in *Studies in Chinese Religion* [Taipei], vol. 1, no. 1(2013), pp.1-32.

Peng, Mu. *Religion and Religious Practices in Rural China*, London: Routledge,

2019.

Primiano, Leonard. N. "Vernacular Religion and the Search for Method in Religious Folklife", in *Western Folklore*, vol.54, no.1 (1995), pp.37-56.

Redfield, Robert. *Chan Kom, A Maya Village*, Washington, D.C.: Camegie Institution of Washington, 1934.

——, *The Folk Culture of Yucatan,* Chicago: The University of Chicago Press, 1941.

——, "The Folk Society", in *The American Journal of Sociology*, vol. 52, no. 4 (1947), pp.293-308.

Sangren, P. S. "Female Gender in Chinese Religious Symbols: Kuan Yin, Ma Tsu, and the 'Eternal Mother' ", in *Signs,* 9 (1983), pp.4-25.

——. "Myths, Gods, and Family Relations", in Shahar, Meir and Robert P. Weller (eds), *Unruly Gods: Divinity and Society in China*, pp.150-183, Honolulu: University of Hawaii Press, 1996.

Scott, Lee Janet. *For Gods, Ghosts and Ancestors: the Chinese Tradition of Paper Offerings,* Seattle: University of Washington Press, 2007.

Serruys, Paul. "Les cérémonies du mariage: Usages populaires et textes dialectaux du sud de la préfecture de Ta-t'oung (Chansi)", in *Folklore Studies,* vol.3, no.1 (1944), pp.73-154; vol. 3, no. 2 (1944), pp.77-129.

——. "Children's Riddles and Ditties from the South of Tatung (Shansi)", in *Folklore Studies*, vol.4 (1945), pp. 213-290.

——. "Fifteen Popular Tales from the South of Tatung (Shansi)", in *Folklore Studies*, vol.5 (1946), pp. 191-278.

Siren, Osvald. *The Walls and Gates of Peking*, New York: Orientalia, 1924.

Sumner, W.G. *Folkways: A Study of the Sociological Importance of Usages, Manners, Customs, Mores, and Morals*, Boston: Ginn and Co., 1906.

Sumner, W.G. and Albert G. Keller. *The Science of Society*, 4 vols. New Haven:

Yale University Press, 1927.

Thomas, Nicholas. *Entangled Objects: Exchange, Material Culture and Colonialism in the Pacific*, Cambridge, Mass: Harcard University Press, 1991.

Ting, V.K. "Prof. Granet's 'La Civilisation Chinoise' ", in *The Chinese Social and Political Science Review*, vol.15, no.2 (1931), pp.265-290.

Vitale, G. A. *Chinese Folklore, Pekinese Rhymes*, Peking: Pei-T'ang Press, 1896.

Wang, T'ung Feng. "A Comparative Study of British and Chinese Ballads", a thesis of Bachelor of the Department of Western Languages of the College of Arts and Letters of Yenching University, 1940.

Ward, C.A. "Spirit Possession and Mental Health: A Psycho-Anthropological Perspective", in *Human Relations,* vol. 33, no.3 (1980), pp.146-163.

Yang, Kun. "An Introduction to Granet's Sinology", in *The Yenching Journal of Social Studies,* vol. 1, no.2 (1939), pp.226-241.

島村恭則,《民俗学とはいかなる学問か》,《日常と文化》, 2019 年第 7 巻, 1~14、105~116 頁。

菅豊,《“新しい野の学問”の時代へ―知識生産と社会実践をつなぐために》, 東京: 岩波書店, 2013。

桑山敬己、島村恭則、鈴木慎一郎,《文化人類学と現代民俗学》, 東京: 風響社, 2019。

岩本通弥,《フォークロリズムと 文化ナショナリズム―現代日本の文化政策と連続性の希求》,《日本民俗学》, 2003 年第 236 期, 172~188 頁。

岩本通弥,《東アジア民俗学の再定立――〈日常学としての民俗学〉へ》,《日常と文化》2021 年第 9 巻, 第 41~57、137~153 頁。

岩本通弥編,《ふるさと資源化と民俗学》, 東京: 吉川弘文館, 2007。

岩本通弥、菅豊、中村淳编著,《民俗学の可能性を拓く——“野の学問”とアカデミズム》,東京：青弓社，2012。

索 引

喝粥 456

何济（曾觉之） 260, 261, 262, 274

何乐益 57, 58

何思敬 20, 558, 559, 583

贺登崧 8, 9, 524, 533, 553–556, 582

洪长泰 13

洪德方 18, 23, 546, 549, 553

胡朴安 115, 116, 121–123, 125, 129, 132, 133

胡适 5, 6, 13, 132, 134, 138, 142, 237, 279, 280, 451, 545, 546, 551

胡体乾 293

胡愈之 137

互文性 30, 490, 529, 555, 562

黄迪 12, 20, 22, 23, 31, 32, 46, 51, 60, 61, 62, 65, 66, 67, 71, 74, 175, 178, 181, 183, 185, 196, 198, 199, 201, 210, 211, 214, 230, 318, 345, 356, 368, 372, 401, 437, 561, 570, 574

黄石（黄华节） 20, 22, 32, 46, 47, 77, 78, 79, 80, 81, 82, 83, 84, 85, 86, 87, 88, 89, 90, 91, 92, 139, 140, 159, 177, 199, 207, 210, 213, 232, 275, 281, 282, 283, 297, 306, 307, 308, 309, 310, 320, 326, 340, 341, 352, 365, 366, 367, 368, 372, 375, 387, 492, 550, 565, 568, 569, 572

黄土北店村 24, 29, 157, 182, 497

J

鸡姑 393, 500

吉祥板 558

季亭史 57, 60, 212, 214

寄孤 393, 500

寄名 446, 449, 450, 451, 452

家庭宗教 493, 501, 524, 527

家务事 379, 501, 527, 528

家仙 395, 434, 493, 502

菅丰 577, 578, 587

江绍原 20, 80, 81, 137, 232, 236, 237, 255, 258, 259, 275, 279, 280, 295, 296, 297, 300, 304, 308, 309, 310, 315, 320, 322, 325, 326, 375, 559, 572, 583

蒋旨昂 23, 29, 67, 157, 182, 183, 185, 340, 405, 497

接生婆 354, 392, 465, 473

金受申 355, 473

进化论 50, 55, 56, 123, 124, 125, 127, 128, 131, 146, 160, 207, 231, 366, 383, 384, 473, 548, 553

井上圆了 254, 255

局内观察法 28, 45, 175, 183, 190, 192, 234, 281, 282, 286, 287, 291, 305, 309, 311, 318, 325, 326, 340, 341, 342, 343,

后 记

从 2002 年第一次接触燕大毕业论文至今，已经过去了 19 个年头；从 2007 年秋冬枯坐北大图书馆阅读燕大毕业论文至今，已经过去了 14 个年头；从 2013 年立志写关于燕大民俗学——社会学的民俗学——这一断代史开始，已经过去了 8 个年头；从 2017 年动笔开始，已经过去了 4 个年头。

这 4 个年头，慈母仙逝，和迷恋手机的半大小子斗智斗勇，工作调动，由近视叠加了老花和飞蚊症，铺天盖地、潮起潮落、反反复复的新冠肺炎疫情……写作因之断断续续，时断时续，且续且断，且断且续，七易其稿，终于草成！"历史的掌纹"三部曲也画上了句号。

然而，就在写完最后一个字的那一刹那，巨大的虚无感迅疾袭来。身心俱疲，却辗转难眠。写完了，意义何在？

这并不是为了强调本书的价值，装模作样，无病呻吟，为赋新词强说愁。其实，我原本就不奢望有多少人会看。八九年前面对母亲精神病变的哀痛，出于自我救赎，我不得不写了《忧郁的民俗学》。与此相类，"历史的掌纹"系列，同样仅仅是让自己心安。庄周梦蝶式的自我追责，是陈寅恪所言的"**自忏**"而已。它能让提及的众多"匿名"前辈在天之灵欣慰？

正如茨威格（Stefan Zweig, 1881—1942）《人类的群星闪耀时》从"小"处着手，大开大合、大气磅礴的经典写作展示的那样：历史是残酷的、非逻辑的，有时十分诡异，甚至瞎胡闹穷折腾！李劼亦言，历史"很少按人性的意愿生成，而总是像个不守规矩的玩家，不按牌理出牌"。

但是，现实更不温情！

自然，记忆，当仁不让地成为历史与现实之间一套刚柔兼济、精巧妩媚、美轮美奂的装置，犹如招式舒缓、吊人胃口且观赏性强的"腥加尖赛神仙"的江湖把式。在辨析记忆与历史的意异时，法国历史学家皮埃尔·诺阿（Pierre Nora，1931— ）的见解入木三分：

> 凡是动人心魄又充满魔力的记忆，都只按自己的口味对事实挑肥拣瘦；它所酝酿的往事，既可能模糊不清，也可能历历在目，既可能包含方方面面，也可能只是孤立无援的一角，既可能有所特指，也可能象征其他——记忆对每一种传送带或显示屏都反应敏感，会为每一次审查或放映调整自己。而历史，因为是一种知识和世俗的生产，需要加以分析和批评。

有鉴于此，尽管定位在学科史与学术史，但本书在意的并非记忆，而是其反面，即记忆的完美搭档与挥之不去的阴影——遗忘/忘"缺"，在意的是在一个记忆表象的背后无数被忘"缺"的事象——被隐匿和逆向"淘汰"的历史，以此对作为知识和世俗生产的历史"加以分析和批评"。

可是，对早已被遗忘的人、事与学，做这样祥林嫂式的唠叨、痴忆，难道就是"求真"？就是"通变"？就是"会通"？而不是浓妆淡抹或穿了马甲、隐身衣的另外一种装饰？不是吹毛求疵的"雕琢"？不是布迪厄（Pierre Bourdieu，1930—2002）所言的"婉饰"（euphemism）？不是一种志得意满却故作清高的标榜？不是不屑一顾的冷笑？当事人后来都有意隐藏、遗忘或黯然神伤的过往，真的有必要轻拭浮尘而庄严重提？真的有必要唤起卑微甚至满含痛楚与辛酸的记忆？

对于个体、学科甚或人类而言，记忆与遗忘这对生死冤家，谁也少不了谁，谁也左右不了谁，只能永远地不离不弃，若即若离。当然，相互之间也不乏狼狈为奸，尔虞我诈，如《红楼梦》语："嘴甜心苦，两面三刀，上头一脸笑，脚下使绊子，明是一盆火，暗是一把刀。"在《历史的用途与滥用》（*Von Nutzen und Nachteil der Historie für das Laben*）中，尼采有言：

> 快乐、良心、对未来的信心、愉快的行为——所有这些，不管是对个人还是对民族而言，都有赖于一条将可见清晰的东西与模糊阴暗的东西区分开来的界线而存在。我们必须知道什么时候该遗忘，什么时候该记忆，并本能地看到什

么时候该历史地感觉，什么时候该非历史地感觉。……对于一个人、一个社会和一个文化体系的健康而言，**非历史的感觉**和**历史的感觉**都是同样必需的。

或者，对基于过度的装饰和修辞术而青史留名的大师、泰斗，应该多些"非历史感"。对其习惯性地盲从、顶礼膜拜、添砖加瓦的过度诠释和消费，不但形成了"学术啃老"而偷工减料、投机取巧的学术兴旺之假象，还常常扼杀青年、学科与学术的创造力、想象力、激情与希望。反之，对遭到故意抹杀而蝼蚁般灰飞烟灭、散于无形的无名过客，则应该多几分"历史感"。因为或许正好是在他们那里，才潜伏着更多的希望，反而可能曲径通幽，柳暗花明，豁然开朗。

既然难免伤痕累累、身心俱疲，无益于荣也无补于损，这样的写作，对学科史、学术史，对学术真的有必要？

在这个举国哀悼的清明节，伴随着响彻天际的声声鸣笛，这些问题令我头痛欲裂！看来，这些同样毫无意义却试图自我安慰与自圆其说的追问，一样无解。好在，庸常的我，一向只重过程。

感谢那些或模糊或清晰的文字，给我的阵阵快意，无论伤感还是亢奋，失望抑或惊慌。阅读和写作，哪怕艰难，却不时令我泪目、长吁短叹和黯然神伤，不时觉得恍若隔世、神游八荒。因之，也有了转瞬即逝的苟且、自在与空盈。这些无心插柳也是上下求索的福报、恩赐，让枯燥的日常和尘世，有了轻柔的微风、小小的涟漪、婉转的鸟鸣、绚烂的花香，有了不时袭来的对亲人、故友的念想，有了生的意义和执着。

岩本通弥教授强调的民俗学的"日常性"、岛村恭则教授强调的民俗学的"在野性""反抗性""反启蒙性"和狄奥尼索斯（Dionysus）之酒神精神，也就散落在那些柔风、涟漪、啼叫、花香与念想之中。

感谢师友、家人，或冷嘲热讽，或掏心掏肺的鞭策与激励！感谢远在日本的周星教授百忙中慷慨赐序！感谢策划宋旭景和编辑赵雯婧前前后后付出的辛劳！感谢珠哥从童年到少年，从少年到青年极其艰难的成长、勉力前行的相伴！感谢妻子武向荣博士的理解、支持和相守！因此，本书题献给了他们母子俩。要说明的是，本书的最终修订完成得到中国人民大学 2022 年度重大规划项目"中国特色社会学的历史演进与本土逻辑"（批准号 22XNLG09）的支持，乃该项目的阶段性成果，特此致谢！

愿，今夜，三杯两盏淡酒，安然入眠！

南有乔木，不可休思。或者，写完学术史，就是为了忘掉学术，也忘掉自己！这也即学术、历史之于当下小我日常生活的意义！何况，这本"残史"可能确实浅薄，而且狂妄。对原本是白丁，也是天涯倦客之小我而言，物我两忘、人学俱泯，并非异态，实乃情理之中的常态。天、地、人、景、情、事、书，皆迷离朦胧，散于无形，爽然空虚，了无遗绪。

余为钝锥，梦中了了醒复醉，戏拟歌云：

　　薤露易晞，甘心畎亩。月霜风水，古今如梦。江寒秋叶，寂寞孤鸿。星稀桐疏，惊鸦点点。夜阑卧听，鼻息雷鸣。空楼锁燕，无限清景，重寻无处。昏昏晚春，醉眠绿荫，雨丝芳草。娇柳微澜笑夕阳，垂照青峰，山色有无中！

《荀子·王制》有言："……始则终，终则始，若环之无端也……"《旧约·传道书》亦言，"There is nothing new under the sun"。阿铎（Antonin Artaud, 1896—1948）曾欲说还休也冷酷地一语道破很多人不敢说或不能说的真相：

　　因为生命会不时地发生突变，然而这永远写不进历史，我也绝没有写过要固定和永存那些删节、那些分裂、那些断裂、那些骤然失落的记忆，而那些无底的东西，它……

古今中外，忘"缺"的记忆、美丽的生命，总是使人哀愁、惆怅、延宕、欲言又止，甚或躲躲闪闪、不着一字。纵然如此，在小说《长河》中，沈从文借夭夭之口说："好看的应该长远存在！"

　　难道不是吗？

2020 年 4 月 4 日 初稿
2022 年 10 月 10 日于京师仰山居定稿

图书在版编目（CIP）数据

终始：社会学的民俗学：1926—1950／岳永逸著．—北京：北京师范大学出版社，2023.4
ISBN 978-7-303-27279-2

I.①终… II.①岳… III.①民间文学－研究－中国 ②民俗学－研究－中国 IV.①I207.709 ② K892

中国版本图书馆 CIP 数据核字（2021）第 198054 号

营 销 中 心 电 话 010-58805385
北 京 师 范 大 学 出 版 社
新 史 学 策 划 部

ZHONGSHI

出版发行：北京师范大学出版社 www.bnup.com
　　　　　北京市西城区新街口外大街 12-3 号
　　　　　邮政编码：100088
印　　刷：北京盛通印刷股份有限公司
经　　销：全国新华书店
开　　本：880 mm×1230 mm　1/32
印　　张：23
字　　数：495 千字
版　　次：2023 年 4 月第 1 版
印　　次：2023 年 4 月第 1 次印刷
定　　价：128.00 元

策划编辑：宋旭景　　　　责任编辑：赵雯婧
美术编辑：书妆文化　　　装帧设计：李向昕
责任校对：段立超　　　　责任印制：陈　涛　赵　龙